상윳따 니까야

주제별로 모은 경[相應部]

제6권

진리를 위주로 한 가르침

상윳따 니까야
Saṁyutta Nikāya

주제별로 모은 경

6

진리를 위주로 한 가르침

초기불전연구원

∴

그분

부처님

공양 올려 마땅한 분

바르게 깨달으신 분께 귀의합니다.

Namo tassa Bhagavato Arahato Sammāsambuddhassa

목차

제6권 해제 27

제51주제 성취수단[如意足] 상윳따(S51) 83

제1장 짜빨라 품 85

이 언덕 경(S51:1) 85

게을리함 경(S51:2) 88

성스러움 경(S51:3) 89

염오 경(S51:4) 89

부분적으로 경(S51:5) 90

완전하게 경(S51:6) 90

비구 경(S51:7) 91

부처 경(S51:8) 92

지혜 경(S51:9) 93

탑묘 경(S51:10) 94

제2장 녹자모 강당을 흔듦 품 107
이전 경(S51:11) 107
큰 결실 경(S51:12) 111
열의를 주로 한 삼매 경(S51:13) 113
목갈라나 경(S51:14) 116
운나바 바라문 경(S51:15) 119
사문/바라문 경1(S51:16) 122
사문/바라문 경2(S51:17) 123
비구 경(S51:18) 124
가르침 경(S51:19) 124
분석 경(S51:20) 126

제3장 철환(鐵丸) 품 134
도 경(S51:21) 134
철환 경(S51:22) 135
비구 경(S51:23) 139
간단한 설명 경(S51:24) 139
결실 경1(S51:25) 140
결실 경2(S51:26) 140
아난다 경1(S51:27) 141
아난다 경2(S51:28) 142

많은 비구 경1(S51:29) 143
많은 비구 경2(S51:30) 143
목갈라나 경(S51:31) 144
여래 경(S51:32) 146

제4장 강가 강의 반복 147
동쪽으로 흐름 경 등1(S51:33) 147
동쪽으로 흐름 경 등2~6(S51:34~38) 148
바다 경1~6(S51:39~44) 148

제5장 불방일 품 150
여래 경 등(S51:45~54) 150

제6장 힘쓰는 일 품 152
힘 경 등(S51:55~66) 152

제7장 추구 품 154
추구 경 등(S51:67~76) 154

제8장 폭류 품 156
폭류 경 등(S51:77~86) 156

제52주제 아누룻다 상윳따(S52) 157

제1장 한적한 곳 품 159
한적한 곳 경1(S52:1) 159
한적한 곳 경2(S52:2) 163
수따누 경(S52:3) 165
가시덤불 숲 경1(S52:4) 166
가시덤불 숲 경2(S52:5) 167
가시덤불 숲 경3(S52:6) 168
갈애의 멸진 경(S52:7) 168
살랄라 나무 집 경(S52:8) 169
암바빨리 숲 경(S52:9) 171
중병 경(S52:10) 172

제2장 두 번째 품 174
천 겁 경(S52:11) 174
신통변화 경(S52:12) 175
신성한 귀[天耳] 경(S52:13) 175
마음에 대해서 경(S52:14) 175
원인 경(S52:15) 176
행한 업 경(S52:16) 176

모든 행처로 인도함 경(S52:17) 177
여러 요소 경(S52:18) 177
다양한 성향 경(S52:19) 178
기능의 한계 경(S52:20) 178
선(禪) 등 경(S52:21) 178
전생의 삶 경(S52:22) 179
신성한 눈 경(S52:23) 180
번뇌의 멸진 경(S52:24) 180

제53주제 선(禪) 상윳따(S53) 183

제1장 강가 강의 반복 185
동쪽으로 흐름 경 등(S53:1~12) 185

제2장 불방일 품 188
여래 경 등(S53:13~22) 188

제3장 힘쓰는 일 품 190
힘 경 등(S53:23~34) 190

제4장 추구 품 192
추구 경 등(S53:35~44) 192

제5장 폭류 품 193
폭류 경 등(S53:45~54) 193

제54주제 들숨날숨 상윳따(S54) 195

제1장 하나의 법 품 197
하나의 법 경(S54:1) 197
깨달음의 구성요소 경(S54:2) 202
간단한 설명 경(S54:3) 203
결실 경1(S54:4) 205
결실 경2(S54:5) 206
아릿타 경(S54:6) 207
마하깝삐나 경(S54:7) 210
등불 비유 경(S54:8) 212
웨살리 경(S54:9) 217
낌빌라 경(S54:10) 222

제2장 두 번째 품 230
잇차낭갈라 경(S54:11) 230
혼란스러움 경(S54:12) 233
아난다 경1(S54:13) 237
아난다 경2(S54:14) 244
비구 경1(S54:15) 245
비구 경2(S54:16) 246
족쇄 경(S54:17) 247
잠재성향 경(S54:18) 247
도정(道程) 경(S54:19) 247
번뇌의 멸진 경(S54:20) 247

제55주제 예류 상윳따(S55) 249

제1장 웰루드와라 품 251
전륜성왕 경(S55:1) 251
깊이 들어감 경(S55:2) 254
디가유 경(S55:3) 256
사리뿟따 경1(S55:4) 260
사리뿟따 경2(S55:5) 261

시종 경(S55:6) 263
웰루드와라에 사는 자들 경(S55:7) 270
벽돌집 경1(S55:8) 276
벽돌집 경2(S55:9) 280
벽돌집 경3(S55:10) 281

제2장 왕의 원림 품 283
천 명의 비구니 승가 경(S55:11) 283
바라문 경(S55:12) 284
아난다 경(S55:13) 285
불행한 곳 경1(S55:14) 287
불행한 곳 경2(S55:15) 288
친구와 동료 경1(S55:16) 288
친구와 동료 경2(S55:17) 289
신들을 방문함 경1(S55:18) 291
신들을 방문함 경2(S55:19) 293
신들을 방문함 경3(S55:20) 293

제3장 사라까니 품 296
마하나마 경1(S55:21) 296
마하나마 경2(S55:22) 299

고다 경(S55:23) 299
사라까니 경1(S55:24) 305
사라까니 경2(S55:25) 310
아나타삔디까 경1(S55:26) 315
아나타삔디까 경2(S55:27) 321
두려움과 증오 경1(S55:28) 324
두려움과 증오 경2(S55:29) 328
릿차위 경(S55:30) 329

제4장 공덕이 넘쳐흐름 품 331
넘쳐흐름 경1(S55:31) 331
넘쳐흐름 경2(S55:32) 332
넘쳐흐름 경3(S55:33) 332
신성한 발자취 경1(S55:34) 333
신성한 발자취 경2(S55:35) 334
신과 닮음 경(S55:36) 336
마하나마 경(S55:37) 337
비 경(S55:38) 338
깔리고다 경(S55:39) 339
난디야 경(S55:40) 341

제5장 게송을 포함한 공덕이 넘쳐흐름 품 345
넘쳐흐름 경1(S55:41) 345
넘쳐흐름 경2(S55:42) 347
넘쳐흐름 경3(S55:43) 348
부유함 경1(S55:44) 349
부유함 경2(S55:45) 350
간단한 설명 경(S55:46) 350
난디야 경 등(S55:47~49) 351
구성요소 경(S55:50) 352

제6장 통찰지를 지닌 자 품 353
게송을 포함한 경(S55:51) 353
안거를 마침 경(S55:52) 354
담마딘나 경(S55:53) 356
병 경(S55:54) 359
예류과 경 등(S55:55~58) 365
통찰지를 얻음 경 등(S55:59~61) 366

제7장 큰 통찰지 품 367
큰 통찰지 경 등(S55:62~74) 367

제56주제 진리[諦] 상윳따(S56) 369

제1장 삼매 품 371
삼매 경(S56:1) 371
홀로 앉음 경(S56:2) 372
좋은 가문의 아들(선남자) 경1(S56:3) 373
좋은 가문의 아들(선남자) 경2(S56:4) 375
사문/바라문 경1(S56:5) 376
사문/바라문 경2(S56:6) 377
생각[尋] 경(S56:7) 378
사색 경(S56:8) 379
논쟁의 소지가 있음 경(S56:9) 380
쓸데없는 이야기 경(S56:10) 381

제2장 전법륜 품 384
초전법륜 경(S56:11) 384
여래 경(S56:12) 392
무더기 경(S56:13) 394
안의 감각장소 경(S56:14) 395
호지 경1(S56:15) 396
호지 경2(S56:16) 397

무명 경(S56:17) 399
명지 경(S56:18) 400
뜻의 함축 경(S56:19) 400
진실함 경(S56:20) 401

제3장 꼬띠가마 품 403
꼬띠가마 경1(S56:21) 403
꼬띠가마 경2(S56:22) 404
정등각자 경(S56:23) 406
아라한 경(S56:24) 407
번뇌의 멸진 경(S56:25) 408
친구 경(S56:26) 408
진실함 경(S56:27) 409
세상 경(S56:28) 410
철저히 알아야함 경(S56:29) 411
가왐빠띠 경(S56:30) 412

제4장 심사빠 숲 품 414
심사빠 숲 경(S56:31) 414
아카시아 경(S56:32) 415
막대기 경(S56:33) 417

옷 경(S56:34) 418
백 자루의 창 경(S56:35) 419
생명체 경(S56:36) 420
태양 경1(S56:37) 421
태양 경2(S56:38) 422
석주(石柱) 경(S56:39) 423
논쟁을 원함 경(S56:40) 425

제5장 낭떠러지 품 428
세상에 대한 사색 경(S56:41) 428
낭떠러지 경(S56:42) 431
대열뇌(大熱惱) 경(S56:43) 434
뾰족지붕 집 경(S56:44) 437
머리카락 경(S56:45) 438
암흑 경(S56:46) 441
구멍을 가진 멍에 경1(S56:47) 443
구멍을 가진 멍에 경2(S56:48) 445
수미산 경1(S56:49) 446
수미산 경2(S56:50) 447

제6장 관통 품 449
손톱 경(S56:51) 449
연못 경(S56:52) 450
합류하는 물 경1(S56:53) 451
합류하는 물 경2(S56:54) 452
땅 경1(S56:55) 453
땅 경2(S56:56) 453
바다 경1(S56:57) 454
바다 경2(S56:58) 455
산의 비유 경1(S56:59) 456
산의 비유 경2(S56:60) 456

제7장 첫 번째 날곡식의 반복 458
다른 곳 경(S56:61) 458
변방 경(S56:62) 459
통찰지 경(S56:63) 460
술과 중독성 물질 경(S56:64) 460
물에서 태어남 경(S56:65) 460
어머니를 존중함 경(S56:66) 461
아버지를 존중함 경(S56:67) 461
사문을 존중함 경(S56:68) 461

바라문을 존중함 경(S56:69) 461
연장자를 존중함 경(S56:70) 461

제8장 두 번째 날곡식의 반복 463
생명을 죽임 경(S56:71) 463
주지 않은 것을 가짐 경(S56:72) 463
삿된 음행 경(S56:73) 463
거짓말 경(S56:74) 464
중상모략 경(S56:75) 464
욕설 경(S56:76) 464
잡담 경(S56:77) 464
씨앗류 경(S56:78) 464
때 아닌 때 경(S56:79) 465
향과 화장품 경(S56:80) 465

제9장 세 번째 날곡식의 반복 466
춤과 노래 경(S56:81) 466
높은 침상 경(S56:82) 466
금과 은 경(S56:83) 466
날곡식 경(S56:84) 466
생고기 경(S56:85) 467

동녀 경(S56:86) 467
하인 경(S56:87) 467
염소나 양 경(S56:88) 467
닭이나 돼지 경(S56:89) 468
코끼리 경(S56:90) 468

제10장 네 번째 날곡식의 반복 469
농토 경(S56:91) 469
사거나 팖 경(S56:92) 469
심부름꾼 경(S56:93) 469
저울을 속임 경(S56:94) 469
악용함 경(S56:95) 470
상해 경 등(S56:96~101) 470

제11장 다섯 가지 태어날 곳[五度]의 반복 471
인간으로 죽음 경1(S56:102) 471
인간으로 죽음 경2(S56:103) 472
인간으로 죽음 경3(S56:104) 472
인간으로 죽음 경4~6(S56:105~107) 472
신으로 죽음 경1~3(S56:108~110) 473
신으로 죽음 경4~6(S56:111~113) 473

지옥에서 죽음 경1~3(S56:114~116) 473
지옥에서 죽음 경4~6(S56:117~119) 473
축생계에서 죽음 경1~3(S56:120~122) 474
축생계에서 죽음 경4~6(S56:123~125) 474
아귀계에서 죽음 경1~3(S56:126~128) 474
아귀계에서 죽음 경4~6(S56:129~131) 474

역자 후기 477

참고문헌 483

빠알리 - 한글 색인 497

찾아보기 508

약어

A. Aṅguttara Nikāya(앙굿따라 니까야, 증지부)
AA. Aṅguttara Nikāya Aṭṭhakathā = Manorathapūraṇī(증지부 주석서)
AAṬ. Aṅguttara Nikāya Aṭṭhakathā Ṭīkā(증지부 복주서)
ApA. Apadāna Aṭṭhakathā(아빠다나(譬喩經) 주석서)

Be Burmese-scrip ed. of S.(미얀마 육차결집본)
BG. Bhagavadgīta(바가왓 기따)
BHD Buddhist Hybrid Sanskrit Dictionary
BHS Buddhist Hybrid Sanskrit
BL Buddhist Legends(Burlingame)
BPS Buddhist Publication Society
BvA. Buddhavaṁsa Aṭṭhakathā

CBETA CBETA Chinese Electronic Tripitaka Collection: CD-ROM
CMA A Comprehensive Manual of Abhidhamma(아비담맛타 상가하)
CPD Critical Pāli Dictionary
C.Rh.D C.A.F. Rhys Davids

D. Dīgha Nikāya(디가 니까야, 장부)
DA. Dīgha Nikāya Aṭṭhakathā = Sumaṅgalavilāsinī(장부 주석서)
DAṬ. Dīgha Nikāya Aṭṭhakathā Ṭīkā(장부 복주서)

Dhp.	Dhammapada(법구경)
DhpA.	Dhammapada Aṭṭhakathā(법구경 주석서)
Dhs.	Dhammasaṅgaṇi(담마상가니, 法集論)
DhsA.	Dhammasaṅgaṇi Aṭṭhakathā = Aṭṭhasālinī(법집론 주석서)
DPL	A Dictionary of the Pali Language(Childers)
DPPN.	G. P. Malalasekera's *Dictionary of Pali Proper Names*
Dv.	Dīpavaṁsa(島史), edited by Oldenberg
DVR	A Dictionary of the Vedic Rituals, Sen, C. Delhi, 1978.
Ee	Roman-script ed. of S. (PTS본. 제1권의 Ee1: 1884년, Ee2: 1998년.)
EV1	Elders' Verses I(장로게 영역, Norman)
EV2	Elders' Verses II(장로니게 영역, Norman)
GD	Group of Discourse(숫따니빠따 영역, Norman)
It.	Itivuttaka(如是語)
ItA.	Itivuttaka Aṭṭhakathā(여시어 경 주석서)
Jā.	Jātaka(本生譚)
JāA.	Jātaka Aṭṭhakathā(본생담 주석서)
KhpA.	Khuddakapātha Aṭṭhakathā(쿳다까빠타 주석서)
KS	Kindred Sayings(상윳따 니까야 영역, Rhys Davids, Woodward)
Kv.	Kathāvatthu(까타왓투, 論事)
KvA.	Kathāvatthu Aṭṭhakathā(까타왓투 주석서)
LBD	Long Discouurse of the Buddha(디가 니까야 영역, Walshe)
M.	Majjhima Nikāya(맛지마 니까야, 중부)

MA. Majjhima Nikāya Aṭṭhakathā(맛지마 니까야 주석서)

Mil. Milindapañha(밀린다왕문경)

MLBD Middle Length Discouurse of the Buddha(중부 영역, Ñāṇamoli)

Mvu. Mahāvastu(북전 大事, Edited by Senart)

Mhv. Mahāvaṁsa(大史), edited by Geiger

MW Monier-Williams′ Sanskrit-English Dictionary

Nd1. Mahā Niddesa(大義釋)

Nd1A. Mahā Niddesa Aṭṭhakathā (대의석 주석서)

Nd2. Cūla Niddesa(소의석)

Netti. Nettippakaraṇa(指道論)

NMD Ven. Ñāṇamoli′s *Pali-English Glossary of Buddhist Terms*

Pe. Peṭakopadesa(藏釋論)

PED *Pāli-English Dictionary* (PTS)

Pm. Paramatthamañjūsā = Visuddhimagga Mahāṭīkā(청정도론 복주서)

Ps. Paṭisambhidāmagga(무애해도)

Ptn. Paṭṭhāna(發趣論)

PTS Pāli Text Society

Pug. Puggalapaññatti(人施設論)

PugA. Puggalapaññatti Aṭṭhakathā (인시설론 주석서)

Pv. Petavatthu (아귀사)

Rv. Ṛgveda(리그베다)

S. Saṁyutta Nikāya(상윳따 니까야, 상응부)

SA. Saṁyutta Nikāya Aṭṭhakathā = Sāratthappakāsinī(상응부 주석서)

SAṬ. Saṁyutta Nikāya Aṭṭhakathā Ṭīkā(상응부 복주서)

Se Sinhala-scrip ed. of S.(스리랑카본)

Sk. Sanskrit

Sn. Suttanipāta(숫따니빠따, 경집)
SnA. Suttanipāta Aṭṭhakathā(숫따니빠따 주석서)
SS Ee에 언급된 S.의 싱할리어 필사본

Thag. Theragāthā(테라가타, 장로게)
ThagA. Theragāthā Aṭṭhakathā(장로게 주석서)
Thig. Therīgāthā(테리가타, 장로니게)
ThigA. Therīgāthā Aṭṭhakathā(장로니게 주석서)

Ud. Udāna(감흥어)
UdA. Udāna Aṭṭhakathā(감흥어 주석서)
Uv Udānavarga(북전 출요경, 出曜經)

VĀT Vanarata, Āananda Thera
Vbh. Vibhaṅga(위방가, 分別論)
VbhA. Vibhaṅga Aṭṭhakathā = Sammohavinodanī(분별론 주석서)

Vin. Vinaya Piṭaka(율장)
VinA. Vinaya Piṭaka Aṭṭhakathā = Samantapāsādikā(율장 주석서)
Vis. Visuddhimagga(청정도론)
v.l. variant reading(이문, 異文)
VRI Vipassanā Research Institute
VṬ Abhidhammaṭṭha Vibhavinī Ṭīkā(위바위니 띠까)
Vv. Vimānavatthu(천궁사)
VvA. Vimānavatthu Aṭṭhakathā(천궁사 주석서)

Yam. Yamaka(쌍론)
YamA. Yamaka Aṭṭhakathā = Pañcappakaraṇa(야마까 주석서)
Ybhūś Yogācārabhūmi Śarirārthagāthā(범본 유가사지론)

보디 스님　*The Connected Discourses of the Buddha*(상윳따 니까야 영역본)
냐나몰리　*The Middle Length Discourses of the Buddha*(맛지마 니까야 영역본)
아비담마 길라잡이　대림스님/각묵스님 옮김, 초기불전연구원, 7쇄 2009년.
우드워드　*The Book of the Kindred Sayings*(상윳따 니까야 영역본)
육차결집본　Vipassana Research Institute(인도) 간행 육차결집 본
청정도론　대림 스님 옮김, 초기불전연구원, 2004, 3쇄 2009.

일러두기

(1) 삼장(Tipitaka)과 주석서(Aṭṭhakathā)들은 별다른 언급이 없는 한 모두 PTS본(Ee)임.
「디가 니까야 복주서」(DAṬ)를 제외한 모든 복주서(Ṭīkā)들은
미얀마 육차결집본(Be, 인도 Vipassana Research Institute 간행)이고,
「디가 니까야 복주서」(DAṬ)는 PTS본이며,「청정도론」은 HOS본임.
S12:15는「상윳따 니까야」제12 상윳따(S12)의 15번째 경을 뜻하고
S.ii.234는 PTS본(Ee)「상윳따 니까야」제2권 234쪽을 뜻함.
S12:15/ii.17은「상윳따 니까야」제12 상윳따(S12)의 15번째 경으로
「상윳따 니까야」제2권 17쪽에 나타남을 뜻함.

(2) 본문에 나타나는 문단번호는 PTS(Ee)본의 문단번호를 존중하여 역자가 임의로 붙인 것임.

(3) 「청정도론 복주서」(Pm)의 숫자는 미얀마 6차결집본(VRI)의 문단번호임.

(4) [ ] 안의 숫자는 제1권은 Ee1, 나머지는 모두 Ee의 페이지 번호임.

(5) { } 안의 숫자는 제1권은 Ee2, 나머지는 모두 Ee의 게송번호임.

(6) 빠알리어는 정체로 표기하였고 영어는 이탤릭체로 표기하였음.

상윳따 니까야 제6권 해제

1. 들어가는 말

『상윳따 니까야』는 부처님이 남기신 가르침을 주제별로 모아서(saṁyutta) 결집한 것이다. 『상윳따 니까야』는 이러한 주제를 모두 56개 상윳따로 분류하여 결집하고 있다.[1)]

이들 56개 상윳따 가운데 「숲 상윳따」(S9)와 「비유 상윳따」(S20) 등 2개의 기타 상윳따를 제외하면, 「인연 상윳따」(S12)를 비롯한 26개 상윳따는 교학적인 주제를 중심으로 모은 것이고, 「꼬살라 상윳따」(S3) 등의 15개 상윳따는 특정한 인물과 관계된 가르침을 모은 것이며, 「천신 상윳따」(S1) 등 8개는 특정한 존재(비인간)에게 설하셨거나 혹은 이러한 특정한 존재와 관계된 가르침을 모은 것이고, 「비구니 상윳따」(S5) 등 5개의 상윳따는 특정한 부류의 인간에게 설하셨거나 이들과 관계된 가르침을 모은 것이다.

한편 특정한 인물과 관계된 상윳따들 가운데 「라훌라 상윳따」(S18) 등의 9개 상윳따는 모두 오온 등의 특정한 주제를 각 상윳따에서 하나씩 다루고 있다. 그러므로 이들 9개 상윳따도 교학적인 주제 중심의 상윳따에 포함시킬 수 있다. 그러면 교학적인 주제 중심의 상윳따는 모두 35개로 늘어난다.

주석서에 의하면 『상윳따 니까야』는 일차결집에서 결집(합송)되어서

---

1) 56개 주제는 본서 제1권 역자서문 §8을 참조할 것.

마하깟사빠(대가섭) 존자의 제자들에게 부촉되어 그들이 함께 외워서 전승하여 왔다고 한다.(DA.i.15)

거듭 밝히지만 빠알리어 원본 『상윳따 니까야』에는 제6권이 없다. 초기불전연구원에서 출간하는 한글 번역본 『상윳따 니까야』 제6권은 빠알리어 원본 『상윳따 니까야』 제5권의 분량이 너무 많아서 이 가운데 후반부에 해당하는 제51주제 「성취수단 상윳따」(Iddhipāda-saṁyutta, S51)부터 마지막인 제56주제 「진리[諦] 상윳따」(Sacca-saṁyutta)까지 6개의 상윳따와 찾아보기 등을 포함시켜서 엮은 것이다.

빠알리어 원본 『상윳따 니까야』 제5권은 부처님의 말씀 가운데서 37보리분법으로 일컬어지는 본격적인 수행과, 과위(果位)의 증득과, 진리에 관한 가르침을 담고 있다. 부처님 가르침을 크게 교학과 수행으로 나누어 본다면 『상윳따 니까야』 제2/3/4권에서는 교학에 관한 경들, 그 중에서도 각각 연기[緣], 오온[蘊], 육처[處]를 중심으로 하고 요소[界]나 그 외 다른 가르침들을 포함하여 편집하였다. 그리고 인・천에 관계된 존재들 특히 천신(S1), 신의 아들(S2), 마라(S4), 범천(S6), 약카(S10), 삭까(인드라, S11)와 같은 신들을 중심한 경들을 제1권에 배대하였다. 그리고 마지막 권인 제5권에서는 수행체계인 37보리분법과 들숨날숨에 대한 마음챙김과 禪을 배당하고 수행을 통해 증득되는 첫 단계의 성자인 예류자에 대한 가르침을 모은 뒤에(S55), 맨 마지막으로 56번째 상윳따에서 불교의 진리인 사성제를 배당하여 『상윳따 니까야』의 대미를 장식하고 있다. 그래서 빠알리어 원본 『상윳따 니까야』 제5권은 전통적으로 큰 가르침을 담은 책(Mahā-vagga)이라고 이름을 붙이고 있다.

Ee에 의하면 이 원본 제5권은 478쪽으로 구성되어 있는데, 이것은 240쪽인 제1권의 두 배에 해당하는 많은 분량이다. 그래서 초기불전연구원에서는 원본 제5권을 둘로 나누어서 제5권과 제6권으로 번역출간하고 있다. 한글 번역본 제5권은 빠알리어 원본 제4권에 나타나는 제43

주제 「무위 상윳따」(Asaṅkhata-saṁyutta, S43)와 제44주제 「설명하지 않음[無記] 상윳따」(Avyākata-saṁyutta, S44)와 원본 제5권의 첫 번째 여섯 개 상윳따들에 해당하는 제45주제 「도 상윳따」(Magga-saṁyutta, S45)부터 제50주제인 「힘 상윳따」(Bala-saṁyutta, S50)까지를 담고 있다. 그리고 여기 한글 번역본 제6권에는 나머지 상윳따들, 즉 제51주제인 「성취수단 상윳따」(Iddhipāda-saṁyutta, S51)부터 마지막 제56주제인 「진리 상윳따」(Sacca-saṁyutta, S56)까지 6개의 상윳따와 찾아보기 등을 포함시켰다.

2. 제6권의 구성

빠알리어 원본 『상윳따 니까야』 제5권에는 모두 12개의 상윳따가 포함되어 있는데, 이 가운데서 한글 번역본 『상윳따 니까야』 제6권에 포함된 상윳따들과 각 상윳따에 포함된 경들의 개수는 다음과 같다.

	명칭	경전 수	품 수
S51	성취수단	86	8
S52	아누룻다	24	2
S53	선(禪)	54	5
S54	들숨날숨	20	2
S55	예류	74	7
S56	진리[諦]	131	11
합계	6개 상응	389	35

이 가운데서 「성취수단 상윳따」(S51)는 37보리분법에 속하는 네 가지 성취수단[四如意足, iddhipāda]에 관계된 것이고 「선(禪) 상윳따」(S53)의 禪은 초선부터 제4선까지의 네 가지 선[四禪]을 말한다.

「들숨날숨 상윳따」(S54)는 몸·느낌·마음·법[身受心法]의 네 가지 마음챙기는 공부의 주제[四念處] 가운데 첫 번째인 신념처(身念處)의 14 가지 주제 중에서 다시 첫 번째이며, 『맛지마 니까야』「출입식념경」(M119)으로 나타나기도 하는 들숨날숨에 대한 마음챙기는 공부에 관한 가르침을 모은 것이다.

「예류 상윳따」(S55)의 예류는 예류, 일래, 불환, 아라한의 불교의 네 단계의 성자들 가운데 첫 번째인 예류를 뜻하고, 맨 마지막인 「진리[諦] 상윳따」(S56)는 사성제에 관한 가르침을 모은 것인데 이것은 붓다고사 스님이 『청정도론』에서 불교 교학을 온·처·계·근·제·연의 여섯으로 정리한 가운데서 다섯 번째인 제(諦, sacca)를 뜻한다.

그리고 『상윳따 니까야』의 각권에는 부처님의 제자를 중심한 상윳따가 들어 있는데, 본권에는 아누룻다 존자가 「아누룻다 상윳따」(S52)로 포함되어 나타난다. 이렇게 하여 한글 번역본 제6권은 빠알리어 원본 『상윳따 니까야』 제5권에 나타나는 12개의 상윳따들 가운데서 후반부에 속하는 6개의 상윳따로 구성되어 있다.

물론 여기 제6권에서도 이러한 6개의 주제들 가운데 20개가 넘는 경들을 포함하고 있는 상윳따는 이 경들을 각각 열 개씩으로 나누어서 품(vagga)이라는 명칭으로 분류하고 있다. 제3권과 제4권에서는 이러한 품이 10개가 넘을 경우에 다섯 개씩의 품을 「50개 경들의 묶음」이라는 명칭을 사용하여 묶어서 편집하였다. 여기 제6권에는 「진리 상윳따」(S56)가 100개 이상의 경들을 포함하고 있지만 비슷한 경들의 반복이 많이 나타나기 때문에 「50개 경들의 묶음」이라는 분류는 나타나지 않는다.

그러면 먼저 제6권에 포함되어 있는 6개의 상윳따를 개관해보도록 하자.

제51주제 「성취수단[如意足] 상윳따」(Iddhipāda-saṁyutta, S51)에 포

함된 86개 경들은 37보리분법에 속하는 네 가지 성취수단에 관한 경들을 담고 있다. 37보리분법에 해당하는 앞의 상윳따들(S45~S50)에서 나타난 다섯 가지 반복은 본 상윳따의 제4장부터 제8장까지에 꼭 같이 나타나고 있다.

제52주제 「아누룻다 상윳따」(Anuruddha-saṁyutta, S52)에 포함된 24개의 경들은 모두 아누룻다 존자와 관련된 것이다. 그래서 「아누룻다 상윳따」라 부른다. 본 상윳따에 포함된 24개의 경들은 예외 없이 모두 아누룻다 존자의 네 가지 마음챙김의 확립[四念處]에 대한 경들을 모은 것이다. 그래서 37보리분법이라는 수행에 관한 주제를 담고 있는 빠알리어 원본 『상윳따 니까야』 제5권에 포함시킨 것일 것이다.

제53주제 「선(禪) 상윳따」(Jhāna-saṁyutta, S53)에는 선과 관련된 54개의 경들이 포함되어 있다. 본 상윳따에는 모두 37보리분법에 관계된 위의 일곱 가지 상윳따들(S45~S51)에 나타난 다섯 가지 반복과 동일한 구조를 가진 경들만이 나타나고 그 외의 경들은 포함되어 있지 않다. 한편 『상윳따 니까야』에는 두 개의 「禪 상윳따」(Jhāna-saṁyutta)가 나타나고 있다. 여기에 대해서는 본서 제3권 「禪 상윳따」(S34)의 주해를 참조할 것.

제54주제 「들숨날숨 상윳따」(Ānāpāna-saṁyutta, S54)에 포함된 20개의 경들은 마음챙김 가운데서도 들숨날숨에 대한 마음챙김에 관계된 것이다. 들숨날숨에 대한 마음챙김은 16단계로 잘 설명되어 있는데 본 상윳따의 경들을 통해서 자세히 알 수 있다.

제55주제 「예류 상윳따」(Sotāpatti-saṁyutta, S55)에는 74개의 경들이 포함되어 있는데 예류자에 관한 가르침을 담고 있다. 그래서 「예류 상윳따」라 부른다. 그러나 꼭 예류자에 해당하는 것만이 나타나는 것은 아니다. 드물지만 일래·불환·아라한에 적용되는 구문도 나타나고 있다.

제56주제 「진리[諦] 상윳따」(Sacca-saṁyutta, S56)에 포함된 131개의 경들은 모두 네 가지 성스러운 진리[四聖諦]에 관한 가르침을 담고 있다. 『상윳따 니까야』는 진리 즉 사성제에 관한 경들을 마지막 상윳따인 S56에서 합송하면서 대단원의 막을 내리고 있다. 진리를 실현하라는 것을 『상윳따 니까야』의 마지막 메시지로 강조하고 있다고 하겠다.

이제 각각의 상윳따에 대해서 조금 자세하게 살펴보자.

3. 「성취수단[如意足] 상윳따」(S51)

(1) 성취수단이란 무엇인가

쉰한 번째 주제 「성취수단 상윳따」(Iddhipāda-saṁyutta, S51)에는 86개 경들이 포함되어 나타난다. 먼저 성취수단[如意足]의 의미에 대해서 살펴보자. 성취수단은 iddhi-pāda를 성취-수단으로 직역한 것이며 중국에서는 如意足(여의족)으로 옮겼다.

성취로 옮긴 iddhi(Sk. ṛddhi)는 √ṛdh(*to prosper*)에서 파생된 여성명사로 번영, 번창, 향상, 성공, 성취를 뜻하며 베다에서부터 나타나고 있다. 몇몇 초기불전에서는 여러 가지 세속적인 번영이 언급되고 있다. (D17/ii.177; M129/iii.176 등) 예를 들면 『디가 니까야』 「마하수닷사나 경」(D17 §§1.18~21)에는 용모, 긴 수명, 병 없음, 호감의 넷을 마하수닷사나 왕이 이룬 네 가지 성취로 들고 있는데 이 넷은 대표적인 세속적 성취라 할 수 있다. 그리고 『디가 니까야』 「대반열반경」(D16 §4.25)과 여러 경들에서는 큰 신통과 큰 위력(mahiddhikatā mahānubhāvatā)이라는 문맥으로도 나타나고 있다.

『청정도론』 XII.20~21은 세 가지로 iddhi를 정의하는데 ① 성공과 획득의 성취(XII.20)와 ② 수단의 구족(XII.21)과 ③ 신통(XII.22)이다.

이미 초기불전에서부터 iddhi는 두 가지 전문술어로 나타나고 있는데, 그것은 ① 신통변화[神足通]로 옮기는 iddhi-vidhā와, 본 상윳따(S51)의 모든 경들에 나타나는 ② 성취수단[如意足]으로 옮기고 있는 iddhi-pāda이다. 이 둘에 대해서 살펴보자

① 신통변화(iddhi-vidha)

이 가운데 신통변화는 육신통 가운데 첫 번째 신통으로, 본서 「이전 경」(S51:11 §8)과 본서 제2권 「수시마 경」(S12:70 §9) 등에서 "하나인 채 여럿이 되기도 하고 여럿이 되었다가 하나가 되기도 한다. 나타났다 사라졌다 하고 벽이나 담이나 산을 아무런 장애 없이 통과하기를 마치 허공에서처럼 한다. 땅에서도 떠올랐다 잠겼다 하기를 물속에서처럼 한다. 물 위에서 빠지지 않고 걸어가기를 땅 위에서처럼 한다. 가부좌한 채 허공을 날아가기를 날개 달린 새처럼 한다. 저 막강하고 위력적인 태양과 달을 손으로 만져 쓰다듬기도 하며 심지어는 저 멀리 범천의 세상에까지도 몸의 자유자재함을 발한다."로 정형화 되어 나타난다. 중국에서는 신족통(神足通)으로 옮겼다.

그리고 「께왓다 경」(D11 §1) 등에는 '신통의 기적'으로 옮기고 있는 iddhi-pāṭihāriya라는 술어가 나타난다. 그곳 §4에서 보듯이 이것은 6신통 가운데 첫 번째인 위의 신통변화[神足通, iddhi-vidha]와 같은 뜻으로 쓰인다.(본서 「탑묘 경」(S51:10) §8의 해당 주해 참조)

한편 『청정도론』 XII.21 이하에서는 『무애해도』에 나타나는 열 가지 신통을 든 뒤에 XII장 전체에서 설명하고 있다. 그것은 다음과 같다.

"① 결의에 의한 신통 ② 변형의 신통 ③ 마음으로 [다른 몸을] 만드는 신통 ④ 지혜가 충만함에 의한 신통 ⑤ 삼매가 충만함에 의한 신통 ⑥ 성자들의 신통 ⑦ 업의 과보로 생긴 신통 ⑧ 공덕을 가진 자의 신통 ⑨ 주술에 의한 신통 ⑩ 각각 바른 노력을 조건으로 성취한다는 뜻에서의 신통"(Ps.ii.205)이다.

② 성취수단[如意足, iddhi-pāda]

그리고 두 번째가 본 상윳따의 주제요 '성취수단'으로 옮기고 있는 iddhi-pāda이다. 여기서 pāda는 √pad(*to go*)에서 파생된 남성 혹은 중성명사인데 다리[足]를 뜻한다. 그래서 이 전체를 중국에서는 如意足(여의족)으로 옮겼다. 주석서는 ① 성취를 위한 수단(iddhiyā pādaṁ)과 ② 성취가 된 수단(iddhi-bhūtaṁ pādaṁ)의 두 가지로 '성취수단(iddhi-pāda)'을 설명하고 있다.(SA.iii.250)

성취수단의 정형구에는 ① 삼매(samādhi) ② 노력의 의도적 행위(padhāna-saṅkhāra) ③ 삼매를 낳는데 필요한 네 가지 특별한 요소들 즉 열의(chanda), 정진(viriya), 마음(citta), 검증(vīmaṁsa)의 세 가지 요소들이 포함되어 나타난다. 여기서 ① 삼매와 ② 노력의 의도적 행위는 네 가지 성취수단 모두에 다 포함되어 있다.

여기서 보듯이 네 가지 성취수단에서의 성취(iddhi)는 특히 삼매의 성취를 말한다. 물론 이러한 삼매 특히 제4선에 자유자재해야 신통(iddhi)도 성취된다고 주석서들은 말한다. 그래서 제4선을 신통의 토대가 되는 禪(padaka-jjhāna)이라고 한다.

그래서 부처님께서는 성취수단을 닦은 사람은 원하기만 하면 일 겁도 머물 수 있고 겁이 다하도록 머물 수도 있다고 본서 「탑묘 경」(S51:10) §5 = 『디가 니까야』 「대반열반경」(D22) §3.3)에서 말씀하셨다.

네 가지 성취수단[四如意足]의 정형구와 여기에 관계된 중요한 구절 몇 가지를 인용하면 다음과 같다.

"비구들이여, 만일 비구가 열의를 의지하여 삼매를 얻고 마음이 한 끝에 집중됨[心一境性]을 얻으면 이를 일러 열의를 주로 한 삼매라 한다. … 비구들이여, 만일 비구가 정진을 의지하여 … 비구들이여, 만일 비구가 마음을 의지하여 … 비구들이여, 만일 비구가 검증을 의지하여 삼매를 얻고 마음이 한 끝에 집중됨[心一境性]을 얻으면 이를 일러 검증을 주

로 한 삼매라 한다."(「열의를 주로 한 삼매 경」(S51:13) §§3~6)

"비구들이여, 과거에 … 미래에 … 현재에 크나큰 신통력과 크나큰 위력이 있는 사문들이나 바라문들은 누구든지 네 가지 성취수단을 닦고 많이 [공부]짓는 자들이다."(「사문·바라문 경」1(S51:16) §3)

"비구들이여, 네 가지 성취수단을 게을리하는 사람들은 누구든지 바르게 괴로움의 끝냄으로 인도하는 성스러운 도를 게을리하는 것이다. 비구들이여, 네 가지 성취수단을 열심히 행하는 자들은 누구든지 괴로움의 끝냄으로 인도하는 성스러운 도를 열심히 행하는 것이다."(「게을리함 경」(S51:2) §3)

"비구들이여, 네 가지 성취수단을 닦고 많이 [공부]지으면 그것은 염오로 인도하고, 탐욕의 빛바램으로 인도하고, 소멸로 인도하고, 고요함으로 인도하고, 최상의 지혜로 인도하고, 바른 깨달음으로 인도하고, 열반으로 인도한다."(「염오 경」(S51:4) §3)

이처럼 초기불전의 여러 경들을 종합해보면, 네 가지 성취수단은 니까야에서 ① 삼매를 성취하는 수단 ② 신통을 성취하는 수단 ③ 깨달음과 열반을 성취하는 수단의 셋으로 나타나고 있다.

(2)「성취수단 상윳따」(S51)의 개관

이제 본 상윳따를 전체적으로 개관해보자.

성취수단[如意足] 상윳따에는 86개 경들이 여덟 개 품으로 나누어져서 나타나고 있다. 이들은 모두 네 가지 성취수단[四如意足]에 관한 경들을 담고 있다. 그리고 본 상윳따에서도 제4장부터 제8장까지의 다섯 품은 본서 제5권「도 상윳따」(S45) 해제 §5-(2)-③과「깨달음의 구성요소 상윳따」(S46) 해제 §6-(3)-② 등에서 설명한 다섯 개 품들의 54개 경들이 반복되어 나타나는 것이다. 그러므로 본「성취수단 상윳따」도 ① 32개 경들을 포함하고 있는 제1장부터 제3장까지와 ② 54개의 경들을 포함하고 있는 제4장부터 제8장까지의 두 부분으로 구분할 수 있다.

① 제1장부터 제3장까지

제1장 「짜빨라 품」과 제2장 「강당을 흔듦 품」은 각각 10개씩의 경들을 담고 있고 제3장 「철환(鐵丸) 품」은 12개의 경들을 담고 있다. 이들 32개의 경들은 서로에 반복되는 구절이 없이 성취수단의 중요성을 설하고 있다. 32개 경들이 다 중요하지만 특히 「분석 경」(S51:20)은 네 가지 성취수단의 각 항목인 열의·정진·마음·검증을 자세하게 설명하고 있으므로 정독할 것을 권한다.

한편 본서 S51:5~6, 11~12, 14, 16~17, 19~22, 27~33 등의 18개 경들은 육신통을 비롯한 여러 가지 신통들이 모두 네 가지 성취수단(사여의족)을 닦아서 성취된다고 밝히고 있다. 이처럼 신통변화를 비롯한 육신통과 사여의족은 밀접한 관계가 있다.

그리고 「이 언덕 경」 등(S51:1~4)은 네 가지 성취수단에 의해서 이 언덕에서부터 저 언덕에 도달하고 괴로움을 끝내고 염오-이욕-소멸-열반으로 인도한다고 설하고 있으며, 「비구 경」 등(S51:7~9)과 「큰 결실 경」(S51:12)과 「비구 경」(S51:18)과 「비구 경」(S51:23)과 「결실 경」 1/2(S51:25~26)는 이 네 가지에 의해서 부처님이 되고 아라한과 불환자가 되고 심해탈과 혜해탈을 얻고 안·지·혜·명·광이 생긴다고 적고 있다.

「부분적으로 경」(S51:5)과 「완전하게 경」(S51:6)에서는 과거·현재·미래의 사문·바라문들은 네 가지 성취수단을 닦고 많이 [공부]지어서 신통변화를 나툰다고 적고 있으며, 「목갈라나 경」(S51:14)과 「사문·바라문 경」 1/2(S51:16~17)와 「도 경」(S51:21)과 「철환 경」(S51:22)과 「목갈라나 경」(S51:31)은 사여의족의 힘으로 육신통 등을 구족하게 된다고 설하고 있다.

한편 본 상윳따의 첫 번째인 「이 언덕 경」(S51:1 §5)과 「게을리함 경」(S51:2 §3) 등에는 "네 가지 성취수단을 열심히 행하는 자들은 누구든지 괴로움의 멸진으로 인도하는 성스러운 도를 열심히 행하는 것"이라고 나타나고 있다. 그리고 「가르침 경」(S51:19)과 「아난다 경」1 등(S51:27~30)은 팔정도를 닦아서 성취수단을 얻게 된다고 설명하고 있다. 그러므로 네 가지 성취수단은 결국 팔정도를 닦아서 얻어지는 것이며 아울러 이것은 모든 수행의 최종적인 결실인 괴로움의 소멸 즉 열반의 실현으로 귀결이 된다. 이처럼 사여의족은 궁극적으로는 육신통의 마지막인 누진통을 통해서도 해탈·열반을 실현하고 사여의족 그자체로도 해탈·열반을 실현하는 구조로 설해지고 있다.

경에 나타나는 여러 가지 iddhi(신통, 성취)에 대한 자세한 논의는 『무애해도』(Ps.205~214)에 나타나고 있다.

② 제4장부터 제8장까지

그리고 본 상윳따의 제4장부터 제8장까지의 다섯 개 품들에는 모두 54개의 경들이 포함되어 나타나는데, 이들은 본서 제5권의 「바른 노력 상윳따」(S49) 해제 §9-(1)에서 설명한 것과 같이 다섯 가지 반복되는 품들로 구성되어 있다. 이것을 다시 한 번 적어보면 다음과 같다.

먼저, 이 다섯 가지 품은 (1) 「강가 강의 반복」 (2) 「불방일 품」 (3) 「힘쓰는 일 품」 (4) 「추구 품」 (5) 「폭류 품」 의 다섯이다.

이 가운데 「강가 강의 반복」에는 여섯 가지 ①~⑥ 동쪽으로 흐름, 여섯 가지 ⑦~⑫ 바다의 모두 12개의 경들이 포함되어 있다.

「불방일 품」에는 ① 여래 ② 발자국 ③ 뾰족지붕 ④ 뿌리 ⑤ 심재 ⑥ 재스민 꽃 ⑦ 왕 ⑧ 달 ⑨ 태양 ⑩ 옷감의 10개의 경들이 포함되어 있다.

「힘쓰는 일 품」에는 ① 힘 ② 씨앗 ③ 용 ④ 나무 ⑤ 항아리 ⑥ 꺼끄러기 ⑦ 허공, 두 가지 ⑧~⑨ 구름 ⑩ 배 ⑪ 객사(客舍) ⑫ 강의 12개 경들이 포함되어 있다.

「추구 품」에는 ① 추구 ② 자만 ③ 번뇌 ④ 존재 ⑤ 괴로움의 성질 ⑥ 삭막함 ⑦ 때 ⑧ 근심 ⑨ 느낌 ⑩ 갈애 ⑪ 목마름의 10개 경들이 포함되어 있다.

마지막으로 「폭류 품」에는 ① 폭류 ② 속박 ③ 취착 ④ 매듭 ⑤ 잠재성향 ⑥ 감각적 욕망 ⑦ 장애 ⑧ 무더기 ⑨ 낮은 단계의 족쇄 ⑩ 높은 단계의 족쇄의 10개 경들이 포함되어 있다. 이렇게 하여 모두 54개의 경들이 다섯 개의 품에 포함되어 나타난다. 이들의 내용은 본서 제5권 「깨달음의 구성요소 상윳따」(S46)의 「동쪽으로 흐름 경」1(S46:77) 이하와 더 자세한 것은 「도 상윳따」(S45) 「동쪽으로 흐름 경」1(S45:91) 이하를 참조할 것.

이렇게 모두 다섯 개의 품에 포함된 54개의 경들은 본서 제5권과 제6권의 37보리분법에 관계된 상윳따들(S45~S51)과 「선(禪) 상윳따」(S53)에만 공통적으로 나타나고 있다. 이것은 앞의 제1/2/3/4권에는 나타나지 않는다.

4. 「아누룻다 상윳따」(S52)

쉰두 번째 주제인 「아누룻다 상윳따」(Anuruddha-saṁyutta, S52)에는 모두 아누룻다 존자와 관련된 24개의 경들이 포함되어 있는데, 제1장 「한적한 곳 품」과 제2장 「두 번째 품」으로 나누어져 있다. 첫 번째 품에는 10개의 경들이, 두 번째 품에는 14개의 경들이 포함되어 있다.

이들 24개의 경들은 예외 없이 모두 아누룻다 존자의 네 가지 마음챙김의 확립에 대한 경을 모은 것이다. 이미 본서 제5권 「마음챙김의 확립 상윳따」(S47)의 「부분적으로 경」(S47:26~28) 등에서 아누룻다 존자는 네 가지 마음챙김의 확립에 능통하였음이 설해지고 있다. 이런 의미에서 본 상윳따는 「마음챙김의 확립 상윳따」(S47)에 대한 일종의 부록이라 할 수 있다. 그리고 이런 가르침을 담고 있기 때문에 본 상윳따를 37 보리분법과 초기불교의 수행을 기본 주제로 하는 빠알리 원본 『상윳따 니까야』의 제5권에 포함시켰을 것이다.

본 상윳따에 나타나는 경들을 간략하게 살펴보면 다음과 같다.

「한적한 곳 경」 1/2(S52:1~2)는 사념처의 수행은 괴로움의 끝으로 인도한다고 적고 있으며, 「수따누 경」(S52:3)과 「가시덤불 숲 경」 3(S52:6)과 「천 겁 경」(S52:11)에서는 최상의 지혜로 인도한다고 하며, 「갈애의 멸진 경」(S52:7)에서는 갈애의 멸진으로 인도하고, 「중병 경」(S52:10)에서는 괴로운 느낌을 극복하고, 「가시덤불 숲 경」 1/2(S52:4~5)는 유학이거나 무학인 비구가 머무는 곳이라고 설명하고 있다.

그리고 「신통변화 경」 등(S52:12~23)의 12개 경들에서는 신통변화 등의 다양한 능력을 갖추게 된다고 적고 있으며, 마지막으로 「번뇌의 멸진 경」(S52:24)에서는 "나는 이러한 네 가지 마음챙김의 확립을 닦고 많이 [공부]지었기 때문에 모든 번뇌가 다하여 아무 번뇌가 없는 마음의 해탈[心解脫]과 통찰지를 통한 해탈[慧解脫]을 바로 지금·여기에서 스스로 최상의 지혜로 실현하고 구족하여 머뭅니다."로 끝을 맺고 있다.

이처럼 본 상윳따에 포함된 경들은 모두 네 가지 마음챙기는 공부의 중요성을 역설하고 있다.

5. 「선(禪) 상윳따」(S53)

쉰세 번째 주제인 「선(禪) 상윳따」(Jhāna-saṁyutta, S53)에는 선과 관련된 54개의 경들이 전체 다섯 품으로 나누어져서 있다. 그런데 이 다섯 품들은 「도 상윳따」(S45) 해제 §5-(2)-③과 위의 「성취수단 상윳따」(S51) 해제 §3-② 등에서 설명한 (1) 「강가 강의 반복」 (2) 「불방일 품」(3)「힘쓰는 일 품」(4)「추구 품」(5)「폭류 품」의 다섯 가지 반복되는 품들과 같으며 여기에 포함된 54개의 경들도 같은 방법으로 설해지고 있다. 여기에 대해서는 위의「성취수단 상윳따」(S51) 해제 §3-②의 설명을 참조할 것.

한편『상윳따 니까야』에는 두 개의「禪 상윳따」(Jhāna-saṁyutta)가 나타나고 있다. 하나는 이곳에 나타나는「禪 상윳따」(S53)이고 다른 하나는 제3권에 나타나는「禪 상윳따」(S34)이다. 두 상윳따 가운데 본 상윳따(S53)는 초선부터 제4선까지의 네 가지 선 즉 본삼매를 다루고 있고, 제3권의「선 상윳따」(S34)는 이러한 본삼매를 증득하는 과정에 초점을 맞추고 있다. 여기에 대해서는 본서 제3권「禪 상윳따」(S34)의 첫 번째 주해를 참조할 것.

본 상윳따뿐만 아니라 빠알리 삼장 전체에 나타나는 네 가지 禪의 기본 정형구는 다음과 같다.

"비구들이여, 네 가지 禪이 있다. 무엇이 넷인가?

비구들이여, 여기 비구는 감각적 욕망들을 완전히 떨쳐버리고 해로운 법[不善法]들을 떨쳐버린 뒤, 일으킨 생각[尋]과 지속적인 고찰[伺]이 있고, 떨쳐버렸음에서 생겼으며, 희열[喜]과 행복[樂]이 있는 초선(初禪)에 들어 머문다.

일으킨 생각과 지속적인 고찰을 가라앉혔기 때문에 [더 이상 존재하지 않으며], 자기 내면의 것이고, 확신이 있으며, 마음의 단일한 상태이고, 일으킨 생각과 지속적인 고찰이 없고, 삼매에서 생긴 희열과 행복이 있는 제2선(二禪)에 들어 머문다.

희열이 빛바랬기 때문에 평온하게 머물고, 마음챙기고 알아차리며 몸으로 행복을 경험한다. 이 [禪 때문에] '평온하고 마음챙기며 행복하게 머문다.'고 성자들이 묘사하는 제3선(三禪)에 들어 머문다.

행복도 버리고 괴로움도 버리고, 아울러 그 이전에 이미 기쁨과 슬픔이 소멸되었으므로 괴롭지도 즐겁지도 않으며, 평온으로 인해 마음챙김이 청정한[捨念淸淨] 제4선(四禪)에 들어 머문다.

비구들이여, 이러한 네 가지 禪이 있다."(본서 「동쪽으로 흐름 경」(S53:1) 등)

여기에 소개한 네 가지 禪의 정형구는 『위방가』(Vbh.244~261)에 잘 설명되어 있다. 특히 『청정도론』 제4장에서 상세하게 설명되고 있으므로 일독을 권한다. 특히 초선의 정형구는 『청정도론』 제4장 §79 이하에서, 제2선의 정형구는 §139 이하에서, 제3선의 정형구는 §153 이하에서, 제4선의 정형구는 §183 이하에서 상세하게 설명되어 나타난다.

한편 주석서 문헌에서는 다섯 가지 禪의 구성요소(pañca jhān-aṅga)라는 표현을 즐겨 쓰고 있다. 여기서 다섯 가지는 일으킨 생각[尋, vitakka], 지속적인 고찰[伺, vicāra], 희열[喜, pīti], 행복[樂, sukha], 심일경성(心一境性, 마음이 한 끝에 집중됨, cittassa ekaggatā = 집중 = 定)이며, 한문으로는 심·사·희·락·정(尋·伺·喜·樂·定)이다.(본서 제5권 「바라문 경」(S45:4) §6의 주해 참조)

전통적으로 네 가지 禪은 심·사·희·락·정이라는 이러한 다섯 가지 심리현상들 혹은 마음부수법[心所法]들에다 평온[捨, upekkhā]의 심리현상을 더하여 여섯 가지를 가지고 설명하고 있다. 위에 소개한 네 가지 禪의 정형구에서 보듯이 네 가지 선 가운데 초선은 심·사·희·락·정의 다섯 가지 심리현상들을 특징으로 하고 있으며, 제2선은 이 가운데 심과 사가 가라앉고 희·락·정이 두드러진 상태이고, 제3선은 다시 희가 가라앉아 낙(樂)과 정만이 있는 상태이며, 제4선은 낙도 가라앉고 대신에 사(捨)가 확립되어 사와 정(定)만이 드러나는 상태이다.[2)]

---

2) 여기에 대해서는 『아비담마 길라잡이』 1장 §18의 [해설], 특히 151쪽의 도표를 참조할 것.

6. 「들숨날숨 상윳따」(S54)

(1) 들숨날숨에 마음챙기는 공부란 무엇인가

① 개요

쉰네 번째 주제인 「들숨날숨 상윳따」(Ānāpāna-saṁyutta, S54)에는 20개의 경들이 포함되어 있는데, 제1장 「하나의 법 품」과 제2장 「두 번째 품」으로 나누어져서 각각에 10개씩의 경들을 담고 있다.

본서 제5권 「마음챙김의 확립 상윳따」(S47)의 해제 §7-(1)-④에서 살펴보았듯이 마음챙김의 대상은 몸·느낌·마음·법[身受心法]의 네 가지이다. 그래서 네 가지 마음챙김의 확립[四念處]으로 정형화되어서 경의 도처에 나타난다. 이 가운데 몸이라는 마음챙김의 대상은 다시 14개로 구성이 되어 있는데, 그것은 ① 들숨날숨 ② 네 가지 자세 ③ 네 가지 분명히 알아차림 ④ 32가지 몸의 형태 ⑤ 사대(四大)를 분석함 ⑥~⑭ 아홉 가지 공동묘지의 관찰이다. 그리고 이 가운데 첫 번째가 바로 들숨날숨이다.

부처님 재세시부터 지금까지 이 들숨날숨은 마음챙김의 아주 중요한 대상으로 여겨졌다. 그래서 이미 『맛지마 니까야』에 「들숨날숨에 대한 마음챙김 경」(出入息念經, M118)이 따로 독립되어 나타나고 있기도 하다. 이런 배경에서 37보리분법을 위주로 한 초기불교의 수행에 대한 가르침을 담고 있는 빠알리어 원본 『상윳따 니까야』 제5권에서도 들숨날숨에 대한 마음챙김을 따로 분리해서 본 상윳따로 편성하였을 것이다.

② 들숨날숨에 마음챙기는 공부의 중요성

부처님께서는 어떤 수행법을 통해서 깨달음을 얻으셨을까? 만일 부처님께서 직접 행하신 수행법이 있다면 그것은 무엇일까? 많은 불자들이 가지는 관심 중의 하나이다. 여기에 대해서 초기불전들은 별다른 언급을 하고 있지 않다. 그러나 부처님의 성도과정을 언급하고 있는 『맛지마 니까야』 「긴 삿짜까 경」(Mahāsaccaka Sutta, M36)에 해당하는 주석서에 의하면 부처님께서는 들숨날숨에 대한 마음챙김(ānapānasati, 出入息念)을 통해서 증득한 초선이 깨달음을 얻는 길이라고 판단하셨다고 언급하고 있다.[3]

『맛지마 니까야』「들숨날숨에 마음챙기는 경」(Ānāpānasati Sutta, 出入息念經, M118)에서 부처님께서는 해제를 늦추시면서까지 여러 비구들에게 들숨날숨에 마음챙기는 공부를 독려하고 계시며, 역시 『맛지마 니까야』「긴 라훌라 교계경」(Mahārahulovāda Sutta, M62)에서 부처님께서는 당신의 외아들인 라훌라 존자에게도 이 들숨날숨에 마음챙기는 공부를 가르치고 계신다. 여러 주석서들도 아난다 존자 등 중요한 직계 제자들도 들숨날숨에 마음챙기는 공부를 통해서 아라한과를 얻었다고 언급하고 있다.

그리고 『디가 니까야 주석서』(DA)는 들숨날숨에 대한 마음챙김의 확립은 "모든 부처님과 벽지불과 성문들이 특별함을 증득하여 지금·여기서 행복하게 머무는 기초가 된다."고 설명하고 있다.[4] 이처럼 들숨날숨에 대한 마음챙김은 불교 수행에서 각별한 위치를 차지하고 있다.

상좌부불교의 부동의 준거가 되는 『청정도론』에서도 들숨날숨에 대한 마음챙김은 아주 상세하게 설명되어 있다. 『청정도론』은 특히 본 상윳따의 모든 경들에서 나타나고 있는 열여섯 단계의 정형구를 토대로 해서 들숨날숨에 마음챙기는 공부를 설명하고 있으며 이것을 다시 네 개씩 조를 짜서 네 가지로 나누어서 설명하고 있다.

③ 16단계의 정형구

본 상윳따의 모든 경들에서 나타나고 있는 들숨날숨에 마음챙기는 공부의 열여섯 단계는 다음과 같다.

---

3) siyā nu kho eso maggo bodhāyāti bhaveyya nu kho etaṁ ānāpānassatipaṭhamajjhānaṁ bujjhanatthāya maggoti.(MA.ii.291)

4) DA.iii.763; 『네 가지 마음챙기는 공부』 120쪽 참조.

① 길게 들이쉬면서는 '길게 들이쉰다.'고 꿰뚫어 알고(pajānāti), 길게 내쉬면서는 '길게 내쉰다.'고 꿰뚫어 안다.

② 짧게 들이쉬면서는 '짧게 들이쉰다.'고 꿰뚫어 알고, 짧게 내쉬면서는 '짧게 내쉰다.'고 꿰뚫어 안다.

③ '온몸을 경험하면서 들이쉬리라.'며 공부짓고(sikkhati), '온몸을 경험하면서 내쉬리라.'며 공부짓는다.

④ '몸의 작용[身行]을 편안히 하면서 들이쉬리라.'며 …

⑤ '희열을 경험하면서 들이쉬리라.'며 …

⑥ '행복을 경험하면서 들이쉬리라.'며 …

⑦ '마음의 작용을 경험하면서 들이쉬리라.'며 …

⑧ '마음의 작용을 편안히 하면서 들이쉬리라.'며 …

⑨ '마음을 경험하면서 들이쉬리라.'며 …

⑩ '마음을 기쁘게 하면서 들이쉬리라.'며 …

⑪ '마음을 집중하면서 들이쉬리라.'며 …

⑫ '마음을 해탈케 하면서 들이쉬리라.'며 …

⑬ '무상을 관찰하면서 들이쉬리라.'며 …

⑭ '탐욕이 빛바램을 관찰하면서 들이쉬리라.'며 …

⑮ '소멸을 관찰하면서 들이쉬리라.'며 …

⑯ '놓아버림을 관찰하면서 들이쉬리라.'며 공부짓고 '놓아버림을 관찰하면서 내쉬리라.'며 공부짓는다.

본서 「낌빌라 경」(S54:10) §§7~10에도 나타나지만 이 16단계는 다시 네 개의 무리로 분류되어 네 가지 마음챙김의 확립의 각각에 배대된다. 이것은 『맛지마 니까야』 「들숨날숨에 마음챙기는 경」(M118)에도 나타난다. 이러한 경들에서 세존께서는 ①~④의 넷을 사념처의 신념처(身念處, 몸에 대한 마음챙김의 확립)에 해당한다고 설하시고, ⑤~⑧은 수념처(受念處, 느낌에 대한 마음챙김의 확립)에, ⑨~⑫는 심념처(心念處, 마음에 대한 마음챙김의 확립)에, ⑬~⑯은 법념처(法念處, 법에 대한 마음챙김의 확립)에 해당한다고 설하고 계신다.

『청정도론』에서도 이 가운데서 첫 번째 네 개조는 초심자를 위한 가장 기본이 되는 명상주제이며, 나머지 세 개의 네 개조(⑤~⑯)는 ①~④를 통해서 삼매를 증득한 자를 위해서 각각 느낌[受], 마음[心], 법(法)의 관찰로써 설한 것이라고 설명하고 있다.[5] 그래서 『청정도론』은 이 들숨날숨에 마음챙기는 공부를 통해서 제4선을 얻고 그것을 바탕으로 위빳사나를 하여 무애해를 겸한 아라한과를 얻기를 원하는 수행자를 위해서 설한 것이 바로 이 열여섯 단계의 들숨날숨에 마음챙기는 공부법이라고 적고 있다.[6]

특히 『청정도론』에서는 이 공부법을 ① 헤아림(gaṇanā) ② 연결(anu-bandhanā) ③ 닿음(phusanā) ④ 안주함(ṭhapanā) ⑤ 주시(sallakkhaṇā) ⑥ 환멸(還滅, vivaṭṭanā) ⑦ 두루 청정함(pārisuddhi) ⑧ 되돌아봄(paṭi-passanā)의 여덟 단계로 설명하는데[7] 아주 요긴한 가르침이므로 『청정도론』의 해당부분을 정독할 것을 권한다. 그리고 이것은 구마라즙 스님이 옮긴 『불설대안반수의경』(佛說大安般守意經)에 '마음챙김의 여섯 가지 경우[守意六事]'로 나타나는 수·수·지·관·환·정(數·隨·止·觀·還·淨)의 여섯 단계의 수행과 일맥상통하는 가르침이고, 역시 구마라즙 스님이 옮긴 『좌선삼매경』(坐禪三昧經)에서 '들숨날숨을 통한 삼매의 6종문 16분[阿那般那三昧六種門十六分]'에 나타나는 수·수·지·관·전관·청정(數·隨·止·觀·轉觀·淸淨)과도 비교가 되는 중요한 가르침이다.

아울러 우리가 주목해야 할 점은 『청정도론』에서는 들숨날숨을 챙

---

5) 『청정도론』 VIII.186.

6) 『청정도론』 VIII.186.

7) 『청정도론』 VIII.189 이하를 참조할 것.

기는 것을 '숨이 계속해서 닿는 부분에 마음챙김을 두고'[8]라고 구체적으로 설명하고 있다는 것이다. 이것은 들숨날숨에 마음챙기는 공부에 대한 가장 중요한 설명으로 남방 스님들이 많이 인용하는 구문이다. 『청정도론』의 이런 설명은 지금 미얀마에서 가르치고 있는 마하시 스님 계열의 수행법과 인도 등지에서 가르치고 있는 고엔카 수행법의 논리적인 근거가 되는 것이므로 우리가 정독해서 음미해봐야 할 부분이다.[9]

(2) 「들숨날숨 상윳따」(S54)의 개관

본 상윳따에 포함된 20개의 경들은 모두 16단계로 된 들숨날숨에 마음챙기는 공부의 정형구를 포함하고 있다.

우선 「하나의 법 경」 등(S54:1~5) 다섯 개 경들과 「등불 비유 경」(S54:8)과 「낌빌라 경」(S54:10)에서는 "들숨날숨에 대한 마음챙김을 닦고 많이 [공부]지으면 큰 결실이 있고 큰 이익이 있다."고 설한다. 그리고 그 결실로는 아라한과와 불환과 등과 지금·여기에서 구경의 지혜를 성취함부터 더 높은 세계로 재생하여 색구경천에 이르는 자가 되는 일곱 가지 결실과 이익과 4선-4처-상수멸의 증득 등을 들고 있다. 「잇차낭갈라 경」(S54:11)도 여기에 포함시킬 수 있다.

그리고 「아난다 경」 1/2(S54:13~14)와 「비구 경」 1/2(S54:15~16)에서는 들숨날숨의 한 가지 법을 닦고 많이 [공부]지으면 네 가지 마음챙김의 확립이라는 네 가지 법을 가득 채우게 되고, 네 가지 법을 닦고 많이 [공부]지으면 일곱 가지 깨달음의 구성요소라는 일곱 가지 법을 가득 채우게 되고, 일곱 가지 법을 닦고 많이 [공부]지으면 명지와 해탈이라는 두 가지 법을 가득 채우게 된다고 설한다.

---

8) phuṭṭha-phuṭṭha-okāse satiṁ ṭhapetvā – Vis.VIII.194.

9) 이상 대림스님의 『들숨날숨에 마음챙기는 공부』 '들어가는 말'의 해당 부분을 인용하였다.

또한 「족쇄 경」 등(S54:17~20)의 네 개 경에서는 들숨날숨에 대한 마음챙김을 통한 삼매를 닦고 많이 [공부]지어서 족쇄를 제거하고 잠재성향을 뿌리 뽑고 도정을 철저히 알게 되고 번뇌들을 멸진한다고 설하고 있다.

한편 「웨살리 경」(S54:9)은 생소한 일화를 담고 있다. 세존께서 여러 가지 방법으로 부정(不淨)에 관한 말씀을 하시고 반 달 동안 홀로 칩거하신 뒤에 대중들이 많이 줄어든 것을 보시게 된다. 그 이유가 세존께서 부정관을 칭송하셨기 때문에 비구들 몇 십 명이 칼로 자결한 것임을 아시고 대중들에게 이 들숨날숨에 마음챙기는 수행을 가르치셨다고 본경은 적고 있다. 세존께서는 이렇게 말씀하신다.

"들숨날숨에 대한 마음챙김을 통한 삼매를 닦고 많이 [공부]지으면 고요하고 수승하고 순수하고 행복하게 머물고, 나쁘고 해로운 법[不善法]들이 일어나는 족족 즉시에 사라지게 하고 가라앉게 한다."(본서 「웨살리 경」(S54:9) §8)

이런 이유 등으로 세존께서는 비구들에게 들숨날숨에 마음챙기는 수행을 많이 장려하셨다. 경과 주석서에 의하면 세존의 외동 아들인 라훌라 존자도, 세존의 사촌 동생이면서 오랫동안 시자소임을 보았고 『경장』 결집의 주역이었던 아난다 존자도 모두 이 들숨날숨에 마음챙기는 공부를 통해서 아라한이 되었다.

7. 「예류 상윳따」(S55)

(1) 개요

이상으로 빠알리어 원본 『상윳따 니까야』 제5권에서는 37보리분을 위시한 초기불교의 수행에 관한 10개의 상윳따가 설해졌다. 이제 본서의 나머지 두 상윳따는 이러한 수행을 토대로 실현되는 경지에 관한 가르침을 담고 있다. 그 첫 번째가 성자의 첫 번째 단계인 예류자에 대한 것이요, 두 번째는 불교의 진리를 총체적으로 담고 있는 네 가지 성스러운 진리(사성제)이다.

쉰다섯 번째 주제인 「예류 상윳따」(Sotāpatti-saṁyutta, S55)에는 74개의 경들이 제1장 「웰루드와라 품」, 제2장 「왕의 원림 품」, 제3장 「사라까니 품」, 제4장 「공덕이 넘쳐흐름 품」, 제5장 「게송을 포함한 공덕이 넘쳐흐름 품」, 제6장 「통찰지를 지닌 자 품」, 제7장 「큰 통찰지 품」의 일곱 개 품들로 나누어져 나타난다. 이 가운데 제1품부터 제5품까지에는 각각 10개의 경들이 포함되어 있고, 제6품에는 11개의 경들이, 제7품에는 13개의 경들이 포함되어 있다.

이들 74개의 경들은 모두 예류자에 관한 것이다. 그러나 꼭 예류자에 해당하는 것만이 나타나는 것은 아니다. 「사라까니 경」 1/2(S55:24~25)와 「벽돌집 경」 1/2/3(S55:8)과 「안거를 마침 경」(S55:52)과 「예류과 경」 등(S55:55~58)에는 일래자·불환자·아라한에 대한 언급도 나타나고 있다.

(2) 예류자의 정형구 두 가지

한편 본 상윳따에서 예류자는 대부분 "네 가지 법을 구족한 성스러운 제자는 흐름에 든 자[預流者]여서 [악취에] 떨어지지 않는 법을 가졌고 [해탈이] 확실하며 완전한 깨달음으로 나아간다."라는 정형구로 나타나고 있다. 그리고 이러한 예류자의 구성요소로 두 가지 정형구를 들고 있다.

첫째는 불·법·승에 대한 흔들림 없는 청정한 믿음과 계를 지니는 것이다. 경문을 인용하면 다음과 같다.

"비구들이여, 여기 성스러운 제자는 '이런 [이유로] 그분 세존께서는 아라한[應供]이시며, 완전히 깨달은 분[正等覺]이시며, 명지와 실천을 구족한 분[明行足]이시며, 피안으로 잘 가신 분[善逝]이시며, 세간을 잘 알고 계신 분[世間解]이시며, 가장 높은 분[無上士]이시며, 사람을 잘 길들이는 분[調御丈夫]이시며, 하늘과 인간의 스승[天人師]이시며, 깨달은 분[佛]이시며, 세존(世尊)이시다.'라고 부처님께 흔들림 없는 청정한 믿음을 지닌다.

그는 '법은 세존에 의해서 잘 설해졌고, 스스로 보아 알 수 있고, 시간이 걸리지 않고, 와서 보라는 것이고, 향상으로 인도하고, 지자들이 각자 알아야 하는 것이다.'라고 법에 흔들림 없는 청정한 믿음을 지닌다.

그는 '세존의 제자들의 승가는 잘 도를 닦고, 세존의 제자들의 승가는 바르게 도를 닦고, 세존의 제자들의 승가는 참되게 도를 닦고, 세존의 제자들의 승가는 합당하게 도를 닦으니, 곧 네 쌍의 인간들이요[四雙] 여덟 단계에 있는 사람들[八輩]이시다. 이러한 세존의 제자들의 승가는 공양받아 마땅하고, 선사받아 마땅하고, 보시받아 마땅하고, 합장받아 마땅하며, 세상의 위없는 복밭[福田]이시다.'라고 승가에 흔들림 없는 청정한 믿음을 지닌다.

그는 성자들이 좋아하며 훼손되지 않았고 뚫어지지 않았고 오점이 없고 얼룩이 없고 벗어나게 하고 지자들이 찬탄하고 [성취한 것에] 들러붙지 않고 삼매에 도움이 되는 계를 지닌다.

비구들이여, 이러한 네 가지 법을 구족한 성스러운 제자는 흐름에 든 자[預流者]여서 [악처에] 떨어지지 않는 법을 가졌고 [해탈이] 확실하며 완전한 깨달음으로 나아간다."(본서 「전륜성왕 경」(S55:1) §5 이하 등)

두 번째 정형구는 다음과 같다.

"네 가지 예류도를 얻기 위한 구성요소가 있다. 무엇이 넷인가?

그것은 참된 사람을 섬김, 정법을 배움, 지혜롭게 마음에 잡도리함, [출세간]법에 이르게 하는 법을 닦음이다.

비구들이여, 이러한 네 가지 예류도를 얻기 위한 구성요소가 있다."
(「구성요소 경」(S55:50))

이 정형구는 「사리뿟따 경」 2(S55:5), 「구성요소 경」 (S55:50), 「예류과 경」 등(S55:55~58), 「통찰지를 얻음 경」 등(S55:59~61), 「큰 통찰지 경」 등(S55:62~74)의 22개 경에 나타나고 있다.

그런데 여기서 두 번째 정형구에 나타난 '예류도를 얻기 위한 구성요소'는 sotāpattiyaṅga(예류자의 구성요소)를 옮긴 것이다. 그런데 첫 번째에서 인용한 불·법·승에 대한 흔들림 없는 청정한 믿음과 계를 지님에 대한 정형구는 본 상윳따의 「디가유 경」 (S55:3 §7) 외의 여러 곳에서도 꼭 같은 술어인 sotāpattiyaṅga로 언급되고 있다. 그런데 이 첫 번째의 경우에 역자는 모두 '예류[과]를 얻은 자의 구성요소'로 옮겼다. 즉 두 번째 정형구는 예류도를 얻기 위한 '준비단계'의 요소들로 본 것이며, 첫 번째 정형구 즉 불·법·승에 대한 흔들림 없는 믿음과 계를 지님의 넷은 '예류과를 이미 얻은' 자들이 갖추고 있는 구성요소로 본 것이다. 역자가 같은 술어를 문맥에 따라 이렇게 다르게 옮긴 것은 다른 곳의 경문과 주석서를 참고했기 때문이다.[10)]

『디가 니까야』 「합송경」 (D33 §1.11 (13))에도 본경에 나타나는 '참된 사람을 섬김, 정법을 배움, 지혜롭게 마음에 잡도리함, [출세간]법에 이르게 하는 법을 닦음'의 넷이 sotāpattiyaṅga라는 이름으로 언급되고 있다. 그런데 이곳의 주석서는 "원문 sotāpattiyaṅga란 예류도를 얻기 위한 구성요소라는 뜻이다."[11)]라고 설명을 달고 있다. 그리고 후자 즉 불·법·승에 대한 흔들림 없는 믿음과 계를 지님의 넷은 그곳 (14)에서 네 가지 '예류[과]를 얻은 자의 구성요소(sotāpannassa aṅga)'로 나타나고 있다. 즉 전자는 예류도를 얻기 위한 준비단계의 요소들이라는 뜻이며, 후자는 이미 예류과를 얻은 자들의 구성요소라는 뜻이다.

---

10) 여기에 대한 설명은 본서 제2권 「다섯 가지 증오와 두려움 경」 1(S12:41) §5의 주해를 참조할 것.

11) sotāpatti-maggassa paṭilābha-kāraṇānīti attho – DA.iii.1020.

한편 본 상윳따의 「예류과 경」 등(S55:55~74)에서는 '참된 사람을 섬김, 정법을 배움, 지혜롭게 마음에 잡도리함, [출세간]법에 이르게 하는 법을 닦음'의 네 가지를 닦으면 일래과와 불환과와 아라한과와 큰 통찰지 등도 얻게 된다고 설명하고 있다.

(3) 「예류 상윳따」(S55)의 개관

위에서 살펴보았듯이 본 상윳따의 22개의 경들에는 두 번째 정형구인 "참된 사람을 섬김, 정법을 배움, 지혜롭게 마음에 잡도리함, [출세간]법에 이르게 하는 법을 닦음"의 네 가지가 예류도를 얻기 위한 구성요소로 나타나고 있다.

본 상윳따에 포함된 74개의 경들 가운데 이들 22개 경을 제외한 나머지 52개의 경들은 한 두 곳을 제외하고는 모두 앞의 첫 번째인 불·법·승에 대한 흔들림 없는 청정한 믿음과 계를 지님에 대한 정형구가 나타나고 있다. 여기에 대해서 간략하게 살펴보면 다음과 같다.

「불행한 곳 경」 1/2(S55:14~15)는 불·법·승에 대한 믿음과 계를 지닌 자는 "모든 불행한 곳에 대한 두려움을 건넌다."고 설하고 있다.

「바라문 경」(S55:12)에서는 바라문들이 향상이라 부르는 잘못된 도닦음 대신에 불·법·승에 대한 흔들림 없는 믿음과 계를 지닐 것을 말씀하고 계신다.

「신들을 방문함 경」 1/2/3(S55:18~20)에는 불·법·승에 대한 흔들림 없는 믿음을 가지고 계를 지녀 천상에 태어나는 것을 삼십삼천의 신들에게 설하는 내용을 담고 있다.

「마하나마 경」 1/2(S55:21~22)에서는 특별한 경지로 가게 되고 열반으로 향하게 된다고 말씀하신다. 「고다 경」(S55:23)과 「사라까니 경」 1/2(S55:24~25)와 「아나타삔디까 경」 1/2(S55:26~27)와 「두려움과 증오 경」 1/2(S55:28~29) 등부터 「넘쳐흐름 경」 3(S55:43)까지에 나타나는 여러 경들도 불·법·승에 대한 믿음과 계를 지니는 공덕으로 두려움과 증오를 가라앉히고 공덕이 넘쳐흐르는 등의 비슷한 내용을 담고 있다.

특히 「병 경」(S55:54)에서 세존께서는 "중병에 걸려 아픔과 고통에 시달리고 있는 통찰지를 가진 재가 신도에게 이러한 네 가지 안식(安息)을 가져오는 법으로 안식을 줄 것을" 강조하고 계시는데, 물론 이것은 다름 아닌 불·법·승에 대한 흔들림 없는 믿음과 계를 지님의 넷을 말한다. 이처럼 본 상윳따에 포함된 대부분의 경들은 불·법·승에 대한 흔들림 없는 믿음과 계를 지님의 넷을 칭송하고 그 공덕을 나열하고 있다.

불교는 통찰지(반야)를 강조하는 종교임은 분명하다. 그러나 본 상윳따에서 보듯이 믿음과 계를 지니는 것이 성자가 되는 가장 기본이 되는 요소임은 더욱 분명하다. 그러기에 초기경의 도처에서 불자가 되는 기본 덕목으로 삼귀의와 오계를 들고 있는 것이다. 본 상윳따에서도 삼귀의와 계를 지니는 자는 천상에 태어난다고 분명히 말씀하고 계시듯이 다른 니까야들도 이것을 강조하고 있다. 특히 재가자들에게 하신 설법을 많이 담고 있는 『앙굿따라 니까야』에는 이것을 강조하는 경들이 많이 전승되어 온다. 불자들은 삼보에 대한 굳건한 믿음과 계를 지녀 금생에도 행복하고 내생에도 행복하며 이를 토대로 해서 통찰지를 증장하게 하고 개발하여 해탈·열반의 궁극적 행복을 실현해야 할 것이다. 본 상윳따의 경들은 이것을 강조하고 있다.

8. 「진리[諦] 상윳따」(S56)

(1) 진리란 무엇인가

『상윳따 니까야』의 대미는 진리[諦, sacca]로 장식된다. 모든 생명들의 발자국들이 모두 코끼리 발자국에 총섭되듯이, 모든 유익한 법[善法]들은 모두 네 가지 성스러운 진리[四聖諦]에 총섭된다는 사리뿟따 존자의 설명처럼(M28 §2) 모든 부처님 말씀은 결국 진리의 실현으로 귀결되기 때문에 경을 결집한 장로들은 「진리 상윳따」(Sacca-saṁyutta, S56)를 가르침의 맨 마지막에 배대하였을 것이다.

그러면 진리란 무엇인가?

진리[諦]로 옮긴 sacca는 √as(*to be*)에서 파생된 중성명사이다. √as는 '있다, ~이다'를 뜻하는 영어 *be*동사와 꼭 같이 범어 일반에서 널리 사용되는 어근이다. 이것의 현재능동분사가 sat이고 여기에다가 가능분사를 만드는 어미 '-ya'를 첨가하여 satya라는 형용사를 만들었는데 이것의 빠알리 형태가 sacca이다. 그래서 형용사로 쓰이면 '존재하는, 진실한, 사실인' 등의 의미가 되고, 중성명사로는 '진실, 진리, 사실, 실제'란 의미로 쓰인다. 초기불교를 위시한 모든 불교에서는 고·집·멸·도의 네 가지 성스러운 가르침을 sacca(Sk. satya)라 부르고 있다. 한국에서는 진리(眞理)로 정착이 되고 있다.

한편, 범어 일반에서 많이 쓰이는 또 다른 be동사로 √bhū(*to be, to become*)가 있다. 빠알리 삼장에서 보면 *be*동사는 거의 대부분 hoti(√bhū의 3인칭 현재형)로 나타나는데, 이것은 √as(*to be*)의 삼인칭 현재형인 atthi보다 훨씬 많이 나타난다. 어원으로 살펴보면 √as는 '이다·아니다'나 '있다·없다'는 존재의 개념에 가깝고 √bhū 는 '된다, ~라 한다'는 의미로서 진행의 개념에 가깝다 할 수 있다. 그래서 모든 현상에 대해서 이다·아니다라거나 있다·없다라는 존재론적 사고를 피하는 불교에서는 기본적으로 진행이나 생성, 그리고 되어감의 개념을 나타내는 √bhū를 더 선호한다고 볼 수 있다. 수행이나 닦음을 뜻하는 bhāvanā도 이 어근에서 파생된 명사이다.

그러나 불교의 가장 근본 가르침인 사성제를 '되다'를 뜻하는 √bhū에서 파생된 술어를 사용하지 않고, '이다'나 '있다'를 뜻하는 √as에서 파생된 술어인 sacca로 표현한 것은 이러한 네 가지 진리는 바뀌는 것이 아니라 확정된 가르침이요 불교 만대의 표준이요 세상에서 확정된 최고의 가르침이라는 뜻을 담고 있다 하겠다.

네 가지 성스러운 진리[四聖諦]는 『청정도론』 XVi.13~102와 『아비담마 길라잡이』 제7장 §38에서 자세히 설명되고 있으므로 참조하기 바란다. 그러면 이제 사성제에 대해서 정리해보자.

(2) 모든 가르침은 사성제로 총섭된다

"도반들이여, 예를 들면 움직이는 모든 생명들의 발자국들은 모두 코끼리 발자국에 총섭되고 코끼리 발자국이야말로 그 크기로서 최상이라 불리는 것과 같습니다. 도반들이여, 그와 같이 어떤 유익한 법[善法]이든 그것들은 모두 네 가지 성스러운 진리에 총섭됩니다. 무엇이 넷입니까?

괴로움의 성스러운 진리, 괴로움의 일어남의 성스러운 진리, 괴로움의 소멸의 성스러운 진리, 괴로움의 소멸로 인도하는 도닦음의 성스러운 진리입니다."(『맛지마 니까야』 「코끼리 발자국 비유경」(M28) §2)

한편 제4선을 토대로 해서 개발되는 여섯 가지 신통의 지혜(육신통) 가운데 맨 마지막은 번뇌를 멸진하는 지혜[漏盡通]이고 그 내용은 사성제로 귀결이 된다. 그러므로 사성제는 깨달음의 내용이기도 하다.

"그는 모든 번뇌를 멸진하는 지혜[漏盡通]로 마음을 향하게 하고 기울게 한다. 그는 '이것이 괴로움이다.'라고 있는 그대로 꿰뚫어 안다. '이것이 괴로움의 일어남이다.'라고 있는 그대로 꿰뚫어 안다. '이것이 괴로움의 소멸이다.'라고 있는 그대로 꿰뚫어 안다. '이것이 괴로움의 소멸로 인도하는 도닦음이다.'라고 있는 그대로 꿰뚫어 안다.

'이것이 번뇌다.'라고 있는 그대로 꿰뚫어 안다. '이것이 번뇌의 일어남이다.'라고 있는 그대로 꿰뚫어 안다. '이것이 번뇌의 소멸이다.'라고 있는 그대로 꿰뚫어 안다. '이것이 번뇌의 소멸로 인도하는 도닦음이다.'라고 있는 그대로 꿰뚫어 안다.

이와 같이 알고 이와 같이 보는 그는 감각적 욕망의 번뇌[慾惱]로부터 마음이 해탈한다. 존재의 번뇌[有惱]로부터 마음이 해탈한다. 무명의 번뇌[無明惱]로부터 마음이 해탈한다. 해탈했을 때 해탈했다는 지혜가 있다. '태어남은 다했다. 청정범행은 성취되었다. 할 일을 다 해 마쳤다. 다시는 어떤 존재로도 돌아오지 않을 것이다.'라고 꿰뚫어 안다."(『디가 니까야』「사문과경」(D2) §97 등)

한편 본서「가왐빠띠 경」(S56:30)은 이렇게 결론짓는다.

"비구들이여, 괴로움을 본 사람은 괴로움의 일어남도 보고 괴로움의 소멸도 보고 괴로움의 소멸로 인도하는 도닦음도 본다. 비구들이여, 괴로움의 일어남을 본 사람은 괴로움도 보고 괴로움의 소멸도 보고 괴로움의 소멸로 인도하는 도닦음도 본다. 비구들이여, 괴로움의 소멸을 본 사람은 괴로움도 보고 괴로움의 일어남도 보고 괴로움의 소멸로 인도하는 도닦음도 본다. 비구들이여, 괴로움의 소멸로 인도하는 도닦음을 본 사람은 괴로움도 보고 괴로움의 일어남도 보고 괴로움의 소멸도 본다." (S56:30 §4)

이 말씀은 『청정도론』 XXII.93에서 사성제를 설명하는 구절로 인용되어 잘 알려져 있다. 이제 사성제에 대해서 조금 더 구체적으로 살펴보자.

사성제 즉 네 가지 성스러운 진리는 다음과 같다.

① 괴로움의 성스러운 진리[苦聖諦, dukkha-ariya-sacca]

② 괴로움의 일어남의 성스러운 진리[集聖諦, dukkha-samudaya-ariya-sacca] 여기서 '일어남'으로 옮긴 samudaya는 saṁ(함께) + ud(위로) + √i(가다, *to go*)에서 파생된 남성명사이다.

③ 괴로움의 소멸의 성스러운 진리[滅聖諦, dukkha-nirodha-ariya-sacca] 소멸로 옮긴 nirodha는 ni(아래로) + √rudh(방해하다, *to obstruct*)에서 파생된 남성명사이다.

④ 괴로움의 소멸로 인도하는 도닦음의 성스러운 진리[道聖諦, dukkha

-nirodha-gāmini-paṭipadā-ariya-sacca] 도닦음으로 옮긴 paṭipadā는 prati(~에 대하여) + √pad(가다, *to go*)에서 파생된 여성명사로 발로 실제 길위를 걸어가는 실천적인 의미가 강하다. 중도(中道, majjhimā paṭipadā)의 도(道)도 이 술어를 옮긴 것이다. 초기불전연구원에서는 '도닦음'으로 통일해서 옮기고 있다.

니까야에서 사성제는 예외 없이 괴로움의 성스러운 진리[苦聖諦, dukkha ariya-sacca], 괴로움의 일어남의 성스러운 진리[苦集聖諦, dukkha-samudaya ariya-sacca], 괴로움의 소멸의 성스러운 진리[苦滅聖諦, dukkha-nirodha ariya-sacca], 괴로움의 소멸로 인도하는 도닦음의 성스러운 진리(dukkha-nirodhagāmini paṭipadā ariyasacca)로 표현되어 나타난다. 그런데 이것은 『무애해도』(Ps)와, 『위방가』(Vbh) 등의 『논장』과, 『청정도론』을 포함한 삼장의 모든 주석서 문헌들에서는 dukkha-sacca[苦諦, 괴로움의 진리], samudaya-sacca[集諦, 일어남의 진리], nirodha-sacca[滅諦, 소멸의 진리], magga-sacca[道諦, 도의 진리]로 전문술어화되고 있다.

한편 같은 구문은 초기불전의 여러 곳에서 loka(세상), loka-samudaya(세상의 일어남), loka-nirodha(세상의 소멸), loka-nirodha-gāmini paṭipadā(세상의 소멸로 인도하는 도닦음) 등으로 나타난다. 이것은 'X와 그 집멸도의 구문'으로 부를 수 있다. 즉 X, X-samudaya, X-nirodha, X-nirodha-gāmini paṭipadā로 초기경의 도처에 나타나고 있다. 예를 들면, X 대신에 인연 상윳따에서는 연기의 12가지 구성요소들이 들어가서 나타나며, 본서 제2권 「요소 상윳따」(S14)에서는 X 대신에 지·수·화·풍 사대가 들어가서 땅과 그 집·멸·도 등으로 나타나기도 하고, 제3권 「무더기 상윳따」(S22)에서는 자기존재[有身]와 그 집·멸·도로 나타나기도 하는 등 초기불전의 도처에서 나타나고 있다.

본서 제1권의 역자서문 §11-(3)에서 역자는 불교의 궁극적인 행복인 열반을 실현하는 구체적인 방법으로 초기불전에 나타나는 가르침을 ①

사성제를 관통함을 통해서, ② 팔정도의 실현을 통해서, ③ 온·처·계의 무상·고·무아를 통찰하여 염오-이욕-소멸을 통해서, ④ 12연기의 순관·역관을 통해서라는 등의 일곱 가지로 정리하여 보았다. 그런데 이들은 궁극적으로는 사성제로 귀결된다고 할 수 있다.

팔정도는 사성제의 네 번째인 도성제의 내용이다. 그러므로 팔정도는 사성제에 포함된다. 물론 팔정도의 처음인 바른 견해(정견)의 내용은 사성제를 아는 것이다. 오온·오취온은 사성제의 첫 번째인 고성제의 내용이다. 그러므로 온·처·계의 가르침은 사성제에 포함된다. 12연기의 순관(順觀, 流轉門, anuloma)은 사성제의 고성제와 집성제에 해당하고 역관(逆觀, 還滅門, paṭiloma)은 사성제의 멸성제와 도성제에 해당한다. 그러므로 12연기의 순관과 역관은 사성제에 포함된다.

이처럼 불교의 모든 가르침은 사성제로 귀결이 되며 그래서 불교 2600년사에 전개되어온 모든 불교는 이 네 가지를 성스러운 진리[聖諦]라고 표방하고 있는 것이다. 그래서 『숫따니빠따』에서 부처님은 왜 자신이 깨달은 사람인가 하는 것을 이렇게 사성제로 밝히신다.

> "나는 알아야 할 바(고성제)를 알았고,
> 닦아야 할 바(도성제)를 닦았고,
> 버려야 할 것(집성제)을 버렸다.
> 바라문이여, 그래서 나는 붓다, 깨달은 사람이다."(Sn. {558})

이제 사성제를 하나하나 살펴보도록 하자.

(3) 고성제는 사고팔고(四苦八苦)와 삼성(三性)으로 정리된다

첫 번째 진리는 괴로움의 성스러운 진리이다. 불교는 무위법인 열반을 제외한 모든 것을 괴로움이라고 파악한다. 이것은 부처님의 직관이 담긴 선언이다. 초기불전은 크게 두 가지 이유로 일체가 괴로움임을 선언한다. 첫째는 세상에는 네 가지 괴로움과 여덟 가지 괴로움 즉 사고팔고(四苦八苦)가 있기 때문이요, 둘째는 괴로움에 대한 깊은 통찰에 바탕하였기 때문이다.

① **사고팔고**(四苦八苦)

"비구들이여, 이것이 괴로움의 성스러운 진리이다. 태어남도 괴로움이다. 늙음도 괴로움이다. 병도 괴로움이다. 죽음도 괴로움이다. 싫어하는 [대상]들과 만나는 것도 괴로움이다. 좋아하는 [대상]들과 헤어지는 것도 괴로움이다. 원하는 것을 얻지 못하는 것도 괴로움이다. 요컨대 취착의 대상이 되는 다섯 가지 무더기[五取蘊]들 자체가 괴로움이다."(「초전법륜 경」(S56:11) §5)

일반적으로 이것은 사고팔고(四苦八苦)로 정의된다. 위의 경문에서 보듯이 사고는 생·노·병·사이다. 팔고는 이 사고에다 애별리고(愛別離苦)와 원증회고(怨憎會苦)와 구부득고(求不得苦)와 오취온고(略 五陰盛苦)의 넷을 더한 것이다. 이러한 사고팔고를 정리하면 생사문제가 된다. 생사가 있기 때문에 나고 죽음이 있기 때문에 괴로움이라는 것이다. 이것은 연기의 가르침의 결론인 "태어남을 조건으로 늙음·죽음과 근심·탄식·육체적 고통·정신적 고통·절망이 생긴다(生緣老死憂悲苦惱)."로 표현이 되기도 한다. 당연히 출가는 이러한 생사문제의 해결, 즉 생사문제로 요약되는 저 괴로움의 해결을 위한 것이다.

② **괴로움의 세 가지 성질**[三性]

한편 초기불전의 몇 군데에서는 괴로움의 세 가지 성질로서 존재가 괴로움임을 설명하고 있다.

"도반 사리뿟따여, '괴로움, 괴로움'이라고들 합니다. 도반이여, 도대체 어떤 것이 괴로움입니까?"

"도반이여, 세 가지 괴로움의 성질[苦性, dukkhatā]이 있습니다. 그것은 고통스런 괴로움의 성질[苦苦性], 형성된 괴로움의 성질[行苦性], 변화에 기인한 괴로움의 성질[壞苦性]입니다. 도반이여, 이러한 세 가지 괴로움의 성질이 있습니다."(본서 제4권 「괴로움 경」(S38:14) §3 - 잠부카다까 유행승과 사리뿟따 존자의 대화)

이 셋을 간단하게 정리해보면 다음과 같다.

고고성(苦苦性, dukkha-dukkhatā): 중생의 삶은 고통스럽기 때문에 괴로움이다.

괴고성(壞苦性, viparinnāma-dukkhatā): 아무리 큰 행복일지라도 끝내 변하고 말기 때문에 괴로움이다.

행고성(行苦性, saṅkhāra-dukkhatā): 본질적으로는 오온으로 형성되어 있는 것을 '나'라거나 '내 것'으로 취착하기 때문에(五取蘊) 괴로움이다.

이 세 가지는 『청정도론』 XVI:35에 다음과 같이 설명되어 있다.

"① 육체적이고 정신적인 괴로운 느낌은 고유성질로서도, 이름에 따라서도 괴롭기 때문에 고통스러운 괴로움[苦苦]이라 한다. ② 즐거운 느낌은 그것이 변할 때 괴로운 느낌이 일어날 원인이 되기 때문에 변화에 기인한 괴로움[壞苦]이라 한다. ③ 평온한 느낌과 나머지 삼계에 속하는 형성된 것들[行, saṅkhāra]은 일어나고 사라짐에 압박되기 때문에 형성된 괴로움[行苦]이라 한다."

즉 첫 번째는 고통스럽기 때문에 괴로움이라는 것이고 두 번째는 아무리 큰 행복일지라도 세상의 모든 행복이나 즐거움은 마침내 변해버리기 때문에 괴로움일 수밖에 없다는 것이며 세 번째는 평온한 것이나 모든 형성된 것은 생멸의 현상에 지배되기 때문에 괴로움일 수밖에 없다는 것이다.

혹자는 불교는 괴로움을 말하기 때문에 염세적이라고 비판할 지도 모른다. 만일 불교가 전적으로 괴로움만을 말한다면 당연히 그런 비판을 받아야 마땅할 것이다. 그러나 불교가 이처럼 괴로움을 강조하는 것은 괴로움이 해결된 경지요 궁극적 행복[至福, parama-sukha]으로 표현되는 저 열반을 실현하는 것을 너무도 중시하기 때문이다. 존재 자체가 괴로움임에 사무치지 못하는 자들은 결코 해탈·열반을 실현할 수가 없다. 괴로움이라는 맨땅에 넘어진 자는 이 괴로움이라는 맨땅을 처절하게 알아야 다시 이를 딛고 일어설 수 있기 때문일 것이다.

(4) 집성제(集聖諦, 일어남의 성스러운 진리)는 갈애다

그러면 괴로움은 아무 원인도 없이 그냥 일어나는 것인가? 아니면 어떤 절대자가 있어서 존재를 괴롭도록 만드는 것인가? 만일 괴로움만 강조하고 괴로움의 원인을 설명하지 못하면 그것은 진리라고 표방할 수 없을 것이다. 세존께서는 초기불전의 여러 곳에서 이 괴로움의 원인을 강조해서 말씀하고 계시는데 그것은 갈애(渴愛, taṇhā)로 표현되고 있다.

① 갈애(渴愛, taṇhā)

taṇhā는 동사 √tṛṣ(*to be thirsty*)에서 파생된 명사이다. 문자적인 의미는 '목마름'이다. 그래서 목마를 갈(渴)자를 넣어서 갈애(渴愛)로 옮기고 있다. 경들은 다음과 같이 갈애를 정의하고 있다.

"비구들이여, 이것이 괴로움의 일어남의 성스러운 진리이다. 그것은 바로 갈애이니, 다시 태어남[再有]을 가져오고 환희와 탐욕이 함께하며 여기저기서 즐기는 것이다. 즉 감각적 욕망에 대한 갈애[欲愛], 존재에 대한 갈애[有愛], 존재하지 않음에 대한 갈애[無有愛]가 그것이다."(본서 「초전법륜 경」(S56:11) §6 등)

여기서 주목할 것은 갈애는 다시 태어남을 유발하는(ponobhavikā) 근본원인이라고 부처님이 설하신 것이다. 이 갈애가 근본원인이 되어 중생들은 끝 모를 생사윤회를 거듭하는 것이다. 물론 갈애만이 괴로움의 원인은 아니다. 무명과 성냄이나, 질투, 인색 등의 불선법들은 모두 괴로움의 원인이 되고 생사윤회의 원인이 된다. 부처님께서는 갈애를 가장

대표적인 원인으로 들고 계시는 것이다. 그리고 "'환희와 탐욕이 함께하며'라는 것은 [갈애가] 환희와 탐욕과 뜻으로는 하나라는 뜻이다." (DA.iii.799)

② 욕애(欲愛), 유애(有愛), 무유애(無有愛)

위의 인용문에서 보듯이 세존께서는 갈애를 욕애, 유애, 무유애의 셋으로 말씀하셨다. 주석서는 다음과 같이 이 셋을 설명하고 있다.

욕애(欲愛, kāma-taṇhā): 감각적 욕망에 대한 갈애 – "'감각적 욕망에 대한 갈애'란 다섯 가닥의 감각적 욕망에 대한 탐욕의 동의어이다."(DA.iii.800)

유애(有愛, bhava-taṇhā): 색계·무색계에 대한 갈애 – "'존재에 대한 갈애'란 존재를 열망함에 의해서 생긴 상견(常見, sassata-diṭṭhi)이 함께하는 색계와 무색계의 존재에 대한 탐욕과 禪을 갈망하는 것의 동의어이다."(DA.iii.800)

무유애(無有愛, vibhava-taṇhā): 비존재에 대한 갈애 – "'존재하지 않음에 대한 갈애'라는 것은 단견(斷見, uccheda-diṭṭhi)이 함께하는 탐욕의 동의어이다."(DA.iii.800)

③ 갈애에 대한 연기적 고찰

"다시 비구들이여, 이 갈애는 어디서 일어나서 어디서 자리 잡는가? 세상에서 즐겁고 기분 좋은 것이 있으면 거기서 이 갈애는 일어나고 거기서 자리 잡는다.

그러면 세상에서 어떤 것이 즐겁고 기분 좋은 것인가?

① 눈은 세상에서 즐겁고 기분 좋은 것이다. 귀는 … 코는 … 혀는 … 몸은 … 마노[意]는 세상에서 즐겁고 기분 좋은 것이다. 여기서 이 갈애는 일어나고 여기서 자리 잡는다.

② 형색은 … 소리는 … 냄새는 … 맛은 … 감촉은 … 마음의 대상[法]은 세상에서 즐겁고 기분 좋은 것이다. 여기서 이 갈애는 일어나고 여기

서 자리 잡는다.

③ 눈의 알음알이는 … 마노의 알음알이는 세상에서 즐겁고 기분 좋은 것이다. 여기서 이 갈애는 일어나고 여기서 자리 잡는다.

④ 눈의 감각접촉[觸]은 … ⑤ 눈의 감각접촉에서 생긴 느낌은 … ⑥ 형색에 대한 인식[想]은 … ⑦ 형색에 대한 의도[思]는 … ⑧ 형색에 대한 갈애[愛]는 … ⑨ 형색에 대한 일으킨 생각[尋]은 … ⑩ 형색에 대한 지속적인 고찰[伺]은 … 소리에 대한 지속적인 고찰은 … 냄새에 대한 지속적인 고찰은 … 맛에 대한 지속적인 고찰은 … 감촉에 대한 지속적인 고찰은 … 법에 대한 지속적인 고찰은 세상에서 즐겁고 기분 좋은 것이다. 여기서 이 갈애는 일어나고 여기서 자리 잡는다. 비구들이여, 이를 일러 괴로움의 일어남의 성스러운 진리라 한다."(「대념처경」(D22) §19)

이것을 정리하면 갈애는 6근-6경-6식-6촉-6수-6상-6사-6애-6심-6사를 통해서 생긴다는 것이다. 한편 "눈은 세상에서 즐겁고 기분 좋은 것이다. 여기서 이 갈애는 일어나서 여기서 자리 잡는다. 귀는 … 코는 … 혀는 … 몸은 … 마노는 세상에서 즐겁고 기분 좋은 것이다. 여기서 이 갈애는 일어나서 여기서 자리 잡는다."라는 간단한 문장이 본서 제2권 「명상 경」(S12:66 §7)에 나타나고 있다.

(5) 멸성제(滅聖諦)는 소멸이요 소멸은 열반이다

여기서 '소멸'은 nirodha를 옮긴 것이다. 이 단어는 ni(아래로) + √rudh(*to obstruct*)의 명사이다. 그래서 소멸, 억압, 파괴 등의 뜻이 된다. 초기불전에서 nirodha는 다음의 문맥에서 주로 나타난다.

첫째, 여기서처럼 사성제의 멸성제(滅聖諦, dukkha-nirodha ariya-sacca)로 나타난다. 주석서 문헌들에서는 주로 '멸제(滅諦, 소멸의 진리, nirodha-sacca)'라는 표현으로 나타나지만 이 술어는 니까야에서는 나타나지 않는다. 경에서는 항상 '괴로움의 소멸의 성스러운 진리[苦滅聖諦, dukkha-nirodha ariya-sacca]'로 나타나거나 '괴로움의 소멸[苦滅, dukkha-nirodha)'로만 나타난다.12) 이 경우의 소멸은 당연히 열반을 뜻한다.

둘째, 12연기의 구성요소들의 소멸로 나타난다.

본서 제2권 「인연 상윳따」(S12)의 도처에 12지 연기는 "무명이 남김없이 빛바래어 소멸하기 때문에 의도적 행위들[行]이 소멸하고, 의도적 행위들이 소멸하기 때문에 알음알이가 소멸하고, …"로 정형화되어 나타난다. 여기서 남김없이 빛바래어 소멸함은 asesa-virāga-nirodha를 옮긴 것인데 주석서는 당연히 열반의 동의어라고 설명하고 있다.(본서 제3권 「짐 경」(S22:22) §7의 주해 등 참조)

셋째, 염오-이욕-소멸(nibbidā-virāga-nirodha)의 정형구로도 많이 나타난다. 이 경우의 소멸도 아라한과나 열반을 뜻한다.13)

넷째, 무엇보다 소멸은 초기불전에서 이미 "일체의 생존에 대한 집착을 포기함, 갈애의 멸진, 탐욕의 빛바램, 소멸, 열반이다."(본서 제1권 「권청 경」(S6:1) §2)라는 문맥에서 많이 나타난다. 그리고 "존재(오온)의 소멸이 열반이다."(본서 제2권 「꼬삼비 경」(S12:68) §5)라고도 나타난다. 그러므로 이 경우에도 소멸은 열반을 뜻한다.

다섯째, "떨쳐버림을 의지하고 탐욕의 빛바램을 의지하고 소멸을 의지하고 철저한 버림으로 기우는(vivekanissitaṁ virāganissitaṁ nirodha-nissitaṁ vossaggapariṇāmiṁ) 바른 견해 등을 닦는다. …" 등으로 본서 제5권에 정형화 되어서 많이 나타나고 있다. 본서 제5권 「비구 경」(S46:5)에 해당하는 복주서는 "'떨쳐버림을 의지하고 탐욕의 빛바램을 의지하고'라는 구문으로 모든 도의 역할과 과를 보이신 것이다. '소멸을 의지하고'라는 구문으로는 열반의 실현을 말씀하신 것이다."(SAṬ.ii.130)라고 설명하고 있다. 그러므로 이 경우의 소멸도 열반과 동의어이다.

---

12) 위 56쪽을 참조할 것.

13) 여기에 대해서는 본서 제2권 「설법자[法師] 경」(S12:16) §5의 주해와 제3권 「과거·현재·미래 경」 1(S22:9) §3의 주해 등을 참조할 것.

이처럼 소멸은 대부분의 문맥에서 열반과 동의어로 쓰이고 있다.

한편 「아난다 경」 1(S36:15 §5)에는 anupubba-saṅkhārānaṁ nirodha(형성된 것들[行]이 차례로 소멸함)이라는 구절이 나타나는데, 이것은 초선에서부터 제4선까지 그리고 공무변처에서부터 비상비비상처까지 그리고 상수멸의 아홉 가지 단계의 삼매를 차례대로 닦아서 거친 심리현상들을 차례차례 소멸해 가는 것을 뜻하고 있다. 이것은 『디가 니까야』 「합송경」(D33 §3.2 (6))과 『앙굿따라 니까야』 「차제멸 경」(A9:31)에서 아홉 가지 차례로 소멸함[九次第滅, nava anupubba-nirodhā]으로 나타나고 있다.

이제 열반에 대한 중요한 가르침에 대한 경과 주석서를 인용해보면 다음과 같다.

① 멸성제는 열반이다

"비구들이여, 이것이 괴로움의 소멸의 성스러운 진리이다. 그것은 바로 그러한 갈애가 남김없이 빛바래어 소멸함, 버림, 놓아버림, 벗어남, 집착 없음이다."(「초전법륜 경」(S56:11) §7)

여기에 대해서 주석서는 이렇게 설명한다.

"여기서 '남김없이 빛바래어 소멸함'이라는 등은 모두 열반의 동의어들이다. 열반을 얻으면 갈애는 남김없이 빛바래고 소멸하기 때문이다. 그러므로 갈애가 남김없이 빛바래어 소멸함이라고 설하셨다.

열반은 하나이지만 그 이름은 모든 형성된 것들[行]의 이름과 반대되는 측면에서 여러 가지이다. 즉 남김없이 빛바램, 남김없이 소멸함, 버림, 놓아버림, 벗어남, 집착 없음, 탐욕의 소멸, 성냄의 소멸, 어리석음의 소멸, 갈애의 소멸, 취착 없음, 생기지 않음, 표상 없음, 원함 없음, 업의 축적이 없음, 재생연결이 없음, 다시 태어나지 않음, 태어날 곳이 없음, 태어나지 않음, 늙지 않음, 병들지 않음, 죽지 않음, 슬픔 없음, 비탄 없음, 절망 없음, 오염되지 않음이다."(DA.iii.801)

주석서는 이처럼 26가지 열반의 동의어를 언급하고 있다. 한편 본서 제5권 「무위 상윳따」(S43)에는 32가지 무위 즉 열반의 동의어를 나열하고 있다.(본서 제5권 해제 §3을 참조할 것.) 그리고 14세기에 스리랑카에서 편집된 빠알리 사전인 『아비다나 빠디삐까』(Abhidhānappadīpikā)는 모두 43가지 열반의 동의어를 들고 있다.

② 열반은 탐·진·치의 소멸이다

"도반 사리뿟따여, '열반, 열반'이라고들 합니다. 도반이여, 도대체 어떤 것이 열반입니까?"

"도반이여, 탐욕의 소멸, 성냄의 소멸, 어리석음의 소멸 – 이를 일러 열반이라 합니다."(본서 제4권 「열반 경」(S38:1) §3)

주석서적인 논의를 종합하면 열반은 출세간도를 체험하는 순간에 체득되는 조건 지워지지 않은 상태를 뜻한다. 이러한 조건 지워지지 않은 상태를 체득하는 순간에 번뇌가 소멸하기 때문에 열반은 '탐욕의 소멸, 성냄의 소멸, 어리석음의 소멸'이라 불리는 것이지, 단순히 탐·진·치가 없는 상태로 쇠약해지고 무기력해진 것이 열반은 아니다.(SA.ii.88 참조)

③ 갈애의 소멸에 대한 연기적 고찰

"다시 비구들이여, 그런 이 갈애는 어디서 없어지고 어디서 소멸되는가? 세상에서 즐겁고 기분 좋은 것이 있으면 거기서 이 갈애는 없어지고 거기서 소멸된다. 그러면 세상에서 어떤 것이 즐겁고 기분 좋은 것인가?

① 눈은 세상에서 즐겁고 기분 좋은 것이다. 귀는 … 코는 … 혀는 … 몸은 … 마노는 세상에서 즐겁고 기분 좋은 것이다. 여기서 이 갈애는 없어지고 여기서 소멸된다.

② 형색은 … ③ 눈의 알음알이는 … ④ 눈의 감각접촉은 … ⑤ 눈의 감각접촉에서 생긴 느낌은 … ⑥ 형색에 대한 인식[想]은 … ⑦ 형색에

대한 의도[思]는 … ⑧ 형색에 대한 갈애[愛]는 … ⑨ 형색에 대한 일으킨 생각[尋]은 … ⑩ 형색에 대한 지속적인 고찰[伺]은 … 소리에 대한 지속적인 고찰은 … 냄새에 대한 지속적인 고찰은 … 맛에 대한 지속적인 고찰은 … 감촉에 대한 지속적인 고찰은 … 법에 대한 지속적인 고찰은 세상에서 즐겁고 기분 좋은 것이다. 여기서 이 갈애는 없어지고 여기서 소멸된다. 비구들이여, 이를 일러 괴로움의 소멸의 성스러운 진리라 한다."(『디가 니까야』 「대념처경」(D22) §20)

이것을 정리하면 갈애는 6근-6경-6식-6촉-6수-6상-6사-6애-6심-6사를 통해서 생기기도 하지만 역시 6근-6경-6식-6촉-6수-6상-6사-6애-6심-6사를 통해서 소멸된다는 것이다. 즉 갈애가 어떤 구조를 통해서 발생하는가를 철저하게 꿰뚫어 봄으로써 갈애가 소멸되어 열반이 실현된다는 것이다.

④ 열반은 버려서 실현된다

이처럼 초기불교의 궁극적인 메시지를 하나로 말해보라면 그것은 열반이다. 둘로 표현해보라면 열반과 열반에 이르는 길이다. 부처님께서 특히 출가자에게 고구정녕하게 말씀하신 메시지는 바로 이것이다.

열반이 무엇인가? 한 마디로 말하자면 버림이다. 그래서 초기경의 도처에서 열반은 "모든 형성된 것들[行]이 가라앉음, 모든 재생의 근거를 놓아버림[放棄], 갈애의 소진, 탐욕의 빛바램[離慾], 소멸, 열반이다."(「아빠나 경」(S48:50) §6 등)로 표현되고 있고, "탐욕의 소멸, 성냄의 소멸, 어리석음의 소멸"(「열반 경」(S38:1) §3 등)이라고도 설해지고 있으며, "염오로 인도하고, 탐욕의 빛바램으로 인도하고, 소멸로 인도하고, 고요함으로 인도하고, 최상의 지혜로 인도하고, 바른 깨달음으로 인도하고, 열반으로 인도한다."(「사색 경」(S56:8) §5 등)라는 문맥에서도 많이 나타난다.

이처럼 열반은 한마디로 버려서 실현되는 것이다.

⑤ 열반은 삶에 대한 의미부여가 끝나야 드러난다

이처럼 열반은 온갖 종류의 삶에 대한 의미부여가 끝나야 드러나는 것이다. 그러나 절대다수의 인간들은 출가자든 재가자든 삶에 대한 무한한 의미부여를 하고 있다. 삶이 아닌 것은 허무요 끝장이라 생각하며 바들바들 떨어온 게 중생의 역사 아니던가? 물질문명의 극치를 구가하는 현대의 우리는 어느 시대보다 삶에 대한 강한 의미부여를 하고 있다. 그런데 삶에 대한 의미부여가 끝나야 열반이라니 이 무슨 해괴망측한 망발인가!

이런 인간들의 구미를 맞추려다보니 역사적으로 불교 안에서부터 가장 난도질당하고 곡해당해 온 것이 부처님 제일의 메시지인 이 열반이 아닌가 여겨진다. 그래서 열반은 무주처열반으로 이해되기 시작했고, 생사뿐만 아니라 열반마저도 허망하다고 이해되었고, 마침내 생사가 그대로 열반이라고 주장하게 되었으며, 탐·진·치 그대로가 열반이라는 말까지 서슴없이 내뱉어 왔다. 그런데 이런 말들의 이면에는 생사로 대표되는 삶에 대한 무한한 의미부여가 들어 있고, 이 삶 속에서 오래오래 단맛을 쪽쪽 빨아먹으리라는 간절한 소망이 들어 있다고 하면 너무 심한 표현일까?

혹자는 반박할 것이다. 생사를 떠난 열반이 따로 있다고 한다면 이분법적인 사고라고. 그에게 말하고 싶다. 그대는 이미 스스로가 이 삶에 의미부여를 하고 있기 때문에 그런 태도로는 절대로 열반을 알 수도 볼 수도 실현할 수도 없다고.

⑥ 스승의 말씀을 있는 그대로 받아들여야 한다

우리는 부처님 제자다. 제자가 자기 스승의 말씀에 대고 자신의 부질없는 생각으로 마구 황칠을 해대면 곤란하지 않은가? 부처님께서 세속에 넌더리치고 열반을 실현하라고 했으면 그렇게 하려고 노력하는 것이 바른 제자 아닌가? 세속문제는 세속의 정치인, 경제인, 지식인, 문화인,

의료인 등 세속전문가들에게 맡겨두면 된다. 출가자는 열반을 바르게 실현하고 드러내는 전문가가 되어야 하지 않는가? 그래야 이세상의 진정한 복밭[福田, puñña-kkhetta]이 되지 않겠는가?

(6) 도성제

도성제는 이미 본서 제5권 「도 상윳따」(S45)의 해제(제5권 해제 §5-(2) 이하를 참조할 것)에서 살펴보았다. 여기서는 팔정도의 정의만 다시 인용하겠다.

도성제는 팔정도다

"도반이여, 그러면 이러한 열반을 실현하기 위한 도가 있고 도닦음이 있습니까?"

"도반이여, 이러한 열반을 실현하기 위한 도가 있고 도닦음이 있습니다."

"도반이여, 그러면 어떤 것이 이러한 열반을 실현하기 위한 도이고 어떤 것이 도닦음입니까?"

"도반이여, 그것은 바로 여덟 가지 구성요소를 가진 성스러운 도[八支聖道]이니, 바른 견해, 바른 사유, 바른 말, 바른 행위, 바른 생계, 바른 정진, 바른 마음챙김, 바른 삼매입니다. 도반이여, 이것이 열반을 실현하기 위한 도이고 이것이 도닦음입니다."(본서 제4권 「열반 경」(S38:1) §4)

"비구들이여, 이것이 괴로움의 소멸로 인도하는 도닦음의 성스러운 진리이다. 그것은 바로 여덟 가지 구성요소를 가진 성스러운 도[八支聖道]이니, 즉 바른 견해[正見], 바른 사유[正思惟], 바른 말[正語], 바른 행위[正業], 바른 생계[正命], 바른 정진[正精進], 바른 마음챙김[正念], 바른 삼매[正定]이다."(「초전법륜 경」(S56:11) §8)

(7) 사성제 종합

"괴로움의 성스러운 진리는 철저하게 알아야 한다(pariññeyya). 괴로움의 일어남의 성스러운 진리는 버려야 한다(pahātabba). 괴로움의 소멸의 성스러운 진리는 실현해야 한다(sacchikātabba). 괴로움의 소멸로 인도하는 도닦음의 성스러운 진리는 닦아야 한다(bhāvetabba)."(「철저히 알아야함 경」(S56:29) §5)

"바르게 그 스스로 모든 법들을 깨달으셨기 때문에 바르게 깨달으신 분(Sammā-sambuddha, 正等覺者)이라 한다. 그분은 모든 법을 바르게 그 스스로 깨달으셨다. 최상의 지혜로 알아야 할 법들(즉, 사성제)을 최상의 지혜로 알아야 한다고 깨달으셨고, 철저히 알아야 할 법들(즉, 고성제)을 철저히 알아야 한다고 깨달으셨고, 버려야 할 법들(즉, 집성제)을 버려야 한다고 깨달으셨고, 실현해야 할 법들(즉, 멸성제=열반)을 실현해야 한다고 깨달으셨고, 닦아야 할 법들(즉, 도성제)을 닦아야 한다고 깨달으셨다. 그러므로 이와 같이 설하셨다.

> '나는 알아야 할 바(고성제)를 알았고,
> 닦아야 할 바(도성제)를 닦았고,
> 버려야 할 것(집성제)을 버렸다.
> 바라문이여, 그래서 나는 붓다, 깨달은 사람이다.'"(Sn. {558}
>
> — 『청정도론』 VII.26.

이것을 다시 정리해보면 다음과 같다.

사성제 – 최상의 지혜로 알아야 함 – abhiññeyya
고성제 – 철저하게 알아야 함 – pariññeyya
집성제 – 버려야 함 – pahātabba
멸성제 – 실현해야 함 – sacchikātabba
도성제 – 닦아야 함 – bhāvetabba

(8) 「진리[聖] 상윳따」(S56)의 개관

이제 본 상윳따를 전체적으로 개관해보자.

제56주제 「진리 상윳따」(Sacca-saṁyutta)에는 131개의 경들이 모두 열한 개의 품으로 나타나고 있는데, 모두 네 가지 성스러운 진리[四聖諦]에 관한 가르침을 담고 있다. 이렇게 해서 『상윳따 니까야』는 사성제에 관한 경들을 마지막 상윳따인 S56에서 언급하면서 대단원의 막을 내리고 있다. 이렇게 해서 '진리의 실현'을 『상윳따 니까야』의 마지막 메시지로 강조하고 있다고 하겠다.

열한 개의 품은, 제1장 「삼매 품」, 제2장 「전법륜 품」, 제3장 「꼬띠가마 품」, 제4장 「심사빠 숲 품」, 제5장 「낭떠러지 품」, 제6장 「관통 품」, 제7장 「첫 번째 날곡식의 반복」, 제8장 「두 번째 날곡식의 반복」, 제9장 「세 번째 날곡식의 반복」, 제10장 「네 번째 날곡식의 반복」, 제11장 「다섯 가지 태어날 곳[五度]의 반복」이다.

이 가운데 제1장 「삼매 품」부터 제6장 「관통 품」까지의 여섯 개 품에는 각 품마다 10개씩의 경들이 포함되어서 모두 60개의 경들이 담겨 있다. 그리고 나머지 71개의 경들은 꼭 같은 가르침을 반복해서 담고 있는 경들이라서 반복(Peyyāla)이라 불리는 품에 담아서 전승하고 있다. 이들은 제7장 「첫 번째 날곡식의 반복」부터 제11장 「다섯 가지 태어날 곳의 반복」까지의 5개 품에 포함되어 나타난다. 제7장 「첫 번째 날곡식의 반복」과, 제8장 「두 번째 날곡식의 반복」과, 제9장 「세 번째 날곡식의 반복」에는 각각 10개씩의 경들이, 제10장 「네 번째 날곡식의 반복」에는 11개의 경들이, 마지막인 제11장 「다섯 가지 태어날 곳의 반복」에는 30개의 경들이 포함되어 있다.

① 제1장부터 제6장까지

「진리 상윳따」에 포함된 경들, 특히 그 가운데서도 제6장까지에 포함된 60개의 경들은 세존께서 사성제를 통찰할 것을 고구정녕하게 설하시는 가르침이기 때문에 모두 중요하지만 그 가운에서도 가장 중요한 경을 들라면 역시 부처님의 최초의 설법을 담고 있는 「초전법륜경」(S56:11)을 들어야 한다.

「초전법륜경」은 오비구에게 중도(中道, majjhimā paṭipadā)의 천명을 시작으로 설법을 하셔서 중도인 팔정도를 설하시고, 연이어서 사성제를 설하시는 경이다. 중도로 팔정도를 천명하시는 중요한 경이지만 경의 전체 내용은 사성제를 정의하는 것이 주된 내용이기 때문에 본경을 「도 상윳따」(S45)에 포함시키지 않고 본 상윳따에 포함시킨 것이다.

「초전법륜 경」(S56:11)과 「무더기 경」(S56:13)과 「안의 감각장소 경」(S56:14)은 고성제 · 집성제 · 멸성제 · 도성제를 정의하고 있는 중요한 경이다.

그리고 「철저히 알아야함 경」(S56:29 §5)에는 "괴로움의 성스러운 진리는 철저하게 알아야 한다. 괴로움의 일어남의 성스러운 진리는 버려야 한다. 괴로움의 소멸의 성스러운 진리는 실현해야 한다. 괴로움의 소멸로 인도하는 도닦음의 성스러운 진리는 닦아야 한다."라는 유명한 구설이 나타나고 있다.

「가왐빠띠 경」(S56:30)에는 "비구들이여, 괴로움을 본 사람은 괴로움의 일어남도 보고 괴로움의 소멸도 보고 괴로움의 소멸로 인도하는 도닦음도 본다. 비구들이여, 괴로움의 일어남을 본 사람은 괴로움도 보고 괴로움의 소멸도 보고 괴로움의 소멸로 인도하는 도닦음도 본다. 비구들이여, 괴로움의 소멸을 본 사람은 괴로움도 보고 괴로움의 일어남도 보고 괴로움의 소멸로 인도하는 도닦음도 본다. 비구들이여, 괴로움의 소멸로 인도하는 도닦음을 본 사람은 괴로움도 보고 괴로움의 일어남도 보고 괴로움의 소멸도 본다."라는 잘 알려진 구절이 나타난다.

「무명 경」(S56:17)과 「명지 경」(S56:18)에서는 사성제를 모르는 것이 무명이요 사성제를 아는 것이 명지라고 정의하고 있다. 「진실함 경」(S56:20)과 「진실함 경」(S56:27)에서는 사성제야말로 진실함이요 「뜻의 함축 경」(S56:19)에서는 사성제는 많은 뜻을 함축하고 있다고 설한다.

「정등각자 경」 등(S56:23~25)에서는 사성제를 깨달은 자가 정등각자요 아라한이요 번뇌 다한 자라고 설한다.

「삼매 경」(S56:1)과 「홀로 앉음 경」(S56:2)은 삼매나 홀로 앉음을 닦아서 사성제를 꿰뚫을 것을 강조하고 있다. 「좋은 가문의 아들(선남자) 경」 1/2(S56:3~4)는 출가한 선남자들은 이 사성제를 관통하기 위해서 출가하였으며 이 사성제를 관통하였다고 강조하고 있다. 같은 방법으로 「사문·바라문 경」 1/2(S56:5~6)도 과거·현재·미래의 모든 사문·바라문들도 이 사성제를 바르게 깨달았고 드러낸다고 설한다. 「생각[尋] 경」 등(S56:7~10)도 삿되고 해로운 것을 생각하거나 사색하거나 논쟁하거나 쓸데없는 이야기를 하지 말고 사성제를 두고 그렇게 하라고 설한다.

한편 「심사빠 숲 경」(S56:31)부터 「논쟁을 원함 경」(S56:40)까지의 제4장에 포함된 열 개의 경들에서 세존께서는 각각 다른 비유를 드시면서 사성제의 중요성을 말씀하고 계신다. 이러한 종류의 비유나 예는 「세상에 대한 사색 경」(S56:41)부터 「수미산 경」 2(S56:50)까지의 제5장에 포함된 10개의 경과, 「손톱 경」(S56:51)부터 「산의 비유 경」 2(S56:60)까지의 제6장에 나타나는 열 개의 경에도 나타나고 있다. 이렇게 해서 30개 정도의 경에서 세존께서는 다양한 비유와 예를 드시면서 사성제의 중요성을 역설하고 계신다.

그리고 본 상윳따 제6장 「관통 품」에 포함된 열 개의 경들은 본서 제2권의 「관통 상윳따」(Abhisamaya-saṁyutta, S13)의 열 개의 경들(S13:1~10)과 같은 방법으로 설해지고 있다. 그러나 여기서는 "대지에 비하면 헤아릴 것도 못되고 비교할 것도 못되며 아예 한 조각에도 미치지 못합니다."로 나타나지만 거기서는 "대지에 비하면 백분의 일에도 미치지 못하고 천분의 일에도 미치지 못하고 십만 분의 일에도 미치지 못합니다."로 나타나는 것이 다르다. 그리고 사성제에 적용시키는 결론 부분도 서로 다르게 나타난다. 아무튼 사성제는 관통[現觀, abhisamaya] 해야 할 대상으로 경과 주석서에서 자주 언급되고 있다. 여기에 대해서는 본서 제2권 「관통 상윳따」(S13) 「손톱 끝 경」(S13:1)의 주해들을 참조할 것.

② 제7장부터 제11장까지

그리고 반복을 담고 있는 본 상윳따의 제7장부터 제11장까지를 구성하는 71개의 경들도 모두 이러한 예를 들면서 전개되고 있다. 조금 더 부연해서 설명하면, 제7장 「첫 번째 날곡식의 반복」에 포함된 10개의 경들은 모두 세존께서 조그만 먼지를 손톱 끝에 올린 뒤에 그것을 대지의 흙과 비교하신 뒤에 "그와 같이 X의 중생들은 적고 X아닌 중생들은 많다."고 결론지으신 뒤에, 그 이유로 "네 가지 성스러운 진리를 보지 못했기 때문이다."라고 말씀하신다.

비슷한 방법으로 제8장 「두 번째 날곡식의 반복」에 나타나는 10개의 경들과 제9장 「세 번째 날곡식의 반복」에 나타나는 10개의 경들과 제10장 「네 번째 날곡식의 반복」에 나타나는 11개의 경들과 제11장 「다섯 가지 태어날 곳의 반복」에 포함된 30개의 경들도 모두 이러한 다양한 예를 들면서 사성제의 중요성을 역설하고 있다.

마지막으로 「심사빠 숲 경」(S56:31)을 인용하면서 『상윳따 니까야』의 마지막 상윳따인 「진리 상윳따」(S56)의 해제를 마무리하고자 한다.

"비구들이여, 그와 같이 내가 최상의 지혜로 안 것들 가운데 내가 가르치지 않은 것이 훨씬 더 많다. 내가 가르친 것은 아주 적다.

비구들이여, 그러면 나는 왜 가르치지 않았는가? 비구들이여, 이것은 이익을 주지 못하고, 이것은 청정범행의 시작에도 미치지 못하고, 염오로 인도하지 못하고, 탐욕의 빛바램으로 인도하지 못하고, 소멸로 인도하지 못하고, 고요함으로 인도하지 못하고, 최상의 지혜로 인도하지 못하고, 바른 깨달음으로 인도하지 못하고, 열반으로 인도하지 못한다. 그래서 나는 이것을 가르치지 않았다.

비구들이여, 그러면 나는 무엇을 가르쳤는가? 비구들이여, 나는 이것은 괴로움이라고 가르쳤다. 나는 이것은 괴로움의 일어남이라고 가르쳤다. 나는 이것은 괴로움의 소멸이라고 가르쳤다. 나는 이것은 괴로움의 소멸로 인도하는 도닦음이라고 가르쳤다.

비구들이여, 그러면 왜 나는 이것을 가르쳤는가? 비구들이여, 이것은 참으로 이익을 주고, 이것은 청정범행의 시작이고, 염오로 인도하고, 탐욕의 빛바램으로 인도하고, 소멸로 인도하고, 고요함으로 인도하고, 최상의 지혜로 인도하고, 바른 깨달음으로 인도하고, 열반으로 인도하기 때문이다. 그래서 나는 이것을 가르쳤다."

이렇게 말씀하신 뒤에 본 상윳따에서 고구정녕히 반복하고 계시는 다음의 정형구로 경을 마무리 지으신다.

"비구들이여, 그러므로 그대들은 '이것이 괴로움이다.'라고 수행해야 한다. '이것이 괴로움의 일어남이다.'라고 수행해야 한다. '이것이 괴로움의 소멸이다.'라고 수행해야 한다. '이것이 괴로움의 소멸로 인도하는 도닦음이다.'라고 수행해야 한다."

9. 불교는 행복을 추구한다

이제 『상윳따 니까야』 번역도 마지막 권에 이르렀다. 역자는 마지막 권의 해제를 마무리하면서 불교의 목적에 대해서 음미해보고자 한다.

본서 「예류 상윳따」(S55)에서 보았듯이 불교는 성자가 되는 것을 목적으로 한다. 그리고 본서 「진리 상윳따」(S56)에서 보았듯이 불교는 괴로움의 소멸, 저 열반의 실현을 궁극적인 목적으로 한다. 이러한 궁극적 행복인 열반은 팔정도를 위시한 37보리분법을 닦아서 존재를 온·처·계·근·연으로 해체해서 이들의 무상·고·무아를 통찰하여 염오-이욕-소멸 혹은 염오-이욕-해탈-구경해탈지가 성취됨으로써 실현된다. 이처럼 불교는 통찰지(반야)를 강조하는 종교임은 분명하다. 그러나 본서 「예류 상윳따」(S55)에서 보았듯이 믿음과 계를 지니는 것이 성자가 되는 가장 기본이 되는 요소임은 더욱 분명하다. 불자들은 삼보에 대한 굳건한 믿음과 계를 지녀 금생에도 행복하고 내생에도 행복하며, 이를 토대로 통찰지를 증장하게 하고 개발하여 해탈·열반의 궁극적 행복을 실현해야 할 것이다.

이제 본서 전체 6권의 해제를 마무리하면서 불교에서 추구하는 행복이 무엇인지, 그리고 그 행복을 어떻게 실현할 것인지를 살펴보려 한다.

① 불교의 목적: 행복의 실현(이고득락, 離苦得樂)

인간은 행복을 추구한다. 경제행위, 정치행위, 문화행위, 철학행위, 의술행위, 종교행위 등 인간의 모든 행위는 행복해지기 위해서이다. 불교도 행복을 추구한다. 그래서 예부터 스님들은 불교의 목적을 이고득락(離苦得樂)이라고 표현하였다. 초기경에서 부처님께서는 다양한 행복을 말씀하셨다. 그것을 간추려보면 금생의 행복, 내생의 행복, 구경의 행복이 된다.

세존께서는 본서 제1권 「알라와까 경」(S10:12)에서 이렇게 읊으신다.

> "믿음이 여기서 인간의 으뜸가는 재화이며
> 법을 잘 닦아야 행복을 가져오느니라.
> 진리가 참으로 가장 뛰어난 맛이며
> 통찰지를 [구족하여] 살아야 으뜸가는 삶이라 부르느니라."{847}

주석서와 복주서는 여기서 '법을 잘 닦는다.'는 것은 보시와 지계와 수행(dāna-sīla-bhāvanā-dhamma)을 말한다고 설명하고 있다.(SA.i.329)

그리고 계속해서 "'행복을 가져온다.'는 것은 이 법을 닦으면 인간의 행복(manussa-sukha = 금생의 행복)과 천상의 행복(dibba-sukha = 내생의 행복)과 궁극적으로는(pariyosāne) 열반의 행복(nibbāna-sukha = 궁극적인 행복)을 가져온다는 뜻이다."(SA.i.329)라고 덧붙이고 있다. 이 가운데서 보시(dāna)와 지계(sīla)는 인간의 행복과 천상의 행복을 얻는 수단이며, 수행(bhāvanā) 즉 37보리분법으로 정리되고 팔정도로 귀결되는 도닦음(paṭipadā)은 궁극적인 행복을 얻는 방법이다. 그래서 이 셋은 대승불교의 육바라밀에도 모두 포함되고 있는 것이다.

초기불전에서 행복으로 옮겨지는 단어는 즐거움을 뜻하는 sukha와 길상, 행복, 행운 등으로 옮기고 있는 망갈라(maṅgala)라는 술어이다. 이 망갈라라는 단어는 행복을 뜻하는 의미로 초기경에서 많이 나타나고 있으며 베다 문헌이나 대승불교 문헌에도 자주 나타나고 있다. 특히 이러한 행복을 강조하고 있는 경으로는 『숫따니빠따』「마하망갈라 경」(Mahā-maṅgala-sutta, 大吉祥經, Sn2:4/46~47)을 들 수 있다. 이 경에서 세존께서는 12개의 게송을 통해서 아주 다양한 행복을 말씀하시는데, 특히 금생의 행복을 여러 가지로 나열하신 뒤에

> "엄격한 삶을 살고 청정범행을 닦고
> [네 가지] 성스러운 진리를 보고
> 열반을 실현하는 것 ―
> 이것이야말로 으뜸가는 행복이로다."{267}14)

라고 강조하고 계신다. 열반의 실현이야말로 궁극적인 행복이기 때문이다. 이처럼 여러 경에서 인간의 행복, 천상의 행복, 열반의 행복, 혹은 금생의 행복, 내생의 행복, 궁극적 행복은 강조되고 있다. 이처럼 불교는

---

14) tapo ca brahmacariyañca, ariyasaccāna dassanaṁ|
nibbānasacchikiriyā ca, etaṁ maṅgalamuttamaṁ||(Sn.267)

괴로움을 여의고 행복을 얻는 것으로 정리할 수 있을 것이다.

중요한 것은 어떻게 하면 이러한 행복을 얻을 수 있는가, 그 방법은 무엇인가일 것이다. 그러면 어떻게 하면 이러한 세 가지 행복을 실현할 수 있을까?

② 금생의 행복

초기불전은 금생에 행복해지기 위해서는 특히 학문과 기술(sippa, vijjā, sikkha)을 익힐 것을 강조하고 있다. 자기 소질에 맞는 기술을 익혀서 그것으로 세상에 기여를 하고 급여를 받거나 이윤을 창출하여 금생에 행복하게 사는 것이 인간이 추구하는 중요한 행복이다.(D2 §14 참조)

그러나 기술만으로 금생의 행복은 얻어지지 않는다. 아무리 그 사람이 전문직종의 기술을 가지고 있다 하더라도 나쁜 인성을 가지고 있다면 그는 사회와 자신을 망가지게 한다. 바른 인성을 개발하기 위해서는 도덕적으로 건전하고, 이웃에 봉사하는 삶을 살아야 한다. 부처님께서는 이를 각각 지계와 보시로 강조하셨다. 이처럼 인간은 자기에게 맞는 기술을 익히고, 도덕적으로 건전하고, 봉사하는 삶을 살므로 해서 금생의 행복을 얻게 된다고 부처님께서는 강조히셨다.

그래서 『숫따니빠따』 「마하망갈라 경」(Sn2:4)에서도 많이 배움(bahu-sacca), 기술(sippa), 규율[律, vinaya], 잘 공부지음(susikkhita), 보시(dāna), 공덕을 쌓음(kata-puññatā) 등을 금생의 행복의 조건으로 나열하고 있다. 이를 정리하면 보시, 지계, 학문, 기술이 된다.

③ 내생의 행복

인간이 짓는 종교행위는 기본적으로 내생의 행복을 위한 것이라 할 수 있다. 인간은 금생에 종교행위를 함으로 해서 사후에 인간이나 천상이나 극락세계에 태어나거나 천당에 가게 된다고 각 종교마다 이론은 다르지만 이구동성으로 사후세계의 행복을 말하고 있다.

불교에서는 인간이 짓는 의도적 행위(업)가 원인이 되어, 해로운 업(불선업)을 많이 지은 자는 지옥, 축생, 아귀의 삼악도에 태어나게 되고 유익한 업(선업)을 많이 지은 자는 인간과 천상에 태어나게 된다고 가르친다.[15] 초기불전에서 부처님께서는 인간이나 천상에 태어나는 방법으로 보시와 지계를 말씀하셨다.[16] 한역 『아함경』에서는 이를 시·계·생천(施·戒·生天)이라고 옮겼다. 금생에 이웃에 봉사하고 승가에 보시하며, 도덕적으로 건전한 삶을 살면 내생에 천상에 태어나게 된다는 말씀이다. 특히 『디가 니까야』「삼십이상경」(D30)에서는 세존께서 32상(相)의 각각을 갖춘 것은 아주 이전 생에서부터 보시를 하고 계를 호지하고 십선업을 짓고 포살일을 준수하는 등을 통해서 천상에 태어나 큰 행복을 누리 신 뒤에 인간으로 태어나서 이러한 대인상(大人相)을 얻으셨다고 강조하고 있다.(D30 §1.4 이하 참조)

물론 불·법·승·계에 대한 믿음도 강조되고 있는데, 불·법·승에 대한 흔들림 없는 믿음과 계를 지님의 넷은 예류과를 얻은 자들이 갖추고 있는 구성요소로 강조되고 있다.[17]

그리고 『앙굿따라 니까야』의 많은 경들에서도 천상에 태어나는 방법으로 이러한 보시와 계의 구족과 믿음이 강조되고 있음은 주지의 사실이다. 예를 들면 「공덕이 넘쳐흐름 경」 1(A4:51)과 「견해 경」(A4:212) 이하의 여러 경들을 들 수 있다. 특히 『앙굿따라 니까야』 「합리적인 행위 경」(A4:61)에서 세존께서는 급고독 장자에게 "믿음을 구족하고 계를 구족하고 보시에 대해 관대함을 구족하고 통찰지를 구족하면", "금생에

---

15) 초기불전에 나타나는 윤회의 가르침에 대한 설명은 본서 제2권 해제 §6, 즉 「시작을 알지 못함 상윳따」(S15)에 대한 해제를 참조하기 바란다.

16) dānakathaṁ sīlakathaṁ saggakathaṁ(D3 §2.21 등)

17) 여기에 대해서는 본서 「사리뿟따 경」 2(S55:5) §3의 주해와 「예류 상윳따」(S55)의 여러 경들을 참조할 것.

법답게 재물을 얻고, 친척들과 스승들과 더불어 명성을 얻고, 오래 살고 긴 수명을 가진 뒤, 죽어서 몸이 무너진 다음에는 좋은 곳[善處], 천상 세계에 태어난다."고 가르치고 계신다.

그러므로 특히 재가자들은 이처럼 불·법·승 삼보에 대한 믿음과 보시와 지계를 닦아서 금생에도 행복하고 내생에도 행복할 토대를 만들어야 할 것이다.

④ 궁극적 행복

부처님이 말씀하신 세 번째 행복은 궁극적인 행복(parama-sukha, 至福)이며 이것은 열반이다. 불교가 궁극적으로 추구하는 깨달음, 해탈, 열반, 성불은 세상의 어떤 가치체계나 신념체계에서도 찾아볼 수 없는 불교만이 제시하는 고귀한 가르침이다. 스님들은 이러한 궁극적인 행복을 위해서 출가하여 수행을 하며, 재가 신자들이 부처님의 가르침을 자신의 가치체계와 신념체계로 받아들이는 것도 궁극적으로는 이러한 행복을 실현하기 위해서이다.

아무튼 금생의 행복과 내생의 행복은 주로 재가자들에게 가르치셨으며 궁극적 행복은 출가자들에게 주로 가르치셨나. 물론 역량이 되는 재가자들에게도 궁극적 행복을 도처에서 말씀하셨다. 그렇기 때문에 본서 제1권 「알라와까 경」(S10:12)에 해당하는 주석서는 "재가자는 바른 직업을 가지고 삼귀의를 하고 보시와 공양을 하고 계를 구족하고 포살을 실천하는 재가의 도닦음을 실천한다. 출가자는 이를 넘어서서 후회하지 않음을 행하는 계행을 갖추고[戒] 마음을 청정하게 함 등으로 구분되는 출가자의 도닦음을 닦아서[定] 통찰지를 갖추어서[慧] 삶을 영위한다." (SA.i.330)고 적고 있다.

궁극적인 행복을 실현하기 위해서는 개념적인 존재(施設)를 해체해서 법(dhamma)으로 환원해서 보아야 하는데, 초기불전에서 부처님께서는 그 구체적인 방법으로 사성제의 통찰, 팔정도의 완성, 온·처·계의 무상·고·무아에 대한 철견(徹見), 12연기의 역관(逆觀) 등으로 말씀하셨다. 초기불전에서 보자면 이러한 세 가지 행복을 바르게 추구하는 방법은 37보리분법이며 이것은 팔정도로 귀결이 된다.

이렇게 하여 금생의 행복과 내생의 행복과 궁극적인 행복을 추구하는 자야말로 진정한 불자이다.

이러한 세 가지 행복 가운데서 특히 궁극적 행복을 실현하는 것에 관한 가르침들이 집중적으로 나타나는 것이 본 『상윳따 니까야』 이다. 물론 『상윳따 니까야』 에도 금생의 행복과 내생의 행복에 대한 가르침이 없는 것은 아니지만 다른 니까야들과 비교해볼 때 현저하게 그 숫자가 줄어든다. 예를 들면 『앙굿따라 니까야』 의 도처에는 금생의 행복과 내생의 행복에 대해서 강조하고 계신다. 그러나 『상윳따 니까야』 는 그렇지 않다. 오히려 56개의 주제들 가운데 특정 존재들에게 설하신 몇몇 상윳따를 제외한, 법수를 중심으로 한 35개의 상윳따 등 대부분의 상윳따에서는 궁극적 행복과 이것을 실현하는 방법을 강조해서 설하고 계신다.

예를 들면 사성제는 56번째 상윳따에, 팔정도는 45번째에, 오온은 22번째에, 육처는 35번째에, 18계는 14번째와 35번째에, 연기는 12번째에, 37보리분법은 45부터 51번째 상윳따에 나타나며 『상윳따 니까야』 에서 가장 중요한 주제이다. 그래서 S12부터 S21까지의 10개의 주제를 담은 두 번째 책은 연기를 [위주로 한] 가르침으로, S22부터 S34까지의 13개의 주제를 담은 세 번째 책은 오온을 [위주로 한] 가르침으로, S35부터 S44까지의 10개의 주제를 담은 네 번째 책은 육처를 [위주로 한] 가르침으로, 37보리분과 사성제를 담은 다섯 번째 책은 큰 가르침으로 불리고 있다.

11. 맺는 말

우리는 『상윳따 니까야』 전체 여섯 권을 통해서 이러한 세 가지 행복의 실현에 대해서 살펴보았으며 특히 궁극적 행복인 해탈·열반의 실현에 대해서 심도 깊게 살펴보았다.

이러한 행복을 실현하는 토대로 본서 「예류 상윳따」(S55)는 불·법·승 삼보에 대한 믿음과 계를 지니는 것을 강조하고 있다. 여기뿐만 아니라 초기불전의 도처에서 불자가 되는 기본 덕목으로 삼귀의와 오계를 들고 있기도 하다. 「예류 상윳따」에서도 삼귀의와 계를 지니는 자는 천상에 태어난다고 분명히 말씀하고 계시듯이 다른 니까야들도 이것을 강조하고 있다. 특히 재가자들에게 하신 설법을 많이 담고 있는 『앙굿따라 니까야』에는 이것을 강조하는 경들이 많이 전승되어 온다.

부처님에 대한 믿음은 세존의 사촌동생이었던 마하나마가 본서 「고다 경」(S55:23 §13)에서 부처님께 확신을 가지고 말씀드리는 다음 구절이 그 본보기가 된다.

"세존이시여, 여기 법에 대한 어떤 문제가 발생할지도 모릅니다. 세존께서 한 쪽이 되고 비구 승가와 비구니 승가와 청신사와 청신녀와 마라와 범천을 포함한 신의 세상이나 혹은 사문·바라문과 신과 사람을 포함한 [인간] 세상이 다른 쪽이 되는 경우입니다. 그러면 저는 당연히 세존께서 택하신 쪽에 대해서 청정한 믿음을 가집니다. 세존께서는 제가 이렇다고 섭수하여 주십시오."

마하나마의 이런 말은 법에 관한한 부처님의 제자들과 신들을 포함한 천하의 모든 존재가 다 옳다고 인정하는 어떤 사실이 있다 하더라도 만일 세존께서 그것을 인정하지 않으시면 나도 세존의 말씀을 따라서 그것을 인정하지 않을 것이라고 세존께 대한 절대적인 믿음을 표하는 말이다. 불제자라면 이 정도로 부처님께 대한 확신이 있어야 한다. 그래야 그가 진정한 부처님의 제자일 것이다.

법에 대한 믿음은 부처님의 가르침에 대한 확신이다. 부처님의 가르침에 대한 확신은 세상의 모든 존재를 온·처·계·근·제·연의 고유성질을 가진 법들로 해체해서 보면 무상·고·무아를 통찰하게 되고 그래서 염오-이욕-해탈-구경해탈지를 실현하게 되며 그 방법으로 팔정도를 위시한 37보리분법을 설하신 이러한 가르침에 대한 확신을 근본으로 한다. 다른 말로 하자면 존재를 법들으로 해체해서 보아서 제법의 자상-공상을 확인하여 해탈할 것을 말씀하신 부처님 가르침에 대한 확신이다.

승에 대한 믿음은 승가는 궁극적 행복인 소멸, 무위, 열반를 실현하기 위해서 세속적인 행복이나 가치를 버린 집단이기에 일체 존재들에게 "공양받아 마땅하고, 선사받아 마땅하고, 보시받아 마땅하고, 합장받아 마땅하며, 세상의 위없는 복밭[福田, puñña-kkhetta]이시다."라고 확신하고 절대적인 신뢰를 가지는 것을 말한다.

계를 지니는 것은 "성자들이 좋아하며 훼손되지 않았고 뚫어지지 않았고 오점이 없고 얼룩이 없고 벗어나게 하고 지자들이 찬탄하고 [성취한 것에] 들러붙지 않고 삼매에 도움이 되는" 오계 등을 받아 지니는 것을 말한다.

이처럼 불자들은 삼보에 대한 굳건한 믿음과 계를 지녀 금생에도 행복하고 내생에도 행복하며, 이를 토대로 해서 통찰지를 증장하게 하고 개발하여 해탈·열반의 궁극적 행복을 실현해야 할 것이다. 『상윳따 니까야』에 나타나는 경들은 이것을 강조하고 있다.

본서를 읽는 모든 분들이 부처님께서 드러내 보여주신 다양하고도 많은 행복을 누리시기를 염원하고 본서를 통해서 금생에 해탈·열반의 튼튼한 토대를 만드시기를 기원하면서 『상윳따 니까야』의 마지막 권인 제6권의 해제를 마무리 짓는다.

제51주제

성취수단[如意足] 상윳따(S51)

그분 부처님·아라한·정등각자께 귀의합니다.

상윳따 니까야

제6권 진리를 위주로 한 가르침

Mahā-vagga 2

제51주제(S51)

성취수단[如意足] 상윳따

Iddhipāda-saṁyutta

제1장 짜빨라 품

Cāpāla-vagga

이 언덕 경(S51:1)

Apāra-sutta

1. 이와 같이 나는 들었다. [254] 한때 세존께서는 사왓티에서 제따 숲의 아나타삔디까 원림(급고독원)에 머무셨다.

2. 거기서 세존께서는 이렇게 말씀하셨다.

3. "비구들이여, 네 가지 성취수단[18]을 닦고 많이 [공부]지으면

18) 여기서 '성취수단'은 iddhi-pāda를 옮긴 것이다. 먼저 iddhi의 의미부터 살펴보자. iddhi(Sk. ṛddhi)는 √ṛdh(*to prosper*)에서 파생된 여성명사로 번영, 번창, 향상, 성공, 성취를 뜻하며 베다에서부터 나타나고 있다.

초기불전의 몇몇 경에서는 여러 가지 세속적인 번영이 언급되고 있다.(D17/ii.177; M129/iii.176 등) 예를 들면 『디가 니까야』 「마하수닷사나 경」(D17) §§1.18~21에는 용모(vaṇṇa-pokkharatā), 긴 수명(dīgh-āyuka), 병없음(appābādha), 호감(piya manāpa)의 넷을 마하수닷사나 왕이 이룬 네 가지 성취로 들고 있는데, 이 넷은 대표적인 세속적인 성취라 할 수 있다. 그리고 『디가 니까야』 「대반열반경」(D16) §4.25나 다른 경에서는 큰 신통과 큰 위력(mahiddhikatā mahānubhāvatā)이라는 문맥으로도 나타나고 있다.

『청정도론』 XII.20~21은 세 가지로 iddhi를 정의하는데, 그것은 ① 성공과 획득의 성취(XII.20) ② 수단의 구족(XII.21) ③ 신통(XII.22)이다.

이미 초기불전에서부터 iddhi는 두 가지 전문술어로 나타나고 있는데 그것은 ① 신통변화[神足通]로 옮기는 iddhi-vidhā와 본경을 위시한 본 상윳따(S51)에 나타나는 ② 성취수단[如意足]으로 옮기고 있는 iddhi-pāda이다.

① 신통변화는 육신통 가운데 첫 번째 신통으로 본서 「이전 경」(S51:11) §8과 본서 제2권 「수시마 경」(S12:70) §9 등에서 "하나인 채 여럿이 되기도 하고 여럿이 되었다가 하나가 되기도 한다. 나타났다 사라졌다 하고 벽이나 담이나 산을 아무런 장애 없이 통과하기를 마치 허공에서처럼 한다. 땅에서도 떠올랐다 잠겼다 하기를 물속에서처럼 한다. 물 위에서 빠지지 않고 걸어가기를 땅 위에서처럼 한다. 가부좌한 채 허공을 날아가기를 날개 달린 새처럼 한다. 저 막강하고 위력적인 태양과 달을 손으로 만져 쓰다듬기도 하며 심지어는 저 멀리 범천의 세상에까지도 몸의 자유자재함을 발한다."로 정형화 되어 나타난다. 중국에서는 신족통(神足通)으로 옮겼다.
그리고 「께왓다 경」(D11) §1 등에는 '신통의 기적'으로 옮기는 iddhi-pāṭi-hāriya라는 술어가 나타난다. 그곳 §4에서 보듯이 이것은 6신통 가운데 첫 번째인 위의 신통변화(iddhividha, 신족통)와 같은 뜻으로 쓰인다.(본서 「탑묘 경」(S51:10) §8의 해당 주해 참조.)
한편 『청정도론』 XII.21 이하에서는 『무애해도』에 나타나는 열 가지 신통을 든 뒤에 XII장 전체에서 설명하고 있다. 그것은 다음과 같다.
"① 결의에 의한 신통 ② 변형의 신통 ③ 마음으로 [다른 몸을] 만드는 신통 ④ 지혜가 충만함에 의한 신통 ⑤ 삼매가 충만함에 의한 신통 ⑥ 성자들의 신통 ⑦ 업의 과보로 생긴 신통 ⑧ 공덕을 가진 자의 신통 ⑨ 주술에 의한 신통 ⑩ 각각 바른 노력을 조건으로 성취한다는 뜻에서의 신통"(Ps.ii.205)이다.
그리고 두 번째가 본 상윳따의 주제요 '성취수단'으로 옮기고 있는 iddhi-pāda이다. 여기서 pāda는 √pad(*to go*)에서 파생된 남성 혹은 중성명사인데 다리[足]를 뜻한다. 그래서 이 전체를 중국에서는 如意足으로 옮겼다. 주석서는 ① 성취를 위한 수단(iddhiyā pādaṁ)과 ② 성취가 된 수단(iddhi-bhūtaṁ pādaṁ)의 두 가지로 '성취수단(iddhi-pāda)'을 설명하고 있다.

이 언덕에서 저 언덕으로 건너가게 된다. 무엇이 넷인가?"

4. "비구들이여, 여기 비구는 열의를 [주로 한] 삼매와 노력의 의도적 행위[行]를 갖춘 성취수단을 닦는다. 정진을 [주로 한] 삼매와 노력의 의도적 행위를 갖춘 성취수단을 닦는다. 마음을 [주로 한] 삼매와 노력의 의도적 행위를 갖춘 성취수단을 닦는다. 검증을 [주로 한] 삼매와 노력의 의도적 행위를 갖춘 성취수단을 닦는다."[19]

(SA.iii.250)

② 성취수단은 네 가지 성취수단[사여의족]으로 정형화 되어 나타나는데 그것은 열의, 정진, 마음, 검증이다. 여기에 대해서는 바로 다음 주해를 참조할 것.

한편 본서 S51:5~6, 11~12, 14, 16~17, 19~22, 27~32 등의 17개 경들은 육신통을 비롯한 여러 가지 신통들이 모두 네 가지 성취수단(사여의족)을 닦아서 성취된다고 밝히고 있다. 이처럼 신통변화를 비롯한 육신통과 사여의족은 밀접한 관계가 있다.

그리고 본경과 아래 S51:2 §3 등에서 "네 가지 성취수단을 열심히 행하는 자들은 누구든지 괴로움의 멸진으로 인도하는 성스러운 도를 열심히 행하는 것"이라고 나타나듯이 네 가지 성취수단은 팔정도의 최종적인 결실인 괴로움의 소멸 즉 열반의 실현으로 귀결이 된다. 이처럼 사여의족은 궁극적으로는 육신통의 마지막인 누진통을 통해서도 해탈 · 열반을 실현하고 사여의족과 사체로도 해탈 · 열반을 실현하는 구조로 설해지고 있다.

초기불전의 여러 경들을 종합해보면, 네 가지 성취수단은 니까야에서 ① 삼매를 성취하는 수단 ② 신통을 성취하는 수단 ③ 깨달음과 열반을 성취하는 수단의 셋으로 나타나고 있다.

경에 나타나는 여러 가지 iddhi(신통, 성취)에 대한 자세한 논의는 『무애해도』(Ps.205~214)에 나타나고 있다.

19) 이 정형구는 아래 「열의를 주로 한 삼매 경」(S51:13)에서 분석되고 있다. 정형구의 용어들은 『위방가』(Vbh.216~220)에서 경의 분류방법(Sutanta-bhājaniya)으로 더 자세하게 설명되고 있다. 그리고 아비담마의 분류방법(Abhidhamma-bhājaniya)에 의한 설명은 『위방가』(Vbh.220~224)에 나타나고 있다. 그리고 『청정도론』 XII.50~53과 『위방가 주석서』(VbhA.303~308)에도 나타나고 있다.

아래 「열의를 주로 한 삼매 경」(S51:13)의 분석이 보여주듯이 성취수단의 정형구는 ① 삼매(samādhi) ② 노력의 의도적 행위(padhāna-saṅkhāra) ③ 삼매를 낳는데 필요한 네 가지 특별한 요소들 즉 열의(chanda), 정진

5. "비구들이여, 이러한 네 가지 성취수단을 닦고 많이 [공부] 지으면 이 언덕에서 저 언덕으로 건너가게 된다."

게을리함 경(S51:2)

Viraddha-sutta

3. "비구들이여, 네 가지 성취수단을 게을리하는 사람들은 누구든지 괴로움의 멸진으로 바르게 인도하는 성스러운 도를 게을리하는 것이다. 비구들이여, 네 가지 성취수단을 열심히 행하는 자들은 누구든지 괴로움의 멸진으로 인도하는 성스러운 도를 열심히 행하는 것이다. 무엇이 넷인가?"

4. "비구들이여, 여기 비구는 열의를 [주로 한] 삼매와 노력의 의도적 행위[行]를 갖춘 성취수단을 닦는다. 정진을 [주로 한] 삼매와 노력의 의도적 행위를 갖춘 성취수단을 닦는다. 마음을 [주로 한] 삼매와 노력의 의도적 행위를 갖춘 성취수단을 닦는다. 검증을 [주로 한] 삼매와 노력의 의도적 행위를 갖춘 성취수단을 닦는다."

5. "비구들이여, [255] 이러한 네 가지 성취수단을 게을리하는 사람들은 누구든지 괴로움의 멸진으로 바르게 인도하는 성스러운 도를 게을리하는 것이다. 비구들이여, 이러한 네 가지 성취수단을 열심히 행하는 자들은 누구든지 괴로움의 멸진으로 바르게 인도하는 성

(viriya), 마음(citta), 검증(vīmaṁsā)을 포함하고 있다. 여기서 삼매와 노력의 의도적 행위는 네 가지 성취수단 모두에 다 포함되어 있다.

여기서 보듯이 네 가지 성취수단에서 성취(iddhi)는 특히 삼매의 성취를 말한다. 물론 이러한 삼매 특히 제4선에 자유자재해야 신통(iddhi)도 성취된다고 주석서들은 말한다. 그래서 제4선을 신통의 토대가 되는 禪(pādaka-jjhāna)이라고 한다.

스러운 도를 열심히 행하는 것이다."

성스러움 경(S51:3)

Ariya-sutta

3. "비구들이여, 네 가지 성취수단을 닦고 많이 [공부]지으면 그것은 성스러운 것이고 출리로 인도하며, 그리고 그대로 실천하면 괴로움의 멸진으로 바르게 인도한다. 무엇이 넷인가?

비구들이여, 여기 비구는 열의를 [주로 한] 삼매와 … 정진을 [주로 한] 삼매와 … 마음을 [주로 한] 삼매와 … 검증을 [주로 한] 삼매와 노력의 의도적 행위를 갖춘 성취수단을 닦는다.

비구들이여, 이러한 네 가지 성취수단을 닦고 많이 [공부]지으면 그것은 성스러운 것이고 출리로 인도하며, 그리고 그대로 실천하면 괴로움의 멸진으로 바르게 인도한다."

염오 경(S51:4)

Nibbidā-sutta

3. "비구들이여, 네 가지 성취수단을 닦고 많이 [공부]지으면 그것은 염오로 인도하고, 탐욕의 빛바램으로 인도하고, 소멸로 인도하고, 고요함으로 인도하고, 최상의 지혜로 인도하고, 바른 깨달음으로 인도하고, 열반으로 인도한다. 무엇이 넷인가?

비구들이여, 여기 비구는 열의를 [주로 한] 삼매와 … 정진을 [주로 한] 삼매와 … 마음을 [주로 한] 삼매와 … 검증을 [주로 한] 삼매와 노력의 의도적 행위를 갖춘 성취수단을 닦는다.

비구들이여, 이러한 네 가지 성취수단을 닦고 많이 [공부]지으면 그것은 염오로 인도하고, 탐욕의 빛바램으로 인도하고, 소멸로 인도하고, 고요함으로 인도하고, 최상의 지혜로 인도하고, 바른 깨달음으로 인도하고, 열반으로 인도한다."

부분적임 경(S51:5)

Padesa-sutta

3. "비구들이여, 과거에 부분적인 신통[20]을 나투었던 사문들이나 바라문들은 누구든지 네 가지 성취수단을 닦고 많이 [공부]지었던 자들이다. [256] 비구들이여, 미래에 부분적인 신통을 나툴 사문들이나 바라문들은 누구든지 네 가지 성취수단을 닦고 많이 [공부]지을 자들이다. 비구들이여, 현재에 부분적인 신통을 나투는 사문들이나 바라문들은 누구든지 네 가지 성취수단을 닦고 많이 [공부]짓는 자들이다. 무엇이 넷인가?

비구들이여, 여기 비구는 열의를 [주로 한] 삼매와 … 정진을 [주로 한] 삼매와 … 마음을 [주로 한] 삼매와 … 검증을 [주로 한] 삼매와 노력의 의도적 행위를 갖춘 성취수단을 닦는다.

비구들이여, 과거에 … 미래에 … 현재에 부분적인 신통을 나투는 사문들이나 바라문들은 누구든지 이러한 네 가지 성취수단을 닦고 많이 [공부]짓는 자들이다."

완전함 경(S51:6)

Samatta-sutta

---

20) "여기서 '부분적인 신통(iddhi-padesa)'이란 세 가지 도(tayo maggā, 즉 예류도부터 불환도까지)와 세 가지 과(tīṇi phalāni, 즉 예류과부터 불환과까지)를 말한다."(SA.iii.251)
본경과 다음 경에서 iddhi는 신통 대신에 성취로 옮겨서 '부분적인 성취'와 '완전한 성취'로도 옮길 수 있다.

3. "비구들이여, 과거에 완전한 신통[21]을 나투었던 사문들이나 바라문들은 누구든지 네 가지 성취수단을 닦고 많이 [공부]지었던 자들이다. 비구들이여, 미래에 완전한 신통을 나툴 사문들이나 바라문들은 누구든지 네 가지 성취수단을 닦고 많이 [공부]지을 자들이다. 비구들이여, 현재에 완전한 신통을 나투는 사문들이나 바라문들은 누구든지 네 가지 성취수단을 닦고 많이 [공부]짓는 자들이다. 무엇이 넷인가?

비구들이여, 여기 비구는 열의를 [주로 한] 삼매와 … 정진을 [주로 한] 삼매와 … 마음을 [주로 한] 삼매와 … 검증을 [주로 한] 삼매와 노력의 의도적 행위를 갖춘 성취수단을 닦는다.

비구들이여, 과거에 … 미래에 … 현재에 완전한 신통을 나투는 사문들이나 바라문들은 누구든지 이러한 네 가지 성취수단을 닦고 많이 [공부]짓는 자들이다."

비구 경(S51:7)

Bhikkhu-sutta

3. "비구들이여, [257] 과거에 번뇌가 다하여 아무 번뇌가 없는 마음의 해탈[心解脫]과 통찰지를 통한 해탈[慧解脫]을 바로 지금·여기에서 스스로 최상의 지혜로 알고 실현하고 구족하여 머물렀던 비구들은 누구든지 네 가지 성취수단을 닦고 많이 [공부]지었던 자들이다. 비구들이여, 미래에 번뇌가 다하여 아무 번뇌가 없는 마음의

---

21) "'완전한 신통변화(samatta iddhi)'란 오직 아라한과(arahatta-phala)를 말한다. 여기서 첫 번째부터 아홉 번째까지의 경(S51:1～9)에서는 윤회로부터 벗어나는 기초가 되는 것(vivaṭṭa-pādakā)으로 성취수단들(iddhi-pādā)을 설하신 것이다."(SA.iii.251)

해탈[心解脫]과 통찰지를 통한 해탈[慧解脫]을 바로 지금·여기에서 스스로 최상의 지혜로 알고 실현하고 구족하여 머물 비구들은 누구든지 네 가지 성취수단을 닦고 많이 [공부]지을 자들이다. 비구들이여, 현재에 번뇌가 다하여 아무 번뇌가 없는 마음의 해탈[心解脫]과 통찰지를 통한 해탈[慧解脫]을 바로 지금·여기에서 스스로 최상의 지혜로 알고 실현하고 구족하여 머무는 비구들은 누구든지 네 가지 성취수단을 닦고 많이 [공부]짓는 자들이다. 무엇이 넷인가?

비구들이여, 여기 비구는 열의를 [주로 한] 삼매와 … 정진을 [주로 한] 삼매와 … 마음을 [주로 한] 삼매와 … 검증을 [주로 한] 삼매와 노력의 의도적 행위를 갖춘 성취수단을 닦는다.

비구들이여, 과거에 … 미래에 … 현재에 번뇌가 다하여 아무 번뇌가 없는 마음의 해탈[心解脫]과 통찰지를 통한 해탈[慧解脫]을 바로 지금·여기에서 스스로 최상의 지혜로 알고 실현하고 구족하여 머무는 비구들은 누구든지 이러한 네 가지 성취수단을 닦고 많이 [공부]짓는 자들이다."

부처 경(S51:8)

Buddha-sutta

3. "비구들이여, 네 가지 성취수단이 있다. 무엇이 넷인가?

비구들이여, 여기 비구는 열의를 [주로 한] 삼매와 … 정진을 [주로 한] 삼매와 … 마음을 [주로 한] 삼매와 … 검증을 [주로 한] 삼매와 노력의 의도적 행위를 갖춘 성취수단을 닦는다.

비구들이여, 이러한 네 가지 성취수단을 닦고 많이 [공부]지었기 때문에 여래·아라한·정등각자라 불린다."

지혜 경(S51:9)

Ñāṇa-sutta

3. "비구들이여, [258] 나에게는 '이것이 열의를 [주로 한] 삼매와 노력의 의도적 행위[行]를 갖춘 성취수단이다.'라는, 전에 들어보지 못한 법들에 대한 눈[眼]이 생겼다. 지혜[智]가 생겼다. 통찰지[慧]가 생겼다. 명지[明]가 생겼다. 광명[光]이 생겼다.[22] 비구들이여, 나에게는 '이러한 열의를 [주로 한] 삼매와 노력의 의도적 행위[行]를 갖춘 성취수단은 닦아져야 한다.'라는, 전에 들어보지 못한 법들에 대한 눈[眼]이 생겼다. 지혜[智]가 생겼다. 통찰지[慧]가 생겼다. 명지[明]가 생겼다. 광명[光]이 생겼다. 비구들이여, 나에게는 '이러한 열의를 [주로 한] 삼매와 노력의 의도적 행위[行]를 갖춘 성취수단은 닦아졌다.'라는, 전에 들어보지 못한 법들에 대한 눈[眼]이 생겼다. 지혜[智]가 생겼다. 통찰지[慧]가 생겼다. 명지[明]가 생겼다. 광명[光]이 생겼다."

4. "비구들이여, 나에게는 '이것이 정진을 [주로 한] 삼매와 노력의 의도적 행위[行]를 갖춘 성취수단이다.'라는 … '이러한 정진을 [주로 한] 삼매와 노력의 의도적 행위[行]를 갖춘 성취수단이 닦아져야 한다.'라는 … '이러한 정진을 [주로 한] 삼매와 노력의 의도적 행

---

22) 이 정형구는 본서 제2권 「위빳시 경」 등(S12:4~10) §16과 §29(12연기에 대해)와, 「도시 경」(S12:65) §6과 §9(12연기에 대해)와, 제4권 「지혜 경」(S36:25) §4 등(느낌에 대해)과, 본서 제5권 「전에 들어보지 못함 경」(S47:31) §3 등(사념처에 대해)과, 본서 「초전법륜 경」(S56:11) §9 등(사성제에 대해)과, 「여래 경」(S56:12) §3 등(사성제에 대해)에도 나타난다. 여기서 눈[眼], 지혜[智], 통찰지[慧], 명지[明], 광명[光]은 각각 cakkhu, ñāṇa, paññā, vijjā, āloka를 옮긴 것이다. 눈 등은 모두 지혜의 동의어(ñāṇa-vevacana)이고 명지는 꿰뚫음(paṭivedha)의 뜻이라고 한다.(SA.ii.21)

위[行]를 갖춘 성취수단은 닦아졌다.'라는 …"

5. "비구들이여, 나에게는 '이것이 마음을 [주로 한] 삼매와 노력의 의도적 행위[行]를 갖춘 성취수단이다.'라는 … '이러한 마음을 [주로 한] 삼매와 노력의 의도적 행위[行]를 갖춘 성취수단이 닦아져야 한다.'라는 … '이러한 마음을 [주로 한] 삼매와 노력의 의도적 행위[行]를 갖춘 성취수단은 닦아졌다.'라는 …"

6. "비구들이여, 나에게는 '이것이 검증을 [주로 한] 삼매와 노력의 의도적 행위[行]를 갖춘 성취수단이다.'라는 … '이러한 검증을 [주로 한] 삼매와 노력의 의도적 행위[行]를 갖춘 성취수단이 닦아져야 한다.'라는 … '이러한 검증을 [주로 한] 삼매와 노력의 의도적 행위[行]를 갖춘 성취수단은 닦아졌다.'라는, 전에 들어보지 못한 법들에 대한 눈[眼]이 생겼다. 지혜[智]가 생겼다. 통찰지[慧]가 생겼다. 명지[明]가 생겼다. 광명[光]이 생겼다."

탑묘 경(S51:10)[23)]

Cetiya-sutta

1. 이와 같이 나는 들었다. 한때 세존께서는 웨살리에서 큰 숲[大林]의 중각강당에 머무셨다.

2. 그때 [259] 세존께서는 오전에 옷매무새를 가다듬고 발우와

---

23) 본경은 『디가 니까야』 「대반열반경」(D16/ii.102~107) §§3.1~3.10에도 포함되어 나타나고, 본경에 해당하는 주석서는 DA.ii.554~558과 상응한다. 그리고 『앙굿따라 니까야』 「대지의 진동 경」(A8:70) §§1~9로도 나타나고, 『자설경』(Ud.62~64)에도 나타나며, 『자설경 주석서』(UdA.322~330)에서 설명되고 있다.

가사를 수하고 걸식을 위해서 웨살리로 들어가셨다. 웨살리에서 걸식을 하여 공양을 마치고 걸식에서 돌아와 아난다 존자를 불러서 말씀하셨다.

3. "아난다여, 좌구를 챙겨라. 낮 동안의 머묾을 위해서 짜빨라 탑묘[24]로 가자."

"그렇게 하겠습니다, 세존이시여."라고 아난다 존자는 세존께 대답한 뒤 좌구를 챙겨서 세존의 뒤를 따라갔다.

4. 세존께서는 짜빨라 탑묘로 가셔서 마련된 자리에 앉으셨다. 아난다 존자도 세존께 절을 올린 뒤 한 곁에 앉았다. 한 곁에 앉은 아난다 존자에게 세존께서는 이렇게 말씀하셨다.

"아난다여, 웨살리는 아름답구나. 우데나 탑묘도 아름답고, 고따마

---

24) '탑묘'로 옮긴 cetiya(Sk. caitya)는 √ci(*to heap up*)에서 파생된 명사로서 돌이나 흙, 벽돌 등을 쌓아서 만든 '기념물, 분묘'를 지칭하는 것이 일차적인 의미이다 『샤따빠따 브라흐마나』 등의 바라문교 『제의서』에도 짜이땨(caitya)라는 단어가 나타나며 짜이땨에 가서 제사지내는 것이 기술되어 있다. 아마 조상신이나 그 지역의 토지신 아니면 유력한 신을 모시고 그 지방 부족들이 모여서 제사 지내거나 숭배하던 장소를 말하는 것일 것이다. 지금도 인도의 시골에 가보면 곳곳에 이런 크고 작은 건물이나 조형물이 있으며 이런 곳을 짜이땨라 부르고 있다.
니까야에서 쩨띠야(cetiya)는 불교의 탑묘를 지칭하는 말로서는 거의 쓰이지 않는다. 불교의 탑묘를 나타낼 때는 대부분 투빠(thūpa, Sk. stūpa, 스뚜빠)라는 단어를 사용한다. 스뚜빠라는 단어는 『제의서』 문헌에서 묘지 — 초기 아리야족들은 화장이 아닌 매장을 하였다 — 라는 뜻으로 나타나고 있다. 니까야에서 쩨띠야는 불교 이전부터 있었던 신성한 곳을 말하며 불교 수행자들뿐 아니라 여러 종교의 수행자들의 좋은 거주처가 되었고 부처님께서도 이런 쩨띠야에 많이 머무셨다. 후대로 내려오면서 불교 사원에서 불상이나 탑을 모시고 예배드리는 곳은 쩨띠야(cetiya, Sk. caitya)라 부르고, 스님들이 머무는 곳은 문자 그대로 위하라(vihāra)라 부르고 있다. 우리 식으로 말한다면 대웅전, 관음전, 명부전 등은 쩨띠야이고 스님들이 거주하는 요사채는 위하라라 부른다고 이해하면 되겠다.

까 탑묘도 아름답고, 삿땀바까 탑묘도 아름답고, 바후뿟따 탑묘[多子塔]도 아름답고, 사란다다 탑묘도 아름답고, 짜빨라 탑묘도 아름답구나."[25]

5. "아난다여, 누구든지 네 가지 성취수단[四如意足]을 닦고, 많이 [공부]짓고, 수레로 삼고, 기초로 삼고, 확립하고, 굳건히 하고, 부지런히 닦은 사람은 원하기만 하면 일 겁[26]을 머물 수도 있고, 겁의

---

25) 본경에 나타나듯이 웨살리에는 우데나(Udena), 고따마까(Gotamaka), 삿땀바까(Sattambaka), 바후뿟따(Bahuputta, 多子塔), 사란다다(Sāranda-da), 짜빨라(Cāpāla) 등의 많은 탑묘(cetiya)들이 있었다.
주석서에서 "우데나 탑묘라는 것은 우데나 약카(yakkha, 야차)의 탑묘 자리에 만든 거처(vihāra)를 말한다. 고따마까 탑묘 등도 같은 뜻이다."(DA.ii.555)라고 설명하고 있듯이 이들은 약카(yakkha, 야차, 夜叉)를 섬기는 곳이었다고 한다. 약카는 특히 자이나 문헌에서 숭배의 대상으로 많이 등장하는데 이것은 자이나교 창시자인 마하위라가 이곳 웨살리 출신이며 웨살리의 니간타(자이나)들이 초기불전에서 다수 등장하는 것과도 무관하지 않은 것 같다.

26) 부처님께서 '일 겁(劫, kappa)'을 머무실 수 있다는 의미는 무엇일까? 주석서에 의하면 여기서 겁은 수명의 겁(āyu-kappa)을 뜻한다고 하며 그것은 백년이라고 한다.(SA.iii.251; AA.iv.149) 그 당시 인간이 살 수 있는 수명의 한계를 다 채울 때까지 머물 수 있다는 뜻이다. 겁의 남은 기간이란 '이쪽 저쪽이다'라고 말한 백년보다 조금 더 사는 것을 뜻한다. 이 부분에 해당하는 주석서를 직역하면 다음과 같다.
"여기서 겁(kappa)이란 수명의 겁(āyu-kappa)이다. 그 당시에 인간들의 수명(āyuppamāṇa)의 한계를 다 채우면서 머물 수 있다는 말이다. '혹은 겁의 남은 기간(kappāvasesaṁ vā)'이란 조금 더라고 말한, 백년보다 조금 더(vassa-satato atirekaṁ) 사는 것이다."(SA.iii.251; AA.iv.149)
그런데 주석서는 마하시와 장로(Mahāsīvatthera)라는 분의 의견으로 부처님께서는 이 행운의 겁(bhadda-kappa) 동안을 머무르실 수 있다는 견해를 든 뒤 이것을 『고주석서』(Aṭṭhakathā)의 견해를 빌어서 논파하고 있다.(SA.iii.251)
그런데 니까야의 어느 곳에도 겁(劫)이라는 단위가 인간의 보통 수명의 길이를 뜻하는 것으로 쓰인 곳은 없다. 그리고 여기서 겁이 우주의 시간을 재는 단위로서의 겁으로 보면 안되는 이유 또한 없다. 그리고 본 상윳따 도처에서 네 가지 성취수단을 닦으면 육신통을 비롯한 여러 가지 신통을 얻게 된

남은 기간이 다하도록 머물 수도 있다. 아난다여, 여래는 네 가지 성취수단을 닦고, 많이 [공부]짓고, 수레로 삼고, 기초로 삼고, 확립하고, 굳건히 하고, 부지런히 닦았다. 여래는 원하기만 하면 일 겁을 머물 수도 있고 겁이 다하도록 머물 수도 있다."

세존께서 이와 같이 분명한 암시를 주시고 분명한 빛을 드러내셨다. 그러나 아난다 존자는 그 [뜻]을 꿰뚫어 보지 못했으니, 그의 마음이 마라[27]에게 사로잡혔기 때문이다. 그래서 그는 세존께 "세존이시여, 세존께서는 많은 사람의 이익을 위하고, 많은 사람의 행복을 위하고, 세상을 연민하고, 신과 인간의 이상과 이익과 행복을 위하여, 일 겁을 머물러 주소서. 부디 선서께서는 일 겁을 머물러 주소서."라고 간청하지 않았다.[28]

다고 설하고 계시기 때문에(본서 「이 언덕 경」(S51:1) §3의 주해 참조) 세존께서 네 가지 성취수단을 완성한 삼매의 힘으로 이런 겁의 시간동안 머물지 못한다고 볼 이유 또한 없어 보인다. 물론 이 문장을 지나치게 신비화하는 것도 금물이겠지만.

일반적으로 겁에는 중간겁(antara-kappa, 안따라 깝빠)과 아승기겁(asaṅkheyya-kappa, 아상케야 깝빠)과 대겁(大劫, mahā-kappa, 마하 깝빠)이 있다. 여기에 대해서는 본서 제2권 「산 경」(S15:5) §3의 주해를 참조할 것.

27) 주석서에 의하면 마라는 12가지 전도(顚倒, vipallāsa)를 버리지 못한 사람의 마음을 사로잡을 수 있다고 한다. 아난다 장로는 [그때 아직 예류자였기 때문에] 4가지 전도가 남아있었다고 한다. 마라는 무서운 형상을 만들어서 장로의 마음을 사로잡았다고 하는데 그것을 보고 장로는 세존께서 주시는 분명한 암시와 빛(nimitt-obhāsa)을 알지 못했다고 한다.(SA.iii.252)
12가지 전도는 상·락·아·정 각각에 대한 인식과 마음과 견해의 전도를 말한다. 이것은 『앙굿따라 니까야』 「전도 경」(A4:49)에 나타나고 있다.
복주서에 의하면 아난다 장로에게 남아있었던 네 가지 전도는 부정한 것을 깨끗하다고 하는 인식의 전도(saññā-vipallāsa)와 마음의 전도(citta-vipallāsa), 괴로운 것을 즐겁다고 하는 인식의 전도와 마음의 전도를 뜻한다고 한다.(SAṬ.iii.206)
마라(Māra)는 초기불전의 아주 다양한 문맥에서 아주 많이 나타나며, 초기불전에 나타나는 마라를 연구하는 자체가 하나의 논문감에 해당한다. 마라에 대한 자세한 설명은 본서 제1권 「고행 경」(S4:1) §3의 주해를 참조할 것.

6. 두 번째로 [260] … 세 번째로 세존께서는 아난다 존자를 불러서 말씀하셨다.

"아난다여, 웨살리는 아름답구나. 우데나 탑묘도 아름답고, 고따마까 탑묘도 아름답고, 삿땀바까 탑묘도 아름답고, 바후뿟따 탑묘(다자탑)도 아름답고, 사란다다 탑묘도 아름답고, 짜빨라 탑묘도 아름답구나. 아난다여, 누구든지 네 가지 성취수단[四如意足]을 닦고, 많이 [공부]짓고, 수레로 삼고, 기초로 삼고, 확립하고, 굳건히 하고, 부지런히 닦은 사람은 원하기만 하면 일 겁을 머물 수도 있고 겁이 다하도록 머물 수도 있다. 아난다여, 여래는 네 가지 성취수단을 닦고, 많이 [공부]짓고, 수레로 삼고, 기초로 삼고, 확립하고, 굳건히 하고, 부지런히 닦았다. 여래는 원하기만 하면 일 겁을 머물 수도 있고 겁이 다하도록 머물 수도 있다."

세존께서 이와 같이 분명한 암시를 주시고 분명한 빛을 드러내셨는데도 아난다 존자는 그 [뜻]을 꿰뚫어 보지 못했으니, 그의 마음은 마라에게 사로잡혔기 때문이다. 그래서 그는 세존께 "세존이시여, 세존께서는 많은 사람의 이익을 위하고 많은 사람의 행복을 위하고 세상을 연민하고 신과 인간의 이상과 이익과 행복을 위하여 일 겁을 머물러 주소서. 부디 선서께서는 일 겁을 머물러 주소서."라고 간청하지 않았다.

---

28) 아난다 존자가 세존께 오래 머무시기를 간청하지 않은 이것은 부처님 입멸 후에 마하깟사빠(대가섭) 존자를 비롯한 승가 대중으로부터 크게 비판받은 것 가운데 하나이다.(Vin.ii.289) 한편 이런 간청은 청불주세원(請佛住世願)이라 해서 『화엄경』에서 보현보살 10대원에 포함될 정도로, 후대 모든 불교 교파에서는 아난다 존자가 부처님께 오래 머무시기를 청하지 않은 것을 애통해 하고 있다.

7. 그러자 세존께서는 아난다 존자를 불러서 말씀하셨다.

"아난다여, 그대는 좀 떨어져 있어라. 이제 그럴 시간이 된 것 같구나."

"그렇게 하겠습니다, 세존이시여."라고 아난다 존자는 세존께 대답한 뒤 자리에서 일어나 세존께 절을 올리고 오른쪽으로 [세 번] 돌아 [경의를 표한] 뒤에 멀지 않은 곳에 있는 어떤 나무 아래 앉았다.

8. 그러자 마라 빠삐만[29]이 아난다 존자가 떠난 지 얼마 되지 않아서 세존께 다가갔다. 가서는 한 곁에 섰다. 한 곁에 서서 마라 빠삐만은 세존께 이렇게 말씀드렸다.

"세존이시여, 이제 세존께서는 반열반(般涅槃)에 드십시오. 선서께서는 반열반에 드십시오. 세존이시여, 지금이 세존께서 반열반에 드실 시간입니다. 세존이시여, 세존께서는 [전에] 이렇게 말씀하셨습니다.[30] [261] '빠삐만이여, 나는 나의 비구 제자들이[31] 입지가 굳고, 수행이 되고, 출중하며[32], 유가안은을 얻고[33], 많이 배우고[多聞][34],

29) "중생들에게 불행을 불러일으켜 죽게 한다고 해서 마라라고 한다.(satte an-atthe niyojento māretīti māro) 빠삐만(Pāpiman)이란 그의 별명이다. 그는 참으로 사악한 법(pāpa-dhamma)을 고루 갖추고 있기 때문에 빠삐만(사악한 자)이라 부른다. 깐하(Kaṇha, 검은 자), 안따까(Antaka, 끝을 내는 자), 나무찌(Namuci), 방일함의 친척(pamatta-bandhu)이라는 다른 이름들도 그는 가지고 있다."(SA.iii.252)
마라(Māra)에 대해서는 본서 제1권 「고행 경」(S4:1) §3의 주해를 참조할 것.

30) 그러나 세존과 마라 사이에 있었다는 이 대화는 본경과 같은 내용을 담고 있는 「대반열반경」(D16)과 「대지의 진동 경」(A8:70)의 해당부분을 제외한 니까야의 다른 곳에는 나타나지 않는다.

31) 마라가 인용하는 세존의 이런 말씀을 통해서 세존께서 바라는 참된 비구의 모습을 알 수 있다. 그래서 아래에서 주석서의 설명을 통해서 이 각각의 의미를 살펴본다.

법을 잘 호지하고[35], [출세간]법에 이르게 하는 법을 닦고[36], 합당

---

32) "'입지가 굳고(viyattā)'란 도에 의해서 입지가 굳다는 말이다. 이와 같이 [도에 의해서 오염원들을 잘라 버리는] 수행이 되고(vinīta), 이와 같이 [성스러운 도에 의해서 스승의 교법에서] 출중하다(visārada)는 말이다."(DA.ii.556)

33) '유가안은(瑜伽安隱)을 얻고'는 patta-yogakkhemā를 옮긴 것이다. Ee, Se에는 나타나지만 Be에는 나타나지 않는다. 그리고 주석서에서도 언급하지 않고 있다. 「대반열반경」(D16/ii.104~105) Ee의 해당부분에도 나타나지 않는다. 그러나 「정신경」(D29/iii.125) §§11~12에는 나타나고 있다.
유가안은에 대해서는 본서 제1권 「까시 바라드와자 경」(S7:11) {665}의 주해와 제4권 「유가안은을 설하는 자 경」(S35:104) §2의 주해를 참조할 것.

34) "『삼장』(三藏, tepiṭaka)에 대해서 많이 배운 자들이라고 해서 '많이 배운 자들[多聞, bahussutā]'이다."(DA.ii.556)

35) "법을 호지한다고 해서 '법을 호지하는 자들(dhamma-dharā)'이다. 혹은 교학(pariyatti)을 많이 배우고 통찰(paṭivedha)을 많이 배웠다는 뜻이다. 교학과 통찰의 법들을 호지하기 때문에 법을 호지하는 자들이라고 알아야 한다."(DA.ii.556)

36) '[출세간]법에 이르게 하는 법을 닦고'로 옮긴 원어는 dhamma-anudhamma-paṭipanno이다. 먼저 몇몇 주석서들의 설명을 살펴보면 다음과 같다.
"아홉 가지 출세간법(lokuttara-dhamma)을 따르는 법을 닦는 것이다."(DA.ii.578)
"출세간법을 따르는 법이 되는 그 이전의 도닦음을 닦는 것이다."(DA.iii.1020)
"출세간인 열반의 법을 따르는 법인 [그 이전의] 도닦음을 닦는 것이다."(SA.ii.34)
"여기서 '그 이전의 도닦음'이란 위빳사나에 몰두하는 것(vipassanānuyoga)이다."(DAṬ.iii.307)
그래서 『디가 니까야 주석서』의 본경에 해당하는 주석에는 "성스러운 법(ariya-dhamma)에 이르게 하는 법인 위빳사나의 법을 닦는 것이다."(DA.ii.556)라고 설명을 하고 있다.
'아홉 가지 출세간법'이란 예류도·예류과부터 아라한도·아라한과까지의 여덟 성자[四雙八輩, 즉 네 가지 도와 네 가지 과]와 열반을 말한다. 어떤 경우에는 dhamma-anudhamma를 "법과 따르는 법(dhammañ ca anudhammañ ca)"(DA.iii.929)으로 병렬복합어로 이해한 곳도 있는데 이 경우에는 '[출세간]법과 [그것에] 이르게 하는 법'이라는 뜻이다.

하게 도를 닦고[37], 법에 따라 실천하며[38], 자기 스승에게 속하는 것을 파악한 뒤 그것을 천명하고 가르치고 알게 하고 확립하고 드러내고 분석하고 명료하게 설명하며, 다른 [삿된] 교설이 나타날 때 그것을 법으로[39] 잘 제압하고, 제압한 뒤 [해탈을 성취하는] 기적을 갖춘[40] 법을 설할 수 있게 되기까지는 반열반에 들지 않을 것이다.'라고."

9. "세존이시여, 그러나 지금 세존의 비구 제자들은 입지가 굳고, 수행이 되고, 출중하며, 유가안은을 얻고, 많이 배우고, 법을 잘 호지하고, [출세간]법에 이르게 하는 법을 닦고, 합당하게 도를 닦고, 법에 따라 실천하며,[41] 자기 스승에게 속하는 것을 파악한 뒤 그것

---

37) "'합당하게 도를 닦음(sāmīci-ppaṭipannā)'이란 적당한(anucchavika) 도를 닦는 것이다."(DA.ii.556)

38) "'법에 따라 실천하는 자들(anudhamma-cārino)'이란 법에 따라 실천하는 습성(sīla)을 가진 자들이다."(DA.ii.556)

39) "여기서 '법으로(sahadhammena)'라는 것은 원인을 갖추고(sahetuka) 이유를 갖춘(sakāraṇa) 말(vacana)로 제압한다는 [뜻이다.]"(DA.ii.556)

40) "'[해탈을 성취하는] 기적을 갖춘(sappāṭihāriya)'이란 [해탈의] 출구(niyyānika, 벗어남, D13 §11의 주해 참조)를 만든 뒤에 법을 설하는 것이다."(DA.ii.556)
여기에 대해서 복주서는 "아홉 가지의 출세간법을 깨닫게 할 것이라는 뜻이다."(DAṬ.ii.195)라고 설명하고 있다.
한편 니까야의 다른 곳, 예를 들면 『디가 니까야』 「께왓다 경」(D11) §3 이하와 『앙굿따라 니까야』 「상가라와 경」(A3:60) 등에서 pāṭihāriya는 iddhi-pāṭihāriya(신통의 기적)로 나타나며 이것은 신통변화(iddhi-vidha, 신족통)와 동의어로 쓰인다. 그래서 여기서도 sap-pāṭihāriya를 '기적을 갖춘'이라고 옮겼다.
사실 범부를 성자로 만들고, 범부로 하여금 최상의 해탈・열반을 실현하게 만드는 부처님의 가르침이야말로 기적 중의 기적이 아닐 수 없다. 그러니 중생들이 욕계 천상을 벗어나는 것을 견디지 못하는 마라가 부처님의 출현에 안절부절 못하여 빨리 반열반에 드시라고 권하는 것은 당연한 지도 모른다.

41) "'법에 따라서 실천한다(anudhamma-cāri).'라는 것은 열반의 법을 따르는 도닦음의 법을 실천한다(nibbāna-dhammaṁ anugataṁ paṭipatti-dha-

을 천명하고 가르치고 알게 하고 확립하고 드러내고 분석하고 명료하게 설명하며, 다른 [삿된] 교설이 나타날 때 그것을 법으로 잘 제압하고, 제압한 뒤 [해탈을 성취하는] 기적을 갖춘 법을 설할 수 있습니다. 세존이시여, 그러니 이제 세존께서는 반열반에 드십시오. 선서께서는 반열반에 드십시오. 세존이시여, 지금이 세존께서 반열반에 드실 시간입니다."

10. "세존이시여, 세존께서는 [전에] 이렇게 말씀하셨습니다. '빠삐만이여, 나는 나의 비구니 제자들이 입지가 굳고, 수행이 되고, 출중하며, 유가안은을 얻고, 많이 배우고, 법을 잘 호지하고, [출세간]법에 이르게 하는 법을 닦고, 합당하게 도를 닦고, 법에 따라 실천하며, 자기 스승에게 속하는 것을 파악한 뒤 그것을 천명하고 가르치고 알게 하고 확립하고 드러내고 분석하고 명료하게 설명하며, 다른 [삿된] 교설이 나타날 때 그것을 법으로 잘 제압하고, 제압한 뒤 [해탈을 성취하는] 기적을 갖춘 법을 설할 수 있게 되기까지는 반열반에 들지 않을 것이다.'라고.

세존이시여, 그러나 지금 세존의 비구니 제자들은 입지가 굳고, 수행이 되고, 출중하며, 유가안은을 얻고, 많이 배우고, 법을 잘 호지하고, [출세간]법에 이르게 하는 법을 닦고, 합당하게 도를 닦고, 법에 따라 실천하며, 자기 스승에게 속하는 것을 파악한 뒤 그것을 천명하고 가르치고 알게 하고 확립하고 드러내고 분석하고 명료하게 설명하며, 다른 [삿된] 교설이 나타날 때 그것을 법으로 잘 제압하고, 제압한 뒤 [해탈을 성취하는] 기적을 갖춘 법을 설할 수 있습니다. 세존이시여, 그러니 이제 세존께서는 반열반에 드십시오. 선서께서는

mmaṁ carati), 완성한다(pūreti)는 뜻이다."(SA.ii.77)

반열반에 드십시오. 세존이시여, 지금이 세존께서 반열반에 드실 시간입니다."

11. "세존이시여, 세존께서는 [전에] 이렇게 말씀하셨습니다. '빠삐만이여, 나는 나의 청신사 제자들이 입지가 굳고, 수행이 되고, 출중하며, 유가안은을 얻고, 많이 배우고, 법을 잘 호지하고, [출세간]법에 이르게 하는 법을 닦고, 합당하게 도를 닦고, 법에 따라 실천하며, 자기 스승에게 속하는 것을 파악한 뒤 그것을 천명하고 가르치고 알게 하고 확립하고 드러내고 분석하고 명료하게 설명하며, 다른 [삿된] 교설이 나타날 때 그것을 법으로 잘 제압하고, 제압한 뒤 [해탈을 성취하는] 기적을 갖춘 법을 설할 수 있게 되기까지는 반열반에 들지 않을 것이다.'라고.

세존이시여, 그러나 지금 세존의 청신사 제자들은 입지가 굳고, 수행이 되고, 출중하며, 유가안은을 얻고, 많이 배우고, 법을 잘 호지하고, [출세간]법에 이르게 하는 법에 따라 도를 닦고, 합당하게 도를 닦고, 법에 따라 실천하며, 자기 스승에게 속하는 것을 파악한 뒤 그것을 천명하고 가르치고 알게 하고 확립하고 드러내고 분석하고 명료하게 설명하며, 다른 [삿된] 교설이 나타날 때 그것을 법으로 잘 제압하고, 제압한 뒤 [해탈을 성취하는] 기적을 갖춘 법을 설할 수 있습니다. 세존이시여, 그러니 이제 세존께서는 반열반에 드십시오. 선서께서는 반열반에 드십시오. 세존이시여, 지금이 세존께서 반열반에 드실 시간입니다."

12. "세존이시여, 세존께서는 [전에] 이렇게 말씀하셨습니다. '빠삐만이여, 나는 나의 청신녀 제자들이 입지가 굳고, 수행이 되고, 출중하며, 유가안은을 얻고, 많이 배우고, 법을 잘 호지하고, [출세간]

법에 이르게 하는 법을 닦고, 합당하게 도를 닦고, 법에 따라 실천하며, 자기 스승에게 속하는 것을 파악한 뒤 그것을 천명하고 가르치고 알게 하고 확립하고 드러내고 분석하고 명료하게 설명하며, 다른 [삿된] 교설이 나타날 때 그것을 법으로 잘 제압하고, 제압한 뒤 [해탈을 성취하는] 기적을 갖춘 법을 설할 수 있게 되기까지는 반열반에 들지 않을 것이다.'라고.

세존이시여, 그러나 지금 세존의 청신녀 제자들은 입지가 굳고, 수행이 되고, 출중하며, 유가안은을 얻고, 많이 배우고, 법을 잘 호지하고, [출세간]법에 이르게 하는 법을 닦고, [262] 합당하게 도를 닦고, 법에 따라 실천하며, 자기 스승에게 속하는 것을 파악한 뒤 그것을 천명하고 가르치고 알게 하고 확립하고 드러내고 분석하고 명료하게 설명하며, 다른 [삿된] 교설이 나타날 때 그것을 법으로 잘 제압하고, 제압한 뒤 [해탈을 성취하는] 기적을 갖춘 법을 설할 수 있습니다. 세존이시여, 그러니 이제 세존께서는 반열반에 드십시오. 선서께서는 반열반에 드십시오. 세존이시여, 지금이 세존께서 반열반에 드실 시간입니다."

13. "세존이시여, 세존께서는 [전에] 이렇게 말씀하셨습니다. '빠삐만이여, 나는 나의 이러한 청정범행[42]이 잘 유지되고, 번창하고, 널리 퍼지고, 많은 사람들이 따르고, 대중적이어서 신과 인간들 사이에서 잘 설명되기까지는[43] 반열반에 들지 않을 것이다.'라고. 세존이시여, 그러나 지금 세존의 이러한 청정범행은 잘 유지되고, 번창하고, 널리 퍼지고, 많은 사람들이 따르고, 대중적이어서 신과 인간들 사이

42) "'청정범행(brahma-cariya, 梵行)'이란 [계·정·혜] 삼학(sikkhattaya)을 모두 합친 전체 교법(sāsana)이라는 청정범행이다."(DA.ii.556)

43) 본서 제2권 「도시 경」(S12:65/ii.107) §12와 주해를 참조할 것.

에서 잘 설명되었습니다. 세존이시여, 그러니 이제 세존께서는 반열반에 드십시오. 선서께서는 반열반에 드십시오. 세존이시여, 지금이 세존께서 반열반에 드실 시간입니다."

14. 이렇게 말씀드리자 세존께서는 마라 빠삐만에게 이렇게 말씀하셨다.

"빠삐만이여, 그대는 조용히 있어라. 오래지 않아 여래는 반열반에 들 것이다. 지금부터 3개월이 넘지 않아서 여래는 반열반에 들 것이다."

그리고 세존께서는 짜빨라 탑묘에서 마음챙기고 알아차리시면서 수명(壽命)의 형성을 포기하셨다.44)

15. 세존께서 수명의 형성을 포기하시자, 무시무시하고 털을 곤두서게 하는 큰 지진이 있었으며 천둥번개가 내리쳤다. 그때 세존께서는 이런 것을 아시고 그 시간에 다음의 감흥어를 읊으셨다. [263]

---

44) "여기서 세존께서는 손으로 흙덩이(leḍḍu)를 [버리]듯이 그렇게 수명의 형성(āyu-saṅkhāra)을 포기하시지 않았다. 앞으로 석 달간만 증득(samāpatti, 等至, 본삼매)을 유지하시고(samāpajjitvā) 그 후에는 증득을 유지하지 않을 것이라고 마음을 일으키셨다는 뜻이다. 이것을 두고 '포기하셨다.'고 말씀하셨다."(DA.ii.556; SA.iii.253)
주석서는 '수명의 형성(āyu-saṅkhāra)'이 무엇인지에 대해서는 주석을 하지 않고 있다. 이것은 아비담마에서 말하는 생명기능(jīvitindriya)이나 생명의 형성(jīvita-saṅkhāra, 본서 제5권 「병 경」(S47:9/v.152) §4와 주해를 참조할 것)과 같은 뜻으로 봐야 하며, 생명을 지속시키는 역할을 하는 요소로 여겨진다.
한편 본서 제2권 「궁수 경」(S20:6/ii.266) §3에는 복수로 '수명의 형성들(āyu-saṅkhārā)'이 나타나는데 그곳에 해당되는 주석서는 "물질적인 생명의 기능(rūpa-jīvit-indriya, 즉 몸의 수명)을 두고 한 말"(SA.ii.227)이라고 설명하고 있다. 『맛지마 니까야』 「대방등경」(M43/i.295~296) §23에서 마하꼿티따 존자와 사리뿟따 존자는 여기에 대한 법담을 나누고 있다.

"잴 수 없는 [열반과] 존재를 견주어 보고[45]
성자는 존재의 형성을 포기하였고,[46]
안으로 침잠하고 삼매에 들어[47]
갑옷을 벗듯이 자기 존재를 벗어버렸노라."[48]

제1장 짜빨라 품이 끝났다.

첫 번째 품에 포함된 경들의 목록은 다음과 같다.

① 이 언덕 ② 게을리함 ③ 성스러움
④ 염오 ⑤ 부분적으로 ⑥ 완전하게
⑦ 비구 ⑧ 부처 ⑨ 지혜 ⑩ 탑묘이다.

---

45) 주석서는 '잴 수 없는 것(atula)'을 열반이라고 설명하고 있다.(DA.ii.557) 그러므로 열반과 존재(sambhava) 둘을 견주어 보고 무상하기 짝이 없는 존재를 포기하셨다는 뜻이다.

46) "'다섯 가지 무더기들[五蘊]은 무상하지만 이런 다섯 가지 무더기들의 소멸인 열반은 항상한다.'라는 등으로 재어보시면서 부처님께서는 존재에서 위험함을 보셨고 열반에서 이익을 보셨다. 그래서 세존께서는 업을 소멸하는 성스러운 도를 통해서 [존재의 형성을] 포기하셨다. 세존께서는 무더기들의 근본이 되는 존재를 형성하는 업(bhava-saṅkhāra-kamma)에 대해서 [『맛지마 니까야』「견서계경」(M57) §11에서] '검지도 희지도 않은 과보를 가져오는 검지도 희지도 않은 업이 있어서 그 업은 업의 소멸(kamma-kkhaya)로 인도한다.'(M57/i.389)라고 설하셨기 때문이다."(DA.ii.557)

47) "위빳사나를 통해서 '안으로 침잠하시고(ajjhatta-rata)', 사마타를 통해서 '삼매에 드셨다(samāhita).'"(DA.ii.557; SA.iii.255)

48) 본 게송 특히 첫 번째 구는 이해하기가 어렵다. 본 게송에 대한 주석은 SA.iii.254~255와 DA.ii.557~558과 AA.iv.153~154와 UdA.329~330에 같이 나타나고 있다. 역자는 「대반열반경」(D16)의 해당부분과 보디 스님의 번역과 주해를 참조해서 옮겼다.

제2장 녹자모 강당을 흔듦 품

Pāsādakampana-vagga

이전 경(S51:11)

Pubba-sutta

3. "비구들이여, 내가 깨닫기 전, 아직 완전한 깨달음을 성취하지 못한 보살이었을 때 이런 생각이 들었다.

'성취수단을 닦기 위한 원인은 무엇이고 조건은 무엇인가?'

비구들이여, 그런 나에게 이런 생각이 들었다."

4. "비구는 '이처럼 나의 열의는 지나치게 느슨하지도 않을 것이고 지나치게 팽팽하지도 않을 것이다. 안으로 수축되지도 않을 것이고 밖으로 흩어지지도 않을 것이다.'라고 하면서 열의를 [주로 한] 삼매와 노력의 의도적 행위[行]를 갖춘 성취수단을 닦는다.

그는 '앞에처럼 뒤에도 뒤에처럼 앞에도, 아래처럼 위에도 위처럼 아래도, 밤에처럼 낮에도 낮에처럼 밤에도'49)라고 하면서 앞과 뒤에 대한 인식을 가진 자가 되어 머문다. 그는 이와 같이 열려 있는 마음과 방해받지 않은 마음으로 마음을 밝게 만든다."50)

5. "그는 [264] '이처럼 나의 정진은 지나치게 느슨하지도 않을 것이고 지나치게 팽팽하지도 않을 것이다. 안으로 수축되지도 않을

---

49) ' ' 안의 부분은 『앙굿따라 니까야』 「공부지음 경」 2(A3:89) §2의 게송에도 나타나고 있다.

50) 본문에 나타나는 용어들에 대한 자세한 분석은 아래 「분석 경」(S51:20) §5 이하에 나타나고 있다.

것이고 밖으로 흩어지지도 않을 것이다.'라고 하면서 정진을 [주로 한] 삼매와 노력의 의도적 행위[行]를 갖춘 성취수단을 닦는다.

그는 '앞에처럼 뒤에도 뒤에처럼 앞에도, 아래처럼 위에도 위처럼 아래도, 밤에처럼 낮에도 낮에처럼 밤에도'라고 하면서 앞과 뒤에 대한 인식을 가진 자가 되어 머문다. 그는 이와 같이 열려 있는 마음과 방해받지 않은 마음으로 마음을 밝게 만든다."

6. "그는 '이처럼 나의 마음은 지나치게 느슨하지도 않을 것이고 지나치게 팽팽하지도 않을 것이다. 안으로 수축되지도 않을 것이고 밖으로 흩어지지도 않을 것이다.'라고 하면서 마음을 [주로 한] 삼매와 노력의 의도적 행위[行]를 갖춘 성취수단을 닦는다.

그는 '앞에처럼 뒤에도 뒤에처럼 앞에도, 아래처럼 위에도 위처럼 아래도, 밤에처럼 낮에도 낮에처럼 밤에도'라고 하면서 앞과 뒤에 대한 인식을 가진 자가 되어 머문다. 그는 이와 같이 열려 있는 마음과 방해받지 않은 마음으로 마음을 밝게 만든다."

7. "그는 '이처럼 나의 검증은 지나치게 느슨하지도 않을 것이고 지나치게 팽팽하지도 않을 것이다. 안으로 수축되지도 않을 것이고 밖으로 흩어지지도 않을 것이다.'라고 하면서 검증을 [주로 한] 삼매와 노력의 의도적 행위[行]를 갖춘 성취수단을 닦는다.

그는 '앞에처럼 뒤에도 뒤에처럼 앞에도, 아래처럼 위에도 위처럼 아래도, 밤에처럼 낮에도 낮에처럼 밤에도'라고 하면서 앞과 뒤에 대한 인식을 가진 자가 되어 머문다. 그는 이와 같이 열려 있는 마음과 방해받지 않은 마음으로 마음을 밝게 만든다."

8. "비구가 이와 같이 네 가지 성취수단을 닦고 이와 같이 많이 [공부]지으면 그는 여러 가지 신통변화를 나툰다.[51] 하나인 채 여럿

이 되기도 하고 여럿이 되었다가 하나가 되기도 한다. 나타났다 사라졌다 하고 벽이나 담이나 산을 아무런 장애 없이 통과하기를 마치 허공에서처럼 한다. 땅에서도 떠올랐다 잠겼다 하기를 물속에서처럼 한다. 물 위에서 빠지지 않고 걸어가기를 땅 위에서처럼 한다. [265] 가부좌한 채 허공을 날아가기를 날개 달린 새처럼 한다. 저 막강하고 위력적인 태양과 달을 손으로 만져 쓰다듬기도 하며 심지어는 저 멀리 범천의 세상에까지도 몸의 자유자재함을 발한다.[神足通]"

9. "비구가 이와 같이 네 가지 성취수단을 닦고 이와 같이 많이 [공부]지으면 그는 신성한 귀의 요소[天耳界]로 마음을 향하게 하고 기울게 한다. 그는 인간의 능력을 넘어선 청정하고 신성한 귀의 요소로 천상이나 인간의 소리 둘 다를 멀든 가깝든 간에 다 듣는다.[天耳通]"

10. "비구가 이와 같이 네 가지 성취수단을 닦고 이와 같이 많이 [공부]지으면 그는 자기의 마음으로 다른 중생들과 다른 인간들의 마음을 꿰뚫어 안다. 탐욕이 있는 마음은 탐욕이 있는 마음이라고 꿰뚫어 알고 탐욕을 여읜 마음은 탐욕을 여읜 마음이라고 꿰뚫어 안다. 성냄이 있는 마음은 성냄이 있는 마음이라고 꿰뚫어 알고 성냄을 여읜 마음은 성냄을 여읜 마음이라고 꿰뚫어 안다. 어리석음이 있는 마

51) '여러 가지 신통변화[神足通]를 나툰다.'는 anekavihitam iddhividham paccanubhoti를 옮긴 것이다. 본경에서 보듯이 여섯 가지 신통[六神通, chaḷ-abhiññā]은 네 가지 성취수단(iddhi-pāda)을 닦은 결과이다. 본경에 나타나는 여섯 가지 신통의 정형구는 본서 제2권 「선(禪)과 최상의 지혜 경」(S16:9) §§12~17에도 나타나고 있다. 그리고 제2권 「수시마 경」(S12:70) §§8~12와 §§21~25에는 앞의 다섯 가지 신통의 정형구가 나타나며, 누진통의 정형구 대신에 혜해탈의 정형구가 언급되고 있다.
그리고 이 육신통의 정형구 가운데 맨 마지막의 누진통의 정형구를 제외한 다섯 가지 신통은 『청정도론』 제12장(XII)과 제13장(XIII)에 상세히 설명되어 있으니 참조하기 바란다.

음은 어리석음이 있는 마음이라고 꿰뚫어 알고 어리석음을 여읜 마음은 어리석음을 여읜 마음이라고 꿰뚫어 안다. 수축한 마음은 수축한 마음이라고 꿰뚫어 알고 흩어진 마음은 흩어진 마음이라고 꿰뚫어 안다. 고귀한 마음은 고귀한 마음이라고 꿰뚫어 알고 고귀하지 않은 마음은 고귀하지 않은 마음이라고 꿰뚫어 안다. 위가 있는 마음은 위가 있는 마음이라고 꿰뚫어 알고 위가 없는 마음은 위가 없는 마음이라고 꿰뚫어 안다. 삼매에 든 마음은 삼매에 든 마음이라고 꿰뚫어 알고 삼매에 들지 않은 마음은 삼매에 들지 않은 마음이라고 꿰뚫어 안다. 해탈한 마음은 해탈한 마음이라고 꿰뚫어 알고 해탈하지 않은 마음은 해탈하지 않은 마음이라고 꿰뚫어 안다.[他心通]"

11. "비구가 이와 같이 네 가지 성취수단을 닦고 이와 같이 많이 [공부]지으면 그는 수많은 전생의 갖가지 삶들을 기억한다. 즉 한 생, 두 생, 세 생, 네 생, 다섯 생, 열 생, 스무 생, 서른 생, 마흔 생, 쉰 생, [266] 백 생, 천 생, 십만 생, 세계가 수축하는 여러 겁, 세계가 팽창하는 여러 겁, 세계가 수축하고 팽창하는 여러 겁을 기억한다. '어느 곳에서 이런 이름을 가졌고, 이런 종족이었고, 이런 용모를 가졌고, 이런 음식을 먹었고, 이런 행복과 고통을 경험했고, 이런 수명의 한계를 가졌고, 그곳에서 죽어 다른 어떤 곳에 다시 태어나 그곳에서는 이런 이름을 가졌고, 이런 종족이었고, 이런 용모를 가졌고, 이런 음식을 먹었고, 이런 행복과 고통을 경험했고, 이런 수명의 한계를 가졌고, 그곳에서 죽어 여기 다시 태어났다.'라고. 이처럼 한량없는 전생의 갖가지 모습들을 그 특색과 더불어 상세하게 기억해낸다.[宿命通]"

12. "비구가 이와 같이 네 가지 성취수단을 닦고 이와 같이 많이 [공부]지으면 그는 청정하고 인간을 넘어선 신성한 눈[天眼]으로 중

생들이 죽고 태어나고, 천박하고 고상하고, 잘생기고 못생기고, 좋은 곳[善處]에 가고 나쁜 곳[惡處]에 가는 것을 보고, 중생들이 지은 바 그 업에 따라가는 것을 꿰뚫어 안다. '이들은 몸으로 못된 짓을 골고루 하고 입으로 못된 짓을 골고루 하고 또 마음으로 못된 짓을 골고루 하고, 성자들을 비방하고, 삿된 견해를 지니어 사견업(邪見業)을 지었다. 이들은 죽어서 몸이 무너진 다음에는 처참한 곳, 불행한 곳, 파멸처, 지옥에 태어났다. 그러나 이들은 몸으로 좋은 일을 골고루 하고 입으로 좋은 일을 골고루 하고 마음으로 좋은 일을 골고루 하고 성자들을 비방하지 않고 바른 견해를 지니고 정견업(正見業)을 지었다. 이들은 죽어서 몸이 무너진 다음에는 좋은 곳[善處], 천상세계에 태어났다.'라고. 이와 같이 그는 청정하고 인간을 넘어선 신성한 눈으로 중생들이 죽고 태어나고, 천박하고 고상하고, 잘생기고 못생기고, 좋은 곳[善處]에 가고 나쁜 곳[惡處]에 가는 것을 보고, 중생들이 지은 바 그 업에 따라가는 것을 꿰뚫어 안다.[天眼通]"

13. "비구가 이와 같이 네 가지 성취수단을 닦고 이와 같이 많이 [공부]지으면 그는 모든 번뇌가 다하여 아무 번뇌가 없는 마음의 해탈[心解脫]과 통찰지를 통한 해탈[慧解脫]을 바로 지금·여기에서 스스로 최상의 지혜로 실현하고 구족하여 머문다.[漏盡通]"

큰 결실 경(S51:12)

Mahapphala-sutta

3. "비구들이여, [267] 네 가지 성취수단을 닦고 많이 [공부]지으면 큰 결실과 큰 이익이 있다. 비구들이여, 그러면 어떻게 네 가지 성취수단을 닦고 어떻게 많이 [공부]지으면 큰 결실과 큰 이익이 있는가?"

4. "비구는 '이처럼 나의 열의는 … 정진은 … 마음은 … 검증은 지나치게 느슨하지도 않을 것이고 지나치게 팽팽하지도 않을 것이다. 안으로 수축되지도 않을 것이고 밖으로 흩어지지도 않을 것이다.'라고 하면서 열의를 … 정진을 … 마음을 … 검증을 [주로 한] 삼매와 노력의 의도적 행위[行]를 갖춘 성취수단을 닦는다.

그는 '앞에처럼 뒤에도 뒤에처럼 앞에도, 아래처럼 위에도 위처럼 아래도, 밤에처럼 낮에도 낮에처럼 밤에도'라고 하면서 앞과 뒤에 대한 인식을 가진 자가 되어 머문다. 그는 이와 같이 열려 있는 마음과 방해받지 않은 마음으로 마음을 밝게 만든다."

5~10. "비구가 이와 같이 네 가지 성취수단을 닦고 이와 같이 많이 [공부]지으면 그는 여러 가지 신통변화를 나툰다. … [神足通]

그는 신성한 귀의 요소[天耳界]로 마음을 향하게 하고 기울게 한다. … [天耳通]

그는 자기의 마음으로 다른 중생들과 다른 인간들의 마음을 꿰뚫어 안다. … [他心通]

그는 수많은 전생의 갖가지 삶들을 기억한다.… [宿命通]

그는 청정하고 인간을 넘어선 신성한 눈[天眼]으로 중생들이 죽고 태어나고, … [天眼通]

그는 [268] 모든 번뇌가 다하여 아무 번뇌가 없는 마음의 해탈[心解脫]과 통찰지를 통한 해탈[慧解脫]을 바로 지금·여기에서 스스로 최상의 지혜로 실현하고 구족하여 머문다.[漏盡通]"

열의를 주로 한 삼매 경(S51:13)

Chandasamādhi-sutta

3. "비구들이여, 만일 비구가 열의[52]를 의지하여 삼매를 얻고 마음이 한 끝에 집중됨[心一境性]을 얻으면 이를 일러 열의를 주로 한 삼매라 한다.

그는 아직 일어나지 않은 사악하고 해로운 법[不善法]들을 일어나지 못하게 하기 위해서 열의를 생기게 하고 정진하고 힘을 내고 마음을 다잡고 애를 쓴다. 이미 일어난 사악하고 해로운 법들을 제거하기 위하여 열의를 생기게 하고 정진하고 힘을 내고 마음을 다잡고 애를 쓴다. 아직 일어나지 않은 유익한 법[善法]들을 일어나게 하기 위해서 열의를 생기게 하고 정진하고 힘을 내고 마음을 다잡고 애를 쓴다. 이미 일어난 유익한 법들을 지속시키고 사라지지 않게 하고 증장시키고 충만하게 하고 닦아서 성취하기 위해서 열의를 생기게 하고 정진하고 힘을 내고 마음을 다잡고 애를 쓴다. 이를 일러 노력의 의도적 행위[行][53]라 한다.

비구들이여, 이처럼 이러한 열의와 이러한 열의를 주로 한 삼매와 이러한 노력의 의도적 행위라고 해서 열의를 [주로 한] 삼매와 노력의 의도적 행위[行]를 갖춘 성취수단이라 한다."

4. "비구들이여, 만일 비구가 정진을 의지하여 삼매를 얻고 마

---

52) 주석서는 여기서 '열의(chanda)'를 '행하고자 하는 열의(kattu-kamyatā-chanda)'로 설명하고 있다.(SA.iii.255) 『위방가』(Vbh.216)와 본서 제5권 「계의 구족 경」 등(S45:50~55)의 주해도 참조할 것.

53) "'노력의 의도적 행위(padhānasaṅkhārā)'란 노력을 위한 의도적 행위(padhāna-bhūtā saṅkhārā)인데 이것은 바른 노력의 네 가지 역할을 수반하는 정진(catu-kicca-sādhaka-sammappadhāna-vīriya)의 동의어(adhi-vacana)이다."(SA.iii.255)

음이 한 끝에 집중됨[心一境性]을 얻으면 이를 일러 정진을 주로 한 삼매라 한다.

그는 아직 일어나지 않은 … 이미 일어난 유익한 법들을 지속시키고 사라지지 않게 하고 증장시키고 충만하게 하고 닦아서 성취하기 위해서 열의를 생기게 하고 정진하고 힘을 내고 마음을 다잡고 애를 쓴다. 이를 일러 노력의 의도적 행위[行]라 한다.

비구들이여, 이처럼 이러한 정진과 이러한 정진을 주로 한 삼매와 이러한 노력의 의도적 행위라고 해서 정진을 [주로 한] 삼매와 노력의 의도적 행위[行]를 갖춘 성취수단이라 한다."

5. "비구들이여, [269] 만일 비구가 마음[54)]을 의지하여 삼매를 얻고 마음이 한 끝에 집중됨[心一境性]을 얻으면 이를 일러 마음을 주로 한 삼매라 한다.

그는 아직 일어나지 않은 … 이미 일어난 유익한 법들을 지속시키고 사라지지 않게 하고 증장시키고 충만하게 하고 닦아서 성취하기 위해서 열의를 생기게 하고 정진하고 힘을 내고 마음을 다잡고 애를 쓴다. 이를 일러 노력의 의도적 행위[行]라 한다.

비구들이여, 이처럼 이러한 마음과 이러한 마음을 주로 한 삼매와 이러한 노력의 의도적 행위라고 해서 마음을 [주로 한] 삼매와 노력의 의도적 행위[行]를 갖춘 성취수단이라 한다."

6. "비구들이여, 만일 비구가 검증[55)]을 의지하여 삼매를 얻고

---

54) 『위방가』(Vbh.218)에서는 '마음(citta)'의 동의어로 간주되는 여러 술어들(citta, mano, mānasa, hadaya, paṇḍara, manāyatana, manindriya, viññāṇa, viññāṇakkhandha, tajjā manoviññāṇadhātu)을 나열하여 마음을 정의만 할 뿐 왜 마음이 성취수단을 얻기 위한 의지처가 되는지에 대해서는 아무 언급이 없다.

마음이 한 끝에 집중됨[心一境性]을 얻으면 이를 일러 검증을 주로 한 삼매라 한다.

그는 아직 일어나지 않은 … 이미 일어난 유익한 법들을 지속시키고 사라지지 않게 하고 증장시키고 충만하게 하고 닦아서 성취하기 위해서 열의를 생기게 하고 정진하고 힘을 내고 마음을 다잡고 애를 쓴다. 이를 일러 노력의 의도적 행위[行]라 한다.

비구들이여, 이처럼 이러한 검증과 이러한 검증을 주로 한 삼매와 이러한 노력의 의도적 행위라고 해서 검증을 [주로 한] 삼매와 노력의 의도적 행위[行]를 갖춘 성취수단이라 한다."[56]

---

55) 『위방가』(Vbh.219)는 통찰지(paññā)와 동의어로 간주되는 여러 술어들을 나열하여 '검증(vīmaṁsā)'을 정의하고 있다. 그것은 다음과 같다.
paññā pajānanā vicayo pavicayo dhammavicayo sallakkhaṇā upalakkhaṇā paccuppalakkhaṇā paṇḍiccaṁ kosallaṁ nepuññaṁ vebhabyā cintā upaparikkhā bhūrī medhā pariṇāyikā vipassantā sampajaññaṁ patodo paññā paññindriyaṁ paññābalaṁ paññāsatthaṁ paññāpāsādo paññāāloko paññaobhāso paññāpajjoto paññā-ratanaṁ amoho dhammavicayo sammādiṭṭhi.
『닛데사』 義釋, Nd1. 44~45도 참조할 것.

56) 주석서는 열의(chanda)를 손잡이(dhura)로 삼아서 출세간법을 얻은 본보기로 랏타빨라 존자(āyasmā Raṭṭhapāla, M82)를 들고 있고, 정진을 의지해서는 소나 장로(āyasmā Soṇa, A6:55/iii.374~379, Vin.i.179~85)를, 마음을 의지해서는 삼부따 장로(āyasmā Sambhūta, Thag.291~294)를, 검증을 의지해서는 모가라자 장로(āyasmā Mogharāja, Sn.216~217 {1116~1119})를 들고 있다.(SA.iii.256)
그리고 주석서는 높은 지위에 오른 네 명의 대신의 비유를 통해서 네 가지 성취수단을 설명하고 있다. 밤낮으로 왕을 시중들고 왕이 바라는 것을 만족시켜주어서 지위를 얻은 대신은 열의를 통해서 출세간법을 증득한 자에 비유하고 있다. 변경의 반란을 쳐부수는 용맹함을 통해서 높은 지위를 얻은 대신은 정진을 통해서 출세간법을 증득한 자에, 정치에 대한 조언을 통해서 높은 지위를 얻은 대신은 마음을 통해서 출세간법을 증득한 자에, 오직 자신의 태생(jāti)에 의해서 높은 지위를 얻은 대신은 검증을 통해서 출세간법을 증득한 자에 비유하고 있다.(SA.iii.256~257)
같은 설명은 『디가 니까야 주석서』(DA.ii.642~643)와 『위방가 주석서』

목갈라나 경(S51:14)

Moggalāna-sutta

1. 이와 같이 나는 들었다. 한때 세존께서는 사왓티에서 동쪽 원림[東園林]에 있는 미가라마따(녹자모) 강당에 머무셨다.

2. 그때 많은 비구들이 미가라마따 강당의 아래층에 머물렀는데, 그들은 경솔하고 거들먹거리고 촐랑대고 수다스럽고 산만하게 말하고 마음챙김을 놓아버리고 분명히 알아차림[正知]이 없고 집중되지 못하고 마음이 산란하고 감각기능이 제어되어 있지 않았다.57)

3. 그러자 세존께서는 목갈라나 존자를 불러서 말씀하셨다.

"목갈라나여, 이들 동료 수행자들이 [270] 미가라마따 강당의 아래층에 머물고 있다. 그런데 그들은 경솔하고 거들먹거리고 촐랑대고 수다스럽고 산만하게 말하고 마음챙김을 놓아버리고 분명히 알아차림[正知]이 없고 집중되지 못하고 마음이 산란하고 감각기능이 제어되어 있지 않구나. 목갈라나여, 그대는 가서 그 비구들에게 절박감을 일으키도록 하라."

"그렇게 하겠습니다, 세존이시여."라고 대답한 뒤 목갈라나 존자는 엄지발가락으로 미가라마따 강당을 흔들리게 하고 움직이게 하고

(VbhA.305~306)에도 나타나는데, 마음과 검증에 대한 비유가 서로 바뀌어 나타난다. 즉 마음의 경우를 태생에 의해서 설명하고 검증의 경우를 정치에 대한 조언으로 비유하고 있다. 이 비유가 더 설득력이 있어 보이는데 정치에 대한 조언(manta)과 검증(vīmaṁsā)은 둘 다 √man(*to think*)에서 파생되었으며, 마음(citta)은 자주, 특히 아비담마에서 유익하거나 해롭거나 결정할 수 없는 것으로, 즉 그것의 종류(jāti)에 의해서 분류되고 있기 때문이다.

57) 본서 제1권 「잔뚜 경」(S2:25) §2와 「감각기능이 제어되지 않음 경」(S9:13) §2와 같다. S2:25 §2의 주해를 참조할 것.

진동하게 하는 그러한 신통의 행을 나투었다.[58]

4. 그러자 그 비구들은 절박감이 생기고 몸에 털이 곤두선 채로 한 곁에 서서 말했다.

"경이롭습니다, 존자들이여. 놀랍습니다, 존자들이여. 이 미가라마따 강당에는 바람도 없고 기초가 잘 되어 있고 튼튼하게 지었고 움직이지 않고 흔들리지 않습니다. 그런데 지금 이렇게 흔들리고 움직이고 진동을 합니다."

5. 그때 세존께서 그 비구들에게 가셨다. 가셔서는 비구들에게 이렇게 말씀하셨다.

"비구들이여, 그대들은 왜 절박감이 생기고 몸에 털이 곤두선 채로 한 곁에 서서 '경이롭습니다, 존자들이여. 놀랍습니다, 존자들이여. 이 미가라마따 강당에는 바람도 없고 기초가 잘 되어 있고 튼튼하게 지었고 움직이지 않고 흔들리지 않습니다. 그런데 지금 이렇게 흔들리고 움직이고 진동을 합니다.'라고 말하고 있는가?"

6. "비구들이여, 그대들에게 절박감을 생기게 하려고 목갈라나 비구가 엄지발가락으로 미가라마따 강당을 흔들리게 하고 움직이게 하고 진동하게 하였다.

비구들이여, 이를 어떻게 생각하는가? 어떤 법들을 닦고 많이 [공부]지었기 때문에 목갈라나 비구에게 이러한 크나큰 신통력이 있고 이러한 크나큰 위력이 있는가?"

---

58) "'신통의 행을 나투었다(iddhābhisaṅkhāraṃ abhisaṅkhāresi).'는 것은 물의 까시나(āpo-kasiṇa)를 통한 증득에 들었다가 출정하여(samāpajjitvā vuṭṭhāya) 강당이 놓여 있는 땅의 부분(pathavi-bhāga)을 물이 되라고 결심한 뒤에(adhiṭṭhāya), 허공(vehāsa)에 올라가서 엄지발가락으로 물위에 놓여 있는 강당을 흔든 것이다."(SA.iii.257)

"세존이시여, 저희들의 법은 세존을 근원으로 하며, 세존을 길잡이로 하며, 세존을 귀의처로 합니다. 세존이시여, 세존께서 방금 말씀하신 이 뜻을 [친히] 밝혀주신다면 참으로 감사하겠습니다. 세존으로부터 듣고 비구들은 그것을 잘 호지할 것입니다."

"비구들이여, [271] 그렇다면 이제 그것을 들어라. 듣고 마음에 잘 새겨라. 나는 설할 것이다."

"그렇게 하겠습니다, 세존이시여."라고 비구들은 세존께 응답했다.

7. "비구들이여, 네 가지 성취수단을 닦고 많이 [공부]지었기 때문에 목갈라나 비구에게 이러한 크나큰 신통력이 있고 이러한 크나큰 위력이 있다. 무엇이 넷인가?

비구들이여, 목갈라나 비구는 '이처럼 나의 열의는 … 정진은 … 마음은 … 검증은 지나치게 느슨하지도 않을 것이고 지나치게 팽팽하지도 않을 것이다. 안으로 수축되지도 않을 것이고 밖으로 흩어지지도 않을 것이다.'라고 하면서 열의를 … 정진을 … 마음을 … 검증을 [주로 한] 삼매와 노력의 의도적 행위[行]를 갖춘 성취수단을 닦는다.

그는 '앞에처럼 뒤에도 뒤에처럼 앞에도, 아래처럼 위에도 위처럼 아래도, 밤에처럼 낮에도 낮에처럼 밤에도'라고 하면서 앞과 뒤에 대한 인식을 가진 자가 되어 머문다. 그는 이와 같이 열려 있는 마음과 방해받지 않은 마음으로 마음을 밝게 만든다.

비구들이여, 이러한 네 가지 성취수단을 닦고 많이 [공부]지었기 때문에 목갈라나 비구에게 이러한 크나큰 신통력이 있고 이러한 크나큰 위력이 있다."

8~13 "비구들이여, 이와 같이 네 가지 성취수단을 닦고 이와 같이

많이 [공부]지었기 때문에 목갈라나 비구는 여러 가지 신통변화를 나툰다. … [神足通][59]

목갈라나 비구는 신성한 귀의 요소로 마음을 향하게 하고 기울게 한다. … [天耳通]

목갈라나 비구는 자기의 마음으로 다른 중생들과 다른 인간들의 마음을 꿰뚫어 안다. … [他心通]

목갈라나 비구는 수많은 전생의 갖가지 삶들을 기억한다. … [宿命通]

목갈라나 비구는 청정하고 인간을 넘어선 신성한 눈[天眼]으로 중생들이 죽고 태어나고, … [天眼通]

목갈라나 비구는 모든 번뇌가 다하여 아무 번뇌가 없는 마음의 해탈[心解脫]과 통찰지를 통한 해탈[慧解脫]을 바로 지금 · 여기에서 스스로 최상의 지혜로 실현하고 구족하여 머문다.[漏盡通]"

운나바 바라문 경(S51:15)

Uṇṇābhabrāhmaṇa-sutta

1. 이와 같이 나는 들었다. 한때 아난다 존자는 꼬삼비에서 고시따 원림에 머물렀다.

2. 그때 [272] 운나바 바라문[60]이 아난다 존자에게 다가갔다.

---

59) Ee에는 없지만 Be에는 이 신족통의 정형구 다음에 생략을 뜻하는 'pe'가 나타나고 있다. 이것은 누진통의 앞에 나타나는 나머지 네 가지 신통(천이통부터 천안통까지)도 다 포함되어 생략된 것을 뜻한다. 이것은 본서 「목갈라나 경」(S51:31) §§5~10에 해당하는 주석서에도 나타나고 있다.(그곳의 주해 참조) 역자는 이것을 따라서 네 가지 신통의 정형구의 앞부분을 살려서 옮겼다.

60) 같은 이름을 가진 바라문이 본서 제5권 「운나바 바라문 경」(S48:42)에도 나타났다. 이 두 바라문이 동일인인지는 알 수 없다.

가서는 아난다 존자와 함께 환담을 나누었다. 유쾌하고 기억할 만한 이야기로 서로 담소를 하고서 한 곁에 앉았다. 한 곁에 앉은 운나바 바라문은 아난다 존자에게 이렇게 말했다.

3. "아난다 존자여, 무슨 목적을 위해서 사문 고따마 아래서 청정범행을 닦습니까?"

"바라문이여, 열의를 제거하기 위해서 세존 아래서 청정범행을 닦습니다."

4. "아난다 존자여, 그러면 이러한 열의를 제거하기 위한 도가 있고 도닦음이 있습니까?"

"바라문이여, 이러한 열의를 제거하기 위한 도가 있고 도닦음이 있습니다."

5. "아난다 존자여, 그러면 어떤 것이 이러한 열의를 제거하기 위한 도이고 어떤 것이 도닦음입니까?"

"바라문이여, 여기 비구는 열의를 [주로 한] 삼매와 … 정진을 [주로 한] 삼매와 … 마음을 [주로 한] 삼매와 … 검증을 [주로 한] 삼매와 노력의 의도적 행위를 갖춘 성취수단을 닦습니다. 바라문이여, 이것이 이러한 열의를 제거하기 위한 도이고 이것이 도닦음입니다."

6. "아난다 존자여, 만일 그러하다면 이것은 무한소급이어서 끝이 없게 됩니다.61) 열의로써 열의를 제거한다는 것은 가능하지 않습

---

61) '무한소급이어서 끝이 없게 됩니다.'로 옮긴 원어에 해당하는 빠알리는 Ee, Be, Se 모두에 santakaṁ hoti no asantakaṁ(끝이 있어서 무한소급이 아닙니다.)으로 나타나는데 이렇게 되면 본경 맨 마지막에 나타나는 말과 같이 되어버리는 모순이 생긴다. 그런데 anantakaṁ hoti no santakaṁ으로 읽고 있는 SS가 Ee의 각주에 나타나고 있다. 그래서 이렇게 읽어서 '무한소급이어서 끝이 없게 됩니다.'로 옮긴 것이다. 여기서 santaka는 sa+antaka

니다."

7. "바라문이여, 그렇다면 이제 내가 그대에게 다시 물어보리니 그대가 옳다고 생각하는 대로 설명해보십시오.

바라문이여, 이를 어떻게 생각합니까? 전에 그대에게는 '나는 원림에 가리라.'라는 열의가 있었습니까? 그리고 그대가 원림에 갔을 때 그 열의는 가라앉았습니까?"

"그러합니다, 존자여."

"전에 그대에게는 '나는 원림에 가리라.'라는 정진이 있었습니까? 그리고 그대가 원림에 갔을 때 그 정진은 가라앉았습니까?" [273]

"그러합니다, 존자여."

"전에 그대에게는 '나는 원림에 가리라.'라는 마음이 있었습니까? 그리고 그대가 원림에 갔을 때 그 마음은 가라앉았습니까?"

"그러합니다, 존자여."

"전에 그대에게는 '나는 원림에 가리라.'라는 검증이 있었습니까? 그리고 그대가 원림에 갔을 때 그 검증은 가라앉았습니까?"

"그러합니다, 존자여."

8. "바라문이여, 그와 같이 여기 아라한이어서 번뇌가 다했고 삶을 완성했으며 할 바를 다했고 짐을 내려놓았으며 참된 이상을 실현했고 삶의 족쇄를 부수었으며 바른 구경의 지혜로 해탈한 비구가 있습니다.

그에게는 전에 아라한과를 얻기 위한 열의가 있었지만 그가 아라한과를 얻은 뒤에 그 열의는 가라앉습니다. 그에게는 전에 아라한과를 얻기 위한 정진이 있었지만 그가 아라한과를 얻은 뒤에 그 정진은

(끝이 있는)이고, anantaka는 an+antaka(끝이 없는 = 무한소급)이다.

가라앉습니다. 그에게는 전에 아라한과를 얻기 위한 마음이 있었지만 그가 아라한과를 얻은 뒤에 그 마음은 가라앉습니다. 그에게는 전에 아라한과를 얻기 위한 검증이 있었지만 그가 아라한과를 얻은 뒤에 그 검증은 가라앉습니다."62)

9. "바라문이여, 이를 어떻게 생각합니까? 만일 이러하다면 이것은 무한소급입니까 무한소급이 아닙니까?"

"아난다 존자여, 그러하다면 그것은 끝이 있어서 무한소급이 아닙니다."

10. "경이롭습니다, 아난다 존자시여. 경이롭습니다, 아난다 존자시여. … 아난다 존자께서는 저를 재가신자로 받아주소서. 오늘부터 목숨이 붙어 있는 그날까지 귀의하옵니다."

사문·바라문 경1(S51:16)

Samaṇabrāhmaṇa-sutta

3. "비구들이여, 과거에 크나큰 신통력과 크나큰 위력이 있었던 사문들이나 바라문들은 누구든지 네 가지 성취수단을 닦고 많이 [공부]지었던 자들이다. 비구들이여, 미래에 크나큰 신통력과 크나큰 위력이 있게 될 사문들이나 바라문들은 누구든지 네 가지 성취수단을 닦고 많이 [공부]지을 자들이다. 비구들이여, 현재에 크나큰 신통력과 크나큰 위력이 있는 사문들이나 바라문들은 누구든지 네 가지 성취수단을 닦고 많이 [공부]짓는 자들이다. 무엇이 넷인가?

---

62) 『앙굿따라 니까야』「비구니 경」(A4:159/ii.145~146) §3에서도 아난다 존자는 어떤 비구니에게 갈애(taṇhā)를 의지하여 갈애를 버리고(taṇhaṁ nissāya taṇhā pahātabbā) 자만(māna)을 의지하여 자만을 버리라고 설하고 있다.

비구들이여, [274] 여기 비구는 열의를 [주로 한] 삼매와 … 정진을 [주로 한] 삼매와 … 마음을 [주로 한] 삼매와 … 검증을 [주로 한] 삼매와 노력의 의도적 행위를 갖춘 성취수단을 닦는다.

비구들이여, 과거에 … 미래에 … 현재에 크나큰 신통력과 크나큰 위력이 있는 사문들이나 바라문들은 누구든지 이러한 네 가지 성취수단을 닦고 많이 [공부]짓는 자들이다."

사문 · 바라문 경2(S51:17)

3. "비구들이여, 과거에 여러 가지 신통변화를 나투어 하나인 채 여럿이 되기도 하고 … 심지어는 저 멀리 범천의 세상에까지도 몸의 자유자재함을 발했던[神足通] 사문들이나 바라문들은 누구든지 네 가지 성취수단을 닦고 많이 [공부]지었던 자들이다."

4. "비구들이여, 미래에 여러 가지 신통변화를 나투어 하나인 채 여럿이 되기도 하고 … [275] … 심지어는 저 멀리 범천의 세상에까지도 몸의 자유자재함을 발하는 사문들이나 바라문들은 누구든지 이러한 네 가지 성취수단을 닦고 많이 [공부]짓는 자들이다."

5. "비구들이여, 현재에 여러 가지 신통변화를 나투어 하나인 채 여럿이 되기도 하고 … 심지어는 저 멀리 범천의 세상에까지도 몸의 자유자재함을 발하는 사문들이나 바라문들은 누구든지 이러한 네 가지 성취수단을 닦고 많이 [공부]짓는 자들이다."

6. "무엇이 넷인가?

비구들이여, 여기 비구는 열의를 [주로 한] 삼매와 … 정진을 [주로 한] 삼매와 … 마음을 [주로 한] 삼매와 … 검증을 [주로 한] 삼매와 노력의 의도적 행위를 갖춘 성취수단을 닦는다."

7. "비구들이여, 과거에 … 미래에 … 현재에 여러 가지 신통변화를 나투어 하나인 채 여럿이 되기도 하고 … 심지어는 저 멀리 범천의 세상에까지도 몸의 자유자재함을 발하는 사문들이나 바라문들은 누구든지 이러한 네 가지 성취수단을 닦고 많이 [공부]짓는 자들이다."

비구 경(S51:18)
Bhikkhu-sutta

3. "비구들이여, 네 가지 성취수단을 닦고 많이 [공부]짓기 때문에 비구는 모든 번뇌가 다하여 아무 번뇌가 없는 마음의 해탈[心解脫]과 통찰지를 통한 해탈[慧解脫]을 바로 지금·여기에서 스스로 최상의 지혜로 알고 실현하고 구족하여 머문다.[漏盡通] 무엇이 넷인가?

비구들이여, 여기 비구는 열의를 [주로 한] 삼매와 … 정진을 [주로 한] 삼매와 … 마음을 [주로 한] 삼매와 … 검증을 [주로 한] 삼매와 노력의 의도적 행위를 갖춘 성취수단을 닦는다.

비구들이여, 이러한 네 가지 성취수단을 닦고 많이 [공부]짓기 때문에 비구는 모든 번뇌가 다하여 [276] 아무 번뇌가 없는 마음의 해탈[心解脫]과 통찰지를 통한 해탈[慧解脫]을 바로 지금·여기에서 스스로 최상의 지혜로 알고 실현하고 구족하여 머문다."

가르침 경(S51:19)
Desanā-sutta

3. "비구들이여, 그대들에게 신통과 [신통의] 성취수단과 성취수단을 닦음과 성취수단을 닦음으로 인도하는 도닦음을 설하리라.

그것을 잘 들어라. …

비구들이여, 그러면 어떤 것이 신통인가?

비구들이여, 여기 비구는 여러 가지 신통변화를 나툰다. 하나인 채 여럿이 되기도 하고 … 심지어는 저 멀리 범천의 세상에까지도 몸의 자유자재함을 발한다[神足通].

비구들이여, 이를 일러 신통이라 한다."

4. "비구들이여, 그러면 어떤 것이 [신통의] 성취수단인가?

비구들이여, 신통을 얻고 신통을 성취하도록 하는 도[63]와 도닦음이 있다.

비구들이여, 이를 일러 [신통의] 성취수단이라 한다.

5. "비구들이여, 그러면 어떤 것이 성취수단을 닦음인가?

비구들이여, 여기 비구는 열의를 [주로 한] 삼매와 … 정진을 [주로 한] 삼매와 … 마음을 [주로 한] 삼매와 … 검증을 [주로 한] 삼매와 노력의 의도적 행위를 갖춘 성취수단을 닦는다.

비구들이여, 이를 일러 성취수단을 닦음이라 한다."

6. "비구들이여, 그러면 어떤 것이 성취수단을 닦음으로 인도하는 도닦음인가?

그것은 바로 이 여덟 가지 구성요소를 가진 성스러운 도[八支聖道]이니, 그것은 바른 견해, 바른 사유, 바른 말, 바른 행위, 바른 생계, 바른 정진, 바른 마음챙김, 바른 삼매이다.

---

63) "여기서 '도(magga)'는 신통지의 기초가 되는(abhiññā-pādaka) 제4선을 두고 한 말이다."(SA.iii.258)
제4선은 모든 신통지의 기초가 된다. 여기에 대해서는 『청정도론』 XII.57 이하를 참조할 것.

비구들이여, 이를 일러 성취수단을 닦음으로 인도하는 도닦음이라 한다."

분석 경(S51:20)

Vibhaṅga-sutta

3. "비구들이여, 네 가지 성취수단을 닦고 많이 [공부]지으면 큰 결실과 큰 이익이 있다. 비구들이여, 그러면 어떻게 네 가지 성취수단을 닦고 어떻게 많이 [공부]지으면 큰 결실과 큰 이익이 있는가?"

4. "여기 비구는 '이처럼 나의 열의는 [277] … 정진은 … 마음은 … 검증은 지나치게 느슨하지도 않을 것이고 지나치게 팽팽하지도 않을 것이다. 안으로 수축되지도 않을 것이고 밖으로 흩어지지도 않을 것이다.'라고 하면서 열의를 … 정진을 … 마음을 … 검증을 [주로 한] 삼매와 노력의 의도적 행위[行]를 갖춘 성취수단을 닦는다.

그는 '앞에처럼 뒤에도 뒤에처럼 앞에도, 아래처럼 위에도 위처럼 아래도, 밤에처럼 낮에도 낮에처럼 밤에도'라고 하면서 앞과 뒤에 대한 인식을 가진 자가 되어 머문다. 이와 같이 그는 열려 있는 마음과 방해받지 않은 마음으로 마음을 밝게 만든다."

(i) 열의의 분석

5. "비구들이여, 그러면 어떤 것이 지나치게 느슨한 열의인가? 비구들이여, 게으름과 함께하고 게으름과 결합된 열의이다.
비구들이여, 이를 일러 지나치게 느슨한 열의라 한다.
비구들이여, 그러면 어떤 것이 지나치게 팽팽한 열의인가?
비구들이여, 들뜸과 함께하고 들뜸과 결합된 열의이다.
비구들이여, 이를 일러 지나치게 팽팽한 열의라 한다.

비구들이여, 그러면 어떤 것이 안으로 수축된 열의인가?

비구들이여, 해태와 혼침과 함께하고 해태와 혼침과 결합된 열의이다.

비구들이여, 이를 일러 안으로 수축된 열의라 한다.

비구들이여, 그러면 어떤 것이 밖으로 흩어진 열의인가?

비구들이여, 밖으로 다섯 가닥의 감각적 욕망에 대해서 계속해서 흩어지고 계속해서 방해받는 열의이다.

비구들이여, 이를 일러 밖으로 흩어진 열의라 한다."

6. "비구들이여, 그러면 어떤 것이 비구가 '앞에처럼 뒤에도 뒤에처럼 앞에도'라고 하면서 앞과 뒤에 대한 인식을 가진 자가 되어 머무는 것인가?

비구들이여, [278] 여기 비구는 앞과 뒤에 대한 인식을 잘 파악하고 잘 마음에 잡도리하고 잘 호지하고 통찰지로 잘 꿰뚫는다.

비구들이여, 이것이 비구가 '앞에처럼 뒤에도 뒤에처럼 앞에도'라고 하면서 앞과 뒤에 대한 인식을 가진 자가 되어 머무는 것이다."

7. "비구들이여, 그러면 어떤 것이 비구가 '아래처럼 위에도 위처럼 아래도'64)라고 하면서 머무는 것인가?

---

64) "'앞에처럼 뒤에도, 뒤에처럼 앞에도(yathā pure tathā pacchā, yathā pacchā tathāpure)'라고 했다. 여기서 ① 명상주제(kammaṭṭhāna)를 통해서와 ② 가르침(desanā)을 통해서 앞이 되고 뒤가 됨을 알아야 한다. 어떻게?
① 명상주제를 통해서: 명상주제를 천착하는 것(abhinivesa)은 앞이라 하고 아라한됨(arahatta)은 후라고 한다. 비구는 근본 명상주제(mūla-kamma-ṭṭhāna)를 천착하여 마음이 지나치게 느슨함 등의 네 가지 경우로 떨어지는 것을 허락하지 않고 형성된 것들을 명상하여(saṅkhāre sammasitvā) 아라한됨을 증득한다. 이것을 두고 그는 '앞에처럼 뒤에도, 뒤에처럼 앞에도'라고 하면서 머문다고 한다.

비구들이여, 여기 비구는 발바닥에서부터 위로 올라가며 그리고 머리털에서부터 아래로 내려가며 이 몸은 살갗으로 둘러싸여 있고 여러 가지 부정(不淨)한 것으로 가득 차 있음을 반조한다. 즉 '이 몸에는 머리털·몸털·손발톱·이빨·살갗·살·힘줄·뼈·골수·콩팥·염통·간·늑막·지라·허파·창자·장간막·위·똥·쓸개즙·가래·고름·피·땀·굳기름·눈물·[피부의] 기름기·침·콧물·관절활액·오줌 등이 있다.'[65]고

비구들이여, 이것이 비구가 '아래처럼 위에도 위처럼 아래도'라고 하면서 머무는 것이다."

---

② 가르침을 통해서: 머리털(kesā)은 앞이라 하고 뇌(matthaluṅga)는 뒤라 한다.(몸의 32가지 부분의 맨 앞과 뒤임.) 비구는 머리털에 대해서 천착한 뒤에 색깔과 모양 등을 통해서 머리털 등을 파악하면서(pariggaṇhanto) 네 가지 경우에 빠지지 않고 뇌의 수행까지 도달한다. 이것을 두고도 그는 '앞에처럼 뒤에도, 뒤에처럼 앞에도'로 머문다고 한다."(SA.iii.259~260) 그런데 이러한 주석서의 설명은 너무 경직된 해석처럼 보인다. 이 말은 단순히 수행의 모든 과정의 시작부터 끝까지라는 뜻으로 이해하면 될 듯하다. 그리고 이것은 『앙굿따라 니까야』 「졸고 있음 경」(A7:58/iv.87) §8에 "목갈라나여, 만일 그대가 이와 같이 머물러도 혼침이 제거되지 않으면 그대는 감각기능들을 안으로 돌이켜 마음이 밖으로 향하지 않도록 한 채, 앞과 뒤를 똑바로 인식하면서 경행에 마음을 확고히 해야 한다(pacchāpure-saññī caṅkamaṁ adhiṭṭheyyāsi). 그대가 그렇게 머물 때 혼침이 제거될 수도 있다."라고 나타나듯이 공간적인 앞과 뒤를 뜻하는 것으로도 해석할 수 있다.

65) 여기뿐만 아니라 『디가 니까야』 「대념처경」(D22), 『맛지마 니까야』 「염처경」(M10), 「염신경」(M119), 『앙굿따라 니까야』 「우다이 경」(A6:29), 본서 제4권 「바라드와자 경」(S35:127) 등의 니까야에는 32가지 부분이 아니고 뇌(matthaluṅga)가 빠진 31가지로 나타난다. 『쿳다까 니까야』 『쿳다까빠타』(Khp.2)에는 똥(karīsa) 다음에 뇌가 들어가서 32가지로 나타나며 『무애해도』(Ps.i.7)에는 맨 마지막에 뇌가 포함되어 32가지로 나타난다. 『청정도론』 VIII.44에는 "뇌를 골수(aṭṭhimiñjā)에 포함시켜 혐오를 마음에 잡도리함으로 32가지 명상주제를 설하셨다."라고 나타난다.

8. "비구들이여, 그러면 어떤 것이 비구가 '밤에처럼 낮에도 낮에처럼 밤에도'라고 하면서 머무는 것인가?

비구들이여, 여기 비구는 각각의 성질[66]들이나 특징[67]들이나 표상[68]들을 통해서 낮에 열의를 [주로 한] 삼매와 노력의 의도적 행위[行]를 갖춘 성취수단을 닦았던 그대로 그 각각의 성질들이나 특징들이나 표상들을 통해서 밤에도 열의를 [주로 한] 삼매와 노력의 의도적 행위[行]를 갖춘 성취수단을 닦는다. 그는 각각의 성질들이나 특징들이나 표상들을 통해서 밤에 열의를 [주로 한] 삼매와 노력의 의도적 행위[行]를 갖춘 성취수단을 닦았던 그대로 그 각각의 성질들이나 특징들이나 표상들을 통해서 낮에도 열의를 [주로 한] 삼매와 노력의 의도적 행위[行]를 갖춘 성취수단을 닦는다.

비구들이여, 이것이 비구가 '밤에처럼 낮에도 낮에처럼 밤에도'라고 하면서 머무는 것이다."

9. "비구들이여, 그러면 어떻게 비구는 열려 있는 마음과 방해받지 않은 마음으로 마음을 밝게 만드는가?

비구들이여, 여기 비구는 광명의 인식[光明想]을 잘 파악하고 대낮의 인식을 확고하게 한다.[69]

---

66) "'성질(ākāra)들'이란 느낌, 인식 등의 서로서로 같지 않는 상태(asadisasa-bhāva)를 말한다."(DA.ii.500)

67) "'특징(liṅga)들'이란 느낌, 인식 등을 잘 드러내면서 각각 분명하지 않은 뜻(līnam atthaṁ)을 드러내기(gamenti) 때문에 특징이라 한다."(DA.ii.500) 복주서에서는 līnamatthaṁ을 apākaṭam atthaṁ(분명하지 않은 뜻)이라 설명했고, gamenti를 ñāpenti(알리다)라고 설명하고 있다.(DAṬ.ii.131) 그래서 각각 '분명하지 않은 뜻'과 '드러내다'로 옮겼다.

68) "인식의 원인(sañjānana-hetu)이 되기 때문에 '표상(nimitta)'이라 한다." (DA.ii.500)

비구들이여, 이와 같이 비구는 열려 있는 마음과 방해받지 않은 마음으로 마음을 밝게 만든다.”

(ii) 정진의 분석

10. “비구들이여, [279] 그러면 어떤 것이 지나치게 느슨한 정진인가?

비구들이여, 게으름과 함께하고 게으름과 결합된 정진이다.

비구들이여, 이를 일러 지나치게 느슨한 정진이라 한다.

비구들이여, 그러면 어떤 것이 지나치게 팽팽한 정진인가?

비구들이여, 들뜸과 함께하고 들뜸과 결합된 정진이다.

비구들이여, 이를 일러 지나치게 팽팽한 정진이라 한다.”

… …

11. “비구들이여, 그러면 어떻게 비구는 열려 있는 마음과 방해받지 않은 마음으로 마음을 밝게 만드는가?

비구들이여, 여기 비구는 광명의 인식(광명상)을 잘 파악하고 대낮

---

69) “‘광명의 인식[光明想]을 잘 파악하고(ālokasaññā suggahitā hoti)’라고 했다. 비구는 마당에 앉아서 때로는 눈을 뜨거나 때로는 눈을 감고 광명의 인식을 마음에 잡도리한다. 눈을 떴거나 감았거나 간에 직접 쳐다보는 것처럼(olokentassa viya) 하나인 듯이(eka-sadisa) 확립되면 그때 광명의 인식이 생겼다고 한다. ‘낮이라는 인식(divā-saññā)’(D33 §1.11 (5) 참조)이라는 것도 이것을 두고 한 말이다. 그리고 그것이 밤에도 생겨나면 잘 파악했다(suggahitā)고 한다.”(SA.iii.260)

“‘광명의 인식(광명상)을 마음에 잡도리한다.’는 것은 낮이나 밤에 태양이나 달이나 등불이나 보석 등의 광명을 광명이라고 마음에 잡도리하는 것이다. ‘낮이라는 인식을 확고하게 한다.’는 것은 이와 같이 마음에 잡도리한 뒤 낮이라는 인식을 확실하게 하는 것이다. ‘낮처럼 밤에도’라는 것은 낮에 광명을 보았던 것과 같이 밤에도 그것을 마음에 잡도리하는 것이다. ‘밤처럼 낮에도’라는 것은 마치 밤에 광명을 보았던 것과 같이 낮에도 마음에 잡도리하는 것이다.”(DA.iii.1007)

의 인식을 확고하게 한다.

비구들이여, 이와 같이 비구는 열려 있는 마음과 방해받지 않은 마음으로 마음을 밝게 만든다."

(iii) 마음의 분석

12. "비구들이여, 그러면 어떤 것이 지나치게 느슨한 마음인가?

비구들이여, 게으름과 함께하고 게으름과 결합된 마음이다.

비구들이여, 이를 일러 지나치게 느슨한 마음이라 한다.

비구들이여, 그러면 어떤 것이 지나치게 팽팽한 마음인가?

비구들이여, 들뜸과 함께하고 들뜸과 결합된 마음이다.

비구들이여, 이를 일러 지나치게 팽팽한 마음이라 한다."

… [280] …

13. "비구들이여, 그러면 어떻게 비구는 열려 있는 마음과 방해받지 않은 마음으로 마음을 밝게 만드는가?

비구들이여, 여기 비구는 광명의 인식(광명상)을 잘 파악하고 대낮의 인식을 확고하게 한다.

비구들이여, 이와 같이 비구는 열려 있는 마음과 방해받지 않은 마음으로 마음을 밝게 만든다."

(iv) 검증의 분석

14. "비구들이여, 그러면 어떤 것이 지나치게 느슨한 검증인가?

비구들이여, 게으름과 함께하고 게으름과 결합된 검증이다.

비구들이여, 이를 일러 지나치게 느슨한 검증이라 한다.

비구들이여, 그러면 어떤 것이 지나치게 팽팽한 검증인가?

비구들이여, 들뜸과 함께하고 들뜸과 결합된 검증이다.

비구들이여, 이를 일러 지나치게 팽팽한 검증이라 한다."

… …

15. "비구들이여, 그러면 어떻게 비구는 열려 있는 마음과 방해받지 않은 마음으로 마음을 밝게 만드는가?

비구들이여, 여기 비구는 광명의 인식(광명상)을 잘 파악하고 대낮의 인식을 확고하게 한다.

비구들이여, 이와 같이 비구는 열려 있는 마음과 방해받지 않은 마음으로 마음을 밝게 만든다."

16. "비구들이여, 네 가지 성취수단을 이와 같이 닦고 이와 같이 많이 [공부]지으면 큰 결실과 큰 이익이 있다.

비구가 이와 같이 네 가지 성취수단을 닦고 이와 같이 많이 [공부]지으면 그는 여러 가지 신통변화를 나툰다. … [神足通]

그는 신성한 귀의 요소[天耳界]로 마음을 향하게 하고 기울게 한다. … [天耳通]

그는 자기의 마음으로 다른 중생들과 다른 인간들의 마음을 꿰뚫어 안다. … [他心通]

그는 수많은 전생의 갖가지 삶들을 기억한다. … [宿命通]

그는 청정하고 인간을 넘어선 신성한 눈[天眼]으로 중생들이 죽고 태어나고, … [天眼通]

그는 모든 번뇌가 다하여 아무 번뇌가 없는 [281] 마음의 해탈[心解脫]과 통찰지를 통한 해탈[慧解脫]을 바로 지금·여기에서 스스로 최상의 지혜로 실현하고 구족하여 머문다.[漏盡通]"

제2장 강당을 흔듦 품이 끝났다.

두 번째 품에 포함된 경들의 목록은 다음과 같다.

① 이전 ② 큰 결실 ③ 열의를 주로한 삼매
④ 목갈라나 ⑤ 운나바 바라문
두 가지 ⑥~⑦ 사문·바라문
⑧ 비구 ⑨ 가르침 ⑩ 분석이다.

제3장 철환(鐵丸) 품

Ayoguḷa-vagga

도 경(S51:21)

Magga-sutta

3. “비구들이여, 내가 깨닫기 전, 아직 완전한 깨달음을 성취하지 못한 보살이었을 때 이런 생각이 들었다.

‘무엇이 성취수단을 닦기 위한 도이고 무엇이 도닦음인가?’

비구들이여, 그런 나에게 이런 생각이 들었다.

비구는 ‘이처럼 나의 열의는 … 정진은 … 마음은 … 검증은 지나치게 느슨하지도 않을 것이고 지나치게 팽팽하지도 않을 것이다. 안으로 수축되지도 않을 것이고 밖으로 흩어지지도 않을 것이다.’라고 하면서 열의를 … 정진을 … 마음을 … 검증을 [주로 한] 삼매와 노력의 의도적 행위[行]를 갖춘 성취수단을 닦는다. 그는 ‘앞에처럼 뒤에도 뒤에처럼 앞에도, 아래처럼 위에도 위처럼 아래도, 밤에처럼 낮에도 낮에처럼 밤에도’라고 하면서 앞과 뒤에 대한 인식을 가진 자가 되어 머문다. 이와 같이 그는 열려 있는 마음과 방해받지 않은 마음으로 마음을 밝게 만든다.”

4. “비구들이여, [282] 네 가지 성취수단을 이와 같이 닦고 이와 같이 많이 [공부]지으면 큰 결실과 큰 이익이 있다.

비구가 이와 같이 네 가지 성취수단을 닦고 이와 같이 많이 [공부]지으면 그는 여러 가지 신통변화를 나툰다. … [神足通]

그는 신성한 귀의 요소[天耳界]로 마음을 향하게 하고 기울게 한다.

… [天耳通]

그는 자기의 마음으로 다른 중생들과 다른 인간들의 마음을 꿰뚫어 안다. … [他心通]

그는 수많은 전생의 갖가지 삶들을 기억한다. … [宿命通]

그는 청정하고 인간을 넘어선 신성한 눈[天眼]으로 중생들이 죽고 태어나고, … [天眼通]

그는 모든 번뇌가 다하여 아무 번뇌가 없는 마음의 해탈[心解脫]과 통찰지를 통한 해탈[慧解脫]을 바로 지금・여기에서 스스로 최상의 지혜로 실현하고 구족하여 머문다.[漏盡通]"

철환 경(S51:22)

Ayoguḷa-sutta

2. 그때 아난다 존자가 세존께 다가갔다. 가서는 세존께 절을 올리고 한 곁에 앉았다. 한 곁에 앉은 아난다 존자는 세존께 이렇게 여쭈었다.

3. "세존이시여, 세존께서는 신통에 의해서 마음으로 만든 몸70)

---

70) '마음으로 만든 몸(manomaya kāya)'은 『디가 니까야』 「사문과경」(D2) §85에서 "그는 마음으로 만든 몸으로 마음을 향하게 하고 기울게 합니다. 이 몸으로부터 그는 형색을 가지고, 마음으로 이루어지고, 모든 수족이 다 갖추어지고, 감각기능[根]이 결여되지 않은 다른 몸을 만들어냅니다."라는 문맥에서 나타나고 있다. 그러므로 이것은 제4선에 능통한 수행자가 자신의 몸으로부터 만들어낸 다른 미묘한 몸이라고 이해할 수 있다. Hamilton, *Identity and Experience*, pp. 155~164도 참조할 것.

한편 『청정도론』 XII.25에서는 "[자기의] 몸 안에서 마음으로 만든 [다른] 몸을 생기게 하기 때문에 마음으로 [다른 몸을] 만드는(manomaya) 신통이라 한다."고 설명하고 있다.
그리고 『청정도론』 XII.135에서는 위의 「사문과경」(D2)의 정형구에 나타나는 단어들을 다음과 같이 설명하고 있다.

으로 범천의 세상에 가신 것[71]을 알고 계십니까?"

"아난다여, 나는 신통에 의해서 마음으로 만든 몸으로 범천의 세상에 간 것을 알고 있다."

4. "세존이시여, 그런데 세존께서는 네 가지 근본물질로 된 이 몸[72]으로 신통에 의해서 범천의 세상에 가신 것을 알고 계십니까?"

"아난다여, 나는 네 가지 근본물질로 된 이 몸으로 신통에 의해서 범천의 세상에 간 것을 알고 있다."

5. "세존이시여, 세존께서는 신통에 의해서 마음으로 만든 몸으로 범천의 세상에 가실 수도 있고[73] [283] 네 가지 근본물질로 된 이

"마음으로 이루어지고: 결의하는 마음(『청정도론』 XII.57 이하 참조)으로 만들어졌기 때문에 마음으로 이루어진 것이다. 감각기능[根]이 결여되지 않은: 이것은 눈, 귀 등의 형상으로 설했다. 그러나 창조된 형상에는 감성(感性, 『아비담마 길라잡이』 6장 §3의 해설 2 참조)은 없다."

71) '가신'으로 옮긴 upasaṅkamitā에 대한 문법적인 접근은 von Hinüber, "*Pāli as an Artificial Language*", pp.135~137을 참조할 것. 히뉘버 교수는 여기서 이 단어는 행위자 명사(*true agent noun*)가 아니라 잘못 만들어진 절대사(*misconstrued absolutive*)라고 주장하고 있다. 즉 Sk. upasaṅ-kramitṛ가 아니라 upasaṅkramya 대신에 upasaṅkramitvā로 잘못 만들어진 것으로 이해해야 한다는 뜻이다.

범어문법 일반에서 접두어가 없는 절대사를 만들 때는 '-tvā'를 붙이고 접두어가 있는 절대사를 만들 때는 '-(i)ya'를 붙인다. 이 단어는 upa+saṁ이라는 두 개의 접두어가 있기 때문에 당연히 upasaṅkramya의 빠알리어인 upasaṅkamma가 되어야 한다. 그런데 upasaṅkramitvā의 빠알리어인 upasaṅkramitā로 나타나기 때문에 잘못 만들어진 절대사라 부르는 것이다.

72) 여기서 '몸(kāya)'은 신통으로 만든 몸이 아니라 자연적인 몸을 말한다.

73) '가실 수도 있고'는 Ee: yaṁ ca kho opapāti ha, Be: yaṁ ca kho omāti, Se: opātiha를 옮긴 것이다. 주석서(Be)에서 "omāti란 할 수 있다, 가능하다는 뜻이다(omātīti pahoti sakkoti)."(SA.iii.260)라고 설명하고 있듯이 (Se 주석서에는 omāti가 나타나지 않고 pahoti가 표제어인 것처럼 나타나고 있다.) opapāti/omāti/opāti는 '할 수 있다'를 뜻하는 영어 *can*에 해당하

몸으로 신통에 의해서 범천의 세상에 가신 것을 알고 계십니다. 세존이시여, 그러니 이것은 세존의 입장에서는 경이롭기도 하고 놀라운 것이기도 합니다."

"아난다여, 여래는 경이롭기도 하고 경이로운 법을 구족하기도 하였다. 아난다여, 여래는 놀랍기도 하고 놀라운 법을 구족하기도 하였다.

아난다여, 여래가 몸을 마음에 스며들게 하고 그리고 마음을 몸에 스며들게 하여74) 몸에 대한 행복의 인식과 가벼움의 인식75)에 들어가서 머물 때 여래의 몸은 더욱더 가벼워지고 더욱더 부드러워지고 더욱더 다루기에 적합하고 더욱더 빛이 난다."

는 조동사이다. 본동사는 생략되었다. 그리고 주석서는 "이것은 삼장의 부처님 말씀 가운데서 단 한 번만 나타나는 것이다(idaṁ tepiṭake buddhavaca-ne asambhinnapadaṁ)."(SA.iii.260)라고 덧붙이고 있다.

74) '스며들게 하고'는 Ee, Se: samādahati(saṁ+ā+√dhā, 놓다, 집중하다) 대신에 Be: samodahati(saṁ+ava+√dhā, 결합시키다)를 옮긴 것이다. Be와 Se의 주석서도 samodahati로 읽고 있다.

"'몸을 마음에 스며들게 하고(kayampi citte samodahati)'란 몸을 취하여 마음에 올라가게 한다(āropeti), 마음에 의지하게(citta-sannissita) 만든다, 마음의 행처(citta-gati)로 보낸다(peseti)는 말이다. 마음이란 고귀한 마음(mahaggata-citta, 즉 색계와 무색계의 마음)이고 마음의 행처의 움직임(citta-gati-gamana)은 재빠르다(lahuka).
'마음을 몸에 스며들게 하여(cittampi kāye samodahati)'란 마음을 취하여 몸에 올라가게 한다, 몸에 의지하게 만든다, 몸의 행처로 보낸다는 말이다. 몸이란 물질로 된 몸(karaja-kāya)이고 몸의 행처의 움직임은 느리다(dandha)."(SA.iii.261)
이 신통에 대한 더 자세한 설명은 『무애해도』(Ps.ii.209)에 나타나고 『청정도론』 XII.119~136에 상세히 설명되어 있다.

75) "'행복의 인식과 가벼움의 인식(sukhasaññañ ca lahusaññañ ca)'이란 신통지의 마음에서 생긴 인식(abhiññā-citta-sahajāta-saññā)이다. [마음이] 평화로운 행복을 구족하였기 때문에(santa-sukha-samannāgatattā) 행복의 인식이라 하고 오염원의 지둔함(kilesa-dandhāyitatta)이 존재하지 않기 때문에 가벼움의 인식이라 한다."(SA.iii.261)

6. 아난다여, 예를 들면 철환이 낮에 열을 받아 달궈지면 더욱 더 가벼워지고 더욱더 부드러워지고 더욱더 다루기에 적합하고 더욱 더 빛이 나는 것과 같다.

아난다여, 그와 같이 여래가 몸을 마음에 스며들게 하고 그리고 마음을 몸에 스며들게 하여 몸에 대한 행복의 인식과 가벼움의 인식에 들어가서 머물 때 여래의 몸은 더욱더 가벼워지고 더욱더 부드러워지고 더욱더 다루기에 적합하고 더욱더 빛이 난다."

7. "아난다여, 여래가 몸을 마음에 스며들게 하고 그리고 마음을 몸에 스며들게 하여 몸에 대한 행복의 인식과 가벼움의 인식에 들어가서 머물 때 여래의 몸은 더욱더 가벼워지고 더욱더 부드러워지고 더욱더 다루기에 적합하고 더욱더 빛이 난다."

8. "아난다여, [284] 예를 들면 마치 목화나 케이폭[76]의 씨를 싸고 있는 솜털이 가벼워서 바람을 받으면 아무 어려움 없이 땅에서 허공으로 날아오르는 것과 같다.

아난다여, 그와 같이 여래가 몸을 마음에 스며들게 하고 그리고 마음을 몸에 스며들게 하여 몸에 대한 행복의 인식과 가벼움의 인식에 들어가서 머물 때 여래의 몸은 아무 어려움 없이 땅에서 허공으로 날아오른다. 그는 여러 가지 신통변화를 나툰다. 하나인 채 여럿이 되기도 하고 … 심지어는 저 멀리 범천의 세상에까지도 몸의 자유자재함을 발한다.[神足通]"

---

76) '케이폭' 혹은 '케이폭 나무'는 kappāsa(Sk. karpāsa)를 옮긴 것이다. 영어로 *kapok*(케이폭) 나무라고도 하며 *silk-cotton tree*라고도 한다. 케이폭은 이 나무의 씨앗을 싼 솜을 뜻하며, 이것은 베개나 이불 속이나 구명대 등에 넣는다고 한다.

비구 경(S51:23)

Bhikkhu-sutta

3. "비구들이여, 네 가지 성취수단이 있다. 무엇이 넷인가?

비구들이여, 여기 비구는 열의를 [주로 한] 삼매와 … 정진을 [주로 한] 삼매와 … 마음을 [주로 한] 삼매와 … 검증을 [주로 한] 삼매와 노력의 의도적 행위를 갖춘 성취수단을 닦는다.

비구들이여, 이러한 네 가지 성취수단이 있다."

4. "비구들이여, 비구가 이러한 네 가지 성취수단을 닦고 많이 [공부]지으면 그는 모든 번뇌가 다하여 아무 번뇌가 없는 마음의 해탈[心解脫]과 통찰지를 통한 해탈[慧解脫]을 바로 지금·여기에서 스스로 최상의 지혜로 실현하고 구족하여 머문다.[漏盡通]"77)

간단한 설명 경(S51:24)

Suddhika-sutta

3. "비구들이여, 네 가지 성취수단이 있다. 무엇이 넷인가?

비구들이여, 여기 비구는 열의를 [주로 한] 삼매와 … 정진을 [주로 한] 삼매와 … 마음을 [주로 한] 삼매와 … 검증을 [주로 한] 삼매와 노력의 의도적 행위를 갖춘 성취수단을 닦는다.

비구들이여, 이러한 네 가지 성취수단이 있다."

---

77) "본경과 다음 경은 윤회를 종식시키는 토대가 되는 성취(vivaṭṭa-pādak-iddhi)를 설하고 있다."(SA.iii.261)

결실 경1(S51:25)
Phala-sutta

3. "비구들이여, [285] 네 가지 성취수단이 있다. 무엇이 넷인가?

비구들이여, 여기 비구는 열의를 [주로 한] 삼매와 … 정진을 [주로 한] 삼매와 … 마음을 [주로 한] 삼매와 … 검증을 [주로 한] 삼매와 노력의 의도적 행위를 갖춘 성취수단을 닦는다.

비구들이여, 이러한 네 가지 성취수단이 있다."

4. "비구들이여, 이러한 네 가지 성취수단을 닦고 많이 [공부] 지으면 두 가지 결실 가운데 하나의 결실이 예상되나니, 지금·여기(금생)에서 구경의 지혜를 얻거나, 취착의 자취가 남아 있으면 다시는 돌아오지 않는 경지[不還果]가 예상된다."

결실 경2(S51:26)

3. "비구들이여, 네 가지 성취수단이 있다. 무엇이 넷인가?

비구들이여, 여기 비구는 열의를 [주로 한] 삼매와 … 정진을 [주로 한] 삼매와 … 마음을 [주로 한] 삼매와 … 검증을 [주로 한] 삼매와 노력의 의도적 행위를 갖춘 성취수단을 닦는다.

비구들이여, 이러한 네 가지 성취수단이 있다."

4. "비구들이여, 이러한 네 가지 성취수단을 닦고 많이 [공부] 지으면 일곱 가지 결실과 일곱 가지 이익이 기대된다. 어떤 것이 일곱 가지 결실과 이익인가?

① 지금·여기에서 구경의 지혜를 성취한다.

만일 지금·여기에서 구경의 지혜를 성취하지 못하면 ② 죽을 때에 구경의 지혜를 성취한다.

만일 지금 · 여기에서 구경의 지혜를 성취하지 못하고 죽을 때에도 구경의 지혜를 성취하지 못하면 그는 다섯 가지 낮은 단계의 족쇄를 완전히 없애고 ③ 수명의 중반쯤에 이르러 완전한 열반에 드는 자가 된다. ④ [수명의] 반이 지나서 완전한 열반에 드는 자가 된다. ⑤ 노력 없이 쉽게 완전한 열반에 드는 자가 된다. ⑥ 노력하여 어렵게 완전한 열반에 드는 자가 된다. ⑦ 더 높은 세계로 재생하여 색구경천에 이르는 자가 된다.

비구들이여, 네 가지 성취수단을 닦고 많이 [공부]지으면 이러한 일곱 가지 결실과 일곱 가지 이익이 기대된다."

아난다 경1(S51:27)

Ānanda-sutta

2. 그때 아난다 존자가 세존께 다가갔다. 가서는 세존께 절을 올리고 한 곁에 앉았다. 한 곁에 앉은 아난다 존자는 세존께 이렇게 여쭈었다.

3. "세존이시여, [286] 어떤 것이 신통이고 어떤 것이 [신통의] 성취수단이고 어떤 것이 성취수단을 닦음이고 어떤 것이 성취수단을 닦음으로 인도하는 도닦음입니까?"

4. "아난다여, 여기 비구는 여러 가지 신통변화를 나툰다. 하나인 채 여럿이 되기도 하고 … 심지어는 저 멀리 범천의 세상에까지도 몸의 자유자재함을 발한다.[神足通]

아난다여, 이를 일러 신통이라 한다."

5. "아난다여, 그러면 어떤 것이 [신통의] 성취수단인가?
아난다여, 신통을 얻고 신통을 성취하도록 하는 도와 도닦음이 있다.
아난다여, 이를 일러 [신통의] 성취수단이라 한다."

6. "아난다여, 그러면 어떤 것이 성취수단을 닦음인가?
아난다여, 여기 비구는 열의를 [주로 한] 삼매와 … 정진을 [주로 한] 삼매와 … 마음을 [주로 한] 삼매와 … 검증을 [주로 한] 삼매와 노력의 의도적 행위를 갖춘 성취수단을 닦는다.
아난다여, 이를 일러 성취수단을 닦음이라 한다."

7. "아난다여, 그러면 어떤 것이 성취수단을 닦음으로 인도하는 도닦음인가?
그것은 바로 이 여덟 가지 구성요소를 가진 성스러운 도[八支聖道]이니, 그것은 바른 견해, 바른 사유, 바른 말, 바른 행위, 바른 생계, 바른 정진, 바른 마음챙김, 바른 삼매이다.
아난다여, 이를 일러 성취수단을 닦음으로 인도하는 도닦음이라 한다."

아난다 경2(S51:28)

2. 그때 아난다 존자가 세존께 다가갔다. 가서는 세존께 절을 올리고 한 곁에 앉았다. 한 곁에 앉은 아난다 존자에게 세존께서는 이렇게 말씀하셨다.

3. "아난다여, 어떤 것이 신통이고 어떤 것이 [신통의] 성취수단이고 어떤 것이 성취수단을 닦음이고 어떤 것이 성취수단을 닦음으로 인도하는 도닦음인가?" …

<이하 본경의 내용은 앞의 「아난다 경」1(S51:27)과 같다. 화자만 아난다 존자로 바뀌었다.>

많은 비구 경1(S51:29)

Sambahulabhikkhu-sutta

2. 그때 [287] 많은 비구들이 세존께 다가갔다. 가서는 세존께 절을 올리고 한 곁에 앉았다. 한 곁에 앉은 비구들은 세존께 이렇게 여쭈었다.

3. "세존이시여, 어떤 것이 신통이고 어떤 것이 [신통의] 성취수단이고 어떤 것이 성취수단을 닦음이고 어떤 것이 성취수단을 닦음으로 인도하는 도닦음입니까?" …

<여기서부터 본경의 내용은 앞의 「아난다 경」1(S51:27)과 같다. 화자만 세존으로 바뀌었다.>

많은 비구 경2(S51:30)

2. 그때 많은 비구들이 세존께 다가갔다. 가서는 세존께 절을 올리고 한 곁에 앉았다. 한 곁에 앉은 비구들에게 세존께서는 이렇게 말씀하셨다.

3. "비구들이여, 어떤 것이 신통이고 어떤 것이 [신통의] 성취수단이고 어떤 것이 성취수단을 닦음이고 어떤 것이 성취수단을 닦음으로 인도하는 도닦음인가?" … [288]

<이하 본경의 내용은 앞의 「아난다 경」1(S51:27)과 같다. 화자만 비구들로 바뀌었다.>

목갈라나 경(S51:31)

Moggalāna-sutta

2. 거기서 세존께서는 비구들을 불러서 말씀하셨다.

3. "비구들이여, 이를 어떻게 생각하는가? 어떤 법들을 닦고 많이 [공부]지었기 때문에 목갈라나 비구에게 이러한 크나큰 신통력이 있고 이러한 크나큰 위력이 있는가?"

"세존이시여, 저희들의 법은 세존을 근원으로 하며, 세존을 길잡이로 하며, 세존을 귀의처로 합니다. 세존이시여, 세존께서 방금 말씀하신 이 뜻을 [친히] 밝혀주신다면 참으로 감사하겠습니다. 세존으로부터 듣고 비구들은 그것을 잘 호지할 것입니다."

"비구들이여, 그렇다면 이제 그것을 들어라. 듣고 마음에 잘 새겨라. 나는 이제 설할 것이다."

"그렇게 하겠습니다, 세존이시여."라고 비구들은 세존께 응답했다.

4. "비구들이여, 네 가지 성취수단을 닦고 많이 [공부]지었기 때문에 목갈라나 비구에게 이러한 크나큰 신통력이 있고 이러한 크나큰 위력이 있다. 무엇이 넷인가?

비구들이여, 목갈라나 비구는 '이처럼 나의 열의는 … 정진은 … 마음은 … 검증은 지나치게 느슨하지도 않을 것이고 지나치게 팽팽하지도 않을 것이다. 안으로 수축되지도 않을 것이고 밖으로 흩어지지도 않을 것이다.'라고 하면서 열의를 … 정진을 … 마음을 … 검증을 [주로 한] 삼매와 노력의 의도적 행위[行]를 갖춘 성취수단을 닦았다.

그는 '앞에처럼 뒤에도 뒤에처럼 앞에도, 아래처럼 위에도 위처럼 아래도, 밤에처럼 낮에도 낮에처럼 밤에도'라고 하면서 앞과 뒤에 대한 인식을 가진 자가 되어 머물렀다. 그는 이와 같이 열려 있는 마음과 방해받지 않은 마음으로 마음을 밝게 만들었다.

비구들이여, 이러한 네 가지 성취수단을 닦고 많이 [공부]지었기 때문에 목갈라나 비구에게 이러한 크나큰 신통력이 있고 이러한 크나큰 위력이 있다."

5~10. "비구들이여, 이와 같이 네 가지 성취수단을 닦고 이와 같이 많이 [공부]지었기 때문에 목갈라나 비구는 여러 가지 신통변화를 나툰다. … [神足通]

목갈라나 비구는 신성한 귀의 요소[天耳界]로 마음을 향하게 하고 기울게 한다. … [天耳通]

목갈라나 비구는 자기의 마음으로 다른 중생들과 다른 인간들의 마음을 꿰뚫어 안다. … [他心通]

목갈라나 비구는 수많은 전생의 갖가지 삶들을 기억한다. … [宿命通]

목갈라나 비구는 청정하고 인간을 넘어선 신성한 눈[天眼]으로 중생들이 죽고 태어나고, … [天眼通]

목갈라나 비구는 [289] 모든 번뇌가 다하여 아무 번뇌가 없는 마음의 해탈[心解脫]과 통찰지를 통한 해탈[慧解脫]을 바로 지금·여기에서 스스로 최상의 지혜로 실현하고 구족하여 머문다.[漏盡通]"[78]

---

78) "본경과 다음 경은 여섯 가지 신통지[六神通, cha abhiññā]를 설하고 있다."(SA.iii.261)

여래 경(S51:32)

Tathāgata-sutta

2. 거기서 세존께서는 비구들을 불러서 말씀하셨다.

3. "비구들이여, 이를 어떻게 생각하는가? 어떤 법들을 닦고 많이 [공부]지었기 때문에 여래에게 이러한 크나큰 신통력이 있고 이러한 크나큰 위력이 있는가?" … [290]

<이하 본경은 '목갈라나' 대신에 '여래'가 나타나는 것만 다르고, 내용은 앞의 「목갈라나 경」(S51:31)과 같다.>

제3장 철환 품이 끝났다.

세 번째 품에 포함된 경들의 목록은 다음과 같다.

① 도 ② 철환 ③ 비구 ④ 간단한 설명
두 가지 ⑤~⑥ 결실, 두 가지 ⑦~⑧ 아난다
두 가지 ⑨~⑩ 많은 비구 ⑪ 목갈라나 ⑫ 여래이다.

제4장 강가 강의 반복[79)]

Gaṅgā-peyyāla

동쪽으로 흐름 경1(S51:33)

Pācīnaninnā-sutta

3. "비구들이여, 예를 들면 강가 강은 동쪽으로 흐르고 동쪽으로 향하고 동쪽으로 들어간다.

비구들이여, 그와 같이 비구가 네 가지 성취수단을 닦고 네 가지 성취수단을 많이 [공부]지으면 그는 열반으로 흐르고 열반으로 향하고 열반으로 들어간다."

4. "비구들이여, 그러면 어떻게 비구가 네 가지 성취수단을 닦고 네 가지 성취수단을 많이 [공부]지으면 그는 열반으로 흐르고 열반으로 향하고 열반으로 들어가는가?

비구들이여, 여기 비구는 열의를 … 정진을 … 마음을 … 검증을 [주로 한] 삼매와 노력의 의도적 행위[行]를 갖춘 성취수단을 닦는다.

비구들이여,이렇게 비구가 네 가지 성취수단을 닦고 이렇게 네 가지 성취수단을 많이 [공부]지으면 그는 열반으로 흐르고 열반으로 향하고 열반으로 들어간다."

---

79) 본품의 12개 경들은 본서 제5권 「도 상윳따」(S45) 제9장 「첫 번째 강가 강의 반복」(Gaṅga-peyyala)의 12개 경들(S45:91~102 = S46:77~88)과 같은 방법으로 설해지고 있다.

동쪽으로 흐름 경2~6(S51:34~38)

Pācīnaninna-sutta

3. "비구들이여, 예를 들면 야무나 강은(S51:34) …

아찌라와띠 강은(S51:35) [39] …

사라부 강은(S51:36) …

마히 강은(S51:37) …

강가, 야무나, 아찌라와띠, 사라부, 마히 같은 큰 강들은 모두 (S51:38) 동쪽으로 흐르고 동쪽으로 향하고 동쪽으로 들어간다.

비구들이여, 그와 같이 비구가 네 가지 성취수단을 닦고 네 가지 성취수단을 많이 [공부]지으면 그는 열반으로 흐르고 열반으로 향하고 열반으로 들어간다." …

바다 경1~6(S51:39~44)

Samuddaninna-sutta

3. "비구들이여, 예를 들면 강가 강은 바다로 흐르고 바다로 향하고 바다로 들어간다.(S51:39) …

야무나 강은(S51:40) …

아찌라와띠 강은(S51:41) …

사라부 강은(S51:42) [40] …

마히 강은(S51:43) …

강가, 야무나, 아찌라와띠, 사라부, 마히 같은 큰 강들은 모두 (S51:44) 바다로 흐르고 바다로 향하고 바다로 들어간다.

비구들이여, 그와 같이 [291] 비구가 네 가지 성취수단을 닦고 네 가지 성취수단을 많이 [공부]지으면 그는 열반으로 흐르고 열반으로 향하고 열반으로 들어간다." …

제4장 강가 강의 반복(떨쳐버림을 의지함 편)이 끝났다.

네 번째 품에 포함된 경들의 목록은 다음과 같다.

여섯 가지 ①~⑥ 동쪽으로 흐름
여섯 가지 ⑦~⑫ 바다
이처럼 6가지가 두 번 있어서
모두 12가지가 설해졌다.

제5장 불방일 품

Appamāda-vagga

여래 경 등(S51:45~54)

Tathāgata-sutta

3. "비구들이여, 예를 들면 중생이 발이 없건, 두 발이건, 네 발이건, 여러 발이건, 물질을 가졌건, 물질을 갖지 않았건, 인식이 있건, 인식이 없건, 인식이 있는 것도 아니고 없는 것도 아니건, 그 모든 중생들에 관한 한, 여래·아라한·정등각자가 그들 가운데서 으뜸이라 불린다.

비구들이여, 그와 같이 유익한 법[善法]들은 그것이 어떤 것이든 간에 모두 불방일을 뿌리로 하고 불방일로 모이고 불방일이 그들 가운데 으뜸이라 불린다.

비구들이여, 비구가 방일하지 않으면 '그는 네 가지 성취수단을 닦을 것이다. 그는 네 가지 성취수단을 많이 [공부]지을 것이다.'라는 것이 기대된다."

4. "비구들이여, 그러면 방일하지 않는 비구는 어떻게 네 가지 성취수단을 닦고 어떻게 네 가지 성취수단을 많이 [공부]짓는가?

비구들이여, 여기 비구는 떨쳐버림을 의지하고 탐욕의 빛바램을 의지하고 소멸을 의지하고 철저한 버림으로 기우는 열의를 … 정진을 … 마음을 … 검증을 [주로 한] 삼매와 노력의 의도적 행위[行]를 갖춘 성취수단을 닦는다.

비구들이여, 방일하지 않는 비구는 이렇게 네 가지 성취수단을 닦고 이렇게 네 가지 성취수단을 많이 [공부]짓는다."

… …80)

제5장 불방일 품(떨쳐버림을 의지함 편)이 끝났다.

다섯 번째 품에 포함된 경들의 목록은 다음과 같다.

① 여래 ② 발자국 ③ 뾰족지붕
④ 뿌리 ⑤ 속재목
⑥ 재스민 꽃 ⑦ 왕 ⑧ 달
⑨ 태양, 열 번째로 ⑩ 옷감이다.

---

80) 본품의 10개 경들은 본서 제5권「도 상윳따」(S45) 제13장「불방일 반복」의 10개 경들(S45:139~148 = S46:89~98)과 같은 방법으로 설해지고 있다.

제6장 힘쓰는 일 품

Balakaraṇīya-vagga

힘 경 등(S51:55~66)

Bala-sutta

3. "비구들이여, 예를 들면 어떤 일이든 힘쓰는 일들을 할 때는 모두 반드시 땅을 의지하고 땅에 확고하게 서서 힘쓰는 일들을 하는 것과 같다.

비구들이여, 그와 같이 비구는 계를 의지하고 계에 확고하게 서서 네 가지 성취수단을 닦고 네 가지 성취수단을 많이 [공부]짓는다."

4. "비구들이여, 그러면 어떻게 비구는 계를 의지하고 계에 확고하게 서서 네 가지 성취수단을 닦고 네 가지 성취수단을 많이 [공부]짓는가?

비구들이여, 여기 비구는 떨쳐버림을 의지하고 탐욕의 빛바램을 의지하고 소멸을 의지하고 철저한 버림으로 기우는 열의를 … 정진을 … 마음을 … 검증을 [주로 한] 삼매와 노력의 의도적 행위[行]를 갖춘 성취수단을 닦는다.

비구들이여, 이와 같이 비구는 계를 의지하고 계에 확고하게 서서 네 가지 성취수단을 닦고 네 가지 성취수단을 많이 [공부]짓는다."

… …[81]

---

81) 본품의 12개 경들은 본서 제5권 「도 상윳따」(S45) 제14장 「힘쓰는 일 품」(Balakaraṇīya-vagga)의 12개 경들(S45:149~160 = S46:99~110)과 같은 방법으로 설해지고 있다.

제6장 힘쓰는 일 품(떨쳐버림을 의지함 편)이 끝났다.

여섯 번째 품에 포함된 경들의 목록은 다음과 같다.

① 힘 ② 씨앗 ③ 용 ④ 나무 ⑤ 항아리
⑥ 꺼끄러기 ⑦ 허공, 두 가지 ⑧~⑨ 구름
⑩ 배 ⑪ 객사(客舍) ⑫ 강이다.

제7장 추구 품

Esanā-vagga

추구 경 등(S51:67~76)

Esanā-sutta

3. "비구들이여, 세 가지 추구가 있다. 무엇이 셋인가? 감각적 욕망의 추구, 존재의 추구, 청정범행의 추구이다. 비구들이여, 이러한 세 가지 추구가 있다."

4. "비구들이여, 이러한 세 가지 추구를 최상의 지혜로 알기 위해서는 … 철저히 알기 위해서는 … 철저하게 멸진하기 위해서는 … 제거하기 위해서는 네 가지 성취수단을 닦아야 한다. 그러면 어떤 네 가지 성취수단을 닦아야 하는가?

비구들이여, 여기 비구는 떨쳐버림을 의지하고 탐욕의 빛바램을 의지하고 소멸을 의지하고 철저한 버림으로 기우는 열의를 … 정진을 … 마음을 … 검증을 [주로 한] 삼매와 노력의 의도적 행위[行]를 갖춘 성취수단을 닦는다.

비구들이여, 이러한 세 가지 추구를 최상의 지혜로 알기 위해서는 … 철저히 알기 위해서는 … 철저하게 멸진하기 위해서는 … 제거하기 위해서는 이러한 네 가지 성취수단을 닦아야 한다."

… …[82]

---

82) 본품의 10개 경들은 본서 제5권 「도 상윳따」(S45) 제15장 「추구 품」(Esanā-vagga)의 10개 경들(S45:161~170 = S46:111~120)과 같은 방법으로 설해지고 있다.

제7장 추구 품(떨쳐버림을 의지함 편)이 끝났다.

일곱 번째 품에 포함된 경들의 목록은 다음과 같다.

① 추구 [292] ② 자만심 ③ 번뇌
④ 존재 ⑤ 괴로움의 성질
⑥ 삭막함 ⑦ 때 ⑧ 근심
⑨ 느낌 ⑩ 갈애 ⑪ 목마름이다.

제8장 폭류 품

Ogha-vagga

폭류 경 등(S51:77~86)

Ogha-sutta

3. "비구들이여, [59] 네 가지 폭류가 있다. 무엇이 넷인가? 감각적 욕망의 폭류, 존재의 폭류, 견해의 폭류, 무명의 폭류이다. 비구들이여, 이러한 네 가지 폭류가 있다."

4. "비구들이여, 이러한 네 가지 폭류를 최상의 지혜로 알기 위해서는 … 철저히 알기 위해서는 … 철저하게 멸진하기 위해서는 … 제거하기 위해서는 네 가지 성취수단을 닦아야 한다. …"

… [293] …83)

제8장 폭류 품(떨쳐버림을 의지함 편)이 끝났다.

다섯 번째 품에 포함된 경들의 목록은 다음과 같다.

① 폭류 ② 속박 ③ 취착
④ 매듭 ⑤ 잠재성향
⑥ 감각적 욕망 ⑦ 장애 ⑧ 무더기
⑨ 낮은 단계의 족쇄 ⑩ 높은 단계의 족쇄이다.

성취수단[如意足] 상윳따(S51)가 끝났다.

---

83) 본품의 10개 경들은 본서 제5권 「도 상윳따」(S45) 제16장 「폭류 품」(Ogha-vagga)의 10개 경들(S45:171~180 = S46:121~130)과 같은 방법으로 설해지고 있다.

제52주제

아누룻다 상윳따(S52)

제52주제(S52)

아누룻다 상윳따

Anuruddha-saṁyutta[84]

제1장 한적한 곳 품

Rahogata-vagga

한적한 곳 경1(S52:1)

Rahogata-sutta

1. 이와 같이 나는 들었다. [294] 한때 아누룻다 존자[85]는 사왓티에서 제따 숲의 아나타삔디까(급고독) 원림에 머물렀다.

2. 그때 아누룻다 존자가 한적한 곳에 가서 홀로 앉아있는 중에 문득 이런 생각이 마음에 일어났다.

3. '네 가지 마음챙김의 확립을 게을리하는 사람들은 누구든지 괴로움의 멸진으로 바르게 인도하는 성스러운 도를 게을리하는 것이다. 네 가지 마음챙김의 확립을 열심히 행하는 자들은 누구든지 괴로

84) 본 「아누룻다 상윳따」(S52)는 아누룻다 존자의 네 가지 마음챙김의 확립에 대한 경을 모은 것이다. 이미 본서 제5권 「부분적으로 경」(S47:26~28) 등에서 아누룻다 존자는 네 가지 마음챙김의 확립에 능통하였음이 설해지고 있다. 이런 의미에서 본 상윳따는 본서 제5권 「마음챙김의 확립 상윳따」(S47)에 대한 일종의 부록이라 할 수 있다.

85) 아누룻다 존자(āyasmā Anuruddha)는 부처님의 사촌 동생이다. 존자에 대해서는 본서 제4권 「분노 경」(S37:5) §2의 주해를 참조할 것.

움의 멸진으로 바르게 인도하는 성스러운 도를 열심히 행하는 것이다.'

4. 그때 목갈라나 존자는 마음으로 아누룻다 존자가 마음에 일으킨 생각을 알고서 마치 힘센 사람이 구부렸던 팔을 펴고 폈던 팔을 구부리는 것처럼 제따 숲에서 사라져서 아누룻다 존자 앞에 나타났다. 그때 목갈라나 존자는 아누룻다 존자에게 이렇게 말했다.

5. "도반 아누룻다여, 어떻게 비구는 네 가지 마음챙김의 확립을 제대로 닦습니까?"

"도반이여, 여기 비구는 안으로 몸에서 일어나는 현상[法]을 관찰하며 머뭅니다. 안으로 몸에서 사라지는 현상을 관찰하며 머뭅니다. 안으로 몸에서 일어나기도 하고 사라지기도 하는 현상을 관찰하며 [295] 머뭅니다. 세상에 대한 욕심과 싫어하는 마음을 버리면서 근면하게, 분명히 알아차리고 마음챙기면서 머뭅니다.

그는 밖으로 몸에서 일어나는 현상[法]을 관찰하며 머뭅니다. 밖으로 몸에서 사라지는 현상을 관찰하며 머뭅니다. 밖으로 몸에서 일어나기도 하고 사라지기도 하는 현상을 관찰하며 머뭅니다. 세상에 대한 욕심과 싫어하는 마음을 버리면서 근면하게, 분명히 알아차리고 마음챙기면서 머뭅니다.

그는 안팎으로 몸에서 일어나는 현상[法]을 관찰하며 머뭅니다. 안팎으로 몸에서 사라지는 현상을 관찰하며 머뭅니다. 안팎으로 몸에서 일어나기도 하고 사라지기도 하는 현상을 관찰하며 머뭅니다. 세상에 대한 욕심과 싫어하는 마음을 버리면서 근면하게, 분명히 알아차리고 마음챙기면서 머뭅니다."[86]

---

86) 『디가 니까야』 「대념처경」(D22) §§5~10에서는 '안으로(ajjhattaṁ)'와

6. "만일 그가 '나는 혐오스럽지 않은 것에 대해서 혐오하는 인식을 가져 머무르리라.'라고 원하면 그는 거기서 혐오하는 인식을 가진 자로 머뭅니다. 만일 그가 '나는 혐오스러운 것에 대해서 혐오하지 않는 인식을 가져 머무르리라.'라고 원하면 그는 거기서 혐오하지 않는 인식을 가진 자로 머뭅니다. 만일 그가 '나는 혐오스럽지 않은 것과 혐오스러운 것에 대해서 혐오하는 인식을 가져 머무르리라.'라고 원하면 그는 거기서 혐오하는 인식을 가진 자로 머뭅니다. 만일 그가 '나는 혐오스럽지 않은 것과 혐오스러운 것에 대해서 혐오하지 않는 인식을 가져 머무르리라.'라고 원하면 그는 거기서 혐오하지 않는 인식을 가진 자로 머뭅니다. 만일 그가 '나는 혐오스럽지 않은 것과 혐오스러운 것 이 둘을 다 버린 뒤 마음챙기고 알아차리면서 평온하게 머무르리라.'라고 원하면 그는 거기서 마음챙기고 알아차리면서 평온하게 머뭅니다."87)

7. "그는 안으로 느낌에서 일어나는 현상[法]을 관찰하며 머뭅니다. … 그는 밖으로 느낌에서 일어나는 현상[法]을 관찰하며 머뭅니다. … 그는 안팎으로 느낌에서 일어나는 현상[法]을 관찰하며 머뭅니다. 안팎으로 느낌에서 사라지는 현상을 관찰하며 머뭅니다. 안

'밖으로(bahiddhā)'와 '안팎으로(ajjhatta-bahiddhā)'가 "이와 같이 **안으로** 몸에서 몸을 관찰하며(身隨觀) 머문다. 혹은 **밖으로** 몸에서 몸을 관찰하며 머문다. 혹은 **안팎으로** 몸에서 몸을 관찰하며 머문다." 등에만 적용되어 나타나는데 여기서는 이 셋이 이렇게 적용되어 나타난다.

「대념처경」(D22)에서 이 문단은 안과 밖과 안팎이 적용되지 않고 "비구들이여, 여기 비구는 몸에서 몸을 관찰하며(身隨觀) 머문다. 세상에 대한 욕심과 싫어하는 마음을 버리면서 근면하게, 분명히 알아차리고 마음챙기는 자 되어 머문다." 등으로만 나타나고 있다.

87) 본 문단은 본서 제5권 「자애가 함께 함 경」(S46:54/v.119) §9에도 나타났다. 그곳의 주해를 참조할 것.

팎으로 느낌에서 일어나기도 하고 사라지기도 하는 현상을 관찰하며 머뭅니다. [296] 세상에 대한 욕심과 싫어하는 마음을 버리면서 근면하게, 분명히 알아차리고 마음챙기면서 머뭅니다.

만일 그가 '나는 혐오스럽지 않은 것에 대해서 혐오하는 인식을 가져 머무르리라.'라고 원하면 그는 거기서 혐오하는 인식을 가진 자로 머뭅니다. …"

8. "그는 안으로 마음에서 … 그는 밖으로 마음에서 … 그는 안팎으로 마음에서 일어나는 현상[法]을 관찰하며 머뭅니다. 안팎으로 마음에서 사라지는 현상을 관찰하며 머뭅니다. 안팎으로 마음에서 일어나기도 하고 사라지기도 하는 현상을 관찰하며 머뭅니다. 세상에 대한 욕심과 싫어하는 마음을 버리면서 근면하게, 분명히 알아차리고 마음챙기면서 머뭅니다.

만일 그가 '나는 혐오스럽지 않은 것에 대해서 혐오하는 인식을 가져 머무르리라.'라고 원하면 그는 거기서 혐오하는 인식을 가진 자로 머뭅니다. …"

9. "그는 안으로 법에서 … 그는 밖으로 법에서 … 그는 안팎으로 법에서 일어나는 현상[法]을 관찰하며 머뭅니다. 안팎으로 법에서 사라지는 현상을 관찰하며 머뭅니다. 안팎으로 법에서 일어나기도 하고 사라지기도 하는 현상을 관찰하며 머뭅니다. 세상에 대한 욕심과 싫어하는 마음을 버리면서 근면하게, 분명히 알아차리고 마음챙기면서 머뭅니다.

만일 그가 '나는 혐오스럽지 않은 것에 대해서 혐오하는 인식을 가져 머무르리라.'라고 원하면 그는 거기서 혐오하는 인식을 가진 자로 머뭅니다. 만일 그가 '나는 혐오스러운 것에 대해서 혐오하지 않는 인식을 가져 머무르리라.'라고 원하면 그는 거기서 혐오하지 않는 인식을 가진 자로 머묾니다. 만일 그가 '나는 혐오스럽지 않은 것과 혐오스러운 것에 대해서 혐오하는 인식을 가져 머무르리라.'라고 원하면 그는 거기서 혐오하는 인식을 가진 자로 머묾니다. 만일 그가 '나는 혐오스럽지 않은 것과 혐오스러운 것에 대해서 혐오하지 않는 인식을 가져 머무르리라.'라고 원하면 그는 거기서 혐오하지 않는 인식을 가진 자로 머묾니다. 만일 그가 '나는 혐오스럽지 않은 것과 혐오스러운 것 이 둘을 다 버린 뒤 마음챙기고 알아차리면서 평온하게 머무르리라.'라고 원하면 그는 거기서 마음챙기고 알아차리면서 평온하게 머묾니다."

10. "도반이여, 이와 같이 비구는 네 가지 마음챙김의 확립을 제대로 닦습니다."

한적한 곳 경2(S52:2)

1. 이와 같이 나는 들었다. 한때 아누룻다 존자는 사왓티에서 제따 숲의 아나타삔디까(급고독) 원림에 머물렀다.

2. 그때 아누룻다 존자가 한적한 곳에 가서 홀로 앉아있는 중에 문득 이런 생각이 마음에 일어났다.

3. '네 가지 마음챙김의 확립을 게을리하는 사람들은 누구든지 괴로움의 멸진으로 바르게 인도하는 성스러운 도를 게을리하는 것이다. 네 가지 마음챙김의 확립을 열심히 행하는 자들은 누구든지 괴로움의 멸진으로 바르게 인도하는 성스러운 도를 열심히 행하는 것이다.'

4. 그때 목갈라나 존자는 마음으로 아누룻다 존자가 마음에 일으킨 생각을 알고서 [297] 마치 힘센 사람이 구부렸던 팔을 펴고 폈던 팔을 구부리는 것처럼 제따 숲에서 사라져서 아누룻다 존자 앞에 나타났다. 그때 목갈라나 존자는 아누룻다 존자에게 이렇게 말했다.

"도반 아누룻다여, 어떻게 비구는 네 가지 마음챙김의 확립을 제대로 닦습니까?"

5. "도반이여, 여기 비구는 안으로 몸에서 몸을 관찰하며 머뭅니다. 세상에 대한 욕심과 싫어하는 마음을 버리면서 근면하게, 분명히 알아차리고 마음챙기면서 머뭅니다. 혹은 밖으로 몸에서 몸을 관찰하며 머뭅니다. 세상에 대한 욕심과 싫어하는 마음을 버리면서 근면하게, 분명히 알아차리고 마음챙기면서 머뭅니다. 혹은 안팎으로 몸에서 몸을 관찰하며 머뭅니다. 세상에 대한 욕심과 싫어하는 마음을 버리면서 근면하게, 분명히 알아차리고 마음챙기면서 머뭅니다.

그는 안으로 느낌에서 … 혹은 밖으로 느낌에서 … 혹은 안팎으로 느낌에서 느낌을 관찰하며 머뭅니다. 세상에 대한 욕심과 싫어하는 마음을 버리면서 근면하게, 분명히 알아차리고 마음챙기면서 머뭅니다.

그는 안으로 마음에서 … 혹은 밖으로 마음에서 … 혹은 안팎으로 마음에서 마음을 관찰하며 머뭅니다. 세상에 대한 욕심과 싫어하는 마음을 버리면서 근면하게, 분명히 알아차리고 마음챙기면서 머뭅니다.

그는 안으로 법에서 … 혹은 밖으로 법에서 … 혹은 안팎으로 법에서 법을 관찰하며 머뭅니다. 세상에 대한 욕심과 싫어하는 마음을 버리면서 근면하게, 분명히 알아차리고 마음챙기면서 머뭅니다."

6. "도반이여, 이와 같이 비구는 네 가지 마음챙김의 확립을 제대로 닦습니다."

수따누 경(S52:3)

Sutanu-sutta

1. 이와 같이 나는 들었다. 한때 아누룻다 존자는 사왓티에서 수따누 강[88]의 언덕에 머물렀다.

2. 그때 많은 비구들이 아누룻다 존자에게 다가갔다. 가서는 아누룻다 존자와 함께 환담을 나누었다. 유쾌하고 기억할 만한 이야기로 서로 담소를 하고서 한 곁에 앉았다. [298] 한 곁에 앉은 비구들은 아누룻다 존자에게 이렇게 말했다.

3. "아누룻다 존자는 어떤 법들을 닦고 많이 [공부]지어서 크나큰 최상의 지혜를 얻었습니까?"

"도반들이여, 나는 네 가지 마음챙김의 확립을 닦고 많이 [공부]지어서 크나큰 최상의 지혜를 얻었습니다. 무엇이 넷입니까?

도반들이여, 여기 나는 몸에서 몸을 관찰하며 머뭅니다. 세상에 대한 욕심과 싫어하는 마음을 버리면서 근면하게, 분명히 알아차리고 마음챙기면서 머뭅니다. 느낌에서 … 마음에서 … 법에서 법을 관찰하며 머뭅니다. 세상에 대한 욕심과 싫어하는 마음을 버리면서 근면하게, 분명히 알아차리고 마음챙기면서 머뭅니다.

도반들이여, 나는 이러한 네 가지 마음챙김의 확립을 닦고 많이 [공부]지어서 크나큰 최상의 지혜를 얻었습니다."

4. "도반들이여, 그리고 나는 이러한 네 가지 마음챙김의 확립을 닦고 많이 [공부]지었기 때문에 저열한 법은 저열하다고 최상의 지혜로 알았습니다. 중간의 법은 중간이라고 최상의 지혜로 알았습

---

88) 주석서와 복주서는 수따누(Sutanu) 강에 대한 설명이 없다.

니다. 수승한 법은 수승하다고 최상의 지혜로 알았습니다."[89]

가시덤불 숲 경1(S52:4)[90]

Kaṇṭakī-sutta

1. 이와 같이 나는 들었다. 한때 아누룻다 존자와 사리뿟따 존자와 마하목갈라나 존자는 사께따에서 가시덤불 숲에 머물렀다.

2. 그때 사리뿟따 존자와 마하목갈라나 존자는 해거름에 홀로 앉음을 풀고 일어나 아누룻다 존자에게 다가갔다. 가서는 아누룻다 존자와 함께 환담을 나누었다. 유쾌하고 기억할 만한 이야기로 서로 담소를 하고서 한 곁에 앉았다. 한 곁에 앉은 사리뿟따 존자는 아누룻다 존자에게 이렇게 말했다.

3. "도반 아누룻다여, 유학인 비구는 어떤 법들에 들어 머물러야 합니까?"

"도반이여, 유학인 비구는 네 가지 마음챙김의 확립에 들어서 머물러야 합니다. 무엇이 넷입니까?

---

89) 주석서는 이 세 가지 법에 대한 것을 『담마상가니』(Dhs) §§1025~1027에서 인용하고 있다. 즉 '저열한 법(hīna dhamma)'으로는 12가지 해로운 마음(akusala-citta)을, '중간의 법(majjhima dhamma)'으로는 삼계(ti bhūmi)에 속하는 [세간적인] 유익한 마음들(kusala)과 과보로 나타난 마음들(vipāka)과 작용만하는 마음들(kiriya)과 모든 물질(rūpa)을, '수승한 법(paṇīta dhamma)'으로는 네 가지 도와 네 가지 과와 열반을 들고 있다. (SA.iii.262)
그런데 『앙굿따라 니까야』 「의도 경」(A3:77/223~224)에서 저열하고 중간이고 수승한 이 세 가지는 각각 욕계와 색계와 무색계에 배대되어 설명되고 있다.

90) 본경과 다음 경은 본서 제5권 「부분적으로 경」(S47:26)과 「완전하게 경」(S47:27)과 가깝게 연결되어 있다.

도반이여, 여기 비구는 몸에서 몸을 관찰하며 머뭅니다. 세상에 대한 욕심과 싫어하는 마음을 버리면서 근면하게, 분명히 알아차리고 마음챙기면서 머뭅니다. [299] 느낌에서 … 마음에서 … 법에서 법을 관찰하며 머뭅니다. 세상에 대한 욕심과 싫어하는 마음을 버리면서 근면하게, 분명히 알아차리고 마음챙기면서 머뭅니다.

도반이여, 유학인 비구는 이러한 네 가지 마음챙김의 확립에 들어 머물러야 합니다."

가시덤불 숲 경2(S52:5)

Kaṇṭakī-sutta

1. 이와 같이 나는 들었다. 한때 아누룻다 존자와 사리뿟따 존자와 목갈라나 존자는 사께따에서 가시덤불 숲에 머물렀다. … 한 곁에 앉은 사리뿟따 존자는 아누룻다 존자에게 이렇게 말했다.

3. "도반 아누룻다여, 무학인 비구는 어떤 법들에 들어 머물러야 합니까?"

"도반이여, 무학인 비구는 네 가지 마음챙김의 확립에 들어서 머물러야 합니다. 무엇이 넷입니까?

도반이여, 여기 비구는 몸에서 몸을 관찰하며 머뭅니다. 세상에 대한 욕심과 싫어하는 마음을 버리면서 근면하게, 분명히 알아차리고 마음챙기면서 머뭅니다. 느낌에서 … 마음에서 … 법에서 법을 관찰하며 머뭅니다. 세상에 대한 욕심과 싫어하는 마음을 버리면서 근면하게, 분명히 알아차리고 마음챙기면서 머뭅니다.

도반이여, 무학인 비구는 이러한 네 가지 마음챙김의 확립에 들어 머물러야 합니다."

가시덤불 숲 경3(S52:6)

Kaṇṭakī-sutta

1. 이와 같이 나는 들었다. 한때 아누룻다 존자와 사리뿟따 존자와 목갈라나 존자는 사께따에서 가시덤불 숲에 머물렀다. … 한 곁에 앉은 사리뿟따 존자는 아누룻다 존자에게 이렇게 말했다.

3. "아누룻다 존자는 어떤 법들을 닦고 많이 [공부]지어서 크나큰 최상의 지혜를 얻었습니까?"

"도반들이여, 나는 네 가지 마음챙김의 확립을 닦고 많이 [공부]지어서 크나큰 최상의 지혜를 얻었습니다. 무엇이 넷입니까?

도반들이여, 여기 나는 몸에서 몸을 관찰하며 머뭅니다. 세상에 대한 욕심과 싫어하는 마음을 버리면서 근면하게, 분명히 알아차리고 마음챙기면서 머뭅니다. 느낌에서 … 마음에서 … 법에서 법을 관찰하며 머뭅니다. 세상에 대한 욕심과 싫어하는 마음을 버리면서 근면하게, 분명히 알아차리고 마음챙기면서 머뭅니다.

도반들이여, 나는 이러한 네 가지 마음챙김의 확립을 닦고 많이 [공부]지어서 크나큰 최상의 지혜를 얻었습니다."91)

갈애의 멸진 경(S52:7)

Taṇhākkhaya-sutta

1. 이와 같이 나는 들었다. 한때 [300] 아누룻다 존자는 사왓티에서 제따 숲의 아나타삔디까 원림(급고독원)에 머물렀다.

2. 거기서 아누룻다 존자는 비구들을 불러서 말했다.

---

91) 본서 제5권 「세상 경」(S47:28)과 주해를 참조할 것.

3. "도반들이여, 네 가지 마음챙김의 확립을 닦고 많이 [공부] 지으면 갈애의 멸진으로 인도합니다. 무엇이 넷입니까?

도반들이여, 여기 비구는 몸에서 몸을 관찰하며 머뭅니다. 세상에 대한 욕심과 싫어하는 마음을 버리면서 근면하게, 분명히 알아차리고 마음챙기면서 머뭅니다. 느낌에서 … 마음에서 … 법에서 법을 관찰하며 머뭅니다. 세상에 대한 욕심과 싫어하는 마음을 버리면서 근면하게, 분명히 알아차리고 마음챙기면서 머뭅니다.

도반들이여, 이러한 네 가지 마음챙김의 확립을 닦고 많이 [공부] 지으면 갈애의 멸진으로 인도합니다."

살랄라 나무 집 경(S52:8)

Salaḷāgāra-sutta

1. 이와 같이 나는 들었다. 한때 아누룻다 존자는 사왓티에서 살랄라 나무로 만든 집에 머물렀다.

2. 거기서 아누룻다 존자는 비구들을 불러서 말했다.

3. "도반들이여, 예를 들면 강가 강은 동쪽으로 흐르고 동쪽으로 향하고 동쪽으로 들어갑니다. 그런데 많은 무리의 사람들이 괭이와 바구니를 가지고 와서 '우리는 이 강가 강을 서쪽으로 흐르고 서쪽으로 향하고 서쪽으로 들어가게 할 것이다.'라고 한다 합시다.[92] 도반들이여, 이를 어떻게 생각합니까? 저 많은 무리의 사람들이 강가 강을 서쪽으로 흐르고 서쪽으로 향하고 서쪽으로 들어가게 할 수 있겠습니까?"

---

92) 이 문단은 본서 제4권 「괴로움을 일으키는 법 경」(S35:244/iv.190~191) §12와 본서 제5권 「강 경」(S45:160) §3에도 나타나고 있다.

"없습니다, 도반이여. 그것은 무슨 이유 때문입니까? 도반이여, 동쪽으로 흐르고 동쪽으로 향하고 동쪽으로 들어가는 것을 서쪽으로 흐르고 서쪽으로 향하고 서쪽으로 들어가게 하기란 결코 쉽지 않기 때문입니다. 저 많은 무리의 사람들은 분명 지치고 고생만 할 것입니다."

4. "도반들이여, 그와 같이 비구가 네 가지 마음챙김의 확립을 닦고 네 가지 마음챙김의 확립을 많이 [공부]짓고 있습니다. 그런데 왕이나 왕의 대신들이나 친구들이나 동료들이나 친지들이나 혈육들이 그 비구로 하여금 [301] 재물을 가져가도록 초청하여 말하기를, '이리 오시오. 왜 이 가사가 그대를 짓누르도록 내버려둡니까? 왜 머리를 깎고 발우를 들고 돌아다닙니까? 오십시오. 낮은 [재가자의] 삶으로 되돌아와서 재물을 즐기고 공덕을 지으시오.'라고 한다 합시다. 도반들이여, 그러나 그 비구는 네 가지 마음챙김의 확립을 닦고 네 가지 마음챙김의 확립을 많이 [공부]짓기 때문에 그가 공부지음을 버리고 낮은 [재가자의] 삶으로 되돌아가는 경우란 있지 않습니다."

5. "도반들이여, 그러면 비구는 어떻게 네 가지 마음챙김의 확립을 닦고 네 가지 마음챙김의 확립을 많이 [공부]짓습니까?

도반들이여, 여기 비구는 몸에서 몸을 관찰하며 머뭅니다. 세상에 대한 욕심과 싫어하는 마음을 버리면서 근면하게, 분명히 알아차리고 마음챙기면서 머뭅니다. 느낌에서 … 마음에서 … 법에서 법을 관찰하며 머뭅니다. 세상에 대한 욕심과 싫어하는 마음을 버리면서 근면하게, 분명히 알아차리고 마음챙기면서 머뭅니다.

도반들이여, 비구는 이와 같이 네 가지 마음챙김의 확립을 닦고 네 가지 마음챙김의 확립을 많이 [공부]짓습니다."

암바빨리 숲 경(S52:9)

Ambapālivana-sutta

1. 이와 같이 나는 들었다. 한때 아누룻다 존자와 사리뿟따 존자는 웨살리에서 암바빨리 숲에 머물렀다.

2. 그때 사리뿟따 존자는 해거름에 홀로 앉음을 풀고 일어나 아누룻다 존자에게 다가갔다. 가서는 아누룻다 존자와 함께 환담을 나누었다. 유쾌하고 기억할 만한 이야기로 서로 담소를 하고서 한 곁에 앉았다. 한 곁에 앉은 사리뿟따 존자는 아누룻다 존자에게 이렇게 말했다.

3. "도반 아누룻다여, 그대의 감각기관들은 참으로 고요하고 안색은 아주 맑고 빛납니다. 아누룻다 존자는 요즘 어떤 머묾으로 많이 머뭅니까?"

"도반이여, 요즘 나는 네 가지 마음챙김의 확립에 마음이 잘 확립되어 많이 머뭅니다. 무엇이 넷입니까?

도반이여, 여기 비구는 몸에서 몸을 관찰하며 머뭅니다. 세상에 대한 욕심과 싫어하는 마음을 버리면서 [302] 근면하게, 분명히 알아차리고 마음챙기면서 머뭅니다. 느낌에서 … 마음에서 … 법에서 법을 관찰하며 머뭅니다. 세상에 대한 욕심과 싫어하는 마음을 버리면서 근면하게, 분명히 알아차리고 마음챙기면서 머뭅니다.

도반이여, 요즘 나는 이러한 네 가지 마음챙김의 확립에 마음이 잘 확립되어 많이 머뭅니다."

4. "도반이여, 아라한이고 번뇌가 다했고 삶을 완성했으며 할 바를 다했고 짐을 내려놓았으며 참된 이상을 실현했고 삶의 족쇄를

부수었으며 바른 구경의 지혜로 해탈한 비구는 이러한 네 가지 마음챙김의 확립에 마음이 잘 확립되어 많이 머뭅니다."

5. "우리는 아누룻다 존자의 면전에서 아누룻다 존자가 황소같이 우렁찬 말을 하는 것을 들었습니다. 도반이여, 이것은 참으로 우리에게 이득입니다. 도반이여, 이것은 참으로 우리에게 큰 이득입니다."

중병 경(S52:10)

Bāḷhagilāya-sutta

1. 이와 같이 나는 들었다. 한때 아누룻다 존자는 사왓티에서 장님들의 숲에 머물고 있었는데 중병에 걸려 아픔과 고통에 시달리고 있었다.

2. 그때 많은 비구들이 아누룻다 존자에게 다가갔다. 가서는 아누룻다 존자에게 이렇게 말했다.

3. "아누룻다 존자가 어떤 머묾으로 머물 때 이미 일어난 몸의 괴로운 느낌이 마음을 사로잡아 머물지 못합니까?"

"도반들이여, 네 가지 마음챙김의 확립에 마음이 잘 확립되어 머물 때 이미 일어난 몸의 괴로운 느낌이 마음을 사로잡아 머물지 못합니다. 무엇이 넷입니까?"

도반들이여, 여기 비구는 몸에서 몸을 관찰하며 머뭅니다. 세상에 대한 욕심과 싫어하는 마음을 버리면서 근면하게, 분명히 알아차리고 마음챙기면서 머뭅니다. 느낌에서 … 마음에서 … 법에서 법을 관찰하며 머뭅니다. 세상에 대한 욕심과 싫어하는 마음을 버리면서 근면하게, 분명히 알아차리고 마음챙기면서 머뭅니다.

도반들이여, 이러한 네 가지 마음챙김의 확립에 마음이 잘 확립되어 머물 때 이미 일어난 몸의 괴로운 느낌이 마음을 사로잡아 머물지 못합니다.”

제1장 한적한 곳 품이 끝났다.

첫 번째 품에 포함된 경들의 목록은 다음과 같다. [303]

두 가지 ①~② 한적한 곳 ③ 수따누
세 가지 ④~⑥ 가시덤불 숲
⑦ 갈애의 멸진 ⑧ 살랄라 나무 집
⑨ 암바빨리 숲 ⑩ 중병이다.

제2장 두 번째 품

Dutiya-vagga

천 겁 경(S52:11)

Kappasahassa-sutta

1. 이와 같이 나는 들었다. 한때 아누룻다 존자는 사왓티에서 제따 숲의 아나타삔디까 원림(급고독원)에 머물렀다.

2. 그때 많은 비구들이 아누룻다 존자에게 다가갔다. 가서는 아누룻다 존자와 함께 환담을 나누었다. 유쾌하고 기억할 만한 이야기로 서로 담소를 하고서 한 곁에 앉았다. 한 곁에 앉은 비구들은 아누룻다 존자에게 이렇게 말했다.

3. "아누룻다 존자는 어떤 법들을 닦고 많이 [공부]지어서 크나큰 최상의 지혜를 얻었습니까?"

"도반들이여, 나는 네 가지 마음챙김의 확립을 닦고 많이 [공부]지어서 크나큰 최상의 지혜를 얻었습니다. 무엇이 넷입니까?

도반들이여, 여기 나는 몸에서 몸을 관찰하며 머뭅니다. 세상에 대한 욕심과 싫어하는 마음을 버리면서 근면하게, 분명히 알아차리고 마음챙기면서 머뭅니다. 느낌에서 … 마음에서 … 법에서 법을 관찰하며 머뭅니다. 세상에 대한 욕심과 싫어하는 마음을 버리면서 근면하게, 분명히 알아차리고 마음챙기면서 머뭅니다.

도반들이여, 나는 이러한 네 가지 마음챙김의 확립을 닦고 많이 [공부]지어서 크나큰 최상의 지혜를 얻었습니다."

4. "도반들이여, 그리고 나는 이러한 네 가지 마음챙김의 확립을 닦고 많이 [공부]지었기 때문에 천 겁을 기억합니다."

신통변화 경(S52:12)
Iddhividha-sutta

4. "도반들이여, 그리고 나는 이러한 네 가지 마음챙김의 확립을 닦고 많이 [공부]지었기 때문에 여러 가지 신통변화를 나툽니다. 하나인 채 여럿이 되기도 하고 … 심지어는 저 멀리 범천의 세상에까지도 몸의 자유자재함을 발합니다.[神足通]"

신성한 귀[天耳] **경**(S52:13)
Dibbasota-sutta

4. "도반들이여, [304] 그리고 나는 인간의 능력을 넘어선 청정하고 신성한 귀의 요소로 천상이나 인간의 소리 둘 다를 멀든 가깝든 간에 다 듣습니다.[天耳通]"

마음에 대해서 경(S52:14)
Cetopariya-sutta

4. "도반들이여, 그리고 나는 이러한 네 가지 마음챙김의 확립을 닦고 많이 [공부]지었기 때문에 내 마음으로 다른 중생들과 다른 인간들의 마음을 꿰뚫어 압니다. 탐욕이 있는 마음은 탐욕이 있는 마음이라고 꿰뚫어 알고 … 해탈하지 않은 마음은 해탈하지 않은 마음이라고 꿰뚫어 압니다.[他心通]"

원인 경(S52:15)

Ṭhāna-sutta

4. "도반들이여, 그리고 나는 이러한 네 가지 마음챙김의 확립을 닦고 많이 [공부]지었기 때문에 원인[93]을 원인이라고, 원인이 아닌 것을 원인이 아닌 것이라고, 있는 그대로 꿰뚫어 압니다."[94]

행한 업 경(S52:16)

Kammasamādāna-sutta

4. "도반들이여, 그리고 나는 이러한 네 가지 마음챙김의 확립을 닦고 많이 [공부]지었기 때문에 과거와 미래와 현재에 행한 업[95]의 과보를 조건과 원인과 함께[96] 있는 그대로 꿰뚫어 압니다."

---

93) 여기서 '원인'이라 옮긴 원어는 ṭhāna(장소, 경우)인데 주석서는 kāraṇa(원인)라 설명하고 있어서(AA.iii.409) 이렇게 옮겼다.

94) 본경부터 아래 「번뇌의 멸진 경」(S52:24)까지의 열 개의 경들은 '열 가지 여래의 힘(tathāgata-balāni)' 혹은 우리에게 여래십력(如來十力)으로 잘 알려져 있는 내용을 담고 있다. 부처님이 갖추신 '열 가지 힘[十力, dasa-bala]'은 『맛지마 니까야』 「긴 사자후경」(M12/i.69~71) §9 이하와 『앙굿따라 니까야』 「사자 경」(A10:21)과 『위방가』(Vbh.335~344)에서 자세히 설명되고 있다. 『청정도론』 XII.76의 주해도 참조할 것. 그런데 부처님의 제자도 이것을 갖출 수 있는가? 주석서는 이렇게 설명하고 있다.
"장로는 열 가지 힘의 지혜(dasa-bala-ñāṇa)를 가진 것이 인정되고 있다(paṭijānāti). 그런데 제자(sāvaka)들에게도 이것이 있는가? 부분적(eka-desa)으로는 있다. 일체지자인 부처님(sabbaññu-buddha)들께는 부분적이 아니라(nippadesa) 전체가 다 완성되어(sabb-ākāra-paripūra) 있다." (SA.iii.263)
본경과 다음의 경들에 나타나는 술어들에 대한 설명은 『앙굿따라 니까야』 「사자 경」(A10:21)의 주해들을 인용하였다.

95) "'행한 업(kamma-samādāna)'이란 행하여 지은 유익한 업[善業]과 해로운 업[不善業]을 말한다. 혹은 업 그 자체가 행한 업이다."(AA.iii.409)

96) '조건과 원인과 함께'는 ṭhānaso hetuso를 옮긴 것인데 주석서는 "조건과

모든 행처로 인도함 경(S52:17)

Sabbatthagāmini-sutta

4. "도반들이여, 그리고 나는 이러한 네 가지 마음챙김의 확립을 닦고 많이 [공부]지었기 때문에 모든 행처로 인도하는 길[97]을 있는 그대로 꿰뚫어 압니다."

여러 요소 경(S52:18)

Nānādhātu-sutta

4. "도반들이여, 그리고 나는 이러한 네 가지 마음챙김의 확립을 닦고 많이 [공부]지었기 때문에 여러 요소[界]를 가졌고 다양한 요소를 가진 세상[98]을 있는 그대로 꿰뚫어 압니다."

더불어(paccayato) 그리고 원인과 더불어(hetuto)"(AA.iii.409)라고 설명하고 있어서 이렇게 옮겼다. 그리고 주석서는 "여기서 태어날 곳(gati)과 재생의 근거(upadhi)와 시간(kāla)과 노력(payoga)은 과보의 조건이고, 업은 과보의 원인이다."(*Ibid*)라고 덧붙이고 있다.

97) '모든 행처로 인도하는 길'은 sabbattha-gāmini-paṭipadā를 옮긴 것인데 주석서는 "모든 사람의 행처(태어날 곳, gati)로 인도하는 길과 태어나지 않는 곳(agati)으로 인도하는 길"(AA.v.13)이라고 설명하고 있다. 한편 복주서는 '태어나지 않는 곳(agati)'은 바로 열반을 뜻한다고 설명하고 있다. (AAṬ.iii.314)
그리고 paṭipadā는 대부분 '도닦음'으로 옮기고 있는데 주석서는 magga(도, 길)로 설명하고 있어서(AA.v.13) '길'로 옮겼다.

98) "'여러 요소(aneka-dhātu)'란 눈의 요소 등이나 감각적 욕망의 요소 등의 요소들에 의해 여러 가지이므로 여러 요소라 하고, '다양한 요소(nānā-dhātu)'란 그들의 요소가 각각 다르기 때문에 다양한 요소라 한다. '세상(loka)'이란 온(5蘊), 처(12處), 계(18界)의 세상을 말한다."(AA.v.14)

다양한 성향 경(S52:19)

Nānādhimutti-sutta

4. "도반들이여, [305] 그리고 나는 이러한 네 가지 마음챙김의 확립을 닦고 많이 [공부]지었기 때문에 중생들의 다양한 성향99)을 있는 그대로 꿰뚫어 압니다."

기능의 한계 경(S52:20)

Indriyaparopariyatti-sutta

4. "도반들이여, 그리고 나는 이러한 네 가지 마음챙김의 확립을 닦고 많이 [공부]지었기 때문에 다른 중생들과 다른 인간들의 [믿음 등의] 기능[根]의 한계100)를 있는 그대로 꿰뚫어 압니다."

선(禪) 등 경(S52:21)

Jhānādi-sutta

4. "도반들이여, 그리고 나는 이러한 네 가지 마음챙김의 확립

---

99) 여기서 '성향'으로 옮긴 원어는 adhimuttikatā인데 adhimutti(ka)는 주로 확신, 결의, 결심 등으로 옮겨지는 술어이다. 그러나 복주서는 여기서는 ajjhāsayatā(성향, 의향)를 뜻한다고 설명하고 있어서 이렇게 옮겼다.(AAṬ.iii.293)
그리고 복주서는 이렇게 덧붙이고 있다.
"'성향(adhimuttika)'은 의향의 요소(ajjhāsaya-dhātu)나 의향의 고유성질(ajjhāsaya-sabhāva)을 뜻한다. 이것은 저열한 것과 수승한 것이 다르기 때문에 삼장에서는 두 가지로 말씀하셨지만 저열한 성향과 수승한 성향이 서로 다르기 때문에 '다양한 성향(nānādhimuttika-bhāva)'이라고 했다."(*Ibid*)

100) "'기능의 한계(indriya-paropariyatta)'란 믿음, 정진 등의 기능의 수승함(parabhāva)과 저열함(aparabhāva)과 향상(vuddhi)과 퇴보(hāni)를 뜻하며 이것을 있는 그대로 꿰뚫어 안다는 말이다."(AA.v.15)

을 닦고 많이 [공부]지었기 때문에 禪과 해탈과 삼매와 증득[等至]101)의 오염과 깨끗함과 출정102)을 있는 그대로 꿰뚫어 압니다."

전생의 삶 경(S52:22)

Pubbenivāsa-sutta

4. "도반들이여, 그리고 나는 이러한 네 가지 마음챙김의 확립을 닦고 많이 [공부]지었기 때문에 수많은 전생의 갖가지 삶들을 기

---

101) "'선(禪, jhāna)'과 '해탈(vimokkha)'과 '삼매(samādhi)'와 '증득(samāpatti)'이란 각각 4선과 8해탈과 3삼매와 9차제 증득(anupubba-samāpatti)을 말한다."(AA.v.15)
4선은 초선부터 제4선까지를 말한다.
3삼매는 근접삼매와 본삼매(즉 四種禪)를 일으킨 생각과 지속적인 고찰이 있는 것(근접삼매와 초선), 일으킨 생각은 없고 지속적인 고찰만 있는 것(제2선), 일으킨 생각[尋, vitakka]도 없고 지속적인 고찰[伺, vicāra]도 없는 것(제3선과 제4선)의 셋으로 분류한 것을 말한다.(여기에 대해서는 본서 제4권「일으킨 생각과 지속적인 고찰이 있음 경」(S43:3) §3과『청정도론』III.11을 참조할 것.)
9차제 증득은 4선-4처-상수멸의 경지(즉 초선부터 비상비비상처까지와 상수멸의 9가지 삼매)를 차례대로 증득하는 것(본서 제4권「빤짜깡가 경」(S36:19)과『앙굿따라 니까야』제5권「차제멸 경」(A9:31) 등을 참조할 것)을 말한다.
그리고 8해탈은『디가 니까야』「대인연경」(D15) §35와『앙굿따라 니까야』「해탈 경」(A8:66)과『맛지마 니까야』「긴 사꿀루다이 경」(M77/ii.12~13) §22 등을 참조할 것.

102) "'오염(saṁkilesa)'이란 퇴보에 빠진(hāna-bhāgiya) 법이고, '깨끗함(vodāna)'이란 수승함에 동참하는(visesa-bhāgiya) 법이다. '출정(出定, vuṭṭhāna)'이란 것은 '깨끗함도 출정이고, 각각의 증득으로부터 출정하는 것도 출정이다.'(Vbh.465)라고 설한 숙련된 선(禪)과 바왕가(잠재의식)와 과의 증득을 출정이라 한다. 왜냐하면 각 아래 단계의 숙련된 선은 바로 윗 단계의 선의 가까운 원인이 되기 때문에 '깨끗함도 출정이다.'라고 말한 것이다. 또한 바왕가를 통해 모든 禪으로부터 출정하고, 과(果)의 증득을 통해 상수멸로부터 출정하기 때문에 그것과 관련하여 '이런저런 삼매로부터 출정하는 것도 출정(vuṭṭhāna)이다.'라고 말한 것이다."(AA.v.15~16)

억합니다. … 이처럼 한량없는 전생의 갖가지 모습들을 그 특색과 더불어 상세하게 기억해냅니다.[宿命通]"

신성한 눈 경(S52:23)

Dibbacakkhu-sutta

4. "도반들이여, 그리고 나는 이러한 네 가지 마음챙김의 확립을 닦고 많이 [공부]지었기 때문에 청정하고 인간을 넘어선 신성한 눈으로 … 그 업에 따라가는 것을 꿰뚫어 압니다.[天眼通]"

번뇌의 멸진 경(S52:24)

Āsavakkhaya-sutta

4. "도반들이여, 그리고 나는 이러한 네 가지 마음챙김의 확립을 닦고 많이 [공부]지었기 때문에 모든 번뇌가 다하여 아무 번뇌가 없는 마음의 해탈[心解脫]과 통찰지를 통한 해탈[慧解脫]을 [306] 바로 지금·여기에서 스스로 최상의 지혜로 실현하고 구족하여 머뭅니다.[漏盡通]"103)

---

103) "외도들은 여기서 이렇게 이야기한다. '십력의 지혜(dasabala-ñāṇa)는 각각의 지혜가 아니고 일체지의 지혜(sabbaññuta-ññāṇa)의 범주에 속한다.'라고. 그러나 그렇게 알아서는 안된다. 십력의 지혜와 일체지의 지혜는 별개의 것이다. 십력의 지혜는 각각의 역할만 알지만, 일체지의 지혜는 그것뿐만 아니라 나머지 역할도 안다.
십력의 지혜 가운데서 첫 번째는 원인과 원인이 아닌 것만 알고, 두 번째는 여러 가지 업의 과보만 알고, 세 번째는 업의 영역만 알고, 네 번째는 여러 가지 요소들만 알고, 다섯 번째는 중생들의 성향과 의향만 알고, 여섯 번째는 [믿음 등] 기능의 예리함과 둔함만 알고, 일곱 번째는 禪과 함께 그들의 오염원 등만 알고, 여덟 번째는 전생에 경험했던 무더기들만 알고, 아홉 번째는 중생들의 죽음과 재생연결만 알고, 열 번째는 진리의 정의만 안다.
반면에 일체지의 지혜는 이들을 통해 알아야 할 것과 그보다 더 높은 것도 또한 꿰뚫어 안다. 그러나 이들의 역할을 모두 수행하지는 않는다. 그것은

제2장 두 번째 품이 끝났다.

두 번째 품에 포함된 경들의 목록은 다음과 같다.

① 천 겁 ② 신통변화 ③ 신성한 귀 ④ 마음에 대해서
⑤ 원인 ⑥ 행한 업 ⑦ 모든 행처로 인도함 ⑧ 여러 요소
⑨ 다양한 성향 ⑩ 기능의 한계 ⑪ 선(禪)
⑫ 전생의 삶 ⑬ 신성한 눈 ⑭ 번뇌의 멸진이다.

아누룻다 상윳따(S52)가 끝났다.

禪이 되어 본삼매에 들 수도 없고, 신통이 되어 변화를 부릴 수도 없고, 도가 되어 오염원들을 버릴 수도 없기 때문이다."(AA.v.16)

제53주제

선[禪] 상윳따(S53)

제53주제(S53)

선(禪) 상윳따104)

Jhāna-saṁyutta

제1장 강가 강의 반복

Gaṅgā-peyyāla

동쪽으로 흐름 경 등(S53:1~12)

1. 이와 같이 나는 들었다. [307] 한때 세존께서는 사왓티에서 제따 숲의 아나타삔디까 원림(급고독원)에 머무셨다.

2. 거기서 세존께서는 비구들을 불러서 말씀하셨다.

3. "비구들이여, 네 가지 선(禪)이 있다. 무엇이 넷인가?"

4. "비구들이여, 여기 비구는 감각적 욕망들을 완전히 떨쳐버리고 해로운 법[不善法]들을 떨쳐버린 뒤, 일으킨 생각[尋]과 지속적인 고찰[伺]이 있고, 떨쳐버렸음에서 생긴 희열[喜]과 행복[樂]이 있는 초선(初禪)에 들어 머문다."

5. "일으킨 생각과 지속적인 고찰을 가라앉혔기 때문에 [더 이상 존재하지 않으며], 자기 내면의 것이고, 확신이 있으며, 마음의 단

104) 『상윳따 니까야』에는 두 개의 「禪 상윳따」(Jhāna-saṁyutta)가 나타나고 있다. 여기에 대해서는 본서 제3권 「禪 상윳따」(S34)의 주해를 참조할 것.

일한 상태이고, 일으킨 생각과 지속적인 고찰이 없고, 삼매에서 생긴 희열과 행복이 있는 제2선(二禪)에 들어 머문다."

6. "희열이 빛바랬기 때문에 평온하게 머물고, 마음챙기고 알아차리며 몸으로 행복을 경험한다. 이 [禪 때문에] '평온하고 마음챙기며 행복하게 머문다.'고 성자들이 묘사하는 제3선(三禪)에 들어 머문다."

7. "행복도 버리고 괴로움도 버리고, 아울러 그 이전에 이미 기쁨과 슬픔이 소멸되었으므로 괴롭지도 즐겁지도 않으며, 평온으로 인해 마음챙김이 청정한[捨念淸淨] 제4선(四禪)에 들어 머문다."

8. "비구들이여, 이러한 네 가지 선(禪)이 있다."105)

9. "비구들이여, 예를 들면 강가 강은 동쪽으로 흐르고 동쪽으

---

105) 여기 나타나는 네 가지 禪을 설명하면서 주석서 문헌에서는 다섯 가지 禪의 구성요소(pañca jhān-aṅga)라는 표현을 즐겨 쓰고 있다. 여기서 다섯 가지는 일으킨 생각[尋, vitakka], 지속적인 고찰[伺, vicāra], 희열[喜, pīti], 행복[樂, sukha], 심일경성(心一境性, 마음이 한 끝에 집중됨, cittassa ekaggatā = 집중 = 定)이며, 한문으로는 심·사·희·락·정(尋·伺·喜·樂·定)이다.
전통적으로 이 네 가지 禪은 심·사·희·락·정이라는 이러한 다섯 가지 심리현상들 혹은 마음부수법[心所法]들에다 평온[捨, upekkhā]의 심리현상을 더하여 여섯 가지를 가지고 설명하고 있다. 본경에 나타나는 네 가지 禪의 정형구에서 보듯이 네 가지 선 가운데 초선은 심·사·희·락·정의 다섯 가지 심리현상들을 특징으로 하고 있고, 제2선은 이 가운데 심과 사가 가라앉고 희·락·정이 두드러진 상태이며, 제3선은 다시 희가 가라앉아 낙(樂)과 정만이 있는 상태이고, 제4선은 낙도 가라앉고 대신에 사(捨, 평온)가 확립되어 사와 정(定)만이 드러나는 상태이다.(여기에 대해서는 『아비담마 길라잡이』 1장 §18의 [해설], 특히 151쪽의 도표를 참조할 것.)
한편 본경에 나타나는 네 가지 禪의 정형구는 『위방가』(Vbh.244~261)와 『청정도론』 제4장(특히 초선의 정형구는 §79 이하, 제2선의 정형구는 §139 이하, 제3선의 정형구는 §153 이하, 제4선의 정형구는 §183 이하)에 상세하게 설명되어 있으므로 참조할 것.

로 향하고 동쪽으로 들어간다.

비구들이여, 그와 같이 비구가 [308] 네 가지 선을 닦고 네 가지 선을 많이 [공부]지으면 그는 열반으로 흐르고 열반으로 향하고 열반으로 들어간다.

비구들이여, 그러면 비구가 어떻게 네 가지 선을 닦고 네 가지 선을 많이 [공부]지으면 그는 열반으로 흐르고 열반으로 향하고 열반으로 들어가는가?

비구들이여, 여기 비구는 감각적 욕망들을 완전히 떨쳐버리고 … 초선에 들어 머문다. 일으킨 생각과 지속적인 고찰을 가라앉혔기 때문에 … 제2선에 들어 머문다. 희열이 빛바랬기 때문에 … 제3선에 들어 머문다. 행복도 버리고 … 제4선에 들어 머문다.

비구들이여, 비구가 이렇게 네 가지 선을 닦고 네 가지 선을 많이 [공부]지으면 그는 열반으로 흐르고 열반으로 향하고 열반으로 들어간다."

<같은 방법으로 본경을 포함한 본품의 12개 경들은 본서 제5권 「도 상윳따」(S45) 제9장 「첫 번째 강가 강의 반복」(Gaṅga-peyyala)의 12개 경들(S45:91~102 = S46:77~88)과 같은 방법으로 설해지고 있음.>

제1장 강가 강의 반복(떨쳐버림을 의지함 편)이 끝났다.

첫 번째 품에 포함된 경들의 목록은 다음과 같다.

여섯 가지 ①~⑥ 동쪽으로 흐름
여섯 가지 ⑦~⑫ 바다
이처럼 6가지가 두 번 있어서
모두 12가지가 설해졌다.

제2장 불방일 품

Appamāda-vagga

여래 경 등(S53:13~22)

3. "비구들이여, 예를 들면 중생이 발이 없건, 두 발이건, 네 발이건, 여러 발이건, 물질을 가졌건, 물질을 갖지 않았건, 인식이 있건, 인식이 없건, 인식이 있는 것도 아니고 없는 것도 아니건, 그 모든 중생들에 관한 한, 여래・아라한・정등각자가 그들 가운데서 으뜸이라 불린다.

비구들이여, 그와 같이 유익한 법[善法]들은 그것이 어떤 것이든 간에 모두 불방일을 뿌리로 하고 불방일로 모이고 불방일이 그들 가운데 으뜸이라 불린다.

비구들이여, 비구가 방일하지 않으면 '그는 네 가지 선을 닦을 것이다. 그는 네 가지 선을 많이 [공부]지을 것이다.'라는 것이 기대된다."

4. "비구들이여, 그러면 방일하지 않는 비구는 어떻게 네 가지 선을 닦고 어떻게 네 가지 선을 많이 [공부]짓는가?

비구들이여, 여기 비구는 감각적 욕망들을 완전히 떨쳐버리고 … 초선에 들어 머문다. 일으킨 생각과 지속적인 고찰을 가라앉혔기 때문에 … 제2선에 들어 머문다. 희열이 빛바랬기 때문에 … 제3선에 들어 머문다. 행복도 버리고 … 제4선에 들어 머문다.

비구들이여, 방일하지 않는 비구는 이렇게 네 가지 선을 닦고 이렇게 네 가지 선을 많이 [공부]짓는다."

<같은 방법으로 본품의 10개 경들은 본서 제5권「도 상윳따」(S45) 제13장「불방일 반복」의 10개 경들(S45:139~148 = S46:89~98)과 같은 방법으로 설해지고 있음.>

제2장 불방일 품(떨쳐버림을 의지함 편)이 끝났다.

두 번째 품에 포함된 경들의 목록은 다음과 같다.

① 여래 ② 발자국 ③ 뾰족지붕
④ 뿌리 ⑤ 속재목
⑥ 재스민 꽃 ⑦ 왕 ⑧ 달
⑨ 태양, 열 번째로 ⑩ 옷감이다.

제3장 힘쓰는 일 품

Balakaraṇīya-vagga

힘 경 등(S53:23~34)

3. "비구들이여, 예를 들면 어떤 일이든 힘쓰는 일들을 할 때는 모두 반드시 땅을 의지하고 땅에 확고하게 서서 힘쓰는 일들을 하는 것과 같다.

비구들이여, 그와 같이 비구는 계를 의지하고 계에 확고하게 서서 네 가지 선을 닦고 네 가지 선을 많이 [공부]짓는다."

4. "비구들이여, 그러면 방일하지 않는 비구는 어떻게 네 가지 선을 닦고 어떻게 네 가지 선을 많이 [공부]짓는가?

비구들이여, 여기 비구는 감각적 욕망들을 완전히 떨쳐버리고 … 초선에 들어 머문다. 일으킨 생각과 지속적인 고찰을 가라앉혔기 때문에 … 제2선에 들어 머문다. 희열이 빛바랬기 때문에 … 제3선에 들어 머문다. 행복도 버리고 … 제4선에 들어 머문다.

비구들이여, 이와 같이 비구는 계를 의지하고 계에 확고하게 서서 네 가지 선을 닦고 네 가지 선을 많이 [공부]짓는다."

<같은 방법으로 본품의 12개 경들은 본서 제5권 「도 상윳따」(S45) 제14장 「힘쓰는 일 품」(Balakaraṇīya-vagga)의 12개 경들(S45:149~160 = S46:99~110)과 같은 방법으로 설해지고 있음.>

제3장 힘쓰는 일 품(떨쳐버림을 의지함 편)이 끝났다.

세 번째 품에 포함된 경들의 목록은 다음과 같다. [309]

① 힘 ② 씨앗 ③ 용 ④ 나무
⑤ 항아리 ⑥ 꺼끄러기
⑦ 허공, 두 가지 ⑧~⑨ 구름
⑩ 배 ⑪ 객사(客舍) ⑫ 강이다.

제4장 추구 품

Esanā-vagga

추구 경 등(S53:35~44)

3. "비구들이여, 세 가지 추구가 있다. 무엇이 셋인가? 감각적 욕망의 추구, 존재의 추구, 청정범행의 추구이다. 비구들이여, 이러한 세 가지 추구가 있다."

4. "비구들이여, 이러한 세 가지 추구를 최상의 지혜로 알기 위해서는 … 철저히 알기 위해서는 … 철저하게 멸진하기 위해서는 … 제거하기 위해서는 네 가지 선을 닦아야 한다. 그러면 어떤 네 가지 선을 닦아야 하는가?

비구들이여, 여기 비구는 … 초선에 들어 머문다. … 제2선에 들어 머문다. … 제3선에 들어 머문다. … 제4선에 들어 머문다.

비구들이여, 이러한 세 가지 추구를 최상의 지혜로 알기 위해서는 … 철저히 알기 위해서는 … 철저하게 멸진하기 위해서는 … 제거하기 위해서는 이러한 네 가지 선을 닦아야 한다."

<본품의 10개 경들은 본서 제5권 「도 상윳따」(S45) 제15장 「추구 품」의 10개 경들(S45:161~170 = S46:111~120)과 같은 방법으로 설해지고 있음.>

제4장 추구 품(떨쳐버림을 의지함 편)이 끝났다.

네 번째 품에 포함된 경들의 목록은 다음과 같다.

① 추구 ② 자만심 ③ 번뇌 ④ 존재 ⑤ 괴로움의 성질
⑥ 삭막함 ⑦ 때 ⑧ 근심 ⑨ 느낌 ⑩ 갈애 ⑪ 목마름이다.

제5장 폭류 품

Ogha-vagga

폭류 경 등(S53:45~54)

3. “비구들이여, 네 가지 폭류가 있다. 무엇이 넷인가? 감각적 욕망의 폭류, 존재의 폭류, 견해의 폭류, 무명의 폭류이다. 비구들이여, 이러한 네 가지 폭류가 있다.”

4. “비구들이여, 이러한 네 가지 폭류를 최상의 지혜로 알기 위해서는 … 철저히 알기 위해서는 … 철저하게 멸진하기 위해서는 … 제거하기 위해서는 네 가지 선을 닦아야 한다. 그러면 어떤 네 가지 선을 닦아야 하는가?

비구들이여, 여기 비구는 감각적 욕망들을 완전히 떨쳐버리고 … 초선에 들어 머문다. 일으킨 생각과 지속적인 고찰을 가라앉혔기 때문에 … 제2선에 들어 머문다. 희열이 빛바랬기 때문에 … 제3선에 들어 머문다. 행복도 버리고 … 제4선에 들어 머문다.

비구들이여, 이러한 네 가지 폭류를 최상의 지혜로 알기 위해서는 … 철저히 알기 위해서는 … 철저하게 멸진하기 위해서는 … 제거하기 위해서는 이러한 네 가지 선을 닦아야 한다.”

[310] <같은 방법으로 본경을 포함한 본품의 10개 경들은 본서 제5권 「도 상윳따」(S45) 제16장 「폭류 품」(Ogha-vagga)의 10개 경들(S45:171 ~180 = S46:121~130)과 같은 방법으로 설해지고 있음.>

제5장 폭류 품(떨쳐버림을 의지함 편)이 끝났다.

다섯 번째 품에 포함된 경들의 목록은 다음과 같다.

① 폭류 ② 속박 ③ 취착
④ 매듭 ⑤ 잠재성향
⑥ 감각적 욕망 ⑦ 장애 ⑧ 무더기
⑨ 낮은 단계의 족쇄 ⑩ 높은 단계의 족쇄이다.

선(禪) 상윳따(S53)가 끝났다.

제54주제

들숨날숨 상윳따(S54)

제54주제(S54)

들숨날숨 상윳따

Ānāpāna-saṁyutta

제1장 하나의 법 품

Ekadhamma-vagga

하나의 법 경(S54:1)

Ekadhamma-sutta

1. 이와 같이 나는 들었다. [311] 한때 세존께서는 사왓티에서 제따 숲의 아나타삔디까 원림(급고독원)에 머무셨다.

2. 거기서 세존께서는 비구들을 불러서 말씀하셨다.

3. "비구들이여, 하나의 법을 닦고 많이 [공부]지으면 큰 결실이 있고 큰 이익이 있다. 무엇이 하나의 법인가?

들숨날숨에 대한 마음챙김이다.

비구들이여, 그러면 들숨날숨에 대한 마음챙김을 어떻게 닦고 많이 [공부]지으면 큰 결실이 있고 큰 이익이 있는가?"

4. "비구들이여, 여기 비구는 숲 속에 가거나 나무 아래에 가거나 빈방에 가거나 하여 가부좌를 틀고 상체를 곧추 세우고 전면에 마음챙김을 확립하여[106] 앉는다. 그는 오로지 마음챙기면서 숨을 들이

---

106) '전면에 마음챙김을 확립하여'는 parimukhaṁ satiṁ upaṭṭhapetvā를 옮

쉬고 오로지 마음챙기면서 숨을 내쉰다."[107]

5. "① 길게 들이쉬면서는 '길게 들이쉰다.'고 꿰뚫어 알고, 길게 내쉬면서는 '길게 내쉰다.'고 꿰뚫어 안다. ② 짧게 들이쉬면서는 '짧게 들이쉰다.'고 꿰뚫어 알고, 짧게 내쉬면서는 '짧게 내쉰다.'고 꿰뚫어 안다. ③ '온몸을 경험하면서 들이쉬리라.'며 공부짓고, '온몸을 경험하면서 내쉬리라.'며 공부짓는다.[108] ④ '몸의 작용[身行][109]

긴 것이다. 『위방가』는 "이 마음챙김은 코끝이나 입의 표상에(nāsikagge vā mukhanimitte vā) 확립되고 잘 확립되었다(upaṭṭhitā hoti supaṭṭhitā)고 해서 '전면에 마음챙김을 확립하여'라고 한 것이다."(Vbh.252)라고 설명하고 있다.

한편 『위방가 주석서』는 "입의 표상(mukha-nimitta)이란 윗입술의 가운데 부분(uttar-oṭṭhassa vemajjha-ppadeso)이라고 봐야 하나니, 즉 코의 바람(nāsika-vāta)이 닿는(paṭihaññati) 곳을 말한다."(VbhA.368)라고 설명하고 있다.

그러므로 여기서 '전면(全面 혹은 前面)에(parimukhaṁ)'는 구체적으로 코끝에나, 숨이 닿는 윗입술의 중간부분에 혹은 인중(人中) 즉 코의 밑과 윗입술 사이에 오목하게 골이 진 곳에라는 뜻이다.

107) 다음 §5에 나타나는 16단계의 들숨날숨에 대한 마음챙김은 『맛지마 니까야』 「들숨날숨에 대한 마음챙김 경」(出入息念經, Ānāpānasati-sutta, M118)의 핵심이다. 이 16단계는 『청정도론』 VIII.146~237에 상세히 설명되어 있다. 초기불전연구원에서는 이 「출입식념경」(M118)과 『청정도론』의 설명을 엮어서 『들숨날숨에 마음챙기는 공부』(대림 스님 역, 개정3판, 2008)를 출간하였으므로 참조할 것.

아래 「낌빌라 경」(S54:10) §§7~10에도 나타나지만 이 16단계는 다시 크게 네 개로 구성된 네 무리로 구분이 되는데 이 각각은 네 가지 마음챙김의 확립의 각각에 배대된다. 그래서 들숨날숨에 대한 마음챙김은 몸에 대한 관찰(kāya-anupassanā, S54:10 §7)에서부터 시작하여 느낌(vedanā)에 대한 관찰(S54:10 §8)과 마음(citta)에 대한 관찰(S54:10 §9)을 거쳐 법(dhamma)에 대한 관찰(S54:10 §10)로 종결이 된다.

108) 『청정도론』은 다음과 같이 부연하고 있다.

"온 들숨의 몸의 … 온 날숨의 몸의 처음과 중간과 끝을 체험하면서, 분명하게 하면서 내쉬리라고 공부짓는다. 이와 같이 체험하면서, 분명하게 하면서 지혜와 함께한 마음으로 들이쉬고 내쉰다."(『청정도론』 VIII.171) 여기서을 편안히 하면서 들이쉬리라.'며 공부짓고, '몸의 작용을 편안히 하면서 내쉬리라.'며 공부짓는다." [312]

6. "⑤ '희열을 경험하면서110) 들이쉬리라.'며 공부짓고, '희열을 경험하면서 내쉬리라.'며 공부짓는다. ⑥ '행복을 경험하면서111) 들이쉬리라.'며 공부짓고, '행복을 경험하면서 내쉬리라.'며 공부짓는다. ⑦ '마음의 작용[心行]112)을 경험하면서 들이쉬리라.'며 공부짓고,

---

밝히고 있듯이 이 문맥에서 몸(kāya)은 호흡 그 자체를 나타낸다.

109) 여기서 '몸의 작용[身行, kāya-saṅkhāra]'은 들숨날숨을 말한다. 본서 제4권 「까마부 경」 2(S41:6/iv.293) §5에서 까마부 존자는 찟따 장자에게 "장자여, 들숨날숨은 몸에 속하는 것이고 이런 법들은 몸에 묶여 있습니다. 그래서 들숨날숨은 몸의 작용입니다."라고 말하고 있다.
그리고 『청정도론』의 복주서인 『빠라맛타 만주사』도 "여기서 '몸의 작용[身行, kāya-saṅkhāra]'이란 들숨날숨을 말한다. 비록 이것은 마음에서 생긴 것이지만 그것의 존재가 몸에 묶여 있고 몸을 통해 형성되기 때문에 몸의 작용이라 부른다.(Pm.220)"라고 설명하고 있다.
본서 제3권 「앗사지 경」(S22:88) §7의 주해도 참조할 것.

110) "두 가지 방법을 통해서 '희열을 경험한다(pīti-paṭisaṁvedī).' 그것은 대상을 통해서와 미혹하지 않음을 통해서(ārammaṇato ca asammohato ca)이다. ① 그는 희열이 있는 두 禪 [즉, 초선과 제2선]에 든다. 그가 그것에 드는 순간에 禪을 얻음으로써 대상을 경험했기 때문에 대상을 통해서 희열을 경험한다. ② 희열이 있는 두 禪에 들었다가 출정하여 禪과 함께한 희열을 파괴되기 마련이고 사라지기 마련이라고 명상한다. 그가 위빳사나를 하는 순간에 특상을 경험하기 때문에 잊어버리지 않음을 통해서 희열을 경험한다."(『청정도론』 VIII.226~227)
즉 ①은 사마타를 닦아서 禪에 들었을 때의 희열이고 ②는 禪에서 출정하여 무상·고·무아의 특상(lakkhaṇa)을 꿰뚫는 위빳사나를 할 때의 희열을 말한다.

111) 『청정도론』은 '행복을 경험하면서(sukha-paṭisaṁvedī)'도 희열의 경험과 같은 방법으로 두 측면에서 이해해야 한다고 설명하고 있다. 즉 ① 사마타를 닦아서 禪에 들었을 때의 행복과 ② 禪에서 출정하여 무상·고·무아의 특상을 꿰뚫는 위빳사나를 할 때의 행복을 말한다. 다른 점은 행복은 초선부터 제3선까지에서 경험된다는 것이다.(『청정도론』 VIII.229)

'마음의 작용을 경험하면서 내쉬리라.'며 공부짓는다. ⑧ '마음의 작용을 편안히 하면서 들이쉬리라.'며 공부짓고, '마음의 작용을 편안히 하면서 내쉬리라.'며 공부짓는다."

7. "⑨ '마음을 경험하면서[113] 들이쉬리라.'며 공부짓고, '마음을 경험하면서 내쉬리라.'며 공부짓는다. ⑩ '마음을 기쁘게 하면서[114] 들이쉬리라.'며 공부짓고, '마음을 기쁘게 하면서 내쉬리라.'며 공부짓는다. ⑪ '마음을 집중하면서[115] 들이쉬리라.'며 공부짓고, '마음을 집중하면서 내쉬리라.'며 공부짓는다. ⑫ '마음을 해탈하게 하면서[116] 들이쉬리라.'며 공부짓고, '마음을 해탈하게 하면서 내쉬리라.'

---

112) "마음의 작용[心行, citta-saṅkhāra]은 느낌의 무더기[受蘊]와 인식의 무더기[想蘊]를 말한다. … 네 가지 禪들로 '마음의 작용을 경험한다(citta-saṅkhāra-paṭisaṁvedī).'고 알아야 한다."(『청정도론』 VIII.229)

113) "'마음을 경험하면서(citta-paṭisaṁvedī)'란 네 가지 禪들로 마음을 경험한다고 알아야 한다."(『청정도론』 VIII.231)

114) "'마음을 기쁘게 하면서(abhippamodayaṁ cittaṁ)': 여기서는 삼매와 위빳사나의 두 가지 방법으로 기쁘게 한다. 어떻게 삼매를 통해 기쁘게 하는가? 희열(pīti)이 있는 두 禪에 든다. 그 증득의 순간에 그 禪과 함께한 희열로 마음을 반갑게 하고 기쁘게 한다. 어떻게 위빳사나를 통해 기쁘게 하는가? 희열이 있는 두 禪에 들었다가 출정하여 禪과 함께한 희열을 파괴되기 마련이고 사그라지기 마련이라고 명상한다. 이와 같이 위빳사나를 하는 순간에 禪과 함께한 희열을 대상으로 삼아 마음을 반갑게 하고 기쁘게 한다."(『청정도론』 VIII.232)

115) 『청정도론』 VIII.232는 두 가지로 '마음을 집중하면서(samādaha citta)'를 설명하고 있는데 하나는 네 가지 禪에 드는 것이고 다른 하나는 찰나삼매(刹那三昧, 순간적인 마음이 한 끝에 집중됨, 刹那心一境性, khaṇika-citt-ekaggatā)를 통해서이다. 찰나삼매는 "그 禪에 들었다가 출정하여 禪과 함께한 마음을 파괴되기 마련이고 사그라지기 마련이라고 명상할 때 그 위빳사나를 하는 순간에 특상을 통찰하는 것"이라고 『청정도론』(VIII.232)은 정의하고 있다.

116) "'마음을 해탈하게 하면서(vimocayaṁ cittaṁ)': 초선을 통해 장애들로부터 마음을 벗어나게 하고 해탈하게 하면서, 제2선을 통해 일으킨 생각(尋)과

며 공부짓는다."

8. "⑬ '무상을 관찰하면서[117] 들이쉬리라.'며 공부짓고, '무상을 관찰하면서 내쉬리라.'며 공부짓는다. ⑭ '탐욕이 빛바램을 관찰하면서[118] 들이쉬리라.'며 공부짓고, '탐욕이 빛바램을 관찰하면서 내쉬리라.'며 공부짓는다. ⑮ '소멸을 관찰하면서 들이쉬리라.'며 공부짓고, '소멸을 관찰하면서 내쉬리라.'며 공부짓는다. ⑯ '놓아버림[119]

지속적인 고찰(伺)로부터, 제3선을 통해 희열로부터, 제4선을 통해 행복과 고통으로부터 마음을 벗어나게 하고 해탈하게 하면서 들이쉬고 내쉰다. 혹은 그가 그 禪에 들었다가 출정하여 禪과 함께한 마음은 파괴되기 마련이고 사그라지기 마련이라고 명상한다. 그가 위빳사나를 하는 순간에 무상의 관찰로 영원하다는 인식(nicca-saññā)으로부터, 괴로움의 관찰로 행복하다는 인식(sukha-saññā)으로부터, 무아의 관찰로 자아라는 인식(atta-saññā)으로부터, 염오의 관찰(nibbidānupassanā)로 즐김(nandi)으로부터, 탐욕이 빛바램의 관찰로 탐욕(rāga)으로부터, 소멸의 관찰로 일어남(samudaya)으로부터, 놓아버림의 관찰로 가짐(ādāna)으로부터 마음을 벗어나게 하고 해탈하게 하면서 들이쉬고 내쉰다."(『청정도론』 VIII.233)

117) "'무상을 관찰하면서(anicca-anupassī)'라고 했다. 여기서 무상한 것(anicca)이란 다섯 가지 무더기[五蘊]이다. 왜 그런가? 그들은 일어나고 멸하고 변하는 성질을 가졌기 때문(uppāda-vay-aññathatta-bhāvā)이다. 무상한 성질(aniccatā)이란 그들에게 존재하는 일어나고 멸하고 변하는 성질이다. 혹은 생겼다가 없어지는 것이다. 생긴 무더기[蘊]가 그 본래의 모습으로 머물지 않고 순간적인 부서짐(khaṇa-bhaṅga)을 통해 부서진다(bheda)는 뜻이다. 무상의 관찰이란 그 무상함으로 물질 등에 대해 무상하다고 관찰하는 것이다."(『청정도론』 VIII.234)

118) "탐욕이 빛바램을 관찰하면서(virāga-anupassī): 여기 탐욕의 빛바램은 파괴로서의 탐욕의 빛바램과 절대적인 탐욕의 빛바램(khaya-virāgo ca accanta-virāgo ca)의 두 가지가 있다. 여기서 파괴로서의 탐욕의 빛바램이란 형성된 것들[行]이 순간적으로 무너지는 것(khaṇa-bhaṅga)이다. 절대적인 탐욕의 빛바램이란 열반이다. 탐욕이 빛바램을 관찰함이란 이 둘의 관찰로 일어나는 위빳사나와 도(magga)이다. '소멸을 관찰하면서(nirodha-anupassī)'라는 구절에도 이 방법이 적용된다."(『청정도론』 VIII.235)

119) "여기서도 놓아버림(paṭinissagga)은 두 가지이다. 버림으로서의 놓아버림과 들어감으로서의 놓아버림(pariccāga-paṭinissaggo ca pakkhandana-

을 관찰하면서 들이쉬리라.'며 공부짓고, '놓아버림을 관찰하면서 내쉬리라.'며 공부짓는다."[120]

9. "비구들이여, 들숨날숨에 대한 마음챙김을 이와 같이 닦고 이와 같이 많이 [공부]지으면 큰 결실이 있고 큰 이익이 있다."

깨달음의 구성요소 경(S54:2)

Bojjhaṅga-sutta

2. 거기서 세존께서는 비구들을 불러서 말씀하셨다.

3. "비구들이여, 하나의 법을 닦고 많이 [공부]지으면 큰 결실이 있고 큰 이익이 있다. 무엇이 하나의 법인가?

들숨날숨에 대한 마음챙김이다.

비구들이여, 그러면 들숨날숨에 대한 마음챙김을 어떻게 닦고 많이 [공부]지으면 큰 결실이 있고 큰 이익이 있는가?"

---

paṭinissaggo ca)이다. 놓아버림의 관찰이란 놓아버림 그 자체가 관찰(anu-passanā)이다. 이것은 위빳사나와 도의 동의어이다.

① 위빳사나는 ㉠ 반대되는 것으로 대체하여 [과보로 나타난] 무더기들과, 업형성력(abhisaṅkhāra)들과 함께 오염원(kilesa)들을 버리기 때문에 ㉡ 형성된 것에 대해 [무상 등의] 결점을 보고 그 [형성된 것의] 반대인 열반으로 기울어짐으로써 열반에 들어가기 때문에 각각 버림으로서의 놓아버림과 들어감으로서의 놓아버림이라 한다.

② 도는 ㉠ 근절(samuccheda)로써 무더기를 생기게 하는 업형성력들과 함께 오염원들을 버리기 때문에 ㉡ 열반을 대상으로 삼음으로써 열반에 들어가기 때문에 각각 버림으로서의 놓아버림과 들어감으로서의 놓아버림이라 한다. 이 두 [위빳사나의 지혜와 도의 지혜]는 각각 이전의 지혜를 계속해서 따라 보기 때문에 관찰[隨觀]이라 한다."(『청정도론』 VIII.236)

120) 『청정도론』의 설명에서 보듯이 ⑫번째까지의 앞의 세 번째의 네 개조까지는 사마타와 위빳사나의 방법이 둘 다 적용되었지만 이 네 번째의 네 개조는 위빳사나의 방법만이 적용되고 있다.

4. "비구들이여, 여기 비구는 들숨날숨에 대한 마음챙김과 함께하고 떨쳐버림을 의지하고 탐욕의 빛바램을 의지하고 소멸을 의지하고 철저한 버림으로 기우는 마음챙김의 깨달음의 구성요소를 닦는다. … 법을 간택하는 깨달음의 구성요소를 닦는다. … 정진의 깨달음의 구성요소를 닦는다. … 희열의 깨달음의 구성요소를 닦는다. … 고요함의 깨달음의 구성요소를 닦는다. … [313] 삼매의 깨달음의 구성요소를 닦는다. … 평온의 깨달음의 구성요소를 닦는다."

5. "비구들이여, 들숨날숨에 대한 마음챙김을 이와 같이 닦고 이와 같이 많이 [공부]지으면 큰 결실이 있고 큰 이익이 있다."

간단한 설명 경(S54:3)

Suddhika-sutta

3. "비구들이여, 들숨날숨에 대한 마음챙김을 닦고 많이 [공부]지으면 큰 결실이 있고 큰 이익이 있다. 비구들이여, 그러면 들숨날숨에 대한 마음챙김을 어떻게 닦고 많이 [공부]지으면 큰 결실이 있고 큰 이익이 있는가?"

4. "비구들이여, 여기 비구는 숲 속에 가거나 나무 아래에 가거나 빈방에 가거나 하여 가부좌를 틀고 상체를 곧추 세우고 전면에 마음챙김을 확립하여 앉는다. 그는 오로지 마음챙기면서 숨을 들이쉬고 오로지 마음챙기면서 숨을 내쉰다."

5. "① 길게 들이쉬면서는 '길게 들이쉰다.'고 꿰뚫어 알고, 길게 내쉬면서는 '길게 내쉰다.'고 꿰뚫어 안다. ② 짧게 들이쉬면서는 '짧게 들이쉰다.'고 꿰뚫어 알고, 짧게 내쉬면서는 '짧게 내쉰다.'고

꿰뚫어 안다. ③ '온몸을 경험하면서 들이쉬리라.'며 공부짓고, '온몸을 경험하면서 내쉬리라.'며 공부짓는다. ④ '몸의 작용[身行]을 편안히 하면서 들이쉬리라.'며 공부짓고, '몸의 작용을 편안히 하면서 내쉬리라.'며 공부짓는다."

6. "⑤ '희열을 경험하면서 들이쉬리라.'며 공부짓고, '희열을 경험하면서 내쉬리라.'며 공부짓는다. ⑥ '행복을 경험하면서 들이쉬리라.'며 공부짓고, '행복을 경험하면서 내쉬리라.'며 공부짓는다. ⑦ '마음의 작용[心行]을 경험하면서 들이쉬리라.'며 공부짓고, '마음의 작용을 경험하면서 내쉬리라.'며 공부짓는다. ⑧ '마음의 작용을 편안히 하면서 들이쉬리라.'며 공부짓고, '마음의 작용을 편안히 하면서 내쉬리라.'며 공부짓는다."

7. "⑨ '마음을 경험하면서 들이쉬리라.'며 공부짓고, '마음을 경험하면서 내쉬리라.'며 공부짓는다. ⑩ '마음을 기쁘게 하면서 들이쉬리라.'며 공부짓고, '마음을 기쁘게 하면서 내쉬리라.'며 공부짓는다. ⑪ '마음을 집중하면서 들이쉬리라.'며 공부짓고, '마음을 집중하면서 내쉬리라.'며 공부짓는다. ⑫ '마음을 해탈하게 하면서 들이쉬리라.'며 공부짓고, '마음을 해탈하게 하면서 내쉬리라.'며 공부짓는다."

8. "⑬ '무상을 관찰하면서 들이쉬리라.'며 공부짓고, '무상을 관찰하면서 내쉬리라.'며 공부짓는다. ⑭ '탐욕이 빛바램을 관찰하면서 들이쉬리라.'며 공부짓고, '탐욕이 빛바램을 관찰하면서 내쉬리라.'며 공부짓는다. ⑮ '소멸을 관찰하면서 들이쉬리라.'며 공부짓고, '소멸을 관찰하면서 내쉬리라.'며 공부짓는다. ⑯ '놓아버림을 관찰하면서 들이쉬리라.'며 공부짓고, '놓아버림을 관찰하면서 내쉬리라.'며 공부짓는다."

9. "비구들이여, 들숨날숨에 대한 마음챙김을 이와 같이 닦고 이와 같이 많이 [공부]지으면 큰 결실이 있고 큰 이익이 있다."

결실 경1(S54:4)

Phala-sutta

3. "비구들이여, 들숨날숨에 대한 마음챙김을 닦고 많이 [공부]지으면 큰 결실이 있고 큰 이익이 있다. 비구들이여, 그러면 들숨날숨에 대한 마음챙김을 어떻게 닦고 많이 [공부]지으면 큰 결실이 있고 큰 이익이 있는가?"

4. "비구들이여, 여기 비구는 숲 속에 가거나 나무 아래에 가거나 빈방에 가거나 하여 가부좌를 틀고 상체를 곧추 세우고 전면에 마음챙김을 확립하여 앉는다. 그는 오로지 마음챙기면서 숨을 들이쉬고 오로지 마음챙기면서 숨을 내쉰다.

① 길게 들이쉬면서는 … ② 짧게 들이쉬면서는 … ③ '온몸을 경험하면서 … ④ '몸의 작용[身行]을 편안히 하면서 …

⑤ '희열을 경험하면서 … ⑥ '행복을 경험하면서 … ⑦ '마음의 작용[心行]을 경험하면서 … ⑧ '마음의 작용을 편안히 하면서 …

⑨ '마음을 경험하면서 … ⑩ '마음을 기쁘게 하면서 … ⑪ '마음을 집중하면서 … ⑫ '마음을 해탈하게 하면서 …

⑬ '무상을 관찰하면서 … ⑭ '탐욕이 빛바램을 관찰하면서 … ⑮ '소멸을 관찰하면서 들이쉬리라.'며 … ⑯ '놓아버림을 관찰하면서 들이쉬리라.'며 공부짓고, '놓아버림을 관찰하면서 내쉬리라.'며 공부짓는다.

비구들이여, 들숨날숨에 대한 마음챙김을 이와 같이 닦고 이와 같이 많이 [공부]지으면 큰 결실이 있고 큰 이익이 있다."

5. "비구들이여, [314] 이와 같이 들숨날숨에 대한 마음챙김을 닦고 많이 [공부]지으면 두 가지 결실 가운데 하나의 결실이 예상되나니, 지금 · 여기(금생)에서 구경의 지혜를 얻거나, 취착의 자취가 남아 있으면 다시는 돌아오지 않는 경지[不還果]가 예상된다."

결실 경2(S54:5)

Phala-sutta

3. "비구들이여, 들숨날숨에 대한 마음챙김을 닦고 많이 [공부]지으면 큰 결실이 있고 큰 이익이 있다. 비구들이여, 그러면 들숨날숨에 대한 마음챙김을 어떻게 닦고 많이 [공부]지으면 큰 결실이 있고 큰 이익이 있는가?"

4. "비구들이여, 여기 비구는 숲 속에 가거나 나무 아래에 가거나 빈방에 가거나 하여 가부좌를 틀고 상체를 곧추 세우고 전면에 마음챙김을 확립하여 앉는다. 그는 오로지 마음챙기면서 숨을 들이쉬고 오로지 마음챙기면서 숨을 내쉰다.

① 길게 들이쉬면서는 … ② 짧게 들이쉬면서는 … ③ '온몸을 경험하면서 … ④ '몸의 작용[身行]을 편안히 하면서 …

⑤ '희열을 경험하면서 … ⑥ '행복을 경험하면서 … ⑦ '마음의 작용[心行]을 경험하면서 … ⑧ '마음의 작용을 편안히 하면서 …

⑨ '마음을 경험하면서 … ⑩ '마음을 기쁘게 하면서 … ⑪ '마음을 집중하면서 … ⑫ '마음을 해탈하게 하면서 …

⑬ '무상을 관찰하면서 … ⑭ '탐욕이 빛바램을 관찰하면서 … ⑮ '소멸을 관찰하면서 들이쉬리라.'며 … ⑯ '놓아버림을 관찰하면서 들

이쉬리라.'며 공부짓고, '놓아버림을 관찰하면서 내쉬리라.'며 공부짓는다.

비구들이여, 들숨날숨에 대한 마음챙김을 이와 같이 닦고 이와 같이 많이 [공부]지으면 큰 결실이 있고 큰 이익이 있다."

5. "비구들이여, 이와 같이 들숨날숨에 대한 마음챙김을 닦고 많이 [공부]지으면 일곱 가지 결실과 일곱 가지 이익이 기대된다. 어떤 것이 일곱 가지 결실과 이익인가?

① 지금 · 여기에서 구경의 지혜를 성취한다.

만일 지금 · 여기에서 구경의 지혜를 성취하지 못하면 ② 죽을 때에 구경의 지혜를 성취한다.

만일 지금 · 여기에서 구경의 지혜를 성취하지 못하고 죽을 때에도 구경의 지혜를 성취하지 못하면 그는 다섯 가지 낮은 단계의 족쇄를 완전히 없애고 ③ 수명의 중반쯤에 이르러 완전한 열반에 드는 자가 된다. ④ [수명의] 반이 지나서 완전한 열반에 드는 자가 된다. ⑤ 노력 없이 쉽게 완전한 열반에 드는 자가 된다. ⑥ 노력하여 어렵게 완전한 열반에 드는 자가 된다. ⑦ 더 높은 세계로 재생하여 색구경천에 이르는 자가 된다.

비구들이여, 들숨날숨에 대한 마음챙김을 닦고 많이 [공부]지으면 이러한 일곱 가지 결실과 일곱 가지 이익이 기대된다."

아릿타 경(S54:6)

Ariṭṭha-sutta

3. 거기서 세존께서는 비구들을 불러서 말씀하셨다.

"비구들이여, 그대들은 들숨날숨에 대한 마음챙김을 닦는가?"

4. 이렇게 말씀하시자 아릿타 존자[121]가 세존께 이렇게 말씀드렸다.

"세존이시여, 저는 들숨날숨에 대한 마음챙김을 닦습니다." [315]

"아릿타여, 그러면 그대는 어떻게 들숨날숨에 대한 마음챙김을 닦는가?"

"세존이시여, 저는 과거의 감각적 욕망들에 대한 욕구를 버렸고, 미래의 감각적 욕망들에 대한 욕구를 제거하였고, 안과 밖으로 법들에 저항하는 인식[122]을 몰아내었습니다. 그런 저는 마음챙기면서 들

---

121) 『율장』에서 아릿타(Ariṭṭha) 비구는 승가로부터 분리하는 거죄갈마(ukkhepanīya-kamma, 擧罪羯磨, 거죄갈마에 대해서는 『초기불교 교단과 계율』 130~134를 참조할 것.)를 받아서 승단으로부터 축출된 전력이 있는 사람으로 나타난다.(Vin.iii.25~8)
『맛지마 니까야』 「뱀의 비유경」(M22) §2에 의하면 그는 출가하기 전에 독수리 사냥꾼(gaddha-bādhi-pubba)이었다고 한다. 그곳에서 그는 "세존께서 장애가 되는(antarāyika) 법들이라고 설하신 것을 그대로 따라 행해도 아무런 장애가 되지 않는다."고 헛소리를 지껄였다. 비구들이 여러 가지 비유로 그의 삿된 견해를 버리라고 간곡히 교계하였지만 듣지 않다가 세존의 면전에서 여러 가지 교계를 듣는다. 『율장 주석서』는 그를 교법(Sāsana)의 적(paccatthika)이라고 언급하고 있다.(VinA.iv.874)
본경에 나타나는 아릿타 존자(āyasmā Ariṭṭha)가 『율장』과 『맛지마 니까야』에 나타나는 이 아릿타 비구와 동일인인지는 알 수 없다. DPPN은 동일인이라고는 하지 않지만 같이 언급하고 있다.

122) '저항하는 인식'은 paṭigha-saññā를 옮긴 것이다. 니까야에서 이 단어는 대부분 "여기 비구는 물질[色]에 대한 인식을 완전히 초월하고 부딪힘의 인식을 소멸하고 갖가지 인식을 마음에 잡도리하지 않기 때문에 '무한한 허공'이라고 하면서 공무변처에 들어 머문다."라는 공무변처의 정형구에서 '부딪힘의 인식'으로 나타나고 있다.(본서 「등불 비유 경」(S54:8) §8 등. 설명은 『청정도론』 X.16을 참조할 것.)
그러나 여기서 아릿타 존자는 아래 주석서의 설명에서 보듯이 자신의 불환도에 대해서 말씀드리는 것이다. 불환자의 경지에서는 탐욕과 성냄이 모두 없어진다. 그러므로 본 문단에서 감각적 욕망은 탐욕을 뜻한다. 그러므로 이 paṭigha-saññā는 성냄을 뜻해야 한다. 그래서 이것을 부딪힘의 인식으로 옮기지 않고 paṭigha의 기본 뜻인 반감이나 저항이나 혐오나 적의로 이해하

이쉬고 마음챙기면서 내쉽니다. 세존이시여, 저는 이와 같이 들숨날숨에 대한 마음챙김을 닦습니다."[123]

5. "아릿타여, 그것도 들숨날숨에 대한 마음챙김이다. 나는 그것이 아니라고 하지는 않는다. 아릿타여, 그러나 들숨날숨에 대한 마음챙김을 상세하게 완성하는 것에 대해서 이제 들어라. 듣고 마음에 잘 새겨라. 나는 설할 것이다"

"그렇게 하겠습니다, 세존이시여."

6. 세존께서는 이렇게 말씀하셨다.

"아릿타여, 그러면 어떻게 들숨날숨에 대한 마음챙김을 상세하게 완성하는가?

아릿타여, 여기 비구는 숲 속에 가거나 나무 아래에 가거나 빈방에 가거나 하여 가부좌를 틀고 상체를 곧추 세우고 전면에 마음챙김을 확립하여 앉는다. 그는 오로지 마음챙기면서 숨을 들이쉬고 오로지 마음챙기면서 숨을 내쉰다.

① 길게 들이쉬면서는 … ② 짧게 들이쉬면서는 … ③ '온몸을 경험하면서 … ④ '몸의 작용[身行]을 편안히 하면서 …

⑤ '희열을 경험하면서 … ⑥ '행복을 경험하면서 … ⑦ '마음의 작

여 '저항하는 인식'으로 옮겼다. 보디 스님도 *perceptions of aversion*으로 옮기고 있다.
paṭigha는 기본적으로 '적의'를 뜻하는데 여기에 대해서는 본서 제5권 「몸 경」(S46:2) §5의 주해를 참조할 것.

123) "이것을 통해서 [아릿타 존자는] 자신의 불환도(anāgāmi-magga)를 말씀드렸다. [왜냐하면 그는 이것을 통해서 다섯 가지 낮은 단계의 족쇄를 제거하였음(pañc-orambhāgiya-saṁyojana-samuccheda)을 설명하였기 때문이다. – SAṬ] 이제 아라한도(arahatta-magga)의 위빳사나를 보여주시기 위해서 세존께서는 [아래에서] '오로지 마음챙기면서 숨을 들이쉬고' 등을 말씀하신다."(SA.iii.264)

용[心行]을 경험하면서 … ⑧ '마음의 작용을 편안히 하면서 …

⑨ '마음을 경험하면서 … ⑩ '마음을 기쁘게 하면서 … ⑪ '마음을 집중하면서 … ⑫ '마음을 해탈하게 하면서 …

⑬ '무상을 관찰하면서 … ⑭ '탐욕이 빛바램을 관찰하면서 … ⑮ '소멸을 관찰하면서 들이쉬리라.'며 … ⑯ '놓아버림을 관찰하면서 들이쉬리라.'며 공부짓고, '놓아버림을 관찰하면서 내쉬리라.'며 공부짓는다.

아릿타여, 이와 같이 들숨날숨에 대한 마음챙김을 상세하게 완성한다."

마하깝삐나 경(S54:7)

Mahākappina-sutta

2. 그 무렵 마하깝삐나 존자가 세존으로부터 멀지 않은 곳에 가부좌를 틀고 상체를 곧추 세우고 전면에 마음챙김을 확립하여 앉아있었다. 세존께서는 마하깝삐나 존자가 멀지 않은 곳에 가부좌를 틀고 상체를 곧추 세우고 전면에 마음챙김을 확립하여 앉아있는 것을 보셨다. 보고는 비구들을 불러서 말씀하셨다.

3. "비구들이여, 그대들은 이 비구의 몸이 흔들리거나 동요하는 것을 보는가?"

"세존이시여, 저희들은 저 존자가 승가 가운데 앉아있거나 혼자 한적한 곳에 앉아있을 때에도 [316] 저 존자의 몸이 흔들리거나 동요하는 것을 보지 못했습니다."

"비구들이여, 삼매를 닦고 많이 [공부]지었기 때문에 몸이 흔들리거나 동요하지 않고 마음이 흔들리거나 동요하지 않는 그런 비구는 삼매를 원하는 대로 얻고 힘들이지 않고 얻고 어렵지 않게 얻은 자이다."

4. "비구들이여, 그러면 어떤 삼매를 닦고 많이 [공부]지었기 때문에 몸이 흔들리거나 동요하지 않고 마음이 흔들리거나 동요하지 않는가?

비구들이여, 들숨날숨에 대한 마음챙김을 통한 삼매[124]를 닦고 많이 [공부]지었기 때문에 몸이 흔들리거나 동요하지 않고 마음이 흔들리거나 동요하지 않는다."

5. "비구들이여, 그러면 어떻게 들숨날숨에 대한 마음챙김을 통한 삼매를 닦고 어떻게 많이 [공부]지었기 때문에 몸이 흔들리거나 동요하지 않고 마음이 흔들리거나 동요하지 않는가?

비구들이여, 여기 비구는 숲 속에 가거나 나무 아래에 가거나 빈방에 가거나 하여 가부좌를 틀고 상체를 곧추 세우고 전면에 마음챙김을 확립하여 앉는다. 그는 오로지 마음챙기면서 숨을 들이쉬고 오로지 마음챙기면서 숨을 내쉰다.

① 길게 들이쉬면서는 … ② 짧게 들이쉬면서는 … ③ '온몸을 경험하면서 … ④ '몸의 작용[身行]을 편안히 하면서 …

⑤ '희열을 경험하면서 … ⑥ '행복을 경험하면서 … ⑦ '마음의 작용[心行]을 경험하면서 … ⑧ '마음의 작용을 편안히 하면서 …

⑨ '마음을 경험하면서 … ⑩ '마음을 기쁘게 하면서 … ⑪ '마음을 집중하면서 … ⑫ '마음을 해탈하게 하면서 …

⑬ '무상을 관찰하면서 … ⑭ '탐욕이 빛바램을 관찰하면서 … ⑮ '소멸을 관찰하면서 들이쉬리라.'며 … ⑯ '놓아버림을 관찰하면서 들

124) 본경의 여기서부터 16단계의 '들숨날숨에 대한 마음챙김(ānāpāna-sati)'이 '들숨날숨에 대한 마음챙김을 통한 삼매(ānāpāna-sati-samādhi)'라는 술어로 전환되고 있다. 이 전환은 다음의 경들에서도 계속되고 있다.

이쉬리라.'며 공부짓고, '놓아버림을 관찰하면서 내쉬리라.'며 공부짓는다.

비구들이여, 이와 같이 들숨날숨에 대한 마음챙김을 통한 삼매를 닦고 이와 같이 많이 [공부]지었기 때문에 몸이 흔들리거나 동요하지 않고 마음이 흔들리거나 동요하지 않는다."

등불 비유 경(S54:8)

Padīpopama-sutta

3. "비구들이여, 들숨날숨에 대한 마음챙김을 통한 삼매를 닦고 많이 [공부]지으면 큰 결실이 있고 큰 이익이 있다. 비구들이여, 그러면 들숨날숨에 대한 마음챙김을 통한 삼매를 어떻게 닦고 많이 [공부]지으면 큰 결실이 있고 큰 이익이 있는가?

4. "비구들이여, [317] 여기 비구는 숲 속에 가거나 나무 아래에 가거나 빈방에 가거나 하여 가부좌를 틀고 상체를 곧추 세우고 전면에 마음챙김을 확립하여 앉는다. 그는 오로지 마음챙기면서 숨을 들이쉬고 오로지 마음챙기면서 숨을 내쉰다.

① 길게 들이쉬면서는 … ② 짧게 들이쉬면서는 … ③ '온몸을 경험하면서 … ④ '몸의 작용[身行]을 편안히 하면서 …

⑤ '희열을 경험하면서 … ⑥ '행복을 경험하면서 … ⑦ '마음의 작용[心行]을 경험하면서 … ⑧ '마음의 작용을 편안히 하면서 …

⑨ '마음을 경험하면서 … ⑩ '마음을 기쁘게 하면서 … ⑪ '마음을 집중하면서 … ⑫ '마음을 해탈하게 하면서 …

⑬ '무상을 관찰하면서 … ⑭ '탐욕이 빛바램을 관찰하면서 … ⑮ '소멸을 관찰하면서 들이쉬리라.'며 … ⑯ '놓아버림을 관찰하면서 들이쉬리라.'며 공부짓고, '놓아버림을 관찰하면서 내쉬리라.'며 공부짓

는다.

비구들이여, 들숨날숨에 대한 마음챙김을 통한 삼매를 이와 같이 닦고 이와 같이 많이 [공부]지으면 큰 결실이 있고 큰 이익이 있다."

5. "비구들이여, 나도 깨닫기 전, 아직 완전한 깨달음을 성취하지 못한 보살이었을 때 이러한 머묾으로 많이 머물렀다. 비구들이여, 내가 이러한 머묾으로 많이 머물 때 몸도 피로하지 않았고 눈도 피로하지 않았고 나의 마음도 번뇌들로부터 해탈하였다.

비구들이여, 그러므로 만일 비구가 '몸도 피로하지 않고 눈도 피로하지 않고[125] 나의 마음도 번뇌들로부터 해탈하게 되기를.'이라고 원한다면 이러한 들숨날숨에 대한 마음챙김을 통한 삼매를 잘 마음에 잡도리해야 한다."[126]

---

125) "'몸도 피로하지 않고 눈도 피로하지 않고(neva kāyopi kilamati na cakkhūni)'라고 하셨다. 왜냐하면 다른 명상주제를 통해서 수행을 하면(kammaṁ karonta) 몸도 피로하고 눈도 혹사당하기(vihaññanti) 때문이다. 예를 들면 [몸을 네 가지 근본물질인] 요소별로 관찰하는 명상주제(dhātu-kammaṭṭhana)에 대해서 수행을 하면 몸이 피로하게 되고 기계(yanta)에 던져진 것처럼 압박감을 느끼게(pīḷan-ākāra-ppatta) 된다. 까시나의 명상주제(kasiṇa-kammaṭṭhāna)에 대해서 수행을 하면 눈이 쑤시게 되어 피로하게 되고 그 수행에서 나오면 마치 넘어진 듯한 느낌을 가지게(patan-ākārappatta) 된다. 그러나 이 명상주제에 대해서 수행을 하는 자는 몸도 피로하지 않고 눈도 혹사당하지 않는다."(SA.iii.264)

126) "그러면 이 성스러운 자의 성취(ariy-iddhi, 본경 §6을 주석서는 이렇게 부르고 있음.) 등의 구분(pabheda)을 왜 설하셨는가? [들숨날숨에 대한 마음챙김의] 이익을 보여주시기 위해서(ānisaṁsa-dassan-attha)이다. 왜냐하면 성스러운 자의 성취나 네 가지 색계선이나 네 가지 무색계선이나 멸진정을 원하는 비구는 이러한 들숨날숨에 대한 마음챙김을 통한 삼매를 잘 마음에 잡도리해야 하기 때문이다. 예를 들면 도시(nagara)를 점령하면 사방에서 생산되어 사대문으로 들어오는 모든 물품(bhaṇḍa)들도 점령하게 되고 그 지방(janapada)도 점령하게 되는 것처럼, 들숨날숨에 대한 마음챙김을 통한 삼매를 수행하게 되면 이러한 성스러운 자의 성취의 구분을 얻는 이익이 있게 된다. 수행자(yogi)는 들숨날숨에 대한 마음챙김을 통한 삼매로 [경

6. "비구들이여, 그러므로 만일 비구가 '세속에 대한 나의 기억과 사유를 모두 제거하리라.'라고 원한다면 이러한 들숨날숨에 대한 마음챙김을 통한 삼매를 잘 마음에 잡도리해야 한다.

비구들이여, 그러므로 만일 비구가 '나는 혐오스럽지 않은 것에 대해서 혐오하는 인식을 가져 머무르리라.'라고 원한다면 이러한 들숨날숨에 대한 마음챙김을 통한 삼매를 잘 마음에 잡도리해야 한다.

비구들이여, 그러므로 만일 비구가 '나는 혐오스러운 것에 대해서 혐오하지 않는 인식을 가져 머무르리라.'라고 원한다면 …

비구들이여, 그러므로 여기서 비구가 '나는 혐오스럽지 않은 것과 혐오스러운 것에 대해서 혐오하는 인식을 가져 머무르리라.'라고 원한다면 …

비구들이여, 그러므로 여기서 비구가 [318] '나는 혐오스럽지 않은 것과 혐오스러운 것에 대해서 혐오하지 않는 인식을 가져 머무르리라.'라고 원한다면 …

비구들이여, 그러므로 여기서 비구가 '나는 혐오스럽지 않은 것과 혐오스러운 것 이 둘을 다 버린 뒤 마음챙기고 알아차리면서 평온하게 머무르리라.'라고 원한다면 …"

7. "비구들이여, 그러므로 여기서 비구가 '나는 감각적 욕망들을 완전히 떨쳐버리고 해로운 법[不善法]들을 떨쳐버린 뒤, 일으킨 생각[尋]과 지속적인 고찰[伺]이 있고, 떨쳐버렸음에서 생긴 희열[喜]과 행복[樂]이 있는 초선(初禪)에 들어 머무르리라.'라고 원한다면 …

비구들이여, 그러므로 여기서 비구가 '나는 일으킨 생각과 지속적

에 나타나는] 모든 형태의 수행을 성취하게 된다(nipphajjati)는 이익을 보여주시기 위해서 말씀하신 것이다."(SA.iii.264~265)

인 고찰을 가라앉혔기 때문에 [더 이상 존재하지 않으며], 자기 내면의 것이고, 확신이 있으며, 마음의 단일한 상태이고, 일으킨 생각과 지속적인 고찰은 없고, 삼매에서 생긴 희열과 행복이 있는 제2선(二禪)에 들어 머무르리라.'라고 원한다면 …

비구들이여, 그러므로 여기서 비구가 '나는 희열이 빛바랬기 때문에 평온하게 머물고, 마음챙기고 알아차리며 몸으로 행복을 경험하고, 이 [禪 때문에] '평온하고 마음챙기며 행복하게 머문다.'고 성자들이 묘사하는 제3선(三禪)에 들어 머무르리라.'라고 원한다면 …

비구들이여, 그러므로 여기서 비구가 '나는 행복도 버리고 괴로움도 버리고, 아울러 그 이전에 이미 기쁨과 슬픔이 소멸되었으므로 괴롭지도 즐겁지도 않으며, 평온으로 인해 마음챙김이 청정한[捨念淸淨] 제4선(四禪)에 들어 머무르리라.'라고 원한다면 …"

8. "비구들이여, 그러므로 여기서 비구가 '나는 물질에 대한 인식을 완전히 초월하고 부딪힘의 인식을 소멸하고 갖가지 인식을 마음에 잡도리하지 않기 때문에 '무한한 허공'이라고 하면서 공무변처에 들어 머무르리라.'라고 원한다면 …

비구들이여, 그러므로 여기서 비구가 '나는 공무변처를 완전히 초월하여 [319] '무한한 알음알이'라고 하면서 식무변처에 들어 머무르리라.'라고 원한다면 …

비구들이여, 그러므로 여기서 비구가 '나는 식무변처를 완전히 초월하여 '아무것도 없다.'라고 하면서 무소유처에 들어 머무르리라.'라고 원한다면 …

비구들이여, 그러므로 여기서 비구가 '나는 무소유처를 완전히 초월하여 비상비비상처에 들어 머무르리라.'라고 원한다면 …

비구들이여, 그러므로 여기서 비구가 '나는 일체 비상비비상처를 완전히 초월하여 상수멸(想受滅, 인식과 느낌의 그침)에 들어 머무르리라.'라고 원한다면 이러한 들숨날숨에 대한 마음챙김을 통한 삼매를 잘 마음에 잡도리해야 한다."

9. "비구들이여, 이와 같이 들숨날숨에 대한 마음챙김을 통한 삼매를 닦고 많이 [공부]지을 때 만일 그가 즐거운 느낌을 느끼면 그는 그것이 무상한 줄 꿰뚫어 안다.127) 그것이 연연할 것이 못되는 줄 꿰뚫어 안다. 그것이 즐길만한 것이 아니라는 것을 꿰뚫어 안다. 만일 그가 괴로운 느낌을 느끼면 그는 그것이 무상한 줄 꿰뚫어 안다. 그것이 연연할 것이 못되는 줄 꿰뚫어 안다. 그것이 즐길만한 것이 아니라는 것을 꿰뚫어 안다. 만일 그가 괴롭지도 즐겁지도 않은 느낌을 느끼면 그는 그것이 무상한 줄 꿰뚫어 안다. 그것이 연연할 것이 못되는 줄 꿰뚫어 안다. 그것이 즐길만한 것이 아니라는 것을 꿰뚫어 안다."

10. "만일 그가 즐거운 느낌을 느끼면 그는 그것에 매이지 않고 그것을 느낀다. 만일 괴로운 느낌을 느끼면 그는 그것에 매이지 않고 그것을 느낀다. 만일 괴롭지도 즐겁지도 않은 느낌을 느끼면 그는 그것에 매이지 않고 그것을 느낀다.

11. "그는 몸이 무너지는 느낌을 느끼면서는 '나는 지금 몸이 무너지는 느낌을 느낀다.'라고 꿰뚫어 안다. 목숨이 끊어지는 느낌을 느끼면서는 '나는 지금 목숨이 끊어지는 느낌을 느낀다.'라고 꿰뚫어

---

127) 여기서부터 본경의 마지막까지는 본서 제2권 「철저한 검증 경」(S12:51) §§10~12(§12의 비유 부분은 본경과 다름)와 제3권 「앗사지 경」(S22:88) §§11~13(§13의 비유 부분은 본경과 다름)과 제4권 「간병실 경」1(S36:7) §§9~11(§11의 비유 부분은 본경과 다름)에도 나타나고 있다. 경문에 대한 설명은 제2권 「철저한 검증 경」(S12:51) §§10~13의 주해를 참조할 것.

안다. 그리고 그는 '지금 곧 이 몸 무너져 목숨이 끊어지면, 즐길 것이라고는 하나도 없는 이 모든 느낌들도 싸늘하게 식고 말 것이다.'라고 꿰뚫어 안다.

비구들이여, 예를 들면 기름을 반연하고 심지를 반연하여 기름 등불이 탄다 하자. 거기에다 어떤 사람이 시시때때로 기름을 부어넣지 않고 심지를 올려주지 않는다 하자. 비구들이여, 이렇게 하면 그 기름 등불은 먼젓번의 연료가 다하고 다른 태울 것을 가져다 넣지 않았기 때문에 연료가 없어져서 꺼질 것이다.

그와 같이 비구는 [320] 몸이 무너지는 느낌을 느끼면서는 '나는 지금 몸이 무너지는 느낌을 느낀다.'라고 꿰뚫어 안다. 목숨이 끊어지는 느낌을 느끼면서는 '나는 지금 목숨이 끊어지는 느낌을 느낀다.'라고 꿰뚫어 안다. 그리고 그는 '지금 곧 이 몸 무너져 목숨이 끊어지면, 즐길 것이라고는 하나도 없는 이 모든 느낌들도 싸늘하게 식고 말 것이다.'라고 꿰뚫어 안다."

웨살리 경(S54:9)[128]

Vesālī-sutta

1. 이와 같이 나는 들었다. 한때 세존께서는 웨살리에서 큰 숲[大林]의 중각강당에 머무셨다.

2. 그 무렵 세존께서는 여러 가지 방법으로 부정(不淨)에 관한 말씀을 하셨고 부정함을 칭송하셨고 부정을 닦는 수행을 칭송하

128) 생소한 일화를 담고 있는 본경은 『율장』(Vin.iii.68~70)에 좀 더 자세하게 나타나고 있다.(요약된 내용은 아래 §3의 주해를 참조할 것.) 이 일화에 대한 문제점은 Mills, "*The Case of the Murdered Monks*"에서 논의 되고 있다.

셨다.[129]

3. 그때 세존께서는 비구들을 불러서 말씀하셨다.

"비구들이여, 나는 반 달 동안 홀로 앉고자 한다. 하루 한 끼 탁발음식을 가져다주는 사람을 제외하고는 아무도 가까이 와서는 안 된다."[130]

"그렇게 하겠습니다, 세존이시여."라고 비구들은 세존께 대답한 뒤 하루 한 끼 탁발음식을 가져다주는 사람을 제외하고는 아무도 가까이 가지 않았다.

---

129) 주석서는 몸의 31가지 부위(『무애해도』와 주석서 문헌에서 32가지가 됨, 본서 「분석 경」(S51:20) §7의 주해 참조)에 대한 혐오와 10가지 부정(不淨)의 명상주제(asubha-kammaṭṭhāna, 『청정도론』 VI장 참조)를 말씀하셨다고 길게 적고 있다.(SA.iii.265~266) 몸의 31가지 부위는 본서 「분석 경」(S51:20) §7을 참조할 것.

130) 주석서를 요약하면 다음과 같다.
왜 부처님께서는 이렇게 말씀하셨는가? 과거에 500명의 사람이 사냥꾼이 되어서 생계를 유지했다고 한다. 그들은 죽어서 지옥에 태어났지만 어떤 유익한 업 때문에 다시 금생에 사람으로 태어나서 세존의 문하에 출가하였다고 한다. 그러나 그들은 그들이 지었던 원래의 나쁜 업의 일부분이 익어서 이날 밤에 자살을 하거나 타살을 당해 죽게 되었다. 세존께서는 이것을 예견하셨지만 세존께서 할 수 있는 일이 아무 것도 없음을 보셨다. 그들 가운데 일부는 범부(puthujjana)였고 일부는 일래자였으며 일부는 불환자였고 일부는 아라한이었다. 아라한들은 다시 태어나지 않을 것이고 성자들은 선처에 태어날 것이다. 그러나 범부들은 그 행처가 정해지지 않았다. 세존께서는 이들 범부들에게 부정(不淨)에 관한 말씀을 하여서 그들이 몸에 대한 집착을 여의어서 죽음에 대한 두려움을 없애고 천상에 태어날 수 있도록 하셨다. 이처럼 세존께서는 그들을 돕기 위해서 부정에 관한 말씀을 하신 것이지 죽음을 칭송하기 위해서가 결코 아니었다. 세존께서는 이런 일이 돌이킬 수 없음을 아셨기 때문에 희생자가 생기는 현장을 피하기 위해서 반 달 동안 홀로 지내신 것이다.(SA.iii.266~268)
이상이 주석서를 요약한 것이지만, 이처럼 업에 의해서 피할 수 없는 자살과 의도가 개입된 자살을 구분짓는 것이 결코 쉬운 일은 아닌 듯하다.

4. 그때 그 비구들은 '세존께서는 여러 가지 방법으로 부정(不淨)에 관한 말씀을 하셨고 부정함을 칭송하셨고 부정을 닦는 수행을 칭송하셨다.'라고 하면서 갖가지로 부정을 닦는 수행에 몰두하면서 머물렀다. 그들은 이 몸에 대해서 전율을 느끼고 혐오스러워하고 넌더리를 내면서 칼을 들어 자결을 시도하였다. 하루에 열 명의 비구들이 칼로 자결을 하기도 하고 하루에 스무 명이 칼을 들어 자결을 하기도 하고 하루에 서른 명이 칼을 들어 자결을 하기도 하였다.131)

5. 그때 세존께서는 그 반 달을 보내시고 홀로 앉음으로부터 일어나셔서 아난다 존자를 불러서 말씀하셨다.

"아난다여, 그런데 왜 비구 승가가 줄어들었는가?"

6. "세존이시여, [세존께서는 비구들에게 여러 가지 방법으로 부정(不淨)에 관한 말씀을 하셨고 부정함을 칭송하셨고 [321] 부정을 닦는 수행을 칭송하셨습니다.]132) 그래서 비구들은 '세존께서는 여러 가지 방법으로 부정(不淨)에 관한 말씀을 하셨고 부정함을 칭송하셨고 부정을 닦는 수행을 칭송하셨다.'라고 하면서 갖가지로 부정을 닦는 수행에 몰두하면서 머물렀습니다. 그들은 이 몸에 대해서 전율을 느끼고 혐오스러워하고 넌더리를 내면서 칼을 들어 자결을 시도하였습니다. 그래서 하루에 열 명의 비구들이 칼로 자결을 하기도 하

---

131) 『율장』(Vin.iii.68~69)에 의하면 그들은 스스로 목숨을 끊기도 하였고, 서로의 목숨을 끊어주기도 하였으며, 미갈란디까(Migalaṇḍika)라는 땡초(samaṇa-kuttaka)에게 부탁하여 죽여 달라 하기도 하였다고 한다. 이것은 주석서에도 나타난다. 한편 주석서에 의하면 예류자 이상이 된 성자들은 남을 죽이지 않았고 남에게 죽이라고 하지 않았으며 죽이는 것에 동의하지도 않았다고 한다. 범부들이 그렇게 하였다고 한다.(SA.iii.268)

132) [ ] 안은 Be에는 나타나지 않는다.

고 하루에 스무 명이 칼을 들어 자결을 하기도 하고 하루에 서른 명이 칼을 들어 자결을 하기도 하였습니다. 세존이시여, 세존께서는 다른 방법을 설해 주십시오. 그러면 비구 승가는 구경의 지혜에 확립될 것입니다."

7. "아난다여, 그렇다면 웨살리를 의지하여 머무르고 있는 비구들을 모두 집회소로 모이게 하라."

"그렇게 하겠습니다, 세존이시여."라고 아난다 존자는 세존께 대답한 뒤 웨살리를 의지하여 머무르고 있는 비구들을 모두 집회소로 모이게 하였다. 그런 뒤 세존께 다가가서 이렇게 말씀드렸다.

"세존이시여, 비구 승가가 모였습니다. 이제 세존께서 [가실] 시간이 되었습니다."

그러자 세존께서는 집회소로 가셨다. 가셔서는 마련된 자리에 앉으셨다. 자리에 앉으셔서 세존께서는 비구들을 불러서 말씀하셨다.

8. "비구들이여, 들숨날숨에 대한 마음챙김을 통한 삼매를 닦고 많이 [공부]지으면 고요하고 수승하고 순수하고 행복하게 머물고, 나쁘고 해로운 법[不善法]들이 일어나는 족족 즉시에 사라지게 하고 가라앉게 한다.133)

비구들이여, 예를 들면 무더운 여름의 마지막 달에 뜨거운 먼지 덩이들이 소용돌이치고 있는데 때 아닌 큰 먹구름이 몰려들어 그 자리에서 그것을 사라지게 하고 가라앉게 하는 것과 같다.134)

---

133) 이 문단과 여기에 나타나는 용어들은 『청정도론』 VIII.146~150에서 설명되어 있으므로 참조할 것.
'순수하고(asecanaka)'에 대해서는 본서 제1권 「숙까 경」1(S10:9) {843}의 주해를 참조할 것. 거기서는 감로수로 옮겼다.

134) 이 비유는 본서 제5권 「구름 경」1(S45:156) §3에도 나타나고 있다.

비구들이여, 그와 같이 들숨날숨에 대한 마음챙김을 통한 삼매를 닦고 많이 [공부]지으면 고요하고 수승하고 [322] 순수하고 행복하게 머물고, 나쁘고 해로운 법들이 일어나는 족족 즉시에 사라지게 하고 가라앉게 한다."

9. "비구들이여, 그러면 어떻게 들숨날숨에 마음챙김을 통한 삼매를 닦고 어떻게 많이 [공부]지으면 고요하고 수승하고 순수하고 행복하게 머물고, 나쁘고 해로운 법들이 일어나는 족족 즉시에 사라지게 하고 가라앉게 하는가?"

비구들이여, 여기 비구는 숲 속에 가거나 나무 아래에 가거나 빈방에 가거나 하여 가부좌를 틀고 상체를 곧추 세우고 전면에 마음챙김을 확립하여 앉는다. 그는 오로지 마음챙기면서 숨을 들이쉬고 오로지 마음챙기면서 숨을 내쉰다.

① 길게 들이쉬면서는 … ② 짧게 들이쉬면서는 … ③ '온몸을 경험하면서 … ④ '몸의 작용[身行]을 편안히 하면서 …

⑤ '희열을 경험하면서 … ⑥ '행복을 경험하면서 … ⑦ '마음의 작용[心行]을 경험하면서 … ⑧ '마음의 작용을 편안히 하면서 …

⑨ '마음을 경험하면서 … ⑩ '마음을 기쁘게 하면서 … ⑪ '마음을 집중하면서 … ⑫ '마음을 해탈하게 하면서 …

⑬ '무상을 관찰하면서 … ⑭ '탐욕이 빛바램을 관찰하면서 … ⑮ '소멸을 관찰하면서 들이쉬리라.'며 … ⑯ '놓아버림을 관찰하면서 들이쉬리라.'며 공부짓고, '놓아버림을 관찰하면서 내쉬리라.'며 공부짓는다.

비구들이여, 이와 같이 들숨날숨에 마음챙김을 통한 삼매를 닦고 이와 같이 많이 [공부]지으면 고요하고 수승하고 순수하고 행복하게 머물고, 나쁘고 해로운 법들이 일어나는 족족 즉시에 사라지게 하고 가라앉게 한다."

낌빌라 경(S54:10)

Kimbila-sutta

1. 이와 같이 나는 들었다. 한때 세존께서는 낌빌라에서 대나무 숲에 머무셨다.

2. 거기서 세존께서는 낌빌라 존자[135)]를 불러서 말씀하셨다.

3. "낌빌라여, 들숨날숨에 대한 마음챙김을 통한 삼매를 어떻게 닦고 어떻게 많이 [공부]지으면 큰 결실이 있고 큰 이익이 있는가?"

이렇게 말씀하시자 낌빌라 존자는 침묵하고 있었다.

4. 두 번째로 … 세 번째로 세존께서는 낌빌라 존자를 불러서 말씀하셨다.

"낌빌라여, 들숨날숨에 대한 마음챙김을 통한 삼매를 어떻게 닦고

---

135) 낌빌라 존자(āyasmā Kimbila/Kimila)는 강가(Gaṅga) 강 언덕에 있는 (DPPN) 낌빌라 도시의 상인의 아들로 태어났다. 그는 출가하여 전생을 아는 지혜가 생겨서 자신의 전생을 보게 되었다 한다. 그는 깟사빠 부처님의 교법이 쇠퇴(osakkana)할 때 출가하여 사부대중이 교법을 존중하지 않는 것을 보고 사다리를 묶어서 낭떠러지에 매달려서 사문의 법을 닦는 자신의 모습을 보게 되었다. 그래서 그는 '스승님께 가서 교법이 쇠퇴하는 이유를 여쭈어보리라.'고 생각하여 『앙굿따라 니까야』 「낌빌라 경」(A5:201) §1의 질문을 드리고 세존의 말씀을 듣게 되었다고 한다.(AA.iii.323)
본경의 낌빌라 존자는 사까의 아누삐야(Anupiya)에서 아누룻다(Anuruddha), 아난다(Ānanda), 바구(Bhagu), 밧디야(Bhaddiya), 데와닷따(Devadatta) 같은 왕자와 이발사 우빨리(Upāli)를 비롯한 많은 사까의 청년들과 함께 출가한 사까족 출신의 낌빌라 존자가 아니다.
낌빌라와 낌빌라의 대나무 숲과 함께 언급되는 낌빌라 존자는 본경의 낌빌라 존자이고(본서 제4권 「나무 더미 비유 경」 2(S35:242) 참조), 그렇지 않은 경우(예를 들면 M38, M62, M128)는 사까족 출신의 낌빌라 존자라고 보면 된다.

어떻게 많이 [공부]지으면 큰 결실이 있고 큰 이익이 있는가?"
세 번째에도 낌빌라 존자는 침묵하고 있었다.

5. 그러자 [323] 아난다 존자가 세존께 이렇게 말씀드렸다.
"세존이시여, 지금이 바로 적절한 시기입니다. 선서시여, 지금이 세존께서 들숨날숨에 대한 마음챙김을 통한 삼매를 닦는 것에 대해서 설해 주실 바로 적절한 시기입니다. 세존으로부터 듣고 비구들은 그것을 잘 호지할 것입니다."
"아난다여, 그렇다면 이제 그것을 들어라. 듣고 마음에 잘 새겨라. 나는 설할 것이다."
"그렇게 하겠습니다, 세존이시여."라고 아난다 존자는 세존께 대답했다.

6. 세존께서는 이렇게 말씀하셨다.
"아난다여, 여기 비구는 숲 속에 가거나 나무 아래에 가거나 빈방에 가거나 하여 가부좌를 틀고 상체를 곧추 세우고 전면에 마음챙김을 확립하여 앉는다. 그는 오로지 마음챙기면서 숨을 들이쉬고 오로지 마음챙기면서 숨을 내쉰다.
① 길게 들이쉬면서는 … ② 짧게 들이쉬면서는 … ③ '온몸을 경험하면서 … ④ '몸의 작용[身行]을 편안히 하면서 …
⑤ '희열을 경험하면서 … ⑥ '행복을 경험하면서 … ⑦ '마음의 작용[心行]을 경험하면서 … ⑧ '마음의 작용을 편안히 하면서 …
⑨ '마음을 경험하면서 … ⑩ '마음을 기쁘게 하면서 … ⑪ '마음을 집중하면서 … ⑫ '마음을 해탈하게 하면서 …
⑬ '무상을 관찰하면서 … ⑭ '탐욕이 빛바램을 관찰하면서 … ⑮ '소멸을 관찰하면서 들이쉬리라.'며 … ⑯ '놓아버림을 관찰하면서 들

이쉬리라.'며 공부짓고, '놓아버림을 관찰하면서 내쉬리라.'며 공부짓는다.

아난다여, 이와 같이 들숨날숨에 마음챙김을 통한 삼매를 닦고 이와 같이 많이 [공부]지으면 큰 결실이 있고 큰 이익이 있다."136)

(i) 몸의 관찰

7. "아난다여, 비구는 ① 길게 들이쉬면서 '길게 들이쉰다.'고 꿰뚫어 알고, 길게 내쉬면서는 '길게 내쉰다.'고 꿰뚫어 안다. ② 짧게 들이쉬면서는 '짧게 들이쉰다.'고 꿰뚫어 알고, 짧게 내쉬면서는 '짧게 내쉰다.'고 꿰뚫어 안다. ③ '온몸을 경험하면서 들이쉬리라.'며 공부짓고 '온몸을 경험하면서 내쉬리라.'며 공부짓는다. ④ '몸의 작용[身行]을 편안히 하면서 들이쉬리라.'며 공부짓고 '몸의 작용을 편안히 하면서 내쉬리라.'며 공부짓는다.

아난다여, 이렇게 공부지을 때 그 비구는 몸에서 몸을 관찰하면서[身隨觀] 세상에 대한 욕심과 싫어하는 마음을 버리고 근면하고 분명히 알아차리고 마음챙기는 자 되어 머문다.

아난다여, 이 들숨날숨이란 것은 몸들 가운데서 한 가지 [형태의] 몸137)이라고 나는 말한다. 아난다여, 그러므로 여기서138) 비구는 그

---

136) 아래에 나타나는 16단계의 들숨날숨에 대한 마음챙김과 사념처와의 비교는 『맛지마 니까야』 「들숨날숨에 대한 마음챙김 경」(M118/iii.83~85) §24 이하와 같다. 아래 S54:13도 참조할 것.

137) "'한 가지 [형태의] 몸(kāy-aññatara)'이란 흙의 몸 등 네 가지 몸 가운데서 어떤 하나라고 나는 말한다. 즉 바람의 몸[風身, vāyo-kāya]이라고 나는 말한다는 뜻이다. 혹은 눈의 감각장소, 귀의 감각장소 … 덩어리진 [먹는] 음식이라는 이 25가지 물질의 부분들을 물질의 몸[色身, rūpa-kāya]이라 한다. 그 중에서 들숨날숨은 감촉의 감각장소[觸入, phoṭṭhabb-āyatana]에 포함되기 때문에 몸의 한 형태이다. 그 때문에도 이와 같이 설하셨다." (SA.iii.270~271)

때에 몸에서 몸을 관찰하면서 세상에 대한 욕심과 싫어하는 마음을 버리고 근면하고 분명히 알아차리고 마음챙기는 자 되어 머무는 것이다."

(ii) 느낌의 관찰

8. "아난다여, 비구는 ⑤ '희열을 경험하면서 들이쉬리라.'며 공부짓고 '희열을 경험하면서 내쉬리라.'며 공부짓는다. ⑥ '행복을 경험하면서 들이쉬리라.'며 공부짓고 '행복을 경험하면서 내쉬리라.'며 공부짓는다. ⑦ '마음의 작용[心行]을 경험하면서 [324] 들이쉬리라.'며 공부짓고 '마음의 작용을 경험하면서 내쉬리라.'며 공부짓는다. ⑧ '마음의 작용을 편안히 하면서 들이쉬리라.'며 공부짓고 '마음의 작용을 편안히 하면서 내쉬리라.'며 공부짓는다.

아난다여, 이렇게 공부지을 때 그 비구는 느낌에서 느낌을 관찰하면서[受隨觀] 세상에 대한 욕심과 싫어하는 마음을 버리고 근면하고 분명히 알아차리고 마음챙기는 자 되어 머문다.

아난다여, 이 들숨날숨을 잘 마음에 잡도리하는 것은 느낌들 가운데서 한 가지 [형태의] 느낌이라고 나는 말한다. 아난다여, 그러므로

한편 아비담마에서는 28가지 물질을 설하고 있다. 그런데 위 주석서의 인용과 『맛지마 니까야 주석서』(MA.ii.261) 등에서는 25가지 물질을 열거하고 있는데 이것은 아비담마의 28가지 물질의 분류 가운데서 심장토대(hadaya-vatthu)를 제외한 27가지와 일치한다. 아비담마에서는 대상 가운데 감촉(phoṭṭhabba, 觸)을 지·화·풍으로 간주하기 때문이다. 28가지 물질 등은 『아비담마 길라잡이』 527쪽 이하를 참조할 것.

138) "'그러므로 여기서(tasmāt-iha)'라는 것은 네 가지 몸 가운데서 어떤 하나인 바람의 몸이다. 혹은 25가지 물질의 부분들인 물질의 몸 가운데 어떤 하나인 들숨날숨을 관찰하기(ānāpānaṁ anupassati) 때문에 몸에서 몸을 관찰한다라는 뜻이다. 이와 같이 느낌 등의 모든 곳에서 그 뜻을 알아야 한다."(MA.iii.271)

여기서 비구는 그때에 느낌에서 느낌을 관찰하면서 세상에 대한 욕심과 싫어하는 마음을 버리고 근면하고 분명히 알아차리고 마음챙기는 자 되어 머무는 것이다."139)

(iii) 마음의 관찰

9. "아난다여, 비구는 ⑨ '마음을 경험하면서 들이쉬리라.'며 공부짓고 '마음을 경험하면서 내쉬리라.'며 공부짓는다. ⑩ '마음을 기쁘게 하면서 들이쉬리라.'며 공부짓고 '마음을 기쁘게 하면서 내쉬리라.'며 공부짓는다. ⑪ '마음을 집중하면서 들이쉬리라.'며 공부짓고 '마음을 집중하면서 내쉬리라.'며 공부짓는다. ⑫ '마음을 해탈하게 하면서 들이쉬리라.'며 공부짓고 '마음을 해탈하게 하면서 내쉬리라.'며 공부짓는다.

---

139) "'잘 마음에 잡도리하는 것(sādhukaṁ manasikāra)'이란 희열 등을 경험함으로써 생긴 것이니, 아름답게(sundaraṁ) 마음에 잡도리함이다. '느낌들 가운데서 한 가지 [형태](vedanāññatara)'란 세 가지 느낌 가운데서 하나인 즐거운 느낌[樂受, sukha-vedanā]을 두고 설한 것이다.

그렇다면 마음에 잡도리함[作意, manasikāra]이 즐거운 느낌[樂受]인가라고 한다면 그렇지는 않다. 이것은 다만 설명을 위주로 말씀하셨을 뿐이다. 마치 "무상에 대한 인식[無常想, anicca-saññā]의 수행에 몰두하고 전념한다."(「긴 라훌라 교계경」 M62 §25)는 곳에서는 인식[想, saññā]이라는 이름으로써 통찰지[慧, 般若, paññā]를 설하신 것과 같다. 이와 같이 여기서도 마음에 잡도리함이라는 이름으로써 느낌[受]을 설하셨다고 알아야 한다.

이 두 번째 네 개조의 첫 번째 구절에서는 희열이라는 제목 아래 느낌을 설했고, 두 번째 구문에서 행복(즐거움)이라 설한 것은 본성에 따라 설한 것이다. 마음의 작용[心行]의 두 구문에서 "인식과 느낌은 마음부수이다. 이 법들은 마음과 결합된 마음의 작용이다."(Ps.i.188)라는 말씀이 있기 때문에, 그리고 "일으킨 생각[尋]과 지속적인 고찰[伺]을 제외하고 마음과 연결된 모든 법들은 마음의 작용[心行]에 포함된다."(*cf.* Yam.i.229)라는 말씀이 있기 때문에 마음의 작용이라는 이름으로써 느낌을 설했다. 마음에 잡도리함이라는 이름으로써 그 모든 것을 포함하여 여기서 '잘 마음에 잡도리하는 것'이라고 하셨다."(SA.iii.271)

아난다여, 이렇게 공부지을 때 그 비구는 마음에서 마음을 관찰하면서[心隨觀] 세상에 대한 욕심과 싫어하는 마음을 버리고 근면하고 분명히 알아차리고 마음챙기는 자 되어 머문다.

아난다여, 마음챙김을 놓아버리고 분명히 알지 못하는 자가 들숨날숨에 대한 마음챙김을 닦는다고 나는 말하지 않는다. 아난다여, 그러므로 여기서 비구는 그때에 마음에서 마음을 관찰하면서 세상에 대한 욕심과 싫어하는 마음을 버리고 근면하고 분명히 알아차리고 마음챙기는 자 되어 머무는 것이다."140)

(iv) 법의 관찰

10. "아난다여, 비구는 ⑬ '무상을 관찰하면서 들이쉬리라.'며 공부짓고 '무상을 관찰하면서 내쉬리라.'며 공부짓는다. ⑭ '탐욕이 빛바램을 관찰하면서 들이쉬리라.'며 공부짓고 '탐욕이 빛바램을 관찰하면서 내쉬리라.'며 공부짓는다. ⑮ '소멸을 관찰하면서 들이쉬리라.'며 공부짓고 '소멸을 관찰하면서 내쉬리라.'며 공부짓는다. ⑯ '놓아버림을 관찰하면서 들이쉬리라.'며 공부짓고 '놓아버림을 관찰하면서 내쉬리라.'며 공부짓는다.

아난다여, 이렇게 공부지을 때 그 비구는 법에서 법을 관찰하면서

---

140) "'마음챙김을 잊어버리고 분명히 알아차리지 못하는 자가(muṭṭhassatissa asampajānassa)'라는 구문에서 그 취지는 다음과 같다. 마음을 경험하면서 들이쉬리라는 방법으로 공부하는 비구는 들숨날숨의 어떤 표상을 대상으로 삼는다(assāsa-passāsa-nimittam ārammaṇaṁ karoti). 그러나 그의 마음은 대상에 대해 마음챙김과 분명히 알아차림을 확립하면서 공부짓기 때문에 그를 오직 마음에서 마음을 관찰하는 자라고 이름한다. 마음챙김을 잊어버리고 분명히 알아차리지 않는 자에게 들숨날숨에 마음챙김을 통한 삼매를 닦는 수행(ānāpāna-ssati-samādhi-bhāvanā)은 없다. 그러므로 대상으로써 마음을 경험함 등에 의해 그때 비구는 마음에서 마음을 관찰하면서 머문다고 했다."(SA.iii.372)

[法隨觀] 세상에 대한 욕심과 싫어하는 마음을 버리고 근면하고 분명히 알아차리고 마음챙기는 자 되어 머문다. 그는 욕심과 싫어하는 마음을 버린 것을 통찰지로써 보고 안으로 평온하게 된다.141)

아난다여, 그러므로 여기서 비구는 그때에 법에서 법을 관찰하면서 세상에 대한 욕심과 싫어하는 마음을 버리고 근면하고 분명히 알아차리고 마음챙기는 자 되어 머무는 것이다."

---

141) "'그는 욕심과 싫어하는 마음을 버린 것을 통찰지로써 보고 안으로 마음이 평온하게 된다.'라고 설한 구문에서 '욕심(abhijjhā)'이라는 단어로 감각적 욕망에 대한 욕구의 장애(kāma-cchanda-nīvaraṇa)를 설했고, '싫어하는 마음(domanassa)'이라는 단어로 악의(byāpāda)의 장애를 설하셨다.
그리고 이 네 번째 네 개조는 위빳사나로써 설하셨다. 법을 관찰하는 것은 장애 등의 단락으로써 다섯 가지이다.(「대념처경」(D22)에서 법에 마음챙기는 공부[法念處]는 ① 다섯 가지 장애[五蓋] ② 다섯 가지 무더기[五蘊] ③ 여섯 가지 안팎의 감각장소[六內外入] ④ 일곱 가지 깨달음의 구성요소[七覺支] ⑤ 네 가지 진리[四諦]의 다섯 단락으로 분류되어 나타난다.) 그 중에서 장애의 단락(nīvaraṇa-pabba)이 처음이고, 그 중에서도 이 두 종류의 장애가 처음이다. 이와 같이 법을 관찰하는 것의 처음을 보이기 위해 욕심과 싫어하는 마음이라고 설하셨다.
'버림(pahāna)'이란 무상의 관찰로써 항상하다는 인식[常想]을 버리기 때문에 버림이라는 형태의 지혜를 뜻한다.
'그것을 통찰지로써 보고(tam paññāya disvā)'란 무상, 탐욕의 빛바램, 소멸, 놓아버림의 지혜라 불리는(anicca-virāga-nirodha-paṭinissagga-ñāṇa-saṅkhāta) 그 버림의 지혜를 그 다음의 위빳사나의 통찰지로써, 그것도 그 다음의 것으로써, 이와 같이 그 다음 단계의 위빳사나를 보이셨다.
'평온하게 된다(ajjhupekkhitā hoti).'란 ① 사마타에 든 자가 평온하게 되는 것과 ② 하나로 확립된 자가 평온하게 되는 것으로 두 종류의 평온함이 있다. 함께 생긴(sahajāta) 법들에 대해서도 평온함이 있고, 대상(ārammaṇa)에 대해서도 평온함이 있는데 여기서는 대상에 대한 평온함을 뜻한다.
'아난다여, 그러므로 여기서(tasmāt-ih-ānanda)'란 무상을 관찰하면서 들이쉬리라는 방법으로 공부지을 때 그는 단지 장애의 법들만을 보는 것이 아니라 욕심과 싫어하는 마음을 필두로 설한 법들에 대한 그 버림의 지혜도 역시 통찰지로써 보고 평온해지기 때문에 "그때 비구는 법에서 법을 관찰하면서 머문다."라고 알아야 한다."(SA.iii.272~273)

11. "아난다여, [325] 예를 들면 사거리에 큰 흙더미가 있다 하자. 만일 동쪽으로부터 수레나 마차가 오면 그 흙더미를 눌러서 평평하게 할 것이다. 만일 서쪽으로부터 … 남쪽으로부터 … 북쪽으로부터 수레나 마차가 오면 그 흙더미를 눌러서 평평하게 할 것이다.142)

아난다여, 그와 같이 비구가 몸에서 몸을 관찰하면서 머물면 삿되고 해로운 법들을 눌러서 평평하게 할 것이다. 느낌에서 … 마음에서 … 법에서 법을 관찰하면서 머물면 삿되고 해로운 법들을 눌러서 평평하게 할 것이다."

제1장 하나의 법 품이 끝났다.

첫 번째 품에 포함된 경들의 목록은 다음과 같다.

① 하나의 법 ② 깨달음의 구성요소
③ 간단한 설명, 두 가지 ④~⑤ 결실
⑥ 아릿타 ⑦ 마하깝삐나 ⑧ 등불 비유
⑨ 웨살리 ⑩ 낌빌라이나.

---

142) "여기서 사거리(catu-mahā-patha)는 여섯 가지 감각장소(cha āyatanāni)를 뜻하고 거기에 있는 흙더미(paṁsu-puñja)는 여섯 가지 감각장소에 있는 오염원들(kilesā)이다. 사방에서 오는 수레나 마차(sakaṭa-rathā)는 네 가지 대상(ārammaṇa)들에 대해서 일어나는 네 가지 마음챙김의 확립(cattāro satipaṭṭhānā)이다. 하나의 수레나 마차로 흙더미를 누르는 것은 몸을 관찰하는 것(kāya-anupassanā) 등을 통해서 사악하고 해로운 법들을 파괴하는 것(upaghāta)이라고 알아야 한다."(SA.iii.273)

제2장 두 번째 품

Dutiya-vagga

잇차낭갈라 경(S54:11)

Icchānaṅgala-sutta

1. 이와 같이 나는 들었다. 한때 세존께서는 잇차낭갈라143)에서 잇차낭갈라의 밀림에 머무셨다.

2. 거기서 세존께서는 비구들을 불러서 말씀하셨다.

3. "비구들이여, 나는 석 달 동안 홀로 앉고자 한다. 하루 한 끼 탁발음식을 가져다주는 사람을 제외하고는 아무도 가까이 와서는 안 된다."

"그렇게 하겠습니다, 세존이시여." 라고 비구들은 세존께 대답한 뒤 하루 한 끼 탁발음식을 가져다주는 사람을 제외하고는 아무도 가까이 가지 않았다.

4. 그때 [326] 세존께서는 그 석 달을 보내시고 홀로 앉음으로부터 일어나셔서 비구들을 불러서 말씀하셨다.

"비구들이여, 만일 외도 유행승들이 그대들에게 '도반들이여, 사문 고따마는 안거를 날 때 어떻게 머물면서 많이 지냅니까?'라고 질문

---

143) 『앙굿따라 니까야』 「나기따 경」(A5:30) §1 등에 의하면 잇차낭갈라(Icchānaṅgala)는 꼬살라의 바라문 마을이다. 『맛지마 니까야』 「와셋타 경」(M98) 등에 의하면 짱끼 바라문, 따룩카 바라문, 뽁카라사띠 바라문, 자눗소니 바라문, 또데야 바라문과 다른 아주 잘 알려진 바라문의 큰 가문 출신들이 잇차낭갈라에 살고 있었다고 한다. 이처럼 당시에 유명했던 바라문 마을이었던 것은 분명하다.

하면 그대들은 그 외도 유행승들에게 '도반들이여, 세존께서는 안거를 날 때 들숨날숨에 대한 마음챙김을 통한 삼매에 머물면서 많이 지냅니다.'라고 설명해야 한다."

5. "비구들이여, 여기 나는 마음챙기면서 숨을 들이쉬고 마음챙기면서 숨을 내쉰다.[144]

① 길게 들이쉬면서 '길게 들이쉰다.'고 꿰뚫어 알고, 길게 내쉬면서는 '길게 내쉰다.'고 꿰뚫어 안다. ② 짧게 들이쉬면서는 '짧게 들이쉰다.'고 꿰뚫어 알고, 짧게 내쉬면서는 '짧게 내쉰다.'고 꿰뚫어 안다. ③ '온몸을 경험하면서 들이쉬리라.'며 꿰뚫어 알고[145] '온몸을 경험하면서 내쉬리라.'며 꿰뚫어 안다. ④ '몸의 작용[身行]을 편안히 하면서 들이쉬리라.'며 꿰뚫어 알고 '몸의 작용을 편안히 하면서 내쉬리라.'며 꿰뚫어 안다.

---

144) 앞의 모든 들숨날숨에 대한 마음챙김의 정형구에는 "오로지 마음챙기면서 숨을 들이쉬고 오로지 마음챙기면서 숨을 내쉰다(sato va assasati sato va passasati)."로 나타났다. 그런데 본경에서 세존께서는 부처님 자신이 실천하시는 들숨날숨에 대한 마음챙김을 설명하시면서 "마음챙기면서 숨을 들이쉬고 마음챙기면서 숨을 내쉰다(sato assasāmi sato passassāmi)."로 말씀하고 계신다.
여기서 유념해야 할 점은 앞에서는 sato va(오로지 마음챙기면서)로 말씀하셨는데 여기서는 오로지, 오직, 단지를 뜻하는 va(eva)라는 단어를 사용하지 않으셨다는 것이다. 왜일까? 주석서는 이렇게 설명하고 있다.
"다른 곳에서는 eva 혹은 va라는 단어를 사용하셨다. 그런데 여기서는 왜 사용하지 않으셨을까? 전적으로 평화로우시기 때문(ekanta-santattā)이다. 다른 사람들에게는 들숨이 분명하거나(pākaṭa) 혹은 날숨이 분명하거나 하지만 세존께는 이 둘 모두가 다 분명하여 항상(nicca) 마음챙김이 확립되어(upaṭṭhita-ssatitā) 있으시기 때문이다."(SA.iii.274)

145) 부처님 자신이 실천하시는 들숨날숨에 대한 마음챙김을 서술하시면서 부처님께서는 '공부짓는다(sikkhati)' 대신에 여기서처럼 '꿰뚫어 안다(pajānāmi)'로 모두 바꾸어서 말씀하고 계시는 점을 유념해서 봐야 한다. 부처님께서는 더 이상 스스로 공부지을 필요가 없으시기 때문에 꿰뚫어 안다고 말씀하시는 것이라고 주석서는 설명하고 있다.(SA.iii.274)

⑤ '희열을 경험하면서 들이쉬리라.'며 꿰뚫어 알고 '희열을 경험하면서 내쉬리라.'며 꿰뚫어 안다. ⑥ '행복을 경험하면서 들이쉬리라.'며 꿰뚫어 알고 '행복을 경험하면서 내쉬리라.'며 꿰뚫어 안다. ⑦ '마음의 작용[心行]을 경험하면서 들이쉬리라.'며 꿰뚫어 알고 '마음의 작용을 경험하면서 내쉬리라.'며 꿰뚫어 안다. ⑧ '마음의 작용을 편안히 하면서 들이쉬리라.'며 꿰뚫어 알고 '마음의 작용을 편안히 하면서 내쉬리라.'며 꿰뚫어 안다.

⑨ '마음을 경험하면서 들이쉬리라.'며 꿰뚫어 알고 '마음을 경험하면서 내쉬리라.'며 꿰뚫어 안다. ⑩ '마음을 기쁘게 하면서 들이쉬리라.'며 꿰뚫어 알고 '마음을 기쁘게 하면서 내쉬리라.'며 꿰뚫어 안다. ⑪ '마음을 집중하면서 들이쉬리라.'며 꿰뚫어 알고 '마음을 집중하면서 내쉬리라.'며 꿰뚫어 안다. ⑫ '마음을 해탈하게 하면서 들이쉬리라.'며 꿰뚫어 알고 '마음을 해탈하게 하면서 내쉬리라.'며 꿰뚫어 안다.

⑬ '무상을 관찰하면서 들이쉬리라.'며 꿰뚫어 알고 '무상을 관찰하면서 내쉬리라.'며 꿰뚫어 안다. ⑭ '탐욕이 빛바램을 관찰하면서 들이쉬리라.'며 꿰뚫어 알고 '탐욕이 빛바램을 관찰하면서 내쉬리라.'며 꿰뚫어 안다. ⑮ '소멸을 관찰하면서 들이쉬리라.'며 꿰뚫어 알고 '소멸을 관찰하면서 내쉬리라.'며 꿰뚫어 안다. ⑯ '놓아버림을 관찰하면서 들이쉬리라.'며 꿰뚫어 알고, '놓아버림을 관찰하면서 내쉬리라.'며 꿰뚫어 안다."

6. "비구들이여, 바르게 말하는 자가 말하기를 '성스러운 머묾'이라 하거나 '거룩한 머묾'이라 하거나 '여래의 머묾'이라 하는 것은 바로 이 들숨날숨에 대한 마음챙김을 통한 삼매를 두고 그렇게 말하는 것이라고 바르게 말하는 자는 말해야 한다."

7. "비구들이여, 아직 마음의 이상인 [아라한과를] 얻지 못한 유학들은 위없는 유가안은을 원하며 머무나니, 그들도 바로 이 들숨날숨에 대한 마음챙김을 통한 삼매를 닦고 많이 [공부]지어서 번뇌들의 멸진으로 나아가게 된다."

8. "비구들이여, 아라한들은 번뇌가 다했고 삶을 완성했으며 할 바를 다했고 짐을 내려놓았으며 참된 이상을 실현했고 삶의 족쇄를 부수었으며 바른 구경의 지혜로 해탈하였나니, 그들도 바로 이 들숨날숨에 대한 마음챙김을 통한 삼매를 닦고 많이 [공부]지어서 바로 지금·여기에서 행복하게 머물게 되고 마음챙기고 알아차리게 된다."[146]

9. "비구들이여, 바르게 말하는 자가 말하기를 '성스러운 머묾'이라 하거나 '거룩한 머묾'이라 하거나 '여래의 머묾'이라 하는 것은 바로 이 들숨날숨에 대한 마음챙김을 통한 삼매를 두고 그렇게 말하는 것이라고 바르게 말하는 자는 말해야 한다."

혼란스러움 경(S54:12)

Kaṅkheyya-sutta

1. 이와 같이 나는 들었다. 한때 [327] 로마사왕기사 존자는 삭까[147]에서 까빨라왓투의 니그로다 원림에 머물렀다.

2. 그때 삭까 사람 마하나마[148]가 로마사왕기사 존자[149]에게

---

146) 여기에 대해서는 본서 제3권 「계 경」(S22:122/iii.169) §7과 주해들도 참조할 것.

147) 삭까(Sakka)와 사꺄(Sakya) 등에 대한 논의는 본서 제3권 「걸식 경」(S22:80) §1의 주해를 참조할 것.

다가갔다. 가서는 로마사왕기사 존자에게 절을 올리고 한 곁에 앉았다. 한 곁에 앉은 삭까 사람 마하나마는 로마사왕기사 존자에게 이렇게 말했다.

3. "존자시여, 유학의 머묾과 여래의 머묾은 같습니까? 아니면 유학의 머묾과 여래의 머묾은 다릅니까?"

"도반 마하나마여, 유학의 머묾과 여래의 머묾은 같지 않습니다. 유학의 머묾과 여래의 머묾은 다릅니다."

4. "마하나마여, 유학인 비구들은 아직 마음의 이상인 [아라한과를] 얻지 못하였으며 위없는 유가안은을 원하며 머뭅니다. 그들은 다섯 가지 장애를 제거하여 머뭅니다.150) 무엇이 다섯입니까?

---

148) 삭까 사람 마하나마(Mahānāma sakka)는 사까족 왕의 한 사람이었으며 아누룻다(Anuruddha) 존자의 형이고 세존의 사촌이 된다. 『앙굿따라 니까야』 「하나의 모음」(A1:14:6-5)에서 그는 "뛰어난 보시를 하는 자들(paṇīta-dāyakā) 가운데 으뜸"이라고 언급되고 있을 정도로 정성을 다하여 세존을 모시고 승가를 후원하였다.
『법구경 주석서』(DhpA.i.345)에 의하면 빠세나디 꼬살라 왕은 부처님과 인척 관계를 맺고 싶어 하였으며 그래서 사꺄족의 딸과 결혼하고자 하였다. 그러나 자부심이 강한 사꺄족은 마하나마와 하녀 사이에서 난 딸인 와사바캇띠야(Vāsabhakhattiyā)를 보냈으며, 이들 사이에서 난 아들이 바로 위두다바(Vidūdabha) 왕자이다. 위두다바 왕자가 커서 까삘라왓투를 방문하였다가 이 이야기를 듣고 격분하였고, 그래서 후에 위두다바는 사꺄를 정복하여 남녀노소를 가리지 않고 무참한 살육을 하였다고 한다.

149) 주석서와 복주서에는 로마사왕기사 존자(āyasmā Lomasavaṅgīsa)에 대한 설명이 나타나지 않는다. 왕기사 존자와 구분하기 위해서 털이 많이 난(lomasa) 특징을 들어서 이 존자를 로마사왕기사라 부르는 듯하다. 그런데 Be에는 로마사깜비야(Lomasakaṁbhiya)로 나타난다. DPPN은 로마사깡기야(Lomasakaṅgiya)의 이문(異文)이거나 잘못된 표기일 거라고 추측하고 있다. 로마사깡기야 존자는 『맛지마 니까야』 「로마사깡기야 경」(M134)에 나타나며, 사꺄의 까삘라왓투 출신이고 아라한이었다.(ThagA.i.91)

150) '그들은 다섯 가지 장애를 제거하여 머문다(te pañca nīvaraṇe pahāya

감각적 욕망에 대한 욕구의 장애를 제거하여 머뭅니다. 악의의 장애를 제거하여 머뭅니다. 해태와 혼침의 장애를 제거하여 머뭅니다. 들뜸과 후회의 장애를 제거하여 머뭅니다. 의심의 장애를 제거하여 머뭅니다.

도반 마하나마여, 유학인 비구들은 아직 마음의 이상인 [아라한과를] 얻지 못하였으며 위없는 유가안은을 원하며 머뭅니다. 그들은 이러한 다섯 가지 장애를 제거하여 머뭅니다."

5. "도반 마하나마여, 그러나 아라한들은 번뇌가 다했고 삶을 완성했으며 할 바를 다했고 짐을 내려놓았으며 참된 이상을 실현했고 삶의 족쇄를 부수었으며 바른 구경의 지혜로 해탈하였습니다. 그들은 다섯 가지 장애를 제거하였고 그 뿌리를 잘랐고 줄기만 남은 야자수처럼 만들었고 존재하지 않게 하였고 미래에 다시는 일어나지 않게끔 하였습니다.151) 무엇이 다섯입니까?

감각적 욕망에 대한 욕구의 장애를 제거하였고 그 뿌리를 잘랐고 줄기만 남은 야자수처럼 만들었고 존재하지 않게 하였고 미래에 다시는 일어나지 않게끔 하였습니다. 악의의 장애를 … 해태와 혼침의 장애를 … 들뜸과 후회의 장애를 … 의심의 장애를 제거하였고 그 뿌

viharanti).'고 했다. 모든 유학들은 의심의 장애를 완전히 제거하여 머문다. 불환자들은 악의와 후회도 제거하여 머문다.(대부분의 감각적 욕망에 대한 욕구도 제거하여 머문다.) 그러나 해태와 혼침과 들뜸은 아라한이 되어야 완전히 제거된다. 그러나 유학들은 삼매와 위빳사나를 통해서 다섯 가지 떨쳐버림(viveka)에 들어서 일시적으로 다섯 가지 장애를 없앨 수 있다.(본서 제5권 「절반 경」(S45:2) §4의 주해들을 참조할 것.) 그러므로 여기서 제거하여(pahāya)라는 말 속에는 이러한 의미가 있다고 받아들여야 한다. 다섯 가지 장애에 대해서는 본서 제5권 「장애 경」(S:45:177) §3을 참조할 것.

151) 본경에서는 이 구문이 다섯 가지 장애를 완전히 제거한 아라한에게 해당되는 정형구로 나타나고 있다. 본 정형구에 대한 설명은 본서 제2권 「무명을 조건함 경」 1(S12:35) §8의 주해를 참조할 것.

리를 잘랐고 줄기만 남은 야자수처럼 만들었고 존재하지 않게 하였고 [328] 미래에 다시는 일어나지 않게끔 하였습니다.

도반 마하나마여, 아라한들은 번뇌가 다했고 삶을 완성했으며 할 바를 다했고 짐을 내려놓았으며 참된 이상을 실현했고 삶의 족쇄를 부수었으며 바른 구경의 지혜로 해탈하였습니다. 그들은 이와 같이 다섯 가지 장애를 제거하였고 그 뿌리를 잘랐고 줄기만 남은 야자수처럼 만들었고 존재하지 않게 하였고 미래에 다시는 일어나지 않게끔 하였습니다."

6. "도반 마하나마여, 그런데 이러한 방법으로도 유학의 머묾과 여래의 머묾이 다른 것을 알 수 있습니다.

한때 세존께서는 잇차낭갈라에서 잇차낭갈라의 밀림에 머무셨습니다. 거기서 세존께서는 비구들을 불러서 말씀하셨습니다.

'비구들이여, 나는 석 달 동안 홀로 앉고자 한다. 하루 한 끼 탁발음식을 가져다주는 사람을 제외하고는 아무도 가까이 와서는 안된다.'라고

… <이 이하는 앞의 「잇차낭갈라 경」(S54:11)과 동일함.> …

비구들이여, 바르게 말하는 자가 말하기를 '성스러운 머묾'이라 하거나 '거룩한 머묾'이라 하거나 '여래의 머묾'이라 하는 것은 바로 이 들숨날숨에 대한 마음챙김을 통한 삼매를 두고 그렇게 말하는 것이라고 바르게 말하는 자는 말해야 한다.'라고."

7. "도반 마하나마여, 이러한 방법으로도 유학의 머묾과 여래의 머묾이 다른 것을 알 수 있습니다."

아난다 경1(S54:13)

Ānanda-sutta

1. <사왓티의 아나타삔디까 원림(급고독원)에서>

2. 그때 아난다 존자가 세존께 다가갔다. 가서는 세존께 절을 올리고 한 곁에 앉았다. 한 곁에 앉은 아난다 존자는 세존께 이렇게 여쭈었다.

3. "세존이시여, [329] 한 가지 법을 닦고 많이 [공부]지으면 네 가지 법을 가득 채우게 되고, 네 가지 법을 닦고 많이 [공부]지으면 일곱 가지 법을 가득 채우게 되고, 일곱 가지 법을 닦고 많이 [공부]지으면 두 가지 법을 가득 채우게 됩니까?"

"아난다여, 한 가지 법을 닦고 많이 [공부]지으면 네 가지 법을 가득 채우게 되고, 네 가지 법을 닦고 많이 [공부]지으면 일곱 가지 법을 가득 채우게 되고, 일곱 가지 법을 닦고 많이 [공부]지으면 두 가지 법을 가득 채우게 된다."

4. "세존이시여, 그러면 어떤 한 가지 법을 닦고 많이 [공부]지으면 네 가지 법을 완성하고, 어떤 네 가지 법을 닦고 많이 [공부]지으면 일곱 가지 법을 완성하고, 어떤 일곱 가지 법을 닦고 많이 [공부]지으면 두 가지 법을 완성하게 됩니까?"

"아난다여, 들숨날숨에 대한 마음챙김을 통한 삼매라는 한 가지 법을 닦고 많이 [공부]지으면 네 가지 마음챙김의 확립을 완성하고, 네 가지 마음챙김의 확립을 닦고 많이 [공부]지으면 일곱 가지 깨달음의 구성요소를 완성하고, 일곱 가지 깨달음의 구성요소를 닦고 많이 [공부]지으면 명지와 해탈을 완성한다."

(i) 사념처의 완성

5. "아난다여, 그러면 어떻게 들숨날숨에 대한 마음챙김을 통한 삼매를 닦고 어떻게 많이 [공부]지으면 네 가지 마음챙김의 확립을 완성하는가?

아난다여, 여기 비구는 숲 속에 가거나 나무 아래에 가거나 빈방에 가거나 하여 가부좌를 틀고 상체를 곧추 세우고 전면에 마음챙김을 확립하여 앉는다. 그는 오로지 마음챙기면서 숨을 들이쉬고 오로지 마음챙기면서 숨을 내쉰다.

① 길게 들이쉬면서는 … ② 짧게 들이쉬면서는 … ③ '온몸을 경험하면서 … ④ '몸의 작용[身行]을 편안히 하면서 …

⑤ '희열을 경험하면서 … ⑥ '행복을 경험하면서 … ⑦ '마음의 작용[心行]을 경험하면서 … ⑧ '마음의 작용을 편안히 하면서 …

⑨ '마음을 경험하면서 … ⑩ '마음을 기쁘게 하면서 … ⑪ '마음을 집중하면서 … ⑫ '마음을 해탈하게 하면서 …

⑬ '무상을 관찰하면서 … ⑭ '탐욕이 빛바램을 관찰하면서 … ⑮ '소멸을 관찰하면서 들이쉬리라.'며 … ⑯ '놓아버림을 관찰하면서 들이쉬리라.'며 공부짓고, '놓아버림을 관찰하면서 내쉬리라.'며 공부짓는다.

6. "아난다여, 비구는 ① 길게 들이쉬면서 '길게 들이쉰다.'고 꿰뚫어 알고, 길게 내쉬면서는 '길게 내쉰다.'고 꿰뚫어 안다. ② 짧게 들이쉬면서는 '짧게 들이쉰다.'고 꿰뚫어 알고, 짧게 내쉬면서는 '짧게 내쉰다.'고 꿰뚫어 안다. ③ '온몸을 경험하면서 들이쉬리라.'며 공부짓고 '온몸을 경험하면서 내쉬리라.'며 공부짓는다. ④ '몸의 작용[身行]을 편안히 하면서 들이쉬리라.'며 공부짓고 '몸의 작용을 편안

히 하면서 내쉬리라.'며 공부짓는다.

아난다여, 이렇게 공부지을 때 그 비구는 몸에서 몸을 관찰하면서[身隨觀] 세상에 대한 욕심과 싫어하는 마음을 버리고 근면하고 분명히 알아차리고 마음챙기는 자 되어 머문다.

아난다여, 이 [330] 들숨날숨이란 것은 몸들 가운데서 한 가지 [형태의] 몸이라고 나는 말한다. 아난다여, 그러므로 여기서 비구는 그때에 몸에서 몸을 관찰하면서 세상에 대한 욕심과 싫어하는 마음을 버리고 근면하고 분명히 알아차리고 마음챙기는 자 되어 머무는 것이다."

7. "아난다여, 비구는 ⑤ '희열을 경험하면서 들이쉬리라.'며 공부짓고 '희열을 경험하면서 내쉬리라.'며 공부짓는다. ⑥ '행복을 경험하면서 들이쉬리라.'며 공부짓고 '행복을 경험하면서 내쉬리라.'며 공부짓는다. ⑦ '마음의 작용[心行]을 경험하면서 들이쉬리라.'며 공부짓고 '마음의 작용을 경험하면서 내쉬리라.'며 공부짓는다. ⑧ '마음의 작용을 편안히 하면서 들이쉬리라.'며 공부짓고 '마음의 작용을 편안히 하면서 내쉬리라.'며 공부짓는다.

아난다여, 이렇게 공부지을 때 그 비구는 느낌에서 느낌을 관찰하면서[受隨觀] 세상에 대한 욕심과 싫어하는 마음을 버리고 근면하고 분명히 알아차리고 마음챙기는 자 되어 머문다.

아난다여, 이 들숨날숨을 잘 마음에 잡도리하는 것은 느낌들 가운데서 한 가지 [형태의] 느낌이라고 나는 말한다. 아난다여, 그러므로 여기서 비구는 그때에 느낌에서 느낌을 관찰하면서 세상에 대한 욕심과 싫어하는 마음을 버리고 근면하고 분명히 알아차리고 마음챙기는 자 되어 머무는 것이다."

8. "아난다여, 비구는 ⑨ '마음을 경험하면서 들이쉬리라.'며 공부짓고 '마음을 경험하면서 내쉬리라.'며 공부짓는다. ⑩ '마음을 기쁘게 하면서 들이쉬리라.'며 공부짓고 '마음을 기쁘게 하면서 내쉬리라.'며 공부짓는다. ⑪ '마음을 집중하면서 들이쉬리라.'며 공부짓고 '마음을 집중하면서 내쉬리라.'며 공부짓는다. ⑫ '마음을 해탈하게 하면서 들이쉬리라.'며 공부짓고 '마음을 해탈하게 하면서 내쉬리라.'며 공부짓는다.

아난다여, 이렇게 공부지을 때 그 비구는 마음에서 마음을 관찰하면서[心隨觀] 세상에 대한 욕심과 싫어하는 마음을 버리고 근면하고 분명히 알아차리고 마음챙기는 자 되어 머문다.

아난다여, 마음챙김을 놓아버리고 분명히 알지 못하는 자가 들숨날숨에 대한 마음챙김을 닦는다고 나는 말하지 않는다. 아난다여, 그러므로 여기서 비구는 그때에 마음에서 마음을 관찰하면서 세상에 대한 욕심과 싫어하는 마음을 버리고 근면하고 분명히 알아차리고 마음챙기는 자 되어 머무는 것이다."

9. "아난다여, 비구는 ⑬ '무상을 관찰하면서 들이쉬리라.'며 공부짓고 '무상을 관찰하면서 내쉬리라.'며 공부짓는다. ⑭ '탐욕이 빛바램을 관찰하면서 들이쉬리라.'며 공부짓고 '탐욕이 빛바램을 관찰하면서 내쉬리라.'며 공부짓는다. ⑮ '소멸을 관찰하면서 들이쉬리라.'며 공부짓고 '소멸을 관찰하면서 내쉬리라.'며 공부짓는다. ⑯ '놓아버림을 관찰하면서 들이쉬리라.'며 공부짓고 '놓아버림을 관찰하면서 내쉬리라.'며 공부짓는다.

아난다여, 이렇게 공부지을 때 그 비구는 법에서 법을 관찰하면서[法隨觀] 세상에 대한 욕심과 싫어하는 마음을 버리고 근면하고 분명히 알아차리고 마음챙기는 자 되어 머문다. 그는 욕심과 싫어하는 마음을 버린 것을 통찰지로써 보고 [331] 안으로 평온하게 된다.

아난다여, 그러므로 여기서 비구는 그때에 법에서 법을 관찰하면서 세상에 대한 욕심과 싫어하는 마음을 버리고 근면하고 분명히 알아차리고 마음챙기는 자 되어 머무는 것이다."

10. "아난다여, 이와 같이 들숨날숨에 대한 마음챙김을 통한 삼매를 닦고 많이 [공부]지으면 네 가지 마음챙김의 확립을 완성한다."

(ii) 칠각지의 완성

11. "아난다여, 그러면 어떻게 네 가지 마음챙김의 확립을 닦고 어떻게 많이 [공부]지으면 일곱 가지 깨달음의 구성요소[七覺支]를 완성하는가?"

12. "아난다여, 비구가 마음챙김을 확립하여 몸에서 몸을 관찰하며 머물 때 비구의 마음챙김은 혼란스럽지 않다.152) 아난다여, 비구의 마음챙심이 확립되고 혼란스럽지 않을 때 비구에게는 마음챙김의 깨달음의 구성요소[念覺支]가 자리 잡기 시작한다. 그래서 비구는 마음챙김의 깨달음의 구성요소를 [꾸준히] 닦는다. 그러면 비구의 마음챙김의 깨달음의 구성요소는 이러한 닦음을 통해서 성취된다. 그는 이처럼 마음챙겨 머물면서 법을 통찰지로 조사하고 고찰하고 철저하게 검증한다."

---

152) 여기서부터 본경 §21까지에 나타나는 이 순서는 본서 제5권 「계(戒) 경」(S46:3) §§6~12에 나타나는 순서와 같다. 그리고 들숨날숨에 대한 마음챙김을 칠각지에 배대하는 본경의 이 부분과 아래 (iii) 명지와 해탈의 완성까지 즉 본경 §§11~23은 『맛지마 니까야』 「들숨날숨에 대한 마음챙김 경」(M118/iii.85~88) §§29~43에도 꼭 같이 나타나고 있다.

13. "아난다여, 비구가 이처럼 마음챙겨 머물면서 그런 법을 통찰지로 조사하고 고찰하고 철저하게 검증하면 비구에게는 법을 간택하는 깨달음의 구성요소[擇法覺支]가 자리 잡기 시작한다. 그래서 비구는 법을 간택하는 깨달음의 구성요소를 [꾸준히] 닦는다. 그러면 비구의 법을 간택하는 깨달음의 구성요소는 이러한 닦음을 통해서 성취된다. 그가 이처럼 법을 통찰지로 조사하고 고찰하고 철저하게 검증할 때 불굴의 정진이 일어난다."

14. "아난다여, 비구가 이처럼 법을 통찰지로 조사하고 고찰하고 철저하게 검증하여 [332] 불굴의 정진이 일어나면 비구에게는 정진의 깨달음의 구성요소[精進覺支]가 자리 잡기 시작한다. 그래서 비구는 정진의 깨달음의 구성요소를 [꾸준히] 닦는다. 그러면 비구의 정진의 깨달음의 구성요소는 이러한 닦음을 통해서 성취된다. 정진을 시작한 자에게는 비세속적인 희열이 일어난다."

15. "아난다여, 비구가 이처럼 정진을 시작하여 비세속적인 희열이 일어나면 비구에게는 희열의 깨달음의 구성요소[喜覺支]가 자리 잡기 시작한다. 그래서 비구는 희열의 깨달음의 구성요소를 [꾸준히] 닦는다. 그래서 비구의 희열의 깨달음의 구성요소는 이러한 닦음을 통해서 성취된다. 마음이 희열로 가득한 자는 몸도 고요하고 마음도 고요하다."

16. "아난다여, 비구가 이처럼 마음이 희열로 가득하여 몸도 고요하고 마음도 고요하면 비구에게는 고요함의 깨달음의 구성요소[輕安覺支]가 자리 잡기 시작한다. 그래서 비구는 고요함의 깨달음의 구성요소를 [꾸준히] 닦는다. 그래서 비구의 고요함의 깨달음의 구성요

소는 이러한 닦음을 통해서 성취된다. 몸이 고요하고 행복한 자의 마음은 삼매에 든다."

17. "아난다여, 비구가 이처럼 몸이 고요하고 행복하여 마음이 삼매에 들면 비구에게는 삼매의 깨달음의 구성요소[定覺支]가 자리 잡기 시작한다. 그래서 비구는 삼매의 깨달음의 구성요소를 [꾸준히] 닦는다. 그래서 비구의 삼매의 깨달음의 구성요소는 이러한 닦음을 통해서 성취된다. 그는 이처럼 삼매에 든 마음을 아주 평온하게 한다."

18. "아난다여, 비구가 이처럼 삼매에 든 마음을 아주 평온하게 하면 비구에게는 평온의 깨달음의 구성요소[捨覺支]가 자리 잡기 시작한다. 그래서 비구는 평온의 깨달음의 구성요소를 [꾸준히] 닦는다. 그래서 비구의 평온의 깨달음의 구성요소는 이러한 닦음을 통해서 성취된다."

19~21. "아난다여, 비구가 마음챙김을 확립하여 느낌에서 느낌을 관찰하며 머물 때 …

마음에서 마음을 관찰하면서 머물 때 …

법에서 법을 관찰하며 머물 때 비구의 마음챙김은 혼란스럽지 않다.

아난다여, [333] 비구의 마음챙김이 확립되고 혼란스럽지 않을 때 비구에게는 마음챙김의 깨달음의 구성요소가 자리 잡기 시작한다. 그래서 비구는 마음챙김의 깨달음의 구성요소를 [꾸준히] 닦는다. 그러면 비구의 마음챙김의 깨달음의 구성요소는 이러한 닦음을 통해서 성취된다. 그는 이처럼 마음챙겨 머물면서 법을 통찰지로 조사하고 고찰하고 철저하게 검증한다. …

아난다여, 비구가 이처럼 삼매에 든 마음을 아주 평온하게 하면 비구에게는 평온의 깨달음의 구성요소가 자리 잡기 시작한다. 그래서 비구는 평온의 깨달음의 구성요소를 [꾸준히] 닦는다. 그래서 비구의 평온의 깨달음의 구성요소는 이러한 닦음을 통해서 성취된다."

22. "아난다여, 이와 같이 네 가지 마음챙김의 확립을 닦고 이와 같이 많이 [공부]지으면 일곱 가지 깨달음의 구성요소를 완성한다."

(iii) 명지와 해탈의 완성

23. "아난다여, 그러면 어떻게 일곱 가지 깨달음의 구성요소를 닦고 어떻게 많이 [공부]지으면 명지와 해탈을 완성하는가?

아난다여, 여기 비구는 떨쳐버림을 의지하고 탐욕의 빛바램을 의지하고 소멸을 의지하고 철저한 버림으로 기우는 마음챙김의 깨달음의 구성요소를 닦는다. … 법을 간택하는 깨달음의 구성요소를 닦는다. … 정진의 깨달음의 구성요소를 닦는다. … 희열의 깨달음의 구성요소를 닦는다. … 고요함의 깨달음의 구성요소를 닦는다. … 삼매의 깨달음의 구성요소를 닦는다. … 평온의 깨달음의 구성요소를 닦는다.

아난다여, 이와 같이 일곱 가지 깨달음의 구성요소를 닦고 이와 같이 많이 [공부]지으면 명지와 해탈을 완성한다."

아난다 경2(S54:14)

2. 그때 아난다 존자가 세존께 다가갔다. 가서는 세존께 절을 올리고 한 곁에 앉았다. 한 곁에 앉은 아난다 존자에게 세존께서는 이렇게 말씀하셨다.

3. "아난다여, 한 가지 법을 닦고 많이 [공부]지으면 네 가지 법을 가득 채우게 되고, 네 가지 법을 닦고 많이 [공부]지으면 일곱 가

지 법을 가득 채우게 되고, 일곱 가지 법을 닦고 많이 [공부]지으면 두 가지 법을 가득 채우게 되는가?"

"세존이시여, 저희들의 법은 세존을 근원으로 하며, 세존을 길잡이로 하며, 세존을 귀의처로 합니다. 세존이시여, 세존께서 방금 말씀하신 이 뜻을 [친히] 밝혀주신다면 참으로 감사하겠습니다. 세존으로부터 잘 듣고 비구들은 마음에 새겨 지닐 것입니다." …

4. "아난다여, 한 가지 법을 닦고 많이 [공부]지으면 [334] 네 가지 법을 가득 채우게 되고, 네 가지 법을 닦고 많이 [공부]지으면 일곱 가지 법을 가득 채우게 되고, 일곱 가지 법을 닦고 많이 [공부]지으면 두 가지 법을 가득 채우게 된다.

아난다여, 그러면 어떤 한 가지 법을 닦고 많이 [공부]지으면 네 가지 법을 완성하고, 어떤 네 가지 법을 닦고 많이 [공부]지으면 일곱 가지 법을 완성하고, 어떤 일곱 가지 법을 닦고 많이 [공부]지으면 두 가지 법을 완성하는가?"

5. "아난다여, 들숨날숨에 대한 마음챙김을 통한 삼매라는 한 가지 법을 닦고 많이 [공부]지으면 네 가지 마음챙김의 확립을 완성하고, 네 가지 마음챙김의 확립을 닦고 많이 [공부]지으면 일곱 가지 깨달음의 구성요소를 완성하고, 일곱 가지 깨달음의 구성요소를 닦고 많이 [공부]지으면 명지와 해탈을 완성한다."

… <이 이하는 앞의 「아난다 경」1(S54:13) §5 이하와 동일함.> …

비구 경1(S54:15)

Bhikkhu-sutta

2. 그때 많은 비구들이 세존께 다가갔다. 가서는 세존께 절을

올리고 한 곁에 앉았다. 한 곁에 앉은 비구들은 세존께 이렇게 여쭈었다.

3. "세존이시여, 한 가지 법을 닦고 많이 [공부]지으면 네 가지 법을 가득 채우게 되고, 네 가지 법을 닦고 많이 [공부]지으면 일곱 가지 법을 가득 채우게 되고, 일곱 가지 법을 닦고 많이 [공부]지으면 두 가지 법을 가득 채우게 됩니까?"

… [335] …

<여기서부터 본경은 '아난다' 대신에 '많은 비구들'이 언급되는 것만 다르고 나머지는 앞의 「아난다 경」 1(S54:13)과 같다.>

비구 경2(S54:16)

Bhikkhu-sutta

2. 그때 많은 비구들이 세존께 다가갔다. 가서는 세존께 절을 올리고 한 곁에 앉았다. 한 곁에 앉은 비구들에게 세존께서는 이렇게 말씀하셨다.

3. "비구들이여, 한 가지 법을 닦고 많이 [공부]지으면 네 가지 법을 가득 채우게 되고, 네 가지 법을 닦고 많이 [공부]지으면 일곱 가지 법을 가득 채우게 되고, 일곱 가지 법을 닦고 많이 [공부]지으면 두 가지 법을 가득 채우게 되는가?"

… [336] ~ [340] …

<여기서부터 본경은 '아난다' 대신에 '많은 비구들'이 언급되는 것만 다르고 나머지는 앞의 「아난다 경」 2(S54:14)와 같다.>

족쇄 경(S54:17)

Saṁyojana-sutta

3. "비구들이여, 들숨날숨에 대한 마음챙김을 통한 삼매를 닦고 많이 [공부]지으면 족쇄를 제거하게 된다. …"

잠재성향 경(S54:18)

Anusaya-sutta

3. "비구들이여, 들숨날숨에 대한 마음챙김을 통한 삼매를 닦고 많이 [공부]지으면 잠재성향을 뿌리뽑게 된다. …"

도정(道程) **경**(S54:19)

Addhāna-sutta

3. "비구들이여, 들숨날숨에 대한 마음챙김을 통한 삼매를 닦고 많이 [공부]지으면 도정을 철저하게 알게 된다. …"

번뇌의 멸진 경(S54:20)

Āsavakkhaya-sutta

3. "비구들이여, 들숨날숨에 대한 마음챙김을 통한 삼매를 닦고 많이 [공부]지으면 번뇌들을 멸진하게 된다."

4. "비구들이여, 그러면 어떻게 들숨날숨에 대한 마음챙김을 통한 삼매를 닦고 어떻게 많이 [공부]지으면 번뇌들을 멸진하게 되는가?

비구들이여, 여기 비구는 숲 속에 가거나 나무 아래에 가거나 빈방에 가거나 하여 가부좌를 틀고 상체를 곧추 세우고 전면에 마음챙김

을 확립하여 앉는다. 그는 오로지 마음챙기면서 숨을 들이쉬고 오로지 마음챙기면서 숨을 내쉰다. [341]

① 길게 들이쉬면서는 … ② 짧게 들이쉬면서는 … ③ '온몸을 경험하면서 … ④ '몸의 작용[身行]을 편안히 하면서 …

⑤ '희열을 경험하면서 … ⑥ '행복을 경험하면서 … ⑦ '마음의 작용[心行]을 경험하면서 … ⑧ '마음의 작용을 편안히 하면서 …

⑨ '마음을 경험하면서 … ⑩ '마음을 기쁘게 하면서 … ⑪ '마음을 집중하면서 … ⑫ '마음을 해탈하게 하면서 …

⑬ '무상을 관찰하면서 … ⑭ '탐욕이 빛바램을 관찰하면서 … ⑮ '소멸을 관찰하면서 들이쉬리라.'며 … ⑯ '놓아버림을 관찰하면서 들이쉬리라.'며 공부짓고, '놓아버림을 관찰하면서 내쉬리라.'며 공부짓는다.

비구들이여, 이와 같이 들숨날숨에 대한 마음챙김을 통한 삼매를 닦고 이와 같이 많이 [공부]지으면 번뇌들을 멸진하게 된다."

제2장 두 번째 품이 끝났다.

두 번째 품에 포함된 경들의 목록은 다음과 같다.

① 잇차낭갈라 ② 혼란스러움
두 가지 ③~④ 아난다
두 가지 ⑤~⑥ 비구 ⑦ 족쇄
⑧ 잠재성향 ⑨ 도정 ⑩ 번뇌의 멸진이다.

들숨날숨 상윳따(S54)가 끝났다.

제55주제

예류 상윳따(S55)

제55주제(S55)

예류 상윳따

Sotāpatti-saṁyutta

제1장 웰루드와라 품

Veḷudvāra-vagga

전륜성왕 경(S55:1)

Cakkavattirāja-sutta

1. 이와 같이 나는 들었다. [342] 한때 세존께서는 사왓티에서 제따 숲의 아나타삔디까 원림(급고독원)에 머무셨다.

2. 거기서 세존께서는 비구들을 불러서 말씀하셨다.

3. "비구들이여, 전륜성왕153)은 네 대륙154)에 대한 통치권을

153) '전륜성왕(rāja cakkavati)'은 불교문헌에 나타나는 이상적인 왕이다. 본서 제3권 「쇠똥 경」(S22:96) §§6~7과 제5권 「전륜성왕 경」(S46:42) §3을 참조할 것. 그리고 전륜성왕에 대한 자세한 묘사는 『디가 니까야』 「마하수닷사나 경」(D17/ii.172~177)과 『맛지마 니까야』 「현우경」(M129/iii.172~176) 등을 참조할 것.

154) 불교 신화에 의하면 수미산(須彌山, Sumeru) 주위에는 네 대륙이 있다고 하는데 그것은 각각 잠부디빠(Jambudīpa)와 아빠라고야나(Apara-goyā-na)와 웃따라꾸루(Uttarakuru)와 뿝바위데하(Pubbavideha)이다.(『앙굿따라 니까야』 「아비부 경」 A3:80/i.227~228) 이 가운데 잠부디빠는 남쪽에 있는 대륙이며 우리 같은 인간이 사는 곳이다. 아빠라고야나는 서쪽(apara)에, 웃따라꾸루는 북쪽(uttara)에, 뿝바위데하는 동쪽(pubba)에 있는 대륙이다. 그래서 중국에서는 이 넷을 각각 남섬부주(南贍部洲), 서우화

가져 지배력을 행사한 뒤 몸이 무너져 죽은 뒤에 좋은 곳[善處], 천상 세계에서 삼십삼천의 신들의 동료로 태어난다. 그는 거기 난다나 정원에서 압사라 무리들에 둘러싸여 천상의 다섯 가닥의 감각적 욕망을 갖추고 완비하여 즐긴다. 그러나 그는 네 가지 법들을 구족하지는 못하였다. 그래서 그는 지옥에서 벗어나지 못하며, 축생의 모태에서 벗어나지 못하며, 아귀계에서 벗어나지 못하며, 처참한 곳[苦界], 불행한 곳[惡處], 파멸처를 벗어나지 못한다."155)

4. "비구들이여, 그러나 성스러운 제자는 탁발음식 덩어리로 삶을 영위하고 낡은 옷을 입고 다니지만 네 가지 법을 구족하였다. 그래서 그는 지옥에서 벗어나며, 축생의 모태에서 벗어나며, 아귀계에서 벗어나며, 처참한 곳[苦界], 불행한 곳[惡處], 파멸처를 벗어난다. 무엇이 넷인가?"

5. "비구들이여, [343] 여기 성스러운 제자는 '이런 [이유로] 그분 세존께서는 아라한[應供]이시며, 완전히 깨달은 분[正等覺]이시며, 명지와 실천을 구족한 분[明行足]이시며, 피안으로 잘 가신 분[善逝]이시며, 세간을 잘 알고 계신 분[世間解]이시며, 가장 높은 분[無上士]이시며, 사람을 잘 길들이는 분[調御丈夫]이시며, 하늘과 인간의 스승[天人師]이시며, 깨달은 분[佛]이시며, 세존이시다.'라고 부처님께 흔들림 없는 청정한 믿음을 지닌다."156)

주(西牛貨洲), 북구로주(北俱盧洲), 동승신주(東勝身洲)로 옮겼다.

155) 여기서 '지옥(niraya)'과 '축생의 모태(tiracchāna-yoni)'와 '아귀계(petti-visaya)' 자체가 '처참한 곳[苦界, apāya], 불행한 곳[惡處, duggati], 파멸처(vinipāta)'이다.

156) 이하 불·법·승에 귀의하는 정형구는 『청정도론』 VII.2~100에 상세하게 설명되어 나타난다.

6. "그는 '법은 세존에 의해서 잘 설해졌고, 스스로 보아 알 수 있고, 시간이 걸리지 않고, 와서 보라는 것이고, 향상으로 인도하고, 지자들이 각자 알아야 하는 것이다.'라고 법에 흔들림 없는 청정한 믿음을 지닌다."

7. "그는 '세존의 제자들의 승가는 잘 도를 닦고, 세존의 제자들의 승가는 바르게 도를 닦고, 세존의 제자들의 승가는 참되게 도를 닦고, 세존의 제자들의 승가는 합당하게 도를 닦으니, 곧 네 쌍의 인간들이요[四雙] 여덟 단계에 있는 사람들[八輩]이시다. 이러한 세존의 제자들의 승가는 공양받아 마땅하고, 선사받아 마땅하고, 보시받아 마땅하고, 합장받아 마땅하며, 세상의 위없는 복밭[福田]이시다.'라고 승가에 흔들림 없는 청정한 믿음을 지닌다."

8. "그는 성자들이 좋아하며 훼손되지 않았고 뚫어지지 않았고 오점이 없고 얼룩이 없고 벗어나게 하고 지자들이 찬탄하고 [성취한 것에] 들러붙지 않고 삼매에 도움이 되는 계를 지닌다."157)

9. "그는 이러한 네 가지 법들을 구족한다.

비구들이여, 그런데 네 대륙을 얻은 자와 이러한 네 가지 법을 얻은 자 가운데서 네 대륙을 얻은 자는 이러한 네 가지 법을 얻은 자의 16분의 1에도 미치지 못한다."158)

'흔들림 없는 청정한 믿음(avecca-ppasāda)'에 대해서는 본서 제4권 「삭까 경」(S40:10) §8의 주해를 참조할 것.

157) '성자들이 좋아하는(ariya-kanta)' 계의 정형구는 『청정도론』 VII.101~6에 설명되어 나타난다. 주석서에 의하면 성자들은 다시 태어나도(bhavantara-gatā) 오계(pañca sīlāni)를 범하지 않는다(na kopenti)고 한다. 그래서 성자들이 좋아하는 계라고 표현했다고 한다.(SA.iii.277)

깊이 들어감 경(S55:2)

Ogadha-sutta

3. "비구들이여, 네 가지 법을 구족한 성스러운 제자는 흐름에 든 자[預流者]여서 [악취에] 떨어지지 않는 법을 가졌고 [해탈이] 확실하며 완전한 깨달음으로 나아간다.159) 무엇이 넷인가?"

4. "비구들이여, 여기 성스러운 제자는 '이런 [이유로] 그분 세존께서는 아라한[應供]이시며, 완전히 깨달은 분[正等覺]이시며, 명지와 실천을 구족한 분[明行足]이시며, 피안으로 잘 가신 분[善逝]이시며, 세간을 잘 알고 계신 분[世間解]이시며, 가장 높은 분[無上士]이시며, 사람을 잘 길들이는 분[調御丈夫]이시며, 하늘과 인간의 스승[天人師]이시며, 깨달은 분[佛]이시며, 세존이시다.'라고 부처님께 흔들림 없는 청정한 믿음을 지닌다."

5. "그는 '법은 세존에 의해서 잘 설해졌고, 스스로 보아 알 수 있고, 시간이 걸리지 않고, 와서 보라는 것이고, 향상으로 인도하고, 지자들이 각자 알아야 하는 것이다.'라고 법에 흔들림 없는 청정한

---

158) 본서 제1권 「수닷따 경」(S10:8) §4, 제3권 「무상의 [관찰로 생긴] 인식 경」(S22:102) §12, 『법구경』(Dhp178), 『앙굿따라 니까야』 「빛 없음 경」(A4:62) §7 등에도 같은 표현이 나타난다.

159) 이것은 예류자의 정형구로 정착이 되어 있다. 예류자는 삼악도(혹은 아수라를 포함한 4악도)에 떨어지지 않기 때문에 '떨어지지 않는 법을 가진 자(avinipāta-dhamma)'라 하고, 일곱 번만을 인간이나 천상에 태어나게 정해져 있기 때문에 '[해탈이] 확실하다(niyata)'고 하며, 더 높은 세 가지 도(uttarimagga-ttaya, 즉 일래도, 불환도, 아라한도)라 불리는 바른 깨달음을 향하여 가는 자이기 때문에 '완전한 깨달음으로 나아가는 자(sambodhi-parāyana)'라고 한다.(SA.ii.73, DA.i.313 등)
일래자(일래도 및 일래과)에 대한 상세한 설명은 『아비담마 길라잡이』 9장 §39 [해설] 및 『청정도론』 XXII.3~21을 참조할 것.

믿음을 지닌다."

6. "그는 '세존의 제자들의 승가는 잘 도를 닦고, 세존의 제자들의 승가는 바르게 도를 닦고, 세존의 제자들의 승가는 참되게 도를 닦고, 세존의 제자들의 승가는 합당하게 도를 닦으니, 곧 네 쌍의 인간들이요[四雙] 여덟 단계에 있는 사람들[八輩]이시다. 이러한 세존의 제자들의 승가는 공양받아 마땅하고, 선사받아 마땅하고, 보시받아 마땅하고, 합장받아 마땅하며, 세상의 위없는 복밭[福田]이시다.'라고 승가에 흔들림 없는 청정한 믿음을 지닌다."

7. "그는 성자들이 좋아하며 훼손되지 않았고 뚫어지지 않았고 오점이 없고 얼룩이 없고 벗어나게 하고 지자들이 찬탄하고 [성취한 것에] 들러붙지 않고 삼매에 도움이 되는 계를 지닌다."

8. "비구들이여, [344] 이러한 네 가지 법을 구족한 성스러운 제자는 흐름에 든 자[預流者]여서 [악처에] 떨어지지 않는 법을 가졌고 [해탈이] 확실하며 완전한 깨달음으로 나아간다."

9. 세존께서는 이렇게 말씀하셨다. 스승이신 선서께서는 이렇게 말씀하신 뒤 다시 [게송으로] 이와 같이 설하셨다.

"믿음과 계와 청정한 믿음160)을 가지고
법에 대한 탁견을 가진 자들은

---

160) "여기서 말하는 '청정한 믿음(pasāda)'이란 무엇을 말하는가? 삼장법사 쭐라 아바야 장로(Tipiṭaka-cūḷa-abhaya-tthera)는 도를 통한 청정한 믿음(magga-pasāda)이라 하고, 삼장법사 쭐라 나가 장로는 도에 도달한 자의 반조에서 생긴 청정한 믿음(āgata-maggassa paccavekkhaṇa-ppasāda)이라고 한다. 이 두 장로는 현자고 많이 배운 분이며 둘 다 잘 말씀하신 것이다. 여기서는 이 둘이 혼합된 청정한 믿음(missaka-ppasāda)이다."(SA.iii.277)

청정범행에 깊이 들어간 행복에[161]
때가 되면 도달하게 되도다."

디가유 경(S55:3)

Dīghāvu-sutta

1. 이와 같이 나는 들었다. 한때 세존께서는 라자가하에서 대나무 숲의 다람쥐 보호구역에 머무셨다.

2. 그 무렵 디가유 청신사[162]가 중병에 걸려 아픔과 고통에 시달리고 있었다.

그때 디가유 청신사는 아버지 조띠까 장자를 불러서 말했다.

3. "아버님께 부탁드립니다. 아버님께서는 세존께 가주십시오. 가셔서 저의 이름으로 세존의 발에 머리 조아려 절을 올리고 '세존이시여, 디가유 청신사가 중병에 걸려 아픔과 고통에 시달리고 있습니다. 지금 그가 세존의 발에 머리 조아려 절을 올립니다.'라고 말씀드려주십시오. 그리고 다시 '세존이시여, 세존께서는 연민을 일으키시어 디가유 청신사에게로 와주시면 감사하겠습니다.'라고 여쭈어주십시오."

"알겠노라, 아들이여."라고 조띠까 장자는 디가유 청신사에게 대답한 뒤 세존께 다가갔다. 가서는 세존께 절을 올리고 한 곁에 앉았

161) "'청정범행에 깊이 들어간 행복(brahmacariy-ogadha sukha)'이란 높은 세 가지 도와 관계된(upari-magga-ttaya-sampayutta, 일래도, 불환도, 아라한도의 세 가지와 관계된) 행복을 말한다."(SA.iii.277)
'ogadha(깊이 들어간)'에 대해서는 본서 제3권 「마라 경」(S23:1) §6의 주해를 참조할 것.

162) 주석서와 복주서는 디가유 청신사(Dīghāvu upāsaka)가 누구인지 설명을 하지 않고 있다.

다. 한 곁에 앉은 조띠까 장자는 세존께 이렇게 말씀드렸다.

"세존이시여, 디가유 청신사가 중병에 걸려 아픔과 고통에 시달리고 있습니다. 지금 그가 세존의 발에 머리 조아려 절을 올립니다. 그리고 다시 말씀드립니다. '세존이시여, 세존께서는 연민을 일으키시어 디가유 청신사에게로 와주시면 감사하겠습니다.'라고."

4. 세존께서는 침묵으로 허락하셨다. 그때 세존께서는 옷매무새를 가다듬고 발우와 가사를 수하고 디가유 청신사에게로 가셨다. [345] 가셔서는 마련된 자리에 앉으셨다. 자리에 앉으신 뒤 세존께서는 디가유 청신사에게 이렇게 말씀하셨다.

5. "디가유여, 어떻게 견딜 만한가? 그대는 편안한가? 괴로운 느낌이 물러가고 더 심하지는 않는가? 차도가 있고 더 심하지 않다는 것을 알겠는가?"

"세존이시여, 저는 견디기가 힘듭니다. 편안하지 않습니다. 괴로운 느낌은 더 심하기만 하고 물러가지 않습니다. 더 심하기만 하고 물러가지 않는다고 알아질 뿐입니다."

6. "디가유여, 그렇다면 그대는 이렇게 공부지어야 한다.

'나는 '이런 [이유로] 그분 세존께서는 아라한[應供]이시며, … 세존이시다.'라고 부처님께 흔들림 없는 청정한 믿음을 지닐 것이다. '법은 세존에 의해서 잘 설해졌고, … 지자들이 각자 알아야 하는 것이다.'라고 법에 흔들림 없는 청정한 믿음을 지닐 것이다. '세존의 제자들의 승가는 잘 도를 닦고, … 세상의 위없는 복밭[福田]이시다.'라고 승가에 흔들림 없는 청정한 믿음을 지닐 것이다. 성자들이 좋아하며 … 삼매에 도움이 되는 계를 지닐 것이다.'라고.

디가유여, 그대는 이와 같이 공부지어야 한다."

7. "세존이시여, 세존께서 설하신 네 가지 예류[과]를 얻은 자의 구성요소[163]에 관한 법들은 제게 있습니다. 저는 그대로 살고 있습니다.

세존이시여, 저는 '이런 [이유로] 그분 세존께서는 아라한[應供]이시며, … 세존이시다.'라고 부처님께 흔들림 없는 청정한 믿음을 지니고 있습니다. '법은 세존에 의해서 잘 설해졌고, … 지자들이 각자 알아야 하는 것이다.'라고 법에 흔들림 없는 청정한 믿음을 지니고 있습니다. '세존의 제자들의 승가는 잘 도를 닦고, … 세상의 위없는 복밭[福田]이시다.'라고 승가에 흔들림 없는 청정한 믿음을 지니고 있습니다. 성자들이 좋아하며 … 삼매에 도움이 되는 계를 지니고 있습니다."

8. "디가유여, 그렇다면 그대는 이러한 네 가지 예류[과]를 얻은 자의 구성요소에 굳게 서서 여섯 가지 명지의 일부가 되는 법을 더 닦아야 한다.

디가유여, 여기 그대는 모든 형성된 것들[諸行]에 대해 무상(無常)이라는 관찰, 무상한 것들에 대해 괴로움이라고 [관찰하는 지혜에서 생긴] 인식, 괴로움인 것들에 대해 무아라고 [관찰하는 지혜에서 생긴] 인식, 버림의 인식, 탐욕이 빛바램의 인식, 소멸의 인식[164]을 가

163) '예류[과]를 얻은 자의 구성요소'는 sotāpattiy-aṅga(예류자의 구성요소)를 조금 의역해서 옮긴 것이다. 이렇게 의역해서 옮긴 이유에 대해서는 아래 「사리뿟따 경」 2(S55:5) §3의 해당 주해를 참조할 것.

164) 이 여섯 가지 인식은 본서 제5권 「부정 경」 등(S46:67~75)과 「소멸 경」(S46:76) 가운데서 S46:71~76으로도 나타났다. 그곳의 주해들을 참조할 것. 그리고 '여섯 가지 명지의 일부가 되는 법들(cha vijjābhāgiyā dhammā)'은 『앙굿따라 니까야』 「명지(明知)의 일부 경」(A6:35)에도 설명 없이 나타나고 있다. 한편 본경에서 첫 번째 항목에는 '인식(-saññā)' 대신에 '관찰(-anupassī)'로 나타나는데 관찰에서 인식이 생기기 때문에 의미상으로는 같다고 봐도 무방하다. 「명지(明知)의 일부 경」(A6:35)에는 '인식(-saññā)'

져 머물러야 한다. 디가유여, 그대는 이와 같이 공부지어야 한다."

"세존이시여, 세존께서 설하신 여섯 가지 명지의 일부가 되는 법들은 제게 있습니다. 저는 그대로 살고 있습니다.

세존이시여, 저는 모든 형성된 것들[諸行]에 대해 무상(無常)이라는 관찰, 무상한 것들에 대해 괴로움이라고 [관찰하는 지혜에서 생긴] 인식, 괴로움인 것들에 대해 무아라고 [관찰하는 지혜에서 생긴] 인식, 버림의 인식, 탐욕이 빛바램의 인식, 소멸의 인식을 가져 머물고 있습니다."

9. "세존이시여, 그러나 제게는 '제가 가고난 뒤에 [저의 부친인] 조띠까 장자가 크게 상심하지 않았으면 좋겠다.'라는 생각이 있습니다."[346]

[조띠까 장자]

"얘야, 디가유야, 너는 그렇게 생각하지 않아도 된다. 얘야, 디가유야, 너는 세존께서 네게 말씀해 주신대로 그대로 잘 마음에 잡도리하거라."

10. 그때 세존께서는 디가유 청신사에게 이렇게 교계를 하신 뒤 자리에서 일어나서 나가셨다. 디가유 청신사는 세존께서 나가신지 오래지 않아서 임종을 하였다.

11. 그때 많은 비구들이 세존께 다가갔다. 가서는 세존께 절을 올리고 한 곁에 앉았다. 한 곁에 앉은 비구들은 세존께 이렇게 여쭈었다.

"세존이시여, 디가유라는 청신사가 세존의 간략한 교계를 듣고 임

으로 나타난다.

종하였습니다. 그의 태어날 곳[行處]은 어디이고 그는 어떤 경지에 도달하였습니까?"

12. "비구들이여, 디가유 청신사는 현자였다. 그는 법답게 도를 닦았다. 그는 법을 이유로 나를 성가시게 한 적이 없다. 비구들이여, 디가유 청신사는 다섯 가지 낮은 단계의 족쇄를 완전히 없애고 [정거천에] 화생하여 그곳에서 완전히 열반에 들어 그 세계로부터 다시 돌아오지 않는 법을 얻었다.[不還者]"

사리뿟따 경1(S55:4)

Sāriputta-sutta

1. 이와 같이 나는 들었다. 한때 사리뿟따 존자와 아난다 존자는 사왓티에서 제따 숲의 아나타삔디까 원림(급고독원)에 머물렀다.

2. 그때 아난다 존자는 해거름에 홀로 앉음으로부터 일어나서 사리뿟따 존자에게 다가갔다. … 한 곁에 앉은 아난다 존자는 사리뿟따 존자에게 이렇게 말했다.

3. "도반 사리뿟따여, 어떤 법을 구족한 것을 원인으로 해서 세존께서는 '이 사람은 흐름에 든 자[預流者]여서 [악취에] 떨어지지 않는 법을 가졌고 [해탈이] 확실하며 완전한 깨달음으로 나아간다.'라고 수기하셨습니까?"

4. "도반이여, [347] 네 가지 법을 구족한 것을 원인으로 해서 세존께서는 '이 사람은 흐름에 든 자[預流者]여서 [악취에] 떨어지지 않는 법을 가졌고 [해탈이] 확실하며 완전한 깨달음으로 나아간다.'라고 수기하셨습니다. 무엇이 넷입니까?

도반이여, 여기 성스러운 제자는 '이런 [이유로] 그분 세존께서는 아라한[應供]이시며, … 세존이시다.'라고 부처님께 흔들림 없는 청정한 믿음을 지니고 있습니다. '법은 세존에 의해서 잘 설해졌고, … 지자들이 각자 알아야 하는 것이다.'라고 법에 흔들림 없는 청정한 믿음을 지니고 있습니다. '세존의 제자들의 승가는 잘 도를 닦고, … 세상의 위없는 복밭[福田]이시다.'라고 승가에 흔들림 없는 청정한 믿음을 지니고 있습니다. 성자들이 좋아하며 … 삼매에 도움이 되는 계를 지니고 있습니다.

도반이여, 이러한 네 가지 법을 구족한 것을 원인으로 해서 세존께서는 '이 사람은 흐름에 든 자[預流者]여서 [악취에] 떨어지지 않는 법을 가졌고 [해탈이] 확실하며 완전한 깨달음으로 나아간다.'라고 수기하셨습니다."

사리뿟따 경2(S55:5)

2. 그때 사리뿟따 존자가 세존께 다가갔다. 가서는 세존께 절을 올리고 한 곁에 앉았다. 한 곁에 앉은 사리뿟따 존자에게 세존께서는 이렇게 말씀하셨다.

3. "사리뿟따여, 예류도를 얻기 위한 구성요소165)가 설해졌다.

---

165) 여기서 '예류도를 얻기 위한 구성요소'는 sotāpattiy-aṅga(예류자의 구성요소)를 옮긴 것이다. 그런데 위 「디가유 경」(S55:3) §7과 본 상윳따(S55)의 여러 곳에서는 꼭 같은 술어인 sotāpattiy-aṅga를 '예류[과]를 얻은 자의 구성요소'로 옮겼다. 전자는 예류도를 얻기 위한 준비단계의 요소들로 본 것이며, 후자, 즉 불·법·승에 대한 흔들림 없는 믿음과 계를 지님의 넷은 예류과를 얻은 자들이 갖추고 있는 구성요소로 본 것이다. 역자가 같은 술어를 문맥에 따라 이렇게 다르게 옮긴 것은 다른 곳의 경문과 주석서를 참고했기 때문이다.(본서 제2권 「다섯 가지 증오와 두려움 경」1(S12:41) §5의 주해를 참조할 것.)

사리뿟따여, 어떤 것이 예류도를 얻기 위한 구성요소인가?"

"세존이시여, 참된 사람을 섬기는 것은 예류도를 얻기 위한 구성요소입니다. 정법을 배우는 것은 예류도를 얻기 위한 구성요소입니다. 지혜롭게 마음에 잡도리함은 예류도를 얻기 위한 구성요소입니다. [출세간]법에 이르게 하는 법을 닦는 것은 예류도를 얻기 위한 구성요소입니다."

"장하구나, 사리뿟따여. 장하구나, 사리뿟따여. 참된 사람을 섬기는 것은 예류도를 얻기 위한 구성요소이다. 정법을 배우는 것은 예류도를 얻기 위한 구성요소이다. 지혜롭게 마음에 잡도리함은 예류도를 얻기 위한 구성요소이다. [출세간]법에 이르게 하는 법을 닦는 것은 예류도를 얻기 위한 구성요소이다."

4. "사리뿟따여, '흐름, 흐름'이라고들 한다. 사리뿟따여, 어떤 것이 흐름인가?"

"세존이시여, 여덟 가지 구성요소를 가진 성스러운 도[八支聖道=팔

『디가 니까야』「합송경」(D33) §1.11 (13)에도 본경에 나타나는 '참된 사람을 섬김, 정법을 배움, 지혜롭게 마음에 잡도리함, [출세간]법에 이르게 하는 법을 닦음'의 넷이 sotāpattiy-aṅga라는 이름으로 언급되고 있다. 그런데 이곳의 주석서는 "원문 sotāpattiyaṅga란 예류도를 얻기 위한 구성요소라는 뜻이다(sotāpatti-maggassa paṭilābha-kāraṇānīti attho)."(DA.iii.1020)라고 설명을 달고 있다. 그리고 후자 즉 불·법·승에 대한 흔들림 없는 믿음과 계를 지님의 넷은 그곳 (14)에서 네 가지 '예류[과]를 얻은 자의 구성요소(sotāpannassa aṅga)'로 나타나고 있다. 즉 전자는 예류도를 얻기 위한 준비단계의 요소들이라는 뜻이며, 후자는 이미 예류과를 얻은 자들의 구성요소라는 뜻이다. 여기에 대해서는 본서 제2권「다섯 가지 증오와 두려움 경」1(S12:41) §5의 주해도 참조할 것.
한편 아래「예류과 경」등(S55:55~74)에서는 '참된 사람을 섬김, 정법을 배움, 지혜롭게 마음에 잡도리함, [출세간]법에 이르게 하는 법을 닦음'의 네 가지를 닦으면 일래과와 불환과와 아라한과와 큰 통찰지 등도 얻게 된다고 설명하고 있다.

정도]가 바로 흐름이니, 그것은 바른 견해, 바른 사유, 바른 말, 바른 행위, 바른 생계, 바른 정진, 바른 마음챙김, 바른 삼매입니다."

"장하구나, 사리뿟따여. 장하구나, 사리뿟따여. 여덟 가지 구성요소를 가진 성스러운 도가 바로 흐름이니, 그것은 바른 견해, … 바른 삼매이다."

5. "사리뿟따여, [348] '흐름에 든 자[預流者], 흐름에 든 자'라고들 한다. 사리뿟따여, 어떤 것이 흐름에 든 자인가?"

"세존이시여, 이러한 여덟 가지 구성요소를 가진 성스러운 도를 구족한 자를 일러 흐름에 든 자라고 하나니 이러한 이름을 가지고 이러한 족성을 가진 그런 존자를 뜻합니다."

"장하구나, 사리뿟따여. 장하구나, 사리뿟따여. 이러한 여덟 가지 구성요소를 가진 성스러운 도[八支聖道=팔정도]를 구족한 자를 일러 흐름에 든 자라고 하나니 이러한 이름을 가지고 이러한 족성을 가진 그런 존자를 뜻한다."

시종 경(S55:6)
Thapati-sutta

2. 그 무렵 많은 비구들이 '가사가 완성되면 세존께서 석 달 [안거가] 끝난 후 유행을 떠나실 것이다.'라고 [생각하면서] 세존의 가사를 만들고 있었다.

3. 그때 시종(侍從)166)인 이시닷따와 뿌라나167)는 어떤 일 때

166) 여기서 '시종'으로 옮긴 용어는 thapati인데, 다른 곳에서 이 단어는 분명히 '목수'라는 뜻으로 쓰이고 있다.(본서 제4권 「빤짜깡가 경」(S36:19) §2와 주해 참조) 그런데 본경에서는 문맥상 궁중에 있는 시종이다. 이 단어는 산스끄리뜨로는 sthāpatya에 해당하는데 여인들의 거처를 지키는 관리인을

문에 사두까에 머물고 있었다. 이시닷따와 뿌라나는 많은 비구들이 '가사가 완성되면 세존께서 석 달 [안거가] 끝난 후 유행을 떠나실 것이다.'라고 [생각하면서] 세존의 가사를 만들고 있다고 들었다.

4. 그러자 시종 이시닷따와 뿌라나는 "여보게, 만일 세존·아라한·정등각자께서 이리로 오시면 우리에게 알리시오."라고 하면서 어떤 사람을 길에 세워두었다. 이삼일이 지나서 그 사람은 세존께서 멀리서 오시는 것을 보았다. 그러자 그는 시종 이시닷따와 뿌라나에게 다가갔다. 가서는 시종 이시닷따와 뿌라나에게 이렇게 말했다.

"주인님들이시여, 그분 세존·아라한·정등각자께서 오십니다. 이제 [가실] 시간이 되었습니다."

5. 그러자 시종 이시닷따와 뿌라나는 세존께 다가갔다. 가서는 세존께 절을 올리고 세존의 뒤를 따라갔다.

그때 세존께서는 길을 벗어나 어떤 나무 아래로 가셨다. 가셔서는 [349] 마련된 자리에 앉으셨다. 시종 이시닷따와 뿌라나도 세존께 절을 올린 뒤 한 곁에 앉았다. 한 곁에 앉은 시종 이시닷따와 뿌라나는 세존께 이렇게 말씀드렸다.

6. "세존이시여, 저희들은 세존께서 사왓티를 떠나 꼬살라에서

뜻한다. 여기서도 이 뜻이 아닌가 생각된다.

167) 본경에 나타나는 시종인 이시닷따와 뿌라나(Isidatta-Purāṇā thapatayo)는 『맛지마 니까야』「법탑경」(M89/ii.124) §18에서 빠세나디 꼬살라 왕의 시종(侍從)으로 언급되고 있는데, 왕은 부처님께 그들의 세존에 대한 지극한 신심을 칭찬하고 있다. 『앙굿따라 니까야』「미가살라 경」(A6:44/iii.348)과 「미가살라 경」(A10:75)에 의하면 이 두 사람은 형제였으며 이 두 사람은 일래자가 되어 죽어서 도솔천에 태어났다고 부처님께서 말씀하셨다고 한다. 「미가살라 경」(A10:75)의 제목으로 쓰인 미가살라(Migasālā)는 뿌라나의 딸이었다.

유행을 하실 것이라고 들었습니다. 그러자 저희들은 '세존께서는 우리로부터 멀리 계실 것이다.'라는 생각이 들어서 마음이 편치 않고 정신적 고통이 생겼습니다. 그리고 저희들은 세존께서 사왓티를 떠나 꼬살라에서 유행을 하고 계신다고 들었습니다. 그러자 저희들은 '세존께서는 우리로부터 멀리 계시는구나.'라는 생각이 들어서 마음이 편치 않고 정신적 고통이 생겼습니다."

7. "세존이시여, 그리고 저희들은 세존께서 꼬살라를 떠나 말라에서 … 말라를 떠나 왓지에서 … 왓지를 떠나 까시에서 … 까시를 떠나 마가다에서 유행을 하실 것이라고 들었습니다. 그러자 저희들은 '세존께서는 우리로부터 멀리 계실 것이다.'라는 생각이 들어서 마음이 편치 않고 정신적 고통이 생겼습니다. 그리고 저희들은 세존께서 꼬살라를 떠나 말라에서 … 말라를 떠나 왓지에서 … 왓지를 떠나 까시에서 … 까시를 떠나 마가다에서 유행을 하고 계신다고 들었습니다. 그러자 저희들은 [350] '세존께서는 우리로부터 멀리 계시는구나.'라는 생각이 들어서 마음이 편치 않고 정신적 고통이 생겼습니다."

8. "세존이시여, 저희들은 세존께서 마가다를 떠나 까시에서 유행을 하실 것이라고 들었습니다. 그러자 저희들은 '세존께서는 우리로부터 가까이 계실 것이다.'라는 생각이 들어서 마음이 편하고 정신적 즐거움이 생겼습니다. 그리고 저희들은 세존께서 마가다를 떠나 까시에서 유행을 하고 계신다고 들었습니다. 그러자 저희들은 '세존께서는 우리로부터 가까이 계시는구나.'라는 생각이 들어서 마음이 편하고 정신적 즐거움이 생겼습니다."

9. "세존이시여, 그리고 저희들은 세존께서 까시를 떠나 왓지에서 … 왓지를 떠나 말라에서 … 말라를 떠나 꼬살라에서 … 꼬살라를

떠나 사왓티에서 유행을 하실 것이라고 들었습니다. 그러자 저희들은 '세존께서는 우리로부터 가까이 계실 것이다.'라는 생각이 들어서 마음이 편하고 정신적 즐거움이 생겼습니다. 그리고 저희들은 세존께서 까시를 떠나 왓지에서 … 왓지를 떠나 말라에서 … 말라를 떠나 꼬살라에서 유행을 하고 계신다고 들었습니다. 그러자 저희들은 '세존께서는 우리로부터 가까이 계시는구나.'라는 생각이 들어서 마음이 편하고 정신적 즐거움이 생겼습니다. 그리고 저희들은 세존께서 제따 숲의 아나타삔디까 원림에 머무신다고 들었습니다. 그러자 저희들은 '세존께서는 우리로부터 가까이 계시는구나.'라는 생각이 들어서 마음이 편하고 정신적 즐거움이 생겼습니다."

10. "시종들이여, 그러므로 재가의 삶이란 갇혀 있고 때가 낀 길이지만 출가의 삶은 열린 허공과 같다. 시종들이여, 그러므로 그대들은 불방일하는 수밖에 없다."

"세존이시여, 저희들에게는 이러한 갇힘보다 더한 다른 갇힘이 있고 갇힘이라 불리는 것보다 더 큰 갇힘이 있습니다."

11. "시종들이여, [351] 그러면 어떤 것이 그대들에게는 이러한 갇힘보다 더한 다른 갇힘이고 갇힘이라 불리는 것보다 더 큰 갇힘인가?"

"세존이시여, 여기 빠세나디 꼬살라 왕168)이 공원으로 행차를 하

---

168) 빠세나디 꼬살라 왕(rājā Pasenadi Kosala)은 부처님의 가장 중요한 재가 신도 중의 한 사람이었다. 그는 마하꼬살라(Mahākosala)의 아들이었다. 그는 그 당시 인도 최고의 상업도시요 교육도시로 알려진 딱까실라(Takkasilā)로 유학하여 릿차위의 마할리(Mahāli)와 말라의 반둘라(Bandhula) 왕자 등과 함께 공부하였으며 여러 학문과 기술에 능통하였다고 한다. 그가 공부를 마치고 돌아오자 마하꼬살라 왕은 그에게 왕위를 물려주었다고 한다.(DhpA.i.338) 본서 제1권 「꼬살라 상윳따」(S3)의 여러 경들이 보여주

듯이 그는 선정(善政)에 힘썼으며 뇌물과 부패를 청산하려고 애를 썼다고 한다.
그는 일찍부터 부처님과 교분을 맺었으며 죽을 때까지 변함없는 부처님의 신도였다. 그의 아내는 말리까(Mallikā) 왕비였는데 부처님께 크나큰 믿음을 가진 사람이었으며 그래서 말리까 왕비가 기증한 정사도 있었다. 그의 여동생 꼬살라데위(Kosaladevī)는 마가다의 빔비사라 왕과 결혼하였다. 한편 그의 딸 와지라(Vajirā)도 아버지 빔비사라 왕을 시해하고 왕이 된 아자따삿뚜 왕과 결혼시키는 등 마가다와 정략적인 관계를 유지하였다.
그는 부처님과 같은 해, 같은 날에 태어났다고 하며(DPPN), 그래서 부처님과는 흉금을 터놓고 이야기하는 사이였다고 한다. 그가 얼마나 부처님을 존경하고 흠모하였는지는 『맛지마 니까야』 「법탑경」(M89) 등 여러 곳에 나타나고 있다.
여러 문헌(DhpA.i.339; J.i.133; iv.144 등)에 의하면 그는 부처님과 인척관계를 맺고 싶어 하였으며 그래서 사꺄족의 딸과 결혼하고자 하였다. 자부심이 강한 사꺄족은 마하나마(Mahānāma)와 하녀 사이에서 난 딸인 와사바캇띠야(Vāsabhakhattiyā)를 보냈으며, 이들 사이에서 난 아들이 바로 위두다바(Vidūdabha) 왕자이다. 위두다바 왕자가 커서 까삘라왓투를 방문하였다가 이 이야기를 듣고 격분하였고, 그래서 후에 위두다바는 사꺄를 정복하여 남녀노소를 가리지 않고 무참한 살육을 하였다고 한다.
이 위두다바는 빠세나디 왕의 총사령관이었던 디가까라야나(Dīghakārāya-na)의 도움으로 모반을 일으켜 왕이 되었으며, 빠세나디는 마가다로 가서 아자따삿뚜의 도움을 청하려 하였지만 그가 라자가하에 도착하자 이미 성문이 닫혀 있었다. 노후한 몸에 피로가 엄습한 그는 성밖의 객사에서 그날 밤에 죽었다고 하며 아자따삿뚜가 그의 시신을 잘 수습하였다고 한다. 이에 아자따삿뚜는 위두다바를 공격하려 하였으나 대신들의 조언으로 그만두었다고 한다.(M.ii.118; MA.ii.753; DhpA.i.3; J.iv.150)
그에게는 브라흐마닷따(Brahmadatta)라는 아들이 있었는데 부처님 문하에 출가하여 아라한이 되었다고 하며(ThagA.i.460), 그의 여동생 수마나(Sumanā) 공주도 출가하여 아라한이 되었다.(『앙굿따라 니까야』 「수마나 경」(A5:31) §1의 주해를 참조할 것.) 물론 제따 숲을 기증한 제따(Jetā) 왕자도 그의 아들이었다. 부처님께서 후반부의 24여 년 간을 사왓티에 머무실 정도로 꼬살라와 부처님과는 인연이 많은 곳이며 본서 제1권 『꼬살라 상윳따』(S3)에 나타나는 25개의 경들은 모두 빠세나디 왕에 관계된 가르침이다. 이렇듯 그는 불교와는 가장 인연이 많았던 왕이었음에 틀림없다.
그에 대해서는 『앙굿따라 니까야』 제3권 「꼬살라 경」(A5:49) §1의 주해 등을 참조할 것. 그의 아내 말리까 왕비(Mallikā Devī)에 대해서는 본서 제1권 「말리까 경」(S3:8) §2의 주해와 『앙굿따라 니까야』 제2권 「말리까 경」(A4:197) §1의 주해를 참조할 것.

고자 하면 저희들은 빠세나디 꼬살라 왕의 코끼리들을 준비하여 빠세나디 꼬살라 왕이 사랑하는 왕비들을 어떤 자는 앞에 어떤 자는 뒤에 오르게 합니다. 세존이시여, 그 여인들에게서는 이러한 향내가 납니다. 그것은 마치 살짝 열린 향 상자와도 같나니 향으로 치장을 한 왕의 여인들은 그와 같습니다. 세존이시여, 그리고 그 여인들의 몸에 닿는 것은 이와 같습니다. 그것은 마치 목화나 케이폭의 씨를 싸고 있는 솜털에 닿는 것과 같나니 교양 있는 왕의 여인들은 그와 같습니다.

세존이시여, 그때 저희는 코끼리를 보호해야 하고 그 여인들을 보호해야 하고 저의 자신을 보호해야 합니다. 세존이시여, 저희들은 그 여인들에 대해서 삿된 마음을 일으킨 적이 없습니다. 세존이시여, 이것이 저희들에게는 이러한 갇힘보다 더한 다른 갇힘이고 갇힘이라 불리는 것보다 더 큰 갇힘입니다."

12. "시종들이여, 그러므로 재가의 삶이란 갇혀 있고 때가 낀 길이지만 출가의 삶은 열린 허공과 같다. 시종들이여, 그러므로 그대들은 불방일하는 수밖에 없다."

13. "시종들이여, 네 가지 법을 구족한 성스러운 제자는 흐름에 든 자[預流者]여서 [악취에] 떨어지지 않는 법을 가졌고 [해탈이] 확실하며 완전한 깨달음으로 나아간다. 무엇이 넷인가?

시종들이여, 여기 성스러운 제자는 '이런 [이유로] 그분 세존께서는 아라한[應供]이시며, … 세존이시다.'라고 부처님께 흔들림 없는 청정한 믿음을 지닌다. '법은 세존에 의해서 잘 설해졌고, … 지자들이 각자 알아야 하는 것이다.'라고 법에 흔들림 없는 청정한 믿음을 지닌다. '세존의 제자들의 승가는 잘 도를 닦고, … 세상의 위없는 복밭[福田]이시다.'라고 승가에 흔들림 없는 청정한 믿음을 지닌다. 인색함의 때가 없는 마음으로 재가에 사나니, 아낌없이 보시하고, 손은 깨끗하고, 주는 것을 좋아하고, 다른 사람의 요구에 반드시 부응하고, 보시하고 나누어 가지는 것을 좋아한다.169)

시종들이여, 이러한 네 가지 법을 [352] 구족한 성스러운 제자는 흐름에 든 자[預流者]여서 [악취에] 떨어지지 않는 법을 가졌고 [해탈이] 확실하며 완전한 깨달음으로 나아간다."

14. "시종들이여, 그대들은 '이런 [이유로] 그분 세존께서는 아라한[應供]이시며, … 세존이시다.'라고 부처님께 흔들림 없는 청정한 믿음을 지니고 있다.

'법은 세존에 의해서 잘 설해졌고, … 지자들이 각자 알아야 하는 것이다.'라고 법에 흔들림 없는 청정한 믿음을 지니고 있다.

'세존의 제자들의 승가는 잘 도를 닦고, … 세상의 위없는 복밭[福田]이시다.'라고 승가에 흔들림 없는 청정한 믿음을 지니고 있다.

그리고 그대들 집안에 있는 보시할 수 있는 물건은 무엇이든 모두 혼자 두고 사용하지 않고 계행을 구족하고 선한 성품을 가진 분들과 함께 나누어 가진다.

시종들이여, 이를 어떻게 생각하는가? 이 꼬살라에 사는 사람들 가운데서 얼마나 많은 사람들이 보시하고 나누어 가지는 것에 있어서 그대들과 동등하다고 생각하는가?"

---

169) 여기서는 예류자의 구성요소 가운데 네 번째로 항상 나타나는 계의 구성요소가 보시로 대체되어 있다. 이 정형구에 포함된 술어들은 『청정도론』 VII. 107~114에서 설명되고 있다.
'다른 사람의 요구에 반드시 부응하고'로 옮긴 yāja-yoga/yāca-yoga에 대해서는 본서 제1권 「서계의 조목 경」(S11:11) §3의 주해를 참조할 것.

15. "세존이시여, 세존께서 저희들을 이렇게 인정해 주시니, 이것은 참으로 저희들에게 이득입니다. 세존이시여, 이것은 참으로 저희들에게 큰 이득입니다."

웰루드와라에 사는 자들 경(S55:7)

Veḷudvāreyya-sutta

1. 이와 같이 나는 들었다. 한때 세존께서는 고귀한 비구 승가와 함께[170] 꼬살라에서 유행하시다가 웰루드와라[171]라는 꼬살라들의 바라문 마을에 도착하셨다.

2. 웰루드와라에 사는 바라문 장자들은 들었다.
'존자들이여, 사꺄의 후예인 사문 고따마가 사꺄 가문으로부터 출가하여 많은 비구 승가와 함께 웰루드와라에 도착하셨습니다. 그분 고따마 존자께는 이러한 좋은 명성이 따릅니다. '이런 [이유로] 그분 세존께서는 아라한[應供]이시며, 완전히 깨달은 분[正等覺]이시며, 명지와 실천을 구족한 분[明行足]이시며, 피안으로 잘 가신 분[善逝]이시며, 세간을 잘 알고 계신 분[世間解]이시며, 가장 높은 분[無上士]이시며, 사람을 잘 길들이는 분[調御丈夫]이시며, 하늘과 인간의 스승[天人師]이시며, 깨달은 분[佛]이시며, 세존이시다.'라고. 그는 신을 포함하고 마라를 포함하고 범천을 포함하고 사문·바라문을 포함하고 신과 인간을 포함한 이 세상을 스스로 최상의 지혜로 알고 실현하여 드러

---

170) '고귀한 비구 승가와 함께(mahatā bhikkhusaṅghena saddhiṁ)'에 대해서는 본서 제2권 「의복 경」(S16:11) §2의 주해를 참조할 것.

171) 문자적으로 웰루드와라(Veḷudvāra)는 대나무(veḷu) 문(dvāra)이라는 뜻이다.

냅니다. 그는 법을 설합니다. 그는 시작도 훌륭하고 중간도 훌륭하고 끝도 훌륭하며, 의미와 표현을 구족하여 법을 설하여 더할 나위 없이 완벽하고 지극히 청정한 범행을 드러냅니다. 참으로 그러한 아라한을 뵙는 것은 축복입니다.'라고.

3. 그때 [353] 웰루드와라에 사는 바라문 장자들은 세존께 다가갔다. 가서는 어떤 사람들은 세존께 절을 올리고 한 곁에 앉았다. 어떤 사람들은 세존과 함께 환담을 나누고 유쾌하고 기억할 만한 이야기로 서로 담소를 나누고 한 곁에 앉았다. 어떤 사람들은 세존께 합장하여 인사드리고서 한 곁에 앉았다. 어떤 사람들은 세존의 앞에서 이름과 성을 말씀드리고 한 곁에 앉았다. 어떤 사람들은 조용히 한 곁에 앉았다. 이렇게 한 곁에 앉은 웰루드와라의 바라문 장자들은 세존께 이렇게 말씀드렸다.

4. "고따마 존자시여, 저희들은 '우리는 자식들이 북적거리는 집에서 살기를. 우리는 까시에서 산출된 전단향을 사용하기를. 화환과 향과 연고를 즐겨 사용하기를. 금은을 향유하기를. 몸이 무너져 죽은 뒤에 좋은 곳[善處], 천상에 태어나기를.'이라는 이러한 욕망과 이러한 바람과 이러한 기대를 가지고 있습니다.

고따마 존자시여, 이러한 욕망과 이러한 바람과 이러한 기대를 가지고 있는 저희들에게 법을 설해 주십시오. 그래서 저희들이 자식들이 북적거리는 집에서 살고, 까시에서 산출된 전단향을 사용하고, 화환과 향과 연고를 즐겨 사용하고, 금은을 향유하고, 몸이 무너져 죽은 뒤에 좋은 곳[善處], 천상에 태어나도록 해 주십시오."

5. "장자들이여, 나는 그대들 자신에게 적용시킬 수 있는 법문[172]을 설하리라. 이제 그것을 들어라. 듣고 마음에 잘 새겨라. 나

는 설할 것이다."

"그렇게 하겠습니다."라고 웰루드와라에 사는 바라문 장자들은 세존께 대답했다. 세존께서는 이렇게 말씀하셨다.

"장자들이여, 어떤 것이 자신에게 적용시킬 수 있는 법문인가?"173)

6. "장자들이여, 여기 성스러운 제자는 이렇게 숙고한다.

'나는 살기를 바라고 죽기를 바라지 않으며 행복을 바라고 괴로움을 혐오한다. 이처럼 살기를 바라고 죽기를 바라지 않으며 행복을 바라고 괴로움을 혐오하는 나의 목숨을 누가 뺏어가려 하면 그것은 사랑스럽거나 소중하지 않다. 그런데 만일 내가, 살기를 바라고 죽기를 바라지 않으며 행복을 바라고 괴로움을 혐오하는 다른 사람의 목숨을 뺏으려 하면 그것은 그에게도 사랑스럽거나 소중하지 않다. 나에게 사랑스럽지 않고 소중하지 않은 법은 남에게도 역시 [354] 사랑스럽지 않고 소중하지 않다. 그러니 어떻게 나에게 사랑스럽지 않고 소중하지 않은 법을 다른 사람에게 적용할 수 있겠는가?'라고.

그는 이렇게 숙고한 뒤에 자기 스스로 생명을 죽이는 것을 멀리 여의고 남으로 하여금 생명을 죽이는 것을 멀리 여의도록 하고 생명을 죽이는 것을 멀리 여의는 것을 칭송한다. 이와 같이 그는 몸의 행

---

172) "'자신에게 적용시킬 수 있는 법문(attūpanāyika dhamma-pariyāya)'이란 자신에게 적용시킨 뒤에 남에게도 적용시킬 수 있는(attani netvā parasmiṁ upanetabbaṁ) 법문이라는 뜻이다. 그래서 아래에서 말씀하시기를 '나에게 사랑스럽지 않고 소중하지 않은 법은 남에게도 역시 사랑스럽지 않고 소중하지 않다(yo kho myāyaṁ dhammo appiyo amanāpo parassa peso dhammo appiyo amanāpo).'(§6 등)고 하신 것이다."(SAṬ.iii.230)

173) 여기서부터 본경에 나타나는 일곱 가지는 열 가지 유익한 업의 길[十善業道, dasa kusala-kamma-patha] 가운데 처음의 일곱 가지이다. 이 각각에 대해서 ① 자기 스스로 멀리 여의고 ② 남으로 하여금 멀리 여의도록 하고 ③ 멀리 여의는 것을 칭송하는 세 가지로 실천하는 것을 말씀하고 계신다.

실을 세 가지로 청정하게 한다."[174]

7. "다시 장자들이여, 여기 성스러운 제자는 이렇게 숙고한다. '내가 그에게 주지 않은 것을 가지는 도둑질을 하는 자는 나에게 사랑스럽거나 소중하지 않다. 그런데 만일 내가 남이 나에게 주지 않은 것을 가지는 도둑질을 하면 그것은 남에게도 사랑스럽거나 소중하지 않다. 나에게 사랑스럽지 않고 소중하지 않은 법은 남에게도 역시 사랑스럽지 않고 소중하지 않다. 그러니 어떻게 나에게 사랑스럽지 않고 소중하지 않은 법을 다른 사람에게 적용할 수 있겠는가?'라고.

그는 이렇게 숙고한 뒤에 자기 스스로 주지 않은 것을 가지는 것을 멀리 여의고 남으로 하여금 주지 않은 것을 가지는 것을 멀리 여의도록 하고 주지 않은 것을 가지는 것을 멀리 여의는 것을 칭송한다. 이와 같이 그는 몸의 행실을 세 가지로 청정하게 한다."

8. "다시 장자들이여, 여기 성스러운 제자는 이렇게 숙고한다. '나의 아내에게 부정한 짓을 하는 자는 나에게 사랑스럽거나 소중하지 않다. 그런데 만일 내가 남의 아내에게 부정한 짓을 하면 그것은 남에게도 사랑스럽거나 소중하지 않다. 나에게 사랑스럽지 않고 소중하지 않은 법은 남에게도 역시 사랑스럽지 않고 소중하지 않다. 그러니 어떻게 나에게 사랑스럽지 않고 소중하지 않은 법을 다른 사람에게 적용할 수 있겠는가?'라고.

그는 이렇게 숙고한 뒤에 자기 스스로 삿된 음행을 멀리 여의고 남으로 하여금 삿된 음행을 멀리 여의도록 하고 삿된 음행을 멀리 여의는 것을 칭송한다. 이와 같이 그는 몸의 행실을 세 가지로 청정하

---

174) Ee: ti koṭiparisuddho는 tikoṭiparisuddho(세 가지로 청정하게 함)로 읽어야 한다.

게 한다."

9. "다시 장자들이여, 여기 성스러운 제자는 이렇게 숙고한다. '나에게 거짓으로 뜻을 말하는 자는 나에게 사랑스럽거나 소중하지 않다. 그런데 만일 내가 남에게 거짓으로 뜻을 말하면 그것은 남에게도 사랑스럽거나 소중하지 않다. 나에게 사랑스럽지 않고 소중하지 않은 법은 남에게도 역시 사랑스럽지 않고 소중하지 않다. [355] 그러니 어떻게 나에게 사랑스럽지 않고 소중하지 않은 법을 다른 사람에게 적용할 수 있겠는가?'라고.

그는 이렇게 숙고한 뒤에 자기 스스로 거짓말을 멀리 여의고 남으로 하여금 거짓말을 멀리 여의도록 하고 거짓말을 멀리 여의는 것을 칭송한다. 이와 같이 그는 말의 행실을 세 가지로 청정하게 한다."

10. "다시 장자들이여, 여기 성스러운 제자는 이렇게 숙고한다. '나를 중상모략하여 친구들과 이간질을 시키는 자는 나에게 사랑스럽거나 소중하지 않다. 그런데 만일 내가 중상모략으로 남이 친구들과 이간이 되도록 하면 그것은 남에게도 사랑스럽거나 소중하지 않다. 나에게 사랑스럽지 않고 소중하지 않은 법은 남에게도 역시 사랑스럽지 않고 소중하지 않다. 그러니 어떻게 나에게 사랑스럽지 않고 소중하지 않은 법을 다른 사람에게 적용할 수 있겠는가?'라고.

그는 이렇게 숙고한 뒤에 자기 스스로 중상모략을 멀리 여의고 남으로 하여금 중상모략을 멀리 여의도록 하고 중상모략을 멀리 여의는 것을 칭송한다. 이와 같이 그는 말의 행실을 세 가지로 청정하게 한다."

11. "다시 장자들이여, 여기 성스러운 제자는 이렇게 숙고한다. '나에게 욕설을 하는 자는 나에게 사랑스럽거나 소중하지 않다. 그

런데 만일 내가 남에게 욕설을 하면 그것은 남에게도 사랑스럽거나 소중하지 않다. 나에게 사랑스럽지 않고 소중하지 않은 법은 남에게도 역시 사랑스럽지 않고 소중하지 않다. 그러니 어떻게 나에게 사랑스럽지 않고 소중하지 않은 법을 다른 사람에게 적용할 수 있겠는가?'라고.

그는 이렇게 숙고한 뒤에 자기 스스로 욕설을 멀리 여의고 남으로 하여금 욕설을 멀리 여의도록 하고 욕설을 멀리 여의는 것을 칭송한다. 이와 같이 그는 말의 행실을 세 가지로 청정하게 한다."

12. "다시 장자들이여, 여기 성스러운 제자는 이렇게 숙고한다.

'나에게 잡담을 거는 자는 나에게 사랑스럽거나 소중하지 않다. 그런데 만일 내가 남에게 잡담을 걸면 그것은 남에게도 사랑스럽거나 소중하지 않다. 나에게 사랑스럽지 않고 소중하지 않은 법은 남에게도 역시 사랑스럽지 않고 소중하지 않다. 그러니 어떻게 나에게 사랑스럽지 않고 소중하지 않은 법을 다른 사람에게 적용할 수 있겠는가?'라고.

그는 이렇게 숙고한 뒤에 자기 스스로 잡담을 멀리 여의고 남으로 하여금 잡담을 멀리 여의도록 하고 잡담을 멀리 여의는 것을 칭송한다. 이와 같이 그는 말의 행실을 세 가지로 청정하게 한다."

13. "그는 '이런 [이유로] 그분 세존께서는 아라한[應供]이시며, … 세존이시다.'라고 부처님께 흔들림 없는 청정한 믿음을 지닌다. [356] '법은 세존에 의해서 잘 설해졌고, … 지자들이 각자 알아야 하는 것이다.'라고 법에 흔들림 없는 청정한 믿음을 지닌다. '세존의 제자들의 승가는 잘 도를 닦고, … 세상의 위없는 복밭[福田]이시다.'라고 승가에 흔들림 없는 청정한 믿음을 지닌다. 성자들이 좋아하며 …

삼매에 도움이 되는 계를 지닌다."

14. "장자들이여, 성스러운 제자가 이러한 일곱 가지 바른 법을 구족하고 이러한 네 가지 바람직한 경우들을 구족하면, 그가 원하기만 하면 스스로가 스스로에 대해서 이렇게 단언할 수 있다. '나는 지옥을 다했고, 축생의 모태를 다했고, 아귀계를 다했고, 처참한 곳, 불행한 곳, 파멸처를 다했다. 나는 흐름에 든 자[預流者]여서 [악취에] 떨어지지 않는 법을 가졌고 [해탈이] 확실하며 완전한 깨달음으로 나아간다.'라고."

15. 이렇게 말씀하시자 웰루드와라에 사는 바라문 장자들은 세존께 이렇게 말씀드렸다.

"경이롭습니다, 고따마 존자시여. 경이롭습니다, 고따마 존자시여. 마치 넘어진 자를 일으켜 세우시듯, 덮여 있는 것을 걷어내 보이시듯, [방향을] 잃어버린 자에게 길을 가리켜 주시듯, 눈 있는 자 형상을 보라고 어둠 속에서 등불을 비춰 주시듯, 고따마 존자께서는 여러 가지 방편으로 법을 설해 주셨습니다. 저희들은 이제 고따마 존자께 귀의하옵고 법과 비구 승가에 귀의합니다. 고따마 존자께서는 저희들을 재가신자로 받아주소서. 오늘부터 목숨이 붙어 있는 그날까지 귀의하옵니다."

벽돌집 경1(S55:8)[175]

Giñjakāvasatha-sutta

---

175) 본경과 아래 「벽돌집 경」 3(S55:10)을 포함한 내용이 『디가 니까야』 「대반열반경」(D16/ii.91~94) §§2.6~2.9에 나타난다. 아래 「벽돌집 경」 2(S55:9)는 아니다.

1. 이와 같이 나는 들었다. 한때 세존께서는 냐띠까[176]에서 벽돌집에 머무셨다.

2. 그때 아난다 존자가 세존께 다가갔다. 가서는 세존께 절을 올리고 한 곁에 앉았다. 한 곁에 앉은 아난다 존자는 세존께 이렇게 여쭈었다.

3. "세존이시여, 살하라는 비구가 냐띠까에서 임종을 했습니다. 그의 태어날 곳[行處]은 어디이고 그는 내세에 무엇이 되겠습니까? 세존이시여, 난다라는 비구니가 냐띠까에서 임종을 했습니다. 그의 태어날 곳은 어디이고 그는 내세에 무엇이 되겠습니까? 세존이시여, 수닷따라는 청신사가 냐띠까에서 임종을 했습니다. 그의 태어날 곳은 어디이고 그는 내세에 무엇이 되겠습니까? 세존이시여, 수자따라는 청신녀가 냐띠까에서 임종을 했습니다. 그의 태어날 곳은 어디이고 그는 내세에 무엇이 되겠습니까?"

4. "아난다여, 살하 비구는 모든 번뇌가 다하여 아무 번뇌가 없는 마음의 해탈[心解脫]과 통찰지의 해탈[慧解脫]을 바로 지금·여기에서 스스로 최상의 지혜로 실현하고 구족하여 머물렀다.[阿羅漢]

아난다여, 난다 비구니는 다섯 가지 낮은 단계의 족쇄를 [357] 완전히 없애고 [정거천에] 화생하여 그곳에서 완전히 열반에 들어 그 세계로부터 다시 돌아오지 않는 법을 얻었다.[不還者]

---

176) 「대반열반경」(D16)의 해당부분에는 나디까(Nādikā)로 나타나지만 Ee, Be의 본경과 『디가 니까야 주석서』(DA)와 본경의 주석서에는 냐띠까(Ñātika)로 나타난다. 그래서 본경에서는 냐띠까로 옮기고 있다. 주석서는 이렇게 설명한다.
"한 연못을 사이에 두고 두 마을이 있었는데 두 형제의 아들들이 살고 있었다. 그래서 냐띠까(Ñātika, 친척사이)라 부른다."(SA.iii.281)

아난다여, 수닷따 청신사는 세 가지 족쇄를 완전히 없애고 탐욕과 성냄과 어리석음이 엷어져서[177] 한 번만 더 돌아올 자[一來者]가 되어, 한 번만 더 이 세상[178]에 와서 괴로움의 끝을 만들 것이다.

아난다여, 수자따 청신녀는 세 가지 족쇄를 완전히 없애고 흐름에 든 자[預流者]여서 [악취에] 떨어지지 않는 법을 가졌고 [해탈이] 확실하며 완전한 깨달음으로 나아간다."

5. "아난다여, 사람으로 태어난 자가 죽는 것은 놀랄만한 일이 아니다. 그런데 이런저런 사람이 죽을 때마다 여래에게 다가와서 이러한 뜻을 묻는다면 이것은 여래에게 성가신 일이다.

아난다여, 그러므로 여기서 법의 거울[法鏡]이라는 법문을 하리니 이것을 구족한 성스러운 제자는 그가 원하기만 하면 '나는 지옥을 부수었다. 나는 축생의 모태를 부수었고, 아귀계를 부수었으며, 나는 처참한 곳, 불행한 곳, 파멸처를 부수어서 흐름에 든 자[預流者]가 되어, [악취에] 떨어지지 않는 법을 가지고 [해탈이] 확실하며 완전한 깨달음으로 나아간다.'라고 스스로 자신에 대해서 설명을 할 수 있을

---

177) "'탐욕과 성냄과 어리석음이 엷어져서(rāga-dosa-mohānaṁ tanuttā)'라고 했다. 여기서 엷어짐은 ① 가끔 일어남(kadāci uppatti)과 ② 사로잡는 힘이 약함(pariyuṭṭhāna-mandatā)의 두 가지로 알아야 한다. 왜냐하면 일래자는 범부처럼 탐욕 등이 쉴 새 없이(abhiṇha) 일어나지는 않고 때때로 가끔(kadāci karahaci) 일어나기 때문이다. 그리고 일어나더라도 범부처럼 두텁고 두텁게(bahala-bahalā) 일어나지 않고 파리의 날개(makkhi-patta)처럼 얇게(tanukā) 일어나기 때문이다."(SA.iii.281)

178) "'이 세상(imaṁ lokaṁ)'이란 이 욕계세상(kāmāvacara-loka)을 두고 하신 말씀이다. 만일 인간에 있으면서 일래과를 얻은 자가 천상에 태어나서 아라한됨을 실현하면(arahattaṁ sacchikaroti) 그것은 유익한 것(kusala)이다. 그러나 그렇지 못하면 반드시(avassaṁ) 인간 세상(manussa-loka)에 온 뒤에 실현하게 된다. 그리고 천상에서 일래과를 얻은 자가 만일 인간에 태어나서 아라한됨을 실현하면 그것은 유익한 일이다. 만일 그렇지 못하면 반드시 천상 세상(deva-loka)에 간 뒤에 실현하게 된다."(SA.iii.282)

것이다.”

6. “아난다여, 그러면 어떤 것이 법의 거울[法鏡]이라는 법문이기에 이것을 구족한 성스러운 제자는 그가 원하기만 하면 ‘나는 지옥을 부수었다. 나는 축생의 모태를 부수었고, 아귀계를 부수었으며, 나는 처참한 곳, 불행한 곳, 파멸처를 부수어서 흐름에 든 재[預流者]가 되어, [악취에] 떨어지지 않는 법을 가지고 [해탈이] 확실하며 완전한 깨달음으로 나아간다.’라고 스스로 자신에 대해서 설명을 할 수 있는가?”

7. “아난다여, 여기 성스러운 제자는 ‘이런 [이유로] 그분 세존께서는 아라한[應供]이시며, 완전히 깨달은 분[正等覺]이시며, 명지와 실천이 구족한 분[明行足]이시며, 피안으로 잘 가신 분[善逝]이시며, 세간을 잘 알고 계신 분[世間解]이시며, 가장 높은 분[無上士]이시며, 사람을 잘 길들이는 분[調御丈夫]이시며, 하늘과 인간의 스승[天人師]이시며, 부처님[佛]이시며, 세존이시다.’라고 부처님에 흔들림 없는 청정한 믿음을 지닌다.

‘이런 [이유로] 법은 세존에 의해서 잘 설해졌고, 스스로 보아 알 수 있고, 시간이 걸리지 않고, 와서 보라는 것이고, 향상으로 인도하고, 지자들이 각자 알아야 하는 것이다.’라고 법에 흔들림 없는 청정한 믿음을 지닌다.

‘이런 [이유로] 세존의 제자들의 승가는 잘 도를 닦고, 세존의 제자들의 승가는 바르게 도를 닦고, 세존의 제자들의 승가는 참되게 도를 닦고, 세존의 제자들의 승가는 합당하게 도를 닦으니, 곧 네 쌍의 인간들이요[四雙] 여덟 단계에 있는 사람들[八輩]이시다. 이러한 세존의 제자들의 승가는 공양받아 마땅하고, 선사받아 마땅하고, 보시받아 마땅하고, 합장받아 마땅하며, 세상의 위없는 복밭[福田]이시다.'라고 승가에 흔들림 없는 청정한 믿음을 지닌다.

성자들이 좋아하며 훼손되지 않았고 뚫어지지 않았고 오점이 없고 얼룩이 없고 벗어나게 하고 지자들이 찬탄하고 들러붙지 않고 삼매에 도움이 되는 계를 지닌다."

8. "아난다여, 이것이 법의 거울[法鏡]이라는 법문이니 이것을 구족한 성스러운 제자는 그가 원하기만 하면 '나는 지옥을 부수었다. 나는 축생의 모태를 부수었고, 아귀계를 부수었으며, 나는 처참한 곳, 불행한 곳, 파멸처를 부수어서 흐름에 든 자[預流者]가 되어, [악취에] 떨어지지 않는 법을 가지고 [해탈이] 확실하며 완전한 깨달음으로 나아간다.'라고 스스로 자신에 대해서 설명을 할 수 있다."

벽돌집 경2(S55:9)

Giñjakāvasatha-sutta

2. 한 곁에 [258] 앉은 아난다 존자는 세존께 이렇게 여쭈었다.

3. "세존이시여, 아소까라는 비구가 냐띠까에서 임종을 했습니다. 그의 태어날 곳[行處]은 어디이고 그는 내세에 무엇이 되겠습니까? 세존이시여, 아소까라는 비구니가 냐띠까에서 임종을 했습니다. 그의 태어날 곳은 어디이고 그는 내세에 무엇이 되겠습니까? 세존이시여, 아소까라는 청신사가 냐띠까에서 임종을 했습니다. 그의 태어날 곳은 어디이고 그는 내세에 무엇이 되겠습니까? 세존이시여, 아소까라는 청신녀가 냐띠까에서 임종을 했습니다. 그의 태어날 곳은 어디이고 그는 내세에 무엇이 되겠습니까?"

4. "아난다여, 아소까 비구는 모든 번뇌가 다하여 아무 번뇌가 없는 마음의 해탈[心解脫]과 통찰지의 해탈[慧解脫]을 바로 지금·여기에서 스스로 최상의 지혜로 실현하고 구족하여 머물렀다.[阿羅漢] …

… <이 이하는 앞의 「벽돌집 경」 1(S55:8)의 해당부분과 동일함.> …

벽돌집 경3(S55:10)

2. 한 곁에 앉은 아난다 존자는 세존께 이렇게 여쭈었다.

3. "세존이시여, 깍까따라는 청신사가 냐띠까에서 임종을 했습니다. 그의 태어날 곳은 어디이고 그는 내세에 무엇이 되겠습니까? 세존이시여, 깔링가라는 청신사가 … 니까따라는 청신사가 … 까땃사하라는 청신사가 … 뚯타라는 청신사가 … 산뚯타라는 청신사가 … 밧다라는 청신사가 … 수밧다라는 청신사가 냐띠까에서 임종을 했습니다. 그의 태어날 곳은 어디이고 그는 내세에 무엇이 되겠습니까?"

4. "아난다여, 깍까따 청신사는 다섯 가지 낮은 단계의 족쇄를 완전히 없애고 [정거천에] 화생하여 그곳에서 완전히 열반에 들어 그 세계로부터 다시 돌아오지 않는 법을 얻었다.

아난다여, [359] 깔링가 청신사는 … 니까따 청신사는 … 까땃사하 청신사는 … 뚯타 청신사는 … 산뚯타 청신사는 … 밧다 청신사는 … 수밧다 청신사는 다섯 가지 낮은 단계의 족쇄를 완전히 없애고 [정거천에] 화생하여 그곳에서 완전히 열반에 들어 그 세계로부터 다시 돌아오지 않는 법을 얻었다.

아난다여, 50명이 넘는 냐띠까의 청신사들은 임종하여 다섯 가지 낮은 단계의 족쇄를 완전히 없애고 [정거천에] 화생하여 그곳에서 완전히 열반에 들어 그 세계로부터 다시 돌아오지 않는 법을 얻었다.

아난다여, 90명이 넘는 냐띠까의 청신사들은 임종하여 세 가지 족쇄를 완전히 없애고 탐욕과 성냄과 어리석음이 엷어져서 한 번만 더 돌아올 자[一來者]가 되어, 한 번만 더 이 세상에 와서 괴로움의 끝을 만들 것이다.

아난다여, 500명이 넘는 냐띠까의 청신사들은 임종하여 세 가지 족쇄를 완전히 없애고 흐름에 든 자[預流者]가 되어, [악취에] 떨어지지 않는 법을 가지고 [해탈이] 확실하며 완전한 깨달음으로 나아간다."179)

[360] … <이 이하는 앞의 「벽돌집 경」1(S55:8)의 해당부분과 동일함.> …

제1장 웰루드와라 품이 끝났다.

첫 번째 품에 포함된 경들의 목록은 다음과 같다.

① 전륜성왕 ② 깊이 들어감 ③ 디가유
두 가지 ④~⑤ 사리뿟따
⑥ 시종 ⑦ 웰루드와라에 사는 자들
세 가지 ⑧~⑩ 벽돌집이다.

---

179) 숫자가 부풀려진 감이 있다. 그러나 주석서는 말하기를 그 마을은 아주 크지는 않았지만 그곳에는 성스러운 제자들(ariya-sāvakā)이 많았다고 한다. (SA.iii.282)

제2장 왕의 원림 품

Rājakārāma-vagga

천 명의 비구니 승가 경(S55:11)

Sahassa-sutta

1. 이와 같이 나는 들었다. 한때 세존께서는 사왓티에서 왕의 원림에 머무셨다.

2. 그때 천 명의 비구니 승가가 세존께 다가갔다. 가서는 세존께 절을 올리고 한 곁에 섰다. 한 곁에 선 그 비구니들에게 세존께서는 이렇게 말씀하셨다.

3. "비구니들이여, 네 가지 법을 구족한 성스러운 제자는 흐름에 든 자[預流者]여서 [악취에] 떨어지지 않는 법을 가졌고 [해탈이] 확실하며 완전한 깨달음으로 나아간다. 무엇이 넷인가?

비구니들이여, 여기 성스러운 제자는 '이런 [이유로] 그분 세존께서는 아라한[應供]이시며, … 세존이시다.'라고 부처님께 흔들림 없는 청정한 믿음을 지닌다. [361] '법은 세존에 의해서 잘 설해졌고, … 지자들이 각자 알아야 하는 것이다.'라고 법에 흔들림 없는 청정한 믿음을 지닌다. '세존의 제자들의 승가는 잘 도를 닦고, … 세상의 위없는 복밭[福田]이시다.'라고 승가에 흔들림 없는 청정한 믿음을 지닌다. 성자들이 좋아하며 … 삼매에 도움이 되는 계를 지닌다.

비구니들이여, 이러한 네 가지 법을 구족한 성스러운 제자는 흐름에 든 자[預流者]여서 [악취에] 떨어지지 않는 법을 가졌고 [해탈이] 확실하며 완전한 깨달음으로 나아간다."

바라문 경(S55:12)

Brāhmaṇa-sutta

1. <사왓티의 아나타삔디까 원림(급고독원)에서>

3. "비구들이여, 바라문들은 향상이라 부르는 도닦음을 천명한다. 그들은 제자에게 이렇게 요구한다.

'오시오, 착한 사람이여. 그대는 일찍 일어나서 동쪽으로 가시오. 구덩이를 피하지 말고 절벽이나 그루터기나 가시덤불이나 웅덩이나 시궁창도 피하지 마시오. 어디든 그대가 넘어지는 곳에서 죽음을 바라야 합니다.[180] 착한 사람이여, 그대가 이렇게 하면 몸이 무너져 죽은 뒤에 좋은 곳[善處], 천상에 태어날 것이오.'라고."

4. "비구들이여, 그러나 바라문들의 이러한 행위는 어리석은 짓이고 우둔한 짓이어서 이것은 염오로 인도하지 못하고, 탐욕의 빛바램으로 인도하지 못하고, 소멸로 인도하지 못하고, 고요함으로 인도하지 못하고, 최상의 지혜로 인도하지 못하고, 바른 깨달음으로 인도하지 못하고, 열반으로 인도하지 못한다."

5. "비구들이여, 나도 성자의 율에서 향상하는 도닦음을 천명하나니, 그것은 염오로 인도하고, 탐욕의 빛바램으로 인도하고, 소멸로 인도하고, 고요함으로 인도하고, 최상의 지혜로 인도하고, 바른 깨달음으로 인도하고, 열반으로 인도한다."

---

180) '죽음을 바라야 합니다.'는 Ee, Se: maraṇam āgaccheyyāsi, Be: maraṇam āgameyyāsi를 옮긴 것이다. 주석서는 "죽음을 원해야 한다, 바라야 한다(maraṇaṁ iccheyyāsi, pattheyyāsi vā)."(SA.iii.285)로 설명하고 있어서 이렇게 옮겼다.

6. "비구들이여, 그러면 어떤 것이 염오로 인도하고, … 열반으로 인도하는, 향상하는 도닦음인가?

비구들이여, [362] 여기 성스러운 제자는 '이런 [이유로] 그분 세존께서는 아라한[應供]이시며, … 세존이시다.'라고 부처님께 흔들림 없는 청정한 믿음을 지닌다. '법은 세존에 의해서 잘 설해졌고, … 지자들이 각자 알아야 하는 것이다.'라고 법에 흔들림 없는 청정한 믿음을 지닌다. '세존의 제자들의 승가는 잘 도를 닦고, … 세상의 위없는 복밭[福田]이시다.'라고 승가에 흔들림 없는 청정한 믿음을 지닌다. 성자들이 좋아하며 … 삼매에 도움이 되는 계를 지닌다.

비구들이여, 이것이 염오로 인도하고, … 열반으로 인도하는, 향상하는 도닦음이다."

아난다 경(S55:13)

Ānanda-sutta

1. 이와 같이 나는 들었다. 한때 아난다 존자와 사리뿟따 존자는 사왓티에서 제따 숲의 아나타삔디까 원림(급고독원)에 머물렀다.

2. 그때 사리뿟따 존자는 해거름에 홀로 앉음을 풀고 일어나 아난다 존자에게 다가갔다. 가서는 아난다 존자와 함께 환담을 나누었다. 유쾌하고 기억할 만한 이야기로 서로 담소를 하고서 한 곁에 앉았다. 한 곁에 앉은 사리뿟따 존자는 아난다 존자에게 이렇게 말했다.

3. "도반 아난다여, 어떤 법들을 제거하고 어떤 법들을 구족한 것을 원인으로 해서 세존께서는 '이 사람은 흐름에 든 자[預流者]여서 [악처에] 떨어지지 않는 법을 가졌고 [해탈이] 확실하며 완전한 깨달

음으로 나아간다.'라고 수기하셨습니까?"

4. "도반이여, 네 가지 법을 제거하고 네 가지 법을 구족한 것을 원인으로 해서 세존께서는 '이 사람은 흐름에 든 자[預流者]여서 [악취에] 떨어지지 않는 법을 가졌고 [해탈이] 확실하며 완전한 깨달음으로 나아간다.'라고 수기하셨습니다. 무엇이 넷입니까?"

5. "도반이여, 그에게는 부처님을 불신하는 배우지 못한 범부가 몸이 무너져 죽은 뒤에 처참한 곳, 불행한 곳, 파멸처, 지옥에 태어나는 그러한 형태의 [363] 부처님에 대한 불신이 없습니다. 대신에 그는 부처님께 대한 흔들림 없는 청정한 믿음을 지니고 있는 잘 배운 성스러운 제자가 몸이 무너져 죽은 뒤에 좋은 곳[善處], 천상에 태어나는 그러한 형태의 흔들림 없는 청정한 믿음을 지니고 있습니다. 그는 '이런 [이유로] 그분 세존께서는 아라한[應供]이시며, … 세존이시다.' 라고 부처님께 흔들림 없는 청정한 믿음을 지니고 있습니다.

6. "도반이여, 그에게는 법을 불신하는 배우지 못한 범부가 몸이 무너져 죽은 뒤에 처참한 곳, 불행한 곳, 파멸처, 지옥에 태어나는 그러한 형태의 불신이 없습니다. 대신에 그는 법에 대한 흔들림 없는 청정한 믿음을 지니고 있는 잘 배운 성스러운 제자가 몸이 무너져 죽은 뒤에 좋은 곳[善處], 천상에 태어나는 그러한 형태의 흔들림 없는 청정한 믿음을 지니고 있습니다. 그는 '법은 세존에 의해서 잘 설해졌고, … 지자들이 각자 알아야 하는 것이다.'라고 법에 흔들림 없는 청정한 믿음을 지니고 있습니다."

7. "도반이여, 그에게는 승가를 불신하는 배우지 못한 범부가 몸이 무너져 죽은 뒤에 처참한 곳, 불행한 곳, 파멸처, 지옥에 태어나

는 그러한 형태의 불신이 없습니다. 대신에 그는 승가에 대한 흔들림 없는 청정한 믿음을 지니고 있는 잘 배운 성스러운 제자가 몸이 무너져 죽은 뒤에 좋은 곳[善處], 천상에 태어나는 그러한 형태의 흔들림 없는 청정한 믿음을 지니고 있습니다. 그는 '세존의 제자들의 승가는 잘 도를 닦고, … 세상의 위없는 복밭[福田]이시다.'라고 승가에 흔들림 없는 청정한 믿음을 지니고 있습니다."

8. "도반이여, 그에게는 나쁜 계행을 가진 배우지 못한 범부가 몸이 무너져 죽은 뒤에 처참한 곳, 불행한 곳, 파멸처, 지옥에 태어나는 그러한 형태의 나쁜 계행이 없습니다. 대신에 그는 성스러운 계를 지닌 잘 배운 성스러운 제자가 몸이 무너져 죽은 뒤에 좋은 곳[善處], 천상에 태어나는 그러한 형태의 성스러운 계를 지니고 있습니다. 그는 성자들이 좋아하며 … 삼매에 도움이 되는 계를 지니고 있습니다."

9. "도반이여, [364] 이러한 네 가지 법을 제거하고 이러한 네 가지 법을 구족한 것을 원인으로 해서 세존께서는 '이 사람은 흐름에 든 자[預流者]여서 [악취에] 떨어지지 않는 법을 가졌고 [해탈이] 확실하며 완전한 깨달음으로 나아간다.'라고 수기하셨습니다."

불행한 곳 경1(S55:14)
Duggati-sutta

3. "비구들이여, 네 가지 법을 구족한 성스러운 제자는 모든 불행한 곳에 대한 두려움을 건넌다. 무엇이 넷인가?

비구들이여, 여기 성스러운 제자는 '이런 [이유로] 그분 세존께서는 아라한[應供]이시며, … 세존이시다.'라고 부처님께 흔들림 없는 청정한 믿음을 지닌다. '법은 세존에 의해서 잘 설해졌고, … 지자들이 각자 알아야 하는 것이다.'라고 법에 흔들림 없는 청정한 믿음을 지닌다. '세존의 제자들의 승가는 잘 도를 닦고, … 세상의 위없는 복밭[福田]이시다.'라고 승가에 흔들림 없는 청정한 믿음을 지닌다. 성자들이 좋아하며 … 삼매에 도움이 되는 계를 지닌다.

비구들이여, 이러한 네 가지 법을 구족한 성스러운 제자는 모든 불행한 곳에 대한 두려움을 건넌다."

불행한 곳 경2(S55:15)

3. "비구들이여, 네 가지 법을 구족한 성스러운 제자는 모든 불행한 곳과 파멸처에 대한 두려움을 건넌다. 무엇이 넷인가?

비구들이여, 여기 성스러운 제자는 '이런 [이유로] 그분 세존께서는 아라한[應供]이시며, … 세존이시다.'라고 부처님께 흔들림 없는 청정한 믿음을 지닌다. '법은 세존에 의해서 잘 설해졌고, … 지자들이 각자 알아야 하는 것이다.'라고 법에 흔들림 없는 청정한 믿음을 지닌다. '세존의 제자들의 승가는 잘 도를 닦고, … 세상의 위없는 복밭[福田]이시다.'라고 승가에 흔들림 없는 청정한 믿음을 지닌다. 성자들이 좋아하며 … 삼매에 도움이 되는 계를 지닌다.

비구들이여, 이러한 네 가지 법을 구족한 성스러운 제자는 모든 불행한 곳과 파멸처에 대한 두려움을 건넌다."

친구와 동료 경1(S55:16)

Mittāmacca-sutta

3. "비구들이여, 그대들이 연민심을 가지고 있고 그들 또한 그대들 말이라면 귀 기울여야 한다고 생각하고 있는 그런 친구나 동료

나 친지나 혈육들에게 그대들은[181] 네 가지 예류[과]를 얻은 자의 구성요소에 대해서 격려해야 하고 안주하도록 해야 하고 [믿음을] 확립하도록 해야 한다. 무엇이 넷인가?"

4. "비구들이여, [365] 여기 성스러운 제자는 '이런 [이유로] 그 분 세존께서는 아라한[應供]이시며, … 세존이시다.'라고 부처님께 흔들림 없는 청정한 믿음을 지닌다. '법은 세존에 의해서 잘 설해졌고, … 지자들이 각자 알아야 하는 것이다.'라고 법에 흔들림 없는 청정한 믿음을 지닌다. '세존의 제자들의 승가는 잘 도를 닦고, … 세상의 위없는 복밭[福田]이시다.'라고 승가에 흔들림 없는 청정한 믿음을 지닌다. 성자들이 좋아하며 … 삼매에 도움이 되는 계를 지닌다."

5. "비구들이여, 그대들이 연민심을 가지고 있고 그들 또한 그대들 말이라면 귀 기울여야 한다고 생각하고 있는 그런 친구나 동료나 친지나 혈육들에게 그대들은 이러한 네 가지 예류[과]를 얻은 자의 구성요소에 대해서 격려해야 하고 안주하도록 해야 하고 [믿음을] 확립하도록 해야 한다."

친구와 동료 경2(S55:17)

3. "비구들이여, 그대들이 연민심을 가지고 있고 그들 또한 그대들 말이라면 귀 기울여야 한다고 생각하고 있는 그런 친구나 동료

---

181) 여기와 아래의 같은 문장에서 Ee에는 te kho로 나타나기도 하고 te vo로 나타나기도 한다. Be에는 vo(그대들에 의해서)가 생략되어 te(그들은)로만 나타난다. 역자는 원문을 te kho 대신에 te vo(그런 그들이 그대들에 의해서, 한글로는 '그런 그들에게 그대들은'으로 능동으로 바꾸어서 옮겼음)로 통일해서 읽었다. 그래야 뜻이 통하고 본서 제5권 「친구 경」(S47:48/v.189) §3 등과 일치하기도 한다.

나 친지나 혈육들에게 그대들은 네 가지 예류[과]를 얻은 자의 구성 요소에 대해서 격려해야 하고 안주하도록 해야 하고 [믿음을] 확립하도록 해야 한다. 무엇이 넷인가?"

4. "비구들이여, 여기 성스러운 제자는 '이런 [이유로] 그분 세존께서는 아라한[應供]이시며, … 세존이시다.'라고 부처님께 흔들림 없는 청정한 믿음을 지닌다.

비구들이여, 땅의 요소, 물의 요소, 불의 요소, 바람의 요소인 네 가지 근본물질[四大]이 다르게 된다는 것은 가능할지도 모른다. 그러나 부처님께 흔들림 없는 청정한 믿음을 지닌 성스러운 제자가 다르게 된다는 것은 있을 수 없다. 여기서 다르게 되는 것이란, 부처님께 흔들림 없는 청정한 믿음을 지닌 성스러운 제자가 지옥이나 축생의 모태나 아귀계에 태어난다는 것인데, 이런 경우란 존재하지 않는다."

5. "'법은 세존에 의해서 잘 설해졌고, … 지자들이 각자 알아야 하는 것이다.'라고 법에 흔들림 없는 청정한 믿음을 지닌다.

비구들이여, 땅의 요소, … 여기서 다르게 되는 것이란, 법에 흔들림 없는 청정한 믿음을 지닌 성스러운 제자가 지옥이나 축생의 모태나 아귀계에 태어난다는 것인데, 이런 경우란 존재하지 않는다."

6. "'세존의 제자들의 승가는 잘 도를 닦고, … 세상의 위없는 복밭[福田]이시다.'라고 승가에 흔들림 없는 청정한 믿음을 지닌다.

비구들이여, 땅의 요소, … 여기서 다르게 되는 것이란, 승가에 흔들림 없는 청정한 믿음을 지닌 성스러운 제자가 지옥이나 축생의 모태나 아귀계에 태어난다는 것인데, 이런 경우란 존재하지 않는다."

7. "성자들이 좋아하며 … 삼매에 도움이 되는 계를 지닌다.

비구들이여, 땅의 요소, 물의 요소, 불의 요소, 바람의 요소인 네 가지 근본물질이 다르게 된다는 것은 가능할지도 모른다. 그러나 [366] 성자들이 좋아하는 계를 지닌 성스러운 제자가 다르게 된다는 것은 있을 수 없다. 여기서 다르게 되는 것이란, 성자들이 좋아하는 계를 지닌 성스러운 제자가 지옥이나 축생의 모태나 아귀계에 태어난다는 것인데, 이런 경우란 존재하지 않는다."

8. "비구들이여, 그대들이 연민심을 가지고 있고 그들 또한 그대들 말이라면 귀 기울여야 한다고 생각하고 있는 그런 친구나 동료나 친지나 혈육들에게 그대들은 이러한 네 가지 예류[과]를 얻은 자의 구성요소에 대해서 격려해야 하고 안주하도록 해야 하고 [믿음을] 확립하도록 해야 한다."

신들을 방문함 경1(S55:18)[182]

Devacārika-sutta

2. 그때 마하목갈라나 존자는 마치 힘센 사람이 구부렸던 팔을 펴고 폈던 팔을 구부리는 것처럼 제따 숲에서 사라져서 삼십삼천의 신들 앞에 나타났다.

그때 많은 삼십삼천의 신들이 마하목갈라나 존자에게 다가갔다. 가서는 마하목갈라나 존자에게 절을 올리고 한 곁에 섰다. 한 곁에 선 삼십삼천의 신들에게 마하목갈라나 존자는 이렇게 말했다.

3. "도반들이여, '이런 [이유로] 그분 세존께서는 아라한[應供]이시며, … 세존이시다.'라고 부처님께 흔들림 없는 청정한 믿음을 지니는 것은 좋은 것입니다.

---

182) 본경은 본서 제4권 「삭까 경」(S40:10) (ii)와 비슷하다.

도반들이여, 여기 어떤 중생은 부처님께 흔들림 없는 청정한 믿음을 구족한 것을 원인으로 해서 몸이 무너져 죽은 뒤에 좋은 곳[善處], 천상에 태어납니다.

'법은 세존에 의해서 잘 설해졌고, … 지자들이 각자 알아야 하는 것이다.'라고 법에 흔들림 없는 청정한 믿음을 지니는 것은 좋은 것입니다.

도반들이여, 여기 어떤 중생은 법에 흔들림 없는 청정한 믿음을 구족한 것을 원인으로 해서 몸이 무너져 죽은 뒤에 좋은 곳[善處], 천상에 태어납니다.

'세존의 제자들의 승가는 잘 도를 닦고, … 세상의 위없는 복밭[福田]이시다.'라고 승가에 흔들림 없는 청정한 믿음을 지니는 것은 좋은 것입니다.

도반들이여, 여기 어떤 중생은 승가에 흔들림 없는 청정한 믿음을 구족한 것을 원인으로 해서 몸이 무너져 죽은 뒤에 좋은 곳[善處], 천상에 태어납니다.

성자들이 좋아하며 … 삼매에 도움이 되는 계를 지니는 것은 좋은 것입니다.

도반들이여, 여기 어떤 중생은 성자들이 좋아하는 계를 구족한 것을 원인으로 해서 몸이 무너져 죽은 뒤에 좋은 곳[善處], 천상에 태어납니다."

4. "목갈라나 존자여, '이런 [이유로] 그분 세존께서는 아라한[應供]이시며, … 세존이시다.'라고 부처님께 흔들림 없는 청정한 믿음을 지니는 것은 좋은 것입니다.

목갈라나 존자여, 여기 어떤 중생은 부처님께 흔들림 없는 청정한 믿음을 구족한 것을 원인으로 해서 몸이 무너져 죽은 뒤에 좋은 곳

[善處], 천상에 태어납니다.

'법은 세존에 의해서 잘 설해졌고, …

'세존의 제자들의 승가는 잘 도를 닦고, …

성자들이 좋아하며 … 삼매에 도움이 되는 계를 지니는 것은 좋은 것입니다.

목갈라나여, 여기 어떤 중생은 [367] 성자들이 좋아하는 계를 구족한 것을 원인으로 해서 몸이 무너져 죽은 뒤에 좋은 곳[善處], 천상에 태어납니다."

신들을 방문함 경2(S55:19)

<본경은 '천상에 태어납니다.' 대신에 '천상에 태어났습니다.'로 과거 시제가 나타나는 것만 제외하고 나머지는 모두 앞의 「신들을 방문함 경」1(S55:18)과 꼭 같다.>

신들을 방문함 경3(S55:20)

2. 그때 세존께서는 마치 힘센 사람이 구부렸던 팔을 펴고 폈던 팔을 구부리는 것처럼 제따 숲에서 사라져서 삼십삼천의 신들 앞에 나타났다.

그때 많은 삼십삼천의 신들이 세존께 다가갔다. 가서는 세존께 [368] 절을 올리고 한 곁에 섰다. 한 곁에 선 삼십삼천의 신들에게 세존께서는 이렇게 말씀하셨다.

3. "도반들이여, '이런 [이유로] 그분 세존께서는 아라한[應供]이시며, … 세존이시다.'라고 부처님께 흔들림 없는 청정한 믿음을 지니는 것은 좋은 것이다.

도반들이여, 여기 어떤 중생은 부처님께 흔들림 없는 청정한 믿음을 구족한 것을 원인으로 해서 흐름에 든 자[預流者]가 되나니, 그는 [악취에] 떨어지지 않는 법을 가지고 [해탈이] 확실하며 완전한 깨달음으로 나아간다.

'법은 세존에 의해서 잘 설해졌고, … 지자들이 각자 알아야 하는 것이다.'라고 법에 흔들림 없는 청정한 믿음을 지니는 것은 좋은 것이다.

도반들이여, 여기 어떤 중생은 법에 흔들림 없는 청정한 믿음을 구족한 것을 원인으로 해서 흐름에 든 자[預流者]가 되나니, 그는 [악취에] 떨어지지 않는 법을 가지고 [해탈이] 확실하며 완전한 깨달음으로 나아간다.

'세존의 제자들의 승가는 잘 도를 닦고, … 세상의 위없는 복밭[福田]이시다.'라고 승가에 흔들림 없는 청정한 믿음을 지니는 것은 좋은 것이다.

도반들이여, 여기 어떤 중생은 승가에 흔들림 없는 청정한 믿음을 구족한 것을 원인으로 해서 흐름에 든 자[預流者]가 되나니, 그는 [악취에] 떨어지지 않는 법을 가지고 [해탈이] 확실하며 완전한 깨달음으로 나아간다.

성자들이 좋아하며 … 삼매에 도움이 되는 계를 지니는 것은 좋은 것이다.

도반들이여, 여기 어떤 중생은 성자들이 좋아하는 계를 구족한 것을 원인으로 해서 흐름에 든 자[預流者]가 되나니, 그는 [악취에] 떨어지지 않는 법을 가지고 [해탈이] 확실하며 완전한 깨달음으로 나아가는 자이다."

4. "세존이시여,[183] '이런 [이유로] 그분 세존께서는 아라한[應供]이시며, … 세존이시다.'라고 부처님께 흔들림 없는 청정한 믿음을

지니는 것은 좋은 것입니다.

세존이시여, 여기 어떤 중생은 부처님께 흔들림 없는 청정한 믿음을 구족한 것을 원인으로 해서 흐름에 든 자[預流者]가 되나니, 그는 [악취에] 떨어지지 않는 법을 가지고 [해탈이] 확실하며 완전한 깨달음으로 나아갑니다.

'법은 세존에 의해서 잘 설해졌고, …

'세존의 제자들의 승가는 잘 도를 닦고, …

성자들이 좋아하며 … 삼매에 도움이 되는 계를 지니는 것은 좋은 것입니다.

세존이시여, 여기 어떤 중생은 성자들이 좋아하는 계를 구족한 것을 원인으로 해서 흐름에 든 자[預流者]가 되나니, 그는 [악취에] 떨어지지 않는 법을 가지고 [해탈이] 확실하며 완전한 깨달음으로 나아갑니다."

제2장 왕의 원림 품이 끝났다.

두 번째 품에 포함된 경들의 목록은 다음과 같다.

① 천 명의 비구니 승가 ② 바라문 ③ 아난다,
두 가지 ④~⑤ 불행한 곳, 두 가지 ⑥~⑦ 친구와 동료
세 가지 ⑧~⑩ 신들을 방문함이다.

---

183) 신들은 인간을 호칭할 때 사용하는 '마리사(mārisa)'라는 호격(呼格) 명사로 세존을 호칭하고 있다. 역자는 우리에게 익숙한 '세존이시여'로 옮겼다. 본서 제1권 「폭류 경」(S1:1) §3의 주해를 참조할 것.

제3장 사라까니 품

Sarakāni-vagga

마하나마 경1(S55:21)

Mahānāma-sutta

1. 이와 같이 나는 들었다. 한때 [369] 세존께서는 삭까에서 까삘라왓투의 니그로다 원림에 머무셨다.

2. 그때 삭까 사람 마하나마가 세존께 다가갔다. 가서는 세존께 절을 올리고 한 곁에 앉았다. 한 곁에 앉은 삭까 사람 마하나마는 세존께 이렇게 말씀드렸다.

3. "세존이시여, 지금 까삘라왓투는 번창하고, 부유하고, 많은 사람들이 모여들고, 대중들로 가득하고, 길거리는 [사람들로] 넘쳐납니다.[184] 세존이시여, 저는 세존을 섬기고 마음에 새겨야 할[185] [고귀한] 비구들을 시봉한 뒤 해거름에 까삘라왓투로 들어갑니다. 그러면 저는 배회하는[186] 코끼리와 만나고 배회하는 말과 만나고 배회하

---

184) '길거리는 [사람들로] 넘쳐납니다.'는 sambādha-vyūhaṁ을 옮긴 것이다. 주석서의 설명에 따르면 vyūhā/byūhā는 주요 도로를 뜻하며, 이곳이 넘쳐난다(sambādha)는 것은 도시의 삶의 현장이 붐비는 것을 말한다고 한다. (SA.iii.287)

185) '마음에 새겨야 할 [고귀한] 비구들(mano-bhāvanīyā bhikkhū)'에 대해서는 본서 제3권 「나꿀라삐따 경」(S22:1) §3의 주해를 참조할 것.

186) '배회하는'은 Be: bhantena(bhamati, √bhram, *to wander*의 과거분사)를 옮긴 것이다. Ee에는 모두 bhante na로 나타나는데 bhantena로 고쳐 읽어야 한다. 주석서에도 "여기저기로 돌아다니고, 흥분해서 배회하는(ito c'ito ca paribbhamantena, uddhatacārinā)"(SA.iii.287)이라고 설명하

는 마차와 만나고 배회하는 수레와 만나고 배회하는 사람과 만납니다. 세존이시여, 그러면 그때 세존에 대한 저의 마음챙김은 흐리멍덩하게 되고 법에 대한 저의 마음챙김은 흐리멍덩하게 되고 승가에 대한 저의 마음챙김은 흐리멍덩하게 됩니다. 세존이시여, 그러면 그때 제게는 '내가 만일 바로 지금 죽는다면 나의 태어날 곳[行處]은 어디일까?'라는 이런 생각이 듭니다."

4. "마하나마여, 그대는 두려워하지 말라. 마하나마여, 두려워하지 말라. 그대의 죽음은 나쁘지 않을 것이다. 그대는 나쁘지 않게 임종할 것이다.187)

마하나마여, 누구든지 오랜 세월 믿음으로 마음이 굳건해지고 계행으로 마음이 굳건해지고 배움으로 마음이 굳건해지고 보시로 마음이 굳건해지고 통찰지로 마음이 굳건해진 사람의 몸은 물질이라서 네 가지 근본물질[四大]로 이루어진 것이며, 부모에게서 생겨났고, [370] 밥과 죽으로 집적되었으며, 무상하고 파괴되고 분쇄되고 해체되고 분해되기 마련이며, 까마귀 떼가 쪼아먹고, 독수리 떼가 쪼아먹고, 솔개 무리가 쪼아먹고, 개 떼가 뜯어먹고, 자칼들이 뜯어먹고, 별의별 벌레들이 다 달려들어 파먹겠지만 그의 마음은 오랜 세월 믿음으로 굳건해지고 계행과 배움과 보시와 통찰지로 굳건해졌기 때문에 위로 올라가고 특별한 경지로 가게 된다."188)

고 있다.

187) 아래 「고다 경」(S55:23) §5와 §14를 통해서 보면 마하나마는 그때 적어도 예류자였거나 아마 일래자는 되었을 것이다. 그러므로 그는 선처에 태어날 것이고 그래서 죽음을 두려워할 필요가 없었다.

188) '위로 올라가고 특별한 경지로 가게 된다(tam uddhagāmi hoti visesagāmi).'라고 했는데 본문은 마음(citta)이 개별 존재의 흐름의 근본이어서, 몸이 무너져도 마음의 흐름은 업의 과보를 익게 한다고 말하고 있다. 성스러

5. "마하나마여, 예를 들면 어떤 사람이 버터 단지나 참기름 단지를 가지고 깊은 물속으로 들어가서 그것을 깬다 하자. 그러면 단지의 파편이나 조각은 아래로 가라앉을 것이고 버터나 참기름은 위로 떠오를 것이다.[189]

마하나마여, 그와 같이 누구든지 오랜 세월 믿음으로 마음이 굳건해지고 계행으로 마음이 굳건해지고 배움으로 마음이 굳건해지고 보시로 마음이 굳건해지고 통찰지로 마음이 굳건해진 사람의 몸은 물질이라서 네 가지 근본물질[四大]로 이루어진 것이며, 부모에게서 생겨났고, 밥과 죽으로 집적되었으며, 무상하고 파괴되고 분쇄되고 해체되고 분해되기 마련이며, 까마귀 떼가 쪼아먹고, 독수리 떼가 쪼아먹고, 솔개 무리가 쪼아먹고, 개 떼가 뜯어먹고, 자칼들이 뜯어먹고, 별의별 벌레들이 다 달려들어 파먹겠지만 그의 마음은 오랜 세월 믿음으로 굳건해지고 계행과 배움과 보시와 통찰지로 굳건해졌기 때문에 위로 올라가고 특별한 경지로 가게 된다."

6. "마하나마여, 그대의 마음은 오랜 세월 믿음으로 굳건해지고 계행과 배움과 보시와 통찰지로 굳건해졌다. [371] 마하나마여, 그러므로 그대는 두려워하지 말라. 마하나마여, 두려워하지 말라. 그대의 죽음은 나쁘지 않을 것이다. 그대는 나쁘지 않게 임종할 것이다."

운 제자들(ariya-sāvakā)의 경우에 마음은 '위로 올라가서(uddhagāmi)' 더 높은 경지로 재생하게 되며, 열반을 향하여 향상하면서 '특별한 경지로 가게 되는 것(visesa-gāmi)'이다.

"'특별한 경지로 가게 됨(visesa-gāmi)'이란 열반으로 가게 된다(nibbāna-gāmī hoti)는 뜻이다."(AA.iii.170)

189) 같은 비유가 본서 제4권 「아시반다까뿟따 경」(S42:6/iv.313) §7에도 나타나는데 적용되는 곳이 다르다.

마하나마 경2(S55:22)

4. "마하나마여, 그대는 두려워하지 말라. 마하나마여, 두려워하지 말라. 그대의 죽음은 나쁘지 않을 것이다. 그대는 나쁘지 않게 임종할 것이다."

5. "마하나마여, 네 가지 법을 구족한 성스러운 제자는 열반으로 흐르고 열반으로 향하고 열반으로 들어간다. 무엇이 넷인가?

마하나마여, 여기 성스러운 제자는 '이런 [이유로] 그분 세존께서는 아라한[應供]이시며, … 세존이시다.'라고 부처님께 흔들림 없는 청정한 믿음을 지닌다. '법은 세존에 의해서 잘 설해졌고, … 지자들이 각자 알아야 하는 것이다.'라고 법에 흔들림 없는 청정한 믿음을 지닌다. '세존의 제자들의 승가는 잘 도를 닦고, … 세상의 위없는 복밭[福田]이시다.'라고 승가에 흔들림 없는 청정한 믿음을 지닌다. 성자들이 좋아하며 … 삼매에 도움이 되는 계를 지닌다."

6. "마하나마여, 예를 들면 나무가 동쪽으로 기울고 동쪽으로 향하고 동쪽으로 굽어 있다 하자. 비구들이여, 만일 이 나무의 뿌리를 자르면 어떤 곳으로 넘어지겠는가?"

"세존이시여, 그것이 기울고 향하고 들어간 곳으로 넘어질 것입니다."

"마하나마여, 그와 같이 네 가지 법을 구족한 성스러운 제자는 열반으로 기울고 열반으로 향하고 열반으로 들어간다."

고다 경(S55:23)

Godhā-sutta

1. <삭까의 까삘라왓투의 니그로다 원림에서>

2. 그때 삭까 사람 마하나마가 삭까의 여인 고다[190]에게 다가갔다.[191] 가서는 삭까의 여인 고다에게 이렇게 말했다.

3. "고다여, [372] 당신은 몇 가지 법을 구족한 사람을 흐름에 든 자[預流者]여서 [악취에] 떨어지지 않는 법을 가졌고 [해탈이] 확실하며 완전한 깨달음으로 나아간다고 인정합니까?"

4. "마하나마여, 나는 세 가지 법을 구족한 사람을 흐름에 든 자[預流者]여서 [악취에] 떨어지지 않는 법을 가졌고 [해탈이] 확실하며 완전한 깨달음으로 나아간다고 인정합니다.

마하나마여, 여기 성스러운 제자는 '이런 [이유로] 그분 세존께서는 아라한[應供]이시며, … 세존이시다.'라고 부처님께 흔들림 없는 청정한 믿음을 지닙니다. '법은 세존에 의해서 잘 설해졌고, … 지자들이 각자 알아야 하는 것이다.'라고 법에 흔들림 없는 청정한 믿음을 지닙니다. '세존의 제자들의 승가는 잘 도를 닦고, … 세상의 위없는 복밭[福田]이시다.'라고 승가에 흔들림 없는 청정한 믿음을 지닙니다.

마하나마여, 나는 이러한 세 가지 법을 구족한 사람을 흐름에 든

190) 고다(Godhā)는 아래 「깔리고다 경」(S55:39)에 나타나는 삭까의 여인 깔리고다(Kāḷigodhā Sākiyāni)와 같은 사람이다. 그녀의 아들 밧디야 존자(āyasmā Bhaddiya)는 아누룻다(Anuruddha) 등과 더불어 같이 출가한 삭까의 왕자였다. 세존께서는 『앙굿따라 니까야』 「하나의 모음」(A1:14:1-6)에서 "고귀한 가문 출신인 자들(uccā-kulikā) 가운데서 깔리고다의 아들 밧디야가 으뜸"이라고 그를 칭송하고 계신다. 주석서에 의하면 그녀의 이름은 고다(Godhā)였는데 그녀의 피부가 검었기 때문에(kāḷa-vaṇṇā) 깔리고다라 불리었다고 한다. 그녀는 당시 삭까의 여인들 가운데서 가장 연장자(sabba-jeṭṭhikā)였다고 한다.(AA.i.193~194)

191) 삭까의 여인 고다는 Godhā Sakko를 옮긴 것이다. 고다는 여자인데 Sakka는 남성명사로 나타난다. 아래 「깔리고다 경」(S55:39)에서는 삭까의 여인 깔리고다(Kāḷigodhā Sākiyānī)로 여성명사로 나타나고 있어서 여기서도 삭까의 여인으로 옮겼다.

자[預流者]여서 [악취에] 떨어지지 않는 법을 가졌고 [해탈이] 확실하며 완전한 깨달음으로 나아간다고 인정합니다."

5. "마하나마여, 그러면 당신은 몇 가지 법을 구족한 사람을 흐름에 든 자[預流者]여서 [악취에] 떨어지지 않는 법을 가졌고 [해탈이] 확실하며 완전한 깨달음으로 나아간다고 인정합니까?"

"고다여, 나는 네 가지 법을 구족한 사람을 흐름에 든 자[預流者]여서 [악취에] 떨어지지 않는 법을 가졌고 [해탈이] 확실하며 완전한 깨달음으로 나아간다고 인정합니다.

고다여, 여기 성스러운 제자는 '이런 [이유로] 그분 세존께서는 아라한[應供]이시며, … 세존이시다.'라고 부처님께 흔들림 없는 청정한 믿음을 지닙니다. '법은 세존에 의해서 잘 설해졌고, … 지자들이 각자 알아야 하는 것이다.'라고 법에 흔들림 없는 청정한 믿음을 지닙니다. '세존의 제자들의 승가는 잘 도를 닦고, … 세상의 위없는 복밭[福田]이시다.'라고 승가에 흔들림 없는 청정한 믿음을 지닙니다. 성자들이 좋아하며 … 삼매에 도움이 되는 계를 지닙니다.

고다여, 나는 이러한 네 가지 법을 구족한 사람을 흐름에 든 자[預流者]여서 [악취에] 떨어지지 않는 법을 가졌고 [해탈이] 확실하며 완전한 깨달음으로 나아간다고 인정합니다."

6. "기다리시오, 마하나마여. 기다리시오, 마하나마여. [흐름에 든 자가] 이러한 법들을 구족하였는지 구족하지 않았는지는 세존만이 아실 것입니다."

"오시오, 고다여. 세존을 뵈러 갑시다. 가서 세존께 이 뜻을 아룁시다."

7. 삭까 사람 [373] 마하나마와 삭까의 여인 고다는 세존을 뵈러

갔다. 가서는 세존께 절을 올리고 한 곁에 앉았다. 한 곁에 앉은 삭까 사람 마하나마는 세존께 이렇게 말씀드렸다.

8. "세존이시여, 여기 저는 삭까의 여인 고다에게 다가갔습니다. 가서는 삭까의 여인 고다에게 이렇게 말했습니다.

'고다여, 당신은 몇 가지 법을 구족한 사람을 흐름에 든 자[預流者]여서 [악취에] 떨어지지 않는 법을 가졌고 [해탈이] 확실하며 완전한 깨달음으로 나아간다고 인정합니까?'

세존이시여, 이렇게 묻자 삭까의 여인 고다는 이렇게 대답했습니다.

'마하나마여, 나는 세 가지 법을 구족한 사람을 흐름에 든 자[預流者]여서 … 인정합니다.

마하나마여, 그러면 당신은 몇 가지 법을 구족한 사람을 흐름에 든 자[預流者]여서 [악취에] 떨어지지 않는 법을 가졌고 [해탈이] 확실하며 완전한 깨달음으로 나아간다고 인정합니까?'

세존이시여, 이렇게 묻자 저는 삭까의 여인 고다에게 이렇게 대답했습니다.

'고다여, 나는 네 가지 법을 구족한 사람을 흐름에 든 자[預流者]여서 … 인정합니다.'

세존이시여, 이렇게 대답하자 삭까의 여인 고다는 제게 말했습니다.

'기다리시오, 마하나마여. 기다리시오, 마하나마여. [흐름에 든 자가] 이러한 법들을 구족하였는지 구족하지 않았는지는 세존만이 아실 것입니다.'라고."

9. "세존이시여, [374] 여기 법에 대한 어떤 문제가 발생할지도 모릅니다.192) 세존께서 한 쪽이 되고 비구 승가가 다른 쪽이 되는 경

192) '법에 대한 어떤 문제'는 kocideva dhamma-samuppādo를 옮긴 것인데

우입니다. 그러면 저는 당연히 세존께서 택하신 쪽에 대해서 청정한 믿음을 가질 것입니다. 세존께서는 제가 이렇다고 섭수하여 주십시오."[193]

10. "세존이시여, 여기 법에 대한 어떤 문제가 발생할지도 모릅니다. 세존께서 한 쪽이 되고 비구 승가와 비구니 승가가 다른 쪽이 되는 경우입니다. 그러면 저는 당연히 세존께서 택하신 쪽에 대해서 청정한 믿음을 가질 것입니다. 세존께서는 제가 이렇다고 섭수하여 주십시오."

11. "세존이시여, 여기 법에 대한 어떤 문제가 발생할지도 모릅니다. 세존께서 한 쪽이 되고 비구 승가와 비구니 승가와 청신사가 다른 쪽이 되는 경우입니다. 그러면 저는 당연히 세존께서 택하신 쪽에 대해서 청정한 믿음을 가질 것입니다. 세존께서는 제가 이렇다고 섭수하여 주십시오."

12. "세존이시여, 여기 법에 대한 어떤 문제가 발생할지도 모릅니다. 세존께서 한 쪽이 되고 비구 승가와 비구니 승가와 청신사와 청신녀가 다른 쪽이 되는 경우입니다. 그러면 저는 당연히 세존께서 택하신 쪽에 대해서 청정한 믿음을 가질 것입니다. 세존께서는 제가 이렇다고 섭수하여 주십시오."

주석서에서는 "어떤 문제(kiñcideva kāraṇaṁ)"(SA.iii.287)라고 설명하고 있다. 본서 제3권 「취착에 의한 초조함 경」 1(S22:7) §4에도 dhamma-samuppāda라는 합성어가 나타나는데 거기서는 뜻이 다르게 쓰이고 있다. 거기서는 문맥과 주석서를 참조해서 '[해로운] 심리상태가 일어나서'로 옮겼다.

193) "그는, '비구 승가는 일체지가 없기(asabbaññutā) 때문에 바로 알지 못하면서 말할지도 모른다. 그러나 스승께는 무지(無知, aññāṇa)라는 것이 없다.'라고 생각했다. 그래서 이렇게 말한 것이다."(SA.iii.287)

13. "세존이시여, 여기 법에 대한 어떤 문제가 발생할지도 모릅니다. 세존께서 한 쪽이 되고 비구 승가와 비구니 승가와 청신사와 청신녀와 마라와 범천을 포함한 신의 세상이나 혹은 사문·바라문과 신과 사람을 포함한 [인간] 세상이 다른 쪽이 되는 경우입니다. 그러면 저는 당연히 세존께서 택하신 쪽에 대해서 청정한 믿음을 가질 것입니다. 세존께서는 제가 이렇다고 섭수하여 주십시오."[194]

14. [그러자 세존께서는 말씀하셨다.]

"고다여, 이렇게 말하는[195] 삭까 사람 마하나마에 대해서 그대는 다른 할 말이 있는가?"

"세존이시여, 이렇게 말하는 삭까 사람 마하나마에 대해서 참으로 이롭고 참으로 유익하다는 말 외에는 드릴 말씀이 없습니다."[196]

---

194) 마하나마의 이러한 말은 법에 관한한 부처님의 제자들과 신들을 포함한 천하의 모든 존재가 다 옳다고 인정하는 어떤 사실이 있다 하더라도 만일 세존께서 그것을 인정하지 않으시면 나도 세존의 말씀을 따라서 그것을 인정하지 않을 것이라고 세존께 대한 절대적인 믿음을 표하는 말이다. 불제자라면 이정도로 부처님께 대한 확신이 있어야한다. 그래야 그가 진정한 부처님의 제자일 것이다.

195) '이렇게 말하는'은 Ee: evaṁvādiṁ(목적격)을 옮긴 것이다. Be, Se: evaṁ-vādī(주격)는 문법에 맞지 않다. 본서 제2권 「꼬삼비 경」(S12:68) §9의 주해도 참조할 것.

196) 두 사람 사이의 논쟁은 명백하게 해결되지는 않은 것으로 보인다. 그러나 이 문제는 마하나마가 자신의 믿음에 대한 증언을 함으로써 결말이 나게 된다. 부처님께 대한 확실한 믿음을 가진 마하나마의 말을 고다도 인정하고 있기 때문에 마하나마의 견해가 옳은 것으로 결론 났다고 할 수 있다.
복주서는 이러한 네 가지 특질 가운데 어느 한 가지만을 갖추어도 그는 예류자인데 넷을 다 갖춘 경우에는 비난받을 일이 없다(anavajjana-dosa)고 말하고 있다.(SAṬ.iii.235)

사라까니 경1(S55:24)

Sarakāni-sutta

1. <삭까의 까삘라왓투의 니그로다 원림에서> [375]

2. 그 무렵 삭까 사람 사라까니[197]가 임종을 하였다. 세존께서는 그가 흐름에 든 자[預流者]여서 [악취에] 떨어지지 않는 법을 가졌고 [해탈이] 확실하며 완전한 깨달음으로 나아간다고 수기하셨다.

3. 그러자 거기서 많은 삭까 사람들이 모여들어 흠을 잡고 불평하고 푸념하면서 말했다.

"경이롭습니다, 존자들이여. 놀랍습니다, 존자들이여. 이제 예류자가 되지 못할 사람이 누가 있겠습니까? 삭까 사람 사라까니가 임종을 하였는데 세존께서는 그가 흐름에 든 자[預流者]여서 [악취에] 떨어지지 않는 법을 가졌고 [해탈이] 확실하며 완전한 깨달음으로 나아간다고 수기하셨기 때문입니다. 그런데 삭까 사람 사라까니는 술꾼이었기 때문에 공부지음과는 거리가 먼 사람이었습니다."[198]

4. 그때 삭까 사람 마하나마가 세존을 뵈러 갔다. 가서는 세존께 절을 올리고 한 곁에 앉았다. 한 곁에 앉은 삭까 사람 마하나마는 세존께 이렇게 말씀드렸다.

---

197) Se에는 Sarakāni로, Be에는 Saraṇāni로, Ee에는 Sarakāni 또는 Saraṇāni로 나타나고 있다. 역자는 Se와 Ee를 취해서 사라까니(Sarakāni)로 읽었다.

198) '술꾼이었기 때문에 공부지음과는 거리가 먼 사람이었습니다.'는 sikkhā-dubbalyaṁ āpādi majjapānaṁ apāyi를 옮긴 것이다. 이것은 오계 가운데 다섯 번째 계를 파한 것이 된다. 그래서 예류과를 얻은 자의 구성요소 네 가지 가운데 마지막인 계의 청정을 파했기 때문에 그는 예류자가 아니었다고 삭까 사람들은 푸념하는 것이다.

"세존이시여, 여기 삭까 사람 사라까니가 임종을 하였습니다. … 그러자 거기서 많은 삭까 사람들이 모여들어 흠을 잡고 불평하고 푸념하면서 말했습니다. '… 그런데 삭까 사람 사라까니는 술꾼이었기 때문에 공부지음과는 거리가 먼 사람이었습니다.'라고."

5. "마하나마여, 오랜 세월 부처님과 법과 승가에 귀의한 청신사가 어떻게 파멸처에 떨어졌겠는가? 마하나마여, 바르게 말하는 자가 말하기를 '오랜 세월 부처님과 법과 승가에 귀의한 청신사'라고 하는 것은 바로 삭까 사람 사라까니를 두고 말하는 것이다. [376] 마하나마여, 삭까 사람 사라까니는 오랜 세월 부처님과 법과 승가에 귀의한 청신사였다. 그런 그가 어떻게 파멸처에 떨어졌겠는가?"

6. "마하나마여, 여기 어떤 사람은 '이런 [이유로] 그분 세존께서는 아라한[應供]이시며, … 세존이시다.'라고 부처님께 흔들림 없는 청정한 믿음을 지닌다. '법은 세존에 의해서 잘 설해졌고, … 지자들이 각자 알아야 하는 것이다.'라고 법에 흔들림 없는 청정한 믿음을 지닌다. '세존의 제자들의 승가는 잘 도를 닦고, … 세상의 위없는 복밭[福田]이시다.'라고 승가에 흔들림 없는 청정한 믿음을 지닌다. 그리고 그는 미소짓는 통찰지와 전광석화와 같은 통찰지199)와 해탈을 구족하였다.

그는 모든 번뇌가 다하여 아무 번뇌가 없는 마음의 해탈[心解脫]과 통찰지를 통한 해탈[慧解脫]을 바로 지금·여기에서 스스로 최상의 지혜로 실현하고 구족하여 머문다.

마하나마여, 이러한 인간은 지옥에서 완전히 벗어나고, 축생의 모

---

199) '미소짓는 통찰지(hāsa-pañña)와 전광석화와 같은 통찰지(javana-pañña)'에 대해서는 본서 제3권 「수시마 경」(S2:29) §3의 주해를 참조할 것.

태에서 완전히 벗어나고, 아귀계에서 완전히 벗어나고, 처참한 곳[苦界], 불행한 곳[惡處], 파멸처에서 완전히 벗어난다."200)

7. "마하나마여, 여기 어떤 사람은 '이런 [이유로] 그분 세존께서는 아라한[應供]이시며, … 세존이시다.'라고 부처님께 흔들림 없는 청정한 믿음을 지닌다. … 법에 흔들림 없는 청정한 믿음을 지닌다. … 승가에 흔들림 없는 청정한 믿음을 지닌다. 그는 미소짓는 통찰지와 전광석화와 같은 통찰지는 구족하였지만 해탈은 구족하지 못했다.

그는 다섯 가지 낮은 단계의 족쇄를 완전히 없애고 [정거천에] 화생하여 그곳에서 완전히 열반에 들어 그 세계로부터 다시 돌아오지 않는 법을 얻는다.[不還者]

마하나마여, 이러한 인간은 지옥에서 완전히 벗어나고, 축생의 모태에서 완전히 벗어나고, 아귀계에서 완전히 벗어나고, 처참한 곳[苦界], 불행한 곳[惡處], 파멸처에서 완전히 벗어났다."

8. "마하나마여, 여기 어떤 사람은 '이런 [이유로] 그분 세존께서는 아라한[應供]이시며, … 세존이시다.'라고 부처님께 흔들림 없는 청정한 믿음을 지닌다. … 법에 흔들림 없는 청정한 믿음을 지닌다. … 승가에 흔들림 없는 청정한 믿음을 지닌다. 그러나 그는 미소짓는 통찰지도 전광석화와 같은 통찰지도 해탈도 구족하지 못했다.

그는 세 가지 족쇄를 완전히 없애고 탐욕과 성냄과 어리석음이 엷어져서 한 번만 더 돌아올 자[一來者]가 되어, 한 번만 더 이 세상에 와서 괴로움을 끝낼 것이다.

마하나마여, 이러한 인간도 지옥에서 완전히 벗어나고, 축생의 모

200) 이것은 아라한에 해당되는 설명이다. 아라한에게는 다시 태어남이란 존재하지 않는다. 여기서 완전히 벗어난 것으로 삼악도만을 들고 있는 것은 아래의 불환자 등의 정형구와 보조를 맞추기 위한 것일 뿐이다.

태에서 완전히 벗어나고, 아귀계에서 완전히 벗어나고, 처참한 곳[苦界], 불행한 곳[惡處], 파멸처에서 완전히 벗어난다.

9. "마하나마여, [377] 여기 어떤 사람은 '이런 [이유로] 그분 세존께서는 아라한[應供]이시며, … 세존이시다.'라고 부처님께 흔들림 없는 청정한 믿음을 지닌다. … 법에 흔들림 없는 청정한 믿음을 지닌다. … 승가에 흔들림 없는 청정한 믿음을 지닌다. 그러나 그는 미소짓는 통찰지도 전광석화와 같은 통찰지도 해탈도 구족하지 못했다.

그는 흐름에 든 자[預流者]여서 [악처에] 떨어지지 않는 법을 가졌고 [해탈이] 확실하며 완전한 깨달음으로 나아가는 자이다.

마하나마여, 이러한 인간도 지옥에서 완전히 벗어나고, 축생의 모태에서 완전히 벗어나고, 아귀계에서 완전히 벗어나고, 처참한 곳[苦界], 불행한 곳[惡處], 파멸처에서 완전히 벗어난다."

10. "마하나마여, 여기 어떤 사람은 '이런 [이유로] 그분 세존께서는 아라한[應供]이시며, … 세존이시다.'라고 부처님께 흔들림 없는 청정한 믿음을 지니지 않는다. … 법에 흔들림 없는 청정한 믿음을 지니지 않는다. … 승가에 흔들림 없는 청정한 믿음을 지니지 않는다. 그는 미소짓는 통찰지도 전광석화와 같은 통찰지도 해탈도 구족하지 못했다.

그렇지만 그에게는 믿음의 기능, 정진의 기능, 마음챙김의 기능, 삼매의 기능, 통찰지의 기능이라는 이런 법들이 있다. 그리고 그는 여래가 설한 법들을 통찰지로 충분히 사색하여[201] 이러한 법들을 인정한다.

마하나마여, 이러한 인간은 지옥에 가지 않고, 축생의 모태에 가지

201) 본서 제3권 「눈[眼] 경」(S25:1) §5의 주해를 참조할 것.

않고, 아귀계에 가지 않고, 처참한 곳[苦界], 불행한 곳[惡處], 파멸처에 가지 않는다.202)

11. "마하나마여, 여기 어떤 사람은 '이런 [이유로] 그분 세존께서는 아라한[應供]이시며, … 세존이시다.'라고 부처님께 흔들림 없는 청정한 믿음을 지니지 않는다. … 법에 흔들림 없는 청정한 믿음을 지니지 않는다. … 승가에 흔들림 없는 청정한 믿음을 지니지 않는다. 그는 미소짓는 통찰지도 전광석화와 같은 통찰지도 해탈도 구족하지 못했다.

그렇지만 그에게는 믿음의 기능, 정진의 기능, 마음챙김의 기능, 삼매의 기능, 통찰지의 기능이라는 이런 법들이 있다. 그리고 그는 여래에 대해서 깊은 믿음이 있고 깊은 공경이 있다.

마하나마여, 이러한 인간은 지옥에 가지 않고, 축생의 모태에 가지 않고, 아귀계에 가지 않고, 처참한 곳[苦界], 불행한 곳[惡處], 파멸처

---

202) 본 문단은 법을 따르는 자(dhamma-anusārī)를, 다음 문단은 믿음을 따르는 자(saddha-anusārī)를 설명하고 있다. 물론 문장 안에는 나타나고 있지는 않다. 그러나 『맛지마 니까야』 「끼따기리 경」(M70/i.479) §§20~21에는 본경의 이 문단들이 법을 따르는 자와 믿음을 따르는 자의 설명으로 나타나고 있다.
본서 제3권 「눈[眼] 경」(S25:1) §§4~5에도 이 두 경지가 나타나는데 이 둘은 성자의 경지에는 도달하였지만 예류과의 경지는 실현하지 못하였는데 임종하기 전에는 예류과를 얻게 된다고 한다. 그곳의 주해들을 참조할 것.
여기서 유념할 점은, 이 두 경지는 다섯 가지 기능[五根]에 속하는 믿음의 기능[信根]은 구족하였지만 삼보에 대한 '흔들림 없는 청정한 믿음(avecca-ppasāda)'은 갖추지 못했다고 표현되고 있으며, 예류자까지에 적용된 삼악도로부터 '완전히 벗어났다(parimutto).'는 표현 대신에 삼악도에 '가지 않는다(agantā).'는 표현을 사용하고 있다는 것이다. 완전히 벗어남은 과를 증득해야만 실현되기 때문이다.
법을 따르는 자와 믿음을 따르는 자에 대한 『인시설론 주석서』의 설명(PugA.194~195)은 본서 제3권 「눈[眼] 경」(S25:1) §4의 주해를 참조할 것.

에 가지 않는다."

12. "마하나마여, 만일 이 큰 살라 나무들조차도 좋은 말과 나쁜 말을 충분하게 이해한다면 나는 이 큰 살라 나무들도 흐름에 든 자[預流者]여서 [악취에] 떨어지지 않는 법을 가졌고 [해탈이] 확실하며 완전한 깨달음으로 나아간다고 수기할 것이다. 그런데 하물며 삭까 사람 사라까니에 대해서는 말해 무엇하겠는가? 마하나마여, 삭까 사람 사라까니는 임종할 때에 공부지음을 성취하였다."203)

사라까니 경2(S55:25)

1. <삭까의 까삘라왓투의 니그로다 원림에서> [378]

2. 그 무렵 삭까 사람 사라까니가 임종을 하였다. 세존께서는 그가 흐름에 든 자[預流者]여서 [악취에] 떨어지지 않는 법을 가졌고 [해탈이] 확실하며 완전한 깨달음으로 나아간다고 수기하셨다. 그러자 거기서 많은 삭까 사람들이 모여들어 흠을 잡고 불평하고 푸념하면서 말했다.

3. "경이롭습니다, 존자들이여. 놀랍습니다, 존자들이여. 이제 예류자가 되지 못할 사람이 누가 있겠습니까? 삭까 사람 사라까니가 임종을 하였는데 세존께서는 그가 흐름에 든 자[預流者]여서 [악취에] 떨어지지 않는 법을 가졌고 [해탈이] 확실하며 완전한 깨달음으로

---

203) "'임종할 때에 공부지음을 성취하였다(maraṇakāle sikkhaṁ samādiyi).'는 것은 임종할 때 삼학(tisso sikkhā, 계・정・혜)을 완성하였다(paripūra-kāri)는 말이다."(SA.iii.288)
주석서의 이런 설명을 통해서 보면, 그는 전에는 술꾼이었지만 임종이 가까워졌을 때는 오계를 엄하게 지켰고 그래서 예류과를 얻게 되었다고 이해할 수 있다.

나아간다고 수기하셨기 때문입니다. 그런데 삭까 사람 사라까니는 공부지음을 완성하지 못했습니다."204)

4. 그때 삭까 사람 마하나마가 세존을 뵈러 갔다. 가서는 세존께 절을 올리고 한 곁에 앉았다. 한 곁에 앉은 삭까 사람 마하나마는 세존께 이렇게 말씀드렸다.

"세존이시여, 여기 삭까 사람 사라까니가 임종을 하였습니다. … 그러자 거기서 많은 삭까 사람들이 모여들어 흠을 잡고 불평하고 푸념하면서 말했습니다. '… 그런데 삭까 사람 사라까니는 공부지음을 완성하지 못했습니다.'라고."

5. "마하나마여, 오랜 세월 부처님과 법과 승가에 귀의한 청신사가 어떻게 파멸처에 떨어졌겠는가? 마하나마여, 바르게 말하는 자가 말하기를 '오랜 세월 부처님과 법과 승가에 귀의한 청신사'라고 하는 것은 바로 삭까 사람 사라까니를 두고 말하는 것이다. 마하나마여, 삭까 사람 사라까니는 오랜 세월 부처님과 법과 승가에 귀의한 청신사였다. 그런 그가 어떻게 파멸처에 떨어졌겠는가?"

6. "마하나마여, 여기 어떤 사람은 '이런 [이유로] 그분 세존께서는 아라한[應供]이시며, … 세존이시다.'라고 부처님께 전일하면서도 지극히 청정한 믿음을 지닌다.205) '법은 세존에 의해서 잘 설해졌

---

204) '공부지음을 완성하지 못했습니다.'는 sikkhāya aparipūrakārī ahosi를 옮긴 것이다. 이처럼 앞의 경 §3과는 조금 다른 표현을 사용하고 있지만 의미는 같다.

205) '전일하면서도 지극히 청정한 믿음을 지닌다(ekantagato hoti abhippasanno).'는 표현은 본서 제5권 「아빠나 경」(S48:50) §3에도 나타난다. 이것은 본서 「전륜성왕 경」(S55:1) §5 등에 계속해서 나타나고 있는 '흔들림 없는 청정한 믿음을 지닌다(avecca-ppasādena samannāgato).'는 표현과 동의어이다.

고, … 지자들이 각자 알아야 하는 것이다.'라고 법에 전일하면서도 지극히 청정한 믿음을 지닌다. '세존의 제자들의 승가는 잘 도를 닦고, … 세상의 위없는 복밭[福田]이시다.'라고 승가에 전일하면서도 지극히 청정한 믿음을 지닌다. 그리고 그는 미소짓는 통찰지와 전광석화와 같은 통찰지와 해탈을 구족하였다.

그는 다섯 가지 낮은 단계의 족쇄를 완전히 없애고 수명의 중반쯤에 이르러 완전한 열반에 드는 자, [수명의] 반이 지나서 완전한 열반에 드는 자, 노력 없이 쉽게 완전한 열반에 드는 자, 노력하여 어렵게 완전한 열반에 드는 자, 더 높은 세계로 재생하여 색구경천에 이르는 자가 된다.[206]

마하나마여, 이러한 인간은 지옥에서 완전히 벗어나고, 축생의 모태에서 완전히 벗어나고, 아귀계에서 완전히 벗어나고, 처참한 곳[苦界], 불행한 곳[惡處], 파멸처에서 완전히 벗어난다.

7. "마하나마여, 여기 어떤 사람은 '이런 [이유로] 그분 세존께서는 아라한[應供]이시며, … 세존이시다.'라고 부처님께 전일하면서도 지극히 청정한 믿음을 지닌다. '법은 세존에 의해서 잘 설해졌고, … 지자들이 각자 알아야 하는 것이다.'라고 법에 전일하면서도 지극히 청정한 믿음을 지닌다. '세존의 제자들의 승가는 잘 도를 닦고, … 세상의 위없는 복밭[福田]이시다.'라고 승가에 전일하면서도 지극히 청정한 믿음을 지닌다. 그러나 그는 미소짓는 통찰지도 전광석화와 같은 통찰지도 해탈도 구족하지 못했다.

그는 세 가지 족쇄를 완전히 없애고 탐욕과 성냄과 어리석음이 엷어져서 한 번만 더 돌아올 자[一來者]가 되어, 한 번만 더 이 세상에

---

206) 이것은 다섯 단계의 불환자이다. 여기에 대해서는 본서 제5권 「계(戒) 경」(S46:3) §13과 주해들을 참조할 것.

와서 괴로움을 끝낼 것이다.

마하나마여, 이러한 인간은 [379] 지옥에서 완전히 벗어나고, 축생의 모태에서 완전히 벗어나고, 아귀계에서 완전히 벗어나고, 처참한 곳[苦界], 불행한 곳[惡處], 파멸처에서 완전히 벗어난다."

8. "마하나마여, 여기 어떤 사람은 '이런 [이유로] 그분 세존께서는 아라한[應供]이시며, … 세존이시다.'라고 부처님께 전일하면서도 지극히 청정한 믿음을 지닌다. '법은 세존에 의해서 잘 설해졌고, … 지자들이 각자 알아야 하는 것이다.'라고 법에 전일하면서도 지극히 청정한 믿음을 지닌다. '세존의 제자들의 승가는 잘 도를 닦고, … 세상의 위없는 복밭[福田]이시다.'라고 승가에 전일하면서도 지극히 청정한 믿음을 지닌다. 그러나 그는 미소짓는 통찰지도 전광석화와 같은 통찰지도 해탈도 구족하지 못했다.

그는 흐름에 든 자[預流者]여서 [악취에] 떨어지지 않는 법을 가졌고 [해탈이] 확실하며 완전한 깨달음으로 나아간다.

마하나마여, 이러한 인간은 지옥에서 완전히 벗어나고, 축생의 모태에서 완전히 벗어나고, 아귀계에서 완전히 벗어나고, 처참한 곳[苦界], 불행한 곳[惡處], 파멸처에서 완전히 벗어난다."

9. "마하나마여, 여기 어떤 사람은 '이런 [이유로] 그분 세존께서는 아라한[應供]이시며, … 세존이시다.'라고 부처님께 전일하면서도 지극히 청정한 믿음을 지니지 않는다. … 법에 전일하면서도 지극히 청정한 믿음을 지니지 않는다. … 승가에 전일하면서도 지극히 청정한 믿음을 지니지 않는다. 그는 미소짓는 통찰지도 전광석화와 같은 통찰지도 해탈도 구족하지 못했다.

그렇지만 그에게는 믿음의 기능, 정진의 기능, 마음챙김의 기능,

삼매의 기능, 통찰지의 기능이라는 이런 법들이 있다. 그리고 그는 여래가 설한 법들을 통찰지로 충분히 사색하여 이러한 법들을 인정한다.

마하나마여, 이러한 인간은 지옥에 가지 않고, 축생의 모태에 가지 않고, 아귀계에 가지 않고, 처참한 곳[苦界], 불행한 곳[惡處], 파멸처에 가지 않는다."

10. "마하나마여, 여기 어떤 사람은 '이런 [이유로] 그분 세존께서는 아라한[應供]이시며, … 세존이시다.'라고 부처님께 전일하면서도 지극히 청정한 믿음을 지니지 않는다. … 법에 전일하면서도 지극히 청정한 믿음을 지니지 않는다. … 승가에 전일하면서도 지극히 청정한 믿음을 지니지 않는다. 그는 미소짓는 통찰지도 전광석화와 같은 통찰지도 해탈도 구족하지 못했다.

그렇지만 그에게는 믿음의 기능, 정진의 기능, 마음챙김의 기능, 삼매의 기능, 통찰지의 기능이라는 이런 법들이 있다. 그리고 그는 여래에 대해서 깊은 믿음이 있고 깊은 공경이 있다.

마하나마여, 이러한 인간은 지옥에 가지 않고, 축생의 모태에 가지 않고, 아귀계에 가지 않고, 처참한 곳[苦界], 불행한 곳[惡處], 파멸처에 가지 않는다."

11. "마하나마여, 예를 들면 경작되지 않은 나쁜 땅에 씨앗을 뿌리긴 했지만 훼손되고 썩고 바람과 햇빛에 손상되고 상하고 [뿌리를] 잘 내리지 못하고 마침 비도 제때에 내리지 않는다고 하자. 그런데도 그 씨앗들이 자라고 증장하고 충만하게 되어 많은 결실을 얻을 수 있겠는가?"

"그렇지 않습니다, 세존이시여."

"마하나마여, 그와 같이 여기 제대로 설해지지 못하고 잘못 선언되고 출리로 인도하지 못하고 고요에 이바지하지 못하고 바르게 깨달은 분에 의해서 선언된 것이 아닌 법은 경작되지 않은 땅이라고 나는 말한다. [380] 그리고 이러한 법에서 [출세간]법에 이르게 하는 법에 따라 도를 닦으면서 머물고 합당하게 도를 닦고 법에 따라 실천하는 그런 제자를 나쁜 씨앗이라고 나는 말한다."

12. "마하나마여, 예를 들면 잘 경작된 좋은 땅에 씨앗을 뿌려서 그것이 훼손되지 않고 썩지 않고 바람과 햇빛에 손상되지 않고 상하지 않고 [뿌리를] 잘 내리고 마침 비도 제때에 내린다 하자. 그러면 그 씨앗들이 자라고 증장하고 충만하게 되어 많은 결실을 얻을 수 있겠는가?"

"그렇습니다, 세존이시여."

"마하나마여, 그와 같이 여기 제대로 설해졌고 잘 선언되고 출리로 인도하고 고요에 이바지 하고 바르게 깨달은 분에 의해서 선언된 법은 경작된 땅이라고 나는 말한다. 그리고 이러한 법에서 [출세간]법에 이르게 하는 법에 따라 도를 닦으면서 머물고 합당하게 도를 닦고 법에 따라 실천하는 그런 제자를 좋은 씨앗이라고 나는 말한다.

그런데 하물며 삭까 사람 사라까니에 대해서는 말해 무엇하겠는가? 마하나마여, 삭까 사람 사라까니는 임종할 때에 공부지음을 성취하였다."

아나타삔디까 경1(S55:26)

Anāthapiṇḍika-sutta

1. <사왓티의 아나타삔디까 원림(급고독원)에서>

2. 그 무렵 아나타삔디까(급고독) 장자가 중병에 걸려 아픔과 고통에 시달리고 있었다.

그때 아나타삔디까 장자는 어떤 사람을 불러서 말했다.

3. "이리 오시오, 아무개 사람이여. 그대는 사리뿟따 존자께 가시오. 가서는 나의 이름으로 사리뿟따 존자의 발에 머리 조아려 절을 올리고 '존자시여, 아나타삔디까 장자가 중병에 걸려 아픔과 고통에 시달리고 있습니다. 지금 그가 사리뿟따 존자의 발에 머리 조아려 절을 올립니다.'라고 말씀드려 주시오. 그리고 다시 '존자시여, 사리뿟따 존자께서는 연민을 일으키시어 아나타삔디까 장자에게로 와주시면 감사하겠습니다.'라고 여쭈어 주시오."

"알겠습니다, [381] 주인님."이라고 그 사람은 아나타삔디까 장자에게 대답한 뒤 사리뿟따 존자에게 다가갔다. 가서는 사리뿟따 존자에게 절을 올리고 한 곁에 앉았다. 한 곁에 앉은 그 사람은 사리뿟따 존자에게 이렇게 말했다.

4. "존자시여, 아나타삔디까 장자가 중병에 걸려 아픔과 고통에 시달리고 있습니다. 지금 그가 사리뿟따 존자의 발에 머리 조아려 절을 올립니다. 그리고 다시 말씀드립니다. '존자시여, 사리뿟따 존자께서는 연민을 일으키시어 아나타삔디까 장자에게로 와주시면 감사하겠습니다.'라고."

5. 사리뿟따 존자는 침묵으로 허락하였다. 그때 사리뿟따 존자는 옷매무새를 가다듬고 발우와 가사를 수하고 아나타삔디까 장자에게로 갔다. 가서는 마련된 자리에 앉았다. 자리에 앉은 사리뿟따 존자는 아나타삔디까 장자에게 이렇게 말했다.

"장자여, 어떻게 견딜 만합니까? 그대는 편안합니까? 괴로운 느낌이 물러가고 더 심하지는 않습니까? 차도가 있고 더 심하지 않다는 것을 알겠습니까?"

"존자시여, 저는 견디기가 힘듭니다. 편안하지 않습니다. 괴로운 느낌은 더 심하기만 하고 물러가지 않습니다. 더 심하기만 하고 물러가지 않는다고 알아질 뿐입니다."

6. "장자여, 부처님을 불신하는 배우지 못한 범부가 몸이 무너져 죽은 뒤에 처참한 곳, 불행한 곳, 파멸처, 지옥에 태어나는 그러한 형태의 불신이 그대에게는 없습니다. 대신에 그대는 부처님께 대한 흔들림 없는 청정한 믿음을 지니고 있는 잘 배운 성스러운 제자가 몸이 무너져 죽은 뒤에 좋은 곳[善處], 천상에 태어나는 그러한 형태의 흔들림 없는 청정한 믿음을 지니고 있습니다.

그대는 '이런 [이유로] 그분 세존께서는 아라한[應供]이시며, … 세존이시다.'라고 부처님께 흔들림 없는 청정한 믿음을 지니고 있습니다. 그대가 부처님께 대한 이러한 흔들림 없는 청정한 믿음이 자기 자신에게 있음을 관찰하면 그 자리에서 그대의 [괴로운] 느낌은 가라앉을 것입니다."

7. "장자여, 그대에게는 법을 불신하는 배우지 못한 범부가 몸이 무너져 죽은 뒤에 [382] 처참한 곳, 불행한 곳, 파멸처, 지옥에 태어나는 그러한 형태의 불신이 없습니다. 대신에 그대는 법에 대한 흔들림 없는 청정한 믿음을 지니고 있는 잘 배운 성스러운 제자가 몸이 무너져 죽은 뒤에 좋은 곳[善處], 천상에 태어나는 그러한 형태의 흔들림 없는 청정한 믿음을 지니고 있습니다.

그대는 '법은 세존에 의해서 잘 설해졌고, … 지자들이 각자 알아야 하는 것이다.'라고 법에 흔들림 없는 청정한 믿음을 지니고 있습니다. 그대가 법에 대한 이러한 흔들림 없는 청정한 믿음이 자기 자신에게 있음을 관찰하면 그 자리에서 그대의 [괴로운] 느낌은 가라앉을 것입니다."

8. "장자여, 그대에게는 승가를 불신하는 배우지 못한 범부가 몸이 무너져 죽은 뒤에 처참한 곳, 불행한 곳, 파멸처, 지옥에 태어나는 그러한 형태의 불신이 없습니다. 대신에 그대는 승가에 대한 흔들림 없는 청정한 믿음을 지니고 있는 잘 배운 성스러운 제자가 몸이 무너져 죽은 뒤에 좋은 곳[善處], 천상에 태어나는 그러한 형태의 흔들림 없는 청정한 믿음을 지니고 있습니다.

그대는 '세존의 제자들의 승가는 잘 도를 닦고, … 세상의 위없는 복밭[福田]이시다.'라고 승가에 흔들림 없는 청정한 믿음을 지니고 있습니다. 그대가 승가에 대한 이러한 흔들림 없는 청정한 믿음이 자기 자신에게 있음을 관찰하면 그 자리에서 그대의 [괴로운] 느낌은 가라앉을 것입니다."

9. "장자여, 그대에게는 나쁜 계행을 가진 배우지 못한 범부가 몸이 무너져 죽은 뒤에 처참한 곳, 불행한 곳, 파멸처, 지옥에 태어나는 그러한 형태의 나쁜 계행이 없습니다. 대신에 그대는 성스러운 계를 지닌 잘 배운 성스러운 제자가 몸이 무너져 죽은 뒤에 좋은 곳[善處], 천상에 태어나는 그러한 형태의 성스러운 계를 지니고 있습니다.

그대는 성자들이 좋아하며 … 삼매에 도움이 되는 계를 지니고 있습니다. 그대가 성자들이 좋아하는 이러한 계가 자기 자신에게 있음을 관찰하면 그 자리에서 그대의 [괴로운] 느낌은 가라앉을 것입니다."

10. "장자여, 그대에게는 삿된 견해를 가진 배우지 못한 범부가

몸이 무너져 죽은 뒤에 처참한 곳, 불행한 곳, 파멸처, 지옥에 태어나는 그러한 형태의 삿된 견해가 없습니다. 대신에 그대에게는 바른 견해가 있습니다. 그대가 이러한 바른 견해가 자기 자신에게 있음을 관찰하면 그 자리에서 그대의 [괴로운] 느낌은 가라앉을 것입니다.

장자여, 그대에게는 … 그러한 형태의 삿된 사유가 없습니다. 대신에 그대에게는 바른 사유가 있습니다. … [괴로운] 느낌은 가라앉을 것입니다.

장자여, 그대에게는 … 그러한 형태의 삿된 말이 없습니다. 대신에 그대에게는 바른 말이 있습니다. … [괴로운] 느낌은 가라앉을 것입니다.

장자여, 그대에게는 … 그러한 형태의 삿된 행위가 없습니다. 대신에 그대에게는 바른 행위가 있습니다. … [괴로운] 느낌은 가라앉을 것입니다.

장자여, 그대에게는 … 그러한 형태의 삿된 생계가 없습니다. 대신에 그대에게는 바른 생계가 있습니다. … [괴로운] 느낌은 가라앉을 것입니다.

장자여, 그대에게는 … 그러한 형태의 삿된 정진이 없습니다. 대신에 그대에게는 바른 정진이 있습니다. … [괴로운] 느낌은 가라앉을 것입니다.

장자여, 그대에게는 … 그러한 형태의 삿된 마음챙김이 없습니다. 대신에 그대에게는 바른 마음챙김이 있습니다. … [괴로운] 느낌은 가라앉을 것입니다.

장자여, 그대에게는 … 그러한 형태의 삿된 삼매가 없습니다. 대신에 그대에게는 바른 삼매가 있습니다. … [괴로운] 느낌은 가라앉을 것입니다.

장자여, [384] 그대에게는 … 그러한 형태의 삿된 지혜가 없습니다. 대신에 그대에게는 바른 지혜가 있습니다. … [괴로운] 느낌은 가라앉을 것입니다.

장자여, 그대에게는 삿된 해탈을 가진 배우지 못한 범부가 몸이 무너져 죽은 뒤에 처참한 곳, 불행한 곳, 파멸처, 지옥에 태어나는 그러한 형태의 삿된 해탈이 없습니다. 대신에 그대에게는 바른 해탈이 있습니다. 그대가 이러한 바른 해탈이 자기 자신에게 있음을 관찰하면 그 자리에서 그대의 [괴로운] 느낌은 가라앉을 것입니다."207)

11. 그때 아나타삔디까 장자의 [괴로운] 느낌은 그 자리에서 가라앉았다. 그러자 아나타삔디까 장자는 자신의 밥그릇으로 사리뿟따 존자와 아난다 존자에게 공양을 대접하였다. 사리뿟따 존자가 공양을 마치고 그릇에서 손을 떼자 아나타삔디까 장자는 어떤 낮은 자리를 잡아서 한 곁에 앉았다. 한 곁에 앉은 아나타삔디까 장자에게 사리뿟따 존자는 이런 게송으로 기쁘게 하였다.

12. "여래께 움직이지 않고 잘 확립된 믿음을 가지고
선하고 성자들이 좋아하고 칭송하는 계를 지니고

승가에 청정한 믿음이 있고 올곧은 자를 보는 자

---

207) 『맛지마 니까야』 「큰 40가지 경」(M117/iii.76) §34에 의하면 유학들은 바른 견해부터 바른 삼매까지의 여덟 가지 구성요소를 갖추고 있고 무학인 아라한들은 바른 지혜(sammā-ñāṇa)와 바른 해탈(sammā-vimutti)까지 갖추어서 모두 10가지 구성요소를 구족하고 있다고 한다. 그런데 여기서는 예류자인 급고독 장자도 이 두 가지를 갖춘 것으로 나타나고 있다.
본서 제5권 「쭌다 경」(S47:13) §6과 주해에 의하면 아직 예류자인 아난다 존자도 계・정・혜뿐만 아니라, 아라한만이 갖춘다는 해탈(vimutti)과 해탈지견(vimutti-ñāṇa-dassana)까지 다 갖춘 것으로 나타나고 있다. 그러므로 본경에서 급고독 장자가 10가지 구성요소를 다 갖추었다고 나타나는 것은 단순한 편집상의 실수는 아닌 듯하다.

그는 가난하지 않다 일컬어지나니 그의 삶은 헛되지 않도다.

그러므로 슬기로운 자는 부처님들의 교법을 억념하면서
믿음과 계와 청정한 믿음과 법을 봄에 몰두할지라."

13. 사리뿟따 존자는 이런 게송으로 아나타삔디까 장자를 기쁘게 한 뒤 자리에서 일어나서 나갔다. [385] 그러자 아난다 존자가 세존을 뵈러 갔다. 가서는 세존께 절을 올리고 한 곁에 앉았다. 한 곁에 앉은 아난다 존자에게 세존께서는 이렇게 말씀하셨다.

"아난다여, 이런 대낮에 그대는 어디서 오는 길인가?"

"세존이시여, 사리뿟따 존자가 아나타삔디까 장자에게 이렇고 이런 교계를 하였습니다."

"아난다여, 사리뿟따는 현자다. 아난다여, 사리뿟따는 큰 통찰지를 가졌다. 그래서 사리뿟따는 거기서 네 가지 예류[과]를 얻은 자의 구성요소를 10가지 측면에서 분석할 수 있었다."

아나타삔디까 경2(S55:27)

2. 그 무렵 아나타삔디까(급고독) 장자가 중병에 걸려 아픔과 고통에 시달리고 있었다.

그때 아나타삔디까 장자는 어떤 사람을 불러서 말했다.

3~4. "이리 오시오, 아무개 사람이여. 그대는 아난다 존자께 가시오. …"

5. "장자여, 어떻게 견딜 만합니까? 그대는 편안합니까? 괴로운 느낌이 물러가고 더 심하지는 않습니까? 차도가 있고 더 심하지 않다는 것을 알겠습니까?"

"존자시여, 저는 견디기가 힘듭니다. 편안하지 않습니다. 괴로운 느낌은 더 심하기만 하고 물러가지 않습니다. 더 심하기만 하고 물러가지 않는다고 알아질 뿐입니다."

6. "장자여, [386] 네 가지 법을 지닌 배우지 못한 범부는 겁을 먹고 공포가 생기고 죽어 다음 생에 어찌 될지에 대한 두려움을 가집니다.208) 무엇이 넷입니까?

장자여, 여기 배우지 못한 범부는 부처님에 대한 불신을 가집니다. 그는 부처님에 대한 불신이 자기 자신에게 있음을 관찰하여 겁을 먹고 공포가 생기고 죽어 다음 생에 어찌 될지에 대한 두려움을 가집니다.

다시 장자여, 여기 배우지 못한 범부는 법에 대한 불신을 가집니다. 그는 법에 대한 불신이 자기 자신에게 있음을 관찰하여 겁을 먹고 공포가 생기고 죽어 다음 생에 어찌 될지에 대한 두려움을 가집니다.

다시 장자여, 여기 배우지 못한 범부는 승가에 대한 불신을 가집니다. 그는 승가에 대한 불신이 자기 자신에게 있음을 관찰하여 겁을 먹고 공포가 생기고 죽어 다음 생에 어찌 될지에 대한 두려움을 가집니다.

다시 장자여, 여기 배우지 못한 범부는 계행이 나쁩니다. 그는 계행이 나쁜 것을 자기 자신에게서 관찰하여 겁을 먹고 공포가 생기고 죽어 다음 생에 어찌 될지에 대한 두려움을 가집니다.

장자여, 이러한 네 가지 법을 지닌 배우지 못한 범부는 겁을 먹고 공포가 생기고 죽어 다음 생에 어찌 될지에 대한 두려움을 가집니다."

---

208) '죽어 다음 생에 어찌 될지에 대한 두려움을 가집니다.'는 samparāyikam maraṇabhayaṁ을 풀어서 옮긴 것이다. 주석서는 "내생을 원인으로 한(samparāya-hetuka) 죽음에 대한 두려움(maraṇa-bhaya)"(SA.iii.289)이라고 설명하고 있다.

7. "장자여, 네 가지 법을 지닌 잘 배운 성스러운 제자는 겁을 먹지 않고 공포가 생기지 않고 죽어 다음 생에 어찌 될지에 대한 두려움을 가지지 않습니다. 무엇이 넷입니까?

장자여, 여기 성스러운 제자는 '이런 [이유로] 그분 세존께서는 아라한[應供]이시며, … 세존이시다.'라고 부처님께 흔들림 없는 청정한 믿음을 지니고 있습니다. 그는 부처님께 대한 흔들림 없는 청정한 믿음이 자기 자신에게 있음을 관찰하여 겁을 먹지 않고 공포가 생기지 않고 죽어 다음 생에 어찌 될지에 대한 두려움을 가지지 않습니다.

다시 장자여, '법은 세존에 의해서 잘 설해졌고, … 지자들이 각자 알아야 하는 것이다.'라고 법에 흔들림 없는 청정한 믿음을 지니고 있습니다. 그는 법에 대한 흔들림 없는 청정한 믿음이 자기 자신에게 있음을 관찰하여 겁을 먹지 않고 공포가 생기지 않고 죽어 다음 생에 어찌 될지에 대한 두려움을 가지지 않습니다.

다시 장자여, '세존의 제자들의 승가는 잘 도를 닦고, … 세상의 위없는 복밭[福田]이시다.'라고 승가에 흔들림 없는 청정한 믿음을 지니고 있습니다. 그는 승가에 대한 흔들림 없는 청정한 믿음이 자기 자신에게 있음을 관찰하여 겁을 먹지 않고 공포가 생기지 않고 죽어 다음 생에 어찌 될지에 대한 두려움을 가지지 않습니다.

다시 장자여, 여기 성자들이 좋아하며 … 삼매에 도움이 되는 계를 지니고 있습니다. 그는 성자들이 좋아하는 계가 자기 자신에게 있음을 관찰하여 [387] 겁을 먹지 않고 공포가 생기지 않고 죽어 다음 생에 어찌 될지에 대한 두려움을 가지지 않습니다.

장자여, 이러한 네 가지 법을 지닌 잘 배운 성스러운 제자는 겁을 먹지 않고 공포가 생기지 않고 죽어 다음 생에 어찌 될지에 대한 두려움을 가지지 않습니다."

8. "아난다 존자시여, 저는 두려워하지 않습니다. 제가 왜 두려워해야 합니까?

존자시여, 저는 '이런 [이유로] 그분 세존께서는 아라한[應供]이시며, … 세존이시다.'라고 부처님께 흔들림 없는 청정한 믿음을 지니고 있습니다. '법은 세존에 의해서 잘 설해졌고, … 지자들이 각자 알아야 하는 것이다.'라고 법에 흔들림 없는 청정한 믿음을 지니고 있습니다. '세존의 제자들의 승가는 잘 도를 닦고, … 세상의 위없는 복밭[福田]이시다.'라고 승가에 흔들림 없는 청정한 믿음을 지니고 있습니다. 존자시여, 그리고 세존께서 설하신, 재가자들이 경의를 표해야 하는 학습계목 가운데 어떤 것도 제가 범한 것을 보지 못합니다."

9. "장자여, 이것은 참으로 그대에게 이득입니다. 장자여, 이것은 참으로 그대에게 큰 이득입니다. 그대는 예류과를 천명하였습니다."

두려움과 증오 경1(S55:28)[209)]

Bhayaverūpasanta-sutta

2. 그때 급고독 장자가 세존께 다가갔다. 가서는 세존께 절을 올린 뒤 한 곁에 앉았다. 한 곁에 앉은 급고독 장자에게 세존께서는 이렇게 말씀하셨다.

---

209) 본경은 본서 제2권 「다섯 가지 증오와 두려움 경」 1(S12:41) 및 『앙굿따라 니까야』 제6권 「증오 경」 (A10:92)과 동일하다. 본서 제2권 「다섯 가지 증오와 두려움 경」 1(S12:41)의 주해들을 참조할 것.
여기 나타나는 「두려움과 증오 경」 1/2(S55:28~29)와 본서 제2권 「다섯 가지 증오와 두려움 경」 1/2(S12:41~42)는 각각 꼭 같은 내용을 담고 있지만 Ee와 Be에서는 본경과 다음 경의 제목을 「두려움과 증오 경」 1/2로, S12:41과 S12:42를 「다섯 가지 두려움과 증오 경」 1/2로 붙이고 있어서 역자도 이를 따랐다.

3. "장자여, 성스러운 제자가 다섯 가지 두려움과 증오를 가라앉히고, 네 가지 예류[과]를 얻은 자의 구성요소를 구족하고, 성스러운 방법을 통찰지로 잘 보고 잘 꿰뚫을 때 그는 원하기만 하면 스스로가 스스로에 대해서 설명하기를 '나는 지옥을 다하였고 축생의 모태를 다하였고 아귀계를 다하였고 처참한 곳, 불행한 곳, 파멸처를 다하였다. 나는 흐름에 든 자[預流者]여서 [악취에] 떨어지지 않는 법을 가졌고 [해탈이] 확실하며 완전한 깨달음으로 나아간다.'라고 하게 된다."

4. "어떤 것이 다섯 가지 두려움과 증오를 가라앉히는 것인가?

장자여, 생명을 죽이는 것을 조건으로 하여 금생의 두려움과 증오를 쌓게 되고 내생의 [388] 두려움과 증오도 쌓게 되며 정신적인 괴로움과 슬픔을 쌓게 된다. 생명을 죽이는 것을 멀리 여의면 금생의 두려움과 증오를 쌓지 않을 뿐 아니라 내생의 두려움과 증오도 쌓지 않으며 정신적인 괴로움과 슬픔도 쌓지 않게 된다. 이와 같이 두려움과 증오는 가라앉는다.

장자여, 주지 않은 것을 가지는 것을 조건으로 하여 …

장자여, 삿된 음행을 하는 것을 조건으로 하여 …

장자여, 거짓말을 하는 것을 조건으로 하여 …

장자여, 방일의 근본이 되는 술과 중독성 물질을 섭취하는 것을 조건으로 하여 금생의 두려움과 증오를 쌓게 되고 내생의 두려움과 증오도 쌓게 되며 정신적인 괴로움과 슬픔을 쌓게 된다. 방일의 근본이 되는 술과 중독성 물질을 섭취하는 것을 멀리 여의면 금생의 두려움과 증오를 쌓지 않을 뿐 아니라 내생의 두려움과 증오도 쌓지 않으며 정신적인 괴로움과 슬픔도 쌓지 않게 된다. 이와 같이 두려움과 증오는 가라앉는다.

이것이 다섯 가지 두려움과 증오를 가라앉히는 것이다."

5. "그러면 어떤 것이 네 가지 예류[과]를 얻은 자의 구성요소를 구족하는 것인가?

장자여, 여기 성스러운 제자는 '이런 [이유로] 그분 세존께서는 아라한[應供]이시며, 완전히 깨달은 분[正等覺]이시며, 명지와 실천이 구족한 분[明行足]이시며, 피안으로 잘 가신 분[善逝]이시며, 세간을 잘 알고 계신 분[世間解]이시며, 가장 높은 분[無上士]이시며, 사람을 잘 길들이는 분[調御丈夫]이시며, 하늘과 인간의 스승[天人師]이시며, 깨달은 분[佛]이시며, 세존이시다.'라고 부처님께 흔들림 없는 청정한 믿음을 지닌다.

그는 '법은 세존에 의해서 잘 설해졌고, 스스로 보아 알 수 있고, 시간이 걸리지 않고, 와서 보라는 것이고, 향상으로 인도하고, 지자들이 각자 알아야 하는 것이다.'라고 법에 흔들림 없는 청정한 믿음을 지닌다."

그는 '세존의 제자들의 승가는 잘 도를 닦고, 세존의 제자들의 승가는 바르게 도를 닦고, 세존의 제자들의 승가는 참되게 도를 닦고, 세존의 제자들의 승가는 합당하게 도를 닦으니, 곧 네 쌍의 인간들이요[四雙] 여덟 단계에 있는 사람들[八輩]이시다. 이러한 세존의 제자들의 승가는 공양받아 마땅하고, 선사받아 마땅하고, 보시받아 마땅하고, 합장받아 마땅하며, 세상의 위없는 복밭[福田]이시다.'라고 승가에 흔들림 없는 청정한 믿음을 지닌다.

그는 성자들이 좋아하며 훼손되지 않았고 뚫어지지 않았고 오점이 없고 얼룩이 없고 벗어나게 하고 지자들이 찬탄하고 [성취한 것에] 들러붙지 않고 삼매에 도움이 되는 계를 구족한다.

이것이 네 가지 예류[과]를 얻은 자의 구성요소를 구족하는 것이다."

6. "그러면 어떤 것이 성스러운 방법을 통찰지로 잘 보고 잘 꿰뚫는 것인가?

장자여, 여기 성스러운 제자는 연기(緣起)를 지혜롭게 잘 마음에 잡도리한다.

이것이 있을 때 저것이 있다. 이것이 일어날 때 저것이 일어난다. 이것이 없을 때 저것도 없다. 이것이 멸할 때 저것도 멸한다.

무명을 조건으로 의도적 행위들이, 의도적 행위들을 조건으로 알음알이가, 알음알이를 조건으로 정신·물질이, 정신·물질을 조건으로 여섯 감각장소가, 여섯 감각장소를 조건으로 감각접촉이, 감각접촉을 조건으로 느낌이, 느낌을 조건으로 갈애가, 갈애를 조건으로 취착이, 취착을 조건으로 존재가, 존재를 조건으로 태어남이, 태어남을 조건으로 늙음·죽음과 근심·탄식·육체적 고통·정신적 고통·절망이 있다. 이와 같이 전체 괴로움의 무더기[苦蘊]가 발생한다

무명이 남김없이 빛바래어 소멸하기 때문에 의도적 행위들이 소멸하고 의도적 행위들이 소멸하기 때문에 알음알이가 소멸하고, 알음알이가 소멸하기 때문에 정신·물질이 소멸하고, 정신·물질이 소멸하기 때문에 여섯 감각장소가 소멸하고, 여섯 감각장소가 소멸하기 때문에 감각접촉이 소멸하고, 감각접촉이 소멸하기 때문에 느낌이 소멸하고, 느낌이 소멸하기 때문에 갈애가 소멸하고, 갈애가 소멸하기 때문에 취착이 소멸하고, 취착이 소멸하기 때문에 존재가 소멸하고, 존재가 소멸하기 때문에 태어남이 소멸하고, 태어남이 소멸하기 때문에 늙음·죽음과 근심·탄식·육체적 고통·정신적 고통·절망이 소멸한다. 이와 같이 전체 괴로움의 무더기[苦蘊]가 소멸한다.'라고. [389]

이것이 성스러운 방법을 통찰지로 잘 보고 잘 꿰뚫는 것이다."

7. "장자여, 성스러운 제자가 이러한 다섯 가지 두려움과 증오를 가라앉히고, 이러한 네 가지 예류[과]를 얻은 자의 구성요소를 구족하고, 이러한 성스러운 방법을 통찰지로 잘 보고 잘 꿰뚫을 때 그는 원하기만 하면 스스로가 스스로에 대해서 설명하기를 '나는 지옥을 다하였고 축생의 모태를 다하였고 아귀계를 다하였고 처참한 곳, 불행한 곳, 파멸처를 다하였다. 나는 흐름에 든 자[預流者]여서 [악취에] 떨어지지 않는 법을 가졌고 [해탈이] 확실하며 완전한 깨달음으로 나아간다.'라고 하게 된다."

두려움과 증오 경2(S55:29)

2. 그때 많은 비구들이 세존께 다가갔다. 가서는 세존께 절을 올리고 한 곁에 앉았다. 한 곁에 앉은 비구들에게 세존께서는 이렇게 말씀하셨다.

3. "비구들이여, 성스러운 제자가 다섯 가지 두려움과 증오를 가라앉히고, 네 가지 예류[과]를 얻은 자의 구성요소를 구족하고, 성스러운 방법을 통찰지로 잘 보고 잘 꿰뚫을 때 그는 원하기만 하면 스스로가 스스로에 대해서 설명하기를 '나는 지옥을 다하였고 축생의 모태를 다하였고 아귀계를 다하였고 처참한 곳, 불행한 곳, 파멸처를 다하였다. 나는 흐름에 든 자[預流者]여서 [악취에] 떨어지지 않는 법을 가졌고 [해탈이] 확실하며 완전한 깨달음으로 나아간다.'라고 하게 된다."

… <여기서부터 본경은 아나타삔디까 장자에게 설하신 것 대신에 많은 비구들에게 설하신 것만 다르고 나머지는 앞의 「두려움과 증오 경」1(S55:28)

과 본서 제2권 「다섯 가지 증오와 두려움 경」 2(S12:42)와 같은 내용을 담고 있다.> …

릿차위 경(S55:30)

Licchavi-sutta

1. 이와 같이 나는 들었다. 한때 세존께서는 웨살리에서 큰 숲[大林]의 중각강당에 머무셨다.

2. 그때 릿차위의 대신 난다까[210]가 세존을 뵈러 갔다. 가서는 세존께 절을 올리고 한 곁에 앉았다. 한 곁에 앉은 릿차위의 대신 난다까에게 세존께서는 이렇게 말씀하셨다.

3. "난다까여, 네 가지 법을 구족한 성스러운 제자는 흐름에 든 자[預流者]여서 [390][악취에] 떨어지지 않는 법을 가졌고 [해탈이] 확실하며 완전한 깨달음으로 나아간다. 무엇이 넷인가?

난다까여, 여기 성스러운 제자는 '이런 [이유로] 그분 세존께서는 아라한[應供]이시며, … 세존이시다.'라고 부처님께 흔들림 없는 청정한 믿음을 지닌다. '법은 세존에 의해서 잘 설해졌고, … 지자들이 각자 알아야 하는 것이다.'라고 법에 흔들림 없는 청정한 믿음을 지닌다. '세존의 제자들의 승가는 잘 도를 닦고, … 세상의 위없는 복밭[福田]이시다.'라고 승가에 흔들림 없는 청정한 믿음을 지닌다. 성자들이 좋아하며 … 삼매에 도움이 되는 계를 지닌다.

난다까여, 이러한 네 가지 법을 구족한 성스러운 제자는 흐름에 든 자[預流者]여서 [악취에] 떨어지지 않는 법을 가졌고 [해탈이] 확실하

210) 주석서와 복주서는 릿차위의 대신 난다까(Nandaka Licchavi-mahāmatta)에 대해서 아무 설명을 하지 않는다.

며 완전한 깨달음으로 나아간다."

4. "난다까여, 이러한 네 가지 법을 구족한 성스러운 제자는 긴 수명을 타고나고 천상과 인간의 용모를 타고나고 천상과 인간의 행복을 타고나고 천상과 인간의 명성을 타고나고 천상과 인간의 권위를 타고난다.

난다까여, 이것은 내가 다른 사문이나 바라문으로부터 들은 것이 아니라고 나는 말한다. 이것은 내가 직접 알고 내가 직접 보고 내가 직접 체득한 것을 말하는 것이다."

5. 이렇게 말씀하셨을 때 어떤 사람이 릿차위의 대신 난다까에게 이렇게 말했다.

"존자시여, 목욕하실 시간이 되었습니다."

"그런 외적인 목욕은 그만하면 되었소. 나는 세존께 대한 청정한 믿음이라는 이러한 내적인 목욕으로 충분하오."

제3장 사라까니 품이 끝났다.

세 번째 품에 포함된 경들의 목록은 다음과 같다.

두 가지 ①~② 마하나마 ③ 고다
두 가지 ④~⑤ 사라까니
두 가지 ⑥~⑦ 아나타삔디까
두 가지 ⑧~⑨ 두려움과 증오 ⑩ 릿차위이다.

제4장 공덕이 넘쳐흐름 품

Puññābhisanda-vagga

넘쳐흐름 경1(S55:31)

Abhisanda-sutta

1. <사왓티의 아나타삔디까 원림(급고독원)에서> [391]

3. "비구들이여, 네 가지 공덕이 넘쳐흐르고 유익함이 넘쳐흐르고 행복을 가져오는 것이 있다. 무엇이 넷인가?

비구들이여, 여기 성스러운 제자는 '이런 [이유로] 그분 세존께서는 아라한[應供]이시며, … 세존이시다.'라고 부처님께 흔들림 없는 청정한 믿음을 지닌다. 이것이 첫 번째 공덕이 넘쳐흐르고 유익함이 넘쳐흐르고 행복을 가져오는 것이다.

다시 비구들이여, 여기 성스러운 제자는 '법은 세존에 의해서 잘 설해졌고, … 지자들이 각자 알아야 하는 것이다.'라고 법에 흔들림 없는 청정한 믿음을 지닌다. 이것이 두 번째 공덕이 넘쳐흐르고 유익함이 넘쳐흐르고 행복을 가져오는 것이다.

다시 비구들이여, 여기 성스러운 제자는 '세존의 제자들의 승가는 잘 도를 닦고, … 세상의 위없는 복밭[福田]이시다.'라고 승가에 흔들림 없는 청정한 믿음을 지닌다. 이것이 세 번째 공덕이 넘쳐흐르고 유익함이 넘쳐흐르고 행복을 가져오는 것이다.

다시 비구들이여, 여기 성스러운 제자는 성자들이 좋아하며 … 삼매에 도움이 되는 계를 지닌다. 이것이 네 번째 공덕이 넘쳐흐르고 유익함이 넘쳐흐르고 행복을 가져오는 것이다.

비구들이여, 이러한 네 가지 공덕이 넘쳐흐르고 유익함이 넘쳐흐르고 행복을 가져오는 것이 있다.”

넘쳐흐름 경2(S55:32)

3. “비구들이여, 네 가지 공덕이 넘쳐흐르고 유익함이 넘쳐흐르고 행복을 가져오는 것이 있다. 무엇이 넷인가?

비구들이여, 여기 성스러운 제자는 ‘이런 [이유로] 그분 세존께서는 아라한[應供]이시며, … [392]

다시 비구들이여, 여기 성스러운 제자는 ‘법은 세존에 의해서 잘 설해졌고, …

다시 비구들이여, 여기 성스러운 제자는 ‘세존의 제자들의 승가는 잘 도를 닦고, …

다시 비구들이여, 여기 성스러운 제자는 인색함의 때가 없는 마음으로 재가에 사나니, 아낌없이 보시하고, 손은 깨끗하고, 주는 것을 좋아하고, 다른 사람의 요구에 반드시 부응하고, 보시하고 나누어 가지는 것을 좋아한다. 이것이 네 번째 공덕이 넘쳐흐르고 유익함이 넘쳐흐르고 행복을 가져오는 것이다.

비구들이여, 이러한 네 가지 공덕이 넘쳐흐르고 유익함이 넘쳐흐르고 행복을 가져오는 것이 있다.”

넘쳐흐름 경3(S55:33)

3. “비구들이여, 네 가지 공덕이 넘쳐흐르고 유익함이 넘쳐흐르고 행복을 가져오는 것이 있다. 무엇이 넷인가?

비구들이여, 여기 성스러운 제자는 ‘이런 [이유로] 그분 세존께서는 아라한[應供]이시며, …

다시 비구들이여, 여기 성스러운 제자는 '법은 세존에 의해서 잘 설해졌고, …

다시 비구들이여, 여기 성스러운 제자는 '세존의 제자들의 승가는 잘 도를 닦고, …

다시 비구들이여, 여기 성스러운 제자는 통찰지를 가졌다. 성스럽고, 꿰뚫음을 갖추었으며, 괴로움의 멸진으로 바르게 인도하는, 일어나고 사라짐으로 향하는 통찰지를 구족했다. 이것이 네 번째 공덕이 넘쳐흐르고 유익함이 넘쳐흐르고 행복을 가져오는 것이다.

비구들이여, 이러한 네 가지 공덕이 넘쳐흐르고 유익함이 넘쳐흐르고 행복을 가져오는 것이 있다."

신성한 발자취 경1(S55:34)

Devapada-sutta

3. "비구들이여, 청정하지 못한 중생들을 청정하게 하고 깨끗하지 못한 중생들을 깨끗하게 하는 네 가지 신들의 신성한 발자취[211]가 있다. 무엇이 넷인가?

비구들이여, 여기 성스러운 제자는 '이런 [이유로] 그분 세존께서는 아라한[應供]이시며, … 세존이시다.'라고 부처님께 흔들림 없는 청정한 믿음을 지닌다. 이것이 청정하지 못한 중생들을 청정하게 하고 깨끗하지 못한 중생들을 깨끗하게 하는 첫 번째 신들의 신성한 발

211) "'신들의 발자취(deva-padāni)'란 신들의 지혜(devānaṁ ñāṇa) 혹은 신의 지혜(devassa vā ñāṇa)에 의해서 밟혀진 발자취(akkanta-padāni)라는 말이다. 본경에서는 네 가지 과에 확립된 인간들(phal-aṭṭha-puggalā)을 청정하다는 뜻(visuddh-aṭṭha)에서 신들(devā)이라 부르고 있다."(SA. iii.289)

자취이다.

다시 [393] 비구들이여, 여기 성스러운 제자는 '법은 세존에 의해서 잘 설해졌고, … 지자들이 각자 알아야 하는 것이다.'라고 법에 흔들림 없는 청정한 믿음을 지닌다. 이것이 청정하지 못한 중생들을 청정하게 하고 깨끗하지 못한 중생들을 깨끗하게 하는 두 번째 신들의 신성한 발자취이다.

다시 비구들이여, 여기 성스러운 제자는 '세존의 제자들의 승가는 잘 도를 닦고, … 세상의 위없는 복밭[福田]이시다.'라고 승가에 흔들림 없는 청정한 믿음을 지닌다. 이것이 청정하지 못한 중생들을 청정하게 하고 깨끗하지 못한 중생들을 깨끗하게 하는 세 번째 신들의 신성한 발자취이다.

다시 비구들이여, 여기 성스러운 제자는 성자들이 좋아하며 … 삼매에 도움이 되는 계를 지닌다. 이것이 청정하지 못한 중생들을 청정하게 하고 깨끗하지 못한 중생들을 깨끗하게 하는 네 번째 신들의 신성한 발자취이다."

비구들이여, 청정하지 못한 중생들을 청정하게 하고 깨끗하지 못한 중생들을 깨끗하게 하는 이러한 네 가지 신들의 신성한 발자취가 있다."

신성한 발자취 경2(S55:35)[212]

3. "비구들이여, 청정하지 못한 중생들을 청정하게 하고 깨끗하지 못한 중생들을 깨끗하게 하는 네 가지 신들의 신성한 발자취가 있다. 무엇이 넷인가?

---

212) Woodward는 본경을 앞의 경과 꼭 같은 것으로 잘못 생각해서 번역하지 않고 생략하였다.

비구들이여, 여기 성스러운 제자는 '이런 [이유로] 그분 세존께서는 아라한[應供]이시며, … 세존이시다.'라고 부처님께 흔들림 없는 청정한 믿음을 지닌다. 그는 '무엇이 신들의 신성한 발자취인가?'라고 숙고한다. 그는 이렇게 안다. '지금 신들은 원한 없음을 최상으로 한다고 나는 들었다. 그런데 나도 떠는 자든 굳건한 자든 어떤 자도 해치지 않는다. 그러므로 나는 분명히 신성한 발자취에 해당하는 법을 구족하여 머문다.'라고. 이것이 청정하지 못한 중생들을 청정하게 하고 깨끗하지 못한 중생들을 깨끗하게 하는 첫 번째 신들의 신성한 발자취이다.

다시 비구들이여, 여기 성스러운 제자는 '법은 세존에 의해서 잘 설해졌고, … 지자들이 각자 알아야 하는 것이다.'라고 법에 흔들림 없는 청정한 믿음을 지닌다. …

다시 비구들이여, 여기 성스러운 제자는 '세존의 제자들의 승가는 잘 도를 닦고, … 세상의 위없는 복밭[福田]이시다.'라고 승가에 흔들림 없는 청정한 믿음을 지닌다. …

다시 비구들이여, 여기 성스러운 제자는 성자들이 좋아하며 … 삼매에 도움이 되는 계를 지닌다. 그는 '무엇이 신들의 신성한 발자취인가?'라고 숙고한다. 그는 이렇게 안다. '지금 신들은 원한 없음을 최상으로 한다고 나는 들었다. 그런데 나도 떠는 자든 굳건한 자든 어떤 자도 해치지 않는다. 그러므로 나는 분명히 신성한 발자취에 해당하는 법을 구족하여 머문다.'라고. 이것이 청정하지 못한 중생들을 청정하게 하고 깨끗하지 못한 중생들을 깨끗하게 하는 [394] 네 번째 신들의 신성한 발자취이다.

비구들이여, 청정하지 못한 중생들을 청정하게 하고 깨끗하지 못한 중생들을 깨끗하게 하는 이러한 네 가지 신들의 신성한 발자취가 있다."

신과 닮음 경(S55:36)

Devasabhāga-sutta

3. "비구들이여, 네 가지 법을 구족한 자를 두고 마음이 흡족해진 신들은 자신들과 닮았다[213]고 말한다. 무엇이 넷인가?

비구들이여, 여기 성스러운 제자는 '이런 [이유로] 그분 세존께서는 아라한[應供]이시며, … 세존이시다.'라고 부처님께 흔들림 없는 청정한 믿음을 지닌다. 그러면 여기 [인간세상에서] 부처님께 흔들림 없는 청정한 믿음을 지녀 여기서 죽어 거기 [천상에] 태어난 신들에게 이런 생각이 든다. '우리는 저기 [인간세상에서] 부처님께 흔들림 없는 청정한 믿음을 지녀 저기서 죽어 여기 [천상에] 태어났다. 그런데 저 성스러운 제자도 이것과 같은 형태의 부처님께 흔들림 없는 청정한 믿음을 지니고 있다. 그러니 그는 신들의 곁으로 올 것이다.[214]'라고.

다시 비구들이여, 여기 성스러운 제자는 '법은 세존에 의해서 잘 설해졌고, … 지자들이 각자 알아야 하는 것이다.'라고 법에 흔들림 없는 청정한 믿음을 지닌다. …

다시 비구들이여, 여기 성스러운 제자는 '세존의 제자들의 승가는

---

213) '자신들과 닮은'은 sabhāgataṁ을 옮긴 것이다. Woodward는 이 단어를 합성어로 간주하여 sabhā+gataṁ(집회에 참석한)으로 해석하였는데 이것은 잘못이다. 이 단어는 sabhāga(닮은, 같은)에다 추상명사 어미인 '-tā'를 붙여서 이루어진 것이다.

214) '올 것이다'로 옮긴 단어는 Ee에는 ehī ti로, Be에는 ehīti로, Se에는 etīti로 나타난다. ehi는 √i(*to go*, 혹은 ā+√i)의 명령형이고 eti는 같은 동사의 현재형이다. 둘 다 문맥과 어울리지 않는다. 역자는 문맥상 ehiti(같은 동사의 미래 삼인칭 단수)로 읽어서 옮겼다.

잘 도를 닦고, … 세상의 위없는 복밭[福田]이시다.'라고 승가에 흔들림 없는 청정한 믿음을 지닌다. …

다시 비구들이여, 여기 성스러운 제자는 성자들이 좋아하며 … 삼매에 도움이 되는 계를 지닌다. 그러면 여기 [인간세상에서] 성자들이 좋아하는 계를 지녀 여기서 죽어 거기 [천상에] 태어난 신들에게 이런 생각이 든다. '우리는 저기 [인간세상에서] 성자들이 좋아하는 계를 지녀 저기서 죽어 여기 [천상에] 태어났다. 그런데 저 성스러운 제자도 이것과 같은 형태의 성자들이 좋아하는 계를 지니고 있다. 그러니 그는 신들의 곁으로 올 것이다.'라고.

비구들이여, 이러한 네 가지 법을 구족한 자를 두고 마음이 흡족해진 신들은 자신들과 닮았다고 말한다."

마하나마 경(S55:37)

Mahānāma-sutta

1. 이와 같이 나는 들었다. 한때 [395] 세존께서는 삭까에서 까삘라왓투의 니그로디 원림에 머무셨다.

2. 그때 삭까 사람 마하나마가 세존께 다가갔다. 가서는 세존께 절을 올리고 한 곁에 앉았다. 한 곁에 앉은 삭까 사람 마하나마는 세존께 이렇게 여쭈었다.

3. "세존이시여, 어떻게 재가신도가 됩니까?"

"마하나마여, 부처님께 귀의하고 법에 귀의하고 승가에 귀의할 때 재가신도가 된다. 마하나마여, 이렇게 하여 재가신도가 된다."

4. "세존이시여, 그러면 어떻게 재가신도가 계를 지킵니까?"

"마하나마여, 재가신도는 생명을 죽이는 것을 멀리 여의고, 주지 않은 것을 가지는 것을 멀리 여의고, 삿된 음행을 멀리 여의고, 거짓말을 멀리 여의고, 방일의 근본이 되는 술과 중독성 물질을 멀리 여읜다. 마하나마여, 이렇게 재가신도는 계를 지킨다."

5. "세존이시여, 그러면 어떻게 재가신도가 믿음을 가집니까?"

"마하나마여, 여기 재가 신도는 믿음을 가진다. 그는 '이런 [이유로] 그분 세존께서는 아라한[應供]이시며, … 세존이시다.'라고 여래의 깨달음을 믿는다. 마하나마여, 이렇게 재가신도는 믿음을 가진다."

6. "세존이시여, 그러면 어떻게 재가신도가 보시를 구족합니까?"

"마하나마여, 재가신도는 인색함의 때가 없는 마음으로 재가에 사나니, 아낌없이 보시하고, 손은 깨끗하고, 주는 것을 좋아하고, 다른 사람의 요구에 반드시 부응하고, 보시하고 나누어 가지는 것을 좋아한다. 마하나마여, 이렇게 재가신도는 보시를 구족한다."

7. "세존이시여, 그러면 어떻게 재가신도가 통찰지를 구족합니까?"

"마하나마여, 재가신도는 통찰지를 가진다. 성스럽고, 꿰뚫음을 갖추었으며, 괴로움의 멸진으로 바르게 인도하는, 일어나고 사라짐으로 향하는 통찰지를 구족한다. 마하나마여, 이렇게 재가신도는 통찰지를 구족한다."

비 경(S55:38)

Vassa-sutta

3. "비구들이여, [396] 예를 들면 산꼭대기에 억수같이 비가 내리면 경사진 곳을 따라 빗물이 흘러내려서 산의 협곡과 계곡과 지류

를 가득 채운다. 협곡과 계곡과 지류를 가득 채우고는 다시 작은 못을 가득 채운다. 작은 못을 가득 채우고는 다시 큰 못을 가득 채운다. 큰 못을 가득 채우고는 다시 작은 강을 가득 채운다. 작은 강을 가득 채우고는 다시 큰 강을 가득 채운다. 큰 강을 가득 채우고는 다시 바다와 대해를 가득 채운다."215)

4. "비구들이여, 그와 같이 성스러운 제자는 '이런 [이유로] 그분 세존께서는 아라한[應供]이시며, … 세존이시다.'라고 부처님께 흔들림 없는 청정한 믿음을 지닌다. '법은 세존에 의해서 잘 설해졌고, … 지자들이 각자 알아야 하는 것이다.'라고 법에 흔들림 없는 청정한 믿음을 지닌다. '세존의 제자들의 승가는 잘 도를 닦고, … 세상의 위없는 복밭[福田]이시다.'라고 승가에 흔들림 없는 청정한 믿음을 지닌다. 성자들이 좋아하며 … 삼매에 도움이 되는 계를 지닌다. 그러면 이러한 법들은 계속 흘러서 저 언덕에 도달한 뒤 번뇌들의 멸진으로 인도한다."216)

깔리고다 경(S55:39)

Kāḷigodhā-sutta

1. 이와 같이 나는 들었다. 한때 세존께서는 삭까에서 까삘라왓투의 니그로다 원림에 머무셨다.

---

215) 이 비유는 본서 제2권 「의지처 경」(S12:23/ii.32) §6에도 나타나고 있다.

216) "'저 언덕에 도달한 뒤(pāraṁ gantvā)'라고 하셨다. 여기서 저 언덕은 열반을 말한다. '번뇌들의 멸진으로 인도한다(āsavānaṁ khayāya saṁvattan-ti).'고 하셨다. 이것은 먼저(paṭhamaṁ) 열반에 도달한 뒤에 나중에(pac-chā) 멸진으로 인도하는 것이 아니다. 열반에 도달하면서(gacchamānā) 바로 멸진으로 인도하는 것이다."(SA.iii.289)

2. 그때 세존께서는 오전에 옷매무새를 가다듬고 발우와 가사를 수하고 삭까의 여인 깔리고다217)의 집으로 가셨다. 가셔서는 마련된 자리에 앉으셨다.

그때 삭까의 여인 깔리고다가 세존을 뵈러 갔다. 가서는 세존께 절을 올리고 한 곁에 앉았다. 한 곁에 앉은 삭까의 여인 깔리고다에게 세존께서는 이렇게 말씀하셨다.

3. "고다여, 네 가지 법을 구족한 성스러운 여제자는 흐름에 든 자[預流者]여서 [악처에] 떨어지지 않는 법을 가졌고 [해탈이] 확실하며 완전한 깨달음으로 나아간다. 무엇이 넷인가?

고다여, 여기 성스러운 여제자는 '이런 [이유로] 그분 세존께서는 아라한[應供]이시며, … 세존이시다.'라고 부처님께 흔들림 없는 청정한 믿음을 지닌다. '법은 세존에 의해서 잘 설해졌고, … 지자들이 각자 알아야 하는 것이다.'라고 법에 흔들림 없는 청정한 믿음을 지닌다. '세존의 제자들의 승가는 잘 도를 닦고, … 세상의 위없는 복밭[福田]이시다.'라고 승가에 흔들림 없는 청정한 믿음을 지닌다. [397] 인색함의 때가 없는 마음으로 재가에 사나니, 아낌없이 보시하고, 손은 깨끗하고, 주는 것을 좋아하고, 다른 사람의 요구에 반드시 부응하고, 보시하고 나누어 가지는 것을 좋아한다.

고다여, 이러한 네 가지 법을 구족한 성스러운 여제자는 흐름에 든 자[預流者]여서 [악처에] 떨어지지 않는 법을 가졌고 [해탈이] 확실하며 완전한 깨달음으로 나아간다."

---

217) 삭까의 여인 깔리고다(Kāḷigodhā Sākiyānī)에 대해서는 본서 「고다 경」(S55:23) §2의 주해를 참조할 것.

4. "세존이시여, 세존께서 설하신 네 가지 예류[과]를 얻은 자의 구성요소에 관한 법들은 제게 있습니다. 저는 그대로 살고 있습니다.

세존이시여, 저는 '이런 [이유로] 그분 세존께서는 아라한[應供]이시며, … 세존이시다.'라고 부처님께 흔들림 없는 청정한 믿음을 지니고 있습니다. '법은 세존에 의해서 잘 설해졌고, … 지자들이 각자 알아야 하는 것이다.'라고 법에 흔들림 없는 청정한 믿음을 지니고 있습니다. '세존의 제자들의 승가는 잘 도를 닦고, … 세상의 위없는 복밭[福田]이시다.'라고 승가에 흔들림 없는 청정한 믿음을 지니고 있습니다. 집안에 있는 보시할 수 있는 물건은 무엇이든 모두 혼자 두고 사용하지 않고 계행을 구족하고 선한 성품을 가진 분들과 함께 나누어 가집니다."

5. "고다여, 이것은 참으로 그대에게 이득이구나. 고다여, 이것은 참으로 그대에게 큰 이득이구나. 그대는 예류과를 천명하였구나."

난디야 경(S55:40)

Nandiya-sutta

1. 이와 같이 나는 들었다. 한때 세존께서는 삭까에서 까삘라왓투의 니그로다 원림에 머무셨다.

2. 그때 삭까 사람 난디야218)가 세존을 뵈러 갔다. 가서는 세존께 절을 올리고 한 곁에 앉았다. 한 곁에 앉은 삭까 사람 난디야는 세존께 이렇게 여쭈었다.

---

218) 삭까 사람 난디야(Nandiya Sakka)는 본경과 『앙굿따라 니까야』 「난디야 경」(A11:14)에서 등장하고 있는 석가족 청신사다.

3. "세존이시여, 성스러운 제자에게 네 가지 예류[과]를 얻은 자의 구성요소가 어떤 것에 의해서도 어떤 식으로도 그 어디에도 그 누구에게도 전혀 없다면 그 성스러운 제자는 방일하여 머문다고 할 수 있습니까?"

"난디야여, 성스러운 제자에게 네 가지 예류[과]를 얻은 자의 구성요소가 어떤 것에 의해서도 어떤 식으로도 그 어디에도 그 누구에게도 전혀 없다면 그는 범부의 편에 서 있는 국외자라고 나는 말한다."219)

4. "난디야여, 그리고 그대에게 성스러운 제자가 방일하여 머무는 것과 방일하지 않고 머무는 것에 대해서 설하리라. 이제 그것을 들어라. 듣고 마음에 잘 새겨라. 나는 설할 것이다" [398]

"그렇게 하겠습니다, 세존이시여."라고 삭까 사람 난디야는 세존께 대답했다. 세존께서는 이렇게 말씀하셨다.

5. "난디야여, 그러면 어떤 것이 성스러운 제자가 방일하여 머무는 것인가?220)

난디야여, 여기 성스러운 제자는 '이런 [이유로] 그분 세존께서는 아라한[應供]이시며, … 세존이시다.'라고 부처님께 흔들림 없는 청정한 믿음을 지닌다. 그는 이러한 부처님께 흔들림 없는 청정한 믿음으로 만족해버리고 낮에는 한거하고 밤에는 홀로 앉는 정진을 더 이상 하지 않는다. 그가 이와 같이 방일하여 머물면 환희가 없다. 환희가

---

219) 본서 제5권 「도닦음 경」(S48:18) §5에서 말씀하신 것과 같다.
"'국외자(bāhira)'란 이러한 여덟 가지 인간의 밖에 있는 자(bahi-bhūta)를 말한다."(SA.iii.237)

220) 여기서부터 마지막까지는 본서 제4권 「방일하여 머묾 경」(S35:97) §§3~4와 같은 방법으로 구성되어 있다.

없으면 희열이 없다. 희열이 없으면 고요함이 없다. 고요함이 없으면 괴롭게 머문다. 괴로운 자의 마음은 삼매에 들지 못한다. 마음이 삼매에 들지 못하면 법들이 분명하게 나타나지 않는다. 법들이 분명하게 나타나지 않으면 방일하여 머묾이라는 명칭을 얻게 된다.

다시 난디야여, 성스러운 제자는 … 법에 흔들림 없는 청정한 믿음을 지닌다. … 승가에 흔들림 없는 청정한 믿음을 지닌다. … 성자들이 좋아하며 … 삼매에 도움이 되는 계를 지닌다. 그는 이러한 성자들이 좋아하는 계로 만족해버리고 낮에는 한거하고 밤에는 홀로 앉는 정진을 더 이상 하지 않는다. 그가 이와 같이 방일하여 머물면 환희가 없다. 환희가 없으면 희열이 없다. 희열이 없으면 고요함이 없다. 고요함이 없으면 괴롭게 머문다. 괴로운 자의 마음은 삼매에 들지 못한다. 마음이 삼매에 들지 못하면 법들이 분명하게 나타나지 않는다. 법들이 분명하게 나타나지 않으면 방일하여 머묾이라는 명칭을 얻게 된다.

난디야여, 이것이 성스러운 제자가 방일하여 머무는 것이다."

6. "난디야여, 그러면 어떤 것이 성스러운 제자가 방일하지 않고 머무는 것인가?

난디야여, 여기 성스러운 제자는 '이런 [이유로] 그분 세존께서는 아라한[應供]이시며, … 세존이시다.'라고 부처님께 흔들림 없는 청정한 믿음을 지닌다. 그는 이러한 부처님께 흔들림 없는 청정한 믿음으로 만족하지 않고 낮에는 한거하고 밤에는 홀로 앉는 정진을 더욱더 한다. 그가 이와 같이 방일하지 않고 머물면 환희가 있다. 환희가 있으면 희열이 있다. 희열이 있으면 고요함이 있다. 고요함이 있으면 행복을 경험한다. 행복한 자의 마음은 삼매에 든다. 마음이 삼매에 들면 법들이 분명하게 나타난다. 법들이 분명하게 나타나면 방일하지 않고 머묾이라는 [399] 명칭을 얻게 된다.

다시 난디야여, 성스러운 제자는 … 법에 흔들림 없는 청정한 믿음을 지닌다. … 승가에 흔들림 없는 청정한 믿음을 지닌다. … 성자들이 좋아하며 … 삼매에 도움이 되는 계를 지닌다. 그는 그러한 성자들이 좋아하는 계로 만족하지 않고 낮에는 한거하고 밤에는 홀로 앉는 정진을 더욱더 한다. 그가 이와 같이 방일하지 않고 머물면 환희가 있다. 환희가 있으면 희열이 있다. 희열이 있으면 고요함이 있다. 고요함이 있으면 행복을 경험한다. 행복한 자의 마음은 삼매에 든다. 마음이 삼매에 들면 법들이 분명하게 나타난다. 법들이 분명하게 나타나면 방일하지 않고 머묾이라는 명칭을 얻게 된다.

난디야여, 이것이 성스러운 제자가 방일하지 않고 머무는 것이다."

제4장 공덕이 넘쳐흐름 품이 끝났다.

네 번째 품에 포함된 경들의 목록은 다음과 같다.

세 가지 ①~③ 넘쳐흐름
두 가지 ④~⑤ 신성한 발자취
⑥ 신과 닮음 ⑦ 마하나마 ⑧ 비
⑨ 깔리고다 ⑩ 난디야이다.

제5장 게송을 포함한 공덕이 넘쳐흐름 품

Sagāthapuññabhisanda-vagga

넘쳐흐름 경1(S55:41)

Abhisanda-sutta

1. <사왓티의 아나타삔디까 원림(급고독원)에서>

3. "비구들이여, 네 가지 공덕이 넘쳐흐르고 유익함이 넘쳐흐르고 행복을 가져오는 것이 있다. 무엇이 넷인가?

비구들이여, 여기 성스러운 제자는 '이런 [이유로] 그분 세존께서는 아라한[應供]이시며, … 세존이시다.'라고 부처님께 흔들림 없는 청정한 믿음을 지닌다. 이것이 첫 번째 공덕이 넘쳐흐르고 유익함이 넘쳐흐르고 행복을 가져오는 것이다.

다시 비구들이여, 여기 성스러운 제자는 '법은 세존에 의해서 잘 설해졌고, … 지자들이 각자 알아야 하는 것이다.'라고 법에 흔들림 없는 청정한 믿음을 지닌다. 이것이 두 번째 공덕이 넘쳐흐르고 유익함이 넘쳐흐르고 행복을 가져오는 것이다.

다시 비구들이여, 여기 성스러운 제자는 '세존의 제자들의 승가는 잘 도를 닦고, … 세상의 위없는 복밭[福田]이시다.'라고 승가에 흔들림 없는 청정한 믿음을 지닌다. 이것이 세 번째 공덕이 넘쳐흐르고 유익함이 넘쳐흐르고 행복을 가져오는 것이다.

다시 비구들이여, 여기 성스러운 제자는 성자들이 좋아하며 … 삼매에 도움이 되는 계를 지닌다. 이것이 네 번째 공덕이 넘쳐흐르고 유익함이 넘쳐흐르고 행복을 가져오는 것이다.

비구들이여, [400] 이러한 네 가지 공덕이 넘쳐흐르고 유익함이 넘쳐흐르고 행복을 가져오는 것이 있다."

4. "비구들이여, 이러한 네 가지 공덕이 넘쳐흐르고 유익함이 넘쳐흐르고 행복을 가져오는 것을 구족한 성스러운 제자의 공덕을 두고 '이만큼의 공덕이 넘쳐흐르고 유익함이 넘쳐흐르고 행복을 가져온다.'라고 그 양을 재기란 쉽지가 않다. 그 대신에 헤아릴 수 없고 측량할 수 없는 크나큰 공덕의 무더기라는 명칭을 얻을 뿐이다."

5. 비구들이여, 예를 들면 큰 바다의 물을 헤아려서 '큰 바다에는 이만큼의 양에 해당하는 물이 있다.'라거나 '큰 바다에는 이만큼의 수백에 해당하는 양의 물이 있다.'라거나 '큰 바다에는 이만큼의 수천에 해당하는 양의 물이 있다.'라거나 '큰 바다에는 이만큼의 수십만에 해당하는 양의 물이 있다.'라고 그 양을 재기란 쉽지가 않다. 그 대신에 헤아릴 수 없고 측량할 수 없는 크나큰 물의 무더기라는 명칭을 얻을 뿐이다.

비구들이여, 그와 같이 이러한 네 가지 공덕이 넘쳐흐르고 유익함이 넘쳐흐르고 행복을 가져오는 것을 구족한 성스러운 제자의 공덕을 두고 '이만큼의 공덕이 넘쳐흐르고 유익함이 넘쳐흐르고 행복을 가져온다.'라고 그 양을 재기란 쉽지가 않다. 그 대신에 헤아릴 수 없고 측량할 수 없는 크나큰 공덕의 무더기라는 명칭을 얻을 뿐이다."

6. 세존께서는 이렇게 말씀하셨다. 스승이신 선서께서는 이렇게 말씀하신 뒤 다시 [게송으로] 이와 같이 설하셨다.

> "한량없이 크나큰 바다와 크나큰 호수는
> 많은 두려움이 있지만 여러 가지 보배가 숨겨져 있는데

많은 무리의 사람들에게 도움 주는 강들은
여러 갈래로 흘러서 이러한 바다에 도달하도다.

그와 같이 음식과 마실 것과 의복을 주고
침구와 좌구와 덮을 것을[221] 주는 훌륭한 사람에게
공덕의 흐름은 흘러가나니
강들이 물을 품고 바다로 가는 것과 같도다."[222]

넘쳐흐름 경2(S55:42)

3. "비구들이여, [401] 네 가지 공덕이 넘쳐흐르고 유익함이 넘쳐흐르고 행복을 가져오는 것이 있다. 무엇이 넷인가?

비구들이여, 여기 성스러운 제자는 '이런 [이유로] 그분 세존께서는 아라한[應供]이시며, … 세존이시다.'라고 부처님께 흔들림 없는 청정한 믿음을 지닌다. 이것이 첫 번째 공덕이 넘쳐흐르고 유익함이 넘쳐흐르고 행복을 가져오는 것이다.

다시 비구들이여, 여기 성스러운 제자는 '법은 세존에 의해서 잘 설해졌고, … 지자들이 각자 알아야 하는 것이다.'라고 법에 흔들림 없는 청정한 믿음을 지닌다. 이것이 두 번째 공덕이 넘쳐흐르고 유익함이 넘쳐흐르고 행복을 가져오는 것이다.

다시 비구들이여, 여기 성스러운 제자는 '세존의 제자들의 승가는 잘 도를 닦고, … 세상의 위없는 복밭[福田]이시다.'라고 승가에 흔들림 없는 청정한 믿음을 지닌다. 이것이 세 번째 공덕이 넘쳐흐르고

---

221) '침구와 좌구와 덮을 것을'은 Be: seyyāni-paccattharaṇassa 대신에 Ee, Se: seyyā-nisajja-ttharaṇassa로 읽어서 옮겼다.

222) 본 게송은 『앙굿따라 니까야』 「공덕이 넘쳐흐름 경」1(A4:51) §4의 게송과 같다.

유익함이 넘쳐흐르고 행복을 가져오는 것이다.

다시 비구들이여, 여기 성스러운 제자는 인색함의 때가 없는 마음으로 재가에 사나니, 아낌없이 보시하고, 손은 깨끗하고, 주는 것을 좋아하고, 다른 사람의 요구에 반드시 부응하고, 보시하고 나누어 가지는 것을 좋아한다. 이것이 네 번째 공덕이 넘쳐흐르고 유익함이 넘쳐흐르고 행복을 가져오는 것이다.

비구들이여, 이러한 네 가지 공덕이 넘쳐흐르고 유익함이 넘쳐흐르고 행복을 가져오는 것이 있다."

… <이 이하는 앞의 「넘쳐흐름 경」 1(S55:41)과 동일함(게송 포함).> …

넘쳐흐름 경3(S55:43)

3. "비구들이여, 네 가지 공덕이 넘쳐흐르고 유익함이 넘쳐흐르고 행복을 가져오는 것이 있다. 무엇이 넷인가? …

다시 비구들이여, 여기 성스러운 제자는 통찰지를 가졌다. 성스럽고, 꿰뚫음을 갖추었으며, 괴로움의 멸진으로 바르게 인도하는, 일어나고 사라짐으로 향하는 통찰지를 [402] 구족했다. 이것이 네 번째 공덕이 넘쳐흐르고 유익함이 넘쳐흐르고 행복을 가져오는 것이다.

비구들이여, 이러한 네 가지 공덕이 넘쳐흐르고 유익함이 넘쳐흐르고 행복을 가져오는 것이 있다."

4. "비구들이여, 이러한 네 가지 공덕이 넘쳐흐르고 유익함이 넘쳐흐르고 행복을 가져오는 것을 구족한 성스러운 제자의 공덕을 두고 '이만큼의 공덕이 넘쳐흐르고 유익함이 넘쳐흐르고 행복을 가져온다.'라고 그 양을 재기란 쉽지가 않다. … 그 대신에 헤아릴 수 없고 측량할 수 없는 크나큰 공덕의 무더기라는 명칭을 얻을 뿐이다."

5. 세존께서는 이렇게 말씀하셨다. 스승이신 선서께서는 이렇게 말씀하신 뒤 다시 [게송으로] 이와 같이 설하셨다.

"공덕을 갈망하는 자는 유익함에 굳게 서서
불사를 얻기 위해 도를 닦아야 하나니
법의 속재목에 도달하여 멸진을 기뻐하는 자는[223)]
'죽음의 왕이 올 것이다.'라면서 떨지 않도다."[224)]

부유함 경1(S55:44)

Aḍḍha-sutta

3. "비구들이여, 네 가지 법을 구족한 성스러운 제자는 부유하고 큰 재물을 가졌고 큰 재산을 가졌다고 불린다.[225)] 무엇이 넷인가?

비구들이여, 여기 성스러운 제자는 '이런 [이유로] 그분 세존께서는 아라한[應供]이시며, … 세존이시다.'라고 부처님께 흔들림 없는 청정한 믿음을 지닌다. '법은 세존에 의해서 잘 설해졌고, … 지자들이 각자 알아야 하는 것이다.'라고 법에 흔들림 없는 청정한 믿음을 지닌다. '세존의 제자들의 승가는 잘 도를 닦고, … 세상의 위없는 복밭[福田]이시다.'라고 승가에 흔들림 없는 청정한 믿음을 지닌다. 성자들이 좋아하며 … 삼매에 도움이 되는 계를 지닌다.

---

223) "'법의 속재목(dhamma-sāra)'이란 성스러운 과(ariya-phala)를 말한다. '멸진(khaya)'이란 오염원의 멸진(kilesa-kkhaya)이다."(SA.iii.290)

224) "죽음의 왕이 올 것이다.'라면서 떨지 않도다.'는 Ee: na vedhati maccu-rāja gamissati와 Be: na vedhati maccurājāgamanasmiṁ 대신에 보디스님이 제안한 na vedhati maccurāj'āgamissati로 읽어서 옮겼다.

225) 역자는 Ee에 나타나는 mahāyaso(큰 명성을 가진)를 옮기지 않았다. 이것을 넣게 되면 바로 다음 경과 구분이 되지 않기 때문이다. Be와 Se에는 나타나지 않는다.

비구들이여, 이러한 네 가지 법을 구족한 성스러운 제자는 부유하고 큰 재물을 가졌고 큰 재산을 가졌다고 불린다."

부유함 경2(S55:45)

Aḍḍha-sutta

3. "비구들이여, 네 가지 법을 구족한 성스러운 제자는 부유하고 큰 재물을 가졌고 큰 재산을 가졌고 큰 명성을 가졌다고 불린다. 무엇이 넷인가? …

간단한 설명 경(S55:46)

Suddhika-sutta

3. "비구들이여, [403] 네 가지 법을 구족한 성스러운 제자는 흐름에 든 자[預流者]여서 [악취에] 떨어지지 않는 법을 가졌고 [해탈이] 확실하며 완전한 깨달음으로 나아간다. 무엇이 넷인가?

비구들이여, 여기 성스러운 제자는 '이런 [이유로] 그분 세존께서는 아라한[應供]이시며, … 세존이시다.'라고 부처님께 흔들림 없는 청정한 믿음을 지닌다. '법은 세존에 의해서 잘 설해졌고, … 지자들이 각자 알아야 하는 것이다.'라고 법에 흔들림 없는 청정한 믿음을 지닌다. '세존의 제자들의 승가는 잘 도를 닦고, … 세상의 위없는 복밭[福田]이시다.'라고 승가에 흔들림 없는 청정한 믿음을 지닌다. 성자들이 좋아하며 … 삼매에 도움이 되는 계를 지닌다.

비구들이여, 이러한 네 가지 법을 구족한 성스러운 제자는 흐름에 든 자[預流者]여서 [악취에] 떨어지지 않는 법을 가졌고 [해탈이] 확실하며 완전한 깨달음으로 나아간다."

난디야 경 등(S55:47~49)

Nandiya-suttādi

1. 이와 같이 나는 들었다. 한때 세존께서는 삭까에서 까삘라왓투의 니그로다 원림에 머무셨다.

2. 그때 삭까 사람 난디야가(S55:47) …

삭까 사람 밧디야가(S55:48) …

삭까 사람 마하나마가(S55:49) 세존께 다가갔다.

가서는 세존께 절을 올리고 한 곁에 앉았다. 한 곁에 앉은 삭까 사람 난디야에게(S55:47) …

삭까 사람 밧디야에게(S55:48) … [404]

삭까 사람 마하나마에게(S55:49) 세존께서는 이렇게 말씀하셨다.

3. "마하나마여, 네 가지 법을 구족한 성스러운 제자는 흐름에 든 자[預流者]여서 [악취에] 떨어지지 않는 법을 가졌고 [해탈이] 확실하며 완전한 깨달음으로 나아간다. 무엇이 넷인가?

마하나마여, 여기 성스러운 제자는 '이런 [이유로] 그분 세존께서는 아라한[應供]이시며, … 세존이시다.'라고 부처님께 흔들림 없는 청정한 믿음을 지닌다. '법은 세존에 의해서 잘 설해졌고, … 지자들이 각자 알아야 하는 것이다.'라고 법에 흔들림 없는 청정한 믿음을 지닌다. '세존의 제자들의 승가는 잘 도를 닦고, … 세상의 위없는 복밭[福田]이시다.'라고 승가에 흔들림 없는 청정한 믿음을 지닌다. 성자들이 좋아하며 … 삼매에 도움이 되는 계를 지닌다.

마하나마여, 이러한 네 가지 법을 구족한 성스러운 제자는 흐름에 든 자[預流者]여서 [악취에] 떨어지지 않는 법을 가졌고 [해탈이] 확실하며 완전한 깨달음으로 나아간다."

구성요소 경(S55:50)

Aṅga-sutta

3. "비구들이여, 네 가지 예류도를 얻기 위한 구성요소가 있다. 무엇이 넷인가?

그것은 참된 사람을 섬김, 정법을 배움, 지혜롭게 마음에 잡도리함, [출세간]법에 이르게 하는 법을 닦음이다.

비구들이여, 이러한 네 가지 예류도를 얻기 위한 구성요소가 있다."226)

제5장 게송을 포함한 공덕이 넘쳐흐름 품이 끝났다.

다섯 번째 품에 포함된 경들의 목록은 다음과 같다.

세 가지 ①~③ 넘쳐흐름
두 가지 ④~⑤ 부유함
⑥ 간단한 설명 ⑦ 난디야 ⑧ 밧디야
⑨ 마하나마 ⑩ 구성요소이다.

---

226) 본서 「사리뿟따 경」 2(S55:5) §3의 주해를 참조할 것.

제6장 통찰지를 지닌 자 품

Sapañña-vagga

게송을 포함한 경(S55:51)

Sagāthaka-sutta

3. "비구들이여, 네 가지 법을 구족한 성스러운 제자는 흐름에 든 자[預流者]여서 [악취에] 떨어지지 않는 법을 가졌고 [해탈이] 확실하며 완전한 깨달음으로 나아간다. 무엇이 넷인가?

비구들이여, [405] 여기 성스러운 제자는 '이런 [이유로] 그분 세존께서는 아라한[應供]이시며, … 세존이시다.'라고 부처님께 흔들림 없는 청정한 믿음을 지닌다. '법은 세존에 의해서 잘 설해졌고, … 지자들이 각자 알아야 하는 것이다.'라고 법에 흔들림 없는 청정한 믿음을 지닌다. '세존의 제자들의 승가는 잘 도를 닦고, … 세상의 위없는 복밭[福田]이시다.'라고 승가에 흔들림 없는 청정한 믿음을 지닌다. 성자들이 좋아하며 … 삼매에 도움이 되는 계를 지닌다.

비구들이여, 이러한 네 가지 법을 구족한 성스러운 제자는 흐름에 든 자[預流者]여서 [악취에] 떨어지지 않는 법을 가졌고 [해탈이] 확실하며 완전한 깨달음으로 나아간다."

4. 세존께서는 이렇게 말씀하셨다. 스승이신 선서께서는 이렇게 말씀하신 뒤 다시 [게송으로] 이와 같이 설하셨다.

"여래께 움직이지 않고
잘 확립된 믿음을 가지고
선하고 성자들이 좋아하고

칭송하는 계를 지니고

승가에 청정한 믿음이 있고
올곧은 자를 보는 자
그는 가난하지 않다 일컬어지나니
그의 삶은 헛되지 않도다.

그러므로 슬기로운 자는
부처님들의 교법을 억념하면서
믿음과 계와 청정한 믿음과
법을 봄에 몰두할지라."227)

안거를 마침 경(S55:52)

Vassavuttha-sutta

2. 그 무렵 어떤 비구가 사왓티에서 안거를 난 뒤 어떤 일 때문에 까삘라왓투에 도착했다. 까삘라왓투에 사는 사꺄 사람들은 어떤 비구가 사왓티에서 안거를 난 뒤 까삘라왓투에 도착했다고 들었다. 그러자 까삘라왓투에 사는 사꺄 사람들은 그 비구에게 다가갔다. 가서는 그 비구에게 절을 올리고 한 곁에 앉았다. 한 곁에 앉은 까삘라왓투의 사꺄 사람들은 그 비구에게 이렇게 말했다.

3. "존자시여, 세존께서는 병이 없으시고 건강하십니까?"

"도반들이여, 세존께서는 병이 없으시고 건강하십니다." [406]

"존자시여, 그러면 사리뿟따와 목갈라나께서도 병이 없고 건강합니까?"

---

227) 본 게송은 본서 「아나타삔디까 경」 1(S55:26) §13의 게송과 같다.

"도반들이여, 사리뿟따와 목갈라나께서도 병이 없고 건강합니다."

"존자시여, 그러면 비구 승가도 병이 없고 건강합니까?"

"도반들이여, 비구 승가도 병이 없고 건강합니다."

4. "존자시여, 그러면 존자가 세존의 면전에서 직접 듣고 이해한 것이 있습니까?"

"도반들이여, 저는 이것을 세존의 면전에서 직접 듣고 이해하였습니다.

'비구들이여, 모든 번뇌가 다하여 아무 번뇌가 없는 마음의 해탈[心解脫]과 통찰지를 통한 해탈[慧解脫]을 바로 지금·여기에서 스스로 최상의 지혜로 실현하고 구족하여 머무는[阿羅漢] 비구들은 적다. 그러나 다섯 가지 낮은 단계의 족쇄를 완전히 없애고 [정거천에] 화생하여 그곳에서 완전히 열반에 들어 그 세계로부터 다시 돌아오지 않는 법을 얻은[不還者] 비구들은 더 많다.'라고."

5. "도반들이여, 저는 다른 것도 역시 세존의 면전에서 직접 듣고 이해하였습니다.

'비구들이여, 다섯 가지 낮은 단계의 족쇄를 완전히 없애고 [정거천에] 화생하여 그곳에서 완전히 열반에 들어 그 세계로부터 다시 돌아오지 않는 법을 얻은[不還者] 비구들은 적다. 그러나 세 가지 족쇄를 완전히 없애고 탐욕과 성냄과 어리석음이 엷어져서 한 번만 더 돌아올 자[一來者]가 되어, 한 번만 더 이 세상에 와서 괴로움을 끝낼 비구들은 더 많다.'라고."

6. "도반들이여, 저는 다른 것도 역시 세존의 면전에서 직접 듣고 이해하였습니다.

'비구들이여, 세 가지 족쇄를 완전히 없애고 탐욕과 성냄과 어리석음이 엷어져서 한 번만 더 돌아올 자[一來者]가 되어, 한 번만 더 이 세상에 와서 괴로움을 끝낼 비구들은 적다. 그러나 세 가지 족쇄를 완전히 없애고 흐름에 든 자[預流者]가 되어, [악취에] 떨어지지 않는 법을 가지고 [해탈이] 확실하며 완전한 깨달음으로 나아가는 비구들은 더 많다.'라고."

담마딘나 경(S55:53)

Dhammadinna-sutta

1. 이와 같이 나는 들었다. 한때 세존께서는 바라나시에서 이시빠따나의 녹야원에 머무셨다.

2. 그때 [407] 담마딘나 청신사[228]가 오백 명의 청신사들과 함께 세존을 뵈러 갔다. 가서는 세존께 절을 올리고 한 곁에 앉았다. 한 곁에 앉은 담마딘나 청신사는 세존께 이렇게 말씀드렸다.

3. "세존이시여, 세존께서는 저희들을 교계하여 주십시오. 세존께서는 저희들을 훈도하여 주십시오. 그러면 그것은 저희들에게 오래도록 이익과 행복이 될 것입니다."

"담마딘나여, 그러므로 그대들은[229] 참으로 이와 같이 공부지어

228) "담마딘나 청신사(Dhammadinna upāsaka)는 부처님 시대에 500명의 재가신도의 무리(upāsaka-parivārā)를 거느린 일곱 사람 가운데 한 명이다. 다른 사람들은 위사카 청신사(Visākha upāsaka), 욱가 장자(Ugga gahapati), 찟따 장자(Citta gahapati), 핫타까 알라와까(Hatthaka Āḷavaka), 작은 급고독(Cūḷa-Anāthapiṇḍika), 큰 급고독(Mahā-Anāthapiṇḍika)이다."(SA.iii.291)

229) 세존께서는 담마딘나를 불러서 말씀하시지만 본경 전체에서 이처럼 복수를 사용해서 말씀하신다. 그것은 담마딘나와 그의 전체 무리들을 지칭하기 때문이다.

야 한다. '우리는 여래께서 설하셨으며, [가르침이] 깊고, 뜻도 깊고, 출세간적이고, 공함[空性]과 관련된 경들의 가르침에 자주자주 들어가서 머물 것이다.'라고 그대들은 이와 같이 공부지어야 한다."230)

4. "세존이시여, 저희들은 자식들이 북적거리는 집에서 살고 까시에서 산출된 전단향을 사용하고 화환과 향과 연고를 즐겨 사용하고 금은을 향유합니다. 그런 저희들이 여래께서 설하셨으며, [가르침이] 깊고, 뜻도 깊고, 출세간적이고, 공함[空性]과 관련된 경들의 가르침에 자주자주 들어가서 머문다는 것은 쉽지 않습니다. 세존이시여,

---

230) 본서 제2권 「쐐기 경」(S20:7) §4를 참조할 것. 세존께서 재가자들에게 이러한 교계(ovāda)를 하시는 경우는 드물다. 주석서는 부처님의 이 말씀에 대해서 다음과 같은 색다른 설명을 하고 있다.

"'[가르침이] 깊고(gambhīrā)'라는 것은 『숫따니빠따』 「살라 경」(Sn3:8/112~114) 등을, '뜻도 깊고(gambhīr-atthā)'라는 것은 본서 제2권 「의도 경」 1/2/3(S12:38~40) 등을, '출세간적이고(lokuttarā)'라는 것은 본서 제4권 「무위 상윳따」(S43)를, '공함[空性]과 관련된 경들(suññata-ppaṭisaṁyuttā)'이란 중생의 공함(satta-suññatā)을 밝히는 본서 제3권 「삼켜버림 경」(S22:79) 등을 말한다.

'그대들은 이와 같이 공부지어야 한다.'는 것은 본서 제2권 「달의 비유 경」(S16:3)의 달의 비유에 관한 도닦음(candopama-paṭipadā)과, 『맛지마 니까야』 「역마차 계주 경」(M24)의 역마차의 계주에 대한 도닦음(ratha-vinīta-paṭipadā)과, 『숫따니빠따』 「성자 경」(Sn1:12/35~38)의 성인의 수행에 대한 도닦음(moneyya-paṭipadā)과, 『앙굿따라 니까야』 「계보 경」(A4:28/ii.27~29)의 위대한 성자들의 계보에 대한 도닦음(mahā-ariya-vaṁsa-paṭipadā)을 공부지어야 한다(sikkhitabba)는 말이다.

이처럼 스승께서는 이 재가자들에게 견디기 힘든 짐(asayha-bhāra)을 지우셨다. 왜? 이들은 자신의 경지에 서서(attano bhūmiyaṁ ṭhatvā) 교계(ovāda)를 청하지 않았고 차별 없이 모든 짐(sabba-bhāra)을 짊어질 수 있는 것처럼 세존께 요청을 하였기 때문이다. 그래서 스승께서는 이처럼 그들이 견디기 힘든 짐을 지우신 것이다. 그러자 [아래에서] 그들은 자신의 경지에 서서 다시 교계를 청하고 있다."(SA.iii.291)

주석서는 본서 제2권 「쐐기 경」(S20:7) §4를 설명하면서도 몇몇 경들을 추천하는데, 거기 나타나는 몇몇 경은 여기에서 언급되고 있는 경들과 다르다. 그곳의 주해를 참조할 것.

세존께서는 다섯 가지 학습계목에 서 있는 저희들에게 이보다 더 높은 법문을 설해 주십시오."231)

5. "담마딘나여, 그러므로 그대들은 이와 같이 공부지어야 한다. '우리는 '이런 [이유로] 그분 세존께서는 아라한[應供]이시며, … 세존이시다.'라고 부처님께 흔들림 없는 청정한 믿음을 지닐 것이다. '법은 세존에 의해서 잘 설해졌고, … 지자들이 각자 알아야 하는 것이다.'라고 법에 흔들림 없는 청정한 믿음을 지닐 것이다. '세존의 제자들의 승가는 잘 도를 닦고, … 세상의 위없는 복밭[福田]이시다.'라고 승가에 흔들림 없는 청정한 믿음을 지닐 것이다. 성자들이 좋아하며 … 삼매에 도움이 되는 계를 지닐 것이다.'라고 그대들은 이와 같이 공부지어야 한다."

6. "세존이시여, 세존께서 설하신 네 가지 예류[과]를 얻은 자의 구성요소에 관한 법들은 저희들에게 있습니다. 저희들은 그대로 살고 있습니다.

세존이시여, 저희들은 '이런 [이유로] 그분 세존께서는 아라한[應供]이시며, … [408] 세존이시다.'라고 부처님께 흔들림 없는 청정한 믿음을 지니고 있습니다. '법은 세존에 의해서 잘 설해졌고, … 지자들이 각자 알아야 하는 것이다.'라고 법에 흔들림 없는 청정한 믿음을 지니고 있습니다. '세존의 제자들의 승가는 잘 도를 닦고, … 세상의 위없는 복밭[福田]이시다.'라고 승가에 흔들림 없는 청정한 믿음을 지니고 있습니다. 성자들이 좋아하며 … 삼매에 도움이 되는 계를 지닙니다."

---

231) 담마딘나의 이런 질문은 본서 「웰루드와라에 사는 자들 경」(S55:7/v.353) §4에 나타나는 웰루드와라에 사는 바라문 장자들의 질문과 상응한다.

7. "담마딘나여, 이것은 참으로 그대들에게 이득이구나. 담마딘나여, 이것은 참으로 그대들에게 큰 이득이구나. 그대들은 예류과를 천명하였구나."

병 경(S55:54)

Gilāna-sutta

1. 이와 같이 나는 들었다. 한때 세존께서는 삭까에서 까삘라왓투의 니그로다 원림에 머무셨다.

2. 그 무렵 많은 비구들이 '가사가 완성되면 세존께서 석 달 [안거가] 끝난 후 유행을 떠나실 것이다.'라고 [생각하면서] 세존의 가사를 만들고 있었다.

3. 삭까 사람 마하나마는 많은 비구들이 '가사가 완성되면 세존께서 석 달 [안거가] 끝난 후 유행을 떠나실 것이다.'라고 [생각하면서] 세존의 가사를 만들고 있다고 들었다. 그때 삭까 사람 마하나마는 세존께 다가갔다. 가서는 세존께 절을 올리고 한 곁에 앉았다. 한 곁에 앉은 삭까 사람 마하나마는 세존께 이렇게 말씀드렸다.

4. "세존이시여, 저는 많은 비구들이 '가사가 완성되면 세존께서 석 달 [안거가] 끝난 후 유행을 떠나실 것이다.'라고 [생각하면서] 세존의 가사를 만들고 있다고 들었습니다. 세존이시여, 저는 '통찰지를 가진 재가신도는 중병에 걸려 아픔과 고통에 시달리고 있는 통찰지를 가진 재가 신도를 교계할 수 있다.'라는 것을 세존의 면전에서 직접 듣고 이해하지 못했습니다."

5. "마하나마여, 통찰지를 가진 재가신도는 중병에 걸려 아픔과 고통에 시달리고 있는 통찰지를 가진 재가 신도232)에게 네 가지 안식(安息)을 가져오는 법으로 안식을 줄 수 있다.

[그것은 다음과 같다.]

'존자233)는 안심하십시오. 존자에게는 '이런 [이유로] 그분 세존께서는 아라한[應供]이시며, … 세존이시다.'라고 부처님께 흔들림 없는 청정한 믿음이 있습니다. 존자는 안심하십시오. 존자에게는 '법은 세존에 의해서 잘 설해졌고, … 지자들이 각자 알아야 하는 것이다.'라고 법에 흔들림 없는 청정한 믿음이 있습니다. 존자는 안심하십시오. 존자에게는 '세존의 제자들의 승가는 잘 도를 닦고, … 세상의 위없는 복밭[福田]이시다.'라고 승가에 흔들림 없는 청정한 믿음이 있습니다. 존자는 안심하십시오. 존자에게는 성자들이 좋아하며 … 삼매에 도움이 되는 계가 있습니다.'"

6. "마하나마여, [409] 통찰지를 가진 재가신도는 중병에 걸려 아픔과 고통에 시달리고 있는 통찰지를 가진 재가 신도에게 이러한 네 가지 안식(安息)을 가져오는 법으로 안식을 준 뒤에 이렇게 말해야 한다. '그대는 부모님을 염려합니까?'라고."

7. "만일 그가 '제게는 부모님에 대한 염려가 있습니다.'라고 대답하면 그에게 이렇게 말해 주어야 한다. '존자여, 존자는 임종하기

---

232) "여기서 '통찰지를 가진 재가 신도(sappañña upāsaka)'란 예류자(sotāpanna)를 의미한다."(SA.iii.291)

233) 여기서 존자로 옮긴 단어는 āyasmā인데 이 단어는 대부분의 경우에 출가자들에게만 사용되는 존칭어이다. 그러나 여기서처럼 드물게 재가자들에게 사용되기도 한다.

마련입니다. 존자가 부모님을 염려해도 그대는 임종할 것이고 부모님을 염려하지 않아도 임종할 것입니다. 그러므로 존자는 그대의 부모님에 대한 염려를 버리는 것이 좋습니다.'라고."

8. "만일 그가 말하기를 '저는 부모님에 대한 염려를 버렸습니다.'라고 하면 그에게 이렇게 말해 주어야 한다. '그대는 자식과 아내를 염려합니까?'라고. 만일 그가 '제게는 자식과 아내에 대한 염려가 있습니다.'라고 대답하면 그에게 이렇게 말해 주어야 한다. '존자여, 존자는 임종하기 마련입니다. 존자가 자식과 아내를 염려해도 그대는 임종할 것이고 자식과 아내를 염려하지 않아도 임종할 것입니다. 그러므로 존자는 그대의 자식과 아내에 대한 염려를 버리는 것이 좋습니다.'라고."

9. "만일 그가 말하기를 '저는 자식과 아내에 대한 염려를 버렸습니다.'라고 하면 그에게 이렇게 말해 주어야 한다. '그대는 인간에 속하는 다섯 가닥의 감각적 욕망에 대해서 염려합니까?'라고. 만일 그가 '제게는 인간에 속하는 다섯 가닥의 감각적 욕망에 대한 염려가 있습니다.'라고 대답하면 그에게 이렇게 말해 주어야 한다. '존자여, 인간에 속하는 감각적 욕망보다 신들에 속하는 감각적 욕망은 더 뛰어나고 더 수승합니다. 그러므로 존자는 인간에 속하는 감각적 욕망으로부터 마음을 거두어들여서 사대왕천[234]의 신들에게 마음을 확고하게 해야 합니다.'라고."

10. "만일 그가 말하기를 '저는 인간에 속하는 감각적 욕망으로

234) 이하 본경에 나타나는 사대왕천부터 타화자재천까지의 여섯은 여섯 가지 욕계천상[六欲天, kāmāvacara-deva]이다. 이들 천상과 신들에 대해서는 『아비담마 길라잡이』 제5장 §§5~8의 해설들을 참조할 것.

부터 마음을 거두어들여서 사대왕천의 신들에게 마음을 확고하게 하였습니다.'라고 하면 그에게 이렇게 말해 주어야 한다. '도반이여, 사대왕천의 신들보다는 [410] 삼십삼천의 신들이 더 뛰어나고 더 수승합니다. 그러므로 존자는 사대왕천의 신들로부터 마음을 거두어들여서 삼십삼천의 신들에게 마음을 확고하게 해야 합니다.'라고."

11. "만일 그가 말하기를 '저는 사대왕천의 신들로부터 마음을 거두어들여서 삼십심천의 신들에게 마음을 확고하게 하였습니다.'라고 하면 그에게 이렇게 말해 주어야 한다. '도반이여, 삼십삼천의 신들보다는 야마천의 신들이 … 야마천의 신들보다는 도솔천의 신들이 … 도솔천의 신들보다는 화락천의 신들이 … 화락천의 신들보다는 타화자재천의 신들이 … 타화자재천의 신들보다는 범천의 세상[235]

---

235) '범천의 세상'은 brahma-loka를 직역한 것이다. 본서를 비롯한 니까야의 여러 곳에 범천의 세상이란 술어가 나타나고 있다. 주석서에서는 색계 초선천부터 삼선천까지의 9가지 천상과 4선천의 광과천과 무상유정천과 다섯 가지 정거천과 네 가지 무색계 천상 — 이 20가지 천상을 모두 범천의 세상(brahma-loka)으로 부르고 있다.(VibhA.521, 등) 본경에서도 욕계의 가장 높은 천상인 타화자재천 다음에 범천의 세상이 언급되고 있기 때문에 주석서의 이러한 설명은 타당하다. DPPN도 이렇게 설명하고 있다.

두 번째로는 색계 초선천의 신들을 범천이라고 볼 수도 있다. 색계 초선천을 범신천(梵身天)이라 부르고 이 범신천은 다시 범중천과 범보천과 대범천으로 구분이 되는데, 이 천상의 키워드가 바로 범천(brahma)이기 때문이다.(범신천에 대해서는 『아비담마 길라잡이』 제5장 §6의 해설을 참조할 것.) 특히 대범천의 몇몇 신들은 범천 혹은 대범천으로 초기불전에 나타나고 있으므로 초선천을 범천으로 보는 것도 타당하다. 그러나 초선천을 범천이라 부르지 않고 범신천이라 부르고 있기 때문에, 범천과 범신천이 정확히 일치한다고는 볼 수 없다. 그래서 DPPN도 색계 이상의 천상 즉 범천의 세상에 머무는 신들을 통틀어서 범천으로 정리하고 있다.

한편 범천으로 옮긴 brahma는 초기불전에서는 보통명사로도 쓰이며 특히 합성어로도 많이 나타나고 있다. 이 경우에는 예외 없이 모두 '신성함, 거룩함, 높음, 위대함' 등의 뜻으로 쓰인다. 그래서 주석서는 "최상이라는 뜻에서(seṭṭhatthena) 브라흐마(brahma)라 부른다."(DA.iii.865 등)라고 설명하이 더 뛰어나고 더 수승합니다. 그러므로 존자는 타화자재천의 신들로부터 마음을 거두어들여서 범천의 세상에 마음을 확고하게 해야 합니다.'236)라고."

12. "만일 그가 말하기를 '저는 타화자재천의 신들로부터 마음을 거두어들여서 범천의 세상에 마음을 확고하게 하였습니다.'라고 하면 그에게 이렇게 말해 주어야 한다. '도반이여, 범천의 세상도 무상하고 견고하지도 않고 영원하지도 않고 자기 존재[有身]에 포함된 것입니다. 그러므로 존자는 범천의 세상으로부터 마음을 거두어들여서 자기 존재의 소멸237)에 마음을 확고하게 해야 합니다.'라고."

13. "만일 그가 말하기를 '저는 범천의 세상으로부터 마음을 거두어들여서 자기 존재의 소멸에 마음을 확고하게 하였습니다.'라고

고 있다. 예를 들면 청정범행으로 옮기는 브라흐마짜리야(brahma-cāriya)와 거룩한 마음가짐으로 옮기는 브라흐마위하라(brahma-vihāra), 최상의 존재로 옮기는 브라흐마부따(bhrahma-bhūta), 최고의 처벌로 옮기는 브라흐마난다(brahma-daṇḍa) 등이 있다. 이런 의미에서 색계와 무색계 천상을 일컫는 범천의 세상(brahma-loka)은 거룩한 천상 세계로 옮길 수 있다.

236) 『맛지마 니까야』 「다난자니 경」(M97/ii.194~195) §30 이하에서 사리뿟따 존자는 죽어가는 다난자니 바라문에게 본경과 유사한 순서로 회상을 하여 범천의 세상(brahma-loka)까지 이른 뒤에 멈춘다. 그가 다난자니 바라문을 범천의 세상에까지만 인도하고 멈춘 것 때문에 그는 나중에 부처님으로부터 일종의 꾸중을 듣게 되었다.(같은 경 §38 참조)

237) "'자기 존재의 소멸(sakkāya-nirodha)'이란 삼계윤회(tebhūmaka-vaṭṭa)라 불리는 자기 존재의 소멸이란 말이며 열반을 뜻한다."(AA.iii.153)
자기 존재 혹은 자기 존재 있음[有身, sakkāya]에 대해서는 본서 제3권 「자기 존재 경」(S22:105)과 「사자 경」(S22:78) §5와 제1권 「아누룻다 경」(S9:6) {774}의 주해와 『앙굿따라 니까야』 「사자 경」(A4:33) §2의 주해도 참조할 것.
이렇게 존재의 소멸로 인도하는 이유는 죽어가는 재가자를 범천의 세상에 재생하게 하지 않고 바로 열반의 증득으로 인도하기 위한 것이다.

한다 하자. 마하나마여, 그러면 이와 같이 마음이 해탈한[238] 재가자와 [번뇌로부터] 마음이 해탈한 지 백년이 되는[239] 비구 사이에는, 즉 이 해탈과 저 해탈 사이에는[240] 어떤 차이점도 없다[241]고 나는 말한다."[242]

---

238) '이처럼 마음이 해탈한'은 Se: evaṁ vimuttacittattssa(인쇄상의 실수인 듯)와 Ee: evaṁ vimuttassa대신에 Be: evaṁ vimuttacittassa로 읽어서 옮긴 것이다.

239) '[번뇌로부터] 마음이 해탈한 지 백년이 되는'은 Ee와 Be: āsavā vimutta-cittena 대신에 Se: vassasata-vimuttacittena로 읽고 Ee와 Be를 절충하여 옮긴 것이다.

240) '이 해탈과 저 해탈 사이에는'은 Be: idam vimuttiyā vimuttan ti 대신에 Ee, Se: idam vimuttiyā vimuttin ti를 옮긴 것이다. vimuttiyā vimu-ttiṁ은 『앙굿따라 니까야』 「수마나 경」(A5:31/iii.34) §9에도 나타나는데 여기서도 아라한과를 얻은 경우에 쓰이고 있다. 그리고 『맛지마 니까야』 「깐나깟탈라 경」(M90) §12에도 비유 가운데 나타나고 있다.

241) 즉 부처님께서는 재가자도 아라한이 될 수 있다고 말씀하고 계신다. 『율장』(Vin.i.17)에 나타나는 야사(Yasa) 존자의 경우나, 주석서에 나타나듯이 (AA.i.344, 본서 제4권 「케마 경」(S44:1) §2의 주해 참조) 케마(Khemā) 비구니처럼 재가자의 삶을 버리고 출가하기 직전에 아라한이 된 재가자의 경우는 극히 드물다. 아마 니까야 가운데서는 본경의 이런 언급이 처음인 듯하다. 물론 이 경우도 임종 시에 들려주는 말이다. 그래서 『밀린다빤하』(Mil.264~266)에는 아라한과를 얻은 재가자는 그날에 바로 출가하여 비구나 비구니가 되거나 반열반에 드는 것밖에는 없다고 서술하고 있다.

242) 이쯤에서 초기불전에 나타나는 해탈(解脫)에 대해서 전체적으로 한 번 정리해보자. 초기불전에서 해탈의 의미로 많이 나타나는 술어는 ① vimutti(위뭇띠)와 ② vimokkha(위목카)의 둘을 들 수 있다. 이 두 술어는 vi(분리해서)+√muc(*to release*, muñcati)에서 파생된 명사이다. 그래서 중국에서는 이 둘을 解脫, 度脫, 毘木底, 毘目叉, 遠離, 離 등으로 옮겼다.

(1) vimutti(위뭇띠): 초기불전에서 해탈은 대부분 vimutti로 나타나며 이것은 대략 아래 9가지 문맥에서 나타난다.(vimutta는 본 논의에서 제외함.)
① 염오-이욕-해탈-구경해탈지의 정형구로 나타난다. 이것은 이미 본서의 도처에서, 특히 제3권과 제4권의 오온과 12처의 문맥에서 충분히 살펴보았다. 본서 제3권 해제 §3-(4)-②를 중심으로 살펴볼 것.
② 5법온(法蘊) 즉 계의 무더기, 삼매의 무더기, 통찰지의 무더기, 해탈의 무

예류과 경 등(S55:55~58)

Sotāpattiphala-suttādi

3. "비구들이여, 네 가지 법을 닦고 많이 [공부]지으면 예류과

더기, 해탈지견의 무더기로도 여러 곳에서 나타난다. 본서 제1권 「존중 경」(S6:2) §§3~7과 주해와 제5권 「쭌다 경」(S47:13) §6 등을 참조할 것.

③ 심해탈(心解脫, ceto-vimutti), 혜해탈(慧解脫, paññā-vimutti), 양면해탈(兩面解脫, ubhatobhāga-vimutti)로도 많이 나타난다. 본서 제1권 「자자(自恣) 경」(S8:7) §6의 주해 등을 중심으로 살펴볼 것.

④ 표상 없음을 통한 마음의 해탈(animittā ceto-vimutti): 본서 제4권 「표상 없음 경」(S40:9)의 주해와 「자애 경」(A6:13) §6을 중심으로 살펴볼 것.

⑤ 자애와 함께하는 마음의 해탈[慈心解脫, mettā ceto-vimutti]: 본서 제5권 「자애가 함께 함 경」(S46:54)을 참조할 것.

⑥ 명지와 해탈(vijjā-vimutti): 본서 제5권 「꾼달리야 경」(S46:6) §3과 주해를 참조할 것. "'명지'는 도를, '해탈'은 과를 뜻한다."(Pm.237)

⑦ 일시적인 마음의 해탈(sāmāyika ceto-vimutti): 본서 제1권 「고디까 경」(S4:23)과 『앙굿따라 니까야』 「일시적 해탈 경」 1(A5:149) 등에 나타난다. 예류자 이상인 성자의 경지는 실현하지 못했지만 삼매에 든 순간에는 다섯 가지 장애로 대표되는 오염원들로부터 벗어났기 때문에 일시적인 해탈을 얻은 자라고 한다는 뜻으로 주석서는 설명하고 있다.(AA.iii.292)

⑧ 확고부동한 해탈(akuppā vimutti):본서 제2권 「깨닫기 전 경」(S14:31)을 참조할 것.

⑨ 해탈의 맛(vimutti-rasa): 『앙굿따라 니까야』 「빠하라다 경」(A8:19)에 나타나며, 해탈의 맛은 불사(不死)인 열반을 뜻한다.(AA.ii.39)

다시 정리해보면 해탈(vimutti)은 가장 넓게는 네 가지 과(즉 예류과·일래과·불환과·아라한과)의 증득을 뜻하기도 하고, 아라한과의 증득만을 뜻하기도 하고, 열반의 실현을 뜻하기도 한다. 그런데 네 가지 과는 한 찰나라도 열반에 들었다 나와야 증득된다. 이러한 열반의 체험이 없으면 그 사람은 예류자 등의 성자가 아니다. 그러므로 해탈은 한 찰나라도 열반의 체험이 있어야 가능한 것이다. 그러므로 열반의 체험이야말로 해탈(vimutti)인 것이다.

(2) vimokkha(위목카): 초기불전에서 vimokkha는 대부분 ① 여덟 가지 해탈[八解脫]이라는 문맥(『앙굿따라 니까야』 「해탈 경」(A8:66), 『디가 니까야』 「합송경」(D33) 3.1 (11)과 「십상경」(D34) 2.1 (10)등 참조)으로 나타나고, ② 세 가지 해탈(vimokkha) 즉 공한[空] 해탈, 표상이 없는[無相] 해탈, 원함이 없는[無願] 해탈로도 나타난다.(「공한 삼매 경」(S43:4); Ps.ii.58; Vis.XXI.61; 『아비담마 길라잡이』 제9장 §47과 [해설] 참조)

를 실현하게 된다.(S55:55) …

일래과를 실현하게 된다.(S55:56) …

불환과를 실현하게 된다.(S55:57) …

아라한과를 실현하게 된다.(S55:58) 무엇이 넷인가?

그것은 [411] 참된 사람을 섬김, 정법을 배움, 지혜롭게 마음에 잡도리함, [출세간]법에 이르게 하는 법을 닦음이다.

비구들이여, 이러한 네 가지 법을 닦고 많이 [공부]지으면 예류과를 … 일래과를 … 불환과를 … 아라한과를 실현하게 된다."

통찰지를 얻음 경 등(S55:59~61)

Paññāpaṭilābha-suttādi

3. "비구들이여, 네 가지 법을 닦고 많이 [공부]지으면 통찰지를 얻게 된다.(S55:59) …

통찰지를 증장하게 된다.(S55:60) …

통찰지를 충만하게 된다.(S55:61) 무엇이 넷인가?

그것은 참된 사람을 섬김, 정법을 배움, 지혜롭게 마음에 잡도리함, [출세간]법에 이르게 하는 법을 닦음이다.

비구들이여, 이러한 네 가지 법을 닦고 많이 [공부]지으면 통찰지를 얻게 된다. … 통찰지를 증장하게 된다. … 통찰지를 충만하게 된다."

제6장 통찰지를 지닌 자 품이 끝났다.

여섯 번째 품에 포함된 경들의 목록은 다음과 같다.

① 게송을 포함함 ② 안거를 마침 ③ 담마딘나 ④ 병 ⑤ 예류과
⑥ 일래과 ⑦ 불환과 ⑧ 아라한과 ⑨ 통찰지를 얻음 ⑩ 증장 ⑪ 충만이다.

제7장 큰 통찰지 품

Mahāpaññā-vagga

큰 통찰지 경 등(S55:62~74)

Mahāpaññā-suttādi

3. "비구들이여, [412] 네 가지 법을 닦고 많이 [공부]지으면 큰 통찰지를 얻게 된다.(S55:62) …

광활한 통찰지를 얻게 된다.(S55:63) …

풍부한 통찰지를 얻게 된다.(S55:64) …

심오한 통찰지를 얻게 된다.(S55:65) …

비견할 수 없는 통찰지[243]를 얻게 된다.(S55:66) …

광대한 통찰지를 얻게 된다.(S55:67) …

많은 통찰지를 얻게 된다.(S55:68) …

빠른 통찰지를 얻게 된다.(S55:69) …

신속한 통찰지를 얻게 된다.(S55:70) …

미소짓는 통찰지를 얻게 된다.(S55:71) … [413]

전광석화와 같은 통찰지를 얻게 된다.(S55:72) …

예리한 통찰지를 얻게 된다.(S55:73) …

꿰뚫는 통찰지를 얻게 된다.(S55:74)[244]

---

243) '비견할 수 없는 통찰지'는 Ee, Be: apamatta-paññatāya 대신에 Se: asāmanta-paññatāya를 옮긴 것이다. 『앙굿따라 니까야』 「하나의 모음」(A1:21:31)의 Ee와 Be에도 asāmanta-paññatāya로 나타나고 있다.

244) 이 통찰지의 정형구는 『무애해도』(Ps.ii.189~202)에서 완전한 문장으로 인용되어 모든 술어들이 초기 상좌부 불교에서 통용되던 전문술어들을 통해서 상세하게 설명되고 있다.

무엇이 넷인가?

그것은 참된 사람을 섬김, 정법을 배움, 지혜롭게 마음에 잡도리함, [출세간]법에 이르게 하는 법을 닦음이다."

4. "비구들이여, 이러한 네 가지 법을 닦고 많이 [공부]지으면 큰 통찰지를 얻게 된다. … 광활한 통찰지를 얻게 된다. … 풍부한 통찰지를 얻게 된다. … 심오한 통찰지를 얻게 된다. … 비견할 수 없는 통찰지를 얻게 된다. … 광대한 통찰지를 얻게 된다. … 많은 통찰지를 얻게 된다. … 빠른 통찰지를 얻게 된다. … 신속한 통찰지를 얻게 된다. … 미소짓는 통찰지를 얻게 된다. … 전광석화와 같은 통찰지를 얻게 된다. … 예리한 통찰지를 얻게 된다. … 꿰뚫는 통찰지를 얻게 된다."

제7장 큰 통찰지 품이 끝났다.

일곱 번째 품에 포함된 경들의 목록은 다음과 같다.

① 큰 ② 광활한 ③ 풍부한 ④ 심오한
⑤ 비견할 수 없는 ⑥ 광대한 ⑦ 많은
⑧ 빠른 ⑨ 신속한 ⑩ 미소짓는
⑪ 전광석화 ⑫ 예리한 ⑬ 꿰뚫는 통찰지이다.

예류 상윳따(S55)가 끝났다.

제56주제

진리[諦] 상웃따(S56)

제56주제(S56)

진리 상윳따

Sacca-saṁyutta

제1장 삼매 품

Samādhi-vagga

삼매 경(S56:1)

Samādhi-sutta

1. 이와 같이 나는 들었다. [414] 한때 세존께서는 사왓티에서 제따 숲의 아나타삔디까 원림(급고독원)에 머무셨다. …

3. "비구들이여, 그대들은 삼매를 닦아야 한다. 삼매를 [닦은] 비구는 있는 그대로 꿰뚫어 안다.[245] 비구들이여, 그러면 무엇을 있는 그대로 꿰뚫어 아는가?

'이것이 괴로움이다.'라고 있는 그대로 꿰뚫어 안다. '이것이 괴로움의 일어남이다.'라고 있는 그대로 꿰뚫어 안다. '이것이 괴로움의 소멸이다.'라고 있는 그대로 꿰뚫어 안다. '이것이 괴로움의 소멸로 인도하는 도닦음이다.'라고 있는 그대로 꿰뚫어 안다."

4. "비구들이여, 그대들은 삼매를 닦아야 한다. 삼매를 [닦은] 비구는 있는 그대로 꿰뚫어 안다. 비구들이여, 그러므로 그대들은

---

245) 이 문장은 본서 제3권 「삼매 경」(S22:5) §2에도 나타난다.

'이것이 괴로움이다.'라고 수행해야 한다.[246] '이것이 괴로움의 일어남이다.'라고 수행해야 한다. '이것이 괴로움의 소멸이다.'라고 수행해야 한다. '이것이 괴로움의 소멸로 인도하는 도닦음이다.'라고 수행해야 한다.

홀로 앉음 경(S56:2)

Paṭisallaṇa-sutta

3. "비구들이여, 그대들은 홀로 앉음에 몰두하는 수행을 하라. 비구들이여, 홀로 앉은 비구는 있는 그대로 꿰뚫어 안다. 비구들이여, 그러면 무엇을 있는 그대로 꿰뚫어 아는가?[247]

'이것이 괴로움이다.'라고 있는 그대로 꿰뚫어 안다. '이것이 괴로움의 일어남이다.'라고 있는 그대로 꿰뚫어 안다. '이것이 괴로움의 소멸이다.'라고 있는 그대로 꿰뚫어 안다. '이것이 괴로움의 소멸로 인도하는 도닦음이다.'라고 있는 그대로 꿰뚫어 안다."

4. "비구들이여, [415] 그대들은 홀로 앉음에 몰두하는 수행을 하라. 비구들이여, 홀로 앉은 비구는 있는 그대로 꿰뚫어 안다. 비구

---

246) "'비구들이여, 그러므로 그대들은 '이것이 괴로움이다.'라고 수행해야 한다(tasmā ti ha bhikkhave idam dukkhanti yogo karaṇīyo).'고 하셨다. 삼매에 든(samāhita) 비구는 네 가지 진리[四諦]를 있는 그대로 꿰뚫어 안다. 그러므로 그대들도 삼매에 들어서 네 가지 진리를 있는 그대로 꿰뚫어 알기 위해서(yathā-bhūtaṁ pajānanatthāya) '이것이 괴로움이다.'라고 수행해야 한다는 말씀이다. …
사제를 꿰뚫지 못하기 때문에(appaṭividdhattā) 윤회는 증장하고(vaṭṭaṁ vaḍḍhati) 그것을 꿰뚫는 순간 증장하는 것을 멈춘다. 그러므로 그대들은 '우리들에게 윤회가 증장하지 않기를.'이라고 하면서 '이것이 괴로움이다.'라고 수행해야 한다는 말씀이다."(SA.iii.293)

247) 이 문장은 본서 제3권 「홀로 앉음 경」(S22:6) §2에도 나타난다.

들이여, 그러므로 그대들은 '이것이 괴로움이다.'라고 수행해야 한다. '이것이 괴로움의 일어남이다.'라고 수행해야 한다. '이것이 괴로움의 소멸이다.'라고 수행해야 한다. '이것이 괴로움의 소멸로 인도하는 도닦음이다.'라고 수행해야 한다."

좋은 가문의 아들(선남자) 경1(S56:3)

Kulaputta-sutta

3. "비구들이여, 과거에 바르게 집에서 나와 출가한 좋은 가문의 아들들은 모두 네 가지 성스러운 진리[四聖諦][248]를 있는 그대로

---

248) 진리[諦]로 옮긴 sacca는 √as(*to be*)에서 파생된 중성명사이다. √as는 '있다, ~이다'를 뜻하는 영어 *be*동사와 꼭 같이 범어 일반에서 널리 사용되는 어근이다. 이것의 현재능동분사가 sat이고 여기에다가 가능분사를 만드는 어미 '-ya'를 첨가하여 satya라는 형용사를 만들었는데 이것의 빠알리 형태가 sacca 이다. 그래서 형용사로 쓰이면 '존재하는, 진실한, 사실인' 등의 의미가 되고, 중성명사로서는 '진실, 진리, 사실, 실제'란 의미로 쓰인다. 초기불교를 위시한 모든 불교에서는 고·집·멸·도의 네 가지 성스러운 가르침을 sacca(Sk. satya)라 부르고 있다. 한국에서는 진리(眞理)로 정착이 되고 있다.
한편, 범어 일반에서 많이 쓰이는 또 다른 be동사로 √bhū(*to be, to become*)가 있다. 빠알리 삼장에서 보면 *be*동사는 거의 대부분 hoti(√bhū의 3인칭 현재형)로 나타나는데 이것은 √as(*to be*)의 삼인칭 현재형인 atthi보다 훨씬 많이 나타난다. 어원으로 살펴보면 √as는 '이다·아니다'나 '있다·없다'는 존재의 개념에 가깝고 √bhū 는 '된다, ~라 한다'는 의미로서 진행의 개념에 가깝다 할 수 있다. 그래서 모든 현상에 대해서 이다·아니다라거나 있다·없다라는 존재론적 사고를 피하는 불교에서는 기본적으로 진행이나 생성, 그리고 되어감의 개념을 나타내는 √bhū를 더 선호한다고 볼 수 있다. 수행이나 닦음을 뜻하는 bhāvanā도 이 어근에서 파생된 명사이다. 그러나 불교의 가장 근본 가르침인 사성제를 '되다'를 뜻하는 √bhū에서 파생된 술어를 사용하지 않고, '이다'나 '있다'를 뜻하는 √as에서 파생된 술어인 sacca로 표현한 것은 이러한 네 가지 진리는 바뀌는 것이 아니라 확정된 가르침이요 불교만대의 표준이요 세상에서 확정된 최고의 가르침이라는 뜻을 담고 있다 하겠다.
사성제 즉 네 가지 성스러운 진리는 다음과 같다.

관통하기 위해서 출가하였다.

비구들이여, 미래에 바르게 집에서 나와 출가할 좋은 가문의 아들들은 모두 네 가지 성스러운 진리를 있는 그대로 관통하기 위해서 출가할 것이다.

비구들이여, 현재에 바르게 집에서 나와 출가하는 좋은 가문의 아들들은 모두 네 가지 성스러운 진리를 있는 그대로 관통하기 위해서 출가한다."

4. "무엇이 넷인가?

괴로움의 성스러운 진리[苦聖諦], 괴로움의 일어남의 성스러운 진리[苦集聖諦], 괴로움의 소멸의 성스러운 진리[苦滅聖諦], 괴로움의 소멸로 인도하는 도닦음의 성스러운 진리[苦滅道聖諦]이다."

5. "비구들이여, 과거에 … 미래에 … 현재에 바르게 집에서 나와 출가하는 좋은 가문의 아들들은 모두 이러한 네 가지 성스러운 진

---

① 괴로움의 성스러운 진리[苦聖諦, dukkha-ariya-sacca]
② 괴로움의 일어남의 성스러운 진리[集聖諦, dukkha-samudaya-ariya-sacca]
여기서 '일어남'으로 옮긴 samudaya는 saṁ(함께) + ud(위로) + √i(가다, *to go*)에서 파생된 남성명사이다.
③ 괴로움의 소멸의 성스러운 진리[滅聖諦, dukkhanirodha-ariyasacca]
소멸로 옮긴 nirodha는 ni(아래로) + √rudh(방해하다, to obstruct)에서 파생된 남성명사이다.
④ 괴로움의 소멸로 인도하는 도닦음의 성스러운 진리[道聖諦, dukkha-nirodha-gāmini-paṭipadā-ariya-sacca]
여기서 도닦음으로 옮긴 paṭipadā는 prati(~에 대하여) + √pad(가다, to go)에서 파생된 여성명사로 발로 실제 길위를 걸어가는 실천적인 의미가 강하다. 중도(中道, majjhimā paṭipadā)의 도(道)도 이 술어를 옮긴 것이다. 초기불전연구원에서는 '도닦음'으로 통일해서 옮기고 있다.
네 가지 성스러운 진리에 대해서는 본서 해제 §8을 참조할 것. 그리고 『청정도론』 XVI.13~102와 『아비담마 길라잡이』 제7장 §38에서 자세히 설명되고 있으므로 참조하기 바란다.

리를 있는 그대로 관통하기 위해서 출가한다.”

6. “비구들이여, 그러므로 그대들은 ‘이것이 괴로움이다.’라고 수행해야 한다. ‘이것이 괴로움의 일어남이다.’라고 수행해야 한다. ‘이것이 괴로움의 소멸이다.’라고 수행해야 한다. ‘이것이 괴로움의 소멸로 인도하는 도닦음이다.’라고 수행해야 한다.”

좋은 가문의 아들(선남자) 경2(S56:4)

3. “비구들이여, 과거에 바르게 집에서 나와 출가하여 있는 그대로 관통한 좋은 가문의 아들들은 모두 네 가지 성스러운 진리를 있는 그대로 관통하였다.

비구들이여, 미래에 바르게 집에서 나와 출가하여 [416] 있는 그대로 관통할 좋은 가문의 아들들은 모두 네 가지 성스러운 진리를 있는 그대로 관통할 것이다.

비구들이여, 현재에 바르게 집에서 나와 출가하여 있는 그대로 관통하는 좋은 가문의 아들들은 모두 네 가지 성스러운 진리를 있는 그대로 관통한다.”

4. “무엇이 넷인가?

괴로움의 성스러운 진리, 괴로움의 일어남의 성스러운 진리, 괴로움의 소멸의 성스러운 진리, 괴로움의 소멸로 인도하는 도닦음의 성스러운 진리이다.”

5. “비구들이여, 과거에 … 미래에 … 현재에 바르게 집에서 나와 출가하여 있는 그대로 관통하는 좋은 가문의 아들들은 모두 이러한 네 가지 성스러운 진리를 있는 그대로 관통한다.”

6. "비구들이여, 그러므로 그대들은 '이것이 괴로움이다.'라고 수행해야 한다. '이것이 괴로움의 일어남이다.'라고 수행해야 한다. '이것이 괴로움의 소멸이다.'라고 수행해야 한다. '이것이 괴로움의 소멸로 인도하는 도닦음이다.'라고 수행해야 한다."

사문 · 바라문 경1(S56:5)

Samaṇabrāhmaṇa-sutta

3. "비구들이여, 과거에 있는 그대로 완전하게 깨달은 사문들이나 바라문들은 모두 네 가지 성스러운 진리를 있는 그대로 완전하게 깨달았다.

비구들이여, 미래에 있는 그대로 완전하게 깨달을 사문들이나 바라문들은 모두 네 가지 성스러운 진리를 있는 그대로 완전하게 깨달을 것이다.

비구들이여, 현재에 있는 그대로 완전하게 깨닫는 사문들이나 바라문들은 모두 네 가지 성스러운 진리를 있는 그대로 완전하게 깨닫는다."

4. "무엇이 넷인가?

괴로움의 성스러운 진리, 괴로움의 일어남의 성스러운 진리, 괴로움의 소멸의 성스러운 진리, 괴로움의 소멸로 인도하는 도닦음의 성스러운 진리이다."

5. "비구들이여, 과거에 … 미래에 … 현재에 있는 그대로 완전하게 깨닫는 사문들이나 바라문들은 모두 이러한 [417] 네 가지 성스러운 진리를 있는 그대로 완전하게 깨닫는다."

6. "비구들이여, 그러므로 그대들은 '이것이 괴로움이다.'라고 수행해야 한다. '이것이 괴로움의 일어남이다.'라고 수행해야 한다. '이것이 괴로움의 소멸이다.'라고 수행해야 한다. '이것이 괴로움의 소멸로 인도하는 도닦음이다.'라고 수행해야 한다."

사문·바라문 경2(S56:6)

Samaṇabrāhmaṇa-sutta

3. "비구들이여, 과거에 있는 그대로 완전하게 깨달아 드러낸 사문들이나 바라문들은 모두 네 가지 성스러운 진리를 있는 그대로 완전하게 깨달아 드러내었다.

비구들이여, 미래에 있는 그대로 완전하게 깨달아 드러낼 사문들이나 바라문들은 모두 네 가지 성스러운 진리를 있는 그대로 완전하게 깨달아 드러낼 것이다.

비구들이여, 현재에 있는 그대로 완전하게 깨달아 드러내는 사문들이나 바라문들은 모두 네 가지 성스러운 진리를 있는 그대로 완전하게 깨달아 드러낸다."

4. "무엇이 넷인가?

괴로움의 성스러운 진리, 괴로움의 일어남의 성스러운 진리, 괴로움의 소멸의 성스러운 진리, 괴로움의 소멸로 인도하는 도닦음의 성스러운 진리이다."

5. "비구들이여, 과거에 … 미래에 … 현재에 있는 그대로 완전하게 깨달아 드러내는 사문들이나 바라문들은 모두 이러한 네 가지 성스러운 진리를 있는 그대로 완전하게 깨달아 드러낸다."

6. "비구들이여, 그러므로 그대들은 '이것이 괴로움이다.'라고 수행해야 한다. '이것이 괴로움의 일어남이다.'라고 수행해야 한다. '이것이 괴로움의 소멸이다.'라고 수행해야 한다. '이것이 괴로움의 소멸로 인도하는 도닦음이다.'라고 수행해야 한다."

생각[尋] **경**(S56:7)

Vitakka-sutta

3. "비구들이여, 그대들은 감각적 욕망에 대한 생각, 악의에 대한 생각, 해코지에 대한 생각과 같은 삿되고 해로운 생각을 일으키지 말아야 한다. 그것은 무슨 이유 때문인가?

비구들이여, 이러한 생각들은 참으로 이익을 주지 못하고, 청정범행의 시작이 아니고, [418] 염오로 인도하지 못하고, 탐욕의 빛바램으로 인도하지 못하고, 소멸로 인도하지 못하고, 고요함으로 인도하지 못하고, 최상의 지혜로 인도하지 못하고, 바른 깨달음으로 인도하지 못하고, 열반으로 인도하지 못하기 때문이다."

4. "비구들이여, 그대들이 생각을 일으킬 때는 '이것이 괴로움이다.'라고 생각을 일으켜야 한다. '이것이 괴로움의 일어남이다.'라고 생각을 일으켜야 한다. '이것이 괴로움의 소멸이다.'라고 생각을 일으켜야 한다. '이것이 괴로움의 소멸로 인도하는 도닦음이다.'라고 생각을 일으켜야 한다. 그것은 무슨 이유 때문인가?

비구들이여, 이러한 생각들은 참으로 이익을 주고, 청정범행의 시작이고, 염오로 인도하고, 탐욕의 빛바램으로 인도하고, 소멸로 인도하고, 고요함으로 인도하고, 최상의 지혜로 인도하고, 바른 깨달음으로 인도하고, 열반으로 인도하기 때문이다."

5. "비구들이여, 그러므로 그대들은 '이것이 괴로움이다.'라고 수행해야 한다. '이것이 괴로움의 일어남이다.'라고 수행해야 한다. '이것이 괴로움의 소멸이다.'라고 수행해야 한다. '이것이 괴로움의 소멸로 인도하는 도닦음이다.'라고 수행해야 한다."

사색 경(S56:8)

Cinta-sutta

3. "비구들이여, 그대들은 이러한 삿되고 해로운 것을 사색하지 말아야 한다. 즉 '세상은 영원하다.'라거나, '세상은 영원하지 않다.'라거나, '세상은 유한하다.'라거나, '세상은 무한하다.'라거나, '생명과 몸은 같은 것이다.'라거나, '생명과 몸은 다른 것이다.'라거나, '여래는 사후에도 존재한다.'라거나, '여래는 사후에 존재하지 않는다.'라거나, '여래는 사후에 존재하기도 하고 존재하지 않기도 한다.'라거나, '여래는 사후에 존재하는 것도 아니고 존재하지 않는 것도 아니다.'라는 것이다. 그것은 무슨 이유 때문인가?"

4. "비구들이여, 이런 것을 사색하는 것은 참으로 이익을 주지 못하고, 청정범행의 시작이 아니고, 염오로 인도하지 못하고, 탐욕의 빛바램으로 인도하지 못하고, 소멸로 인도하지 못하고, 고요함으로 인도하지 못하고, 최상의 지혜로 인도하지 못하고, 바른 깨달음으로 인도하지 못하고, 열반으로 인도하지 못하기 때문이다."

5. "비구들이여, 그대들이 사색할 때는 '이것이 괴로움이다.'라고 사색해야 한다. '이것이 괴로움의 일어남이다.'라고 사색해야 한다. '이것이 괴로움의 소멸이다.'라고 사색해야 한다. '이것이 괴로움

의 소멸로 인도하는 도닦음이다.'라고 사색해야 한다. 그것은 무슨 이유 때문인가?

비구들이여, 이런 것을 사색하는 것은 참으로 이익을 주고, 청정범행의 시작이고, 염오로 인도하고, 탐욕의 빛바램으로 인도하고, 소멸로 인도하고, 고요함으로 인도하고, 최상의 지혜로 인도하고, [419] 바른 깨달음으로 인도하고, 열반으로 인도하기 때문이다."

6. "비구들이여, 그러므로 그대들은 '이것이 괴로움이다.'라고 수행해야 한다. '이것이 괴로움의 일어남이다.'라고 수행해야 한다. '이것이 괴로움의 소멸이다.'라고 수행해야 한다. '이것이 괴로움의 소멸로 인도하는 도닦음이다.'라고 수행해야 한다."

논쟁의 소지가 있음 경(S56:9)

Viggāhika-sutta

3. "비구들이여, 그대들은 이러한 논쟁의 소지가 있는 말을 해서는 안된다.249) 즉 '그대는 이 법과 율을 제대로 모른다. 나야말로 이 법과 율을 제대로 안다.' '어찌 그대가 이 법과 율을 제대로 알겠는가?' '그대는 그릇된 도를 닦는 자이고 나는 바른 도를 닦는 자이다.' '[내 말은] 일관되지만 그대는 일관되지 않는다.' '그대는 먼저 설해야 할 것을 뒤에 설했고 뒤에 설해야 할 것을 먼저 설했다.' '그대가 [오랫동안] 주장해 오던 것은 [한 마디로] 논파되었다.' '나는 그대의 [교설의] 허점을 지적했다. 그대는 패했다. 비난으로부터 도망가라. 혹은 만약 할 수 있다면 [지금] 설명해 보라.'라는 것이다. 그것은 무슨 이유 때문인가?"

---

249) 이하 본 문단의 구문은 본서 제3권 「할릿디까니 경」1(S22:3) §10에도 나타난다.

4. "비구들이여, 이러한 말들은 참으로 이익을 주지 못하고, 청정범행의 시작이 아니고, 염오로 인도하지 못하고, 탐욕의 빛바램으로 인도하지 못하고, 소멸로 인도하지 못하고, 고요함으로 인도하지 못하고, 최상의 지혜로 인도하지 못하고, 바른 깨달음으로 인도하지 못하고, 열반으로 인도하지 못하기 때문이다."

5. "비구들이여, 그대들이 말을 할 때는 '이것이 괴로움이다.'라고 말을 해야 한다. '이것이 괴로움의 일어남이다.'라고 말을 해야 한다. '이것이 괴로움의 소멸이다.'라고 말을 해야 한다. '이것이 괴로움의 소멸로 인도하는 도닦음이다.'라고 말을 해야 한다. 그것은 무슨 이유 때문인가?

비구들이여, 이러한 말들은 참으로 이익을 주고, 청정범행의 시작이고, 염오로 인도하고, 탐욕의 빛바램으로 인도하고, 소멸로 인도하고, 고요함으로 인도하고, 최상의 지혜로 인도하고, 바른 깨달음으로 인도하고, 열반으로 인도하기 때문이다."

6. "비구들이여, 그러므로 그대들은 '이것이 괴로움이다.'라고 수행해야 한다. '이것이 괴로움의 일어남이다.'라고 수행해야 한다. '이것이 괴로움의 소멸이다.'라고 수행해야 한다. '이것이 괴로움의 소멸로 인도하는 도닦음이다.'라고 수행해야 한다."

쓸데없는 이야기 경(S56:10)

Tiracchānakathā-sutta

3. "비구들이여, 그대들은 이러한 여러 가지 쓸데없는 이야기[250]를 해서는 안된다. 즉 왕 이야기, 도둑 이야기, 대신들 이야기,

군대 이야기, 공포에 관한 이야기, 전쟁 이야기, 음식 이야기, 음료수 이야기, 옷 이야기, 침대 이야기, 화환 이야기, 향 이야기, 친척 이야기, 탈것에 대한 이야기, 마을에 대한 이야기, 성읍에 대한 이야기, 도시에 대한 이야기, 지방에 대한 이야기, 여자 이야기, 영웅 이야기, [420] 거리 이야기, 우물가의 이야기,251) 옛적 유령에 관한 이야기, 하찮은 이야기, 세상의 [기원]에 대한 이야기, 바다에 관련된 이야기, 이렇다거나 이렇지 않다는 이야기들이다. 그것은 무슨 이유 때문인가?"

4. "비구들이여, 이러한 이야기들은 참으로 이익을 주지 못하고, 청정범행의 시작이 아니고, 염오로 인도하지 못하고, 탐욕의 빛바램으로 인도하지 못하고, 소멸로 인도하지 못하고, 고요함으로 인도하지 못하고, 최상의 지혜로 인도하지 못하고, 바른 깨달음으로 인도하지 못하고, 열반으로 인도하지 못하기 때문이다."

5. "비구들이여, 그대들이 이야기를 할 때는 '이것이 괴로움이다.'라고 말을 해야 한다. '이것이 괴로움의 일어남이다.'라고 말을 해야 한다. '이것이 괴로움의 소멸이다.'라고 말을 해야 한다. '이것이

---

250) "'쓸데없는 이야기(tiracchāna-kathā)'란 [해탈의] 출구(벗어남)가 되지 못하기 때문에(aniyyānikattā) 천상과 해탈의 길(sagga-mokkha-magga)과는 평행선을 긋게 되는(tiracchāna-bhūtaṁ) 이야기를 말한다."(SA.iii.294)
tiracchāna는 원래 옆으로 기어가는 자 즉 동물(짐승, 축생)을 뜻한다. 그러므로 쓸데없는 이야기로 옮긴 tiracchāna-kathā는 동물의 이야기로 직역할 수 있다.

251) '우물가의 이야기'는 kumbhaṭṭhāna-kathā(항아리가 있는 곳의 이야기)를 옮긴 것인데 주석서에서 "이것은 물[가]에 서서 하는 이야기나 항아리로 [물 긷는] 하녀들의 이야기를 말한다(udaka-tittha-kathā vuccati, kumbha-dāsi-kathā vā)."(SA.iii.295)라고 설명하고 있어서 이렇게 옮겼다.

괴로움의 소멸로 인도하는 도닦음이다.'라고 말을 해야 한다. 그것은 무슨 이유 때문인가?

비구들이여, 이러한 이야기들은 참으로 이익을 주고, 청정범행의 시작이고, 염오로 인도하고, 탐욕의 빛바램으로 인도하고, 소멸로 인도하고, 고요함으로 인도하고, 최상의 지혜로 인도하고, 바른 깨달음으로 인도하고, 열반으로 인도하기 때문이다."

6. "비구들이여, 그러므로 그대들은 '이것이 괴로움이다.'라고 수행해야 한다. '이것이 괴로움의 일어남이다.'라고 수행해야 한다. '이것이 괴로움의 소멸이다.'라고 수행해야 한다. '이것이 괴로움의 소멸로 인도하는 도닦음이다.'라고 수행해야 한다."

제1장 삼매 품이 끝났다.

첫 번째 품에 포함된 경들의 목록은 다음과 같다.

① 삼매 ② 홀로 앉음
두 가지 ③~④ 좋은 가문의 아들
두 가지 ⑤~⑥ 사문·바라문 ⑦ 생각[尋] ⑧ 사색
⑨ 논쟁의 소지가 있음 ⑩ 쓸데없는 이야기이다.

제2장 전법륜 품

Dhammacakkapavattana-vagga

초전법륜 경(S56:11)[252)]

Dhammacakkappavattana-sutta

1. 이와 같이 나는 들었다. 한때 세존께서는 바라나시에서 이시빠따나의 녹야원에 머무셨다.

2. 거기서 [421] 세존께서는 오비구[253)]를 불러서 말씀하셨다.

3. "비구들이여, 출가자가 가까이하지 않아야 할 두 가지 극단이 있다. 무엇이 둘인가?

그것은 저열하고 촌스럽고 범속하고 성스럽지 못하고 이익을 주지 못하는 감각적 욕망들에 대한 쾌락의 탐닉에 몰두하는 것과, 괴롭고 성스럽지 못하고 이익을 주지 못하는 자기 학대에 몰두하는 것이다. 비구들이여, 이러한 두 가지 극단을 의지하지 않고 여래는 중도(中道)를 완전하게 깨달았나니 [이 중도는] 안목을 만들고[254)] 지혜를 만들

---

252) 본경은 부처님의 최초의 설법을 담고 있는 가르침이다. 『율장』(Vin.i.10~12)에도 나타나고 있고, 『맛지마 니까야』「진리의 분석 경」(M141)과 『위방가』(Vbh.99~105)에서 분석되고 있으며, 『청정도론』XVI.32~83과 『위방가 주석서』(VbhA.93~112)에서 설명이 되고 있다. 주석서의 방법론을 따라서 설명을 하고 있는 책으로는 Rewata Dhamma, *The First Discourse of the Buddha*가 있다.

253) '오비구'는 pañcavaggiyā bhikkhū를 옮긴 것이다. 오비구는 세존이 깨달음을 성취하시기 전에 고행을 하실 때부터 가까이에서 따라다니던 석가족 출신의 바라문 수행자들이다. 여기에 대해서는 본서 제3권「무아의 특징 경」(S22:59) §2의 주해를 참조할 것.

254) 본서 제4권「라시야 경」(S42:12) §4의 주해를 참조할 것.

며, 고요함과 최상의 지혜와 바른 깨달음과 열반으로 인도한다."

4. "비구들이여, 그러면 어떤 것이 여래가 완전하게 깨달았으며, 안목을 만들고 지혜를 만들며, 고요함과 최상의 지혜와 바른 깨달음과 열반으로 인도하는 중도인가?

그것은 바로 여덟 가지 구성요소를 가진 성스러운 도[八支聖道]이니, 바른 견해, 바른 사유, 바른 말, 바른 행위, 바른 생계, 바른 정진, 바른 마음챙김, 바른 삼매이다.

비구들이여, 이것이 바로 여래가 완전하게 깨달았으며, 안목을 만들고 지혜를 만들며, 고요함과 최상의 지혜와 바른 깨달음과 열반으로 인도하는 중도이다."

5. "비구들이여, 이것이 괴로움의 성스러운 진리[苦聖諦]이다. 태어남도 괴로움이다. 늙음도 괴로움이다. 병도 괴로움이다. 죽음도 괴로움이다. [근심·탄식·육체적 고통·정신적 고통·절망도 괴로움이다.][255] 싫어하는 [대상]들과 만나는 것도 괴로움이다. 좋아하는 [대상]들과 헤어지는 것도 괴로움이다. 원하는 것을 얻지 못하는 것도 괴로움이다. 요컨대 취착의 [대상이 되는] 다섯 가지 무더기[五取蘊] 자체가 괴로움이다."

6. "비구들이여, 이것이 괴로움의 일어남의 성스러운 진리[苦集聖諦]이다. 그것은 바로 갈애이니, 다시 태어남을 가져오고[256] 즐김

255) [ ]안의 부분은 soka-parideva-dukkha-domanass' upāyāsā pi dukkhā를 옮긴 것인데 Se, Be에는 나타나지 않고 Ee에만 나타난다. 물론 고성제를 정의하는 다른 경들(『디가 니까야』「대념처경」(D22) 등)에서는 나타나지만 대부분의 이 「초전법륜 경」의 판본들에는 나타나지 않는다는 것이 정설이다. 그래서 역자는 [ ] 안에 넣어서 이 부분을 옮겼다.

256) "'다시 태어남을 가져오고(ponobbhavikā)'라는 단어는 다음과 같이 설명된

과 탐욕이 함께하며[257] 여기저기서 즐기는 것[258]이다. 즉[259] 감각적 욕망에 대한 갈애[欲愛],[260] 존재에 대한 갈애[有愛],[261] 존재하지 않음에 대한 갈애[無有愛][262]가 그것이다."

7. "비구들이여, 이것이 괴로움의 소멸의 성스러운 진리[苦滅聖諦]이다. 그것은 바로 그러한 갈애가 남김없이 빛바래어 소멸함,[263] 버림, 놓아버림, 벗어남, 집착 없음이다."[264]

다. '다시 태어남을 만든다.'는 뜻이 '뿌놉바와(punobbhava)'이고, '습관적으로 다시 태어남을 만드는 것'이 '뽀놉바위까(ponobbhavikā, 다시 태어남을 가져오는 것)'이다."(DA.iii.799)
더 자세한 설명은 본서 제3권 「짐 경」(S22:22) §5의 주해를 참조할 것.

257) "'즐김과 탐욕이 함께하며(nandi-rāga-sahagatā)'라는 것은 [갈애가] 즐김과 탐욕과 뜻으로는 하나라는 뜻이다."(DA.iii.799)

258) "'여기저기서 즐기는 것(tatratatra-abhinandini)'이란 어느 곳에서 몸을 받더라도 즐거워한다는 뜻이다."(DA.iii.800)

259) "'즉(seyyathidaṁ)'이란 부사로서 '만약 어떤 것이 그것인가라고 한다면'이란 뜻이다."(DA.iii.800)

260) "'감각적 욕망에 대한 갈애[欲愛, kāma-taṇhā]'란 다섯 가닥의 감각적 욕망에 대한 탐욕의 동의어이다."(DA.iii.800)

261) "'존재에 대한 갈애[有愛, bhava-taṇhā]'란 존재를 열망함에 의해서 생긴 상견(常見, sassata-diṭṭhi)이 함께하는 색계와 무색계의 존재에 대한 탐욕과 禪을 갈망하는 것의 동의어이다."(DA.iii.800)

262) "'존재하지 않음에 대한 갈애[無有愛, vibhava-taṇhā]'라는 것은 단견(斷見, uccheda-diṭṭhi)이 함께하는 탐욕의 동의어이다."(DA.iii.800)

263) "'남김없이 빛바래어 소멸함(asesa-virāga-nirodha)'이라는 등은 모두 열반의 동의어들이다. 열반을 얻으면 갈애는 남김없이 빛바래고 소멸하기 때문이다. 그러므로 갈애가 남김없이 빛바래어 소멸함이라고 설하셨다. 열반을 얻으면 갈애가 떨어지고 놓아지고 풀어지지 달라붙지 않는다. 그러므로 열반은 버림, 놓아버림, 벗어남, 해탈, 집착 없음이라 불린다."(DA.iii.800~801)

264) "열반은 하나이지만 그 이름은 모든 형성된 것들의 이름과 반대되는 측면에

8. "비구들이여, 이것이 괴로움의 소멸로 인도하는 도닦음의 성스러운[265] 진리[苦滅道聖諦]이다. [422] 그것은 바로 여덟 가지 구성요소를 가진 성스러운 도[八支聖道]이니, 즉 바른 견해[正見], 바른 사유[正思惟], 바른 말[正語], 바른 행위[正業], 바른 생계[正命], 바른 정진[正精進], 바른 마음챙김[正念], 바른 삼매[正定]이다."

9. "비구들이여, 나에게는 '이것이 괴로움의 진리이다.'라는, 전에 들어보지 못한 법들에 대한 눈[眼]이 생겼다. 지혜[智]가 생겼다. 통찰지[慧]가 생겼다. 명지[明]가 생겼다. 광명[光]이 생겼다.[266] '이

서 여러 가지이다. 즉 남김없이 빛바램, 남김없이 소멸함, 버림, 놓아버림, 벗어남, 집착 없음, 탐욕의 멸진, 성냄의 멸진, 어리석음의 멸진, 갈애의 멸진, 취착 없음, 생기지 않음, 표상 없음, 원함 없음, 업의 축적이 없음, 재생연결이 없음, 다시 태어나지 않음, 태어날 곳이 없음, 태어나지 않음, 늙지 않음, 병들지 않음, 죽지 않음, 슬픔 없음, 비탄 없음, 절망 없음, 오염되지 않음이다."(DA.iii.801)

여기에 언급되고 있는 26개의 열반의 동의어는 원어로는 각각 다음과 같다. (모두 주격으로 표기했음)

asesavirāgo, asesanirodho, cāgo, paṭinissaggo, mutti, anālayo, rāgakkhayo, dosakkhayo, mohakkhayo, taṇhakkhayo, anuppādo, appavattaṁ, animittaṁ, appaṇihitaṁ, anāyūhanaṁ, appaṭisandhi, anupapatti, agati, ajātaṁ, ajaraṁ, abyādhi, amataṁ, asokaṁ, aparidevaṁ, anupāyāsaṁ, asaṁkiliṭṭhaṁ.

265) "'성스러운(ariyo)'이라는 것은 도에 의해서 파괴되어야 할 오염원들을 멀리 여의어 성스러운 상태가 되었으므로 성스럽다고 한다."(*Ibid*)

266) 이 정형구는 본서 제2권 「위빳시 경」 등(S12:4~10) §16과 §29(12연기에 대해)와, 「도시 경」(S12:65) §6과 §9(12연기에 대해)와, 제4권 「지혜 경」(S36:25) §4 등(느낌에 대해)과, 본서 제5권 「전에 들어보지 못함 경」(S47:31) §3 등(사념처에 대해)과, 본서 「지혜 경」(S51:9) §3 등(4정근에 대해)에도 나타난다.

여기서 눈[眼], 지혜[智], 통찰지[慧], 명지[明], 광명[光]은 각각 cakkhu, ñāṇa, paññā, vijjā, āloka를 옮긴 것이다. 눈 등은 모두 지혜의 동의어(ñāṇa-vevacana)이고 명지는 꿰뚫음(paṭivedha)의 뜻이라고 한다.(SA.ii.21)

괴로움의 진리는 철저하게 알아져야 한다.'라는, 전에 들어보지 못한 법들에 대한 눈[眼]이 생겼다. 지혜[智]가 생겼다. 통찰지[慧]가 생겼다. 명지[明]가 생겼다. 광명[光]이 생겼다. '이 괴로움의 진리는 철저하게 알아졌다.'라는, 전에 들어보지 못한 법들에 대한 눈[眼]이 생겼다. 지혜[智]가 생겼다. 통찰지[慧]가 생겼다. 명지[明]가 생겼다. 광명[光]이 생겼다."

10. "비구들이여, 나에게는 '이것이 괴로움의 일어남의 진리이다.'라는, 전에 들어보지 못한 법들에 대한 눈[眼]이 생겼다. 지혜[智]가 생겼다. 통찰지[慧]가 생겼다. 명지[明]가 생겼다. 광명[光]이 생겼다. '이 괴로움의 일어남의 진리는 버려져야 한다.'라는, 전에 들어보지 못한 법들에 대한 눈[眼]이 생겼다. 지혜[智]가 생겼다. 통찰지[慧]가 생겼다. 명지[明]가 생겼다. 광명[光]이 생겼다. '이 괴로움의 일어남의 진리는 버려졌다.'라는, 전에 들어보지 못한 법들에 대한 눈[眼]이 생겼다. 지혜[智]가 생겼다. 통찰지[慧]가 생겼다. 명지[明]가 생겼다. 광명[光]이 생겼다."

11. "비구들이여, 나에게는 '이것이 괴로움의 소멸의 진리이다.'라는, 전에 들어보지 못한 법들에 대한 눈[眼]이 생겼다. 지혜[智]가 생겼다. 통찰지[慧]가 생겼다. 명지[明]가 생겼다. 광명[光]이 생겼다. '이 괴로움의 소멸의 진리는 실현되어야 한다.'라는, 전에 들어보지 못한 법들에 대한 눈[眼]이 생겼다. 지혜[智]가 생겼다. 통찰지[慧]가 생겼다. 명지[明]가 생겼다. 광명[光]이 생겼다. '이 괴로움의 소멸의 진리는 실현되었다.'라는, 전에 들어보지 못한 법들에 대한 눈[眼]이 생겼다. 지혜[智]가 생겼다. 통찰지[慧]가 생겼다. 명지[明]가 생겼다. 광명[光]이 생겼다."

12. "비구들이여, 나에게는 '이것이 괴로움의 소멸로 인도하는 도닦음의 진리이다.'라는, 전에 들어보지 못한 법들에 대한 눈[眼]이 생겼다. 지혜[智]가 생겼다. 통찰지[慧]가 생겼다. 명지[明]가 생겼다. 광명[光]이 생겼다. '이 괴로움의 소멸로 인도하는 도닦음의 진리는 닦아져야 한다.'라는, 전에 들어보지 못한 법들에 대한 눈[眼]이 생겼다. 지혜[智]가 생겼다. 통찰지[慧]가 생겼다. 명지[明]가 생겼다. 광명[光]이 생겼다. '이 괴로움의 소멸로 인도하는 도닦음의 진리는 닦아졌다.'라는, 전에 들어보지 못한 법들에 대한 눈[眼]이 생겼다. 지혜[智]가 생겼다. 통찰지[慧]가 생겼다. 명지[明]가 생겼다. 광명[光]이 생겼다."

13. "비구들이여, 내가 이와 같이 세 가지 양상과 열두 가지 형태[267)]를 갖추어서 네 가지 성스러운 진리를 있는 그대로 알고 보는 것이 지극히 청정하게 되지 못하였다면 나는 위없는 바른 깨달음을 실현하였다고 [423] 신과 마라와 범천을 포함한 세상에서, 사문・바라문과 신과 사람을 포함한 무리 가운데에서 스스로 천명하지 않았을 것이다."

---

267) '세 가지 양상'과 '열두 가지 형태'는 각각 ti-parivaṭṭa와 dvādas-ākāra를 옮긴 것이다.
"'세 가지 양상(ti-parivaṭṭa)'이란 ① 진리에 대한 지혜(sacca-ñāṇa) ② 역할에 대한 지혜(kicca-ñāṇa) ③ 성취된 지혜(kata-ñāṇa)라 불리는 세 가지 양상을 말한다. 여기서 첫 번째는 사성제 각각에 대한 여실한 지혜(yathābhūta ñāṇa)이고, 두 번째는 철저히 알아야 하고(pariññeyya) 버려야 하고(pahātabba) 실현해야 하고(sacchikatabba) 닦아야 하는(bhāvetabba) 사성제 각각에 대해서 행해져야 하는 역할을 아는 지혜(kattabba-kicca-jānana-ñāṇa)이며, 세 번째는 이러한 역할이 성취된 상태를 아는 지혜(kata-bhāva-jānana-ñāṇa)이다.
'열두 가지 형태(dvādas-ākāra)'란 사성제 각각에 대해서 위의 세 가지 지혜를 곱하면 12가지 형태가 되는 것을 말한다."(SA.iii.297)

14. "비구들이여, 그러나 내가 이와 같이 세 가지 양상과 열두 가지 형태를 갖추어서 네 가지 성스러운 진리를 있는 그대로 알고 보는 것이 지극히 청정하게 되었기 때문에 나는 위없는 바른 깨달음을 실현했다고 신과 마라와 범천을 포함한 세상에서, 사문·바라문과 신과 사람을 포함한 무리 가운데에서 스스로 천명하였다. 그리고 나에게는 '나의 해탈은 확고부동하다. 이것이 나의 마지막 태어남이며, 이제 더 이상의 다시 태어남[再生]은 없다.'라는 지와 견이 일어났다."

15. 세존께서는 이렇게 말씀하셨다. 오비구는 마음이 흡족해져서 세존의 말씀을 크게 기뻐하였다. 이 상세한 설명[授記][268]이 설해졌을 때 꼰단냐 존자에게는 '일어나는 법은 그 무엇이건 모두 소멸하기 마련인 법이다[集法卽滅法].'라는 티 없고 때가 없는 법의 눈[法眼]이 생겼다.

16. 이와 같이 세존께서 법륜을 굴리셨을 때[269] 땅의 신들이 외

268) '상세한 설명[授記]'으로 옮긴 veyyākaraṇa(웨야까라나)에 대해서는 본서 제3권 「무아의 특징 경」(S22:59) §7의 주해를 참조할 것.

269) "'법륜(dhamma-cakka)'에는 꿰뚫음의 지혜(paṭivedha-ñāṇa)와 가르침의 지혜(desanā-ñāṇa)가 있다. 사성제에 대해서 생겨난 열두 가지 형태의 꿰뚫음의 지혜와 이시빠따나에 앉으셔서 열두 가지 형태의 진리를 가르치신 것에 의해서 굴려진 가르침의 지혜, [이 둘을] 법륜이라고 한다. 이 둘은 십력을 갖추신 (부처님)의 가슴(ura)에서 굴려지는 지혜(pavatta-ñāṇa)이다. 안냐꼰단냐(Aññā-Koṇḍañña) 장로와 18꼬띠(koṭi, 1꼬띠는 천만을 뜻함)의 범천들이 예류과에 확립되기(sotāpatti-phale patiṭṭhāti) 전까지는 세존께서는 법륜을 '굴리시는(pavatteti)' 것이었고, 확립되었을 때는 법륜이 '굴려진(pavattita)' 것이다. 이것을 두고 '세존께서 법륜을 굴리셨을 때(pavattite ca pana bhagavatā dhammacakke)'라고 한 것이다."(SA.iii.298)
두 가지 지혜에 대해서는 본서 제2권 「십력 경」1(S12:21) §3의 주해도 참조할 것.

쳤다.

"세존께서는 바라나시에 있는 이시빠따나의 녹야원에서 이러한 위없는 법륜을 굴리셨나니, 어떤 사문도 바라문도 신도 마라도 범천도 이 세상의 그 누구도 이것을 멈추게 할 수 없도다."라고.

17. 땅의 신들의 소리를 듣고 사대왕천의 신들이 외쳤다.

"세존께서는 바라나시에 있는 이시빠따나의 녹야원에서 이러한 위없는 법륜을 굴리셨나니, 어떤 사문도 바라문도 신도 마라도 범천도 이 세상의 그 누구도 이것을 멈추게 할 수 없도다."라고.

18. 사대왕천의 신들의 소리를 듣고 삼십삼천의 신들이 … 야마천의 신들이 … 도솔천의 신들이 … 화락천의 신들이 … 타화자재천의 신들이 … 범신천의 신들이 외쳤다.

"세존께서는 바라나시에 있는 이시빠따나의 녹야원에서 이러한 위없는 법륜을 굴리셨나니, [424] 어떤 사문도 바라문도 신도 마라도 범천도 이 세상의 그 누구도 이것을 멈추게 할 수 없도다."라고.

19. 이처럼 그 찰나, 그 짧은 시간, 그 순간에 범천의 세상에 이르기까지 그 소리는 퍼져나갔다. 그리고 이만 개의 세계는 흔들렸고 강하게 흔들렸고 요동쳤으며, 측량할 수 없이 광휘로운 빛이 나타났나니 그것은 신들의 광채를 능가하였다.

20. 그때 세존께서는 감흥어를 읊으셨다.

"참으로 꼰단냐는 완전하게 알았구나. 참으로 꼰단냐는 완전하게 알았구나."라고.

이렇게 해서 꼰단냐 존자는 안냐꼰단냐[270]라는 이름을 가지게 되

---

270) '안냐(aññā)'가 초기불전에서 전문술어로 쓰이면 이것은 구경의 지혜를 뜻

었다.

여래 경(S56:12)

Tathāgata-sutta

3. "비구들이여, 여래들에게는 '이것이 괴로움의 진리이다.'라는, 전에 들어보지 못한 법들에 대한 눈[眼]이 생겼다. 지혜[智]가 생겼다. 통찰지[慧]가 생겼다. 명지[明]가 생겼다. 광명[光]이 생겼다. '이 괴로움의 진리는 철저하게 알아져야 한다.'라는, 전에 들어보지 못한 법들에 대한 눈[眼]이 생겼다. 지혜[智]가 생겼다. 통찰지[慧]가 생겼다. 명지[明]가 생겼다. 광명[光]이 생겼다. '이 괴로움의 진리는 철저하게 알아졌다.'라는, 전에 들어보지 못한 법들에 대한 눈[眼]이 생겼다. 지혜[智]가 생겼다. 통찰지[慧]가 생겼다. 명지[明]가 생겼다. 광명[光]이 생겼다."

4. "비구들이여, 여래들에게는 '이것이 괴로움의 일어남의 진리이다.'라는, 전에 들어보지 못한 법들에 대한 눈[眼]이 생겼다. 지혜[智]가 생겼다. 통찰지[慧]가 생겼다. 명지[明]가 생겼다. 광명[光]이 생겼다. '이 괴로움의 일어남의 진리는 버려져야 한다.'라는, 전에 들어

한다. "'구경의 지혜(aññā)'란 아라한과(arahatta)를 뜻한다."(AA.iv.200)는 주석서의 설명처럼 이것은 아라한과를 얻었을 때 생기는 지혜를 나타낸다. 그리고 이것은 아라한과를 얻은 뒤에 "태어남은 다했다. 청정범행은 성취되었다. 할 일을 다 해 마쳤다. 다시는 어떤 존재로도 돌아오지 않을 것이다."라고 선언하는 지혜를 뜻한다. 이러한 선언을 '구경의 지혜를 드러내다(aññaṁ vyākaroti)'로 초기불전의 여러 곳에서 표현하고 있다.(본서 제5권 「동쪽 원림 경」 1(S48:45) §3 등 참조)

그러나 여기서는 꼰단냐 존자가 예류과를 얻은 것을 두고 이렇게 표현하고 계신다. 안냐꼰단냐 존자(āyasmā Añña-Koṇḍañña)에 대해서는 본서 제1권 「꼰단냐 경」(S8:9) §2의 주해를 참조할 것.

보지 못한 법들에 대한 눈[眼]이 생겼다. 지혜[智]가 생겼다. 통찰지[慧]가 생겼다. 명지[明]가 생겼다. 광명[光]이 생겼다. '이 괴로움의 일어남의 진리는 버려졌다.'라는, 전에 들어보지 못한 법들에 대한 눈[眼]이 생겼다. 지혜[智]가 생겼다. 통찰지[慧]가 생겼다. 명지[明]가 생겼다. 광명[光]이 생겼다."

5. "비구들이여, 여래들에게는 '이것이 괴로움의 소멸의 진리이다.'라는, 전에 들어보지 못한 법들에 대한 눈[眼]이 생겼다. 지혜[智]가 생겼다. 통찰지[慧]가 생겼다. 명지[明]가 생겼다. 광명[光]이 생겼다. '이 괴로움의 소멸의 진리는 실현되어야 한다.'라는, [425] 전에 들어보지 못한 법들에 대한 눈[眼]이 생겼다. 지혜[智]가 생겼다. 통찰지[慧]가 생겼다. 명지[明]가 생겼다. 광명[光]이 생겼다. '이 괴로움의 소멸의 진리는 실현되었다.'라는, 전에 들어보지 못한 법들에 대한 눈[眼]이 생겼다. 지혜[智]가 생겼다. 통찰지[慧]가 생겼다. 명지[明]가 생겼다. 광명[光]이 생겼다."

6. "비구들이여, 여래들에게는 '이것이 괴로움의 소멸로 인도하는 도닦음의 진리이다.'라는, 전에 들어보지 못한 법들에 대한 눈[眼]이 생겼다. 지혜[智]가 생겼다. 통찰지[慧]가 생겼다. 명지[明]가 생겼다. 광명[光]이 생겼다. '이 괴로움의 소멸로 인도하는 도닦음의 진리는 닦아져야 한다.'라는, 전에 들어보지 못한 법들에 대한 눈[眼]이 생겼다. 지혜[智]가 생겼다. 통찰지[慧]가 생겼다. 명지[明]가 생겼다. 광명[光]이 생겼다. '이 괴로움의 소멸로 인도하는 도닦음의 진리는 닦아졌다.'라는, 전에 들어보지 못한 법들에 대한 눈[眼]이 생겼다. 지혜[智]가 생겼다. 통찰지[慧]가 생겼다. 명지[明]가 생겼다. 광명[光]이 생겼다."

무더기 경(S56:13)

Khandha-sutta

3. "비구들이여, 네 가지 성스러운 진리[四聖諦]가 있다. 무엇이 넷인가?

괴로움의 성스러운 진리, 괴로움의 일어남의 성스러운 진리, 괴로움의 소멸의 성스러운 진리, 괴로움의 소멸로 인도하는 도닦음의 성스러운 진리이다."

4. "비구들이여, 그러면 무엇이 괴로움의 성스러운 진리[苦聖諦]인가?

취착의 [대상이 되는] 다섯 가지 무더기[五取蘊]라는 것이 그 대답이니, 그것은 취착의 [대상이 되는] 물질의 무더기, 취착의 [대상이 되는] 느낌의 무더기, 취착의 [대상이 되는] 인식의 무더기, 취착의 [대상이 되는] 심리현상들의 무더기, 취착의 [대상이 되는] 알음알이의 무더기이다.

비구들이여, 이를 일러 괴로움의 성스러운 진리라 한다."

5. "비구들이여, 그러면 무엇이 괴로움의 일어남의 성스러운 진리[苦集聖諦]인가?

그것은 바로 갈애이니, 다시 태어남을 가져오고 즐김과 탐욕이 함께하며 여기저기서 즐기는 것이다. 즉 감각적 욕망에 대한 갈애[欲愛], 존재에 대한 갈애[有愛], 존재하지 않음에 대한 갈애[無有愛]가 그것이다.

비구들이여, 이를 일러 괴로움의 일어남의 성스러운 진리라 한다."

6. "비구들이여, 그러면 무엇이 괴로움의 소멸의 성스러운 진리[苦滅聖諦]인가?

그것은 바로 그러한 갈애가 남김없이 빛바래어 소멸함, 버림, 놓아버림, 벗어남, 집착 없음이다.

비구들이여, 이를 일러 괴로움의 소멸의 성스러운 진리라 한다."

7. "비구들이여, 그러면 무엇이 괴로움의 소멸로 인도하는 도닦음의 성스러운 진리[苦滅道聖諦]인가?

그것은 바로 여덟 가지 구성요소를 가진 성스러운 도[八支聖道]이니, 즉 바른 견해[正見], 바른 사유[正思惟], 바른 말[正語], 바른 행위[正業], 바른 생계[正命], 바른 정진[正精進], 바른 마음챙김[正念], 바른 삼매[正定]이다.

비구들이여, 이를 일러 괴로움의 소멸로 인도하는 도닦음의 성스러운 진리라 한다."

8. "비구들이여, [426] 이것이 네 가지 성스러운 진리이다.

비구들이여, 그러므로 그대들은 '이것이 괴로움이다.'라고 수행해야 한다. '이것이 괴로움의 일어남이다.'라고 수행해야 한다. '이것이 괴로움의 소멸이다.'라고 수행해야 한다. '이것이 괴로움의 소멸로 인도하는 도닦음이다.'라고 수행해야 한다."

안의 감각장소 경(S56:14)

Ajjhattikāyatana-sutta

3. "비구들이여, 네 가지 성스러운 진리가 있다. 무엇이 넷인가?

괴로움의 성스러운 진리, 괴로움의 일어남의 성스러운 진리, 괴로움의 소멸의 성스러운 진리, 괴로움의 소멸로 인도하는 도닦음의 성스러운 진리이다."

4. "비구들이여, 그러면 무엇이 괴로움의 성스러운 진리[苦聖諦]인가?

여섯 가지 안의 감각장소[六內處]라는 것이 그 대답이니, 그것은 눈의 감각장소, 귀의 감각장소, 코의 감각장소, 혀의 감각장소, 몸의 감각장소, 마노의 감각장소이다.

비구들이여, 이를 일러 괴로움의 성스러운 진리라 한다."

… <이 이하는 앞의 「무더기 경」(S56:13)의 해당부분과 동일함.> …

호지 경1(S56:15)

Dhārana-sutta

3. "비구들이여, 그대들은 내가 설한 네 가지 성스러운 진리를 호지하는가?"

이렇게 말씀하시자 어떤 비구가 세존께 이렇게 [427] 말씀드렸다.

"세존이시여, 저는 세존께서 설하신 네 가지 성스러운 진리를 잘 호지하고 있습니다."

"비구여, 그러면 그대는 어떻게 내가 설한 네 가지 성스러운 진리를 호지하고 있는가?"

4. "세존이시여, 저는 괴로움은 세존께서 설하신 첫 번째 성스러운 진리라고 호지하고 있습니다. 괴로움의 일어남은 세존께서 설하신 두 번째 성스러운 진리라고 호지하고 있습니다. 괴로움의 소멸은 세존께서 설하신 세 번째 성스러운 진리라고 호지하고 있습니다. 괴로움의 소멸로 인도하는 도닦음은 세존께서 설하신 네 번째 성스러운 진리라고 호지하고 있습니다.

세존이시여, 저는 이와 같이 세존께서 설하신 네 가지 성스러운 진리를 잘 호지하고 있습니다."

5. "장하고 장하구나, 비구여. 비구여, 그대는 내가 설한 네 가

지 성스러운 진리를 잘 호지하고 있으니 장하구나. 비구여, 괴로움은 내가 설한 첫 번째 성스러운 진리라고 그대는 잘 호지하라. 괴로움의 일어남은 내가 설한 두 번째 성스러운 진리라고 그대는 잘 호지하라. 괴로움의 소멸은 내가 설한 세 번째 성스러운 진리라고 그대는 잘 호지하라. 괴로움의 소멸로 인도하는 도닦음은 내가 설한 네 번째 성스러운 진리라고 그대는 잘 호지하라.

비구여, 이와 같이 내가 설한 네 가지 성스러운 진리를 그대는 잘 호지하라."

6. "비구여, 그러므로 그대는 '이것이 괴로움이다.'라고 수행해야 한다. '이것이 괴로움의 일어남이다.'라고 수행해야 한다. '이것이 괴로움의 소멸이다.'라고 수행해야 한다. '이것이 괴로움의 소멸로 인도하는 도닦음이다.'라고 수행해야 한다."

호지 경2(S56:16)

3. "비구들이여, 그대들은 내가 설한 네 가지 성스러운 진리를 호지하는가?"

이렇게 말씀하시자 어떤 비구가 세존께 이렇게 말씀드렸다.

"세존이시여, 저는 세존께서 설하신 네 가지 성스러운 진리를 잘 호지하고 있습니다."

"비구여, 그러면 그대는 어떻게 내가 설한 네 가지 성스러운 진리를 호지하고 있는가?"

4. "세존이시여, [428] 저는 괴로움은 세존께서 설하신 첫 번째 성스러운 진리라고 호지하고 있습니다. 세존이시여, 그런데 어떤 사문이든 바라문이든 그들이 말하기를, '이것은 사문 고따마가 설한 첫

번째 성스러운 진리가 아니다. 나는 이런 첫 번째 성스러운 진리를 버리고 다른 첫 번째 성스러운 진리를 천명할 것이다.'라고 한다면 그런 경우란 존재하지 않습니다."

괴로움의 일어남은 세존께서 설하신 두 번째 성스러운 진리라고 호지하고 있습니다. …

괴로움의 소멸은 세존께서 설하신 세 번째 성스러운 진리라고 호지하고 있습니다. …

괴로움의 소멸로 인도하는 도닦음은 세존께서 설하신 네 번째 성스러운 진리라고 호지하고 있습니다. 세존이시여, 그런데 어떤 사문이든 바라문이든 그들이 말하기를, '이것은 사문 고따마가 설한 네 번째 성스러운 진리가 아니다. 나는 이런 네 번째 성스러운 진리를 버리고 다른 네 번째 성스러운 진리를 천명할 것이다.'라고 한다면 그런 경우란 존재하지 않습니다.

세존이시여, 저는 이와 같이 세존께서 설하신 네 가지 성스러운 진리를 잘 호지하고 있습니다."

5. "장하고 장하구나, 비구여. 비구여, 그대는 내가 설한 네 가지 성스러운 진리를 잘 호지하고 있으니 장하구나. 비구여, 괴로움은 내가 설한 첫 번째 성스러운 진리라고 그대는 잘 호지하라. 비구여, 그런데 어떤 사문이든 바라문이든 그들이 말하기를, '이것은 사문 고따마가 설한 첫 번째 성스러운 진리가 아니다. 나는 이런 첫 번째 성스러운 진리를 버리고 다른 첫 번째 성스러운 진리를 천명할 것이다.'라고 한다면 그런 경우란 존재하지 않는다.

괴로움의 일어남은 내가 설한 두 번째 성스러운 진리라고 그대는 잘 호지하라. …

괴로움의 소멸은 내가 설한 세 번째 성스러운 진리라고 그대는 잘 호지하라. …

괴로움의 소멸로 인도하는 도닦음은 내가 설한 네 번째 성스러운 진리라고 그대는 잘 호지하라. 비구여, 그런데 어떤 사문이든 바라문이든 그들이 말하기를, [429] '이것은 사문 고따마가 설한 네 번째 성스러운 진리가 아니다. 나는 이런 네 번째 성스러운 진리를 버리고 다른 네 번째 성스러운 진리를 천명할 것이다.'라고 한다면 그런 경우란 존재하지 않는다.

비구여, 이와 같이 내가 설한 네 가지 성스러운 진리를 그대는 잘 호지하라."

6. "비구여, 그러므로 그대는 '이것이 괴로움이다.'라고 수행해야 한다. '이것이 괴로움의 일어남이다.'라고 수행해야 한다. '이것이 괴로움의 소멸이다.'라고 수행해야 한다. '이것이 괴로움의 소멸로 인도하는 도닦음이다.'라고 수행해야 한다."

무명 경(S56:17)

Avijjā-sutta

2. 그때 어떤 비구가 세존을 뵈러 갔다. 가서는 세존께 절을 올리고 한 곁에 앉았다. 한 곁에 앉은 그 비구는 세존께 이렇게 여쭈었다.

3. "세존이시여, '무명, 무명'이라고들 합니다. 세존이시여, 어떤 것이 무명이고 어떻게 해서 무명에 빠지게 됩니까?"

"비구여, 괴로움에 대한 무지, 괴로움의 일어남에 대한 무지, 괴로움의 소멸에 대한 무지, 괴로움의 소멸로 인도하는 도닦음에 대한 무지 — 이것을 일러 무명이라 하고, 이렇게 해서 무명에 빠지게 된다."

4. "비구여, 그러므로 그대는 '이것이 괴로움이다.'라고 수행해야 한다. '이것이 괴로움의 일어남이다.'라고 수행해야 한다. '이것이 괴로움의 소멸이다.'라고 수행해야 한다. '이것이 괴로움의 소멸로 인도하는 도닦음이다.'라고 수행해야 한다."

명지 경(S56:18)

Vijjā-sutta

2. 그때 어떤 비구가 세존을 뵈러 갔다. 가서는 세존께 절을 올리고 한 곁에 앉았다. 한 곁에 앉은 그 비구는 세존께 이렇게 여쭈었다.

3. "세존이시여, '명지, 명지'라고들 합니다. 세존이시여, 어떤 것이 명지이고 어떻게 해서 명지에 도달하게 됩니까?"

"비구여, [430] 괴로움에 대한 지혜, 괴로움의 일어남에 대한 지혜, 괴로움의 소멸에 대한 지혜, 괴로움의 소멸로 인도하는 도닦음에 대한 지혜 — 이것을 일러 명지라 하고, 이렇게 해서 명지에 도달하게 된다."

4. "비구여, 그러므로 그대는 '이것이 괴로움이다.'라고 수행해야 한다. '이것이 괴로움의 일어남이다.'라고 수행해야 한다. '이것이 괴로움의 소멸이다.'라고 수행해야 한다. '이것이 괴로움의 소멸로 인도하는 도닦음이다.'라고 수행해야 한다."

뜻의 함축 경(S56:19)

Saṅkāsana-sutta

3. "비구들이여, '이것은 괴로움의 성스러운 진리이다.'라고 나는 시설(施設)하였다. '이것은 괴로움의 성스러운 진리이다.'라는 여기에는 헤아릴 수 없이 많은 색조와 헤아릴 수 없이 많은 표현과 헤아릴 수 없이 많은 뜻271)이 함축되어 있다.

'이것이 괴로움의 일어남의 성스러운 진리이다.'라고 …

'이것이 괴로움의 소멸의 성스러운 진리이다.'라고 …

'이것이 괴로움의 소멸로 인도하는 도닦음의 성스러운 진리이다.' 라고 나는 시설하였다. '이것은 괴로움의 소멸로 인도하는 도닦음의 성스러운 진리이다.'라는 여기에는 헤아릴 수 없이 많은 색조와 헤아릴 수 없이 많은 표현과 헤아릴 수 없이 많은 뜻이 함축되어 있다."

4. "비구들이여, 그러므로 그대들은 '이것이 괴로움이다.'라고 수행해야 한다. '이것이 괴로움의 일어남이다.'라고 수행해야 한다. '이것이 괴로움의 소멸이다.'라고 수행해야 한다. '이것이 괴로움의 소멸로 인도하는 도닦음이다.'라고 수행해야 한다."

진실함 경(S56:20)

Tatha-sutta

3. "비구들이여, 네 가지 진실함, 거짓이 아님, 그렇지 않은 것이 아님272)이 있다. 무엇이 넷인가?

---

271) 주석서는 '색조(vaṇṇa)', '표현(vyañjana)', '뜻(saṅkhāsana)'의 이 셋을 동의어로 간주하고 있으며, 문자(akkhara)를 뜻한다고 설명하고 있다.(SA. iii.298)

272) "'진실함(tatha)'이란 고유성질을 버리지 않음(sabhāva-avijahan-aṭṭha)의 뜻이다. 괴로움을 괴로움이라고 하기 때문이다. 고유성질은 헛되지 않는 것(amoghatā)이기 때문에 '거짓이 아님(avitatha)'이라고 하셨다. 괴로움은 괴로움 아닌 것(adukkha)이 될 수 없기 때문이다. 다른 성질로 될 수 없

비구들이여, '이것이 괴로움이다.'라는 이것은 진실하다. 이것은 거짓이 아니다. 이것은 그렇지 않은 것이 아니다.

'이것이 괴로움의 일어남이다.'라는 이것은 진실하다. 이것은 거짓이 아니다. 이것은 그렇지 않은 것이 아니다.

'이것이 괴로움의 소멸이다.'라는 이것은 진실하다. 이것은 거짓이 아니다. 이것은 그렇지 않은 것이 아니다.

'이것이 [431] 괴로움의 소멸로 인도하는 도닦음이다.'라는 이것은 진실하다. 이것은 거짓이 아니다. 이것은 그렇지 않은 것이 아니다.

비구들이여, 이러한 네 가지 진실함, 거짓이 아님, 그렇지 않은 것이 아님이 있다."

4. "비구들이여, 그러므로 그대들은 '이것이 괴로움이다.'라고 수행해야 한다. '이것이 괴로움의 일어남이다.'라고 수행해야 한다. '이것이 괴로움의 소멸이다.'라고 수행해야 한다. '이것이 괴로움의 소멸로 인도하는 도닦음이다.'라고 수행해야 한다."

제2장 전법륜 품이 끝났다.

두 번째 품에 포함된 경들의 목록은 다음과 같다.

① 초전법륜 ② 여래 ③ 무더기
④ 안의 감각장소, 두 가지 ⑤~⑥ 호지
⑦ 무명 ⑧ 명지 ⑨ 뜻의 함축 ⑩ 진실함이다.

기(añña-bhāva-anupagama) 때문에 '그렇지 않은 것이 아님(anaññatha)'이라고 하셨다. 괴로움은 일어남 등의 성질이 될 수 없기 때문이다. '괴로움의 일어남' 등에도 이 방법이 적용된다."(SA.iii.298)
이 셋에 대해서는 본서 제2권 「조건 경」(S12:20) §5와 주해도 참조할 것.

제3장 꼬띠가마 품

Koṭigāma-vagga

꼬띠가마 경1(S56:21)[273]

1. 이와 같이 나는 들었다. 한때 세존께서는 왓지에서 꼬띠가마에 머무셨다.

2. 거기서 세존께서는 비구들을 불러서 말씀하셨다.

3. "비구들이여, 네 가지 성스러운 진리[四聖諦]를 깨닫지 못하고 꿰뚫지 못하였기 때문에, 나와 그대들은 이처럼 긴 세월을 [이곳에서 저곳으로] 치달리고 윤회하였다. 어떤 것이 네 가지인가?"

4. "비구들이여, 괴로움의 성스러운 진리를 깨닫지 못하고 꿰뚫지 못하였기 때문에, 나와 그대들은 이처럼 긴 세월을 [이곳에서 저곳으로] 치달리고 윤회하였다. 비구들이여, 괴로움의 일어남의 성스러운 진리를 깨닫지 못하고 꿰뚫지 못하였기 때문에, 나와 그대들은 이처럼 긴 세월을 [이곳에서 저곳으로] 치달리고 윤회하였다. 비구들이여, 괴로움의 소멸의 성스러운 진리를 깨닫지 못하고 꿰뚫지 못하였기 때문에, 나와 그대들은 이처럼 긴 세월을 [이곳에서 저곳으로] 치달리고 윤회하였다. 비구들이여, 괴로움의 소멸로 인도하는 도닦음의 성스러운 진리를 깨닫지 못하고 [432] 꿰뚫지 못하였기 때문에,

---

273) 본경과 다음 경의 제목은 Be와 Se를 따랐다. Ee에는 Vijjā로 나타나는데 Vajji가 되어야 한다. 그리고 게송을 포함한 본경은 『디가 니까야』 「대반열반경」(D16/ii.90~91) §§2.2~2.3과 『율장』(Vin.i.230~231)에도 포함되어 나타난다.

나와 그대들은 이처럼 긴 세월을 [이곳에서 저곳으로] 치달리고 윤회하였다."

5. "비구들이여, 이제 괴로움의 성스러운 진리를 깨닫고 꿰뚫었다. 괴로움의 일어남의 성스러운 진리를 깨닫고 꿰뚫었다. 괴로움의 소멸의 성스러운 진리를 깨닫고 꿰뚫었다. 괴로움의 소멸로 인도하는 도닦음의 성스러운 진리를 깨닫고 꿰뚫었다. 그러므로 존재에 대한 갈애는 잘라졌고, 존재로 인도함은 부수어졌으며, 다시 태어남은 이제 더 이상 존재하지 않는다."

6. 세존께서는 이렇게 말씀하셨다. 스승이신 선서께서는 이렇게 말씀하신 뒤 다시 [게송으로] 이와 같이 설하셨다.

> "네 가지 성스러운 진리들을
> 있는 그대로 보지 못했기 때문에
> 이생에서 저생으로 저생에서 이생으로
> 그대들과 나, 긴 세월을 치달려왔도다.
>
> 이제 이 [네 가지 진리]를 보았도다.
> 존재로 인도함을 근절하였도다.
> 괴로움의 뿌리를 잘라버렸도다.
> 이제 다시 태어남이란 존재하지 않도다."

꼬띠가마 경2(S56:22)[274)]

3. "비구들이여, 어떤 사문이든 바라문이든 '이것이 괴로움이

---

274) 게송을 포함한 본경은 『여시어경』(It.104~106)에도 나타나며 게송은 『숫따니빠따』(Sn.140~141) {724~727}로도 나타나고 있다.

다.'라고 있는 그대로 꿰뚫어 알지 못하고, '이것이 괴로움의 일어남이다.'라고 있는 그대로 꿰뚫어 알지 못하고, '이것이 괴로움의 소멸이다.'라고 있는 그대로 꿰뚫어 알지 못하고, '이것이 괴로움의 소멸로 인도하는 도닦음이다.'라고 있는 그대로 꿰뚫어 알지 못하는 자들은 그 누구든지, 사문들 가운데서는 사문이라 불릴 수 없고 바라문들 가운데서는 바라문이라 불릴 수 없다. 그 존자들은 사문 생활의 결실이나 바라문 생활의 결실을 지금·여기에서 스스로 최상의 지혜로 알고 실현하여 드러내지 못한다."

4. "비구들이여, 어떤 사문이든 바라문이든 '이것이 괴로움이다.'라고 있는 그대로 꿰뚫어 알고, '이것이 괴로움의 일어남이다.'라고 있는 그대로 꿰뚫어 알고, '이것이 괴로움의 소멸이다.'라고 있는 그대로 꿰뚫어 알고, '이것이 괴로움의 소멸로 인도하는 도닦음이다.'라고 있는 그대로 꿰뚫어 아는 자들은 그 누구든지, 사문들 가운데서는 사문이라 불릴 만하고 바라문들 가운데서는 바라문이라 불릴 만하다. [433] 그 존자들은 사문 생활의 결실이나 바라문 생활의 결실을 지금·여기에서 스스로 최상의 지혜로 알고 실현하여 드러낸다."

5. 세존께서는 이렇게 말씀하셨다. 스승이신 선서께서는 이렇게 말씀하신 뒤 다시 [게송으로] 이와 같이 설하셨다.

> "괴로움을 꿰뚫어 알지 못하고
> 괴로움의 근원을 꿰뚫어 알지 못하며
> 어디서 괴로움이 남김없이
> 모두 소멸하는지도 꿰뚫어 알지 못하고
> 괴로움을 가라앉힘으로 인도하는
> 도(道)도 꿰뚫어 알지 못하는 자들은

마음을 통한 해탈이 없고
통찰지를 통한 해탈도 [없나니]
그들은 끝을 이룰 수 없기에
태어남과 늙음으로 치달리도다.

괴로움을 꿰뚫어 알고
괴로움의 근원을 꿰뚫어 알며
어디서 괴로움이 남김없이
모두 소멸하는지도 꿰뚫어 알고
괴로움을 가라앉힘으로 인도하는
도도 꿰뚫어 아는 자들은
마음을 통한 해탈을 구족하고
통찰지를 통한 해탈도 [구족하나니]
그들은 끝을 이루었기에
태어남과 늙음으로 치달리지 않도다."

정등각자 경(S56:23)

Sammāsambuddha-sutta

3. "비구들이여, 네 가지 성스러운 진리가 있다. 무엇이 넷인가? 괴로움의 성스러운 진리, 괴로움의 일어남의 성스러운 진리, 괴로움의 소멸의 성스러운 진리, 괴로움의 소멸로 인도하는 도닦음의 성스러운 진리이다.

비구들이여, 이러한 네 가지 성스러운 진리를 있는 그대로 완전하게 깨달았기 때문에 여래 · 아라한 · 정등각자라 부른다."

4. "비구들이여, 그러므로 그대들은 '이것이 괴로움이다.'라고

수행해야 한다. '이것이 괴로움의 일어남이다.'라고 수행해야 한다. '이것이 괴로움의 소멸이다.'라고 수행해야 한다. '이것이 괴로움의 소멸로 인도하는 도닦음이다.'라고 수행해야 한다."

아라한 경(S56:24)

Arahanta-sutta

3. "비구들이여, 과거에 있는 그대로 완전하게 깨달은 아라한 · 정등각자들은 누구 할 것 없이 모두 네 가지 성스러운 진리를 있는 그대로 완전하게 깨달았다.

비구들이여, [434] 미래에 있는 그대로 완전하게 깨달을 아라한 · 정등각자들은 누구 할 것 없이 모두 네 가지 성스러운 진리를 있는 그대로 완전하게 깨달을 것이다.

비구들이여, 현재에 있는 그대로 완전하게 깨닫는 아라한 · 정등각자들은 누구 할 것 없이 모두 네 가지 성스러운 진리를 있는 그대로 완전하게 깨닫는다. 무엇이 넷인가?

괴로움의 성스러운 진리, 괴로움의 일어남의 성스러운 진리, 괴로움의 소멸의 성스러운 진리, 괴로움의 소멸로 인도하는 도닦음의 성스러운 진리이다.

비구들이여, 과거에 … 미래에 … 현재에 있는 그대로 완전하게 깨닫는 아라한 · 정등각자들은 누구 할 것 없이 모두 네 가지 성스러운 진리를 있는 그대로 완전하게 깨닫는다."

4. "비구들이여, 그러므로 그대들은 '이것이 괴로움이다.'라고 수행해야 한다. '이것이 괴로움의 일어남이다.'라고 수행해야 한다. '이것이 괴로움의 소멸이다.'라고 수행해야 한다. '이것이 괴로움의 소멸로 인도하는 도닦음이다.'라고 수행해야 한다."

번뇌의 멸진 경(S56:25)

Āsavakkhaya-sutta

3. "비구들이여, 나는 알고 보는 자에게 번뇌가 멸진한다고 말하지 알지 못하고 보지 못하는 자에게 [번뇌가 멸진한다고 말하지 않는다.]275) 비구들이여, 그러면 무엇을 알고 보기 때문에 번뇌가 멸진하는가?

비구들이여, '이것이 괴로움이다.'라고 알고 보기 때문에 번뇌가 멸진한다. '이것이 괴로움의 일어남이다.'라고 알고 보기 때문에 번뇌가 멸진한다. '이것이 괴로움의 소멸이다.'라고 알고 보기 때문에 번뇌가 멸진한다. '이것이 괴로움의 소멸로 인도하는 도닦음이다.'라고 알고 보기 때문에 번뇌가 멸진한다."

4. "비구들이여, 그러므로 그대들은 '이것이 괴로움이다.'라고 수행해야 한다. '이것이 괴로움의 일어남이다.'라고 수행해야 한다. '이것이 괴로움의 소멸이다.'라고 수행해야 한다. '이것이 괴로움의 소멸로 인도하는 도닦음이다.'라고 수행해야 한다."

친구 경(S56:26)

Mitta-sutta

3. "비구들이여, 그대들이 연민심을 가지고 있고 그들 또한 그대들 말이라면 귀 기울여야 한다고 생각하고 있는 그런 친구나 동료나 친지나 혈육들이 [435] 네 가지 성스러운 진리를 관통하도록 그대들은 격려해야 하고 안주하도록 해야 하고 [믿음을] 확립하도록 해

275) 이 구문은 본서 제2권 「의지처 경」(S12:23) §3과 제3권 「까뀌자루 경」(S22:101) §3에도 나타난다.

야 한다. 무엇이 넷인가?

괴로움의 성스러운 진리, 괴로움의 일어남의 성스러운 진리, 괴로움의 소멸의 성스러운 진리, 괴로움의 소멸로 인도하는 도닦음의 성스러운 진리이다."

4. "비구들이여, 그대들이 연민심을 가지고 있고 그들 또한 그대들 말이라면 귀 기울여야 한다고 생각하고 있는 그런 친구나 동료나 친지나 혈육들이 이러한 네 가지 성스러운 진리를 관통하도록 그대들은 격려해야 하고 안주하도록 해야 하고 [믿음을] 확립하도록 해야 한다."

5. "비구들이여, 그러므로 그대들은 '이것이 괴로움이다.'라고 수행해야 한다. '이것이 괴로움의 일어남이다.'라고 수행해야 한다. '이것이 괴로움의 소멸이다.'라고 수행해야 한다. '이것이 괴로움의 소멸로 인도하는 도닦음이다.'라고 수행해야 한다."

진실함 경(S56:27)
Tatha-sutta

3. "비구들이여, 네 가지 성스러운 진리가 있다. 무엇이 넷인가?

괴로움의 성스러운 진리, 괴로움의 일어남의 성스러운 진리, 괴로움의 소멸의 성스러운 진리, 괴로움의 소멸로 인도하는 도닦음의 성스러운 진리이다."

4. "비구들이여, 이러한 네 가지 성스러운 진리는 진실하고, 거짓이 아니고, 그렇지 않은 것이 아니다. 그래서 성스러운 진리라 한다."276)

5. "비구들이여, 그러므로 그대들은 '이것이 괴로움이다.'라고 수행해야 한다. '이것이 괴로움의 일어남이다.'라고 수행해야 한다. '이것이 괴로움의 소멸이다.'라고 수행해야 한다. '이것이 괴로움의 소멸로 인도하는 도닦음이다.'라고 수행해야 한다."

세상 경(S56:28)

Loka-sutta

3. "비구들이여, 네 가지 성스러운 진리가 있다. 무엇이 넷인가?

괴로움의 성스러운 진리, 괴로움의 일어남의 성스러운 진리, 괴로움의 소멸의 성스러운 진리, 괴로움의 소멸로 인도하는 도닦음의 성스러운 진리이다."

4. "비구들이여, 신과 마라와 범천을 포함한 세상에서, 사문·바라문과 신과 사람을 포함한 무리 가운데에서 여래가 바로 성스러운 분이다. 그래서 성스러운 진리라고 한다."

5. "비구들이여, 그러므로 그대들은 '이것이 괴로움이다.'라고 수행해야 한다. '이것이 괴로움의 일어남이다.'라고 수행해야 한다. '이것이 괴로움의 소멸이다.'라고 수행해야 한다. '이것이 괴로움의 소멸로 인도하는 도닦음이다.'라고 수행해야 한다."

---

276) "진실하고, 거짓이 아니고, 그렇지 않은 것이 아니기 때문에 성자들의 진리(ariyānaṁ saccāni)라고 한다. 왜냐하면 성자들(ariyā)은 거짓인 것들(vitathāni)을 성스러운 진리[聖諦, ariya-sacca]라고 꿰뚫지 않기 때문이다."(SA.iii.299)
한편 본경(S56:27)과 다음의 S56:28과 위의 S56:23은 『청정도론』 XVI.20~22에 인용되어 나타나고 있다.

철저히 알아야함 경(S56:29)

Pariññeyya-sutta

3. "비구들이여, [436] 네 가지 성스러운 진리가 있다. 무엇이 넷인가?

괴로움의 성스러운 진리, 괴로움의 일어남의 성스러운 진리, 괴로움의 소멸의 성스러운 진리, 괴로움의 소멸로 인도하는 도닦음의 성스러운 진리이다."

4. "비구들이여, 이러한 네 가지 성스러운 진리 가운데 철저하게 알아야 하는 성스러운 진리가 있다. 버려야 하는 성스러운 진리가 있다. 실현해야 하는 성스러운 진리가 있다. 닦아야 하는 성스러운 진리가 있다."

5. "비구들이여, 그러면 어떤 것이 철저하게 알아야 하는 성스러운 진리인가?

괴로움의 성스러운 진리는 철저하게 알아야 한다. 괴로움의 일어남의 성스러운 진리는 버려야 한다. 괴로움의 소멸의 성스러운 진리는 실현해야 한다. 괴로움의 소멸로 인도하는 도닦음의 성스러운 진리는 닦아야 한다."

6. "비구들이여, 그러므로 그대들은 '이것이 괴로움이다.'라고 수행해야 한다. '이것이 괴로움의 일어남이다.'라고 수행해야 한다. '이것이 괴로움의 소멸이다.'라고 수행해야 한다. '이것이 괴로움의 소멸로 인도하는 도닦음이다.'라고 수행해야 한다."

가왐빠띠 경(S56:30)

Gavampati-sutta

1. 이와 같이 나는 들었다. 한때 많은 장로 비구들이 쩨띠에서 사하자띠에 머물렀다.277)

2. 그 무렵 많은 장로 비구들은 공양을 마치고 걸식에서 돌아와서 원형천막에 함께 모여 앉아 이런 이야기를 하고 있었다.

3. "도반들이여, 괴로움을 본 사람은 괴로움의 일어남도 보고 괴로움의 소멸도 보고 괴로움의 소멸로 인도하는 도닦음도 봅니까?"

4. 이렇게 말하자 가왐빠띠 존자278)가 장로 비구들에게 이렇게

---

277) 쩨띠(Ceti)는 부처님 당시 인도중원의 16국 가운데 하나였다. 『리그베다』에 쩨디(Cedi)로 나타나는 지역과 동일한 듯하다. 현재 북인도의 분델칸드(Bundelkhand) 지역이라고 한다. 쩨띠의 사하자띠에서 설한 경으로는 『앙굿따라 니까야』「쭌다 경」(A6:46)과 「쭌다 경」(A10:24)과 「허풍 경」(A10:85)이 있는데 셋 다 마하쭌다 존자가 설한 것이다.

278) 『율장』에 의하면 가왐빠띠 존자(āyasmā Gavampati)는 바라나시의 장자의 아들이었으며 친구인 야사 존자(āyasmā Yasa)가 출가하자 그도 출가하여 아라한이 되었다고 한다. 그는 깟사빠 부처님 시대에 어떤 아라한이 땡볕에 앉아 공양을 하는 것을 보고 그의 거처를 마련해 드리고 그 앞에 시리사(sirīsa) 나무를 심었다고 한다. 그 공덕으로 그는 사대왕천에 태어났으며 그의 궁전은 세리사까(Serīsaka)로 불리게 되었다고 한다.(Vin.i.18~19) 가왐빠띠 존자는 『디가 니까야』「빠야시 경」(D23) §§33~34에도 나타난다. 문자적으로 가왐빠띠(Gavampati)는 소들의(gavam) 주인(pati)이라는 의미이다. 그래서 『디가 니까야 주석서』에는 다음과 같이 나타난다.
"가왐빠띠 존자는 옛적에 인간으로 태어났을 때 소치는 자(gopāla)의 장남으로 태어나서 큰 시리사 나무 아래를 깨끗하게 하고 개미집을 제거하여 어떤 걸식하는 장로를 그 나무 아래 앉게 하여 자신이 얻은 음식을 공양하였다. 이런 공덕으로 거기서 죽어서 [신의 아들이 되어] 은으로 된 천상의 궁전(vimāna)에 태어났으며 시리사 나무가 그 천상의 궁전의 문에 서 있었다. 그 나무는 50년동안 열매를 맺었다. 그러자 '50년이나 흘렀구나.'하고 신의 아들은 급박함이 생겨서 우리 세존 재세 시에 인간으로 태어나서 스승의 설

말했다.

"도반들이여, 저는 이것을 세존의 면전에서 듣고 세존의 면전에서 받아 지녔습니다.

'비구들이여, [437] 괴로움을 본 사람은 괴로움의 일어남도 보고 괴로움의 소멸도 보고 괴로움의 소멸로 인도하는 도닦음도 본다. 비구들이여, 괴로움의 일어남을 본 사람은 괴로움도 보고 괴로움의 소멸도 보고 괴로움의 소멸로 인도하는 도닦음도 본다. 비구들이여, 괴로움의 소멸을 본 사람은 괴로움도 보고 괴로움의 일어남도 보고 괴로움의 소멸로 인도하는 도닦음도 본다. 비구들이여, 괴로움의 소멸로 인도하는 도닦음을 본 사람은 괴로움도 보고 괴로움의 일어남도 보고 괴로움의 소멸도 본다.'라고."279)

제3장 꼬띠가마 품이 끝났다.

세 번째 품에 포함된 경들의 목록은 다음과 같다.

두 기지 ①-② 꼬띠가마 ③ 정등각자
④ 아라한 ⑤ 번뇌의 멸진
⑥ 친구 ⑦ 진실함 ⑧ 세상
⑨ 철저히 알아야함 ⑩ 가왐빠띠이다.

법을 듣고 아라한이 되었다. 그는 전생의 습관대로 낮 동안의 머묾을 위해서 그 천상의 궁전으로 계속해서 갔다."(DA.iii.814)

279) ' ' 안의 이 문단은 사성제를 언급할 때 많이 인용되는 부분이지만, 니까야의 다른 곳에는 나타나지 않는다. 그러나 『청정도론』 XXII.93에 인용되어 나타나고 있는데, 이것은 진리를 관통할 때 사성제에 대한 네 가지 지혜의 각각은 한 순간에 통달지(pariññā), 버림(pahāna), 실현(sacchikiriya), 닦음(bhāvana)이라는 네 가지 역할을 한다는 경전적인 근거로 인용되어 있다. 『논장』의 『논사』(Kv.220)도 참조할 것.

제4장 심사빠 숲 품

Siṁsapāvana-vagga

심사빠 숲 경(S56:31)

Siṁsapāvana-sutta

1. 이와 같이 나는 들었다. 한때 세존께서는 꼬삼비에서 심사빠 숲에 머무셨다.

2. 그때 세존께서는 심사빠 잎사귀들을 조금 손에 들고 비구들을 불러서 말씀하셨다.

3. "비구들이여, 이를 어떻게 생각하는가? 내가 손에 조금 들고 있는 이 심사빠 잎사귀들과 이 심사빠 숲 전체에 있는 저 잎사귀들 가운데서 어느 것이 더 많은가?"

"세존이시여, [438] 세존께서 손에 조금 들고 계시는 그 심사빠 잎사귀들은 아주 적습니다. 이 심사빠 숲 전체에 있는 저 잎사귀들이 훨씬 더 많습니다."

4. "비구들이여, 그와 같이 내가 최상의 지혜로 안 것들 가운데 내가 가르치지 않은 것이 훨씬 더 많다. 내가 가르친 것은 아주 적다.

비구들이여, 그러면 나는 왜 가르치지 않았는가? 비구들이여, 그것들은 이익을 주지 못하고, 그것들은 청정범행의 시작에도 미치지 못하고, 염오로 인도하지 못하고, 탐욕의 빛바램으로 인도하지 못하고, 소멸로 인도하지 못하고, 고요함으로 인도하지 못하고, 최상의 지혜로 인도하지 못하고, 바른 깨달음으로 인도하지 못하고, 열반으로 인도하지 못하기 때문이다. 그래서 나는 그것들을 가르치지 않았다."

5. "비구들이여, 그러면 나는 무엇을 가르쳤는가?

비구들이여, 나는 이것은 괴로움이라고 가르쳤다. 나는 이것은 괴로움의 일어남이라고 가르쳤다. 나는 이것은 괴로움의 소멸이라고 가르쳤다. 나는 이것은 괴로움의 소멸로 인도하는 도닦음이라고 가르쳤다."

6. "비구들이여, 그러면 왜 나는 이것을 가르쳤는가?

비구들이여, 이것은 참으로 이익을 주고, 이것은 청정범행의 시작이고, 염오로 인도하고, 탐욕의 빛바램으로 인도하고, 소멸로 인도하고, 고요함으로 인도하고, 최상의 지혜로 인도하고, 바른 깨달음으로 인도하고, 열반으로 인도하기 때문이다. 그래서 나는 이것을 가르쳤다."

7. "비구들이여, 그러므로 그대들은 '이것이 괴로움이다.'라고 수행해야 한다. '이것이 괴로움의 일어남이다.'라고 수행해야 한다. '이것이 괴로움의 소멸이다.'라고 수행해야 한다. '이것이 괴로움의 소멸로 인도하는 도닦음이다.'라고 수행해야 한다."

아카시아 경(S56:32)

Khadira-sutta

3. "비구들이여, 누가 말하기를 '나는 괴로움의 성스러운 진리를 있는 그대로 관통하지 않고, 괴로움의 일어남의 성스러운 진리를 있는 그대로 관통하지 않고, 괴로움의 소멸의 성스러운 진리를 있는 그대로 관통하지 않고, 괴로움의 소멸로 인도하는 도닦음의 성스러

운 진리를 있는 그대로 관통하지 않고 바르게 괴로움의 끝을 만들 것이다.'라고 한다면, 그런 경우란 존재하지 않는다.

4. "비구들이여, 예를 들면 누가 말하기를 '나는 아카시아 잎사귀나 소나무 잎이나 아말라까 이파리[280]로 [439] 바구니를 만들어서 물이나 야자열매[281]를 담아올 것이다.'라고 한다면, 그런 경우란 존재하지 않는 것과 같다.

비구들이여, 그와 같이 누가 말하기를 '나는 괴로움의 성스러운 진리를 … 괴로움의 소멸로 인도하는 도닦음의 성스러운 진리를 있는 그대로 관통하지 않고 바르게 괴로움의 끝을 만들 것이다.'라고 한다면, 그런 경우란 존재하지 않는다."

5. "비구들이여, 그러나 누가 말하기를 '나는 괴로움의 성스러운 진리를 있는 그대로 관통하고, 괴로움의 일어남의 성스러운 진리를 있는 그대로 관통하고, 괴로움의 소멸의 성스러운 진리를 있는 그대로 관통하고, 괴로움의 소멸로 인도하는 도닦음의 성스러운 진리를 있는 그대로 관통한 뒤에 바르게 괴로움의 끝을 만들 것이다.'라고 한다면, 그런 경우란 존재한다."

6. "비구들이여, 예를 들면 누가 말하기를 '나는 연잎이나 빨라사 잎이나 말루와 잎[282]으로 바구니를 만들어서 물이나 야자열매를

---

280) '아카시아 잎사귀'와 '소나무 잎'과 '아말라까 이파리'는 각각 Ee: paduma-patta, palāsa-patta, māluvā-patta 대신에 Be: khadira-patta sarala-patta, āmalaka-patta를 옮긴 것이다. 이들의 잎은 모두 작고 섬세하다.

281) '야자열매'는 Se: tāla-pakka를 옮긴 것이다. 다른 본들에는 tāla-patta(야자 잎)으로 나타나는데 문맥상 어울리지 않는다. 야자열매(tāla-pakka)는 『여시어경』(It.84)에도 나타나고 있다.

282) 빨라사의 영어 이름은 *the Bengal kino tree* 혹은 *Dhak tree* 이고 말루

담아올 것이다.'라고 한다면, 그런 경우란 존재하는 것과 같다.

비구들이여, 그와 같이 누가 말하기를 '나는 괴로움의 성스러운 진리를 … 괴로움의 소멸로 인도하는 도닦음의 성스러운 진리를 있는 그대로 관통한 뒤에 바르게 괴로움의 끝을 만들 것이다.'라고 한다면, 그런 경우란 존재한다."

7. "비구들이여, 그러므로 그대들은 '이것이 괴로움이다.'라고 수행해야 한다. '이것이 괴로움의 일어남이다.'라고 수행해야 한다. '이것이 괴로움의 소멸이다.'라고 수행해야 한다. '이것이 괴로움의 소멸로 인도하는 도닦음이다.'라고 수행해야 한다."

막대기 경(S56:33)

Daṇḍa-sutta

3. "비구들이여, 예를 들면 막대기를 허공으로 던지면 어떤 때는 아랫부분부터 떨어지고 [어떤 때는 중간부터 떨어지고][283] 어떤 때는 윗부분부터 떨어지는 것과 같다.

비구들이여, 그와 같이 중생들은 무명에 덮이고 갈애에 묶여서 치달리고 윤회하면서 어떤 때는 이 세상에서 저세상으로 가기도 하고 어떤 때는 저세상에서 이 세상으로 오기도 한다."

4. "그것은 무슨 이유 때문인가? 비구들이여, 네 가지 성스러운 진리를 보지 못했기 때문이다. 무엇이 넷인가?

와는 넓은 잎을 가진 넝쿨이다.

283) [ ] 안의 부분은 Ee에만 나타나고 있다. 본서 제2권 「막대기 경」(S15:9) §4에도 같은 비유가 나타나는데 그곳에서는 다른 본에도 [ ] 안의 부분이 나타나고 있다.

괴로움의 성스러운 진리, 괴로움의 일어남의 성스러운 진리, 괴로움의 소멸의 성스러운 진리, 괴로움의 소멸로 인도하는 도닦음의 성스러운 진리이다."

5. "비구들이여, [440] 그러므로 그대들은 '이것이 괴로움이다.'라고 수행해야 한다. '이것이 괴로움의 일어남이다.'라고 수행해야 한다. '이것이 괴로움의 소멸이다.'라고 수행해야 한다. '이것이 괴로움의 소멸로 인도하는 도닦음이다.'라고 수행해야 한다."

옷 경(S56:34)
Ceḷa-sutta

3. "비구들이여, 옷이 불타거나 머리가 불타고 있다면 무엇을 해야 하는가?"

"세존이시여, 옷이 불타거나 머리가 불타고 있다면 옷이나 머리의 불을 끄기 위해서 아주 강한 열의와 노력과 관심과 분발과 불퇴전과 마음챙김과 알아차림284)을 행해야 합니다."

4. "비구들이여, 차라리 옷이 불타거나 머리가 불타는 것에 대해서는 무관심하거나 주의를 기울이지 않아도 되겠지만 아직 관통하지 못한 네 가지 성스러운 진리를 관통하기 위해서 그는 아주 강한 열의와 노력과 관심과 분발과 불퇴전과 마음챙김과 알아차림을 행해야 한다. 무엇이 넷인가?

괴로움의 성스러운 진리, 괴로움의 일어남의 성스러운 진리, 괴로

---

284) '열의'와 '노력'과 '분발'과 '불퇴전'과 '마음챙김'과 '알아차림'(chanda, vāyāma, ussoḷhī, appaṭivānī, sati, sampajañña)은 각각 본서 제2권 「인연 상윳따」 S12:85~92의 표제어로 나타나고 있다.

움의 소멸의 성스러운 진리, 괴로움의 소멸로 인도하는 도닦음의 성스러운 진리이다."

5. "비구들이여, 그러므로 그대들은 '이것이 괴로움이다.'라고 수행해야 한다. '이것이 괴로움의 일어남이다.'라고 수행해야 한다. '이것이 괴로움의 소멸이다.'라고 수행해야 한다. '이것이 괴로움의 소멸로 인도하는 도닦음이다.'라고 수행해야 한다."

백 자루의 창 경(S56:35)
Sattisata-sutta

3. "비구들이여, 예를 들면 백 살의 수명을 가져 백년을 사는 사람이 있다 하자. 이런 그에게 누가 말하기를, '이리 오시오, 착한 사람이여. 사람들이 아침에 그대를 백 자루의 창으로 찌르고, 한낮에 그대를 백 자루의 창으로 찌르고, 해거름에 그대를 백 자루의 창으로 찌를 것이오.[285] 착한 사람이여, 이처럼 그대는 매일매일 삼백 자루의 창으로 찔리면서 백 살의 수명을 가져 백년을 살 것이오. 이렇게 백년을 보내고 난 뒤에 그대가 아직 관통하지 못한 네 가지 성스러운 진리를 [441] 관통하게 될 것이오.'라고 한다 하자. 비구들이여, 그러면 자신의 이로움을 추구하는 선남자는 이러한 제안을 받아들이기에 충분하다. 그것은 무슨 이유 때문인가?"

4. "비구들이여, 그 시작을 알지 못하는 것이 바로 윤회이기 때문이다. [윤회의] 처음 시작점은 창으로 찌르고 칼로 베고 도끼로 찍어서는 결코 식별되지 못하기 때문이다. 물론 이런 것이 가능하다 하더라도 네 가지 성스러운 진리를 관통하는 것은 육체적 고통과 정신

---

285) 본서 제2권 「아들의 고기 경」(S12:63) §8도 참조할 것.

적 고통이 함께한다고 나는 말하지 않는다. 대신에 네 가지 성스러운 진리를 관통하는 것은 육체적 즐거움과 정신적 즐거움이 함께한다고 나는 말한다. 무엇이 넷인가?

괴로움의 성스러운 진리, 괴로움의 일어남의 성스러운 진리, 괴로움의 소멸의 성스러운 진리, 괴로움의 소멸로 인도하는 도닦음의 성스러운 진리이다."

5. "비구들이여, 그러므로 그대들은 '이것이 괴로움이다.'라고 수행해야 한다. '이것이 괴로움의 일어남이다.'라고 수행해야 한다. '이것이 괴로움의 소멸이다.'라고 수행해야 한다. '이것이 괴로움의 소멸로 인도하는 도닦음이다.'라고 수행해야 한다."

생명체 경(S56:36)

Pāṇa-sutta

3. "비구들이여, 예를 들면 어떤 사람이 이 잠부디빠[286]에서 풀과 나무와 가지와 잎을 잘라서 하나의 더미로 모아놓는다 하자. 이렇게 한 뒤 이것을 말뚝으로 삼는다고 하자. 이렇게 말뚝을 준비해서 큰 바다에 사는 큰 생명체들은 큰 말뚝에다 꿰고, 큰 바다에 사는 중간 크기의 생명체들은 중간 크기의 말뚝에다 꿰고, 큰 바다에 사는 작은 생명체들은 작은 말뚝에다 꿴다 하자. 비구들이여, 이렇게 하더라도 큰 바다에 사는 제법 큰 생명체들을 [다 꿰려면] 이 잠부디빠에서 풀과 나무와 가지와 잎이 다 멸진되고 다 사용되어 버릴 것이다.

비구들이여, 큰 바다에는 이보다 훨씬 더 많은 미세한 생명체들이 살고 있어서 그들을 모두 말뚝에다 꿰기란 결코 쉽지 않다. 그것은

286) '잠부디빠(Jambudīpa)' 혹은 '잠부 섬'에 대해서는 본서 제5권 「나무 경」 1(S48:67) §3의 주해를 참조할 것.

무슨 이유 때문인가? 비구들이여, [생명체들이] 존재하는 모습(몸)은 [442] 참으로 미세하기 때문이다."

4. "비구들이여, 이와 같이 비참한 곳(악도)의 영역은 참으로 크다. 비구들이여, 이와 같이 크나큰 영역을 가진 비참한 곳에서 해탈한 견해를 구족한 사람은 '이것이 괴로움이다.'라고 있는 그대로 꿰뚫어 안다. '이것이 괴로움의 일어남이다.'라고 있는 그대로 꿰뚫어 안다. '이것이 괴로움의 소멸이다.'라고 있는 그대로 꿰뚫어 안다. '이것이 괴로움의 소멸로 인도하는 도닦음이다.'라고 있는 그대로 꿰뚫어 안다."

5. "비구들이여, 그러므로 그대들은 '이것이 괴로움이다.'라고 수행해야 한다. '이것이 괴로움의 일어남이다.'라고 수행해야 한다. '이것이 괴로움의 소멸이다.'라고 수행해야 한다. '이것이 괴로움의 소멸로 인도하는 도닦음이다.'라고 수행해야 한다."

태양 경1(S56:37)
Suriya-sutta

3. "비구들이여, 태양이 떠오를 때 여명이 앞장서고 여명이 전조가 되듯이, 네 가지 성스러운 진리를 관통할 때에는 바른 견해가 앞장서고 바른 견해가 전조가 된다."

4. "비구들이여, 바른 견해를 가진[287] 비구에게는 "이것이 괴로움이다.'라고 있는 그대로 꿰뚫어 알 것이다. '이것이 괴로움의 일어남이다.'라고 있는 그대로 꿰뚫어 알 것이다. '이것이 괴로움의 소

287) '바른 견해를 가진'은 Ee, Se: sammādiṭṭhikass' etaṁ으로 읽어서 옮긴 것이다. Be에는 tass' etaṁ으로만 나타난다.

멸이다.'라고 있는 그대로 꿰뚫어 알 것이다. '이것이 괴로움의 소멸로 인도하는 도닦음이다.'라고 있는 그대로 꿰뚫어 알 것이다.'라는 것이 기대된다."

5. "비구들이여, 그러므로 그대들은 '이것이 괴로움이다.'라고 수행해야 한다. '이것이 괴로움의 일어남이다.'라고 수행해야 한다. '이것이 괴로움의 소멸이다.'라고 수행해야 한다. '이것이 괴로움의 소멸로 인도하는 도닦음이다.'라고 수행해야 한다."

태양 경2(S56:38)

3. "비구들이여, 달과 태양이 세상에 출현하지 않으면 큰 빛이 나타나지 않을 것이고 큰 광명이 나타나지 않을 것이며 짙은 암흑과 칠흑 같은 어두움에 덮여 있을 것이고 그곳에는 밤과 낮도 구분되지 않을 것이며 한 달이나 보름도 구분되지 않고 계절과 해[年]도 구분되지 않을 것이다.

비구들이여, 그러나 달과 태양이 세상에 출현하기 때문에 큰 빛이 나타나고 큰 광명이 나타나며 [443] 짙은 암흑과 칠흑 같은 어두움에 덮여 있지 않고 그 곳에는 밤과 낮도 구분되며 한 달이나 보름도 구분되고 계절과 해[年]도 구분된다."

4. "비구들이여, 그와 같이 여래·아라한·정등각자가 세상에 출현하지 않으면 큰 빛이 나타나지 않을 것이고 큰 광명이 나타나지 않을 것이며 짙은 암흑과 칠흑 같은 어두움에 덮여 있을 것이고 네 가지 성스러운 진리를 설하고 가르치고 천명하고 확립하고 드러내고 분석하고 명확하게 하는 것도 없을 것이다."

5. "비구들이여, 그러나 여래·아라한·정등각자가 세상에 출현하기 때문에 큰 빛이 나타나고 큰 광명이 나타나며 짙은 암흑과 칠흑 같은 어두움에 덮여 있지 않고 네 가지 성스러운 진리를 설하고 가르치고 천명하고 확립하고 드러내고 분석하고 명확하게 한다. 무엇이 넷인가?

괴로움의 성스러운 진리, 괴로움의 일어남의 성스러운 진리, 괴로움의 소멸의 성스러운 진리, 괴로움의 소멸로 인도하는 도닦음의 성스러운 진리이다."

6. "비구들이여, 그러므로 그대들은 '이것이 괴로움이다.'라고 수행해야 한다. '이것이 괴로움의 일어남이다.'라고 수행해야 한다. '이것이 괴로움의 소멸이다.'라고 수행해야 한다. '이것이 괴로움의 소멸로 인도하는 도닦음이다.'라고 수행해야 한다."

석주(石柱)[288] **경**(S56:39)

Indakhīla-sutta

3. "비구들이여, 어떤 사문이든 바라문이든 '이것이 괴로움이다.'라고 있는 그대로 꿰뚫어 알지 못하고, '이것이 괴로움의 일어남이다.'라고 있는 그대로 꿰뚫어 알지 못하고, '이것이 괴로움의 소멸이다.'라고 있는 그대로 꿰뚫어 알지 못하고, '이것이 괴로움의 소멸로 인도하는 도닦음이다.'라고 있는 그대로 꿰뚫어 알지 못하는 자들은 그 누구든지, '이 존자는 분명히 알고 분명히 보는 분일 것이다.'

---

288) '석주(石柱, inda-khīla)'는 마을이나 집 앞에 세워둔 돌기둥이나 철로 만든 기둥을 뜻하는데 『율장』 등에 의하면 마을이나 집의 경계를 표시하는 기준이 되는 것이다.(Vin.iii.46, Vbh.251, PED 참조)

라고 하면서 다른 사문이나 바라문의 입을 쳐다보게 된다."[289]

4. "비구들이여, 예를 들면 목화나 케이폭의 씨를 싸고 있는 솜털이 가벼워서 바람에 날려 평평한 땅에 떨어져 있다 하자. [444] 그러면 동쪽에서 부는 바람은 그것을 서쪽으로 몰고 갈 것이고 서쪽에서 부는 바람은 그것을 동쪽으로 몰고 갈 것이며, 북쪽에서 부는 바람은 그것을 남쪽으로 몰고 갈 것이고 남쪽에서 부는 바람은 그것을 북쪽으로 몰고 갈 것이다. 그것은 무슨 이유 때문인가? 그 솜털이 가볍기 때문이다.

비구들이여, 그와 같이 어떤 사문이든 바라문이든 '이것이 괴로움이다.'라고 … '이것이 괴로움의 소멸로 인도하는 도닦음이다.'라고 있는 그대로 꿰뚫어 알지 못하는 자들은 그 누구든지, '이 존자는 분명히 알고 분명히 보는 분일 것이다.'라고 하면서 다른 사문이나 바라문의 입을 쳐다보게 된다. 그것은 무슨 이유 때문인가? 그들은 네 가지 성스러운 진리를 보지 못했기 때문이다."

5. "비구들이여, 그러나 어떤 사문이든 바라문이든 '이것이 괴로움이다.'라고 있는 그대로 꿰뚫어 알고, '이것이 괴로움의 일어남이다.'라고 있는 그대로 꿰뚫어 알고, '이것이 괴로움의 소멸이다.'라고 있는 그대로 꿰뚫어 알고, '이것이 괴로움의 소멸로 인도하는 도닦음이다.'라고 있는 그대로 꿰뚫어 아는 자들은 그 누구든지, '이 존자는 분명히 알고 분명히 보는 분일 것이다.'라고 하면서 다른 사문이나 바라문의 입을 쳐다보지 않는다."

6. "비구들이여, 예를 들면 철 기둥이나 석주가 깊이 박혀 있고

---

289) "여기서 '입을 쳐다보게 된다(mukhaṁ olokenti).'는 것은 의향(ajjhāsaya)을 알려고 하는 것을 뜻한다. 여기서 입은 의향과 동의어이다."(SA.iii.300)

튼튼히 박혀 있고 요지부동이고 흔들리지 않는다 하자. 그러면 동쪽에서 강한 바람이 불어오더라도 그것을 흔들지 못하고 움직이게 하지 못하고 요동치게 하지 못할 것이다. 서쪽에서 … 북쪽에서 … 남쪽에서 강한 바람이 불어오더라도 그것을 흔들지 못하고 움직이게 하지 못하고 요동치게 하지 못할 것이다. 그것은 무슨 이유 때문인가? 그 석주가 깊이 박혀 있고 튼튼히 박혀 있기 때문이다."

7. "비구들이여, 그와 같이 어떤 사문이든 바라문이든 '이것이 괴로움이다.'라고 … 있는 그대로 꿰뚫어 아는 자들은 그 누구든지, '이 존자는 분명히 알고 분명히 보는 분일 것이다.'라고 하면서 다른 사문이나 바라문의 입을 쳐다보지 않는다. 그것은 무슨 이유 때문인가? 비구들이여, 그들은 네 가지 성스러운 진리를 분명하게 보았기 때문이다. 무엇이 넷인가? [445]

괴로움의 성스러운 진리, 괴로움의 일어남의 성스러운 진리, 괴로움의 소멸의 성스러운 진리, 괴로움의 소멸로 인도하는 도닦음의 성스러운 진리이다."

8. "비구들이여, 그러므로 그대들은 '이것이 괴로움이다.'라고 수행해야 한다. '이것이 괴로움의 일어남이다.'라고 수행해야 한다. '이것이 괴로움의 소멸이다.'라고 수행해야 한다. '이것이 괴로움의 소멸로 인도하는 도닦음이다.'라고 수행해야 한다."

논쟁을 원함 경(S56:40)

Vādatthika-sutta

3. "비구들이여, '이것이 괴로움이다.'라고 있는 그대로 꿰뚫어 알고, '이것이 괴로움의 일어남이다.'라고 있는 그대로 꿰뚫어 알고,

'이것이 괴로움의 소멸이다.'라고 있는 그대로 꿰뚫어 알고, '이것이 괴로움의 소멸로 인도하는 도닦음이다.'라고 있는 그대로 꿰뚫어 아는 어떤 비구가 있다 하자. 그런데 만일 논쟁을 원하고 논쟁을 추구하는 사문이나 바라문이 동쪽에서 '나는 그를 논파할 것이다.'라고 하면서 오더라도, 법과 더불어 그를 흔들고 움직이게 하고 요동치게 할 것이라는 그런 경우란 존재하지 않는다. 만일 논쟁을 원하고 논쟁을 추구하는 사문이나 바라문이 서쪽에서 … 북쪽에서 … 남쪽에서 '나는 그를 논파할 것이다.'라고 하면서 오더라도, 법과 더불어 그를 흔들고 움직이게 하고 요동치게 할 것이라는 그런 경우란 존재하지 않는다."

4. "비구들이여, 예를 들면 16꾹꾸까[290] 길이가 되는 돌기둥이 있는데 8꾹꾸까는 [땅] 아래로 굳건하게 [묻혀 있고] 8꾹꾸까는 위로 굳건하게 [올라와] 있다 하자. 그때 만일 동쪽에서 비를 동반한 바람이 거세게 불어온다 하더라도, 그 돌기둥을 흔들지 못하고 움직이게 하지 못하고 요동치게 하지 못한다. 만일 서쪽에서 … 만일 북쪽에서 … 만일 남쪽에서 비를 동반한 바람이 거세게 불어온다 하더라도, 그 돌기둥을 흔들지 못하고 움직이게 하지 못하고 요동치게 하지 못한다. 그것은 무슨 이유 때문인가? 돌기둥이 [땅] 아래로 굳건하게 묻혀 있기 때문이다."

---

290) "'16꾹꾸까(soḷasa-kukkuka)'란 길이로는 16핫타(soḷasa-hattha)다."(AA.iv.192)
도량 단위로서의 핫타(hattha)는 영어의 큐빗(cubit, 약 46~56㎝)에 해당하는 길이라고 한다.(PED)
한편 이 비유는 『앙굿따라 니까야』 「돌기둥 경」(A9:26) §5에도 나타나고 있다.

5. "비구들이여, 그와 같이 '이것이 괴로움이다.'라고 … 있는 그대로 꿰뚫어 아는 어떤 비구가 있다 하자. [446] 그런데 만일 논쟁을 원하고 논쟁을 추구하는 사문이나 바라문이 동쪽에서 … 서쪽에서 … 북쪽에서 … 남쪽에서 '나는 그를 논파할 것이다.'라고 하면서 오더라도, 법과 더불어 그를 흔들고 움직이게 하고 요동치게 할 것이라는 그런 경우란 존재하지 않는다. 그것은 무슨 이유 때문인가? 비구들이여, 그는 네 가지 성스러운 진리를 분명하게 보았기 때문이다. 무엇이 넷인가?

괴로움의 성스러운 진리, 괴로움의 일어남의 성스러운 진리, 괴로움의 소멸의 성스러운 진리, 괴로움의 소멸로 인도하는 도닦음의 성스러운 진리이다."

6. "비구들이여, 그러므로 그대들은 '이것이 괴로움이다.'라고 수행해야 한다. '이것이 괴로움의 일어남이다.'라고 수행해야 한다. '이것이 괴로움의 소멸이다.'라고 수행해야 한다. '이것이 괴로움의 소멸로 인도하는 도닦음이다.'라고 수행해야 한다."

제4장 심사빠 숲 품이 끝났다.

네 번째 품에 포함된 경들의 목록은 다음과 같다.

① 심사빠 숲 ② 아카시아 ③ 막대기
④ 옷 ⑤ 백 자루의 창
⑥ 생명체, 두 가지 ⑦~⑧ 태양
⑨ 석주 ⑩ 논쟁을 원함이다.

제5장 낭떠러지 품

Papāta-vagga

세상에 대한 사색 경(S56:41)

Lokacintā-sutta

1. 이와 같이 나는 들었다. 한때 세존께서는 라자가하에서 대나무 숲의 다람쥐 보호구역에서 머무셨다.

2. 거기서 세존께서는 비구들을 불러서 말씀하셨다.

3. "비구들이여, 옛날에 어떤 사람이 라자가하를 나가서 '나는 세상에 대한 사색291)을 하리라.'라고 하면서 [447] 수마가다 호수로 갔다. 가서는 세상에 대한 사색을 하면서 수마가다 호수의 언덕에 앉아있었다. 비구들이여, 수마가다 호수의 언덕에서 그 사람은 네 무리의 군대가 연꽃의 줄기로 들어가는 것을 보고 '나는 참으로 미쳤나 보다. 나는 참으로 제정신이 아닌가 보다. 내가 세상에 존재하지 않는 것을 보다니!'라는 생각이 들었다."

4. "비구들이여, 그러자 그 사람은 도시로 들어가서 많은 사람들의 무리에게 이렇게 말했다.

'존자들이시여, 저는 참으로 미쳤나 봅니다. 저는 참으로 제정신이 아닌가 봅니다. 저는 세상에 존재하지 않는 것을 보았습니다.'

---

291) "'세상에 대한 사색(loka-cintā)'이란 '누가 달과 태양을 만들었는가? 누가 대지와 대양을 만들었으며, 누가 중생들을 생기게 하였으며(uppāditā), 누가 산들을 만들었으며, 누가 망고와 참깨와 야자 등을 만들었는가?'라는 이러한 세상에 대한 사색을 말한다."(SA.iii.300; AA.iii.109)

'여보시오. 도대체 그대는 어떻게 미쳤고 어떻게 제정신이 아니요? 도대체 그대는 세상에 존재하지 않는 어떤 것을 보았소?'

'존자들이시여, 여기 저는 라자가하를 나가서 '나는 세상에 대한 사색을 하리라.'라고 하면서 수마가다 호수로 갔습니다. 가서는 세상에 대한 사색을 하면서 수마가다 호수의 언덕에 앉아있었습니다. 존자들이시여, 수마가다 호수의 언덕에서 나는 네 무리의 군대가 연꽃의 줄기로 들어가는 것을 보았습니다. 존자들이시여, 이처럼 저는 참으로 미쳤고, 이처럼 저는 참으로 제정신이 아닙니다. 저는 세상에 존재하지 않는 것을 보았습니다.'

'여보시오, 참으로 그대는 미쳤소. 참으로 그대는 제 정신이 아니오. 그대가 본 것은 이 세상에는 존재하지 않소.'"

5. "비구들이여, 그런데 그 사람은 실제로 존재하는 것을 본 것이지292) 존재하지 않는 것을 본 것은 아니다. 비구들이여, 옛날에 신과 아수라들 간에 전쟁이 발발하여 신들이 이기고 아수라들이 패했다. [448] 패한 아수라들은 두려워서 신들에 대한 공포심 때문에 연꽃 줄기를 통해서 아수라의 도시로 들어갔다."

6. "비구들이여, 그러므로 그대들은 세상에 대한 사색을 하지 말아야 한다. 즉 '세상은 영원하다.'라거나, '세상은 영원하지 않다.'

---

292) "'실제로 존재하는 것을 본 것이다(bhūtaṁyeva addasa).'고 하셨다. 그 아수라들은 삼바리 요술(Sambari-māyā)을 사용하였다고 한다. 그래서 그들이 코끼리와 말을 타고 연꽃 줄기의 갈라진 틈새(bhisa-muḷāla-cchidda)로 들어가는 것을 그 사람이 볼 수 있도록 하였다고 한다."(SA.iii.301) 삼바리 요술에 대해서는 본서 제1권 「요술 경」(S11:23) §3과 주해를 참조할 것. 그런데 『앙굿따라 니까야』 「생각할 수 없음 경」(A4:77)에는 "세상에 대한 사색은 생각할 수 없는 것이니 그것을 생각해서는 안된다. 생각하면 미치거나 곤혹스럽게 된다."라고 나타나고 있다. 그런데 본경에서는 그와는 달리 이 사람은 미치지 않았다고 한다.

라거나, '세상은 유한하다.'라거나, '세상은 무한하다.'라거나, '생명과 몸은 같은 것이다.'라거나, '생명과 몸은 다른 것이다.'라거나, '여래는 사후에도 존재한다.'라거나, '여래는 사후에 존재하지 않는다.'라거나, '여래는 사후에 존재하기도 하고 존재하지 않기도 한다.'라거나, '여래는 사후에 존재하는 것도 아니고 존재하지 않는 것도 아니다.'라는 것이다. 그것은 무슨 이유 때문인가?

비구들이여, 이런 것을 사색하는 것은 참으로 이익을 주지 못하고, 청정범행의 시작이 아니고, 염오로 인도하지 못하고, 탐욕의 빛바램으로 인도하지 못하고, 소멸로 인도하지 못하고, 고요함으로 인도하지 못하고, 최상의 지혜로 인도하지 못하고, 바른 깨달음으로 인도하지 못하고, 열반으로 인도하지 못하기 때문이다."

7. "비구들이여, 그대들이 사색할 때는 '이것이 괴로움이다.'라고 사색해야 한다. '이것이 괴로움의 일어남이다.'라고 사색해야 한다. '이것이 괴로움의 소멸이다.'라고 사색해야 한다. '이것이 괴로움의 소멸로 인도하는 도닦음이다.'라고 사색해야 한다. 그것은 무슨 이유 때문인가?

비구들이여, 이런 것을 사색하는 것은 참으로 이익을 주고, 청정범행의 시작이고, 염오로 인도하고, 탐욕의 빛바램으로 인도하고, 소멸로 인도하고, 고요함으로 인도하고, 최상의 지혜로 인도하고, 바른 깨달음으로 인도하고, 열반으로 인도하기 때문이다."

8. "비구들이여, 그러므로 그대들은 '이것이 괴로움이다.'라고 수행해야 한다. '이것이 괴로움의 일어남이다.'라고 수행해야 한다. '이것이 괴로움의 소멸이다.'라고 수행해야 한다. '이것이 괴로움의 소멸로 인도하는 도닦음이다.'라고 수행해야 한다."

낭떠러지 경(S56:42)

Papāta-sutta

1. 이와 같이 나는 들었다. 한때 세존께서는 라자가하에서 독수리봉 산에 머무셨다.

2. 그때 세존께서는 비구들을 불러서 말씀하셨다.

3. "오라, 비구들이여. 낮 동안의 머묾을 위해서 빠띠바나 봉으로 가자."

"그렇게 하겠습니다, 세존이시여."라고 비구들은 세존께 대답했다.

4. 그때 [449] 세존께서는 많은 비구들과 함께 빠띠바나 봉으로 가셨다. 어떤 비구가 빠띠바나 봉에 큰 낭떠러지가 있는 것을 보고 세존께 이렇게 여쭈었다.

"세존이시여, 이 낭떠러지는 참으로 큽니다. 세존이시여, 이 낭떠러지는 많은 두려움을 줍니다. 세존이시여, 그런데 이 낭떠러지보다 더 크고 더 많은 두려움을 주는 다른 낭떠러지가 있습니까?"

"비구여, 이 낭떠러지보다 더 크고 더 많은 두려움을 주는 다른 낭떠러지가 있다."

"세존이시여, 그러면 어떤 다른 낭떠러지가 이보다 더 크고 더 많은 두려움을 줍니까?"

5. "비구들이여, 어떤 사문이든 바라문이든 '이것이 괴로움이다.'라고 있는 그대로 꿰뚫어 알지 못하고, '이것이 괴로움의 일어남이다.'라고 있는 그대로 꿰뚫어 알지 못하고, '이것이 괴로움의 소멸이다.'라고 있는 그대로 꿰뚫어 알지 못하고, '이것이 괴로움의 소멸

로 인도하는 도닦음이다.'라고 있는 그대로 꿰뚫어 알지 못하는 자들은 태어남으로 인도하는 의도적 행위들[行]을 기뻐하고, 늙음으로 인도하는 의도적 행위들을 기뻐하고, 죽음으로 인도하는 의도적 행위들을 기뻐하고, 근심·탄식·육체적 고통·정신적 고통·절망으로 인도하는 의도적 행위들을 기뻐한다."

6. 그들은 태어남으로 인도하는 의도적 행위들을 기뻐하고, 늙음으로 인도하는 의도적 행위들을 기뻐하고, 죽음으로 인도하는 의도적 행위들을 기뻐하고, 근심·탄식·육체적 고통·정신적 고통·절망으로 인도하는 의도적 행위들을 기뻐하기 때문에, 태어남으로 인도하는 의도적 행위들을 계속해서 짓고, 늙음으로 인도하는 의도적 행위들을 계속해서 짓고, 죽음으로 인도하는 의도적 행위들을 계속해서 짓고, 근심·탄식·육체적 고통·정신적 고통·절망으로 인도하는 의도적 행위들을 계속해서 짓는다."

7. "그들은 태어남으로 인도하는 의도적 행위들을 계속해서 짓고, 늙음으로 인도하는 의도적 행위들을 계속해서 짓고, 죽음으로 인도하는 의도적 행위들을 계속해서 짓고, 근심·탄식·육체적 고통·정신적 고통·절망으로 인도하는 의도적 행위들을 계속해서 짓기 때문에, 태어남의 낭떠러지에 떨어지고, 늙음의 낭떠러지에 떨어지고, 죽음의 낭떠러지에 떨어지고, 근심·탄식·육체적 고통·정신적 고통·절망의 낭떠러지에 [450] 떨어진다. 그들은 태어남과 늙음·죽음과 근심·탄식·육체적 고통·정신적 고통·절망으로부터 해탈하지 못하고 괴로움으로부터 해탈하지 못한다고 나는 말한다."[293]

---

293) 본경 §§5~7에는 연기(paṭicca-samuppāda)의 가르침이 압축된 형태로 나타나고 있어서 흥미롭다. 여기서 사성제를 알지 못하는 것이 바로 무명(avijjā)이다.(S56:17 §3 등 참조) '태어남으로 인도하는 의도적 행위들[行,

8. "비구들이여, 그러나 어떤 사문이든 바라문이든 '이것이 괴로움이다.'라고 있는 그대로 꿰뚫어 알고, '이것이 괴로움의 일어남이다.'라고 있는 그대로 꿰뚫어 알고, '이것이 괴로움의 소멸이다.'라고 있는 그대로 꿰뚫어 알고, '이것이 괴로움의 소멸로 인도하는 도닦음이다.'라고 있는 그대로 꿰뚫어 아는 자들은 태어남으로 인도하는 의도적 행위들을 기뻐하지 않고, 늙음으로 인도하는 의도적 행위들을 기뻐하지 않고, 죽음으로 인도하는 의도적 행위들을 기뻐하지 않고, 근심·탄식·육체적 고통·정신적 고통·절망으로 인도하는 의도적 행위들을 기뻐하지 않는다.

그들은 태어남으로 인도하는 의도적 행위들을 기뻐하지 않고, 늙음으로 인도하는 의도적 행위들을 기뻐하지 않고, 죽음으로 인도하는 의도적 행위들을 기뻐하지 않고, 근심·탄식·육체적 고통·정신적 고통·절망으로 인도하는 의도적 행위들을 기뻐하지 않기 때문에, 태어남으로 인도하는 의도적 행위들을 계속해서 짓지 않고, 늙음으로 인도하는 의도적 행위들을 계속해서 짓지 않고, 죽음으로 인도하는 의도적 행위들을 계속해서 짓지 않고, 근심·탄식·육체적 고통·정신적 고통·절망으로 인도하는 의도적 행위들을 계속해서 짓지 않

---

saṅkhārā]을 기뻐하고(abhiramati)' 등은 갈애(taṇhā)를 의미하는데 이것이 성취되면 기쁨(rati, abhirati)을 일어나게 한다. 그리고 '태어남으로 인도하는 의도적 행위들[行]을 계속해서 짓고(abhisaṅkharonti)' 등은 분명히 의도적 행위들(saṅkhārā)을 뜻한다.(『청정도론』 XIV.131과 주해 참조) 그리고 '태어남의 낭떠러지에 떨어지고(jātipapātam pi papatanti)' 등은 분명히 12연기의 마지막 두 항목 즉 생과 노·사·우·비·고·뇌를 말한다.

이렇게 하여 본 문단은 윤회의 두 가지 근본원인인 무명과 갈애가 의도적 행위들[行]과 결합하여 새로운 태어남과 늙음과 죽음(물론 이것은 식과 명색에 의해서 전개되는 것이다.)을 일어나게 한다는 압축된 형태의 12연기를 보여주고 있다.

는다.

그들은 태어남으로 인도하는 의도적 행위들을 계속해서 짓지 않고, 늙음으로 인도하는 의도적 행위들을 계속해서 짓지 않고, 죽음으로 인도하는 의도적 행위들을 계속해서 짓지 않고, 근심·탄식·육체적 고통·정신적 고통·절망으로 인도하는 의도적 행위들을 계속해서 짓지 않기 때문에, 태어남의 낭떠러지에 떨어지지 않고, 늙음의 낭떠러지에 떨어지지 않고, 죽음의 낭떠러지에 떨어지지 않고, 근심·탄식·육체적 고통·정신적 고통·절망의 낭떠러지에 떨어지지 않는다. 그들은 태어남과 늙음·죽음과 근심·탄식·육체적 고통·정신적 고통·절망으로부터 해탈하고 괴로움으로부터 해탈한다고 나는 말한다."

9. "비구들이여, 그러므로 그대들은 '이것이 괴로움이다.'라고 수행해야 한다. '이것이 괴로움의 일어남이다.'라고 수행해야 한다. '이것이 괴로움의 소멸이다.'라고 수행해야 한다. '이것이 괴로움의 소멸로 인도하는 도닦음이다.'라고 수행해야 한다."

대열뇌(大熱惱) **경**(S56:43)

Mahāpariḷāha-sutta

3. "비구들이여, 대열뇌라는 지옥294)이 있다. 거기에는 눈에 보이는 형상은 무엇이든지 원하지 않는 것만 [451] 보이고 원하는 것은 보이지 않는다. 좋아하지 않는 것만 보이고 좋아하는 것은 보이지 않는다. 마음에 들지 않는 것만 보이고 마음에 드는 것은 보이지 않는

---

294) '대열뇌라는 지옥'은 Mahāpariḷāho nāma nirayo를 옮긴 것이다. 본 문단에 나타나는 지옥에 대한 묘사는 본서 제4권 「기회 경」(S35:135) §3에도 나타나고 있다.

다. 귀에 들리는 소리는 무엇이든지 … 코로 맡아지는 냄새는 무엇이든지 … 혀로 맛보아지는 맛은 무엇이든지 … 몸으로 감촉되는 촉감은 무엇이든지 … 마노[意]로 식별되는 [마노의 대상인] 법은 무엇이든지 원하지 않는 것만 식별되고 원하는 것은 식별되지 않는다. 좋아하지 않는 것만 식별되고 좋아하는 것은 식별되지 않는다. 마음에 들지 않는 것만 식별되고 마음에 드는 것은 식별되지 않는다."

4. 이렇게 말씀하시자 어떤 비구가 세존께 이렇게 여쭈었다.

"세존이시여, 이 열뇌는 참으로 큽니다. 세존이시여, 이 열뇌는 많은 두려움을 줍니다. 세존이시여, 그런데 이 열뇌보다 더 크고 더 많은 두려움을 주는 다른 열뇌가 있습니까?"

"비구여, 이 열뇌보다 더 크고 더 많은 두려움을 주는 다른 열뇌가 있다."

"세존이시여, 그러면 어떤 다른 열뇌가 이보다 더 크고 더 많은 두려움을 줍니까?"

5. "비구들이여, 어떤 사문이든 바라문이든 '이것이 괴로움이다.'라고 … 있는 그대로 꿰뚫어 알지 못하는 자들은 태어남으로 인도하는 의도적 행위들을 기뻐하고, 늙음으로 인도하는 의도적 행위들을 기뻐하고, 죽음으로 인도하는 의도적 행위들을 기뻐하고, 근심·탄식·육체적 고통·정신적 고통·절망으로 인도하는 의도적 행위들을 기뻐한다.

그들은 태어남으로 … 늙음으로 … 죽음으로 … 근심·탄식·육체적 고통·정신적 고통·절망으로 인도하는 의도적 행위들을 기뻐하기 때문에, 태어남으로 … 늙음으로 … 죽음으로 … 근심·탄식·육체적 고통·정신적 고통·절망으로 인도하는 의도적 행위들을 계속해서 짓는다.

그들은 태어남으로 … 늙음으로 … 죽음으로 … 근심·탄식·육체적 고통·정신적 고통·절망으로 인도하는 의도적 행위들을 계속해서 짓기 때문에, 태어남의 … 늙음의 … 죽음의 … 근심·탄식·육체적 고통·정신적 고통·절망의 열뇌에 굽힌다. 그들은 태어남과 늙음·죽음과 근심·탄식·육체적 고통·정신적 고통·절망으로부터 해탈하지 못하고 괴로움으로부터 해탈하지 못한다고 나는 말한다."

6. "비구들이여, 어떤 사문이든 바라문이든 '이것이 괴로움이다.'라고 … 있는 그대로 꿰뚫어 아는 자들은 태어남으로 인도하는 의도적 행위들을 기뻐하지 않고, 늙음으로 인도하는 의도적 행위들을 기뻐하지 않고, 죽음으로 인도하는 의도적 행위들을 기뻐하지 않고, 근심·탄식·육체적 고통·정신적 고통·절망으로 인도하는 의도적 행위들을 기뻐하지 않는다.

그들은 태어남으로 … 늙음으로 … 죽음으로 … 근심·탄식·육체적 고통·정신적 고통·절망으로 인도하는 의도적 행위들을 기뻐하지 않기 때문에, 태어남으로 … 늙음으로 … 죽음으로 … 근심·탄식·육체적 고통·정신적 고통·절망으로 인도하는 의도적 행위들을 계속해서 짓지 않는다.

그들은 태어남으로 … 늙음으로 … 죽음으로 … 근심·탄식·육체적 고통·정신적 고통·절망으로 인도하는 의도적 행위들을 계속해서 짓지 않기 때문에, 태어남의 … 늙음의 … 죽음의 … 근심·탄식·육체적 고통·정신적 고통·절망의 열뇌에 굽히지 않는다. 그들은 [452] 태어남과 늙음·죽음과 근심·탄식·육체적 고통·정신적 고통·절망으로부터 해탈하고 괴로움으로부터 해탈한다고 나는 말한다."

7. "비구들이여, 그러므로 그대들은 '이것이 괴로움이다.'라고 수행해야 한다. '이것이 괴로움의 일어남이다.'라고 수행해야 한다. '이것이 괴로움의 소멸이다.'라고 수행해야 한다. '이것이 괴로움의 소멸로 인도하는 도닦음이다.'라고 수행해야 한다."

뾰족지붕 집 경(S56:44)

Kūṭāgāra-sutta

3. "비구들이여, 누가 말하기를 '나는 괴로움의 성스러운 진리를 있는 그대로 관통하지 않고, 괴로움의 일어남의 성스러운 진리를 있는 그대로 관통하지 않고, 괴로움의 소멸의 성스러운 진리를 있는 그대로 관통하지 않고, 괴로움의 소멸로 인도하는 도닦음의 성스러운 진리를 있는 그대로 관통하지 않고 바르게 괴로움의 끝을 만들 것이다.'라고 한다면, 그런 경우란 존재하지 않는다.

비구들이여, 예를 들면 누가 말하기를 '나는 뾰족지붕 집의 아래층을 만들지 않고 위층을 만들 것이나.'라고 한다면 그런 경우란 존재하지 않는 것과 같다.

비구들이여, 그와 같이 누가 말하기를 '나는 괴로움의 성스러운 진리를 … 괴로움의 소멸로 인도하는 도닦음의 성스러운 진리를 있는 그대로 관통하지 않고 바르게 괴로움의 끝을 만들 것이다.'라고 한다면 그런 경우란 존재하지 않는다."

4. "비구들이여, 그러나 누가 말하기를 '나는 괴로움의 성스러운 진리를 있는 그대로 관통하고, 괴로움의 일어남의 성스러운 진리를 있는 그대로 관통하고, 괴로움의 소멸의 성스러운 진리를 있는 그대로 관통하고, 괴로움의 소멸로 인도하는 도닦음의 성스러운 진리

를 있는 그대로 관통한 뒤에 바르게 괴로움의 끝을 만들 것이다.'라고 한다면, 그런 경우란 존재한다."

5. "비구들이여, 예를 들면 누가 말하기를 '나는 뾰족지붕 집의 아래층을 만들고 나서 위층을 만들 것이다.'라고 한다면 그런 경우란 존재하는 것과 같다.

비구들이여, 그와 같이 누가 말하기를 '나는 괴로움의 성스러운 진리를 … 괴로움의 소멸로 인도하는 도닦음의 성스러운 진리를 있는 그대로 관통한 뒤에 바르게 괴로움의 끝을 만들 것이다.'라고 한다면 그런 경우란 존재한다."

6. "비구들이여, [453] 그러므로 그대들은 '이것이 괴로움이다.'라고 수행해야 한다. '이것이 괴로움의 일어남이다.'라고 수행해야 한다. '이것이 괴로움의 소멸이다.'라고 수행해야 한다. '이것이 괴로움의 소멸로 인도하는 도닦음이다.'라고 수행해야 한다."

머리카락 경(S56:45)295)

Vāla-sutta

1. 이와 같이 나는 들었다. 한때 세존께서는 웨살리에서 큰 숲[大林]의 중각강당에 머무셨다.

2. 그때 아난다 존자가 오전에 옷매무새를 가다듬고 발우와 가사를 수하고 걸식을 위해서 웨살리로 들어갔다.

아난다 존자는 많은 릿차위 청년들이 공회당에서 궁술 수련을 하는 것을 보았다. 그들은 멀리서 작은 열쇠구멍을 통해서 화살을 쏘기

295) 본경의 제목은 Be, Se를 따랐다. Ee에는 구멍1(ChiggalIa 1)로 나타난다.

도 하고 실수하지 않고 [먼저 쏜 화살의] 화살 깃을 다시 다른 화살로296) 적중시키기도 하였다.

3. 이것을 보고 이런 생각이 들었다.

'참으로 이들 릿차위 청년들은 잘 훈련이 되었구나. 참으로 이들 릿차위 청년들은 아주 잘 훈련되었구나. 참으로 멀리서 작은 열쇠구멍을 통해서 화살을 쏘기도 하고 실수하지 않고 [먼저 쏜 화살의] 화살 깃을 다시 다른 화살로 적중시키기도 하다니!'라고.

4. 그때 아난다 존자는 웨살리에서 걸식을 하여 공양을 마치고 걸식에서 돌아와서 세존을 뵈러 갔다. 가서는 세존께 절을 올리고 한 곁에 앉았다. 한 곁에 앉은 아난다 존자는 세존께 이렇게 말씀드렸다.

"세존이시여, 여기 저는 오전에 옷매무새를 가다듬고 발우와 가사를 수하고 걸식을 위하여 웨살리로 들어갔습니다. 거기서 저는 많은 릿차위 청년들이 공회당에서 궁술 수련을 하는 것을 보았습니다. 그들은 멀리서 작은 열쇠구멍을 통해서 화살을 쏘기도 하고 실수하지 않고 [먼저 쏜 화살의] 화살 깃을 다시 다른 화살로 적중시키기도 하였습니다. 그것을 보고 제게 '참으로 이들 릿차위 청년들은 잘 훈련이 되었구나. 참으로 이들 릿차위 청년들은 아주 잘 훈련되었구나. 참으로 멀리서 작은 열쇠구멍을 통해서 화살을 쏘기도 하고 실수하

---

296) '[먼저 쏜 화살의] 화살 깃을 다시 다른 화살로'는 poṅkha-anupoṅkaṁ을 옮긴 것이다. 주석서는 이렇게 설명하고 있다.
"하나의 화살(kaṇḍa)을 쏜 뒤에 다시 그 화살(sara)의 깃(poṅkha)을 꿰뚫으면 그 두 번째 깃은 '깃을 따름(anupoṅkhaṁ)'이 된다. 이렇게 하여 두 번째 깃을 다시 다른 화살이 꿰뚫어서 떨어뜨리는 식으로 계속하는 것을 말한다."(SA.iii.301)
한편 화살의 깃을 뜻하는 puṅkha라는 단어가 『자따까』(J.ii.89)에 나타나는데(PED), BDD는 poṅkha가 이 단어에서 유래된 것으로 설명하고 있다.

지 않고 [먼저 쏜 화살의] 화살 깃을 다시 다른 화살로 적중시키기도 하다니!'라는 생각이 들었습니다."

5. "아난다여, [454] 이를 어떻게 생각하는가? 어떤 것이 더 행하기 어렵고 더 성취하기 어렵겠는가? 멀리서 작은 열쇠구멍을 통해서 화살을 쏘기도 하고 실수하지 않고 [먼저 쏜 화살의] 화살 깃을 다시 다른 화살로 적중시키기도 하는 것인가, 아니면 일곱 가닥[297]으로 쪼개진 머리카락을 화살촉으로 꿰뚫는 것인가?"[298]

"세존이시여, 일곱 가닥으로 쪼개진 머리카락을 화살촉으로 꿰뚫는 것이 더 행하기 어렵고 더 성취하기 어렵습니다."

6. "아난다여, 그렇지만 괴로움의 성스러운 진리를 있는 그대로 꿰뚫고, 괴로움의 일어남의 성스러운 진리를 있는 그대로 꿰뚫고, 괴로움의 소멸의 성스러운 진리를 있는 그대로 꿰뚫고, 괴로움의 소멸로 인도하는 도닦음의 성스러운 진리를 있는 그대로 꿰뚫는 것이 더 꿰뚫기 어려운 것을 꿰뚫는 것이다."[299]

7. "비구들이여, 그러므로 그대들은 '이것이 괴로움이다.'라고 수행해야 한다. '이것이 괴로움의 일어남이다.'라고 수행해야 한다. '이것이 괴로움의 소멸이다.'라고 수행해야 한다. '이것이 괴로움의

---

297) '일곱 가닥'은 Ee, Se: satadhā(백 가닥) 대신에 Be: sattadhā로 읽어서 옮긴 것이다. 주석서(Be와 Se)에도 이렇게 나타난다.

298) "그들은 이렇게 머리카락을 일곱 가닥으로 쪼개어서 한 가닥은 화살촉 끝(kaṇḍassa agga-koṭi)에 붙이고 다른 한 가닥은 가지(vātiṅgaṇa, *egg-plant*)의 가운데에다 붙인다. 그런 뒤에 1우사바(usabha, 대략 200피트 즉 60m 정도의 거리) 떨어진 곳에서 화살을 쏘아서 화살촉 끝에 붙어 있는 가닥이 가지 가운데 붙어 있는 가닥을 꿰뚫게 한다."(SA.iii.302)

299) 본경의 이 부분은 『청정도론』 XVI.103에 인용되어 나타난다.

소멸로 인도하는 도닦음이다.'라고 수행해야 한다."

암흑 경(S56:46)

Andhakāra-sutta

3. "비구들이여, 암흑으로 덮여 있고 칠흑같이 어두우며 우주의 틈새에 놓여 있는 끝없이 깊고 텅 빈 곳이 있어, 그곳에는 큰 신통력과 큰 위력을 가진 해와 달도 광선을 비추지 못한다."300)

4. 이렇게 말씀하시자 어떤 비구가 세존께 이렇게 여쭈었다.

"세존이시여, 이 암흑은 참으로 큽니다. 세존이시여, 이 암흑은 많은 두려움을 줍니다. 세존이시여, 그런데 이 암흑보다 더 크고 더 많은 두려움을 주는 다른 암흑이 있습니까?"

"비구여, 이 암흑보다 더 크고 더 많은 두려움을 주는 다른 암흑이 있다."

"세존이시여, 그러면 어떤 다른 암흑이 이보다 더 크고 더 많은 두려움을 줍니까?"

---

300) '암흑으로 덮여 있고 칠흑같이 어두우며 우주의 틈새에 놓여 있는 끝없이 깊고 텅 빈 곳'은 lokantarikā aghā asaṁvutā andhakārakā andhakāra-timisā를 옮긴 것이다. 이 표현은 『디가 니까야』 「대전기경」(D14) §1.17, §1.30과 『맛지마 니까야』 「경이롭고 놀라운 경」(M123) §7과 『앙굿따라 니까야』 「경이로운 경」 1(A4:127)에도 나타나고 있다. 다른 세 니까야의 주석서들은 이렇게 설명하고 있다.

"세 개씩의 우주(cakkavāḷa, 輪圍山) 가운데 각각 하나씩의 '우주의 틈새(lok-antarika)'가 있는데 이것은 마치 수레의 세 개의 동태 사이에 있는 공간(okāsa)과 같다. 이것은 우주의 틈새에 있는 지옥(lokantarika-niraya)인데 그 크기는 8000요자나(대략 100000㎞ 정도)가 된다. '텅 빈(agha)' 곳이란 항상 열려 있다(nicca-vivaṭa)는 뜻이다. '끝없이 깊은(asaṁvuta)'은 발판을 얻을 수 없음(appatiṭṭha)을 뜻한다. 그리고 그곳에는 너무 어두워서 눈의 알음알이조차 일어날 수가 없다(cakkhu-viññāṇuppatti-nivāraṇa)." (DA.ii.433 등)

5. "비구들이여, 어떤 사문이든 바라문이든 '이것이 괴로움이다.'라고 … [455] 있는 그대로 꿰뚫어 알지 못하는 자들은 태어남으로 인도하는 의도적 행위들을 기뻐하고, 늙음으로 인도하는 의도적 행위들을 기뻐하고, 죽음으로 인도하는 의도적 행위들을 기뻐하고, 근심·탄식·육체적 고통·정신적 고통·절망으로 인도하는 의도적 행위들을 기뻐한다.

그들은 태어남으로 … 늙음으로 … 죽음으로 … 근심·탄식·육체적 고통·정신적 고통·절망으로 인도하는 의도적 행위들을 기뻐하기 때문에, 태어남으로 인도하는 의도적 행위들을 계속해서 짓고, 늙음으로 인도하는 의도적 행위들을 계속해서 짓고, 죽음으로 인도하는 의도적 행위들을 계속해서 짓고, 근심·탄식·육체적 고통·정신적 고통·절망으로 인도하는 의도적 행위들을 계속해서 짓는다.

그들은 태어남으로 … 늙음으로 … 죽음으로 … 근심·탄식·육체적 고통·정신적 고통·절망으로 인도하는 의도적 행위들을 계속해서 짓기 때문에, 태어남의 … 늙음의 … 죽음의 … 근심·탄식·육체적 고통·정신적 고통·절망의 암흑에 떨어진다. 그들은 태어남과 늙음·죽음과 근심·탄식·육체적 고통·정신적 고통·절망으로부터 해탈하지 못하고 괴로움으로부터 해탈하지 못한다고 나는 말한다."

6. "비구들이여, 어떤 사문이든 바라문이든 '이것이 괴로움이다.'라고 … 있는 그대로 꿰뚫어 아는 자들은 태어남으로 인도하는 의도적 행위들을 기뻐하지 않고, 늙음으로 인도하는 의도적 행위들을 기뻐하지 않고, 죽음으로 인도하는 의도적 행위들을 기뻐하지 않고, 근심·탄식·육체적 고통·정신적 고통·절망으로 인도하는 의도적 행위들을 기뻐하지 않는다.

그들은 태어남으로 … 늙음으로 … 죽음으로 … 근심·탄식·육체적 고통·정신적 고통·절망으로 인도하는 의도적 행위들을 기뻐하지 않기 때문에, 태어남으로 … 늙음으로 … 죽음으로 … 근심·탄식·육체적 고통·정신적 고통·절망으로 인도하는 의도적 행위들을 계속해서 짓지 않는다.

그들은 태어남으로 … 늙음으로 … 죽음으로 … 근심·탄식·육체적 고통·정신적 고통·절망으로 인도하는 의도적 행위들을 계속해서 짓지 않기 때문에, 태어남의 … 늙음의 … 죽음의 … 근심·탄식·육체적 고통·정신적 고통·절망의 암흑에 떨어지지 않는다. 그들은 태어남과 늙음·죽음과 근심·탄식·육체적 고통·정신적 고통·절망으로부터 해탈하고 괴로움으로부터 해탈한다고 나는 말한다."

7. "비구들이여, 그러므로 그대들은 '이것이 괴로움이다.'라고 수행해야 한다. '이것이 괴로움의 일어남이다.'라고 수행해야 한다. '이것이 괴로움의 소멸이다.'라고 수행해야 한다. '이것이 괴로움의 소멸로 인도하는 도닦음이다.'라고 수행해야 한다."

구멍을 가진 멍에 경1(S56:47)[301]

Chiggaḷayuga-sutta

3. "비구들이여, 예를 들면 어떤 사람이 하나의 구멍만을 가진 멍에를 큰 바다에 던져 넣는다 하자. 마침 거기에 눈먼 거북이[302]가

---

301) 역자는 Be를 따라서 본경과 다음 경의 제목을 취했다. Ee에는 구멍2(Chiggaḷa 2)로 나타나고 있으며, Se에는 본경이 Chiggala로 다음 경은 Chiggala 2로 나타나고 있다.

302) '눈먼 거북이(kāṇa kacchapa)'의 비유는 『맛지마 니까야』 「현우경」(M

있어서 백 년 만에 한 번씩 물위로 올라온다 하자. 비구들이여, 이를 어떻게 생각하는가? 백 년 만에 한 번씩 물위로 올라오는 그 눈먼 거북이가 그 멍에에 나있는 하나의 구멍 속으로 목을 넣을 수 있겠는가?"

"세존이시여, [456] 만일 가능하다 해도 그것은 참으로 오랜 세월이 지난 후에나 가능할지 모릅니다."

4. "비구들이여, 백 년 만에 한 번씩 물위로 올라오는 눈먼 거북이가 그 멍에의 단 하나의 구멍 속으로 목을 넣는 것이 어리석은 자가 한번 파멸처(악도)에 떨어진 뒤에 다시 인간의 몸을 받는 것보다 훨씬 더 빠르다고 나는 말한다. 그것은 무슨 이유 때문인가?

비구들이여, 그곳(파멸처)에는 법다운 행위가 없고 곧은 행위가 없으며, [그곳 사람들은] 유익함을 행하지 않고 공덕을 짓지 않기 때문이다. 그곳에는 서로서로 잡아먹는 것과 약육강식만이 있을 뿐이기 때문이다. 그것은 무슨 이유 때문인가?

비구들이여, 그들은 네 가지 성스러운 진리를 보지 못하기 때문이다. 무엇이 넷인가?

괴로움의 성스러운 진리, 괴로움의 일어남의 성스러운 진리, 괴로움의 소멸의 성스러운 진리, 괴로움의 소멸로 인도하는 도닦음의 성스러운 진리이다."

5. "비구들이여, 그러므로 그대들은 '이것이 괴로움이다.'라고 수행해야 한다. '이것이 괴로움의 일어남이다.'라고 수행해야 한다. '이것이 괴로움의 소멸이다.'라고 수행해야 한다. '이것이 괴로움의 소멸로 인도하는 도닦음이다.'라고 수행해야 한다."

124/iii.169) §24에도 나타나고 있는데 다음 경에서처럼 조금 더 확장된 형태로 나타난다.

구멍을 가진 멍에 경2(S56:48)

3. "비구들이여, 예를 들면 이 대지를 하나의 물의 무더기로 만든다 하자. 여기에다 사람이 하나의 구멍만을 가진 멍에를 던져 넣는다 하자. 그러면 동쪽에서 부는 바람은 그것을 서쪽으로 몰고 갈 것이고 서쪽에서 부는 바람은 그것을 동쪽으로 몰고 갈 것이며, 북쪽에서 부는 바람은 그것을 남쪽으로 몰고 갈 것이고 남쪽에서 부는 바람은 그것을 북쪽으로 몰고 갈 것이다. 마침 거기에 눈먼 거북이가 있어서 백 년 만에 한 번씩 물위로 올라온다 하자. 비구들이여, 이를 어떻게 생각하는가? 백 년 만에 한 번씩 물위로 [457] 올라오는 그 눈먼 거북이가 그 멍에에 나있는 하나의 구멍 속으로 목을 넣을 수 있겠는가?"

"세존이시여, 백 년 만에 한 번씩 물위로 올라오는 눈먼 거북이가 그 멍에에 나있는 단 하나의 구멍 속으로 목을 넣는 것은 참으로 희유합니다."

4. "비구들이여, 그와 같이 이 인간의 몸을 받는다는 것은 참으로 희유하다.303) 비구들이여, 그와 같이 여래·아라한·정등각자가 세상에 출현하는 것도 참으로 희유하다. 비구들이여, 그와 같이 여래가 설한 법과 율이 세상을 비추는 것도 참으로 희유하다.

비구들이여, 이제 그대들은 이러한 인간의 몸을 받았다. 여래는 세상에 출현하였다. 여래가 설한 법과 율이 세상을 비추고 있다."

---

303) '참으로 희유하다(adhiccaṁ).'는 것은 철학적인 의도를 가지고 하신 말씀이 아니라 수사학적인 말씀으로 받아들여야 할 것이다. 교학적인 입장에서 보자면, 부처님이 세상에 출현하고 법과 율이 있고 수행자가 인간으로 태어난 이런 세 가지 조건은 정확한 원인과 조건에 의해서 생기는 것이지 우연히 생기는 것은 아닐 것이다.

5. "비구들이여, 그러므로 그대들은 '이것이 괴로움이다.'라고 수행해야 한다. '이것이 괴로움의 일어남이다.'라고 수행해야 한다. '이것이 괴로움의 소멸이다.'라고 수행해야 한다. '이것이 괴로움의 소멸로 인도하는 도닦음이다.'라고 수행해야 한다."

수미산 경1(S56:49)

Sinerupabbatarāja-sutta

3. "비구들이여, 예를 들면 어떤 사람이 산의 왕 수미산[304] 위에 강낭콩만한 자갈 일곱 개를 놓는다 하자.[305] 비구들이여, 이를 어떻게 생각하는가? 어떤 것이 더 많은가? 일곱 개의 강낭콩만한 자갈인가, 아니면 산의 왕 수미산인가?"

"세존이시여, 산의 왕 수미산이 더 많습니다. 일곱 개의 강낭콩만한 자갈은 아주 적습니다. 일곱 개의 강낭콩만한 자갈은 산의 왕 수미산에 비하면 헤아릴 것도 못되고 비교할 것도 못되며 아예 한 조각에도 미치지 못합니다."

4. "비구들이여, [458] 그와 같이 견해를 구족하고 관통을 갖춘 성스러운 제자에게는 멸진하고 해소된 괴로움이 더 많고, 남아있는 괴로움은 아주 적다. 그에게 남아있는 괴로움은 멸진하고 해소된 이전의 괴로움의 무더기에 비하면 헤아릴 것도 못되고 비교할 것도 못되며 아예 한 조각에도 미치지 못하나니, 이제 최대 일곱 생만이 [더 남아있다.]

---

304) '산의 왕 수미산(Sineru pabbatarāja, Sk. Sumeru)'에 대해서는 본서 제2권 「산의 비유 경」 3(S13:11) §3의 주해를 참조할 것.

305) 본서 제2권 「산의 비유 경」 3(S13:11) §3을 참조할 것.

그는 '이것이 괴로움이다.'라고 있는 그대로 꿰뚫어 안다. '이것이 괴로움의 일어남이다.'라고 있는 그대로 꿰뚫어 안다. '이것이 괴로움의 소멸이다.'라고 있는 그대로 꿰뚫어 안다. '이것이 괴로움의 소멸로 인도하는 도닦음이다.'라고 있는 그대로 꿰뚫어 안다."

5. "비구들이여, 그러므로 그대들은 '이것이 괴로움이다.'라고 수행해야 한다. '이것이 괴로움의 일어남이다.'라고 수행해야 한다. '이것이 괴로움의 소멸이다.'라고 수행해야 한다. '이것이 괴로움의 소멸로 인도하는 도닦음이다.'라고 수행해야 한다."

수미산 경2(S56:50)

3. "비구들이여, 예를 들면 산의 왕 수미산이 철저하게 소진되고 없어져서 강낭콩만한 자갈 일곱 개만이 남아있다 하자.[306] 비구들이여, 이를 어떻게 생각하는가? 어떤 것이 더 많은가? 산의 왕 수미산인가, 아니면 남아있는 일곱 개의 강낭콩만한 자갈인가?"

"세존이시여, 철저하게 소진되고 없어진 산의 왕 수미산이 더 많습니다. 남아있는 일곱 개의 강낭콩만한 자갈은 아주 적습니다. 일곱 개의 강낭콩만한 자갈은 산의 왕 수미산에 비하면 헤아릴 것도 못되고 비교할 것도 못되며 아예 한 조각에도 미치지 못합니다."

4. "비구들이여, 그와 같이 견해를 구족하고 관통을 갖춘 성스러운 제자에게는 멸진하고 해소된 괴로움이 더 많고, [459] 남아있는 괴로움은 아주 적다. 그에게 남아있는 괴로움은 멸진하고 해소된 이전의 괴로움의 무더기에 비하면 헤아릴 것도 못되고 비교할 것도 못

306) 본서 제2권 「산의 비유 경」2(S13:10) §3을 참조할 것.

되며 아예 한 조각에도 미치지 못하나니, 이제 최대 일곱 생만이 [더 남아있다.]

그는 '이것이 괴로움이다.'라고 있는 그대로 꿰뚫어 안다. '이것이 괴로움의 일어남이다.'라고 있는 그대로 꿰뚫어 안다. '이것이 괴로움의 소멸이다.'라고 있는 그대로 꿰뚫어 안다. '이것이 괴로움의 소멸로 인도하는 도닦음이다.'라고 있는 그대로 꿰뚫어 안다."

5. "비구들이여, 그러므로 그대들은 '이것이 괴로움이다.'라고 수행해야 한다. '이것이 괴로움의 일어남이다.'라고 수행해야 한다. '이것이 괴로움의 소멸이다.'라고 수행해야 한다. '이것이 괴로움의 소멸로 인도하는 도닦음이다.'라고 수행해야 한다."

제5장 낭떠러지 품이 끝났다.

다섯 번째 품에 포함된 경들의 목록은 다음과 같다.

① 세상에 대한 사색 ② 낭떠러지 ③ 대열뇌
④ 뾰족지붕 집 ⑤ 머리카락
⑥ 암흑, 두 가지 ⑦~⑧ 구멍을 가진 멍에
두 가지 ⑨~⑩ 수미산이다.

제6장 관통 품

Abhisamaya-vagga[307]

손톱 경(S56:51)[308]

Nakhasikha-sutta

2. 그때 세존께서는 조그만 먼지를 손톱 끝에 올린 뒤 비구들을 불러서 말씀하셨다.

3. "비구들이여, 이를 어떻게 생각하는가? 내가 손톱 끝에 올린 조그만 이 먼지와 저 대지 가운데 어떤 것이 더 많은가?"

"세존이시여, 저 대지가 더 많습니다. 세존께서 손톱 끝에 올리신 조그만 그 먼지는 아주 적습니다. 세존께서 손톱 끝에 올리신 조그만 그 먼지는 대지에 비하면 헤아릴 것도 못되고 비교할 것도 못되며 아예 한 조각에도 미치지 못합니다."

4. "비구들이여, [460] 그와 같이 견해를 구족하고 관통을 갖춘 성스러운 제자에게는 멸진하고 해소된 괴로움이 더 많고, 남아있는 괴로움은 아주 적다. 그에게 남아있는 괴로움은, 멸진하고 해소된 이

307) 본품의 열 개의 경(S56:51~60)은 각각 본서 제2권 「관통 상윳따」(S13)의 열 개의 경들(S13:1~10)과 같은 방법으로 설해지고 있다.

308) 본서 S56:51~60은 본서 제2권 S13:1~10과 상응한다. 그러나 여기서는 '대지에 비하면 헤아릴 것도 못되고 비교할 것도 못되며 아예 한 조각에도 미치지 못합니다.'로 나타나지만 거기서는 '대지에 비하면 백분의 일에도 미치지 못하고 천분의 일에도 미치지 못하고 십만 분의 일에도 미치지 못합니다.'로 나타나는 것이 다르다. 그리고 사성제에 적용시키는 결론부분도 서로 다르게 나타난다.

전의 괴로움의 무더기에 비하면 헤아릴 것도 못되고 비교할 것도 못되며 아예 한 조각에도 미치지 못하나니, 이제 최대 일곱 생만이 [더 남아있다.]

그는 '이것이 괴로움이다.'라고 있는 그대로 꿰뚫어 안다. '이것이 괴로움의 일어남이다.'라고 있는 그대로 꿰뚫어 안다. '이것이 괴로움의 소멸이다.'라고 있는 그대로 꿰뚫어 안다. '이것이 괴로움의 소멸로 인도하는 도닦음이다.'라고 있는 그대로 꿰뚫어 안다."

5. "비구들이여, 그러므로 그대들은 '이것이 괴로움이다.'라고 수행해야 한다. '이것이 괴로움의 일어남이다.'라고 수행해야 한다. '이것이 괴로움의 소멸이다.'라고 수행해야 한다. '이것이 괴로움의 소멸로 인도하는 도닦음이다.'라고 수행해야 한다."

연못 경(S56:52)

Pokkharaṇī-sutta

3. "비구들이여, 예를 들면 50요자나[309]의 길이와 50요자나의 너비와 50요자나의 깊이를 가진 연못이 있는데 그 안에 까마귀가 마실 수 있을 만큼 넘실대는 물로 가득 차있다 하자. 그런데 사람이 꾸사 풀의 끝으로 그 물을 퍼 올린다 하자. 비구들이여, 이를 어떻게 생각하는가? 어느 쪽의 물이 더 많은가? 꾸사 풀의 끝으로 퍼 올린 물인가, 아니면 연못의 물인가?"

"세존이시여, 이 연못의 물이 더 많습니다. 꾸사 풀의 끝으로 퍼

309) 중국에서 유순(兪旬, 踰旬)으로 음역을 한 '요자나(yojana)'는 √yuj(*to yoke*)에서 파생된 중성명사이다. 어원이 암시하듯이 이것은 [소에] 멍에를 메워 쉬지 않고 한 번에 갈 수 있는 거리이며 1요자나는 대략 7마일 즉 11㎞ 정도의 거리라고 한다.(PED)

올린 물은 아주 적습니다. 꾸사 풀의 끝으로 퍼 올린 물은 연못의 물에 비하면 헤아릴 것도 못되고 비교할 것도 못되며 아예 한 조각에도 미치지 못합니다."

4. "비구들이여, 그와 같이 견해를 구족하고 관통을 갖춘 성스러운 제자에게는 멸진하고 해소된 괴로움이 더 많고, 남아있는 괴로움은 아주 적다. …"

5. "비구들이여, 그러므로 그대들은 '이것이 괴로움이다.'라고 수행해야 한다. '이것이 괴로움의 일어남이다.'라고 수행해야 한다. '이것이 괴로움의 소멸이다.'라고 수행해야 한다. '이것이 괴로움의 소멸로 인도하는 도닦음이다.'라고 수행해야 한다."

합류하는 물 경1(S56:53)

Sambhejjaudaka-sutta

3. "비구들이여, 예를 들면 강가와 야무나와 아찌라와띠와 사라부와 마히 같은 큰 강들이 만나서 합류하는 곳에서 사람이 두세 방울의 물을 퍼 올린다 하자. 비구들이여, [461] 이를 어떻게 생각하는가? 어느 쪽의 물이 더 많은가? 두세 방울의 퍼 올린 물인가, 아니면 합류하는 물인가?"

"세존이시여, 합류하는 물이 더 많습니다. 두세 방울의 퍼 올린 물은 아주 적습니다. 두세 방울의 퍼 올린 물은 합류하는 물에 비하면 헤아릴 것도 못되고 비교할 것도 못되며 아예 한 조각에도 미치지 못합니다."

4. "비구들이여, 그와 같이 견해를 구족하고 관통을 갖춘 성스러운 제자에게는 멸진하고 해소된 괴로움이 더 많고, 남아있는 괴로

움은 아주 적다. …”

5. “비구들이여, 그러므로 그대들은 ‘이것이 괴로움이다.’라고 수행해야 한다. ‘이것이 괴로움의 일어남이다.’라고 수행해야 한다. ‘이것이 괴로움의 소멸이다.’라고 수행해야 한다. ‘이것이 괴로움의 소멸로 인도하는 도닦음이다.’라고 수행해야 한다.”

합류하는 물 경2(S56:54)

3. “비구들이여, 예를 들면 강가와 야무나와 아찌라와띠와 사라부와 마히 같은 큰 강들이 만나서 합류하는 곳에서 그 물이 철저하게 소진되고 없어져서 두세 방울의 물만이 남아있다 하자. 비구들이여, 이를 어떻게 생각하는가? 어느 쪽의 물이 더 많은가? 합류한 뒤에 철저하게 소진되고 없어진 물인가, 아니면 남아 있는 두세 방울의 물인가?”

“세존이시여, 합류한 뒤에 철저하게 소진되고 없어진 물이 더 많습니다. 남아 있는 두세 방울의 물은 아주 적습니다. 남아 있는 두세 방울의 물은 합류한 뒤에 철저하게 소진되고 없어진 물에 비하면 헤아릴 것도 못되고 비교할 것도 못되며 아예 한 조각에도 미치지 못합니다.”

4. “비구들이여, 그와 같이 견해를 구족하고 관통을 갖춘 성스러운 제자에게는 멸진하고 해소된 괴로움이 더 많고, 남아있는 괴로움은 아주 적다. …”

5. “비구들이여, 그러므로 그대들은 ‘이것이 괴로움이다.’라고 수행해야 한다. ‘이것이 괴로움의 일어남이다.’라고 수행해야 한다. ‘이것이 괴로움의 소멸이다.’라고 수행해야 한다. ‘이것이 괴로움의

소멸로 인도하는 도닦음이다.'라고 수행해야 한다."

땅 경1(S56:55)

Pathavī-sutta

3. "비구들이여, [462] 예를 들면 어떤 사람이 대추씨만한 구슬 일곱 개를 대지 위에 놓는다 하자. 비구들이여, 이를 어떻게 생각하는가? 어떤 것이 더 많은가? 거기에 놓은 대추씨만한 일곱 개의 구슬인가, 아니면 대지인가?"

"세존이시여, 대지가 더 많습니다. 거기에 놓은 대추씨만한 일곱 개의 구슬은 아주 적습니다. 거기에 놓은 대추씨만한 일곱 개의 구슬은 대지에 비하면 헤아릴 것도 못되고 비교할 것도 못되며 아예 한 조각에도 미치지 못합니다."

4. "비구들이여, 그와 같이 견해를 구족하고 관통을 갖춘 성스러운 제자에게는 멸진하고 해소된 괴로움이 더 많고, 남아있는 괴로움은 아주 적다. …"

5. "비구들이여, 그러므로 그대들은 '이것이 괴로움이다.'라고 수행해야 한다. '이것이 괴로움의 일어남이다.'라고 수행해야 한다. '이것이 괴로움의 소멸이다.'라고 수행해야 한다. '이것이 괴로움의 소멸로 인도하는 도닦음이다.'라고 수행해야 한다."

땅 경2(S56:56)

3. "비구들이여, 예를 들면 대지가 철저하게 소진되고 없어져서 대추씨만한 구슬 일곱 개만이 남아있다 하자. 비구들이여, 이를 어떻게 생각하는가? 어떤 것이 더 많은가? 철저하게 소진되고 없어진 대

지인가, 아니면 대추씨만한 일곱 개의 구슬인가?"

"세존이시여, 철저하게 소진되고 없어진 대지가 더 많습니다. 대추씨만한 일곱 개의 구슬은 아주 적습니다. 대추씨만한 일곱 개의 구슬은 철저하게 소진되고 없어진 대지에 비하면 헤아릴 것도 못되고 비교할 것도 못되며 아예 한 조각에도 미치지 못합니다."

4. "비구들이여, 그와 같이 견해를 구족하고 관통을 갖춘 성스러운 제자에게는 멸진하고 해소된 괴로움이 더 많고, 남아있는 괴로움은 아주 적다. …"

5. "비구들이여, 그러므로 그대들은 '이것이 괴로움이다.'라고 수행해야 한다. '이것이 괴로움의 일어남이다.'라고 수행해야 한다. '이것이 괴로움의 소멸이다.'라고 수행해야 한다. '이것이 괴로움의 소멸로 인도하는 도닦음이다.'라고 수행해야 한다."

바다 경1(S56:57)

Samudda-sutta

3. "비구들이여, [463] 예를 들면 어떤 사람이 대해로부터 두세 방울의 물을 퍼 올린다 하자. 비구들이여, 이를 어떻게 생각하는가? 어느 쪽의 물이 더 많은가? 두세 방울의 퍼 올린 물인가, 아니면 대해에 있는 물인가?"

"세존이시여, 대해에 있는 물이 더 많습니다. 두세 방울의 퍼 올린 물은 아주 적습니다. 두세 방울의 퍼 올린 물은 대해의 물에 비하면 헤아릴 것도 못되고 비교할 것도 못되며 아예 한 조각에도 미치지 못합니다."

4. "비구들이여, 그와 같이 견해를 구족하고 관통을 갖춘 성스

러운 제자에게는 멸진하고 해소된 괴로움이 더 많고, 남아있는 괴로움은 아주 적다. …"

5. "비구들이여, 그러므로 그대들은 '이것이 괴로움이다.'라고 수행해야 한다. '이것이 괴로움의 일어남이다.'라고 수행해야 한다. '이것이 괴로움의 소멸이다.'라고 수행해야 한다. '이것이 괴로움의 소멸로 인도하는 도닦음이다.'라고 수행해야 한다."

바다 경2(S56:58)

3. "비구들이여, 예를 들면 대해가 철저하게 소진되고 없어져서 두세 방울의 물만이 남아있다 하자. 비구들이여, 이를 어떻게 생각하는가? 어느 쪽의 물이 더 많은가? 철저하게 소진되고 없어진 대해의 물인가, 아니면 남아 있는 두세 방울의 물인가?"

"세존이시여, 철저하게 소진되고 없어진 대해의 물이 더 많습니다. 남아 있는 두세 방울의 물은 아주 적습니다. 남아 있는 두세 방울의 물은 철저하게 소진되고 없어진 대해의 물에 비하면 헤아릴 것도 못되고 비교할 것도 못되며 아예 한 조각에도 미치지 못합니다."

4. "비구들이여, 그와 같이 견해를 구족하고 관통을 갖춘 성스러운 제자에게는 멸진하고 해소된 괴로움이 더 많고, 남아있는 괴로움은 아주 적다. …"

5. "비구들이여, 그러므로 그대들은 '이것이 괴로움이다.'라고 수행해야 한다. '이것이 괴로움의 일어남이다.'라고 수행해야 한다. '이것이 괴로움의 소멸이다.'라고 수행해야 한다. '이것이 괴로움의 소멸로 인도하는 도닦음이다.'라고 수행해야 한다."

산의 비유 경1(S56:59)

Pabbatupama-sutta

3. "비구들이여, [464] 예를 들면 산의 왕인 히말라야 가까이에 겨자씨만한 자갈 일곱 개를 놓고 [비교한다] 하자. 비구들이여, 이를 어떻게 생각하는가? 어떤 것이 많은가? 일곱 개의 겨자씨만한 자갈인가, 아니면 산의 왕인 히말라야인가?"

"세존이시여, 산의 왕인 히말라야가 더 많습니다. 거기에 놓은 일곱 개의 겨자씨만한 자갈은 아주 적습니다. 거기에 놓은 일곱 개의 겨자씨만한 자갈은 산의 왕인 히말라야에 비하면 헤아릴 것도 못되고 비교할 것도 못되며 아예 한 조각에도 미치지 못합니다."

4. "비구들이여, 그와 같이 견해를 구족하고 관통을 갖춘 성스러운 제자에게는 멸진하고 해소된 괴로움이 더 많고, 남아있는 괴로움은 아주 적다. …"

5. "비구들이여, 그러므로 그대들은 '이것이 괴로움이다.'라고 수행해야 한다. '이것이 괴로움의 일어남이다.'라고 수행해야 한다. '이것이 괴로움의 소멸이다.'라고 수행해야 한다. '이것이 괴로움의 소멸로 인도하는 도닦음이다.'라고 수행해야 한다."

산의 비유 경2(S56:60)

3. "비구들이여, 예를 들면 산의 왕인 히말라야가 철저하게 소진되고 없어져서 겨자씨만한 자갈 일곱 개만이 남아있다 하자. 비구들이여, 이를 어떻게 생각하는가? 어떤 것이 더 많은가? 산의 왕인 히말라야인가인가, 아니면 남아있는 일곱 개의 겨자씨만한 자갈인가?"

"세존이시여, 철저하게 소진되고 없어진 산의 왕인 히말라야가 더 많습니다. 남아있는 일곱 개의 겨자씨만한 자갈은 아주 적습니다. 남아있는 일곱 개의 겨자씨만한 자갈은 철저하게 소진되고 없어진 산의 왕인 히말라야에 비하면 헤아릴 것도 못되고 비교할 것도 못되며 아예 한 조각에도 미치지 못합니다."

4. "비구들이여, 그와 같이 견해를 구족하고 관통을 갖춘 성스러운 제자에게는 멸진하고 해소된 괴로움이 더 많고, [465] 남아있는 괴로움은 아주 적다. 그에게 남아있는 괴로움은 멸진하고 해소된 이전의 괴로움의 무더기에 비하면 헤아릴 것도 못되고 비교할 것도 못되며 아예 한 조각에도 미치지 못하나니, 이제 최대 일곱 생만이 [더 남아있다.]

그는 '이것이 괴로움이다.'라고 있는 그대로 꿰뚫어 안다. '이것이 괴로움의 일어남이다.'라고 있는 그대로 꿰뚫어 안다. '이것이 괴로움의 소멸이다.'라고 있는 그대로 꿰뚫어 안다. '이것이 괴로움의 소멸로 인도하는 도닦음이다.'라고 있는 그대로 꿰뚫어 안다."

5. "비구들이여, 그러므로 그대들은 '이것이 괴로움이다.'라고 수행해야 한다. '이것이 괴로움의 일어남이다.'라고 수행해야 한다. '이것이 괴로움의 소멸이다.'라고 수행해야 한다. '이것이 괴로움의 소멸로 인도하는 도닦음이다.'라고 수행해야 한다."

제6장 관통 품이 끝났다.

여섯 번째 품에 포함된 경들의 목록은 다음과 같다.

① 손톱 ② 연못, 두 가지 ③~④ 합류하는 물, 두 가지 ⑤~⑥ 땅
두 가지 ⑦~⑧ 바다, 두 가지 ⑨~⑩ 산의 비유이다.

제7장 첫 번째 날곡식의 반복

Āmakadhañña-peyyāla[310)]

다른 곳 경(S56:61)

Aññatra-sutta

3. 그때 세존께서는 조그만 먼지를 손톱 끝에 올린 뒤 비구들을 불러서 말씀하셨다.

"비구들이여, 이를 어떻게 생각하는가? 내가 손톱 끝에 올린 조그만 이 먼지와 저 대지 가운데 어떤 것이 더 많은가?"

"세존이시여, [466] 저 대지가 더 많습니다. 세존께서 손톱 끝에 올리신 조그만 그 먼지는 아주 적습니다. 세존께서 손톱 끝에 올리신 조그만 그 먼지는 대지에 비하면 헤아릴 것도 못되고 비교할 것도 못되며 아예 한 조각에도 미치지 못합니다."

4. "비구들이여, 그와 같이 인간으로 다시 태어나는 중생들은 적고 인간이 아닌 다른 곳에 태어나는 중생들은 많다.[311)] 그것은 무슨 이유 때문인가?

---

310) 품의 명칭은 Be, Se를 따랐다. '날곡식(āmaka-dhañña)'이라는 단어는 본서 「날곡식 경」(S56:84)에 나타나고 있다. Ee에는 Cakka-peyyāla(바퀴의 반복)으로 나타나는데 본품에 포함된 어느 경에도 바퀴(cakka)라는 단어가 나타나지 않는다. 그런데 Ee에는 뒤의 제9장만을 '날곡식의 반복(Āmaka-dhañña-peyyāla)'으로 품의 제목을 매기고 있다.

311) 이것은 『앙굿따라 니까야』 「하나의 모음」(A1:19:2/i.35)에도 나타나는데 사성제와 연결되어 나타나지는 않는다. 그리고 아래 56:62와 56:63과 56:65도 비슷한 방법으로 『앙굿따라 니까야』 「하나의 모음」(A1:19:1~2/i.35)에 나타나고 있다.

비구들이여, 네 가지 성스러운 진리를 보지 못했기 때문이다. 무엇이 넷인가?

괴로움의 성스러운 진리, 괴로움의 일어남의 성스러운 진리, 괴로움의 소멸의 성스러운 진리, 괴로움의 소멸로 인도하는 도닦음의 성스러운 진리이다."

5. "비구들이여, 그러므로 그대들은 '이것이 괴로움이다.'라고 수행해야 한다. '이것이 괴로움의 일어남이다.'라고 수행해야 한다. '이것이 괴로움의 소멸이다.'라고 수행해야 한다. '이것이 괴로움의 소멸로 인도하는 도닦음이다.'라고 수행해야 한다."

변방 경(S56:62)
Paccanta-sutta

3. 그때 세존께서는 조그만 먼지를 손톱 끝에 올린 뒤 비구들을 불러서 말씀하셨다.

"비구들이여, 이를 어떻게 생각하는가? 내가 손톱 끝에 올린 조그만 이 먼지와 저 대지 가운데 어떤 것이 더 많은가?"

"세존이시여, 이 대지가 더 많습니다. …

4. "비구들이여, 그와 같이 지역의 중심[中國][312]에 인간으로 태어나는 중생들은 적고 변방에서 무지몽매한 멸려차(蔑戾車)[313]로

312) '지역의 중심'으로 옮긴 원어는 majjhimesu janapadesu인데 '중심지'로 직역할 수 있으며 중국(中國)으로 한역할 수 있다.

313) '멸려차(蔑戾車)'로 옮긴 milakkha는 산스끄리뜨 mleccha의 빠알리어인데 이방인을 뜻한다. 바라문교의 『제의서』(Brāhmaṇa)에 의하면 이방인들은 산스끄리뜨 발음을 정확히 못하고 믈레믈레(우물우물)하기 때문에 믈레차라 부른다고 한다. 그러므로 아리야족이 아닌 모든 사람들은 믈레차이고 인도인들의 입장에서 보면 미개인이고 이방인이다. 불교 산스끄리뜨에도 많

태어나는 중생들은 많다. 그것은 무슨 이유 때문인가?

비구들이여, 네 가지 성스러운 진리를 보지 못했기 때문이다. …"

5. "비구들이여, 그러므로 그대들은 '이것이 괴로움이다.'라고 수행해야 한다. '이것이 괴로움의 일어남이다.'라고 수행해야 한다. '이것이 괴로움의 소멸이다.'라고 수행해야 한다. '이것이 괴로움의 소멸로 인도하는 도닦음이다.'라고 수행해야 한다."

통찰지 경(S56:63)

Paññā-sutta

"비구들이여, [467] 그와 같이 통찰지의 눈[慧眼]을 구족한 중생들은 적고 무명에 빠지고 미혹한 중생들은 많다. …"

술과 중독성 물질 경(S56:64)

Surāmeraya-sutta

"비구들이여, 그와 같이 술과 중독성 물질을 멀리 여읜 중생들은 적고 술과 중독성 물질을 멀리 여의지 못한 중생들은 많다. …"

물에서 태어남 경(S56:65)

Odaka-sutta

"비구들이여, 그와 같이 뭍에서 태어난 중생들은 적고 물에서 태어난 중생들은 많다. …"

이 나타나는 표현이며 이를 중국에서는 멸려차(蔑戾車)나 미려차(彌戾車) 등으로 음역하였다. 『화엄경』 등 대승경전에도 "변지하천 멸려차(邊地下賤蔑戾車)"라는 표현이 등장한다.

어머니를 존중함 경(S56:66)

Matteyya-sutta

"비구들이여, 그와 같이 어머니를 존중하는 중생들은 적고 어머니를 존중하지 않는 중생들은 많다. …"

아버지를 존중함 경(S56:67)

Petteyya-sutta

"비구들이여, 그와 같이 아버지를 존중하는 중생들은 적고 아버지를 존중하지 않는 중생들은 많다. …"

사문을 존중함 경(S56:68)

Sāmañña-sutta

"비구들이여, [468] 그와 같이 사문을 존중하는 중생들은 적고 사문을 존중하지 않는 중생들은 많다. …"

바라문을 존중함 경(S56:69)

Brahmañña-sutta

"비구들이여, 그와 같이 바라문을 존중하는 중생들은 적고 바라문을 존중하지 않는 중생들은 많다. …"

연장자를 존중함 경(S56:70)

Pacāyika-sutta

"비구들이여, 그와 같이 가문의 연장자를 존중하는 중생들은 적고 가문의 연장자를 존중하지 않는 중생들은 많다. …"

제7장 첫 번째 날곡식의 반복이 끝났다.

일곱 번째 품에 포함된 경들의 목록은 다음과 같다.

① 다른 곳 ② 변방 ③ 통찰지
④ 술과 중독성 물질 ⑤ 물에서 태어남
⑥ 어머니를 존중함 ⑦ 아버지를 존중함 ⑧ 사문을 존중함
⑨ 바라문을 존중함 ⑩ 연장자를 존중함이다.

제8장 두 번째 날곡식의 반복

Āmakadhañña-peyyāla

생명을 죽임 경(S56:71)[314]

Pāṇātipāta-sutta

"비구들이여, 그와 같이 생명을 죽이는 것을 멀리 여읜 중생들은 적고 생명을 죽이는 것을 멀리 여의지 못한 중생들은 많다. …"

주지 않은 것을 가짐 경(S56:72)

Adinnādāna-sutta

"비구들이여, [469] 그와 같이 주지 않은 것을 가지는 것을 멀리 여읜 중생들은 적고 주지 않은 것을 가지는 것을 멀리 여의지 못한 중생들은 많다. …"

삿된 음행 경(S56:73)

Kāmesumicchārāra-sutta

"비구들이여, 그와 같이 삿된 음행을 멀리 여읜 중생들은 적고 삿된 음행을 멀리 여의지 못한 중생들은 많다. …"

---

314) 여기 S56:71~77에서의 비교는 열 가지 유익한 업의 길[十善業道, dasa kusala-kamma-patha] 가운데 처음의 일곱 가지에 기초하고 있다. 세 번째 경(S56:73)에서는 성생활을 완전히 금하는 청정범행(brahamacariya)을 닦음 대신에 삿된 음행(kāmesu micchācāra)을 금함이 나타나고 있다. 이 일곱 가지는 『디가 니까야』 「사문과경」(D2/i.63~64) §§43~44 등에서 비구가 지녀야 할 계의 항목으로 언급되고 있기도 하다.

거짓말 경(S56:74)

Musāvāda-sutta

"비구들이여, 그와 같이 거짓말을 멀리 여읜 중생들은 적고 거짓말을 멀리 여의지 못한 중생들은 많다. …"

중상모략 경(S56:75)

Pisunāvācā-sutta

"비구들이여, 그와 같이 중상모략을 멀리 여읜 중생들은 적고 중상모략을 멀리 여의지 못한 중생들은 많다. …"

욕설 경(S56:76)

Pharusavācā-sutta

"비구들이여, 그와 같이 욕설을 멀리 여읜 중생들은 적고 욕설을 멀리 여의지 못한 중생들은 많다. …"

잡담 경(S56:77)

Samphappalāpa-sutta

"비구들이여, 그와 같이 잡담을 멀리 여읜 중생들은 적고 잡담을 멀리 여의지 못한 중생들은 많다. …"

씨앗류 경(S56:78)[315)]

Bījagāma-sutta

315) S56:78~101에서의 비교는 『디가 니까야』 「사문과경」(D2 §45/i.64) 등에 나타나는 비구가 지녀야 할 24가지보다 덜 중요한 계의 항목에 기초하고 있다. 「사문과경」(D2) §45를 참조할 것.

"비구들이여, [470] 그와 같이 씨앗류와 초목류를 손상시키는 것을 멀리 여읜 중생들은 적고 씨앗류와 초목류를 손상시키는 것을 멀리 여의지 못한 중생들은 많다. …"

때 아닌 때 경(S56:79)
Vikāla-sutta

"비구들이여, 그와 같이 때 아닌 때에 먹는 것을 멀리 여읜 중생들은 적고 때 아닌 때에 먹는 것을 멀리 여의지 못한 중생들은 많다. …"

향과 화장품 경(S56:80)
Gandhavipepana-sutta

"비구들이여, 그와 같이 화환과 향과 화장품으로 치장하는 것을 멀리 여읜 중생들은 적고 화환과 향과 화장품으로 치장하는 것을 멀리 여의지 못한 중생들은 많다. …"

제8장 두 번째 날곡식의 반복이 끝났다.

여덟 번째 품에 포함된 경들의 목록은 다음과 같다.

① 생명을 죽임 ② 주지 않은 것을 가짐
③ 삿된 음행 ④ 거짓말 ⑤ 중상모략
⑥ 욕설 ⑦ 잡담 ⑧ 씨앗류
⑨ 때 아닌 때 ⑩ 향과 화장품이다.

제9장 세 번째 날곡식의 반복

Āmakadhañña-peyyāla

춤과 노래 경(S56:81)

Naccagīta-sutta

"비구들이여, 그와 같이 춤, 노래, 연주, 연극을 관람하는 것을 멀리 여읜 중생들은 적고 [471] 춤, 노래, 연주, 연극을 관람하는 것을 멀리 여의지 못한 중생들은 많다. …"

높은 침상 경(S56:82)

Uccāsayana-sutta

"비구들이여, 그와 같이 높고 큰 침상을 멀리 여읜 중생들은 적고 높고 큰 침상을 멀리 여의지 못한 중생들은 많다. …"

금과 은 경(S56:83)

Jātarūparajata-sutta

"비구들이여, 그와 같이 금과 은을 받는 것을 멀리 여읜 중생들은 적고 금과 은을 받는 것을 멀리 여의지 못한 중생들은 많다. …"

날곡식 경(S56:84)

Āmakadhañña-sutta

"비구들이여, 그와 같이 [요리하지 않은] 날곡식을 받는 것을 멀리 여읜 중생들은 적고 [요리하지 않은] 날곡식을 받는 것을 멀리 여의지 못한 중생들은 많다. …"

생고기 경(S56:85)

Āmakamaṁsa-sutta

"비구들이여, 그와 같이 생고기를 받는 것을 멀리 여읜 중생들은 적고 생고기를 받는 것을 멀리 여의지 못한 중생들은 많다. …"

동녀 경(S56:86)

Kumāriya-sutta

"비구들이여, 그와 같이 여자나 동녀를 받는 것을 멀리 여읜 중생들은 적고 여자나 동녀를 받는 것을 멀리 여의지 못한 중생들은 많다. …"

하인 경(S56:87)

Dāsi-sutta

"비구들이여, [472] 그와 같이 하인이나 하녀를 받는 것을 멀리 여읜 중생들은 적고 하인이나 하녀를 받는 것을 멀리 여의지 못한 중생들은 많다. …"

염소나 양 경(S56:88)

Ajelaka-sutta

"비구들이여, 그와 같이 염소나 양을 받는 것을 멀리 여읜 중생들은 적고 염소나 양을 받는 것을 멀리 여의지 못한 중생들은 많다. …"

닭이나 돼지 경(S56:89)

Kukkuṭasūkara-sutta

"비구들이여, 그와 같이 닭이나 돼지를 받는 것을 멀리 여읜 중생들은 적고 닭이나 돼지를 받는 것을 멀리 여의지 못한 중생들은 많다. …"

코끼리 경(S56:90)

Hatthi-sutta

"비구들이여, 그와 같이 코끼리, 소, 말, 암말을 받는 것을 멀리 여읜 중생들은 적고 코끼리, 소, 말, 암말을 받는 것을 멀리 여의지 못한 중생들은 많다. …"

제9장 세 번째 날곡식의 반복이 끝났다.

아홉 번째 품에 포함된 경들의 목록은 다음과 같다.

① 춤과 노래 ② 높은 침상 ③ 금과 은
④ 날곡식 ⑤ 생고기
⑥ 동녀 ⑦ 하인 ⑧ 염소와 양
⑨ 닭과 돼지 ⑩ 코끼리이다.

제10장 네 번째 날곡식의 반복

Āmakadhañña-peyyāla

농토 경(S56:91)

Khetta-sutta

"비구들이여, [473] 그와 같이 농토나 토지를 받는 것을 멀리 여읜 중생들은 적고 농토나 토지를 받는 것을 멀리 여의지 못한 중생들은 많다. …"

사거나 팖 경(S56:92)

Kayavikkaya-sutta

"비구들이여, 그와 같이 사거나 파는 것을 멀리 여읜 중생들은 적고 사거나 파는 것을 멀리 여의지 못한 중생들은 많다. …"

심부름꾼 경(S56:93)

Dūteyya-sutta

"비구들이여, 그와 같이 심부름꾼이나 전령으로 가는 것을 멀리 여읜 중생들은 적고 심부름꾼이나 전령으로 가는 것을 멀리 여의지 못한 중생들은 많다. …"

저울을 속임 경(S56:94)

Tulākūṭa-sutta

"비구들이여, 그와 같이 저울을 속이거나 돈[316]을 속이거나 치수를 속이는 것을 멀리 여읜 중생들은 적고 저울을 속이거나 돈을 속이거나 치수를 속이는 것을 멀리 여의지 못한 중생들은 많다. …"

악용함 경(S56:95)

Ukkoṭana-sutta

"비구들이여, 그와 같이 악용하거나 속이거나 횡령하거나 사기하는 것을 멀리 여읜 중생들은 적고 악용하거나 속이거나 횡령하거나 사기하는 것을 멀리 여의지 못한 중생들은 많다. …"

상해 경 등(S56:96~101)

Vadhādi-sutta

"비구들이여, 그와 같이 상해를 … 살해를 … 포박을 … 약탈을 … 노략질을 … 폭력을 멀리 여읜 중생들은 적고 [474] 상해를 … 살해를 … 포박을 … 약탈을 … 노략질을 … 폭력을 멀리 여의지 못한 중생들은 많다. …"

제10장 네 번째 날곡식의 반복이 끝났다.

---

316) '돈'은 kaṁsa(금속)를 옮긴 것이다. 미얀마어 번역본에서 이렇게 옮기고 있어서 이를 따랐다.

제11장 다섯 가지 태어날 곳(五度)의 반복

Pañcagati-peyyāla

인간으로 죽음 경1(S56:102)[317]

Manussacuti-sutta

3. 그때 세존께서는 조그만 먼지를 손톱 끝에 올린 뒤 비구들을 불러서 말씀하셨다.

"비구들이여, 이를 어떻게 생각하는가? 내가 손톱 끝에 올린 조그만 이 먼지와 저 대지 가운데 어떤 것이 더 많은가?"

"세존이시여, 저 대지가 더 많습니다. 세존께서 손톱 끝에 올리신 조그만 그 먼지는 아주 적습니다. 세존께서 손톱 끝에 올리신 조그만 그 먼지는 대지에 비하면 헤아릴 것도 못되고 비교할 것도 못되며 아예 한 조각에도 미치지 못합니다."

4. "비구들이여, 그와 같이 인간으로 죽어서 인간으로 다시 태어나는 중생들은 적고 인간으로 죽어서 지옥에 태어나는 중생들은 많다. 그것은 무슨 이유 때문인가?

비구들이여, 네 가지 성스러운 진리를 보지 못했기 때문이다. 무엇이 넷인가?

괴로움의 성스러운 진리, 괴로움의 일어남의 성스러운 진리, 괴로움의 소멸의 성스러운 진리, 괴로움의 소멸로 인도하는 도닦음의 성

---

317) S56:102~131은 위 S56:51~65와 비슷하다. 그리고 이 내용은 비슷한 방법으로 『앙굿따라 니까야』 「하나의 모음」(A1:19:1~2/i.35)에도 나타나고 있다.

스러운 진리이다."

5. "비구들이여, 그러므로 그대들은 '이것이 괴로움이다.'라고 수행해야 한다. '이것이 괴로움의 일어남이다.'라고 수행해야 한다. '이것이 괴로움의 소멸이다.'라고 수행해야 한다. '이것이 괴로움의 소멸로 인도하는 도닦음이다.'라고 수행해야 한다."

인간으로 죽음 경2(S56:103)

"비구들이여, 그와 같이 인간으로 죽어서 인간으로 다시 태어나는 중생들은 적고 인간으로 죽어서 축생의 모태에 태어나는 중생들은 많다. …"

인간으로 죽음 경3(S56:104)

"비구들이여, [475] 그와 같이 인간으로 죽어서 인간으로 다시 태어나는 중생들은 적고 인간으로 죽어서 아귀계에 태어나는 중생들은 많다. …"

인간으로 죽음 경4~6(S56:105~107)

"비구들이여, 그와 같이 인간으로 죽어서 신으로 태어나는 중생들은 적고 인간으로 죽어서 지옥에 태어나는 중생들은 많다. …

축생의 모태에 태어나는 중생들은 많다. …

아귀계에 태어나는 중생들은 많다. …"

신으로 죽음 경1~3(S56:108~110)
Devacuti-sutta

"비구들이여, 그와 같이 신으로 죽어서 신으로 태어나는 중생들은 적고 신으로 죽어서 지옥에 태어나는 중생들은 많다. …

축생의 모태에 태어나는 중생들은 많다. …

아귀계에 태어나는 중생들은 많다. …"

신으로 죽음 경4~6(S56:111~113)

"비구들이여, 그와 같이 신으로 죽어서 인간으로 태어나는 중생들은 적고 신으로 죽어서 지옥에 태어나는 중생들은 많다. …

축생의 모태에 태어나는 중생들은 많다. …

아귀계에 태어나는 중생들은 많다. …"

지옥에서 죽음 경1~3(S56:114~116)

"비구들이여, 그와 같이 지옥에서 죽어서 인간으로 태어나는 중생들은 적고 지옥에서 죽어서 지옥에 태어나는 중생들은 많다. …

축생의 모태에 태어나는 중생들은 많다. …

아귀계에 태어나는 중생들은 많다. …"

지옥에서 죽음 경4~6(S56:117~119)

"비구들이여, [476] 그와 같이 지옥에서 죽어서 신으로 태어나는 중생들은 적고 지옥에서 죽어서 지옥에 태어나는 중생들은 많다. …

축생의 모태에 태어나는 중생들은 많다. …

아귀계에 태어나는 중생들은 많다. …"

축생계에서 죽음 경1~3(S56:120~122)

"비구들이여, 그와 같이 축생계에서 죽어서 인간으로 태어나는 중생들은 적고 축생계에서 죽어서 지옥에 태어나는 중생들은 많다. …

축생의 모태에 태어나는 중생들은 많다. …

아귀계에 태어나는 중생들은 많다. …"

축생계에서 죽음 경4~6(S56:123~125)

"비구들이여, 그와 같이 축생계에서 죽어서 신으로 태어나는 중생들은 적고 축생계에서 죽어서 지옥에 태어나는 중생들은 많다. …

축생의 모태에 태어나는 중생들은 많다. …

아귀계에 태어나는 중생들은 많다. …"

아귀계에서 죽음 경1~3(S56:126~128)

"비구들이여, 그와 같이 아귀계에서 죽어서 인간으로 태어나는 중생들은 적고 아귀계에서 죽어서 지옥에 태어나는 중생들은 많다. …

축생의 모태에 태어나는 중생들은 많다. …

아귀계에 태어나는 중생들은 많다. …"

아귀계에서 죽음 경4~6(S56:129~131)

3. 그때 세존께서는 조그만 먼지를 손톱 끝에 올린 뒤 비구들을 불러서 말씀하셨다.

"비구들이여, 이를 어떻게 생각하는가? 내가 손톱 끝에 올린 조그만 이 먼지와 저 대지 가운데 어떤 것이 더 많은가?"

"세존이시여, 저 대지가 더 많습니다. 세존께서 손톱 끝에 올리신 조그만 그 먼지는 아주 적습니다. 세존께서 손톱 끝에 올리신 조그만 그 먼지는 대지에 비하면 헤아릴 것도 못되고 비교할 것도 못되며 아예 한 조각에도 미치지 못합니다."

4. "비구들이여, 그와 같이 아귀계에서 죽어서 신으로 태어나는 중생들은 적고 아귀계에서 죽어서 지옥에 태어나는 중생들은 많다. …

축생의 모태에 [477] 태어나는 중생들은 많다. …

아귀계에 태어나는 중생들은 많다. 그것은 무슨 이유 때문인가?

비구들이여, 그들은 네 가지 성스러운 진리를 보지 못했기 때문이다. 무엇이 넷인가?

괴로움의 성스러운 진리, 괴로움의 일어남의 성스러운 진리, 괴로움의 소멸의 성스러운 진리, 괴로움의 소멸로 인도하는 도닦음의 성스러운 진리이다."

5. "비구들이여, 그러므로 그대들은 '이것이 괴로움이다.'라고 수행해야 한다. '이것이 괴로움의 일어남이다.'라고 수행해야 한다. '이것이 괴로움의 소멸이다.'라고 수행해야 한다. '이것이 괴로움의 소멸로 인도하는 도닦음이다.'라고 수행해야 한다."

제11장 다섯 가지 태어날 곳[五度]의 반복이 끝났다.

진리 상윳따(S56)가 끝났다. [478]

제6권 진리를 위주로 한 가르침에
포함된 상윳따들의 목록은 다음과 같다.

① 성취수단[如意足] ② 아누룻다
③ 선(禪) ④ 들숨날숨
⑤ 예류 ⑥ 진리[諦]이다.

제6권 진리를 위주로 한 가르침이 끝났다.

십력(十力)의 바위산에서 생겨나
열반의 대해를 목적지로 하여
팔정도를 물로 삼아 [흘러가는]
승자의 말씀에 대한 이 감격 오래 전해지기를!

dasabalaselappabhavā
nibbānamahāsamuddapariyantā
aṭṭhaṅgamaggasalilā
jinavacananadī ciraṁ vahatu

역자 후기

올해 2009년은 역자가 빠알리 삼장의 한글완역이라는 원을 세우고 1989년 3월에 인도로 유학을 떠난 지 꼭 20년이 되는 해이다. 20년이 되는 해에 이렇게 『상윳따 니까야』를 전6권으로 완역출간하게 되었으니 역자의 감회는 남다르다. 『상윳따 니까야』는 역자가 인도에서 유학하던 시절에 산스끄리뜨 석사과정을 마치고 1995년 가을과 겨울에 다섯 달 동안 빠알리 원전으로 정독을 하면서 컴퓨터로 초역을 하였던 초기불전이기도 하다. 그러므로 『상윳따 니까야』는 역자가 설레는 가슴으로 밤잠을 설치며 본격적으로 빠알리 삼장을 최초로 번역해본 부처님 원음이다. 이제 14년 만에 다시 칩거하고 침잠하여 완역하여 책으로 부처님께 바치게 되었으니 참으로 감개무량할 뿐이다.

번역을 마무리하면서 감사드려야 할 분들이 많다. 먼저 초기불전연구원장 대림스님께 감사드린다. 특히 대림스님은 역자가 가장 자신이 없었던 제1권을 철저하게 정독하여 교열을 해주셨으며, 까다로운 제2권의 「인연 상윳따」(S12)를 빠알리 경전과 주석서를 일일이 대조 정독하여 많은 제언을 해주셨다. 무엇보다도 언제든지 역자와 전화로 교학적인 토론을 해주셨기 때문에 이만큼이라도 『상윳따 니까야』를 번역해 낼 수 있었다. 그리고 본서의 표지작업부터 인쇄작업 전반과 출판비용 마련에 이르기까지 대림스님의 노고가 깊이 배어있지 않은 데가 없다. 본서가 의미있는 번역이 되었다면 그것은 전적으로 대림스님의 공덕이다. 대림스님께 감사의 말씀을 전한다.

그리고 본서를 총괄적으로 교정을 봐주신 실상사 화림원의 일운스님께도 감사드린다. 특히 본서 제4권은 일운스님이 꼼꼼하게 최종교정을 봐주셨다. 어려운 작업을 신심과 수행력과 책임감으로 맡아주신 일운스님께 감사드린다. 그리고 화림원의 혜진스님께도 감사드린다. 혜진스님도 전체적으로 교정을 봐주셨으며 특히 화림원과 화엄학림의 여러 스님들을 격려하여 교정보는 일에 동참하게 해주셨다. 그리고 전체적으로 교정을 봐주신 일창스님께도 감사드린다. 미얀마어에 능통한 스님은 어려운 부분을 특히 미얀마어 번역을 참조하여 제언을 해주셨다. 그리고 대림스님, 일운스님, 혜진스님과 역자와 함께 4박5일의 교정작업에 동참하여 좋은 제언을 해주신 덕일스님께도 감사드린다. 그리고 각 권별로 교정을 봐주신 실상사 화림원의 호선스님, 효광스님과 화엄학림의 혜도스님, 종수스님, 진휴스님과 무진스님께도 감사드린다.

그리고 무엇보다도 『디가 니까야』와『앙굿따라 니까야』에 이어 많은 분량으로 이루어진 본서까지 크나큰 신심으로 꼼꼼한 교정을 해주신 울산 성광여고 교사이신 김성경 거사님께 깊은 감사의 말씀을 드린다. 거사님은 본서 교정을 보는 석 달 동안 감기가 떨어지지 않았다고 한다. 열과 성을 대해주신 거사님의 꼼꼼한 교정은 본서의 최종본을 만드는데 큰 도움이 되었음은 당연하다.

그리고 다시 한 번 역자가 꼭 밝히고 싶은 것이 있다. 그것은 본서 번역에 있어서 보디 스님(Bhikkhu Bodhi)이 번역 출간한『상윳따 니까야』

영역본인 *The Connected Discourses of Buddha*(Vol. 1&2)를 많이 참조하였다는 것이다. 특히 보디스님이 심혈을 기울여 달아 놓은 주옥같은 주해들은 역자의 번역과 주해작업에 큰 도움이 되었다. 역자는 인도에서 유학하면서 스리랑카로 가서 두 번 스님을 친견한 적이 있다. 그때마다 자상하게 질문에 대답해 주시고 공부와 번역을 격려해 주시던 스님의 모습이 훤하다. 지면을 빌어서 다시 한 번 보디스님께 삼배 드리면서 깊은 감사의 말씀을 드린다.

무엇보다도 역자가 편히 번역 작업에만 전념할 수 있도록 배려를 아끼지 않으시는 실상사의 선덕이신 도법스님, 주지 재연스님, 화엄학림 학상 법인스님, 화림원장 해강스님을 위시한 26분의 실상사 대중스님들께 감사드린다. 실상사 대중이면서도 많은 시간 태국에 나가서 머무는 역자를 큰 자비심으로 섭수해주시는 실상사 대중스님들이 계시기에 이번 『상윳따 니까야』 번역은 결실을 맺을 수 있었다. 그리고 물심양면으로 역자를 격려해주시는 화엄사 주지 종삼스님 등 역자를 격려해주시는 모든 스님들과 불자님들, 그리고 역자와 인연 있는 모든 분들께도 감사의 말씀을 드린다.

제1권의 출판비를 보시해주신 세등선원의 수인스님과 불영사 주지이신 일운스님께 감사드린다. 수인스님은 대림스님의 은사 스님으로 이번에 서산 보리원이 초기불전연구원의 근본도량이 되도록 배려를 해주신 분이시다. 이 자리를 빌어서 수인스님을 비롯한 세등선원의 여러 스님들과 강원 시절부터 대림스님을 많이 아껴주셨던 불영사 주지 일운스님께 심심한 감사의 말씀을 올린다.

제2권의 출판은 대림스님의 맏상좌인 도안스님의 보시로 이루어졌다. 출가해서 지금까지 생긴 용돈을 한 푼 두 푼 모아서 전액을 이번에 출판비로 쾌척한 것이다. 도안스님에게도 깊은 감사의 말을 전한다. 제3권은 대구의 계현스님과 싱가포르의 김톨라니(보련화) 불자님과 서울의 정춘태 거사님의 보시로 출간되었다. 이 분들은 본원의 역경불사를 누구보다도 귀하게 생각해주시고 후원과 격려를 해주시는 감사한 분들이시다. 이 분들께도 감사의 말씀을 드린다.

제4권의 출판비용은 본원의 선임연구원 황경환 거사님이 모두 보시해주셨다. 초기불전의 국역불사에 대한 중요성을 누구보다 깊이 이해하여 초기불전연구원의 역경불사를 위해 크고 작은 중요한 일들을 도맡아 주시고 항상 격려해주시는 거사님께 늘 감사한 마음 가득하다. 제5권의 출판비용은 역자가 맡았다. 이 멋진 경전을 번역하게 해주신 여러 인연들에게 감사의 마음을 조금이나마 표시하고 싶었기 때문이다.

그리고 초기불전연구원의 사무를 총괄적으로 맡아서 봉사해주시는 마산의 조정란 불자님 내외분과 경주의 최은영 불자님께도 늘 고마운 마음이 가득하며 지면을 빌어 깊이 감사드린다.

역경불사를 한다는 단 한 가지 이유 때문에 매달 후원금을 꼬박꼬박 보내주시는 김영민 불자님을 위시한 초기불전연구원 후원회원 여러분들께도 감사의 말씀을 드린다.

그리고 20년 전부터 역자와 인연이 되어서 본원의 초창기부터 늘 격려와 도움을 주시는 서울의 고현주, 최영주, 이영애 보살님 내외분들, 본원의 정신적 후원자인 초기불전연구원 인터넷 카페의 4,200명이 넘는 회원 여러분들께도 감사의 말씀을 전한다. 여러 불자님들의 성원이 있기에 오늘의 초기불전연구원이 존재하며, 본원의 역경 불사는 흐트러짐 없이 지속될 것이다.

끝으로 아름다운 표지를 도안해서 본서를 빛나게 해주신 김인혜 디자이너 선생님과 인쇄에 관계된 제반사항을 잘 마무리해서 좋은 책으로 출판해주신 <문성인쇄>의 관계자 여러분들께 감사드린다.

이제『상윳따 니까야』가 전6권으로 마무리 되었다. 태국의 골방에서 하루에 21시간 이상을 자발적인 감금상태(?)로 보내면서 본서의 번역에만 매달린 지난 2년은 역자에게는 육체적으로는 가장 힘든 시기였지만 부처님 말씀을 체계적으로 이해하고 확신을 가지게 된 가장 행복한 시간이기도 하였다. 특히 본서의 모든 교정 작업과 편집 작업을 마무리한 지금에 돌이켜보니 역자가 본서 전체에서 단 주해가 3500개가 넘었다. 결코 쉬운 작업이 아니었지만 이러한 주해작업은 역자의 초기불전에 대한 안목과 이해를 정리하게 해준 참으로 귀중한 경험이었다.

마지막 손질을 마친 지금, 번역을 마무리 지으면서『상윳따 니까야』 번역을 통해서 역자의 부처님 원음에 대한 이해와 확신이 깊어졌다는 기쁨도 크지만 혹여 부족한 번역으로 부처님의 뜻이 잘못 전달되지는 않을지 두려움이 더 크다. 잘못된 부분이 있으면 독자 여러분들의 매서운 질정을 바라면서 역자 후기를 접는다.

빠알리 삼장의 한글완역이라는 원을 세우고 초기불전연구원이 개원된 지도 벌써 8년째가 되었다. 올해는 초기불전연구원의 근본도량인 서산 보리원도 생겼으니 이제 초기불전연구원의 경전번역 불사는 완전히 본궤도에 올랐다. 초기불전연구원이 존재하는 한, 초기불전연구원의 원장이신 대림스님과 역자의 목숨이 붙어있는 한, 역경 작업은 계속될 것이다. 부디 장애 없이 빠알리 삼장 완역 불사를 회향할 수 있도록 불보살님들과 호법선신들께 엎드려 빌면서 삼보님전에 한글 『상윳따 니까야』 여섯 권을 바친다.

이 땅에 부처님의 정법이 오래오래 지속되기를 발원한다.

불기 2553(2009)년 9월
치앙마이 불탑 앞에서

각묵 삼가 씀

참고문헌

I. 『상윳따 니까야』 및 그 주석서와 복주서 빠알리 원본

The Saṁyutta Nikāya. 5 vols. edited by Rhys Davids, T. W. and Carpenter, J. E. First published 1890. Reprint. London. PTS, 1991.

The Saṁyutta Nikāya, 5 vols. Igatpuri, Vipassana Research Institute (VRI), Devanagari edition, 1995.

The Saṁyutta Nikāya, 5 vols. edited by Kashyap, Bhikkhu J. Bihar, Nava Nalanda, Devanagari edition, 1958.

The Saṁyutta Nikāya. 5 vols. edited by International Buddhist Research & Information Center(IBRIC). 2005.

The Caṭṭha Saṅghāyana CD-ROM edition (3th version). Igatpuri: VRI, 1998.

Saṁyutta Nikāya Aṭṭhakathā (Sāratthappakāsinī) 3 vols. edited by Rhys David, T. W. and Carpenter J. E. and Stede, W. PTS, 1886-1932.

The Saṁyutta Nikāya Aṭṭhakathā 3 vols. Igatpuri, VRI, Devanagari edition, 1995.

The Caṭṭha Saṅghāyana CD-ROM edition (3th version). Igatpuri: VRI, 1998)

The Saṁyutta Nikāya Aṭṭhakathā Ṭīka, 3 vols. Igatpuri, VRI, Devanagari edition, 1995.

The Caṭṭha Saṅghāyana CD-ROM edition (3th version). Igatpuri: VRI, 1998)

II. 빠알리 삼장 번역본

Dīgha Nikāya: T. W. Rhys Davids, *Dialogues of the Buddha* (3 vols). London: PTS, First Published 1899, Reprinted 1977.

Walshe, Maurice. *Thus Have I Heard: Long Discourse of the Buddha*. London: Wisdom Publications, 1987.

각묵 스님, 『디가 니까야』 (전3권) 초기불전연구원, 2006, 2쇄 2008.

片山一郞, 『長部』 (대품 1권까지 3권), 동경, 2003-2004.

Majjhima Nikāya: Horner, I. B. *The Collection of the Middle Length Sayings*, PTS, 1954-59.

Ñāṇamoli Bhikkhu and Bodhi Bhikkhu. *The Middle Length Discourse of the Buddha*, Kandy: BPS, 1995.

片山一郞, 『中部』 (전6권), 동경, 1997-2002.

Saṁyutta Nikāya: Woodward, F. L. *The Book of the Kindred Sayings*, PTS, 1917-27.

Bodhi, Bhikkhu. *The Connected Discourses of the Buddha* (2 Vol.s). Wisdom Publications, 2000.

Aṅguttara Nikāya: Woodward and Hare. *Book of Gradual Sayings* (5 vols). London: PTS, 1932-38.

대림 스님, 『앙굿따라 니까야』 (전6권) 초기불전연구원, 2006~2007.

Vinaya Pitaka: Horner, I. B. *The Book of the Discipline*. 6 vols. London: PTS, 1946-66.

Dhammasangaṇi: Rhys Davids, C.A.F. *A Buddhist Manual of Psychological Ethics*. 1900. Reprint. London: PTS, 1974.

Vibhaṅga: Thittila, U. *The Book of Analysis* London: PTS, 1969.

Dhātukathā: Nārada, U. *Discourse on Elements*. London: PTS, 1962.

Puggalapaññatti: Law, B.C. *A Designation of Human Types*. London: PTS, 1922, 1979.

Kathāvatthu: Shwe Zan Aung and C.A.F. Rhys Davids. *Points of Controversy* London: PTS, 1915, 1979.

Paṭṭhana: U Nārada. *Conditional Relations* London: PTS, Vol.1, 1969; Vol. 2, 1981.

Atthasālinī (Commentary on the Dhammasāṅganī): Pe Maung Tin. *The Expositor* (2 Vol.s), London: PTS, 1920-21, 1976.

Sammohavinodanī (Commentary on the Vibhaṅga): Ñāṇamoli, Bhikkhu. *The Dispeller of Delusion*. Vol. 1. London: PTS, 1987; Vol. 2. Oxford: PTS, 1991.

Visuddhimagga: Ñāṇamoli, Bhikkhu. *The Path of Purification*. (tr. of Vism) Berkeley: Shambhala, 1976.

대림 스님, 『청정도론』 (전3권) 초기불전연구원, 2004, 3쇄 2009.

III. 사전류

(1) 빠알리 사전

Pāli-English Dictionary (PED), by Rhys Davids and W. Stede, PTS, London, 1923.

Pāli-English Glossary of Buddhist Technical Terms (NMD), by Ven. Ñāṇamoli, BPS, Kandy, 1994.

A Dictionary of the Pali Language (DPL), by R.C. Childers, London, 1875.

Buddhist Dictionary, by Ven. Ñāṇatiloka, Colombo, 1950.

Concise Pāli-English Dictionary (BDD), by Ven. A.P. Buddhadatta, 1955.

Dictionary of Pāli Proper Names (DPPN), by G.P. Malalasekera, 1938.

Critical Pāli Dictionary (CPD), by Royal Danish Academy of Sciences & Letters

A Dictionary of Pāli (Part I: a - kh), by Cone, M. PTS. 2001.

(2) 기타 사전류

Buddhist Hybrid Sanskrit Grammar and Dictionary (BHD), by F. Edgerton, New Javen: Yale Univ., 1953.

Sanskrit-English Dictionary (MW), by Sir Monier Monier-Williams, 1904.

Practical Sanskrit-English Dictionary (DVR), by Prin. V.S. Apte, Poona, 1957.

Dictionary of Pāṇini (3 vols), Katre S. M. Poona, 1669.

A Dictionary of Sanskrit Grammar, Abhyankar, K. V. Baroda, 1986.

A Dictionary of the Vedic Rituals, Sen, C. Delhi, 1978.

Puranic Encyclopaedia, Mani, V. Delhi, 1975, 1989.

Root, Verb-Forms and Primary Derivatives of the Sanskrit Language, by W. D. Wintney, 1957.

A Vedic Concordance, Bloomfield, M. 1906, 1990.

A Vedic Word-Concordance (16 vols), Hoshiarpur, 1964-1977.

An Illustrated Ardha-Magadhi Dictionary (5 vols), Maharaj, R. First Edition, 1923, Reprint: Delhi, 1988.

Abhidhāna Rājendra Kosh (*Jain Encyclopaedia,* 7 vols), Suri, V. First Published 1910-25, Reprinted 1985.

Prakrit Proper Names (2 vols), Mehta, M. L. Ahmedabad, 1970.

Āgamaśabdakośa (Word-Index of Aṅgasuttāni), Tulasi, A. Ladnun, 1980.

『梵和大辭典』 鈴木學術財團, 동경, 1979.

『佛敎 漢梵大辭典』 平川彰, 동경, 1997.

『パーリ語佛敎辭典』 雲井昭善 著, 1997

IV. 기타 참고도서.

Banerji, S. Chandra. *A Companion to Sanskrit Literature,* Delhi, 1989.

Basham, *History and Doctrines of the Ājivikas,* London, 1951.

Barua, B. M. *History of Pre-Buddhist Indian Philosophy,* Calcutta, 1927.

__________, *Inacriptions of Aśoka(Translation and Glossary),* Calcutta, 1943, Second ed. 1990.

Bhandarkar Oriental Research Institute, edited, *The Mahābhārata* (4 vols), Poona, 1971-75.

Bodhi, Bhikkhu. *A Comprehensive Manual of Abhidhamma* (CMA). Kandy: BPS, 1993. (Pāli in Roman script with English translation)

__________, *The Discourse on the All-Embracing Net of Views: The Brahmajāla Sutta(D1) and Its commentaries.* BPS, 1978.

__________, *The Discourse on the Fruits of Recluseship: The Sāmaññaphala Sutta(D2) and Its Commentaries,* BPS, 1989.

__________, *The Discourse on the Root of Existence: The Mulapariyāya Sutta(M1) and its Commentaries,* BPS, 1980, 1992.

__________, *The Great Discourse on Causation: The Mahānidāna Sutta(D15) and its Commentaries,* BPS, 1984, 1995.

Brough, John. *The Gāndhāri Dharmapada,* London: Oxford Unieversity Press, 1962.

Bronkhorst, J. *The Two Traditions of Meditation in Ancient India,* Delhi, 1993.

Burlingame, E.W. *Buddhist Legends* (trans. of DhpA). PTS, 1921, 1969.

CBETA Chinese Electronic Tripitaka Collection, CD-ROM edition: Taisho Tripitaka(大正新修大藏經) Vol.1-55 & 85; Shinsan Zokuzokyo(Xuzangjing) Vol. 1-88, Chinese Buddhist Electronic

Text Association(CBETA, 中華電子佛典協會), Taipei, 2008.
Chapple, Christopher. *Bhagavad Gita (English Tr.), Revised Edition* New York, 1984.
Collins, S. *Nirvana and Other Buddhist Felicities: Utopias of the Pali Imaginaire.* Cambridge, 1998.
________, *Selfless Persons: Imagery and Thought in Theravāda Buddhism.* Cambridge 1982.
Cone, Margret. "Patna Dharmapada." *Journal of the Pali Text Society* 13 (1989): 101-217.
Cowell, E.B. ed. *The Jātakas or Stories of the Buddha's Former Births,* 6 vols, 1895-1907. Reprint, 3 vols. PTS, 1969.
Cowell, E.B. and R.A. Neil, eds. *Divyāvadāna,* Cambridge 1886.
Deussen, Paul. *Sixty Upanisads of the Veda.* Delhi, 1980.
Dutt, Nalinaksha. *Buddhist Sects in India.* Delhi, 1978.
Eggeling, J. *Satapatha Brahmana* (5 Vol.s SBE Vol. 12, 26, 41, 43-44), Delhi, 1989.
Enomoto, Fumio. *A Comprehensive Study of the Chinese Saṁyuktāgama. Part 1: Saṁgītanipāta.* Kyoto 2994.
Fahs, A. *Grammatik des Pali,* Verlag Enzyklopadie, 1989.
Fairservis W. A. *The Harappan Civilization and Its Writing,* Delhi, 1992.
Geiger, W. *Mahāvaṁsa or Great Chronicle of Ceylon.* PTS.
________. *Cūḷavaṁsa or Minor Chronicle of Ceylon (or Mahāvaṁsa Part II),* PTS.
________. *Pali Literature and Language,* English trans. By Batakrishna Ghosh, 1948, 3th reprint. Delhi, 1978.
Geiger, Wilhelm. A Pāli Grammar. Rev. ed. by K.R. Norman. PTS, 1994.
Gethin, R.M.L. *The Buddhist Path to Awakening, A Study of the Bodhi-Pakkhiyā Dhammā.* Leiden, 1992.

Gnanarama, Ven. P. *An Approach to Buddhist Social Philosophy,* BPS, 1996.

Gombrich, Richard F. *How Buddhism Began: The Conditioned Genesis of the Early Teachings.* London, 1996.

__________. "Old Bodies Like Carts." *Journal of the Pali Text Society* 11(1987): 1-3.

Hamilton, Sue. *Identity and Experience: The Constitution of the Human Being according to Early Buddhism.* London, 1996.

Harvey, Peter. *The Selfless Mind: Personality, Consciousness, and Nirvāṇa in Early Buddhism.* Curzon, 1995.

__________. "Signless Meditation in Pāli Buddhism." *Journal of the International Association of Buddhist Studies* 9(1986): 28-51.

Hinüber, Oskar von. *A Handbook of Pāli Literature,* Berlin, 1996.

__________. *Selected Papers on Pāli Studies,* Oxford: PTS, 1994.

Hoernle, A.F.R. *Manuscript Remains of Buddhist Literature Fond in Eastern Turkestan.* Oxford 1916.

Horner I. B. *Early Buddhist Theory of Man Perfected,* 1937.

__________. *Milinda's Questions* (tr. of Mil). 2 vols. London: PTS, 1963-64.

International Buddhist Research & Information Center(IBRIC). *Ti-pitaka, The SLTP CD-ROM edition* , 2005. http://jbe.gold.ac.uk/ibric.html

Ireland, John D. *Saṁyutta Nikāya: An Anthology,* Part I (Wheel No. 107/109). Kandy: BPS, 1967.

__________. *Vaṅgīsa: An Early Buddhist Poet* (Wheel No. 417/418). Kandy: BPS, 1997.

Jacobi, H. *Jaina Sūtras* (SBE Vol.22), Oxford, 1884, Reprinted 1989.

Jambuvijaya, edited by Muni, *Āyāraṅga-Suttam,* Bombay, 1976.

__________________________, *Sūyagaḍaṅga-Suttaṁ*, Bombay, 1978.

Jayatklleke, K.N. Early Buddhist Theory of Knowledge. London, 1963.

Jayawardhana, Somapala. *Handbook of Pali Literature*, Colombo, 1994.

Jha, Ganganath. *Tattva-Kaumudi - Vacaspati Misra's Commentary on the Samkhya-Karika Text & English Translation*. Poona, 1965.

Jones, J.J., trans. *The Mahāvastu*. 3 vols. London, 1949-56.

Kangle, R. P. *The Kauṭilīya Arthaśāstra* (3 vols), Bombay, 1969.

Kloppenborg, Ria. *The Paccekabuddha: A Buddhist Ascetic*. BPS Wheel No. 305/307, 1983.

Lalwani, K. C. *Kalpa Sūtra*, Delhi, 1979.

Law, B.C. *History of Pali Literature*. London, 1933 (2 Vol.s)

Macdonell, A.A., and Keith. *Vedic Index of Names and Subjects*. 2 vols., 1912. Reprint, Delhi, 1958.

Mahāprajña, Yuvācārya, *Uvaṅga Suttāṇi* (IV, Part I), Ladnun, 1987.

Malalasekera, G. P. *The Pali Literature of Ceylon*, 1928. Reprint. Colombo, 1958.

Manné, Joy. "Categories of Sutta in the Pāli Nikāyas and Their Implications for Our Appreciation of the Buddhist Teaching and Literature." *Journal of the Pali Text Society* 15(1990): 29-87.

__________. "On a Departre Formula and its Translation." *Buddhist Studies Review* 10(1993): 27-43.

Masefield, Peter. *The Udāna Commentary* (tr. of UdA). 2 vols. Oxford:PTS, 1994-5.

Mills, Laurence C.R., "The Case of the Murdered Monks." *Journal of the Pali Text Society* 16(1992):71-75.

Müller, F. Max. *The Upanishads*. 2 vols. Reprint, Delhi, 1987.

Ñāṇamoli, Bhikkhu. *The Guide* (tr. of Nett). London:PTS, 1962.

________________. *The Life of the Buddha according to the Pali*

Canon. 1972.

________________. *The Middle Length Discoursed of the Buddha* (tr. of Majjhima Nikāya, ed. and rev. by Bhikkhu Bodhi), Boston; Kandy: BPS, 1995.

________________. *Mindfulness of Breathing (ānāpānasati).* Kandy: BPS, 1964.

________________. *Minor Reading and the Illustrator of Ultimate Meaning* (tr. of Khp and KhpA). London: PTS, 1962.

________________, *The Path of Purification.* (tr. of Vism) Berkeley: Shambhala, 1976.

Ñāṇananda, Bhikkhu. *The Magic of the Mind: An Exposition of the Kālakārāma Sutta.* Kandy: BPS, 1974.

__________________. *Saṁyutta Nikāya: An Anthology,* Part II (Wheel No. 183/185). Kandy: BPS, 1972.

Naimicandriya, Commented by, *Uttarādhyayana-Sūtra,* Valad, 1937.

Nārada Mahāthera. *A Manual of Abhidhamma.* 4th ed. Kandy: BPS, 1980. (Pāli in Roman script with English translation)

Norman, K.R. *Collected Papers* (5 vols), Oxford, 1990-93.

___________. *Elders' Verses I* (tr. of Thag). London: PTS, 1969.

___________. *Elders' Verses II* (tr. of Thig). London: PTS, 1971.

___________. *Pāli Literature Including the Canonical Literature in Prakrit and Sanskrit of All the Hīnayāna Schools of Buddhism,* Wiesbaden, 1983.

Nyanaponika Thera. Ven. *Abhidhamma Studies,* Kandy: BPS, 1998.

____________________ *The Heart of Buddhist Medition.* London, 1962; BPS, 1992.

Nyanaponika Thera and Hellmuth Hecker. *Great Disciples of the Buddha: Their Lives, Their Works, Their Legacy.* Boston; Kandy: BPS, 1997.

Nyanatiloka Thera. *Guide through the Abhiddhamma Piṭaka*, Kandy: BPS, 1971.

Pruitt, William. *Commentary on the Verses of the Theris* (tr. of ThigA). Oxford: PTS, 1998.

______________. edited by, Norman, K. R. translated by, *The Pātimokkha*, London: PTS, 2001.

Radhakrishnan, S. *Indian Philosophy*, 2 vols Oxford, 1991.

________________. *Principal Upanisads*. Oxford, 1953, 1991.

Rāhula, Walpola Ven. *What the Buddha Taught*, Colombo, 1959, 1996.

______________. *History of Buddhism in Ceylon*. Colombo 1956, 1993.

Rewata Dhamma. *The First Discourse of the Buddha: Turning the Wheel of the Dhamma*. Boston, 1997.

Rhys Davids, C.A.F, and F.L. Woodward. *The Book of the Kindred Sayings* (tr. of Saṁyutta Nikāya). 5 vols. London: PTS, 1917-30. Rhys Davids tr. 9(1917), 2(1922); Woodward tr. 3(1925), 4(1927), 5(1930).

Rhys Davids, T.W. *Buddhist India*. 1903. Reprint, Delhi, 1997.

Rhys Davids, T.W. and C.A.F. *Dialogues of the Buddha* (tr. of Dīgha Nikāya). 3 vols. London: PTS, 1899-1921.

Senart, edited, *Mahāvastu*. 3 vols. Paris, 1882-97.

Soma Thera, *The Way of Mindfulness*, 5th ed. Kandy: BPS, 1981.

Thomas, E. J. *The Life of the Buddha*, 1917, reprinted 1993.

Thittila, Ashin. *The Book of Analysis* (tr. of Vibh). London: PTS, 1969.

Umasvami, Acharya. *Tattvarthadhigama Sutra*. Delhi, 1953.

Vasu, Srisa Chandra. *Astadhyayi of Panini* (2 Vol.s). Delhi, 1988.

Vipassana Reserach Institute. *Ti-pitaka, The Caṭṭha Saṅghāyana CD-ROM edition* (3th version). Igatpuri: VRI, 1998.

Walshe, Maurice. *The Long Discourses of the Buddha* (tr. of Dīgha

Nikāya). Boston, 1987, 1995.

______________. *Saṁyutta Nikāya: An Anthology,* Part III (Wheel No. 318/321). Kandy: BPS, 1985.

Warren, Henry C. & Dhammananda Kosambi. *Visuddhamagga,* Harvard Oriental Series (HOS), Vol. 41, Mass., 1950.

Wijesekera, O.H. de A. *Buddhist and Vedic Studies.* Delhi, 1994.

Winternitz, M. *History of Indian Literature* (3 vols), English trans. by Batakrishna Ghosh, Revised edition, Delhi, 1983.

Witanchchi, C. *"ānanda." Encyslopaedia of Buddhism,* Vol. I fasc. 4. Coombo, 1965.

Warder, A.K. *Indian Buddhism,* 2nd rev. ed. Delhi, 1980.

Yardi, M.R. *Yoga of Patañjali.* Delhi, 1979.

각묵 스님, *Develpment of the Vedic Concept of Yogakśema.*『현대와 종교』20집 1호, 대구, 1997

_______, 「간화선과 위빳사나, 무엇이 같고 다른가」『선우도량 제3호』2003.

_______, 『금강경 역해 — 금강경 산스끄리뜨 원전 분석 및 주해』불광출판부, '2001, 5쇄 2009.

_______, 『네 가지 마음챙기는 공부』초기불전연구원, 2003, 개정판 3쇄 2008.

_______, 『디가 니까야』(전3권) 초기불전연구원, 2006, 2쇄 2008.

_______, 「범본과 한역 <금강경>의 내용 검토」『승가학보 제8집』조계종 교육원, 2008.

_______, 「현대사회와 율장 정신」동화사 계율학 대법회 제7회 발제문 2006.

권오민, 『아비달마 구사론』(전4권) 동국역경원, 2002, 2쇄 2007.

_____, 『아비달마 불교』민족사, 2003.

김묘주 옮김, 『성유식론 외』동국역경원, 2006

김성철 옮김, 『중론』 불교시대사, 2004
김인덕 지음, 『중론송 연구』 불광출판부, 2000.
김윤수 옮김, 『주석 성유식론』 한산암, 2006
냐나뽀니까 스님, 이준승 옮김, 『사리뿟따 이야기』 고요한소리, 1997.
대림 스님/각묵 스님, 『아비담마 길라잡이』(전2권) 초기불전연구원, 2002, 7쇄 2009.
대림 스님, *A Study in Paramatthamañjūsa (With Special Reference to Paññā)*, Pune University, 2001.(박사학위 청구논문)
______, 『들숨날숨에 마음챙기는 공부』 초기불전연구원, 개정판 2쇄 2008.
______, 『앙굿따라 니까야』 (전6권) 초기불전연구원, 2006~2007.
______, 『염수경 - 상응부 느낌편』 고요한소리, 1996.
______, 『청정도론』(전3권) 초기불전연구원, 2004, 3쇄 2009.
라다끄리슈난, 이거룡 옮김, 『인도 철학사』 (전4권) 한길사, 1999.
마쓰야 후미오, 이원섭 역, 『아함경 이야기』 1976, 22쇄 1997.
박인성, 『중론 연구』 민족사, 2000.
뿔라간들라 R. 이지수 역, 『인도철학』 민족사, 1991.
삐야다시 스님, 김재성 옮김, 『부처님, 그분』 고요한소리, 1990.
__________, 소만 옮김, 『마음 과연 무엇인가』 고요한소리, 1991.
사토우 미츠오, 김호성 역, 『초기불교교단과 계율』 민족사, 1991.
에띠엔 라모뜨, 호진 스님 옮김, 『인도불교사』 1/2 시공사, 2006
이재숙, 『우파니샤드』 (전2권) 한길사, 1996.
이지수, 「安慧의 <釋>에따르른 唯識三十頌의 이해」 불교학보, 1998.
자응 스님 역, 『좌선삼매경』 불광사 출판부, 2005.
赤沼智善, 『漢巴四部四阿含互照錄』 나고야, 소화4년.
中華電子佛典協會, CBETA 電子佛典集(CD-ROM), 台北, 2008.
平川 彰, 이호근 역, 『印度佛教의 歷史』 (전2권) 민족사, 1989, 1991.
______, 권오민 옮김, 『초기・부파불교의 역사』 민족사, 1989.
______, 박용길 역, 『율장연구』 토방, 1995.

빠알리 – 한글 색인
찾아보기

빠알리-한글 색인

【A】

abhijānāti 최상의 지혜로 알다
abhijjhā 욕심
abhiññā 최상의 지혜, 신통지
abhinandati 좋아하다, 즐기다, 기뻐하다
abhinibbatti 탄생, 드러남, 존재함
abhinivesa 천착
abhinīhāra 기울임
abhisamaya 관통
abhisambuddha 완전하게 깨달은
abhisambujjhati 완전하게 깨닫다
abhisameti 관통하다
abhisaṅkharoti 의도적 행위를 짓다, 형성하다, 계속해서 짓다
abhisaṅkhata 형성된 것
abhisaṅkhāra 의도적 행위, 의도를 형성함, 힘 [신통의~]
abhisañcetayita 의도의 토대가 되는 것
abhivadati 환영하다, 반기다
abyākata 설명하지 않은[無記]
abyāpāda 악의 없음
accaya 잘못
addhāna 도정
addhuva 견고하지 못한
adhiccasamuppanna 우연히 생기는, 우연히 발생하는
adhigama 얻음, 증득, 터득, 성취
adhimuccati 확신하다
adhimutti 의향, 성향
adhippayāsa 특별한 점
adhiṭṭhāna 입각처
adhivacana 두고 한 말, 술어, 이름붙임
adinnādāna 주지 않은 것을 가짐[투도]
adukkhamasukha 괴롭지도 즐겁지도 않은
agha 재난
ahaṅkāra 나라는 생각
ahetukavāda 무인론, 원인 없음을 말하는 자
ajjhataṁ 안으로, 내적인
ajjhattika 안[內]
ajjhosānā 탐착
ajjhosāya 묶여서
akālika 시간이 걸리지 않는
akiñcana 무소유
akiriyavāda 도덕부정론
akuppa 확고부동

akusala 해로운
amanāpa 마음에 들지 않는
amata 불사[不死]
aṅga 구성요소
añjali 합장
aññathābhāva 다른 상태로 됨, 달라지기 마련
aññathābhāvi 다른 상태로 되어 감
aññatitthiya 외도
aññā 구경의 지혜
aññāṇa 무지
anabhāvaṅkata 멸절
anamatagga 시작을 알지 못하는 것
anaññatha 그렇지 않은 것이 아님
anapekha / anapekkha 무관심, 갈구하지 않는 자
anattā 무아
anattha 이익을 주지 못함, 손해
anaya 재앙, 재난
anāgata 미래
anāgāmī 불환자, 불환과
anālaya 집착 없음
aneja 흔들림 없음, 동요 없음
anicca 무상
animitta 표상 없음
anottappa 수치심 없음
antaradhāna 사라짐
antarāya 방해, 장애
anubyañjana 부분상
anudayā / anuddayā 동정
anukampā 연민
anupassī /anupassanā 보는, 관찰하는, 수관하는
anusaya 잠재성향
anusāsanā 간곡한 당부
anusāsani 교계
anuseti 잠재성향을 가지다, 잠복하다
anussava 구전
anuttara 위없는
anuyoga 몰두
anvaya 뒤따라, 따르는, 추론
apāya 처참한 곳[苦界]
apekha 갈구, 안절부절 못함, 염려
appamatta 방일하지 않는
appamāda 불방일
appamāṇa 무량, 제한되지 않음
appameyya 측량할 수 없는
appaṇihita 원함 없는
appaṭivāni 불퇴전
appatiṭṭhita 확립되지 않는, 머물지 않는
appicchatā 원하는 것이 적은[少慾] 삶
appossukka 무관심
arahant 아라한
ariya 성스러운
arūpa 무색계
asaṁsagga 교제하지 않는
asaṅkhata 무위(無爲), 형성되지 않은
asekha 무학
asmimāna 나라는 자만
assāda 달콤함
assāsa-passāsa 들숨날숨
asubha 부정(不淨)
asura 아수라
atīta 과거
attabhāva 자기 존재, 존재하는 모습, 몸
attakilamatha 자기 학대
attaniya 자아에 속하는 것
attā 자아

attānudiṭṭhi 자아에 대한 견해
attha 이익, 뜻, 이치, 이상, 의미
atthaṅgama 사라짐
avakkanti 출현
avassuta 흐름 [오염원들이 ~], 타락
avecca-ppasāda 흔들림 없는 청정한 믿음
avihiṁsā / ahiṁsā 해코지 않음
avijjā 무명
avitatha 거짓이 아님
ayoniso 지혜 없이
ābādha 병
ābhā 빛, 광명
ādīnava 위험함
āhāra 음식, 자양분
ājīva 생계
ākāra 성질, 형태
ākāsa 허공
ākāsānañcāyatana 공무변처
ākiñcañña 무소유
ākiñcaññāyatana 무소유처
āloka 광명
ānāpāna 들숨날숨
āneñja 흔들림 없는
ānisaṁsā 이익
āpatti 계를 범함, 범계(犯戒)
āpo 물, 수(水)
ārambha 시작
ārammaṇa 대상, 조건
ārogya 병 없음, 건강
āruppa 무색, 무색의 증득
āsava 번뇌
ātāpi 근면하고/근면한 자
āvaraṇa 덮개
āyatana 장소, 감각장소[處]
āyatiṁ 미래
āyu 수명

【B】

bahiddhā 밖의, 외적인
bahujana 많은 사람
bahulīkāroti 많이 [공부]짓다
bahussuta 많이 배운
bala 힘[力]
bandha 구속, 속박
bandhana 속박, 결박, 밧줄
bāhira 국외자
bāla 어리석은 자
bhagavā 세존
bhava 존재
bhaya 두려움
bhāvanā 수행, 닦음
bhāveti 닦다, 수행하다
bhikkhu 비구
bhikkhunī 비구니
bhiyyobhāva 증장함
bhūmi 땅, 평원, 곳
bodha / sambodha / bodhi 깨달음
bodhi-satta 보살
brahmacariya 청정범행
brahmā 범천
buddha 부처님
byañjana / vyañjana 문자, 표현, 문장
byantikaroti 끝장내다
byasana 재앙
byāpajjati 혐오하다
byāpāda 악의

【C】

cakka 바퀴
cakkavatti 전륜성왕
cakkhu 눈[眼]
caṇḍāla 비천한, 불가촉천민
caraṇa 행실
cāga 베풂, 버림, 보시
cetanā 의도
cetasika 정신적, 마음에 속하는 것
ceteti 의도하다
cetiya 탑묘
cetovimutti 마음의 해탈[心解脫]
chambhitatta 공포
chanda 열의, 욕구, 운율
cintā 사색
citta 마음
cīvara 가사, 옷
cuti 죽음, 종말

【D】

dama 길들임
dara 근심
dassana 봄, 친견, 견(見)
dāna 보시
deva 천신
devaputta 신의 아들
devatā 천신
dhamma 법
dhamma-anusāri 법을 따르는 자
dhamma-desanā 설법, 법을 설함, 법을 가르침
dhammika 법다운
dhātu 요소[界]
dhuva 견고한
diṭṭha 본
diṭṭhadhammika 금생의
diṭṭhi 견해
domanassa 정신적 고통/괴로움
dosa 성냄
dṭṭh'eva dhamme 지금 · 여기에서
duccarita 나쁜 행위, 못된 짓
duggata 불행한
dukkha 괴로움, 고통, 육체적 괴로움, 육체적 고통
dvaya 쌍, 두 가지, 한 쌍, 상반되는

【E】

ehipassika 와서 보라는 것
ekaggatā 한 끝에 집중됨[一境性]
ekāyana 유일한 길
ekodi-bhāva 단일한 상태
esanā 추구

【G】

gandha 냄새, 향기
gandhabba 간답바
gantha 매듭
gati 태어날 곳[行處]
ghāna 코[鼻]
gilānappaccaya-bhesajja-parikkhāra 병구완을 위한 약품
gocara 영역, 행동영역

【H】

hetu 원인, 이유

hirī 양심
hita 이익
hīna 저열한

【I】

icchā 소망, 원(願), 바램
idappaccayatā 이것의 조건짓는 성질[此緣性]
iddhi / iddhi-vidha 신통변화
iddhi-pāda 성취수단[如意足]
indriya 기능[根], 감각기능[根]
issā 질투
itthatta 존재

【J】

jarā 늙음
jāgariya 깨어 있음
jāti 태어남[生], 태생
jhāna 선(禪)
jhāyi 참선을 하는 자
jivhā 혀
jīva 목숨
jīvita 목숨, 삶, 생명

【K】

kabaḷīkār-āhāra 덩어리진 [먹는] 음식
kalla 타당한
kalyāṇamitta 좋은 친구[善友]
kamma 업
kammanta 행위
kaṅkhā 의심
kappa 겁(劫)
karuṇā 연민
kāma 감각적 욕망
kāma-guṇa 감각적 욕망의 가닥
kāma-sukhallika 쾌락의 탐닉
kāmesu micchācāra 삿된 음행
kāruñña 연민하는 마음
kāya 몸
kevali 독존(獨尊)
khandha 무더기[蘊]
khanti 인욕, 묵묵히 따름
khattiya 끄샤뜨리야
khaya 멸진, 부서짐
khema 안은(安隱)
khila 삭막함
kodha 분노
kovida 능숙한
kukkucca 후회
kulaputta 좋은 가문의 아들
kusīta 게으른

【L】

loka 세상
lomahaṁsa 털이 곤두 섬

【M】

macchera 인색(함)
magga 도
mahaggata 고귀한, 광대한
mahā-bhūta 근본물질[四大]
majjhima 중간
mala 더러움, 때

mamaṅkāra 내 것이라는 생각
maññamāna 사량하는, 생각하는
maññita 사량(思量)
manasikāra 마음에 잡도리함
manāpa 마음에 드는
mano 마노[意], 마노
manomaya 정신적 상태
manussa 인간
maraṇa 죽음
marīcikā 신기루
māna 자만
mātugāma 여인, 여자
māyā 요술
mettā 자애
micchatta 삿됨
micchā 삿된
middha 혼침
moha 어리석음
muditā 더불어 기뻐함[喜]
musāvāda 거짓말
muṭṭhasati 마음챙김을 놓아버림
mutti 벗어남
mūla 뿌리

【N】

nandi 즐김
nati 경도됨 [마음의 ~]
natthikavāda 아무 것도 없음을 말하는 자(허무론자)
nāga 나가, 용, 코끼리
nāma 정신
nāma-rūpa 정신·물질
nānatta 다양함, 갖가지
nekkhamma 출리
nepakka 슬기로움
nevasaññānāsaññāyatana 비상비비상처
nibbāna 열반
nibbedha 꿰뚫음
nibbedhika 꿰뚫는, 꿰뚫음을 갖춘
nibbidā 염오
nibbuta 꺼진, 평화로운
nicca 항상한
nidāna 근원, 인연, 원인
nigha 매듭
nijjarā 풀려남
nijjhāna 사색
nikāya 무리
nimitta 표상
ninna 흐르는
niraya 지옥
nirāmisa 비세속적인, 출세간적인
nirodha 소멸
nirutti 언어표현
nissaraṇa 벗어남
nissita 의지하는
niyata 확실한 [해탈이~]
niyāma 행로, 정해진 행로
nīvaraṇa 장애
ñāṇa 지혜
ñāya 바른 방법

【O】

ogadha 깊이 들어간
ogha 폭류
okkanti 도래함
oḷārika 거친
opanayika 향상으로 인도하는
opapātika 화현으로 태어난, 화생(化生)하는

ottappa 수치심
ovāda 교계

【P】

pabbajita 출가한
pabbajjā 출가하고자 하는
pabbhāra 향함
pabhāsa 빛을 발함, 밝음
paccanubhoti 나투다, 겪다, 사용하다
paccattaṁ 스스로, 각자
paccaya 조건[緣]
paccekabuddha 벽지불[獨覺]
paccuppanna 현재
pada 단어, 구, 문장, 발자욱, 단계, 상태
padhāna 노력
pahāna 버림
pahitatta 스스로 독려하는
pajahati 제거하다, 버리다
pajā 사람들, 무리들
pajānāti 꿰뚫어 알다
pakappeti 계속해서 사유하다
paloka 부서지기 마련인
palokita 부서지기 마련인
paṁsukūla 분소의
pamāda 방일
paññatti 개념
paññā 통찰지
paññāpana 천명, 드러남
paññāvimutta 통찰지로 해탈한 자
paññāvimutti 통찰지를 통한 해탈[慧解脫]
paṇḍita 현자
paṇidhi 염원, 서원
paṇīta 수승한
papañca 사량분별
parakkama 분발
parāmāsa 집착
parāyana 나아가는
paribbājaka 유행승(遊行僧)
parideva 탄식
parihāna 쇠퇴
parijānāti 철저하게 알다
parikkhāra 필수품, 장신구
pariḷāha 열기
pariññā 통달한 지혜, 통달지
parinibbāna 완전한 열반, 반열반
parinibbāyati 완전히 열반에 들다
parinibbuta 완전한 평화를 얻은, 완전한 열반에 든, 반열반 한
parisā 회중
paritassanā 초조함
paritassati 갈증 내다
parivitakka 생각, 일으킨 생각
pariyādāna 끊어짐, 끝남, 소진
pariyāya 방편
pariyesanā 추구, 찾음
pariyosāna 완성, 끝, 귀결점
pasāda 청정한 믿음
passaddhi 고요함[輕安]
paṭibhāna 영감
paṭicca-samuppāda 연기, 조건발생
paṭigha 적의, 부딪힘, 저항
paṭikkūla / paṭikūla 혐오
paṭinissagga 놓아버림
paṭipadā 도닦음
paṭipanna 도를 닦는
paṭipatti 도닦음, 닦음
paṭisallāna 홀로 앉음
paṭisaṁvedeti 경험하다, 누리다, 겪다

paṭivedha 꿰뚫음
pathavi 땅, 대지
patiṭṭhā 굳게 섬, 안주함,
patiṭṭhita 확고한, 확립된
patthanā 소망
patthanā 소망
patti 얻음, 보병
patti 얻음, 보병
paviveka 한거(閑居)
pāmojja 환희
pāṇa 생명
pāṇa-atipāta 생명을 죽이는 것
pāra 저 언덕
pāripūri 성취, 완성
pātimokkha 계목, 빠띠목카
pātubhāva 나타남, 출현
pema 애정
pettivisaya 아귀계
phala 결실, 과(果)
pharusavācā 욕설
phassa 감각접촉
phāsu-vihāra 편안하게 머묾
phoṭṭhabba 감촉
piṇḍapāta 탁발음식
pipāsa 목마름, 갈증
pisuṇa-vācā 중상모략
pīti 희열
poṇa 향함, 기욺
pubbaṅgama 선구자가 됨, 앞장 섬
pubba-nimitta 전조
pubbenivāsa 전생의 삶
puggala 인간, 개인, 사람
puñña 공덕
punabbhava 다시 태어남[再生, 再有]
purisa 인간, 개인, 사람
puthujjana 범부

【R】

rasa 맛
rāga 탐욕, 애욕
rittaka 텅 빈
ruci 좋아함
rūpa 물질, 형색

【S】

sabba 모든, 일체
sacchikiriyā 실현
sadda 소리
saddhamma 정법(正法), 바른 법
saddhā 믿음
saddhānusāri 믿음을 따르는 자
sagārava 존중
sagga 천상
sakadāgāmī 일래[자]
sakkāra 존경
sakkāya 자기 존재 [있음][有身]
saḷāyatana 여섯 감각장소
saṁsāra 윤회
saṁvara 단속
saṁvaṭṭa-kappa 수축하는 겁
saṁvega 절박감, 공포
saṁyama 제어
saṁyoga 속박
saṁyojana 족쇄
samaṇa 사문
samanupassanā 관찰
samatha 사마타[止], 가라앉음
samatikkama 완전히 건너, 완전히 초월하여
samādhi 삼매

samāhita 삼매에 든
samāpatti 증득
sambādha 구속, 갇혀 있음
sambhava 생겨난 것, 존재, 기원
sambodha, sambodhi 완전한 깨달음
sambojjhaṅga 깨달음의 구성요소
sambuddha 완전하게 깨달은 자
sammasa 명상
sammatta 바름, 올바름
sammā 바른
sammosa 혼란스러움, 놓아버림, 사라짐
sampajañña 알아차림[正知], 분명히 알아차림
sampajāna 알아차리는, 분명히 아는
sampasādana 확신
samphappalāpa 잡담
samphassa 감각접촉[觸]
samudaya 일어남
samugghāta 뿌리 뽑힘
saṅgha 승가
saṅkappa 사유(思惟)
saṅkhaya 부숨
saṅkhā 헤아림, 명칭
saṅkhāra 형성된 것, 심리현상, 의도적 행위
saṅkhitta 간략하게
saṅkilesa 오염
sañcetanā 의도
sañjānāti 인식하다
saññā 인식
sandiṭṭhika 스스로 보아 알 수 있는
santuṭṭhi 만족
sappaṭissa 순응하는
sappurisa 참된 사람
saraṇa 귀의
sarīra 몸, 육체
sassata 영원한
sati 마음챙김
sati-paṭṭhāna 마음챙김의 확립
satta 중생
satthā 스승
sāmisa 세속적인
sāra 속재목[心材]
sārāga 탐닉
sāsava 번뇌와 함께하는
sāta 기분 좋은 것, 편안함
sātacca-kāri 끈기있게 닦음
sāvaka 제자
sekha 유학(有學)
senāsana 거처
sikkhā 공부지음
sikkhāpada 학습계목
siloka 명성
sīla 계
sīlabbata-parāmāsa 계율과 의례의식에 대한 취착[戒禁取]
sīlavā 계행을 구족한, 계를 지키는
soka 근심
somanassa 정신적 즐거움, 기쁨
sota 귀
sotāpanna 흐름에 든 자, 예류자(預流者)
sotāpatti 예류
subha 아름다움, 깨끗함[淨]
subhāsita 좋은 말씀[金言]
sucarita 좋은 행위, 좋은 일
suddhi 청정
sugata 잘 가신 분[善逝]
sugati 좋은 곳[善處]
sukha 즐거움, 행복
sukhuma 미세한

suñña 공[空]
suññatā 공함[空性]
supaṇṇa 금시조(金翅鳥)
suta 들은, 배운

【T】

ṭhāna 경지, 원인, 조건
ṭhiti 지속, 유지
taṇhā 갈애
tapa 고행
tapassi 고행자
tasiṇā 목마름
tatha 진실함
tathatā 진실함[如如]
tathāgata 여래
tejo 불
thera 장로
thīna-middha 해태·혼침
tiracchānayoni 축생의 모태
tuccha 텅 빈, 공허한
tuṇhībhāva 침묵

【U】

ubhatobhāgavimutta 양면으로 해탈한, 양면해탈
udāna 감흥어
uddesa 개요, 특색
uddhacca 들뜸
upadhi 재생의 근거[소유물]
upakkilesa 오염원
upanisā 기반
upapatti 태어나는 곳, 태어남
upasama 고요함
upasampadā 구족계
upavicāra 추구
upaya 집착, 속박
upādāna 취착
upādāya 파생된
upādisesa 취착의 자취가 남은
upāsaka 청신사, 남자 신도
upāsikā 청신녀, 여자 신도
upāyāsa 절망
upekkhā 평온
upekkhāsatipārisuddhi 평온으로 인해 마음챙김이 청정한[捨念淸淨]
uppāda 일어남, 출현
ussoḷhi 분발
uttāsa 겁을 먹음

【V】

vacī 말
vaṇṇa 색깔, 용모, 아름다움, 계급, 칭찬, 칭송
vaṭṭa 존재양상, 회전, 윤회
vata 서원
vaya 사라짐
vācā 말
vāda 교설, 교리, 주장, 논(論)
vāya 바람[의 요소]
vāyāma 정진, 노력
vedanā 느낌[受]
vedayita 느껴진, 느끼는
vepulla 충만
vera 증오
veramaṇī 삼감
vesārajja 담대함[四無畏]
veyyākaraṇa 상세한 설명[授記]
vibhava 존재하지 않음[無有]

vicaya 간택
vicāra 지속적인 고찰[伺]
vicikicchā 의심
vidhā 자만심, 차별된 생각
vighāta 곤혹스러움, 속상함, 곤경,

vikkhitta 흩어진
vimati 혼란
vimokkha 해탈
vimutti 해탈
viññāṇa 알음알이[識]
viññāṇañcāyatana 식무변처
vinaya 율
vinibandha 묶임, 속박
vinipāta 파멸처
vinīta 수행이 된
vinodeti 제거하다
vipariṇāma 변함, 변화
vipariṇāmi 변함
vipassanā 위빳사나
vipāka 과보
vippaṭisāra 후회, 자책감
virāga 탐욕의 빛바램[離慾]
viriya / vīriya 정진
virūḷha 증장하는
visaya 세력범위, 방책
visesa 차이점
visuddhi 청정
vitakka 일으킨 생각[尋], 생각

고생
vihāra 머묾
vihiṁsā 해코지
vijānāti 식별하다
vijjā 명지(明知)

vivaṭṭa-kappa 팽창하는 겁
viveka 떨쳐버림, 멀리 여읨
vīmaṁsā 검증
vodāna 깨끗함
vossagga 철저한 버림, 주는 것
vuddhi 자람, 향상, 증가
vuṭṭhāna 출정(出定)
vūpakaṭṭha 은둔하여
vūpasama 가라앉음

【Y】

yakkha 약카(야차)
yasa 명성
yathābhūtaṁ 있는 그대로[如實]
yoga 속박
yogakkhema 유가안은(瑜伽安隱)
yojana 유순[兪旬, 踰旬]
yoni 모태
yoniso 지혜롭게, 근원적으로[如理]

찾아보기

【가】

가기 어려운 것 (duggama) S2:6 §5[설명].

가까이하고 취착하고 고수한다 (upeti upādiyati adhiṭṭhāti) S22:85 §25[설명].

가띠까라 신의 아들 (Ghaṭīkāra devaputta) S1:50 §2[설명]; S2:24 §2; S6:10 §8N.

가라앉음 (vūpasama) S1:11 §5[설명]; S36:11 §6[설명]; S45:12 §5[설명]; S45:12 §5[설명] 등.

가라앉음[止] (samatha) S22:90 §5; S48:50 §6.
참 사마타 (samatha)

가마솥 (okkhā = ukkhā) S20:4 §3[설명].

가문의 전통을 가진 제사 (yajanti anukūlaṁ) S3:9 §4[설명].

가사, 옷 (cīvara) S1:20 §2; S3:9 §2 등.

가시덤불 숲 (Kaṇṭakī-vana) S52:4~6 §1.

가야 (Gayā) S35:28 §1[설명]; S10:3 §1.

가야시사 (Gayasīsa) S35:28 §1[설명]; S6:12 §1N; S17:31 §3N.

가왐빠띠 존자 (āyasmā Gavampati) S56:30 §4[설명].

가운데 (antarena) S35:87 §12[설명].

가죽 끈 (varatta) S1:29 §3[설명].

가죽 끈에 묶여 (veṭha-missaka) S47:9 §7[설명].

각가라 호수 (Gaggarā pokkharaṇi) S8:11 §1.

각자 (각각) ☞ 스스로, 각자 (paccattaṁ)

간곡한 당부 (anusāsanā) S35:146 §7; S36:7~8 §3; S43:1~44 §4; S47:2 §3; S47:10 §14; S47:35 §3; S47:44 §3.
참 교계 (anusāsani).

간답바 (gandhabba) S31:1 §2[설명];

S31:2 §3; S35:119 §2.
간략하게 (saṅkhitta) S8:6 §5[설명] 등.
간택 (vicaya)
㉾ 법을 간택하는 깨달음의 구성요소[擇法覺支, dhamma-vicaya-sambojjhaṅga]로 나타남. ⇒S46:1 등.
간통녀 (aticārini) S19:13 §5[설명].
갇혀 있음 ☞ 구속, 갇혀 있음 (sambādha)
갈구, 안절부절 못함, 염려 (apekha)
갈구 ⇒S3:10 §4;
안절부절 못함 ⇒S22:7 §4;
염려 ⇒S55:54 §6.
갈구하지 않는 자 ☞ 무관심, 갈구하지 않는 자 (anapekha / anapekkha)
갈대숲 (sara-vana) S35:247 §3[설명].
갈애 (taṇhā) S12:2 §8[설명]; S1:19 §6[설명]; S1:23 §2N[설명]; S1:29 §3N[갈애]; S1:44 §2N[설명]; S1:67 §3[설명]; S12:11 §4[설명]; S12:15 §5N[설명]; S12:19 §6[설명]; S12:61 §4N[설명]; S12:63 §7[설명]; S22:4 §3[설명]; S22:22 §7[설명]; S22:81 §14[설명]; S35:83 §3N[설명]; S48:10 §5N[설명]; S56:11 §7[설명] 등.
갈애를 뿌리째 (samūla taṇha) S1:29 §3[설명]; S22:22 §7[설명].
갈애를 소진하여 해탈한 자 (taṇha-kkhaye vimutta) S21:10 §7[설명].
갈애를 철저히 알게 되는 (taṇhā pariññātā) S12:63 §7[설명].
갈증 내다 (paritassati) S12:51 §9[설명]; S22:7 §4[설명]; S22:43 §5 등; S35:30 §5 등.
갈증 내지 않는다 (na paritassati) S12:51 §9[설명]; S22:43 §5[설명].
갈증이 풀린 (nicchāta) S22:22 §7[설명]; S36:1 §4[설명].
감각기능[根] ☞ 기능[根], 감각기능[根] (indriya)
감각기능들이 맑고 깨끗함 (indriyāni vippasannāni) S41:6 §8[설명].
감각기능들이 변하는 것 (indriya aññathatta) S35:69 §4[설명].
감각기능의 구족 (indriya-sampanna) S35:154 §3[설명].
감각기능의 단속 (indriya-saṁvara) S1:9 §2N; S1:58 §3N; S7:11 §5N; S16:11 §5N; S35:246 §5N; S46:6 §4.
감각기능이 제어되어 있지 않은 (pākat-indriya) S2:25 §2[설명].
감각적 욕망 (kāma) S48:10 §5N[설명]; S1:30 §3N; S4:20 §5N; S12:2 §7N; S12:63 §5N; S42:12 §5N.
감각적 욕망에 대한 갈애[欲愛] (kāma-taṇhā) S12:2 §8[설명];

S22:22 §5[설명]; S56:11 §6[설명].

감각적 욕망에 대한 욕구 (kāma-cchanda) S48:10 §5N[설명]; S3:24 §6 등. (대부분은 다섯 가지 장애의 문맥에서 나타남)

감각적 욕망에 대한 인식 (kāma-saññā) S14:12 §4[설명].

감각적 욕망의 가닥 (kāma-guṇa) S1:30 §3[설명]; S4:20 §5N[설명]; S12:63 §5[설명]; S35:246 §4N[설명] 등.

감각적 욕망의 요소 (kāma-dhātu) S14:12 §4[설명]; S52:18 §4N.

감각적 욕망의 잠재성향 (kāmarāga-anusaya) S45:175 §3[설명]; S12:38 §3N; S36:3 §4N.

감각적 욕망의 즐거움 (kāma-sukha) S36:6 §5[설명].

감각적 욕망이 함께한 (kāma-sahagatā) S40:1 §4[설명].

감각적 쾌락 (ālaya) S6:1 §2[설명]; S4:6 §3N.

감각접촉 (phassa) S4:19 §5[설명]; S12:11 §3[설명]; S12:19 §3[설명]; S12:24 §4[설명], §13[설명]; S12:63 §5N; S12:63 §6[설명]; S14:2 §4[설명]; S14:9 §3[설명]; S22:47 §4[설명]; S22:56 §7[설명]; S35:24 §4[설명]; S35:129 §4[설명]; S35:135 §3[설명]; S41:6 §11[설명]; S47:42 §3[설명] 등.

감각접촉 (한 쌍을 조건으로 한 ~) (phassa (dvayaṁ paṭicca phassa)) S12:19 §3[설명].

감각접촉[觸] (samphassa) *phassa (감각접촉)과 같은 뜻인데 samphassa는 cakkhu-samphassa 등의 합성어에만 나타남.

감로수, 순수한 (asecanaka) 감로수 ⇒ S10:9 §3[설명] 순수한 ⇒ S54:9 §8[설명].

감싸주는 (otiṇṇa) S47:13 §7[설명].

감지한 것 (muta) S24:1 §6[설명]; S8:2 §4[설명]; S24:2~10 §6; S24:18 §6; S35:95 §12.

감흥어 (udāna) S22:55 §2[설명]; S1:33 §2; S1:38 §3; S7:1 §2; S51:10 §15; S56:11 §20; .

강가 강 (Gaṅgā nadī) S6:4 §9; S10:3 §3; S10:12 §4; S15:8 §4; S22:95 §1; S24:6 §3; S35:241~242 §1; S35:244 §12; S41:8 §4; S44:1 §7; S45:91 §3 등.

갖가지 ☞ 다양함, 갖가지 (nānatta)

개 (sā) S22:99 §5[설명].

개 (sunakha) S22:99 §5[설명].

개념 (paññatti) S22:62 §3[설명]; S35:65 §3[설명]; S14:1 §3N[설명]; S1:60 §3N[설명]; S6:15 §7N[설명]; S12:65 §5N[설명]; S22:22 §4N[설명];

S22:35 §4N[설명]; S41:7 §3N[설명]; S44:1 §8N[설명]; S35:66~68.

개요, 특색 (uddesa)
개요 ⇒ S35:116 §3[설명]; S35:117 §7; S41:8 §7; S46:52 §7.
특색과 더불어 (sauddesa) ⇒ S12:70 §11; S16:9 §15; S51:11 §11; S52:22 §4.

개인 ☞ 인간, 개인, 사람 (puggala)

개인의 경험 (sāmaṁ veditabba) S36:21 §11[설명].

거두어들이고 (apakassa) S16:3 §3[설명].

거들먹거리는 (unnaḷa) S2:25 §2[설명].

거머쥔 (ajjhosita) S12:61 §4[설명].

거부할 수 없는 (appaṭivānīya) S10:9 §3[설명].

거북이 (kumma) S17:3 §3[설명]; S35:240 §3[설명].

거짓됨 (mosa-dhamma) S36:2 §4[설명].

거짓말 (musāvāda) S2:30 §3; S6:13 §3; S12:41 §4; S14:25~27 §3; S37:14 §4; S37:24 §4; S37:33 §3; S42:6 §4; S42:8 §4; S42:13 §8; S45:8 §6; S55:7 §9; S56:74.

거짓이 아님 (avitatha) S12:20 §4[설명]; S56:20 §3[설명]; S56:27 §4.

거처 (niketa) S22:3 §6[설명].

거친 (oḷārika) S21:3 §3[설명].

거친 행위 (akhīṇa-kammanta) S9:14 §4[설명].

거품 (bubbula) S22:95 §5[설명].

건강 ☞ 병 없음, 건강 (ārogya)

건강한 (aroga) S3:17 §5; S55:52 §3.

걸식하는 (bhikkhaka) S7:20 §2[설명].

걸음걸이 (vicāraṇa) S1:64 §3[설명].

검은 바위, 이시길리 산비탈의 (Isigili-passa-kāla-silā) S4:23 §2; S8:10 §1; S22:87 §12.

검증 (vīmaṁsā) S51:13 §6[설명]; S51:1 §4[설명] 등.

검푸른 것 (vinīlaka) S46:58[설명].

겁 (劫) (kappa) S15:5 §3[설명]; S21:3 §6[설명]; S51:10 §5[설명] 등.

겁을 먹음 (uttāsa) S22:7 §4; S55:27 §6.

게걸스러운 (ussukka-jāta) S1:28 §2[설명].

게송 (gāthā) S1~S11; S14:16; S17:10; S35:132 §4; S36 (제1장); S55:26 §11; S55 (제5장); S55:51.

게송을 읊어서 생긴 (gāthābhigīta) S7:8 §6[설명].

게으른 (kusīta) S12:22 §7; S14:16~22 §7;S16:7 §4; S37:12 §3.

겪다 ☞ 경험하다, 누리다, 겪다 (paṭisaṁvedeti)

겪다 ☞ 나투다, 겪다, 사용하다 (paccanubhoti)

견 (見) ☞ 봄, 친견, 견 (dassana)

견고하지 못한 (addhuva) S9:2 §4; S15:20 §5; S22:78 §5; S22:96 §8; S41:10 §3; S55:54 §12.

견해 (diṭṭhi) S1:1 §3N[설명]; S1:5 §3N[설명]; S17:10 §5[설명]; S22:46 §4[설명]; S22:47 §3N[설명]; S24[견해 상윳따, 설명]; S24:1 §3[설명]; S33:1~55 §3; S35:248 §8N[설명] 등.

견해를 구족한 (diṭṭhi-sampanna) S13:1 §4[설명]; S12:27 §16[설명]; S12:28 §17[설명];

견해를 얻은 자 (diṭṭhippatta) S25:1 §4[설명].

견해에 빠져 [나쁜 ~] (vāda-anupāta) S12:24 §3[설명].

견해의 구족 (diṭṭhi-sampadā) S45:53; S45:60 등.

결박 ☞ 속박, 결박, 밧줄 (bandhana)

결실, 과 (果) (phala)
결실 ⇒ S3:24 §2[설명] 등.
과 (果) ⇒ S12:11 §13N[과]; S22:12 §3N[설명]; S23:1 §5N[설명]; S35:121 §15N[설명]; S36:6 §5N[설명]; S41:6 §11N[설명]; S41:9 §3N[설명]; S45:11 §3N[설명]; S46:3 §3N[설명]; S47:9 §7N[설명]; S55:43 §5N[설명] 등.

결연한 자 (dhitimā) S7:9 §4[설명].

결핍된 도정 (duhitika) S35:246 §3[설명].

경도됨 [마음의 ~] (nati) S12:40 §3[설명]; S35:87 §12[설명].

경사스러운 (bhaddaka) S45:18 §3[설명]; S47:21~23 §3.

경솔한 (uddhata) S2:25 §2[설명].

경우 (36가지 ~) (vatthu) S12:67 §8[설명].

경우 (36가지 ~) ☞ 기반, 경우 (vatthu)

경지 (ṭhāna) S5:2 §3[설명].

경지 ☞ 원인, 조건, 경지 (ṭhāna)

경험하다, 누리다, 겪다 (paṭisaṁvedeti)
경험하다 ⇒ S12:17 §9 등.
누리다 ⇒ S8:12 §2.
겪다 ⇒ S35:247 §3 등.

계 (sīla) S1:23 §3[설명]; S2:2 §2N[설명]; S4:1 §4[설명]; S6:4 §8[설명]; S20:10 §5[설명]; S35:242 §7[설명] 등.

계 (선한 ~) (sīla kalyāṇa) S11:14 §6[설명].

계략적인 (visevita) S12:35 §8[설명].

계를 구족한 (sīla-sampannā) S46:3 §3[설명].

계를 범함, 범계 (犯戒) (āpatti) S35:242 §7[설명]; S20:10 §5.

계목, 빠띠목카 (pātimokkha) S47:46 §4[설명]; S8:7 §2N[설명]; S42:10 §3N[설명]; S45:8 §7N[설명].

계속해서 사유하다 (pakappeti) S12:38 §3[설명]; S12:39~40 §3.

계속해서 짓다 ☞ 의도적 행위를 짓다, 형성하다, 계속해서 짓다 (abhisaṅkharoti)

계수나무 숲 (eḷagalā-gumba) S22:2 §4[설명].

계율과 의례의식에 대한 취착[戒禁取] (sīlabbata-parāmāsa) S12:2 §7[설명]; S38:12 §3; S45:173~174 §3; S45:179 §3; S1:5 §3N[설명]; .

계의 구족 (sīla-sampadā) S7:7 §3[설명]; S45:50 §3[설명]; S46:3 §3[설명].

고결한 마음을 가진 (sucetasa) S1:9 §3[설명].

고귀한, 광대한 (mahaggata)
고귀한 ⇒ S12:70 §10; S16:9 §14; S51:11 §10; S51:22 §5N.
광대한 ⇒ S1:32 §8; S41:7 §5; S42:8 §16; S42:13 §14; S46:26 §5; S46:28 §5; S46:54 §3. .

고다 삭까의 여인 (Godhā sakka) S55:23 §2[설명]; S55:39 §3. ☞ 깔리고다 삭까의 여인 (Kāḷigodhā Sākiyāni)

고닷따 존자 (āyasmā Godatta) S41:7 §1[설명].

고디까 존자 (āyasmā Godhika) S4:23 §2[설명]; S22:87 §12N.

고따마까 탑묘 (Gotamaka cetiya) S8:1 §1N; S51:10 §4.

고생 ☞ 곤혹스러움, 속상함, 곤경, 고생 (vighāta)

고생이 가득하고 (addha-bhūta) S22:1 §4[설명].

고시따 원림 (Gositārāma) S22:81 §1[설명]; S12:68 §1; S17:24 §3N; S22:89 §1; S22:90 §6; S35:127 §1; S35:129 §1; S35:233~234 §1; S46:8 §1; S48:49 §1; S48:53 §1; S51:15 §1.

고약한 것 (antarāyika) ⇒ S17:1~24 §3; S17:337~43 §3. 참 방해, 장애 (antarāya)

고요한 (santa) S6:3 §5[설명].

고요함[輕安] (passaddhi) S12:23 §4[설명]; S46:2 §15[설명]; S46:51 §13[실명], SS35:87 §12; 46:2 §15; S46:3 §10; S46:52 §8; S46:53 §7; S48:36 §4; S54:13 §16.

고종사촌 동생 (pitucchā-putta) S21:9 §2[설명].

고통 ☞ 괴로움, 고통, 육체적 괴로움, 육체적 고통 (dukkha)

고행 (tapa) S1:58 §3[설명]; S1:76 §3[설명]; S7:11 §5[설명] 등.

고행을 통한 금욕 (tapo-jigucchā) S2:30 §3[설명].

고행자 (tapassi) S1:38 §10; S9:8

§4; S42:12 §3.

고향동네 (pettika) S47:6 §3[설명].

곤경 ☞ 곤혹스러움, 속상함, 곤경, 고생 (vighāta)

곤혹스러움, 속상함, 곤경, 고생 (vighāta)
속상함 ⇒ S14:12 §7; S22:2 §11.
곤경 ⇒ S35:23 §4; S35:92 §4; S46:52~54 §6.
곤혹스러움 ⇒ S46:40 §3.
고생 ⇒ S20:5 §3; S35:244 §12; S52:8 §3.

공개적으로 지내는 제사[막지 않음, 無遮] (niraggala) S3:9 §4[설명].

공덕 (puñña) S1:3 §2[설명]; S11:16 §2[설명]; S12:51 §8[설명]; S1:2 §4N; S12:51 §8 등.

공덕이 되는 의도적 행위 (puñña saṅkhāra) S12:51 §8[설명].

공덕이 되지 않는 의도적 행위 (apuñña saṅkhāra) S12:51 §8[설명].

공무변처 (ākāsānañcāyatana) S46:54 §10[설명]; S6:15 §3; S14:11 §3; S16:9 §7; S28:5 §4; S36:11 §5; S36:15 §5; S36:19 §16; S40:5 §3; S54:8 §8.

공부를 지어야 한다 (sikkhā karaṇīyā) S12:83 §3[설명].

공부지음 (sikkhā) S22:76 §6[설명]; S55:53 §3[설명]; S55:24 §12[설명]; S55:25 §3[설명] 등.

공부짓는 조목 (siṭṭhi-pada) S2:12 §3[설명].

공부짓다 (sikkhati) S54:11 §5[설명].

공포 (chambhitatta) S4:2~3 §2; S4:11 §2; S5:1~10 §3; S10:8 §3; S11:3 §3; S55:27 §6.

공포 (lomahaṁsa) S10:3 §4[설명].

공포 ☞ 절박감, 공포 (saṁvega)

공한 마음의 해탈 (suññatā cetovimutti) S41:7 §7[설명].

공한 삼매[空三昧] (suññato samādhi) S43:4 §3[설명].

공함[空性] (suññatā) S22:79 §4N[설명]; S41:6 §11N[설명]; S41:7 §3[설명]; S43:4 §3[설명]; S20:7 §4; S55:53 §3.

공함[空性]과 관련된 경들 (suññata-ppaṭisaṁyuttā) S20:7 §4[설명]; S55:53 §3[설명].

과(果) ☞ 결실, 과 (果) (phala)

과거에 대한 견해 (pubbanta-anudiṭṭhi) S22:46 §4[설명].

과보 (vipāka) S12:2 §13N[설명]; S19:1 §5[설명]; S36:21 §11[설명]; S46:2 §12N[설명]; S52:16 §4[설명]; S1:49 §2; S2:22 §2; S3:6~7 §4; S3:20 §5; S12:70 §24; S24:5 §3; S35:243 §14; S42:13 §7.

관정(灌頂)을 한 (abhisitta) S22:1 §6[설명]; S3:25 §3; S22:96 §6.

관찰 (samanupassanā) S22:47 §3[설명]; S22:44 §4; S22:49 §3; S22:52 §3; S22:81 §7; S35:158~159 §3; S44:7~8 §5.

관찰하는 ☞ 보는, 관찰하는, 수관하는 (anupassī /anupassanā)

관통 (abhisamaya) S12:4 §4[설명]; S12:10 §4[설명]; S13 §0[설명]; S22:83 §8[설명]; S36:3 §4[설명] 등.

관통을 갖춘 자 (abhisametāvi) S13:1 §4[설명].

광과천 (Vehapphala) S6:4 §2N.

광대한 ☞ 고귀한, 광대한 (mahaggata)

광명의 인식[光明想] (ālokasaññā) S51:20 §9[설명]; S46:51 §18N; S46:55 §4N.

광음천의 신들처럼 (Ābhassarā yathā) S4:18 §5[설명].

광활한 통찰지를 가진 (puthu-pañña) S2:29 §3[설명].

괭이 (kuddāla) S12:55 §4[설명].

괴로움/고통, 육체적 괴로움/고통 (dukkha)
괴로움/고통 ⇒ S4:20 §5[설명]; S5:10 §5[설명]; S12:15 §5[설명]; S12:17 §7[설명]; S12:18 §5[설명]; S12:23 §4[설명]; S12:24 §4[설명]; S12:43 §2[설명]; S13:1 §4[설명]; S22:86 §16[설명]; S24:19 §6[설명]; S24:45 §6[설명]; S35:87 §12[설명]; S35:94 §3[설명]; S35:106 §2[설명]; S38:14 §3[설명]; S44:2 §16[설명]; S56:1 §4[설명] 등.
육체적 괴로움/고통 ⇒ S22:1 §11N[설명]; S48:31 §3[설명]; S48:40 §4[설명] 등.

괴로움은 스스로가 만드는 것 (sayaṁkata dukkha) S12:17 §7[설명].

괴로움을 실어 나르는 (dukkha-adhivāhā) S35:94 §3[설명].

괴로움을 일으키는 법들 (dukkha-dhammā) S35:244 §4[설명].

괴로움의 멸진 (dukkha-kkhaya) S12:19 §6[설명] 등.

괴로움의 성질[苦性] [세 가지 ~] (dukkhatā) S38:14 §3[설명]; S45:165 §3[설명].

괴롭지도 즐겁지도 않은 (adukkhamasukha) S36:14 §4[설명]; S36:19 §15[설명]; S48:36 §8N[설명] 등.

교계 (ovāda) S16:6~8; S16:11 §12; S22:83~85 §3; S22:90 §10; S35:87~88 §13; S47:13~14 §7; S55:53 §3; S55:26 §13.

교계 (anusāsani) S16:6~8 §4; S22:84 §11.
참 간곡한 당부 (anusāsanā).

교법 (sāsana) S35:87 §12[설명], S1:50 §6 등.

교의 [외도의 ~] (pāsaṇḍa) S5:8 §3[설명].

교제하지 않는 (asaṁsagga) S14:16 §7[설명]; S16:5 §4; S16:8 §3.

구경의 지혜 (aññā) S12:32 §6[설명]; S12:70 §7[설명]; S56:11 §20[설명]; S9:10 §4 등.

구경의 지혜를 가지려는 기능[未知當知根] (anaññāta-ññassāmīt-indriya) S48:23 §3[설명].

구경의 지혜를 구족한 자의 기능[具知根] (aññātāvindriya) S48:23 §3[설명].

구경의 지혜의 기능[已知根] (aññindriya) S48:23 §3[설명].

구경해탈지 (vimuttamiti ñāṇa) 3권 해제 §3-⑷-①[설명]

구름 (valāhaka) S10:9 §3[구름]; S2:29 §7; S8:11 §3; S22:102 §13; S32:1~12 §2; S45:147 §3.

구름에 거주하는 신들 (valāhaka-kāyikā devā) S32:1 §2[설명].

구속, 갇혀 있음 (sambādha)
 구속 ⇒ S2:7 §2[설명]; S1:17 §2; S2:9~10 §2.

 갇혀 있음 ⇒ S16:11 §11; S55:6 §10.

구속, 속박 (bandha)
 구속 ⇒ S42:11 §4.
 속박 ⇒ S5:6 §4; S8:8 §7.

구전 (anussava) S12:68 §3[설명]; S35:153 §3.

구족계 (upasampadā) S12:17 §12[설명]; S7:1~10 §6; S12:70 §5; S35:241 §8; S41:9 §6; S42:2 §9.

국외자 (bāhira) S48:18 §5[설명]; S55:40 §3[설명].

군대 (sena) S4:25 §13[설명].

군더더기 (pilotika) S12:22 §6[설명].

굳건한 자 (thāvara) S6:3 §5[설명].

궁극적 행복 (parama sukha) S1:36 §4[설명].

귀결점 (parāyaṇa) S1:57 §2[설명].

귀결점 ☞ 피안에 도달함[到彼岸], 귀결점 (parāyaṇa)

귀결점 ☞ 완성, 끝, 귀결점 (pariyosāna)

규환[지옥] (Roruva Sk. Raurava) S1:39 §2[설명].

규환지옥(叫喚地獄) (Roruva) S1:39 §2[설명].

그렇지 않은 것이 아님 (anaññatha) S56:20 §3[설명]; S56:27 §4.

그렇지 않은 것이 아님 (anaññathatā) S12:20 §4[설명].

그릇 (patta) S35:133 §6[설명].

그물에 걸리게 하는 (jālini) S4:7 §4[설명].

극단 (anta) S12:15 §6[설명]; S12:17 §10; S12:18 §6; S12:35 §4; S12:46~48 §3; S22:90 §9; S56:11 §3.

근력, 힘 (thāma)
근력 ⇒ S12:22 §6; S21:3~4 §5; S24:7 §3.
힘 ⇒ S3:11 §5.

근면하고/근면한 자 (ātāpī) S1:23 §3[설명]; S47:1 §4[설명]; S2:15 §3; S16:2 §8; S47:1~50 §4; S48:10 §6; S52:1~11 §5; S54:10 §7; S54:13 §6.

근면하지 않는 자 (anātāpi) S16:2 §3[설명].

근면함 (ātappa) S16:2 §5.

근본물질 (네 가지 ~)[四大] (mahā-bhūta) S12:2 §12[설명]; S12:61~62 §3; S22:56~57 §6; S22:82 §9; S35:103 §7; S35:245 §4; S41:5 §4; S51:22 §4; S55:17 §4; S55:21 §4.

근심 (dara) S10:8 §8.

근원, 인연, 원인 (nidāna)
근원 ⇒ S12:11 §4[설명]; S10:3 §5[설명]; S12:66 §5[설명]; S12:24 §11; S14:12; 등.
인연 ⇒ S12 (인연 상윳따); S12:60 (인연 경).
원인 ⇒ S4:20 §5[설명].

금 주화 (suvaṇṇa-nikkha) S17:13 §3[설명].

금생의 (diṭṭhadhammika) S3:13 §6; S3:17 §2; S12:41 §4; S55:28 §4.

금시조(金翅鳥) (supaṇṇa) S30:1 §3[설명]; S30:1~46 §3; S48:70 §3.

금융업을 하는 사람 (seṭṭhi) S3:19 §3[설명].

급고독 (Anāthapiṇḍika) ☞ 아나타삔디까

급고독 장자 (Anāthapiṇḍika gahapati) S10:8 §2[설명]; S1:48 §2; S2:20 §2; S3:19 §3N; S12:41 §2; S55:26 §2; S55:28 §2.

기능[根], 감각기능[根] (indriya)
감각기능 ⇒ S12:33 §4[설명]; S22:47 §4[설명]; S35:69 §4[설명];S48:25 §3[설명] 등.
기능 ⇒ S48:1 §3[설명]; S48:43 §5[설명]; S50:1 §3[설명]; S25:1 §4N[설명]; S22:81 §6; S22:101 §4; S43:8 §3; S45:155 §3; S48:1~178 §3; S55:24~25 §10; .

기능의 한계 (indriya-paropariyatta) S52:20 §4[설명].

기대하다 (purakkharāna = purekkharāna) S22:3 §9[설명].

기리메카 코끼리 (Girimekha) S21:4 §7N.

기반 (upanisā) S12:23 §4[설명]; S45:28 §2[설명].

기반 (vatthu) S12:25 §11[설명].

기분 좋은 것, 편안함 (sāta)
기분 좋은 것 (sāta-rūpa) S12:66

§7; S35:244 §6;
편안함 ⇒ S48:36~38 §4.

기뻐함 (rati, abhirati) S8:1 §2[설명]; S38:16 §4[설명]; S8:2 §3; S45:34 §4.

기뻐함 (abhinandana) S14:35 §3; S22:29 §3; S22:65 §3; S35:19~20 §3; .

기뻐함 [출가를~] (abhirati) S8:1 §2[설명]; S38:16 §4[설명].

기쁨 ☞ 정신적 즐거움, 기쁨 (somanassa)

기쁨이 없음 ☞ 싫증 [출가생활에 대한~], 기쁨이 없음 (anabhirati)

기억 (sara) S35:96 §3[설명].

기억하지 못한 (ananussarita) S15:7 §4[설명].

기원 ☞ 생겨난 것, 존재, 기원 (sambhava)

기적을 갖춘 [해탈을 성취하는] (sappāṭihāriya) S51:10 §8[설명].

기회 (okāsa) S2:7 §2[설명].

길거리는 [사람들로] 넘쳐나는 (sambādha-vyūha) S55:21 §3[설명].

길들임 (dama) S1:9 §2[설명]; S10:12 §10.
참 길들임 (vinaya).

길을 아는 (magga-jina) S8:3 §3[설명].

깃발 (dhajagga) S11:3 §3[설명].

깃을 따름 (anuponkha) S56:45 §2[설명].

깊은 (gambhīra) S44:1 §8[설명]; S55:53 §3[설명].

깊은 ☞ 심오한, 깊은 (gambhīra)

깊은 ☞ 심오한, 깊은 (gambhīra)

깊이 꿰뚫어 보는 (vipassanta) S5:2 §5[설명].

깊이 들어간 (ogadha) S55:2 §9[설명].

까까머리 (muṇḍaka) S35:132 §3[설명].

까꾸다 신의 아들 (Kakudha devaputta) S2:18 §2.

까꾸산다 부처님 (Kakusandha buddha) S12:4 §3N; S12:7 §3; S15:20 §4; S35:245 §8N.

까따모다까띳사까 비구 (Katamodakatissaka bhikkhu) S6:8 §2[설명].

까띳사하 청신사 (Kaṭissaha upāsaka) S55:10 §3.

까마다 신의 아들 (Kāmada devaputta) S2:6 §2.

까마부 존자 (āyasmā Kāmabhū) S35:233 §1[설명]; S41:5~6 §1; S54:1 §5N.

까만다 (Kāmaṇḍā) S35:133 §1.

까삘라왓투 (Kapilavatthu) S22:80 §1[설명]; S1:37 §1; S3:16 §3N; S4:23 §2N; S8:9 §2N; S14:15

§2N; S17:31 §3N; S18:1 §2N; S22:60 §1N; S22:83 §3N; S35:243 §1; S36:19 §2N; S37:5 §2N; S54:12 §1; S55:6 §11N; S55:21 §1; S55:23~25 §1; S55:37 §1; S55:59~40 §1; S55:47~49 §1; S55:52 §1; S55:54 §1.

까시 (Kāsi) S3:11 §4; S3:14~15 §2; S15:5 §4; S17:23 §3N; S22:59 §1N; S35:125 §1N; S41:1 §4N; S45:148 §3; S55:6 §7; S55:7 §4; S55:53 §4.

까시 바라드와자 바라문 (Kasibhāradvāja brahmaṇa) S7:11 §2[설명].

까시의 [비단] 옷 (kāsika vattha) S15:5 §4[설명].

까하빠나 동전 (kahāpaṇa) S3:13 §4[설명].

깍까따 청신사 (Kakkaṭa upāsaka) S55:10 §3.

깔라라캇띠야 (Kaḷārakhattiya bhikkhu) S12:32 §2[설명].

깔리고다 삭까의 여인 (Kāḷigodhā Sākiyānī) S55:23 §1[설명]; S22:80 §1N; S55:39 §2.

깔링가 (Kaliṅga) S19:15 §5;

깔링가 청신사 (Kaliṅga upāsaka) S55:10 §3.

깜마사담마 (Kammāsadhamma) S12:60 §1[설명].

깝빠 (Kappa) S6:4 §9.

깝빠 존자 (āyasmā Kappa) S22:124~125 §2.

깟사빠 나체수행자 1 (acela Kassapa) S12:17 §2[설명]

깟사빠 나체수행자 2 (acela Kassapa) S41:9 §2[설명].

깟사빠 부처님 (Kassapa buddha) S1:50 §2N; §8; S10:3 §1N; S19:17~21 §5; S22:89 §2N; S28:1 §2N; S54:10 §2N; S56:30 §4N.

깟사빠 신의 아들 (Kassapa devaputta) S2:1~2 §2.

깟사빠곳따 존자 (āyasmā Kassapagotta) S9:3 §1[설명]; S12:15 §2N.

깟사빠까 원림 (Kassapakārāma) S22:88 §2.

깟짜나곳따 존자 (āyasmā Kaccānagotta) S12:15 §2[설명].

깨끗함 (soceyya) S3:11 §5.

깨끗함 (vodāna) S52:21 §4[설명]; S22:100 §5.

깨끗함[淨] ☞ 아름다움, 깨끗함[淨] (subha)

깨끗함을 통한 해탈 (subha-vimokkha) S46:54 §9[설명].

깨달음 (bodha / sambodha / bodhi) S12:10 §3[설명]; S12:65 §8[설명]; S46:1 §4[설명]; S48:54 §3[설명] 등.

깨달음과 고행 (bojjhā tapasā) S2:17 §3[설명].

깨달음의 구성요소 (sambojjhaṅga) S46:1[설명]; S46:1~183.

깨달음의 구성요소[覺支] (bojjhaṅga) S46:1 §4[설명]; S2:17 §3N; S22:76 §6N; S22:81 §6; S22:101 §7; S43:10 §3; S43:12 §4; S45:8 §11N; S45:34 §4; S45:155 §3; S45:155 §4; S46:1 §4 등; S47:12 §9; S54:2 §4; S54:13 §4; S54:14 §5.

깨달음의 편에 있는 법[菩提分法, 助道品] (bodhipakkhiyā dhammā) S48:51 §3[설명]; S22:101 §4N; S43:5N; S46:2 §11N; S48:67~70 §3; S50:1 §3N.

깨어 있음 (jāgariya) S1:6 §3[설명]; S16:11 §5; S35:120 §4; S35:239 §3.

깨어지지 않는 (akaṇḍa) S6:4 §2[설명].

꺼진 ([위빳사나의] 측면에서 [삼독의 불이] 꺼진) (tadaṅga-nibbuto) S22:43 §5[설명].

꺼진, 평화로운 (nibbuta)
꺼진 ⇒ S22:43 §5[설명].
평화로운 ⇒ S1:35 §4; S11:20 §5; S21:5 §4.
께사와 (Kesava) S6:4 §9N.

꼬까나다 천신 (Kokanadā) S1:39 §2[설명]; S1:40 §2.

꼬깔리까 비구 (Kokālika bhikkhu) S6:10 §2[설명]; S1:22 §3N; S6:7 §2; S6:9 §2; S11:7 §4N; S17:31 §3N.

꼬나가마나 부처님 (Koṇāgamana buddha) S12:4 §3N; S12:8; S15:20 §6N.

꼬띠가마 (Koṭigāma) S56:21~22 §1.

꼬삼비 (Kosambi) S22:81 §1[설명]; S12:68 §1; S17:24 §3N; S22:1 §1N; S22:89 §1; S22:90 §6; S22:95 §1N; S35:127 §1; S35:129 §1; S35:233~234 §1; S35:241 §1; S44:1 §2N; S46:6 §2N; S46:8 §1; S48:49 §1; S48:53 §1; S51:15 §1; S56:31 §1.

꼭두각시 (bimba) S5:9 §3[설명]; S48:41 §5[설명].

꼴리야 (Koḷiyā/Koliyā) S42:13 §1[설명]; S1:37 §1N; S22:2 §1N; S46:54 §1.

꾸라라가라 (Kuraraghara) S22:3 §1N; S22:4 §1; S35:130 §1.

꾸루 (Kuru) S12:60 §1[설명]; S12:66 §1; S35:125 §1N.

꾸사와띠 (Kusavati) S22:96 §6.

꾸시나라 (Kusinārā) S6:15 §1; S15:13 §2N; S42:11 §1N; S47:13 §1.

꾹꾸따 원림[鷄林] (Kukkuṭārāma) S45:18~20 §1[설명]; S47:21~23

§1.

꾼달리야 유행승 (Kuṇḍaliya paribbājaka) S46:6 §2[설명].

꿰뚫는, 꿰뚫음을 갖춘 (nibbedhika) S2:29 §3[설명]; S12:27 §16[설명]; S46:28 §3[설명]; S48:9 §8[설명]; S8:7 §5; S48:10~11 §8; S55:33 §3; S55:37 §7; S55:43 §3.

꿰뚫음 (nibbedha) S2:29 §3[설명]; .

꿰뚫음 (paṭivedha) S51:9 §3N[설명]; S56:11 §16N[설명]; S12:60 §4; S33:21~25; S56:21 §3; S12:10 §4N; S12:21 §3N;

꿰뚫음 (nibbedha) S46:28 §3[설명].

끄샤뜨리야 (khattiya) S1:14 §2; S1:28 §2; S1:81 §2; S2:23 §6; S3:1 §3 등; S6:11 §3; S11:18 §4; S21:11 §4; S22:96 §6; S45:159 §3.

끈기있게 닦음 (sātacca-kārī) S34:9 §3; S34:51~52 §3; S34:53 §3; S34:55 §3.

끊어진 것 (vicchiddaka) S46:58[설명].

끝 ☞ 완성, 끝, 귀결점 (pariyosāna)

끝없이 깊은 (asaṁvutā) S56:46 §3[설명].

끝이 없게 되는 (무한소급) (anantaka) S51:15 §6[설명].

끝장내는 자 (antaka) S4:1 §4[설명].

끝장내다 (byantikaroti) S7:18 §4.

끼사고따미 비구니 (Kisāgotamī bhikkhunī) S5:3 §2[설명].

낌빌라 (Kimbila) S35:242 §1.

낌빌라 존자 (āyasamā Kimbila/Kimila) S54:10 §2[설명]; S14:15 §2N; S17:31 §3N; S37:5 §2N; S45:10 §2N.

낑수까 나무 (Kiṁsuka) S35:245 §7[설명].

【나】

나 (ahaṁ) S22:86 §16[설명]; S35:246 §7[설명] 등.

나 자신을 위하여 (attarūpena) S35:117 §4[설명].

나가, 용, 코끼리 (nāga)
용 ⇒ S1:37 §5[설명]; S1:38 §3 [설명]; S22:76 §6; S29 (나가 상윳따); S30:2 §4 등.
코끼리 ⇒ S20:9 §4; S22:78 §3등.

나가닷따 존자 (āyasmā Nāgadatta) S9:7 §7[설명].

나가라까 (Nagaraka) S3:18 §4; S45:2 §1.

나가와 같은 태도 (nāga-vatā) S1:38 §3[설명].

나꿀라삐따 장자 (Nakulapitā gahapati) S22:1 §2[설명]; S35:131 §2.

나누어 가짐 (즐거움과 괴로움을 ~) (samāna-sukha-dukkha) S9:7 §3[설명].

나는 이것이다 (ayam aham asmi) S22:47 §4[설명]; S35:248 §8[설명], §12[설명].

나는 있다 (asmi) S35:248 §8[설명], §12[설명]; S22:47 §3[설명] 등.

나는 있을 것이다 (bhavissaṁ) S35:248 §8[설명]; S22:47 §4[설명].

나다 (이것은 ~) (esohamasmi) S12:61 §4[설명]; S22:8 §4[설명].

나디까 (Nādikā) ☞ 냐띠까 (Ñātika)

나라는 생각과 내 것이라는 생각 (ahaṅkāra-mamaṅkāra) S18:21~22 §3[설명]; S21:2 §5; S22:71~72 §3; S22:82 §13; S22:89 §8N; S22:91~92 §3; S22:124 §3; S28:1~2 §5; S35:30 §3N; S35:69 §6; S47:1 §4N.

나라는 자만 (asmimāna) S22:76 §6; S22:102 §3; S35:241 §6.

나라다 존자 (āyasmā Nārada) S12:68 §1[설명].

나라에서 제일가는 미녀[傾國之色] (janapada-kalyāṇi) S17:13 §3[설명]; S47:20 §3[설명].

나무찌 (마라) (Namuci) S2:30 §8[설명]; S4:1 §3N; 51:10 §8N.

나쁜 견해 (diṭṭhi-gata) S22:85 §2[설명].

나쁜 행위, 못된 짓 (duccarita)
나쁜 행위 ⇒ S3:4~5 §2; S3:21 §4; S46:6 §7; S47:47 §4.
못된 짓 ⇒ S12:70 §12; S16:9 §16; S51:11 §12.

나아가는 (parāyana)
정등각으로 나아가는 (sambodhi-parāyana) ⇒ S12:41 §3 등.

나와깜미까 바라드와자 바라문 (Navakammika Bhāradvāja brāhmaṇa) S7:17 §2[설명].

나타남, 출현 (pātubhāva)
나타남 ⇒ S35:97 §3[설명]; S12:2 §5; S22:30 §3; S26:1~10 §3; S35:21~22 §3; S55:40 §5; S56:38 §3.
출현 ⇒ S45:14 §3; S45:16 §3; S46:9 §3; S46:42 §3; S48:59 §3.

나투다, 겪다, 사용하다 (paccanubhoti)
[신통변화를] 나투다 ⇒ S12:70 §8; S16:9 §12; S51:12 §4 등; S52:12 §4.
[괴로움을] 겪다 ⇒ S15:1~19 §4; S37:3 §3 등.
[전단향을] 사용하다 ⇒ S3:11 §4; S55:7 §4.

난다 비구니 (Nanda bhikkhunī) S55:8 §3.

난다 소치는 사람 (Nanda gopālaka) S35:241 §8.

난다 신의 아들 (Nanda devaputta) S2:27 §2.

난다 존자 (āyasmā Nanda) S21:8 §2[설명].

난다나 신의 아들 (Nandana devaputta) S2:14 §2.
난다나 정원 (Nandana vana) S1:11 §3[설명]; S1:46 §2N; S2:17 §2N; S9:6 §5; S11:1 §3N; S48:68 §3N; S55:1 §3N.
난디야 삭까 사람 (Nandiya Sakka) S55:40 §2[설명]; S55:47 §2.
난디야 유행승 (Nandiya paribbājaka) S45:10 §2[설명].
난디위살라 신의 아들 (Nandivisāla devaputta) S2:28 §2.
난행고행 (dukkara-kārika) S4:1 §2[설명].
날곡식 (āmaka-dhañña) S56:60 §5[설명].
날라까가마까 (Nālakagāmaka) S38:1 §1[설명]; S47:13 §2.
날란다 (Nālanda) S35:126 §1[설명]; S16:11 §10; S28:1 §1N; S42:6~9 §1; S47:12 §1.
남김 없이 빛바래어 소멸함 (asesa-virāga-nirodha) S12:1 §4[설명]; S56:11 §7[설명]; S12:24 §13[설명]; S12:2 §16 등; S22:90 §9; S22:103~107 §6; S48:50 §6; S55:28 §6; S56:13 §6.
남성 신 (nara-deva) S1:11 §4[설명].
남에게 이로운 것 (parattha) S12:22 §10[설명].
남을 부양하지 않는 (anañña-posi) S6:3 §5[설명].
남자의 기능[男根] (purisindriya) S48:22 §3[설명].
낮은 단계의 족쇄[下分結] (orambhāgiyāni saññojanāni) S22:55 §2[설명].
낮이라는 인식 (divā-saññā) S51:20 §9[설명].
내 것으로 삼고 (mamāyita) S12:61 §4[설명].
내 것이다 (이것은 ~) (etaṁ mama) S12:61 §4[설명]; S22:8 §4[설명].
내 것이라는 생각 (mamaṅkāra) 참 나라는 생각과 내 것이라는 생각 (ahaṅkāra-mamaṅkāra)
내적인 ☞ 안으로, 내적인 (ajjhataṁ)
냄새나는 법 (vissa dhamma) S7:20 §3[설명].
냐띠까 (Ñātika) S55:8 §1[설명]; S12:45 §1; S14:13 §1; S35:113 §1; S44:11 §1.
네 가지 제어로 단속함 (cātuyāma-susaṁvuta) S2:30 §4[설명].
네 무리의 군대 (caturaṅginī senā) S3:14 §2[설명].
네란자라 강 (Nerañjarā) S4:1~2 §1; S4:24 §1; S6:1~2 §1; S6:10 §8N; S22:60 §1N; S47:18 §1; S47:43 §3; S48:57 §1.
노력 (padhāna) S2:5 §2[설명]; S4:4 §3; S8:3 §3; S22:81 §6; S22:101

§4; S43:6 §3; S43:11~12 §4; S45:155 §3; S48:8 §4; S48:10 §5N; S48:11 §5; S49; S51:1~32 §4.

노력 (āyāma) S45:11 §5[설명].

노력 ☞ 정진, 노력 (vāyāma)

노력의 의도적 행위 (padhāna-saṅkhāra) S51:13 §3[설명].

노력 없이 쉽게 완전한 열반에 드는 자(asaṅkhāra-parinibbāyi) S46:3 §13[설명].

노력하여 어렵게 완전한 열반에 드는 자 (sasaṅkhāra-parini-bbāyi) S46:3 §13[설명].

노련한 (kat-ūpāsanā) S20:6 §3[설명].

논박 (upārambha) S46:6 §3[설명]; S22:62 §7.

놓아버림 (paṭinissagga) S22:22 §6[설명]; S45:2 §4N[설명]; S54:1 §8[설명] 등.

놓아버림 ☞ 혼란스러움, 놓아버림, 사라짐 (sammosa)

누리다 ☞ 경험하다, 누리다, 겪다 (paṭisaṁvedeti)

누리지 않고 (abhutvā) S1:20 §3[설명].

눈[眼] (cakkhu) S35:1 §3[설명]; S12:4 §16; S18:1 §3; S25:1 §3; S26:1 §3; S27:1 §3 등.

눈먼 거북이 (kāṇa kacchapa) S56:47 §3[설명].

눈은 오래된 업 (cakkhu purāṇakamma) S35:146 §3[설명].

눈을 가진 (cakkhumā) S6:15 §7[설명]; S22:95 §8[설명].

눈을 멀게 함 (vicakkhu-kamma) S4:12 §2[설명].

눈을 사랑하지 않는다 (cakkhuṁ na maññati) S35:30 §3[설명].

눈의 감각기능 (cakkhundriya) S48:25 §3[설명].

눈의 감각접촉 (cakkhu-samphassa) S4:19 §5[설명]; S14:2 §4[설명] 등.

눈의 감각접촉에서 생긴 느낌 (cakkhu-samphassajā vedanā) S12:2 §9[설명].

눈의 알음알이 (cakkhu-viññāṇa) S12:2 §13[설명].

눈의 요소 (cakkhu-dhātu) S14:1 §4[설명].

느껴진, 느끼는 (vedayita) S12:32 §11N; S22:79 §5N 등.

느끼다 (vedayati) S22:79 §5[설명] 등.

느낌 (vedayita) S35:24 §4[설명]; S36:10 §4.

느낌[受] (vedanā) S22:1 §11[설명]; S22:79 §5[설명]; S12:2 §12[설명]; S47:35 §5[설명]; S1:2 §4[설명]; S4:23 §6N[설명]; S12:18

§5[설명]; S12:32 §11[설명]; S12:51 §12[설명]; S22:95 §5[설명]; S35:24 §4[설명]; S35:129 §4[설명]; S36:1 §4[설명]; S36:5 §4[설명]; S36:11 §4[설명]; S36:14 §4[설명]; S36:21 §11[설명]; S38:14 §3N[설명]; S45:11 §4N[설명]; S45:12 §5[설명]; S48:10 §6[설명]; S48:36 §8[설명]; S54:10 §8[설명] 등.

느낌과 인식의 소멸 ☞ 상수멸, 느낌과 인식의 소멸 (saññāvedayitanirodha)

느낌의 토대가 되는 것 (vedaniya) S12:37 §3[설명].

늙음 (jarā) S12:2 §4[설명] 등.

늙음·죽음 (jarāmaraṇa) S3:3 §3; S12:1 §3; S12:35 §4; S12:51 §5 등.

늙음·죽음의 소멸과 일치하는 도닦음 (jara-maraṇa-nirodha-saruppa-gāminī-paṭipadā) S12:51 §5[설명].

능숙하지 못한 (akovida) ⇒S5:8 §5; S7:2~3 §5; S11:4 §10; S11:5 §8; S22:1 §10 등; S35:136 §5; S41:3 §9.

능숙한1 (kovida) S8:6 §5; S22:1 §15 등;S41:3 §10.

능숙한2 (kusala) S1:25 §3[설명].

능숙한3 (sikkhitā) S20:6 §3[설명].

니간타 나따뿟따 (Nigaṇṭha Nāṭaputta) S41:8 §2[설명]; S2:30 §3N; S3:1 §3; S15:13 §2N; S35:126 §2; S42:8 §3; S42:9 §2; S42:11 §1N; S44:9 §3; S46:56 §2N.

니그로다 원림 (Nigrodhārāma) S4:23 §2N; S22:80 §1; S35:243 §1; S54:12 §1; S55:21 §1; S55:37 §1; S55:39~40 §1; S55:47~49 §1; S55:54 §1.

니그로다깝빠 존자 (āyasmā Nigrodhakappa) S8:1~3 §1.

니까따 청신사 (Nikata upāsaka) S55:10 §3.

닌다까 릿차위 대신 (Nandaka Licchavi-mahāmatta) S55:30 §2[설명].

닝까 신의 아들 (Niṅka devaputta) S2:30 §2.

【다】

다난자니 바라문 여인 (Dhanañjāni brāhmaṇī) S7:1 §2[설명].

다르게 보다 (aññato passati) S35:80 §4[설명].

다른 사람을 의지하지 않는 지혜 (aparapaccayā ñāṇaṁ) S12:15 §5[설명].

다른 상태로 되어 가는 것 (aññathābhāvi) S35:91 §3.

다른 상태로 됨, 달라지기 마련

(aññathābhāva)
S21:2 §3; S22:1 §10; S22:2 §9; 22:7~8 §4; S22:43 §4; S22:84 §5; S25:1~10 §3;S35:31 §3N; S35:93 §3.
달라지기 마련 ⇒ 47:13 §8.

다말리 신의 아들 (Dāmali devaputta) S2:5 §1.

다사까 존자 (āyasmā Dāsaka) S22:89 §2[설명].

다사라하들 (Dasārahā) S20:7 §3[설명].

다섯 가지 낮은 단계의 족쇄[五下分結] (pañca orambhāgiyāni saṁyojanāni) S45:179 §3[설명].

다섯 가지 높은 단계의 족쇄[五上分結] (pañca uddhambhāgiyāni saṁyojanāni) S45:180 §3[설명].

다섯 가지 얽매임 (pañca saṅga) S1:5 §3[설명].

다시 되돌아오다 (paccudāvattati) S12:65 §5[설명].

다시 태어남[再生, 再有] (punabbhava) S12:10 §3[설명]; S12:12 §4[설명]; S12:38 §3[설명]; S12:40 §3[설명]; S12:64 §4[설명]; S56:11 §6[설명]; S4:23 §11; S5:6 §4; S7:12 §4; S8:7 §8; S9:6 §6; S10:3 §5; S14:31 §7; S14:32 §6; S22:26 §6; S22:27 §8; S22:76 §6; S35:13~16 §6; S35:229 §5; S35:243 §14; S48:21; S56:21 §5.

다시 태어남을 가져오는 (ponobbhavikā) S56:11 §6[설명]; S12:38 §4N[설명]; S22:22 §5; S22:31 §4; S22:103~105 §5; S56:13 §5.

다시는 돌아오지 않는 경지[不還果] (anāgāmitā) S46:57 §4; S46:76 §4; S47:36 §4; S48:65 §4; S51:24 §4; S54:4 §5.
참 불환자 · 불환과 (anāgāmī).

다양한 성질 (puthutta) S12:48 §3[설명].

다양한 성향 (nānādhimuttika-bhāva) S52:19 §4[설명].

다양한 요소 (nānā-dhātu) S52:18 §4[설명].

다양함, 갖가지 (nānatta)
다양함 ⇒ S14:1 §3[설명]; S14:2~10 §3.
갖가지 인식 (nānatta-saññā) ⇒ S16:9 §7; S28:5 §4; S36:19 §16; S40:5 §4; S46:54 §10; S54:8 §8.

다투는 말 (viggayha kathā) S22:3 §3.

다투다 (vivadati) S22:94 §3[설명].

다툼을 버려버린 자들 (raṇañ-jahā) S2:11 §3[설명].

다함 ☞ 멸진 (khaya)

닥키나기리 (남산) (Dakkhiṇāgiri) S7:11 §1; S16:11 §2.

닦음 ☞ 도닦음, 닦음 (paṭipatti)
닦음 ☞ 수행, 닦음 (bhāvanā)

단멸론자 (ucchedavāda) S44:10 §7; S12:15 §4N[설명]; S22:85 §2N[설명]; S12:17 §7N; S12:67 §3N; S24:5 §3; S44:9 §3N.

단속 (saṁvara) S2:17 §3[설명]; S1:35 §5; S3:5 §4; S12:70 §22; S16:6 §8; S35:94 §3 등; S46:6 §4; S47:46 §4.

단일한 상태 (ekodi-bhāva) S16:9 §4; S21:1 §4; S28:2 §4; S36:19 §13; S36:31 §5; S40:2 §4; S41:8 §5; S45:8 §11; S48:10 §7; S48:40 §5; S53:1~12 §5; S54:8 §7.

단지 (matta) S35:95 §12[설명].

달라붙는, 애착 (visattika)
달라붙는 ⇒ S4:7 §4[설명].
애착 ⇒ S1:1 §5[설명].

달콤함 (assāda) S14:31 §4[설명]; S12:52~60 §3; S14:31~33 §3; S14:37~38 §4; S17:25~26 §3; S22:26~28 §3 등; S23:6~8 §4; S35:13 §2 등; S36:6 §5 등; S48:2 §4 등.

담대함[四無畏] (vesārajja) S12:21 §3[설명].

담마딘나 청신사 (Dhammadinna upāsaka) S55:53 §2[설명].

담즙(膽汁) (pitta) S36:21 §4[설명].

대규환지옥 (Mahāroruva-niraya) S3:20 §6[설명].

대꾸하다 (paṭiharati) S41:8 §7[설명].

대나무 숲 (Veḷu-vana) S2:13 §1; S2:30 §1; S4:6~7 §1; S4:9 §1; S4:23 §1; S7:1~4 §1; S7:8 §1; S7:18 §1; S8:9 §1; S10:9~11 §1; S11:14 §1; S12:17 §1; S12:24 §1; S12:70 §1; S15:8 §1; S15:13 §1; S16:5~8 §1; S16:11 §1; S17:24 §1; S17:36 §1; S19:1 §1; S21:3 §1; S21:10 §1; S22:49~50 §1; S22:87~88 §1; S28:10 §1; S35:29 §1; S35:65 §1; S35:87 §1; S35:128 §1; S36:21 §1; S42:2 §1; S42:10 §1; S44:1 §1; S46:14~16 §1; S47:29~30 §1; S54:10 §1; S55:3 §1; S56:41 §1.

대범천 마하브라흐마 (Mahābrahmā) S6:3 §4N; S6:10 §8N; S7:9 §2N; S7:18 §3N; S11:16 §2N.

대부분 (yebhuyyena) S12:15 §4[설명]; S22:78 §5[설명]; S35:229 §4[설명].

대상, 조건 (ārammaṇa)
대상 ⇒ S22:53 §5[설명]; S47:10 §7[설명]; S12:2 §15N[설명]; S21:3 §3N[설명]; S22:53 §5[설명]; S22:79 §8N[설명]; S24:37N[설명]; S34:5 §3[설명]; S35:4 §3N[설명]; S45:28 §3N[설명]; S48:9 §6[설명]; S54:10 §10N[설명].
조건 ⇒ S12:38 §3[설명].

대상이 끊어진 (vocchijjat-ārammaṇa) S22:53 §5[설명].

대열뇌 지옥 (Mahāpariḷāha niraya) S35:135 §3N; S56:43 §3[설명].

대열뇌라는 지옥 (Mahāpariḷāho nāma nirayo) S56:43 §3[설명].

대웅의 위치 (āsabha ṭhāna) S12:21 §3[설명].

대인 (大人) (mahā-purisa) S47:11 §3[설명].

대화를 나눔 (saṁvohāra) S3:11 §5.

더러움, 때 (mala)
더러움 ⇒ S1:32 §3; S1:43 §3; S1:58 §2; S1:76 §3; S2:23 §3;
때 ⇒ S22:89 §14; S45:167 §3; S55:6 §13.

더불어 기뻐함[喜] (muditā) S46:54 §11[설명]; S8:6 §5; S41:7 §5; S42:8 §17; S42:13 §15; S42:54 §3; S3:1 §4N.

더위에 시달린 (ghamma-abhitatta) S12:68 §8[설명].

덩어리진 [먹는] 음식 (kabaḷīkār-āhāra) S12:11 §3[설명]; S12:63 §5[설명]; S12:12 §3; S12:63~64 §3.

덮개 (āvaraṇa) S46:37 §3[설명]; S46:34 §3; S46:39 §5; S46:55 §16.

데와다하 (Devadaha) S22:2 §1[설명]; S35:134 §1; S42:13 §1N.

데와닷따 (Devadatta) S17:31 §3[설명]; S1:38 §2N; S3:14 §4N; S6:8 §2N; S6:10 §2N; S6:12 §2; S11:7 §4N; S14:15 §2N; S16:11 §4N; S17:31~36 §3; S20:8 §3N; S20:9 §4N; S20:11 §3N; S22:87 §12N; S35:28 §1N; S37:5 §2N; S47:6 §3; S54:10 §2.

데와히따 바라문 (Devahita brāhmaṇa) S7:13 §2.

도 (magga) S4:1 §4[설명]; S12:65 §8[설명]; S46:30 §5[설명]; S51:19 §4[설명] 등.

도기의 파편들 (kappāni) S12:51 §12[설명].

도닦음 (paṭipadā) S12:15 §6N[설명]; S52:17 §4[설명]; S51:10 §8N; S55:40 §3N; S2:26 §4 등.

도닦음, 닦음 (paṭipatti)
도닦음 ⇒ S45:31~32 §2;
[출세간]법에 이르게 하는 법을 닦음 (dhamma-anudhamma-ppaṭipatti) ⇒ S38:16 §4; S55:5 §3; S55:50 §3.

도덕부정론 (akiriyavāda) =업지음 없음. S22:62 §8[설명]; S2:30 §2N; S22:60 §3N; S24:6 §3N; S36:21 §3N; S44:9 §3N.

도래함 (okkanti) S12:2 §5.

도래함 ☞ 태어남, 출생, 도래함, 생김, 탄생 (jāti sañjāti okkanti abhinibbatti)

도를 닦는 (paṭipanna) S12:16

§5[설명]; S12:31 §5[설명]; S22:56 §6[설명]; S51:10 §8[설명] 등.

도솔천 (Tusita) S1:48 §2N; S5:7 §4; S40:11N; S55:6 §3N; S55:54 §11; S56:11 §18.

도정 (addhāna) S45:42 §3[설명]; S48:63~64 §3; S54:19~20 §3.

도피안 품 (Pārāyana) S1:34 §5N; S1:50 §4N; S3:1 §4N; S12:31 §3; S22:3 §1N.

독사 (네 종류의 ~) (āsīvisā) S35:238 §3[설명].

독수리봉 산 (Gijjhakūṭa pabbata) S22:87 §12[설명]; S1:38 §2N; S4:10~13 §1; S10:2 §1; S11:16 §1; S14:15 §1; S15:10 §1; S15:20 §1; S17:35 §1; S19:1~21 §1; S22:87 §2N; S35:87 §2; S35:118~119 §1; S46:15 §1; S46:56 §1; S48:58 §1; S56:42 §1.

독존(獨尊) (kevali) S7:8 §6[설명]; S22:56 §6[설명]; S7:9 §6; S7:11 §7; S22:57 §3.

독존(獨存), 유일한, 전체 (kevala)
유일한 ⇒ S6:4 §2[설명].
독존(獨存) ⇒ S7:8 §6[설명].
전체 ⇒ S12:1 §4[설명] 등.
온 (전체, kevala-kappa) ⇒ S1:1 §2 등.

동 꼿타까 (Pubbakoṭṭhaka) S48:44 §1[설명].

동료수행자 (sahadhammika) S12:24~26 §3[설명]; S22:2 §5; S22:86 §6; S35:81 §3; S42:10 §5; S42:12~13 §3; S44:2 §6; S45:5 §3.

동반자와 함께 머무는 자 (sadutiya-vihāri) S35:63 §3[설명].

동요 없음 ☞ 흔들림 없음, 동요 없음 (aneja)

동요가 있는 (calita) S35:87 §12[설명].

동정 (anudayā / anuddayā) S16:3 §10[설명]; S10:2 §3; S16:11 §4; S42:9 §4; S47:19 §7.

동쪽 원림[東園林] (Pubbārāma) S22:82 §1[설명]; S3:11 §1; S48:45 §1; S8:7 §1; S48:41 §1; S48:45~48 §1; S51:14 §1.

두 가지 ☞ 쌍, 두 가지, 한 쌍, 상반되는 (dvaya)

두고 한 말, 술어, 이름붙임 (adhivacana)
두고 한 말 ⇒ S17:2~3 §3; S17:6~7 §3; S22:84 §11; S35:103 §7; S35:238 §11; S35:241 §6; S41:5 §4; S35:245 §9; S47:20 §4.
이름붙임 ⇒ S22:62 §3[설명].
술어 ⇒ S22:82 §8.

두려운 (tāsa) S22:55 §9[설명].

두려움 (bhaya) S6:13 §3[설명]; S12:41 §3[설명] 등.

두타행 (dhuta / dhutaṅga) S1:58 §3N; S14:15 §5; S16:5 §3N.

뒤따라, 따르는, 추론 (anvaya)
뒤따라 ⇒ S1:32 §5; S48:45 §5; S48:52 §5.
법다운 추론 (dhamm-anvaya) ⇒ S47:12 §8.
뒤로 굽은 (apanata) S1:38 §9[설명].
뒤틀린 것 (visūkāyika) S12:35 §8[설명].
드러남 ☞ 천명, 드러남 (paññāpana)
드러남 ☞ 탄생, 드러남, 존재함 (abhinibbatti)
들뜸 (uddhacca) S46:52 §7[설명]; S1:1 §4N[설명] 등.
들뜸과 후회 (uddhacca-kukkucca) S46:52 §7[설명]; S46:51 §19[설명] 등.
들숨날숨 (assāsa-passāsa) S4:6 §2; S6:15 §7, §7N; S36:11 §5; S36:15 §5; S41:6 §4; S54:1 §4N; S54:2~20 §3.
들숨날숨 (ānāpāna) S54:7 §4[설명]; S54:8 §5[설명]; S54:11 §4[설명]; S54:1 §4N[설명]; S4:25 §15N; S6:15 §7; S16:11 §11N; S22:1 §13N; S22:88 §7N; S36:11 §5; S36:15 §5; S41:6 §4; S45:2 §4N; S47:3 §4N; S47:35 §5N; S54:1~14 §3; S54:17~20 §3.
들숨날숨에 대한 마음챙김 (ānāpāna-sati) S54:7 §4[설명]; S54:8 §5[설명]; S54:11 §4[설명]; S54:1 §4N[설명]; S4:25 §15N; S6:15 §7; S16:11 §11N; S22:1 §13N; S22:88 §7N; S36:11 §5; S36:15 §5; S41:6 §4; S45:2 §4N; S47:3 §4N; S47:35 §5N; S54:1~14 §3; S54:17~20 §3.
들판, 터전 (khetta)
들판 ⇒ S5:9 §5[설명].
터전 ⇒ S12:25 §11[설명].
디가나카 유행승 (Dīghanakha paribbājaka) S12:32 §11N; S21:2 §5N.
디가랏티 신의 아들 (Dīghalaṭṭhi devaputta) S2:13 §2.
디가유 청신사 (Dīghāvu upāsaka) S55:3 §2[설명].
따로 머묾[外道別住] (titthiya-parivāsa) S12:17 §12[설명].
따르게 된다 (anudeva = anvadeva) S45:1 §3[설명].
따르는 ☞ 뒤따라, 따르는, 추론 (anvaya)
따분함 (arati) S1:16 §2; S2:18 §3; S7:17 §4; S8:1 §2N; S8:2 §4; S9:1 §3; S9:4 §3; S10:3 §4.
따분함과 기뻐함 (aratiñ ca ratiñ ca) S8:2 §4[설명]; S10:3 §4.
따뽀다 (온천) 원림 (Tapodā ārāma) S1:20 §1[설명].
따야나 신의 아들 (Tāyana devaputta) S2:8 §2.
딱가라시키 벽지불 (Taggarasikhi

paccekasambuddha) S3:20 §4[설명].

딴하, 마라의 딸 (Taṇhā Māradhītā) S4:25 §2[설명].

딸라뿌따 연극단장 (Tālapuṭa naṭagāmaṇi) S42:2 §2[설명].

땅끼따만짜 (Ṭaṅkitamañca) S10:3 §1[설명].

때 ☞ 더러움, 때 (mala)

떨거나 굳건한 자들 (tasa-thāvarā) S6:3 §5[설명]; S42:13 §15[설명].

떨어져 (cavitthā) S16:10 §23[설명].

떨어지지 않는 법을 가진 (avinipāta-dhamma) S55:2 §3[설명]; S12:41 §3 등; S24:1~18 §7; S25:1~10 §6; S48:3 §4; S55:4 §3 등.

떨쳐버림, 멀리 여읨 (viveka)
떨쳐버림 ⇒ S1:2 §3[설명]; S45:2 §4[설명]; S3:18 §6; S43:12 §4; S45:9 §5 등; S46:1 §5 등; S50/53/54:1 등.
멀리 여읨 ⇒ S8:9 §5[설명]; S41:6 §12[설명].

떨쳐버림을 의지하는 (viveka-nissita) S46:1 §5[설명] 등.

또다시 꿰찔리는 (anuvedhaṁ vijjheyyuṁ) S36:6 §4[설명].

또라나왓투 (Toraṇavatthu) S44:1 §2.

뚜두 범천 (Tudu brahmā) S6:9 §2[설명].

뚯타 청신사 (Tuṭṭha upāsaka) S55:10 §3.

뛰어나다 (visesi / seyya) S1:20 §11[설명].

뜨거운 불더미 (kukkuḷa) S10:5 §5[설명]; S22:136 §3[설명].

뜻이 깊은 (gambhīr-attha) S20:7 §4[설명].

띠와라 (Tivarā) S15:20 §4.

띰바루까 유행승 (Timbaruka paribbājaka) S12:18 §2.

띳사 존자 1 (āyasmā Tissa) S21:9 §2[설명]; S22:84 §2.

【라】

라가, 마라의 딸 (Rāga Māradhītā) S4:25 §2[설명].

라꾼따까 밧디야 존자 (āyasmā Lakuṇṭaka Bhaddiya) S21:6 §2[설명]; S41:5 §3N.

라다 존자 (āyasmā Rādha) S23:1 §2[설명]; S22:71 §2; S23:1~46 §2; S35:76 §2.

라시야 촌장 (Rāsiya gāmaṇi) S42:12 §2.

라자가하 (Rājagaha) S22:49 §1[설명] 등.

라후 아수라 왕 (Rāhu asurinda) S2:9~10 §3[설명]; S11:8 §2N.

라훌라 존자 (āyasmā Rāhula) S18:1 §2[설명]; S8:4 §4N; S18:1~22 §2; S22:91~92 §2; S28:1 §2N; S35:121 §2.

락카나 존자 (āyasmā Lakkhaṇa) S19:1 §2[설명]; S19:2~21 §2.

랏타빨라 존자 (āyasmā Raṭṭhapāla) S51:13 §6N.

로마사왕기사 존자 (āyasmā Lomasavaṅgīsa) S54:12 §2[설명].

로히땃사 (Rohitassa) S15:20 §6.

로히땃사 신의 아들 (Rohitassa devaputta) S2:26 §2.

류트 (viṇa)
류트의 비유 ⇒ S35:246 §6[설명].

릿차위 (Licchavi) S22:60 §2[설명]; S11:13 §2; S20:8 §3; S22:88 §2N; S35:125 §1N; S42:11 §1N; S55:6 §11N; S55:30 §2; S56:45 §2.

릿차위의 마할리 (Mahāli Licchavi) S22:60 §2[설명]; S11:13 §1; S55:6 §11N.

【마】

마가 바라문 학도 (Magha māṇava) S11:12 §3[설명]; S11:13 §4;

마가 신의 아들 (Māgha devaputta) S2:3 §2[설명].

마가다 (Magadha) S4:18 §1; S6:1 §5; S6:13 §1; S7:11 §1; S9:4 §4; S10:4 §1; S11:16 §1N; S15:10 §5; S15:20 §10; S22:3 §4N; S22:49 §1N; S24:1 §3N; S35:126 §1N; S38:1 §1; S47:13 §2; S55:6 §7.

마가다 신의 아들 (Māgadha devaputta) S2:4 §1.

마가완 (삭까의 이름) (Maghavan) S11:12 §3[설명]; S11:4 §5; S11:13 §4; S11:18~20 §7.

마나딘나 장자 (Mānadinna gahapati) S47:30 §2[설명].

마나와가미야 신의 아들 (Māṇavagāmiya devaputta) S2:30 §2.

마낫탓다 바라문 (Mānatthadda brāhmaṇa) S7:15 §2[설명].

마노[意] (mano) S12:61 §4[설명]; S12:25 §7[설명]; S14:1 §4[설명]; S14:3 §4[설명]; S22:1 §14N[설명]; S22:47 §4[설명]; S35:24 §4[설명], §5N[설명]; S35:4 §3[설명]; S48:42 §5[설명] 등.

마노의 감각접촉 (mano-phassa) S35:24 §4[설명] 등.

마노의 요소 (mano-dhātu) S14:1 §4[설명] 등.

마니말리까 탑묘 (Maṇimālika cetiya) S10:4 §1.

마니밧다 약카 (Maṇibhadda yakkha) S10:4 §2.

마니쭐라까 촌장 (Maṇicūḷaka gāmaṇi) S42:10 §3.

마딸리, 삭까의 마부 (Mātali) S11:4~6; 9; 18~20.

마라 (Māra) S4:1 §3[설명]; S1:35 §4; S1:50 §5; S2:24 §5; S2:30 §7; S3:4 §4; S4:1~25; S5:1~10 §3; S6:1 §1N; S7:1 §3; S7:9 §7; S8:1 §4N; S8:8 §7; S17:2 §3; S17:3 §4; S20:8 §4; S21:4 §7; S21:5 §4; S21:12 §4; S22:26~28; S23:1 등; S35:65 §3 등; S46:43 §2; S47:6~7 §5; S56:28 §4.

마라라는 개념 (Māra-paññatti) S35:65 §3[설명].

마라에 속하기 마련인 법 (Māra-dhamma) S23:12 §3[설명].

마라의 딸들 (Māradhītā) S4:25 §2[설명].
☞ 딴하 (Taṇhā), 아라띠 (Arati), 라가 (Rāga)

마른 위빳사나를 닦은 자 (sukkha-vipassaka) S12:70 §14N[설명], §15N[설명]; S7:9 §7N; S16:9 §17N.

마리사 (mārisa) S1:1 §3[설명]; S55:20 §4[설명].

마음 (citta) S22:1 §14N[설명]; S46:2 §15[설명]; S51:13 §5[설명]; S22:7 §4[설명]; S27:1 §3[설명]; S51:13 §5[설명]; S7:9 §9N[설명]; S10:3 §5[설명]; S22:79 §8N[설명]; S35:95 §12N[설명]; S43:2 §3N[설명]; S47:42 §3N[설명]; S51:1 §4[설명]; S55:21 §4N[설명].

마음에 드는 (manāpa) S1:38 §2; S15:3 §3; S35:63~64 §4 등; S45:30 §4; S45:176 §3; S46:6 §5; S47:6 §6; S47:13~14 §8; S56:43 §3.

마음에 들지 않는 (amanāpa) S1:38 §2; S4:13 §2; S15:3 §3; S22:100 §8N; S35:94 §5; S35:129~130 §4; S35:134 §6; S35:135 §3; S35:238 §15; S35:247 §5; S37:1~2 §3; S46:6 §5; S56:43 §3.

마음에 새겨야 할 [고귀한] 비구들 (mano-bhāvanīyā bhikkhū) S22:1 §3[설명]; S55:21 §3[실명].

마음에 속하는 것 ☞ 정신적, 마음에 속하는 것 (cetasika)

마음에 잘 새기다 (manasikaroti) S46:2 §11N[설명]; S12:1 §3 등.

마음에 잡도리함의 일어남 (manasikāra-samudayā) S47:42 §3[설명].

마음으로 고찰한 것 (anuvicarita manasā) S24:1~10 §6[설명].

마음으로 만든 몸 (manomaya kāya) S51:22 §3[설명].

마음은 잘 해탈함 (cittaṁ

suvimutta) S35:156 §3[설명].
마음을 경험하면서 (citta-paṭisaṁvedī) S54:1 §7[설명].
마음을 고요히 함 (citta-vūpasama) S2:1 §3[설명].
마음을 기쁘게 하면서 (abhippamodayaṁ cittaṁ) S54:1 §7[설명]; S54:3~20.
마음을 몸에 스며들게 하다 (cittampi kāye samodahati) S51:22 §5[설명].
마음의 감각접촉 (mano-samphassa) S4:19 §5[설명].
마음의 삭막함 (ceto-khilā) S22:90 §8[설명].
마음의 삼매 (citta-samādhi) S42:13 §14[설명].
마음의 오염원 (cittassa upakkilesa) S27:1 §3[설명]; S27:1~10 §3; S45:16~17 §3; S46:33~34 §4; S46:37 §3; S46:52 §3; S46:54~55 §3; S47:8 §4; S47:12 §9.
마음의 의도 (mano-sañcetanā) S12:11 §3[설명].
마음의 의도적 행위 (citta-saṅkhāra) S12:2 §14[설명]; S12:27~28 §15; S12:33 §16.
마음의 이상인 [아라한과를] 얻지 못한 (appatta-mānasa) S4:23 §5[설명]; S17:6 §3[설명]; S35:134 §5; S47:4 §5; S54:11 §7; S54:12 §4.
마음의 입각처가 됨 (cetaso adhiṭṭhānaṁ) S12:15 §5[설명].
마음의 작용 (citta-saṅkhāra) S22:88 §7N[설명]; S41:6 §3[설명]; S41:6 §7[설명]; S54:1 §6[설명]; S54:10 §8[설명].
마음의 증득 (hadayassa anupatti) S2:2 §2[설명].
마음의 해탈[心解脫] (cetovimutti) S16:9 §17[설명]; S14:31 §7N; S16:10 §21; S17:30 §4; S35:132 §9; S35:243 §11; S35:244 §8; S35:247 §4; S48:20 §4; S51:7 §3 등; S52:24 §4; S55:8~9 §4; S55:24 §6; S55:52 §4.
일시적인 마음의 해탈 (sāmāyika cetovimutti)⇒S4:23 §2;
자애를 통한 마음의 해탈[慈心解脫] ⇒S20:3 §3; S42:8 §17; S46:51 §17; S46:54 §7[설명].
자애·연민·같이 기뻐함·평온을 통한 마음의 해탈 ⇒S46:54 §7[설명].
무량한 마음의 해탈, 무소유의 마음의 해탈, 공한 마음의 해탈, 표상없는 마음의 해탈 ⇒S41:7 §§3~12[설명].
마음이 고요하지 못함 (cetaso avūpasama) S46:2 §7[설명].
마음이 산란한 (vibbhanta-citta) S2:25 §2[설명].

마음이 하나에 집중되어 (ekagga-cittā) S47:4 §4[설명].

마음이 한 끝에 집중됨 (cittassa ekaggatā) ☞ 한 끝에 집중됨[一境性] (ekaggatā).

마음이 한 끝에 집중됨 ☞ 한 끝에 집중됨[一境性] (ekaggatā).

마음이 해탈한 (vimutta-citta) S2:2 §2[설명].

마음챙김 (sati) S46:3 §6[설명]; S2:7 §3[설명]; S4:1 §3N[설명]; S4:22 §6[설명]; S6:15 §2N[설명]; S35:117 §5[설명] ; S35:244 §10[설명]; S45:8 §10[설명]; S46:2 §11[설명]; S46:51 §9[설명]; S46:53 §10[설명]; S48:9 §6[설명]; S48:9 §6[설명]; S48:42 §5[설명]; S54:1 §4[설명]; S54:10 §9[설명] 등.

마음챙김과 슬기로움 (sati-nepakka) S48:9 §6[설명].

마음챙김과 통찰지는 익었고 (sati-paññā buddhā) S4:22 §6[설명].

마음챙김을 놓아버리고 (muṭṭhassati) S2:25 §2[설명]; S9:13 §2; S14:17~22 §3; S22:80 §8; S35:95 §14; S35:244 §10; S51:14 §2; S54:10 §9; S54:13 §8.

마음챙김을 의지하는 (sati-paṭisaraṇa) S48:42 §5[설명].

마음챙김의 확립 (sati-paṭṭhāna) S47[설명]; S22:80 §9[설명]; S36:7 §6[설명]; S47:1 §3N[설명]; S47:8 §8N[설명]; S47:9 §6N[설명]; S47:42 §2[설명]; S52N[설명] 등.

마하까 존자 (āyasmā Mahaka) S41:4 §5[설명].

마하깝삐나 존자 (āyasmā Mahakappina) S21:11 §2[설명]; S6:5 §6; S21:12 §2; S54:7 §2.

마하깟사빠 존자 (āyasmā Mahā-Kassapa) S16:1 §3[설명]; S6:5 §5; S9:3 §1N; S9:5 §2N; S12:15 §2N; S14:15 §2; S16:2 §1; S16:5~8 §2; S16:10~13 §1; S37:5 §2N; S46:14 §2; S51:10 §5N.

마하깟짜나 존자 (āyasmā Mahākaccāna) S22:3 §1[설명]; S4:25 §13N; S9:3 §1N; S12:15 §2N; S22:4 §1; S35:130 §1; S35:132 §1; S41:2 §6N.

마하꼿티따 존자 (āyasmā Mahākoṭṭhita) S22:122 §1[설명]; S12:67 §1; S22:127~135 §1; S35:162 §1; S35:232 §1; S44:3~6 §1.

마하나마 삭까 사람 (Mahānāma sakka) S54:12 §2[설명]; S3:16 §3N; S55:6 §11N; S55:21~23 §2; S55:24~25 §4; S55:37 §2; S55:49 §2; S55:54 §3.

마하목갈라나 존자 (Mahā-Moggallāna) S40:1

§1[설명]; S5:5 §2N; S6:5 §4; S8:4 §4N; S8:10 §2; S16:10 §2N; S17:24 §3N; S19:1~21 §2; S21:1 §2; S21:3 §2; S35:243 §8; S40:10 §1; S44:7~8 §2; S46:15 §2; S47:26~28 §1; S52:4 §1; S55:18 §2.

마하빠자빠띠 고따미 (Mahāpajāpati Gotami) S21:8 §2N; S22:2 §1N; S42:13 §1N.

마하수닷사나 왕 (Mahāsudassana) S22:96 §6N; §8N.

마하시와 장로 (Mahāsīvatthera) S51:10 §5N.

마하쭌다 존자 (āyasmā Mahā-Cunda) S35:87 §2[설명]; S12:40 §5N; S47:13 §2[설명]; S46:16 §2; S56:30 §1N.

마할리 (Mahāli) ☞ 릿차위의 마할리

마히 강 (Mahī) S13:3~4 §3; S45:95 §3 등; S46:81 §3; S48:50 §1N; S56:53 §3; S56:54 §3.

막까라까따 (Makkarakata) S35:132 §1.

막칼리 고살라 (Makkhaligosāla) S2:30 §3[설명]; S3:1 §3; S22:60 §3N; S24:7~8 §3N; S24:9 §3.

만족 (santuṭṭhi) S16:1 §3[설명]; S16:5 §4; S16:8 §3.

만족하는 (santusita) S22:45 §4[설명]; S22:46 §4; S22:53~55 §6.

많은 사람 (bahujana) S3:1 §3; S4:5 §3; S16:5 §6; S21:2 §4; S44:9 §3; S51:10 §5.

많이 [공부]짓다 (bahulīkāroti) S3:18 §5; S4:20 §4; S20:3~5 §3; S22:80 §9; S22:102 §3; S22:122~123 §7; S35:247 §8; S42:8 §17; S45:2 §3 등; S46:1 §4 등; S47:20 §5 등; S48:20 §4; S48:43 §9 등; S50:1 §4 등; S51:1 §3 등; S52:3 §3 등; S53:1 §9 등; S54:1 §3 등; S55:55 §3 등.

많이 배운 (bahussuta) S51:10 §8[설명]; S3:24 §7; S14:15 §9; S14:17~21 §4; S44:1 §4.

많이 실으면 (ādikena eva) S16:13 §5[설명].

말 조련사 (sūta) S19:8 §5[설명].

말뚝을 던지는 [제사] (sammāpāsa) S3:9 §4[설명].

말라, 말리까 (Malla/Mallika) S42:11 §1[설명]; S48:52 §1[설명]; S6:15 §1; S15:13 §2N.

말로만 떠벌리는 것일 뿐 (vācā-vatthur eva) S35:23 §4[설명].

말룽꺄뿟따 존자 (āyasmā Māluṅkyaputta) S35:95 §2[설명].

말리까 왕비 (Mallikā devī) S3:8 §2[설명]; S3:16 §2; S55:6 §11N.

말의 의도적 행위 (vacī-saṅkhāra) S12:2 §14[설명].

말이 없는 ☞ 침묵하는, 말이 없는 (tuṇhībhūta)
맛다꿋치의 녹야원 (Maddakucchi Migadāya) S1:38 §1; S4:13 §1; S22:59 §1N.
맛치까산다 (Macchikasaṇḍa) 17:23 §3N; 41:1~9 §1.
망고 원림 (Ambāṭaka-vana) S17:23 §3T[설명]; S41:1~7 §1.
매듭 (gantha) S1:25 §5[설명]; S45:174 §3[설명].
매듭 (nigha) S1:20 §13; S1:34 §4; S6:3 §5.
매듭 (saṅgā) S1:36 §3[설명].
매혹적인 꼭두각시 (manorama bimba) S48:41 §5[설명].
맨땅 (dhamma Sk. dhanvan) S4:1 §4[설명].
머문 것의 다르게 됨 (ṭhitassa aññathatta) S22:37 §3[설명]; S22:38 §3.
머물지 않는 ☞ 확립되지 않는, 머물지 않는 (appatiṭṭhita)
멀리 여읨 ☞ 떨쳐버림, 멀리 여읨 (viveka)
멍텅구리 (akissava) S6:8 §3[설명].
메다까탈리까 곡예사 (Medaka-thālikā) S47:19 §3[설명].
멧돼지 동굴 (Sūkara-khatā) S21:2 §5N; S48:58 §1.
멧떼야 부처님(미륵불) (Metteyya buddha) S35:117 §3N.
면밀히 조사하다 (upaparikkhati) S22:57 §11[설명].
멸려차(蔑戾車) (milecha) S56:62 §4[설명].
멸진 (khaya) S12:23 §4[설명]; S22:4 §4.
탐·진·치의 멸진 (rāga-kkhaya, *etc.*) ⇒S38:1~2 §3; S39:1~16 §3; S43:1~2 §3; S43:11~12 §3; S45:6~7 §3; S45:19~20 §4; S45:36 §3; S45:38 §3; S45:40 §3.
번뇌[들]의 멸진 (āsavānaṁ khaya) ⇒S12:23 §3[설명]; S45:7 §3[설명]; S16:10 §21; S16:11 §31; S22:101 §3; S51:7 §3 등; S55:8~9 §4; S55:24 §6; S55:52 §4.
괴로움의 멸진 (dukkha-kkhaya) ⇒S12:19 §6; S45:33 §3 등.
멸진에 대한 멸진의 지혜 (khayasmiṁ khayeñāṇa) S12:23 §4[설명].
명상 (sammasa) S12:66 §3[설명].
명성 (siloka) S17:1 §3[설명].
명지 ☞ 삼명 (三明), 세 가지 명지 (tevijjā)
명지 (明知) (vijjā) S12:10 §16[설명]; S45:9 §3[설명]; S1:74 §4[설명]; S8:3 §3[설명]; S12:51 §10[설명]; S12:65 §6[설명]; S22:47 §5[설명]; S45:1 §4[설명]; S46:6 §3[설명]; S55:3 §8[설명]

등.
명지와 해탈 (vijjāvimutti) S46:6 §3[설명]; S45:48 §3; S46:34/37/39 §3; S54:13 §4; S54:14 §5.
명칭 (nāma) S1:60 §3[설명]; S1:61 §3[설명] 등.
명칭 ☞ 정신[名], 명칭 (nāma)
명칭 ☞ 헤아림, 명칭 (saṅkhā)
모가라자 존자 (āyasmā Mogharāja) S1:34 §5[설명]; S51:13 §6N.
모두를 볼 수 있는 눈[普眼] (samanta-cakkhu) S6:1 §5[설명].
모든 [것] (sabba) S1:9 §3[설명]; S1:20 §9N[설명]; S1:61 §3[설명]; S1:62 §3[설명]; S2:17 §3[설명]; S4:7 §4[설명]; S4:16 §5[설명]; S5:4 §5[설명]; S5:8 §5[설명]; S12:15 §6[설명]; S12:48 §3[설명]; S16:11 §11[설명]; S21:10 §7[설명]; S22:90 §4[설명]; S35:80 §4[설명] 등.
모든 것을 지배하는 자 (sabba-abhibhu) S21:10 §7[설명].
모든 법들[諸法]은 무아다 (sabbe dhammā anattā) S22:90 §4[설명]; S44:10 §7.
모든 표상 (sabba-nimittā) S35:80 §4[설명]; S40:9 §4[설명].
모든 행처로 인도하는 길 (sabbattha-gāmini-paṭipada) S52:17 §4[설명].
모든 형성된 것들[諸行]은 무상하다 (sabbe saṅkhārā aniccā) S1:11 §5[설명]; S22:90 §4[설명]; S9:6 §5; S36:11 §4; S55:3 §8.
모르는 사람이 남겨준 음식 (aññāt-uñcha) S21:8 §4[설명].
모순 되지 않음 (apaṇṇakatā) S42:13 §14[설명].
모태 (yoni) S22:43 §3[설명]; S35:239 §3[설명] 등.
모태에 듦 (gabbhassa avakkanti) S12:59 §3[설명].
참 출현 (avakkanti)
목마름 (tasiṇā) S45:170-2[설명]; S45:170-2 §3.
목숨 (jīva) S3:1 §4 등.
목숨, 삶, 생명 (jīvita, āyu)
삶 ⇒ S1:3 §2; S1:48 §2 등.
목숨 ⇒ S12:51 §12 등.
수명 (āyu) ⇒ S3:13 §3; S51:10 §14 등.
목숨이 끊어지는 느낌 (jīvita-pariyantikā vedanā) S12:51 §12[설명].
목적달성을 위해서 몰두하는 (attha-jātā) S11:8 §5[설명].
목침 (kaliṅgara) S20:8 §4[설명].
몰두 (anuyoga) S7:21 §2; S22:101 §4; S42:12 §4; S54:9 §4; S56:11

§3.
몰리야시와까 유행승 (Moliyasīvaka paribbājaka) S36:21 §2[설명].
몰리야팍구나 존자 (āyasmā Moliyaphagguna) S12:12 §4[설명]; S12:32 §3.
몸 (kāya) S12:19 §3[설명]; S12:25 §7[설명]; S36:7[설명]; S36:8[설명]; S46:2 §15[설명]; S51:22 §4[설명] 등.
몸 ☞ 자기 존재, 존재하는 모습, 몸 (attabhāva)
몸에 대한 마음챙김 (kāyagatā sati) S35:127 §6[설명]; S43:44 §3[설명]; S16:11 §11[설명]; S43:1 §3[설명]; S35:247 §5.
몸에 대한 마음챙김 (kāya-gatā sati) S43:1 §3[설명]; S16:11 §11[설명]; S8:4 §4; S35:247 §5; S43:44 §3; S47:20 §4.
몸에 대한 마음챙김 (kāyagatā sati) S8:4 §4[설명]; S16:11 §11[설명]; S43:44 §3[설명] 등.
몸으로 체험한 자 (kāya-sakhi) S25:1 §4[설명].
몸을 닦지 못함 (abhāvita-kāya) S35:127 §6[설명].
몸을 마음에 스며들게 하고 (kāyampi citte samodahati) S51:22 §5[설명].
몸을 받음 (kāy-ūpaga) S12:19 §6[설명].
몸을 버리는 (vossaṭṭha-kāya) S29:3 §3[설명].
몸의 매듭 (kāya-gantha) S45:174 §3[설명]; S1:25 §5N.
몸의 암시[身表] (kāya-viññatti) S12:25 §7[설명].
몸의 의도적 행위 (kāya-saṅkhāra)
몸의 의도적 행위 ⇒ S12:2 §14[설명]; S12:25 §8[설명].
몸의 작용 ⇒ S22:88 §7[설명]; S54:1 §5[설명].
몸의 특징으로 예언하기 (aṅga-vijjā) S28:10 §5[설명].
몸의 고요함 (kāya-passaddhi) S46:2 §15[설명]; S46:52 §8[설명].
몸이 고요한 (passaddha-kāya) S4:25 §15[설명].
몸이 무너지는 느낌 (kāya-pariyantikā vedanā) S12:51 §12[설명].
몸이 없다 (kāyo na hoti) S12:25 §11[설명].
몸통이 뒤틀린 (vivattakkhandha) S4:23 §8[설명].
못된 짓 ☞ 나쁜 행위, 못된 짓 (duccarita)
못생긴 (maṅguli) S19:14 §5[설명].
무거운 (madhuraka-jāta) S22:84 §2[설명].
무거운 (nibbasana) S16:5 §3[설명].
무거운 활 (daḷha-dhanu) S20:6 §3[설명.

무관심 (appossukka) S35:240 §3[설명]; S6:1 §3[설명]; S9:10 §2; S21:4 §2.

무관심, 갈구하지 않는 자 (anapekha / anapekkha)
무관심 ⇒ S1:30 §2; S11:20 §5; S21:8 §4; S22:9~11 §3; S22:79 §9; S35:7~12 §3; S47:14 §3.
갈구하지 않는 자 (anapekhi) ⇒ S3:10 §4; .

무더기[蘊] (khandha) S1:2 §4N; S1:23 §3N; S4:1 §3N; S5:9~10 §5; S14:11 §4N; S15:1 §3N; S18:10; S22 (온 상윳따); S35:31 §4; S35:91 §9; S35:93 §3N; S51:10 §15N; S54:1 §6N; S55:41 §4.
다섯 가지 법의 무더기[法蘊, dhamma-kkhanda] ⇒ S3:24 §6; S6:2 §3; S47:13 §6.
괴로움의 무더기 (dukkha-kkhandha) ⇒ S12:1 §3[설명] 등; S13:1 §4; S35:106 §4 등.

무량, 제한되지 않음 (appamāṇa)
무량 ⇒ S17:10 §5; S41:7 §3; S42:8 §16; S42:13 §14; S46:4 §5; S46:26 §5; S46:28 §5; S46:54 §3;
제한되지 않음 ⇒ S35:132 §11; S35:243~244 §15; S35:247 §6; .

무량한 마음의 해탈 (appamāṇā cetovimutti) S41:7 §3[설명].

무력하게 하다 (dubbalī-karaṇā) S46:37 §3[설명].

무리 (nikāya) S12:2 §4; S12:27 §4; S12:28 §4; S12:33 §4; S22:100 §7; S35:241 §6.

무리로부터 벗어나고 (visenibhūta) S6:3 §5[설명].

무명 (avijjā) S1:74 §4[설명]; S12:51 §8[설명], §10[설명]; S22:47 §5[설명]; S22:81 §7[설명]; S35:53 §4[설명] 등.

무명의 요소 (avijjā-dhātu) S14:13 §4[설명].

무번천(無煩天) (Avihā) S1:50 §2[설명]; S2:24 §2; S46:3 §13N.

무상 (anicca) S1:11 §5[설명]; S54:1 §8[설명]; S2:25 §3; S6:4 §5; S6:15 §6; S8:2 §4; S9:6 §5; S12:20 §5 등; S14:31 §4; S15:20 §5; S18:1 §4 등; S22:9 §3 등; S23:13 §3 등; S24:1 §5 등; S25:1 §3 등; S35:1 §3 등; S36:9 §3 등; S41:5 §4; S41:10 §3; S44:2 §8; S46:67~75; S54:1 §8 등; S55:3 §8; S55:3 §8; S55:54 §12; S22:32 §2N.

무색, 무색의 증득 (āruppa) S12:70 §13; S41:7 §8N.

무색계 (arūpa) S5:4 §5; S12:2 §6; S38:13 §3; S45:164 §3; S45:180 §3; S46:184 §3.

무소유 (akiñcana) S1:34 §4.

무소유의 마음의 해탈 (ākiñcaññā cetovimutti) S41:7 §6[설명].

무소유처 (ākiñcaññāyatana) S46:54 §12[설명]; S6:15 §3; S14:11 §3; S16:9 §7; S28:7 §4; S36:11 §5; S36:15 §5; S36:19 §16; S40:7~8 §3; S46:54 §1N, §12; S54:8 §8.

무실라 존자 (āyasmā Musīla) S12:68 §1[설명].

무아 (anattā) S22:59 §3[설명]; S22:90 §4[설명]; S22:122 §3[설명]; S35:78 §4[설명]; S44:10 §8N[설명]; S43:2 §3N[설명]; S12:66 §10; S22:11 §3 등; S23:17 §3 등; S35:1 §3 등; S44:10 §7; S55:3 §8; S35:246 §7N.

무엇 (kiñcana) S4:18 §5[설명]; S41:7 §12[설명].

무위(無爲), 형성되지 않은 (asaṅkhata)
무위 ⇒ S43:1~12 §2.
형성되지 않은 ⇒ S7:11 §5N; S45:7 §3N.

무인론, 원인 없음을 말하는 자 (ahetukavāda) S22:62 §8[설명]; S2:30 §3N; S22:60 §3N; S24:7 §3N.

무지 (aññāṇa) S12:2 §15[설명]; S7:18 §4[설명]; S33:1 §4; S33:2~5 §4; S38:9 §3; S46:40 §3; S55:23 §9N; S56:17 §3.

무차(無遮) ☞ 공개적으로 지내는 제사[막지 않음, 無遮] (niraggala)

무학 (asekha) S3:24 §6[설명]; S22:76 §6; S47:27 §3; S48:53 §7N; S52:5 §3; S55:26 §10N.

무화과나무 지팡이 (udumbara-daṇḍa) S4:21 §2[설명].

묵묵히 따름 ☞ 인욕, 묵묵히 따름 (khanti)

묶여서 (ajjhosāya) S22:5 §4; S22:80 §4 (반기다); S35:63~64 §4; S35:88 §4; S35:98 §4; S35:114~115 §3; S35:118~119 §4; S35:124 §4; S35:230 §4.

묶임, 속박 (vinibandha)
묶임 ⇒ S12:15 §5[설명]; S22:3 §4[설명]; S22:90 §9;
속박 ⇒ S22:157 §3[설명]; S46:29 §5.

문자 (akkhara) S1:60 §3[설명].

문자, 표현, 문장 (byañjana / vyañjana)
문자 ⇒ S41:1 §3; S41:7 §3;
표현 ⇒ S56:19 §3[설명]; S4:5 §3; S35:133 §3; S42:7 §5; S55:7 §2.
문장 ⇒ S12:35~36 §4; S35:116 §14; S44:1 §13; S44:7~8 §10.

물 긷는 두레박 (udaka-vāraka) S12:68 §8[설명].

물결 (ūmi) S35:228 §4[설명].

물고기를 잡기위해 던진 미끼 (āmisa macchānaṁ vadhāya khittā) S2:30 §8[설명].

물들다 (vyāsiñcati) S35:97 §3[설명].

물들이는 것이 분명한 [마음을 ~] (rajanīya-saṇṭhita) S22:70 §4[설명].

물질 (rūpa) S3:12 §3[설명]; S22:1 §10[설명]; S22:79 §4[설명]; S35:1 §3N[설명]; S2:30 §7[설명]; S12:2 §12[설명]; S12:63 §5N[설명]; S14:1 §4N[설명]; S18:9 §3N[설명]; S22:3 §4[설명]; S22:48 §5[설명]; S22:55 §7[설명]; S22:56 §6[설명]; S22:79 §4[설명] §7[설명]; S23:10 §3[설명]; S24:37N[설명]; S35:246 §7[설명]; S44:1 §8[설명]; S44:3 §5[설명]; S46:54 §10[설명]; S47:10 §3N[설명]; S54:10 §7N[설명] 등.

물질 안에 자아가 있다고 (rūpasmiṁ vā attānaṁ) S22:1 §10[설명].

물질로써 여래를 묘사하여 (rūpena tathāgatam paññāpayamāna) S44:1 §8[설명].

물질에 대한 것 (rūpagata) S44:3 §5[설명].

물질에 대한 탐욕 (rūpa-rāga) S22:102 §3[설명].

물질을 가지게 될 것이다 (rūpī bhavissaṁ) S35:248 §8[설명].

물질을 가지기도 가지지 않기도 한 [자아] (rūpī ca arūpī ca) S24:37 §0[설명].

물질을 가지는 것도 가지지 않는 것도 아닌 자아 (neva rūpī nārūpi) S24:37 §0[설명].

물질을 가지지 않은 (arūpi) S24:37[설명]; S22:47 §5; S22:85 §19; S22:86 §14; S44:2 §14; S44:11 §4; S45:139 §3.

물질을 가진 [자아] (rūpi) S24:37 §0[설명].

물질을 가진 것이 자아라고 (rūpavantaṁ vā attānaṁ) S22:1 §10[설명].

물질을 자아라고 관찰하고 (rūpaṁ attato samanupassati) S22:1 §10[설명].

물질의 결점 (rūpe raṇaṁ) S6:6 §8[설명].

물질의 요소 (rūpa-dhātu) S22:3 §4[설명]; S22:45 §4[설명].

물질이라는 헤아림으로부터 해탈한 (rūpasaṅkhāya vimutta) S44:1 §8[설명].

미가라마따 (녹자모, 鹿子母)의 강당 (Migāramātupāsāda) S22:82 §1[설명]; S3:11 §1; S8:7 §1;S22:82 §1; S48:41 §1; S48:44~48 §1; S51:14 §1.

미가빠타까 (Migapathaka) S41:1 §4N.

미가잘라 존자 (āyasmā Migajāla) S35:63~64 §2[설명].

미갈란디까 땡초 (Migalaṇḍika samaṇa-kuttaka) S54:9 §4N.

미세한 (anusahagata) S22:89 §13[설명].

미세한 견해 (sukhuma-diṭṭhi) S17:10 §5[설명].

미소짓는 통찰지 (hāsa-pañña) S2:29 §3[설명]; S8:7 §5; S55:24~25 §6.

미천한 부자 (bhārataka =bharataka) S35:132 §3[설명].

믿음 (saddhā) S48:9 §4[설명]; S50:1~12 §3[설명]; S1:33 §4[설명]; S7:11 §5[설명]; S10:12 §10[설명]; S12:23 §4[설명]; S25:1 §4[설명]; S41:8 §3[설명]; S48:50 §7[설명]; S55:24 §10[설명] 등.

믿음으로 해탈한 자 (saddhāvimutti) S25:1 §4[설명].

믿음을 따르는 자 (saddhānusāri) .

믿음을 따르는 자 (saddhānusāri) S25:1 §4[설명]; S48:12 §4[설명]; S48:13~17 §4; S48:24 §4.

밀림 (vana-saṇḍa) S9:1 §1[설명] 등.

밀정 (carā) S3:11 §7[설명].

【바】

바구니 (piṭaka) S12:55 §4[설명].

바까 범천 (Baka brahma) S6:4 §2[설명]; S6:10 §8N.

바다 (samudda) S1:44 §2[설명]; S35:229 §3[설명].

바닥없는 구렁텅이 ☞ 심연, 바닥없는 구렁텅이 (pātāla)

바드라까 촌장 (Bhadraka gāmaṇi) S42:11 §2.

바라나시 = 이시빠따나 (Bārāṇasi) S22:59 §1[설명]; S4:4~5 §1; S11:14 §1; S12:67 §1; S15:5 §1; S16:2 §1; S16:12 §1; S21:5 §1; S22:59 §1; S22:90 §1; S22:122 §1; S22:127~135 §1; S35:232 §1; S41:1 §1; S44:1 §1; S44:3~6 §1; S46:6 §1; S55:53 §1; S56:11 §1; S56:30 §1.

바라드와자 바라문 (Bhāradvāja brāhmaṇa) S7:1~10 §2[설명].

바라드와자 존자 (āyasmā Bhāradvāja) S7:1~10 §8.

바라문 (brāhmaṇa) S1:1 §5[설명]; S1:38 §10 등.

바람에 기인한 병 (vātehi ābādhika) S7:13 §2[설명].

바램 ☞ 욕구(chanda)

바램 ☞ 소망, 원 (願), 바램 (icchā)

바로 다음 (samanantarā) S6:15 §4[설명].

바른 견해[正見] (sammā-diṭṭhi) S12:15 §3이하[설명]; S45:1 §4[설명]; S45:2 §4[설명]; S45:12 §5N[설명]; S1:46 §3[설명]; S4:1 §4N[설명]; S56:37 §4[설명] 등.

바른 구경의 지혜로 열반에 들다 (sammadaññāya parinibbati) S35:136 §5[설명].

바른 노력 (sammappadhāna) S4:4 §3[설명]; S45:8 §9[설명]; S48:8 §4[설명]; S49:1~12 §3[설명] 등.

바른 마음챙김[正念] (sammā-sati) S45:8 §10[설명]; S45:1 §4N[설명] 등.

바른 말[正語] (sammā-vācā) S45:8 §6[설명] 등.

바른 방법 (ñāya) S45:24 §3[설명].

바른 법 ☞ 정법 (正法), 바른 법 (saddhamma)

바른 법 (일곱 가지 ~) (satta-saddhamma) S22:76 §6[설명].

바른 사유[正思惟] (sammā-saṅkappa) S45:8 §5[설명] 등.

바른 삶을 사는 사람들 (sugatā) S6:9 §4[설명].

바른 삼매[正定] (sammā-samādhi) S45:8 §11[설명]; S45:1 §4N[설명] 등.

바른 생계[正命] (sammā-ājīva) S45:8 §8[설명] 등.

바른 정진[正精進] (sammā-vāyāma) S45:8 §9[설명] 등.

바른 지혜를 가진 자 (sammā-ñāṇi) S14:29 §3[설명].

바른 통찰지 (sammappaññā) S12:15 §4[설명]; S12:20 §6[설명]; S12:31 §5[설명]; S12:68 §8[설명]; S18:21 §4[설명]; S22:45 §3[설명] 등.

바른 행위 (sammā-kammanta) S45:8 §7[설명] 등.

바름, 올바름 (sammatta) S8:12 §2; S25:1~2 §4; S45:21 §2.

바와리 바라문 (Bāvarī brahmaṇa) S1:34 §5N; S1:50 §4N.

바후뿟따 탑묘[多子塔] (Bahuputta cetiya) S16:11 §10; S22:60 §1N; S51:10 §4.

바히야 다루찌리야 유행승 (Bāhiya Dāruciriya paribbājaka) S35:95 §13N.

바히야 존자 (āyasmā Bāhiya) S35:89 §2[설명]; S47:15 §2.

박가, 숨수마라기리 (Bhagga, Suṁsumāra-giri, 악어산) S22:1 §1[설명]; S22:59 §1N; S35:131 §1.

밖으로 (bahiddhā) S47:3 §4[설명]; S47:10 §7[설명]; S52:1 §5[설명]. .

밖의 모든 표상들 (bahiddhā sabba-nimittā) S18:21 §3[설명]; S22:72 §3[설명].

밖의 정신·물질 (bahiddhā nāma-rūpaṁ) S12:19 §3[설명].

반기다 ☞ 환영하다, 반기다 (abhivadati)

반냐 (Bhañña) S22:62 §8[설명].

반다 비구 (Bhaṇḍ bhikkhu) S16:6 §4.

반둘라 장군 (Bandhula senāpati) S3:7 §2N.

반열반 ☞ 완전한 열반, 반열반 (parinibbāna)
반열반한 ☞ 완전한 평화를 얻은, 완전한 열반에 든, 반열반한 (parinibbuta)
반쯤의 업 (aḍḍha-kamma) S24:8 §3[설명].

받음, 취함 (ādāna)
받음 ⇒ S12:61 §3[설명]; S12:62 §2.
취함 ⇒ S35:236 §3; S45:34 §4; S46:17 §4.

발생 (pabhava) S12:11 §4[설명]; S12:24 §11 등.

발판을 얻다 (gādhati) S22:56 §6[설명].

밤낮으로 소멸함 (rattindiva-kkhava) S1:58 §3[설명].

밤도둑 (cora kumbhatthenaka) S20:3 §3[설명].

밧다 존자 (āyasmā Bhadda) S45:18 §1[설명]; S47:21~23 §1.

밧다 청신사 (Bhadda upāsaka) S55:10 §3; §4.

밧디야 존자 (āyasmā Bhaddiya) S14:15 §2N; S17:31 §3N; S22:59 §2N; S37:5 §2N; S54:10 §2N; S55:23 §2N.
☞ 라꾼따까 밧디야 존자 (āyasmā Lakuṇṭaka Bhaddiya)

밧디야, 삭까 사람 (Bhaddiya sakka) S55:48 §2.

밧줄 ☞ 속박, 결박, 밧줄 (bandhana)
방법 (pariyāya) S12:45 §2N[설명]; S1:40 §2[설명]; S12:32 §6; S35:153 §3; S42:8 §11; S48:43 §3 등.

방일하지 않는 (appamatta) S10:12 §10[설명]; S20:1 §4[설명]; S1:9 §2; S1:36 §4 등.

방책 ☞ 세력범위, 방책 (visaya)

방편 (pariyāya) S1:3 §3N[설명]; S7:1 §6 등; S12:17 §11 등; S36:19 §10 등; S42:1 §6 등.

방해, 장애 (antarāya) S1:49 §2; S17:30 §3.

배우지 못한 (assutava) S12:61 §3[설명] 등.

배회하고 묶이는 것 (visāra-vinibandha) S22:3 §6[설명].

배회하며 (saṁsaraṁ) S4:2 §3[설명].

백성들이 주는 공양 (raṭṭhapiṇḍa) S16:11 §12[설명].

버려버리고 (vossajja) S4:6 §3[설명].

버리면서 (vineyya) S47:1 §4[설명].

버림 ☞ 베풂, 버림, 보시 (cāga)

버림, 제거 (pahāna)
버림 ⇒ S54:10 §10[설명]; S1:21 §3 등.

제거 (욕탐을 제거함, chandarāga-ppahāna) ⇒ S14:31 §4; S22:26 §4; S22:57 §5; S22:82 §12; S35:13~15 §3; S35:13~14 §3; S35:15 §4; S35:23 §4.

버림의 인식 (pahāna-saññā) S46:67 §0[설명].

번뇌 (āsava) S35:56[설명]; S12:23 §3[설명]; S12:32 §12[설명]; S35:56~57[설명]; S48:56 §3[설명]; S22:48 §5; S4:24 §4; S9:2 §4; S15:13 §17; S22:45 §4; S22:101 §4; S35:28 §7; S35:56~57; S35:121 §4; S35:136 §5; S36:31 §6; S38:8 §3; S43:14~43 §2; S45:42~48 §3; S46:5 §4; S47:50 §4; S48:20 §4; S51:11 §13; S51:18 §3; S51:23 §4; S54:20 §3; S55:54 §13.

번뇌[들]의 멸진, 번뇌가 다함 (āsavānaṁ khaya) S12:23 §3[설명]; S55:38 §4[설명] 등.
☞ 멸진 (khaya)

번뇌와 함께하는 (sāsava) S22:48 §5[설명]; S48:56 §3[설명].

범계(犯戒) ☞ 계를 범함, 범계(犯戒) (āpatti)

범망경(梵網經) (Brahmajāla sutta (D1)) S41:3 §4.

범부 (puthujjana) S6:3 §5N[설명]; S12:52 §3N[설명]; S12:61 §3[설명]; S12:63 §8N[설명]; S22:1 §10[설명]; S22:85 §19N[설명] 등.

범위 (gati) S35:246 §7[설명].

범천 (brahmā) S6[설명]; S7:16 §3[설명]; S35:132 §3N[설명]; S55:54 §11[설명]; S6:1~15; S7:1 §3 등.

범천, 브라흐마 (Brahmā) S6:2 §3; S6:3 §4; S6:5 §2; S6:14 §5.

범천에 이르는 길 (brahma-patha) S6:3 §5[설명].

범천의 세상 (brahama-loka) S6[설명]; S6:3 §5[설명]; S6:6 §3[설명]; S55:54 §11[설명]; S55:54 §12[설명] S6:3 §5 등; S7:16 §3N; S12:70 §8 등; S16:9 §12; S35:228 §4N; S47:18 §3; S47:43 §4; S48:57 §3; S51:22 §3; S55:54 §11; S56:11 §19.

법 (dhamma) S1:7 §2[설명]; S1:46 §3[설명]; S3:18 §2[설명]; S10:12 §6[설명]; S12:22 §6[설명]; S12:33 §5[설명]; S22:81 §6[설명]; S35:4 §3[설명]
법들 ⇒ S4:19 §5[설명]; S22:47 §4[설명]; S22:84 §2[설명]; S47:9 §6[설명]; S47:13 §5[설명].
하기 마련인 법 ⇒ S23:12 §3[설명].
마노의 대상[法] ⇒ S35:4 §3[설명].
정의로움[法] ⇒ S11:6 §5[설명].
설한 것 ⇒ S12:24 §3[설명].
법 [~네 가지] (dhamma) S1:75 §3[설명].

법[출세간 법]에 이르게 하는 법을 닦는

(dhamma-anudhamma-ppaṭipanna) S12:16 §5[설명]; S22:39 §3[설명]; S51:10 §8[설명].
법과 선(禪)을 기뻐하는 (dhamme ca jhāne ca ratā) S35:132 §4[설명].
법다운 (dhammika) S41:10 §5.
법다운 추론 (dhamm-anvaya) S47:12 §8[설명].
법다움 [내 안에 있는 ~] (dhammāni) S11:22 §6[설명].
법답게 삼 (dhamma-cariya) S3:25 §5[설명].
법답게 얻은 (dhamma-laddha) S1:33 §5[설명].
법들의 조건에 대한 지혜[法住智] (dhammaṭṭhiti-ñāṇa) S12:34 §4[설명]; S12:70 §15[설명].
법들이 분명하게 드러나지 않는다 (dhammā na pātubhavanti) S35:97 §3[설명].
법륜 (dhamma-cakka) S56:11 §16[설명].
법문[法門] (dhamma-pariyāya) S12:45 §2[설명]; S12:45 §2[설명]; S35:243 §10[설명]; S55:7 §5[설명] 등.
법에 대한 지혜 (dhamme ñāṇa) S12:33 §6[설명].
법에 따라 실천하는 (anudhamma-cāri) S12:51 §5[설명]; S51:10 §8[설명].
법으로 (sahadhammena) S51:10 §8[설명].
법으로 결정된 것 (dhamma-niyāmatā) S12:20 §3[설명].
법을 간택하는 깨달음의 구성요소 (dhamma-vicaya-sambojjhaṅga) S46:2 §12[설명]; S43:12 §4; S46:1~78; S54:2 §4; S54:13 §13.
법을 따르는 자 (dhamma-anusāri) S25:1 §5[설명]; S25:2 §5; S48:12~17 §4; S48:24 §4.
법을 따르는 자 (dhamma-anusāri) S25:1 §4[설명], §5[설명]; S48:12 §4[설명].
법을 완전하게 알고 (aññāya dhammaṁ) S1:34 §6[설명]; S4:25 §15[설명].
법을 헤아려 아는 자들 (saṅkhāta-dhammāse) S12:31 §3[설명].
법을 호지하는 자 (dhamma-dhara) S51:10 §8[설명].
법을 훔침 (dhamma-tthenaka) S12:70 §22[설명].
법의 관통 (dhamma-abhisamaya) S12:10 §4N[설명]; S13:1 §4[설명]; S22:83 §8[설명]; S46:30 §5[설명]; S13:2~10 §4; S22:90 §10; S46:30 §6; S46:56 §7.
법의 눈[法眼] (dhamma-cakkhu) S35:74 §9[설명]; S35:121 §15[설명]; S13:1 §4[설명]; S6:1 §6N; S12:10 §4N; S13:2~10 §4;

S35:74 §9; S40:10 §8N; S56:11 §15.

법의 마차 (dhamma-yāna) S45:4 §4.

법의 바퀴[法輪] (dhamma-cakka) S1:46 §3[설명]; S12:21 §3N[설명]; S8:7 §5; S22:78 §4N; S56:11.

법의 삼매 (dhamma-samādhi) S42:13 §14[설명].

법의 속재목 (dhamma-sāra) S55:43 §5[설명].

법의 요소[法界] (dhamma-dhātu) S12:32 §16[설명]; S14:1 §4N[설명]; S14:6~10 §3; S19:1 §3N.

법이 그러한 (tādisa dhamma) S1:40 §2[설명].

벗어나는 요소[出離界] (nikkama-dhātu) S46:2 §13[설명]; S46:51 §11.

벗어남 (mutti) S22:22 §6[설명]; S22:103~104 §6; S43:38; S56:11 §7N; S56:13 §6.

벗어남 (nimokkha) S1:2 §3[설명].

벗어남 (nissaraṇa) S5:1 §5[설명]; S14:31 §4[설명]; S36:6 §5[설명]; S46:55 §4[설명]; S1:20 §4; S4:21 §4; S12:52~60 §4; S14:31~33 §3; S17:25~26 §3; S20:9 §5; S22:2 §9; S22:26~28 §3; S22:57 §4; S22:73~75 §3; S22:82 §12; S22:107~110 §4; S22:129~134 §4; S23:6~8 §4; S35:13~18 §2; S35:71~73 §3; S35:103 §5; S35:136~137 §4; S35:235 §3; S36:6 §5; S36:15~18 §3; S36:23~27 §3; S38:5~6 §3; S42:12 §6; S48:2~6 §4; S48:21 §4; S48:26~29 §4; S48:32~34 §4.

베사깔라 숲, 숨수마라기리 (Bhesakaḷā-vana) S22:1 §1[설명]; S22:59 §1N; S35:131 §1.

베풂, 버림, 보시 (cāga)

베풂 ⇒ S10:12 §10; S11:14 §3; S37:34 §3.

버림 ⇒ S22:4 §3; S22:22 §6; S22:103~104 §6; S56:11 §7; S56:13 §6.

보시 ⇒ S41:10 §7; S55:21 §4; S55:37 §6.

벨루와가마까 (Beḷuvagāmaka) S47:9 §1; S47:13 §1N; S47:9 §1.

벽돌집, 냐띠까의 (Giñjakāvasatha) S12:45 §1[설명]; S14:13 §1; S35:113 §1; S44:11 §1; S55:8~10 §1.

벽지 범천 (pacceka-brahmā) S6:6 §2[설명].

벽지불[獨覺] (paccekabuddha) S3:20 §4[설명]; S6:6 §2N; S8:8 §5N; S8:9 §2N; S11:14 §3N; S17:31 §3N; S22:59 §1N.

변함 (vipariṇāmi) S25:1~10 §3.

변함, 변화 (vipariṇāma) S12:70 §16; S14:31 §4; S18:1 §4; S21:2 §3; S22:1 §10 등; S24:1 §5 등; S35:13 §3 등; S36:15 §4 등; S44:2 §8.
변화에 기인한 괴로움의 성질[壞苦性, vipariṇāmadukkhatā] ⇒S38:14 §3[설명]; S45:165 §3.

변형되다 (ruppati) S22:79 §4[설명].

별자리 보기 (nakkhatta-vijjā) S28:10 §5[설명].

병 없음, 건강 (ārogya) S12:66 §8; S22:1 §4; S48:41 §4.

병구완을 위한 약품 (gilānappaccaya-bhesajja-parikkhāra) S12:22 §9; S12:70 §2; S16:8 §6; S17:5 §4; S41:3 §11; S41:4 §9; S41:9 §7.

병아리 (kukkuṭa potaka) S22:101 §5[설명].

보는, 관찰하는, 수관하는 (anupassī /anupassanā) S12:52~60 §3; S22:40~42 §3; S22:89 §13; S22:147~149 §3; S35:154 §4; S36:7~8 §4; S43:12 §4 (11); S45:8 §10; S46:6 §8; S47:1~50 §4; S52:1~11 §5; S54:1~20 §8; S55:3 §8.

보리분법(菩提分法) ☞ 깨달음의 편에 있는 법[菩提分法, 助道品] (bodhipakkhiyā dhammā)
보배 (일곱 가지 ~) (satta-ratana) S22:76 §6[설명].

보병 ☞ 얻음, 보병 (patti)
보살 (bodhi-satta) S12:10 §3[설명]; S12:4 §3; S12:65 §3; S14:31 §3; S22:26 §3; S35:13~14 §2; S35:117 §3; S36:24 §3; S51:11 §3; S51:21 §3; S54:8 §5; S1:78 §3N; S29:3 §3N; S51:10 §5N.

보시 (dāna) S1:33 §4[설명]; S1:33 §9[설명]; S3:24 §2[설명]; S10:12 §10[설명]; S11:12 §3[설명]; S55:6 §13[설명] 등.

보시 ☞ 베풂, 버림, 보시 (cāga)
본 것, 들은 것, 감지한 것, 안 것 (diṭṭha suta muta viññāta) S8:2 §4[설명].

본, 봄 (diṭṭha) S12:33 §5[설명]; S24:1 §6[설명]; S35:95 §12[설명].

본보기로 하여 따라 함 (diṭṭhānugati) S16:5 §5[설명].

볼 때는 단지 봄만이 있을 것이다 (diṭṭhe diṭṭhamatta bhavissati) S35:95 §12[설명].

볼품없는 것 (asati) S35:246 §6[설명].

봄, 친견, 견 (dassana)
봄 ⇒S35:245 §2[설명] S12:28 §17[설명]; S12:33 §6 등.
친견 ⇒S1:37 §2 등.
견 ⇒ 주로 지와 견 (ñāṇa-dassanā)으로 나타남.
부딪힘 ☞ 적의, 부딪힘, 저항 (paṭigha)

부모 (mātāpetti(ka)) S1:50 §8; S2:24 §8; S11:11~13 §3/§4/§5/§6; S35:103 §7; S35:245 §9; S41:5 §4; S55:21 §5.

부미자 존자 (āyasmā Bhūmija) S12:25 §1[설명].

부분 (antā) S22:103 §3[설명].

부분 ☞ 극단, 부분 (anta)

부분상 (anubyañjana) S35:235 §3[설명]; S35:120 §5; S35:127 §8; S35:239 §4; S35:240 §6.

부분적으로 짓는 자 (padesa-kāri) S48:14 §5[설명].

부서지기 마련인 (palokita) S35:84 §4[설명]; S22:122 §3; S36:2 §4; S47:13 §8; S47:14 §5.

부서지기 마련인 법 (khaya-dhamma) ⇒S3:3 §3; S3:22 §4; S12:20 §5; S22:21 §4; S22:122 §3; S23:19 §3; S36:9 §3; S36:11 §4.

부서지기 쉬운 (pabhaṅgu) S22:32 §2[설명].

부서진 (pālicca) S12:2 §4[설명].

부서짐 (bheda) S12:2 §4[설명]; S12:61 §3N[설명]; S22:7 §4N[설명]. .

부서짐 (khaṇḍicca) S12:2 §4[설명].

부숨 (saṅkhaya) S5:8 §5[설명]; S1:2 §4; S4:25 §4; S22:4 §3; S44:6 §14.

부정 (不淨) (asubha) S8:4 §4[설명]; S14:11 §4[설명]; S54:9 §2[설명]; S47N[설명]; S35:127 §6; S46:51 §16; S46:67; S16:11 §11N; S22:1 §12N; S22:94 §3N; S35:127 §6; S46:55 §4N.

부정의 인식[不淨想] (asubha-saññā) S46:67[설명]; S35:127 §6N[설명]; S46:51 §16N[설명].

부정한 표상[不淨相] (asubha-nimitta) S46:51 §16[설명].

부처님을 따라 깨달은 (Buddha-anubuddha) S8:9 §5[설명]; S16:5 §5[설명].

부처님을 의지처로 하는 자들 (Buddhaṁ saraṇaṁ gatāse) S1:37 §6[설명].

부처의 눈[佛眼] (Buddha-cakkhu) S6:1 §6[설명].

부패한 관료 (gāma-kūṭa) S19:10 §5[설명].

부푼 것 (uddhumātaka) S46:58[설명].

분개하다 (patitthīyati) S46:6 §5[설명].

분노 (kodha) S1:71 §3[설명]; S7:9 §9[설명]; S11:25 §3[설명]; S35:246 §3N[설명]; S46:6 §5N[설명]; S1:29 §3N; S1:34 §4 등.

분노하지 않음 (akkodha) S11:25 §3[설명].

분명하게 구분하여 (vicayaso) S22:81 §6[설명].
분명하게 드러나다 (okkhāyati) S35:160 §3[설명].
분명히 알아차림 ☞ 알아차림[正知], 분명히 알아차림 (sampajañña)
분명히 알아차림[正知]이 없고 (asampajāna) S2:25 §2[설명].
분명하게 아는 ☞ 알아차리는, 분명히 아는 (sampajāna)
분발 (ussoḷhi) S56:34 §3[설명]; S12:86.
분발 (parakkama) S2:8 §2[설명]; S2:22 §3; S9:2 §4; S12:22 6; S21:3 §5; S24:7 &3; S48:9~10 §5; S48:50 §3.
분발하는 요소[勇猛界] (parakkama-dhātu) S46:2 §13[설명]; S46:51 §11.
분소의 (paṁsukūla) S15:13 §2; S16:5 §3; S16:8 §3; S16:11 §13; S21:8 §3.
불가촉천민 ☞ 비천한, 불가촉천민 (caṇḍāla)
불무더기 (aggi-kkhandha) S12:52 §3[설명]; S3:1 §4; S46:53 §9.
불방일 (appamāda) S3:17 §4[설명]; S10:12 §8[설명]; S1:36 §4; S2:12 §2; S6:15 §2N; S35:117 §4; S35:134 §4; S45:139~140 §3; S45:139 §3; S45:148 §3; S46:31 §3; S55:6 §10.
불사 (不死)를 위해 행한 고행 (amara tapa) S4:1 §4[설명].
불사[不死] (amata) S4:1 §4[설명]; S6:1 §7[설명] 등.
불사[不死]의 문 (amatassa dvāra) S6:1 §5[설명]; S6:1 §7[설명]; S12:27 §16[설명].
불사로 귀결되는 (amat-ogadha) S45:115 §4[설명] 등.
불에 헌공하는 바라드와자 바라문 (Aggikabhāradvāja brāhmaṇa) S7:8 §2[설명].
불의 요소 (tejodhātu) S14:30 §3[설명]; S6:5 §3[설명]; S14:31 §3 등; S18:9 §3; S25/26/27:9 §3; S35:238 §11; S55:17 §4.
불자(拂子) (pavāḷa-nipphoṭanā) S41:9 §3[설명].
불퇴전 (appaṭivāni) S12:87; S56:34 §3.
불행한 (duggata) S9:6 §4[설명].
불행한 곳[惡處] (duggati) S55:1 §3[설명]; S3:21 §4; S12:41~42 §3; S12:60 §4; S12:70 §12; S16:9 §16; S17:10 §3; S22:2 §11; S35:229 §4; S37:4~6 §3; S37:14 §4; S42:6 §5; S42:13 §7; S51:11 §12; S55:1 §3 등.
불환자, 불환과 (anāgāmī) S1:5 §3N; S1:21 §3N; S6:9 §3; S11:16 §3N; S12:63 §5N; S12:68 §8N; S17:23 §3N; S21:6 §2N; S22:122 §5; S41:6 §3N; S45:35 §3; S45:37

§3; S45:37 §3; S46:3 §13N; S46:30 §5N; S46:51 §17N; S46:54 §9N; S46:54 §9N; S47:29~30 §9; S48:13~15 §4; S48:18 §4; S48:42 §11N; S54:6 §4N; S55:55~58 §3.
참 다시는 돌아오지 않는 경지 (anāgāmitā).

붙는 (satta, Sk. sakta) S23:2 §3[설명].

브라흐마가 됨 (brahma-patti) S7:9 §9[설명].

브라흐마데와 존자 (āyasmā Brahmadeva) S6:3 §2.

비견할 수 없는 통찰지 (asāmanta-paññatā) S55:62 §3[설명].

비구 (bhikkhu) S3:1 §4[설명]; S48:27 §4[설명] 등.

비구니 (bhikkhunī) S5:1 §2 등; S10:9 §2; S10:11 §2; S16:10 §2; S16:11 §7; S17:24 §3; S19:18 §2; S44:1 §2; S47:10 §2; S55:8 §3; S55:11 §2; S55:23 §10.

비난받지 않고 (anupavajja) S35:87 §6[설명].

비상비비상처 (nevasaññānāsaññāyatana) S6:15 §3; S14:11 §3; S16:9 §10; S28:8 §4; S36:11 §5; S36:15 §5; S36:19 §19; S40:8 §3; S48:40 §8; S54:8 §8.

비세속적인, 출세간적인 (nirāmisa)
비세속적인 ⇒ S36:14 §4[설명]; S1:50 §8; S2:24 §8; S46:3 §8; S54:13 §14.
출세간적인 ⇒ S36:31 §3[설명].

비요사 상수제자 (Bhiyyosa) S15:20 §6.

비인간 (amanussa) S20:3 §3[설명].

비정상적인 길 (마라의 ~) (ummaggapatha mārassa) S8:8 §7[설명].

비천한 여자 (vasalī) S7:1 §3[설명].

비천한, 불가촉천민 (caṇḍāla)
비천한 ⇒ S3:21 §4.
불가촉천민 ⇒ S3:25 §10; S7:7 §4.

빚진 사람 (sāṇa) S16:11 §12[설명].

빛의 요소 (ābhā-dhātu) S14:11 §3[설명].

빠꾸다 깟짜야나 (Pakudha Kaccāyana) S2:30 §5[설명]; S24:1 §3N; S24:8 §3N; S44:9 §3N.

빠딸리뿟따 (Pāṭaliputta) S45:18 §1[설명]; S20:8 §3N; S45:19~23 §1.

빠딸리야 촌장 (Pāṭaliya gāmaṇi) S42:13 §2.

빠띠목카 ☞ 계목, 빠띠목카 (pātimokkha)

빠띠바나 봉 (Paṭibhāna-kūṭa) S56:42 §3.

빠릴레야까 (Pārileyyaka) S22:81 §4.

빠빠따 산 (Papāta pabbata) S22:3~4 §1[설명]; S35:130 §1.

빠빠따 산 (Papāta pabbata) S22:3 §1[설명].

빠삐만 = 마라 (pāpiman) S4:1 §3[설명]; S2:30 §7[설명].

빠세나디 꼬살라 왕 (rājā Pasenadi Kosala) S55:6 §11[설명]; S3:1~25 §2; S7:10 §7N; S7:15 §5N; S12:47 §2N; S22:59 §1N; S22:60 §2N; S44:1 §2; S44:2 §5N; S45:4 §2N; S54:12 §5N; S55:6 §3N.

빠와 (Pāvā) S15:13 §2[설명]; S4:23 §2; S42:11 §1N.

빠와리까 망고 숲 (Pāvārikambavana) S22:81 §1N; S35:126 §1; S42:6~9 §1; S47:12 §1.

빠자빠띠 신의 왕 (Pajāpati devarāja) S11:3 §3[설명]; S5:9 §3N; S22:79 §15.

빠자빠띠 아수라 처녀 (Pajāpati asurakaññā) S11:12 §3.

빠찌나왐사 산 (Pācīnavaṁsa) S15:20 §4.

빤짜깡가 목수 (Pañcakaṅga thapati) S36:19 §2[설명].

빤짜살라 (Pañcasālā) S4:18 §1.

빤짜시카 간답바의 아들 (Pañcasikha gandhabbaputta) S35:119 §2[설명]; S6:11 §2N.

빤짤라짠다 신의 아들 (Pañcālacaṇḍa devaputta) S2:7 §2.

빳준나 천신 (Pajjunna, Sk.Parjanya) S1:39~40 §2[설명].

빳짜니까사따 바라문 (Paccanīkasāta brāhmaṇa) S7:16 §2[설명].

뽑아버린 (abbuyha) S1:29 §3[설명]; S22:22 §7[설명].

뿌납바수의 어머니 약카 (Punabbasu-mātā yakkhinī) S10:7 §3[설명].

뿌라나 깟사빠 (Pūraṇa Kassapa) S2:8 §2N; S2:30 §2N; S3:1 §3; S22:60 §3; S24:6 §3N; S24:7 §3N; S44:9 §3; S46:56 §3.

뿌라나 시종 (Purāṇā thapati) S55:6 §3[설명].

뿌리 뽑힘 (samugghāta) S22:89 §13; S35:30~32 §3; S35:55/57/59 §3; S48:62 §3; S54:18 §3.

뿌리가 잘린 (ucchinna-mūla) S7:17 §4[설명] 등.

뿌리에는 독이 있다 (visa-mūla) S1:71 §3[설명].

뿍꾸사띠 존자 (Pukkusāti) S1:50 §4[설명].

뿐나 만따니뿟따 존자 (āyasamā Puṇṇa Mantāṇiputta) S22:83 §3[설명]; S35:88 §2N.

뿐나 존자 (āyasmā Puṇṇa) S35:88

§2[설명]; S22:83 §3N.
삐걱거리지 않음 (akūjana) S1:46 §3[설명].
삐양까라의 어머니 약카 (Piyaṅkara-mātā yakkhinī) S10:6 §3[설명].
삔돌라 바라드와자 존자 (āyasmā Piṇḍola-Bhāradvāja) S35:127 §1[설명]; S48:49 §1.
삡팔리 동굴 (Pippali-guhā) S46:14 §2.
삥기야 존자 (Piṅgiya) S1:50 §4[설명]; S2:24 §4.

【사】

사기꾼 (kitavā) S1:35 §2[설명].
사께따 (Sāketa) S44:1 §2[설명]; S46:6 §1[설명]; S2:18 §1; S22:82 §1N; S47:26~28 §1; S48:43 §1; S52:4 §1; S52:5~6 §1.
사나운 (caṇḍa) S7:14 §4; S17:36 §4.
사낭꾸마라 범천 (Sanaṅkumāra) S6:11 §2[설명]; S6:10 §8N.
사냥꾼 (cheta) S9:3 §2[설명].
사누 사미 (Sānu sāmaṇera) S10:5 §2[설명].
사대양 (四大洋) (mahā-samudda) S15:3 §3[설명].
사대천왕 (Cattumahārāja) S4:12 §2N; S11:1 §3N; S11:18 §4.
사두까 (Sādhuka) S55:6 §3.
사뚤라빠 무리의 천신들 (Satullapakāyikā devatā) S1:31 §2[설명]; S1:32~34 §2; S1:36 §2; S1:31 §3.
사라까니 삭까 사람 (Sarakāni Sakka) S55:24~25 §2[설명].
사라부 강 (Sarabhū) S13:3~4 §3; S45:94 등; S56:53~54 §3.
사라지는 현상을 관찰하며 (vaya-dhamma-anupassī) S47:40 §4[설명].
사라지지 않은 (avigata) S22:89 §8[설명].
사라짐 (antaradhāna) S12:2 §4[설명]; S12:27~28 §4; S12:33 §4; S16:13 §4.
사라짐 (atthaṅgama) S12:43 §2[설명]; S12:21 §4[설명]; S35:106 §2[설명]; S48:9 §8N[설명]; S48:9 §8[설명] 등.
사라짐 ☞ 혼란스러움, 놓아버림, 사라짐 (sammosa)
사란다다 탑묘 (Sārandada cetiya) S22:60 §1N; S51:10 §4.
사람 (purisa-puggala) S12:51 §8[설명] 등.
여덟 단계에 있는 사람들[八輩] (aṭṭha purisapuggalā) ⇒ S11:3 §7; S12:41 §5; S40:10 §8; S41:10

§6; S55:1 §7; S55:2 §6; S55:8 §7; S55:28 §5.

사람 ☞ 인간, 개인, 사람 (puggala)

사람을 희생하는 제사 (purisa-medha) S3:9 §4[설명].

사량 (maññita) S35:30 §3[설명]; S35:31~32 §3; S35:248 §8.

사량분별 (papañca, papañcita) S35:83 §3[설명]; S35:94 §5[설명]; S43:23[설명]; S35:248 §11.

사량분별 없음 (nippapañca) S43:14 §2[설명].

사량분별하는 인식을 가진 자들 (papañca-saññā) S35:94 §5[설명].

사로잡히다 [견해에 ~] (pariyuṭṭhaṭṭhāyi) S22:1 §10[설명].

사리뿟따 존자 (āyasmā Sāriputta) S28:1 §1[설명] 등.

사마시시, 아라한이 됨과 동시에 반열반하는 것) (samasīsi) S4:23 §6N[설명]; S35:87 §13N.

사마타[止] (samatha) S43:2 §3[설명]; S41:6 §13[설명]; S46:2 §16[설명]; S48:9 §6N[설명]; S54:1 §6N[설명]; S43:12 §3; S45:159 §7; S46:51 §14; .
참 가라앉음 (samatha)

사마타의 표상 (samatha-nimitta) S46:2 §16[설명].

사만다까 유행승 (Sāmaṇḍaka paribbājaka) S39:1~16 §1[설명].

사망, 죽음 (maccu-maraṇa) S12:2 §4[설명].

사문 (samaṇa) S2:1 §3[설명]; S35:132 §3[설명] 등.

사문 생활, 출가생활 (sāmañña) S12:13 §3[설명]; S1:17 §2; S8:1 §2N; S12:14 §4; S12:29 §3; S12:71 §3; S14:37 §4; S14:39 §3; S17:25 §3; S22:50 §3; S23:5 §4; S36:22 §9; S36:27~29 §4; S48:6~7 §4; S48:29~30 §4; S48:34~35 §4; S56:22 §3.

사문 생활의 결실이나 바라문 생활의 결실 (sāmaññattha vā brahmaññattha vā) S12:13 §3[설명].

사문·바라문 (samaṇa-brāhmaṇa) S12:13 §3[설명]; S2:23 §5 등.

사문의 빕도 (samaṇupāsana) S2:1 §3[설명].

사밋디 존자 (āyasmā Samiddhi) S1:20 §2[설명]; S4:22 §2; S35:65 §2.

사방을 둘러보며 (disā-mukha) S28:10 §3[설명].

사부대중 (catu parisā) S47:14 §5[설명] .

사비야 깟짜나 존자 (āyasmā Sabhiya Kaccāna) S44:11 §1[설명]; S14:13 §3N.

사색 (cintā) S56:8 §3; S56:41 §3.

사색 (nijjhāna) S25:1 §5[설명]; S1:39 §2N; S25:2 §5; S25:10 §5; S35:153 §3; S55:24~25 §10.

사색하여 얻은 견해 (diṭṭhi-nijjhāna-kkhanti) S12:68 §3[설명].

사성제(四聖諦) ☞ 성스러운 진리[四聖諦, ariya-sacca]
사슴 (vāta-miga) S9:8 §4[설명].

사슴 장딴지를 가진 (eṇi-jaṅgha) S1:30 §2[설명].

사실 (sacca) S1:20 §8; S36:21 §4; S42:13 §4.

사실인가/사실이구나 (saccaṁ kira) ⇒S4:25 §11; S12:70 §7; S16:6 §6; S21:4 §5; S22:84~85 §5; S41:1 §5.

사실 ☞ 진리, 진실, 사실 (sacca)
사용하다 ☞ 나투다, 겪다, 사용하다 (paccanubhoti)
사윗타 존자 (āyasmā Saviṭṭha) S12:68 §1[설명].

사유 [나쁜~] (saṅkappa) S1:17 §2[설명].

사유 (思惟) (saṅkappa) S14:7 §5[설명]; S14:9 §3[설명]; S45:1 §4[설명]; S45:8 §5[설명] 등.

사자 (sīha) S1:38 §4[설명].

사하까 비구 (Sahaka bhikkhu) S48:57 §5.

사하자띠 (Sahajāti) S56:30 §1.

사함빠띠 범천 (brahmā Sahampati) S6:10 §8[설명]; S6:1 §1N; S6:2 §8; S6:3 §4; S6:12~13 §2; S6:15 §5; S11:17 §2; S22:80 §2N; S47:18 §1N; S47:43 §4; S48:57 §3.

삭까(들) (Sakkā) S22:80 §1[설명]; S3:18 §4; S4:21~22 §1; S7:22 §1; S22:2 §1; S35:134 §1; S35:243 §1; S45:2 §1; S54:12 §1; S55:21 §1; S55:37 §1; S55:39~40 §1; S55:47~49 §1; S55:54 §1.

삭까, 신들의 왕 (Sakka devānaṁ inda) S1:39 §2N; S2:3 §2N; S2:9 §4N; S4:1 §3N; S4:11 §3N; S6:11 §2N; S6:15 §6N; S11:1 §3N; S11:12 §3N; S22:79 §15; S22:80 §1N; S35:90 §2N.

삭까나마까 약카 (Sakkanāmaka yakkha) S10:2 §2.

삭막함 (khila) S1:37 §5[설명]; S8:3 §3[설명]; S22:90 §8[설명]; S8:8 §7; S45:166 §3.

삭막함을 여읜 (akhila) S8:3 §3[설명].

산뚜시따 신의 아들 (Santusita devaputta) S40:11[설명].

산뚯타 청신사 (Santuṭṭha upāsaka) S55:10 §3.

산란함이 없는 표상 (abyagga-nimitta) S46:2 §16[설명].

산만하게 말하는 (vikiṇṇa-vāca)

S2:25 §2[설명].

산산조각 나다 (udrīyati = undrīyati) S4:17 §4[설명].

산자야 벨랏티뿟따 (Sañjaya Belaṭṭhiputta) S3:1 §3[설명]; S44:9 §3[설명]; S28:1 §1N; S40:1 1N.

산지와 존자 (Sañjīva) S15:20 §4.

살라 (Sālā) S47:4 §1[설명]; S48:51 §1.

살인자 (vadhaka) S22:95 §10[설명].

살하 비구 (Sāḷha bhikkhu) S55:8 §3.

삶 ☞ 목숨, 삶, 생명 (jīvita, āyu)

삼매 (samādhi) S48:9 §6[설명]; S1:21 §3N[설명]; S1:38 §9[설명]; S4:1 §4[설명]; S4:23 §2N[설명]; S12:23 §4[설명]; S12:70 §15N[설명]; S16:9 §17N[설명]; S16:13 §6[설명]; S22:5 §3[설명]; S22:80 §9[설명]; S22:88 §7[설명]; S34N[설명]; S34:5 §3[설명]; S34:6 §3[설명]; S36:1 §4[설명]; S40:1 §1N[설명]; S40:9 §3[설명]; S42:8 §17N[설명]; S42:13 §14[설명]; S43:2 §3N[설명]; S43:3 §3[설명]; S43:4 §3[설명]; S45:28 §3[설명]; S46:51 §14[설명]; S47:4 §4[설명]; S47:8 §4[설명]; S47:9 §7[설명]; S51:1 §4[설명]; S52:21 §4[설명]; S54:1 §7N[설명]; S54:8 §5[설명]; S56:1 §4 등.

삼매로 [마음을] 기울임에 능숙함 (abhinīhāra-kusala) S34:7 §3[설명]; S34:46 §3; S34:50 §3; S34:51~52 §3.

삼매를 존중하지 않는 (samādhismiṁ agārava) S16:13 §6[설명].

삼매에 능숙함 (samādhi-kusala) S34:1 §3[설명].

삼매에 든 (samāhita) S36:1 §4[설명]; S47:4 §4[설명] 등.

삼매에 든 (바르게 잘 ~) (susamāhitā) S2:7 §3[설명]; S1:9 §3[설명].

삼매에 들지 못하는 (asamāhita) S2:25 §2[설명]; S14:23 §3[설명] 등.

삼명(三明), 세 가지 명지 (tevijjā) S6:5 §12[설명]; S7:8 §3[설명]; S8:7 §6; S8:7 §8; S8:9 §5; S8:10 §4; S8:12 §2.

삼바라 아수라 왕 (Sambara asurinda) S11:10 §2[설명]; S11:23 §3N.

삼바리 요술 (Sambari-māyā) S11:23 §3[설명].

삼바와 존자 (Sambhava) S6:14 §3.

삼부따 존자 (āyasmā Sambhūta) S51:13 §6N.

삼십삼천 (Tāvatiṁsā) S1:11 §2[설명]; S1:46 §2N; S2:1 §2N; S4:12 §2; S5:7 §4; S9:6 §2N;

S11:1 §3N; S11:3 §3 등; S35:135 §4N; S35:248 §5N; S40:10 §2; S48:68 §3; S55:1 §3; S55:18 §2; S55:20 §2; S55:54 §10; S56:11 §18.

삼학을 공부지음 (tīsu sikkhāsu sikkhitā) S22:76 §6[설명].

삽삐니 강 (Sappinī) S6:11 §2; S6:13 §1N.

삿다 깟짜나 존자 (āyasmā Saddha Kaccāyana) S14:13 §3[설명]; S44:11 §1N.

삿된 견해 (micchā-diṭṭhi) S22:154 §3[설명]; S45:12 §5[설명]; S3:21 §9; S14:27~29 §3; S22:85 §4; S24N; S35:165 §3; S42:8 §16; S42:13 §14; S45:1 §3; S45:11~12 §5; S45:21~26 §3; S45:31 §3; S45:161 §3N; S55:26 §10.

삿된 생계 (수단) (micchā-ājīva) S28:10 §5[설명]; S45:8 §8[설명]; S14:28 §3; S45:1 §3; S45:18 §4; S55:26 §10.

삿된 음행 (kāmesu micchācāra) S45:8 §7N[설명]; S12:41 §4; S14:25~27 §3; S37:14 §4; S37:24 §4; S37:33 §3; S42:6 §4; S42:8 §4; S42:13 §8; S55:7 §8; S55:28 §4; S55:37 §4; S56:73.

삿된 음행 (abrahmacariyā) S45:8 §7[설명].

참 청정범행 (brahmacariya).

삿된 지혜를 가진 자 (micchā-ñāṇī) S14:29 §3[설명]; S45:26 §3[설명].

삿된 지혜를 가진 자들 (micchā-ñāṇino) S14:29 §3[설명].

삿된 해탈을 가진 자 (micchā-vimutti) S14:29 §3[설명].

삿됨 (micchatta) S45:21 §2.

삿땀바까 탑묘 (Sattambaka cetiya) S22:60 §1N; S51:10 §4.

상가라와 바라문 (Saṅgārava brāhmaṇa) S7:21 §2[설명]; S46:55 §2.

상반되는 ☞ 쌍, 두 가지, 한 쌍, 상반되는 (dvaya)

상반된 행동을 하는 (dvaya-kāri) S29:3 §4[설명]; S29:6~7 §4; S29:10~11 §4; S30:3~4 §4.

상세한 설명[授記] (veyyākaraṇa) S22:59 §7[설명]; S15:13 §17; S35:28 §7.

상수멸, 느낌과 인식의 소멸 (saññāvedayitanirodha) S41:6 §6[설명]; S52:21 §4N[설명]; S6:15 §3; S36:11 §5; S48:40 §8; S54:8 §8 등.

새매 (sakuṇagghi) S47:6 §3[설명].

색구경천 (Akaniṭṭha) S35:228 §4N; S35:246 §7N; S46:3 §13N; S48:15 §4; S48:24 §4; S48:66 §4; S51:26 §4; S54:5 §5; S55:25 §6.

색조 (vaṇṇa) S56:19 §3[설명].
생각 ☞ 일으킨 생각[尋], 생각 (vitakka)
생각 없는 참선을 하는 자 (avitakka-jhāyī) S4:25 §15[설명].
생겨나려는 (sambhavesin) S12:11 §3[설명].
생겨난 것, 존재, 기원 (sambhava)
생겨난 것 ⇒ S12:31 §5.
존재 ⇒ S51:10 §15.
기원 ⇒ S35:244 §4N.
생기다 (sambhavati) S12:1 §3[설명].
생김 (jātika) S12:11 §4[설명].
생김 ☞ 태어남, 출생, 도래함, 생김, 탄생 (jāti sañjāti okkanti abhinibbatti)
생명 ☞ 목숨, 삶, 생명 (jīvita, āyu)
생명과 몸은 다르다 (aññaṁ jīvaṁ aññaṁ sarīraṁ) S12:35 §4[설명]; S24:14 §3; S33:1 §3; S41:3 §4; S44:7 §3; S56:8 §3; S56:41 §6.
생명기능[命根] (jīvitindriya) S12:2 §4[설명]; S48:22 §3[설명]; S22:37 §3N[설명]; S48:1 §3N[설명]; S51:10 §14N[설명]; S12:27~28 §4; S12:33 §4;
생명을 영위하다 (jīvitaṁ kappeti) S45:8 §8[설명].
생명을 죽이는 것 (pāṇa-atipāta) S12:41 §4; S14:25~27 §3; S37:14 §4; S37:24 §4; S37:33 §3; S42:6 §4; S42:8 §4; S42:13 §8; S45:8 §6; S55:7 §9; S56:71.
생명의 형성을 굳세게 하여 (jīvita-saṅkhāra) S47:9 §4[설명]; S51:10 §14N.
생명이 바로 몸이다 (taṁ jīvaṁ taṁ sarīraṁ) S12:35 §4[설명].
서거 (kālakiriya) S12:2 §4[설명].
서계를 지킨 (dikkhita) S11:9 §4[설명].
서원 ☞ 염원, 서원 (paṇidhi)
서원과 계행 (vata-sīla-vatta) S6:4 §8[설명].
석가족 아들의 제자 (Sakyaputtiya) S20:11 §3[설명].
석가족 후예[부처님]의 제자 (sakya-puttiya) S28:10 §7[설명]; S42:10 §2.
석주 (inda-khīla) S1:37 §5[설명]; S56:39 §0[설명].
선(禪) (jhāna) S52:21 §4[설명]; S34와 S53 (선 상윳따) 등.
선(禪)은 차축 (jhān-akkha) S45:4 §6[설명].
선구자가 됨, 앞장 섬 (pubbaṅgama) S45:1 §3[설명]; S45:49~62 §3; S46:12~13 §3; S46:48 §3; S56:37 §3.
선근(善根), 유익함의 뿌리 (kusala-mūla) S17:32 §3[설명].
선인(仙人) (isi) S8:8 §5[설명]; S21:7 §5[설명] 등.

설명하지 않은[無記] (abyākata) S16:12 §3; S24/S44 (설명하지 않음 상윳따).

설법, 법을 설함, 법을 가르침 (dhamma-desanā) S4:5 §3; S6:1 §3; S16:3 §8; S46:52 §3; S47:13 §7; .

설법자[法師] (dhamma-kathika) S12:16 §9[설명]; S35:155 §3[설명]; S22:115; S38:3.

섬 (dīpa) S47:9 §8[설명].

성냄 (dosa) S35:246 §3[설명]; S1:23 §3 등.

성스러운 (ariya) S12:27 §16[설명]; S56:11 §8[설명]; S1:16 §2 등.

성스러운 가문에서 성스러운 가문으로 가는 자 (kolaṁ-kola) S48:24 §4[설명].

성스러운 도 (ariya-magga) S1:16 §3[설명]; S12:65 §8N[설명]; S2:6 §5N[설명]; S4:1 §4N[설명]; S12:35 §4N[설명]; S25:1 §4N[설명]; S45:2 §4[설명]; S45:24 §3N[설명]; S51:1 §3N[설명] 등.

성스러운 방법 (ariya ñāya) S12:41 §6[설명]; S12:42 §3; S55:28 §3.

성스러운 제자 (ariyasāvaka) S12:20 §6 등.

성스러운 지혜 (ariya-ñāṇa) S48:52 §3[설명].

성스러운 진리 (네 가지~)[四聖諦] (ariyasaccāni) S56[진리 상윳따]; S2:26 §4N[설명]; S3:20 §5N[설명]; S6:15 §4N[설명]; S12:1 §4N[설명]; S12:2 §15N[설명]; S12:13 §3N[설명]; S14:31 §4N[설명]; S22:22 §2N[설명]; S45:8 §4N[설명]; S6:7 §3N; S10:7 §4; S15:10 §5; .

성스러운 침묵 (ariya tuṇhī-bhāva) S21:1 §3[설명]; S40:2 §3N[설명].

성심을 다하는 (ussukka) S1:28 §2[설명].

성자됨 (mona) S1:9 §2[설명].

성자들에게 적합한 지와 견의 특별함 (alam-ariya-ñāṇa-dassana-visesa) S41:9 §3[설명]; S42:12 §8[설명].

성자들이 좋아하는 (ariya-kanta) S12:41 §5[설명]; S40:10 §8[설명]; S55:1 §8[설명] 등.

성자의 율 (ariyassa vinaya) S12:70 §24; S16:6 §9; S20:10 §5; S35:84 §4; S35:116 §12; S35:228 §3; S35:244 §6; S55:12 §5.

성취 ☞ 얻음, 증득, 터득, 성취 (adhigama)

성취, 완성 (pāripūri)
성취 ⇒ S43:12 §4 (16); S45:8 §9; S45:77 §3; S45:84 §3; S45:155 §3; S46:2~3 §11; S46:23~24 §4; S46:51 §9; S48:10 §5; S48:56 §3; S49:1~12 §3; S51:13 §3; S54:13 §4.
완성 ⇒ S6:2 §3.

성취수단[如意足] (iddhi-pāda) S5:5 §5[설명]; S51:1 §3[설명]; S4:20 §4; S22:81 §6; S22:101 §4; S43:7 §3; S43:12 §4; S45:155 §3; S51:2~31 §3.

성향 (adhimuttikatā) S52:19 §4[설명].

세나니가마 (장군촌) (Senānigama) S4:5 §3[설명].

세다까 (Sedaka) S46:30 §1[설명]; S47:19 §1.

세력범위 (남의 ~) (para-visaya) S47:6 §3[설명].

세력범위, 방책 (visaya)
방책 ⇒ S3:25 §7.
세력범위 ⇒ S47:6 §3; S47:7 §5.
고향동네 (pettika visaya) ⇒ S47:6 §3.

세리 신의 아들 (Serī devaputta) S2:23 §2.

세상 (loka) S1:1 §5[설명]; S1:70 §3N[설명]; S2:26 §2[설명]; S2:26 §4[설명]; S12:15 §4[설명]; S12:44 §2[설명]; S22:94 §3[설명]; S35:107 §2[설명]; S35:116 §12[설명]; S52:18 §4[설명]; S22:55 §2N; S55:8 §4N.

세상에 대한 사색 (loka-cintā) S56:41 §3[설명].

세상에 대한 없다는 관념 (loke natthitā) S12:15 §4[설명].

세상에서 통용되는 언어 (loke samañña) S1:25 §3[설명].

세상의 법 (loka-dhamma) S22:94 §6[설명].

세상의 소멸 (loka-nirodha) S12:15 §4[설명].

세상의 이치에 능통한 자[順世論者] (lokāyatika) S12:48 §2[설명].

세상의 일어남 (loka-samudaya) S12:15 §4[설명].

세상의 주인 (loka-adhipati) S7:16 §3[설명].

세속에 대한 (geha-nissita) S9:1 §2[설명].

세속에 의지한 (geha-sita) S35:94 §5[설명].

세속적인 (sāmisa) S36:14 §4[설명]; S47:9 §7N.

세속적인 미끼 (lokāmisa) S1:3 §3[설명].

세월 ☞ 시간, 세월, 조각 (kāla)

세존이시여, 스승이시여 (bhante)
세존이시여 ⇒ S2:20 §6 등.
스승이시여 ⇒ S35:129 §3[설명].

셀라 비구니 (Selā bhikkhunī) S5:9 §2[설명]; S5:1 §2N.

소 도살업자 (go-ghāṭaka) S19:2 §5[설명].

소나 장자의 아들 (Soṇa gahapatiputta) S22:49~50 §2[설명]; S35:128 §2.

소마 비구니 (Somā bhikkhunī) S5:2

§2[설명].

소망 (patthanā) S12:63 §7; S14:13 §4.

소망, 원(願), 바램 (icchā)
소망 ⇒ S1:29 §3[설명]; S22:101 §6[설명]; S1:69 §3; S12:63 §7.
바램 ⇒ 소망 (icchā)

소멸 (nirodha) S12:1 §4[설명]; S12:2 §16[설명]; S12:12 §9N[설명]; S12:15 §4[설명]; S12:21 §5N[설명]; S12:24 §13[설명]; S12:68 §5[설명]; S14:11 §4[설명]; S22:9 §3[설명]; S22:51 §3[설명]; S22:86 §16[설명]; S35:12 §3[설명]; S36:7 §6[설명]; S36:11 §5[설명]; S36:19 §21[설명]; S45:2 §4N[설명]; S48:40 §4[설명]; S54:1 §8[설명]; S55:54 §12[설명]; S56:11 §7N[설명] 등.

소멸의 증득 (nirodha-samāpatti) S14:11 §6[설명]

소멸하고 쌓이지 않는다 (khīyati no pacīyati) S35:95 §14[설명].

소용돌이 (āvaṭṭa) S1:44 §2[설명]; S35:228 §4[설명]; S35:241 §7[설명].

소젖을 짜는 정도의 짧은 시간 (gadduhana-matta) S20:4 §3[설명].

속박 (saṁyoga) S22:60 §5; S22:95 §10; S35:63 §4.

속박 (yoga) S45:172 §3[설명]; S1:1 §3N[설명]; S1:50 §3[설명]; S16:2 §3N[설명] 등.

속박 ☞ 묶임, 속박 (vinibandha)

속박 ☞ 집착, 속박 (upaya)

속박 없음 (abandhana) S41:5 §3[설명].

속박, 결박, 밧줄 (bandhana)
속박 ⇒ S1:19 §3; S1:65 §2; S1:69 §2; S22:117 §3; S41:5 §4.
결박 ⇒ S3:10 §4;
밧줄 ⇒ S11:4 §4; S22:78 §3; S35:248 §5; S45:158 §3.

속상함 ☞ 곤혹스러움, 속상함, 곤경, 고생 (vighāta)

속재목[心材] (sāra) S22:88 §7[설명]; S55:43 §5[설명]; S22:95 §7; S22:102 §9; S31:1 §3 등; S35:116 §8; S35:234 §10; S45:143 §3 등.
참 asāra (실체 없음) ⇒ S22:88 §7N.
nissara (실체 없음 ⇒ S22:95 §3N)

손해 ☞ 이익을 주지 못함, 손해 (anattha)

솟아오르고 떨어지면서 (ukkujja-avakujjaṁ) S46:30 §4[설명].

쇠살 없음 (visalla) S7:17 §4[설명].

쇠퇴 (parihāna) 35:96 §2; S35:98 §3; S35:103 §7N; S46:25 §2; S46:36 §3; S47:3 §4 등.

쇠퇴하는 법 (parihāna-dhamma) S35:96 §2[설명].

수관하는 ☞ 보는, 관찰하는, 수관하는 (anupassī /anupassanā)

수나빠란따 (Sunāparanta) S35:88 §6[설명]; S22:83 §3N.

수님미따 신의 아들 (Sunimmita devaputta) S40:11[설명].

수담마 의회 (Sudhammā sabhā) S11:4 §3[설명]; S11:24 §4; S11:25 §3; S35:248 §5; S48:68 §3N.

수담마 의회 (Sudhammā sabhā) S11:4 §3[설명]; S11:24 §4; S11:25 §3; S35:248 §5; S48:68 §3N.

수닷따 = 아나타삔디까 장자 (Sudatta) S10:8 §2[설명], §6;

수닷따 2 (Sudatta upāsaka) S55:8 §3.

수닷사나 바라문 학도 (Sudassano māṇava) S3:13 §4.

수따누 강 (Sutanu) S52:3 §1.

수라다 존자 (āyasmā Surādha) S22:72 §2[설명].

수련지옥 (Kumuda niraya) S6:10 §11[설명].

수리야 신의 아들 (Suriya devaputta) S2:10 §2[설명].

수마가다 호수 (Sumāgadhā pokkharaṇī) S56:41 §3.

수면 ☞ 졸림, 수면, 잠 (niddā)

수명의 중반쯤에 이르러 완전한 열반에 드는 자 (antarā-parinibbāyi) S46:3 §13[설명].

수명의 형성들 (āyu-saṅkhārā) S20:6 §3[설명]; S51:10 §14[설명].

수미산(須彌山) 산의 왕 (Sineru pabbatarāja) S13:11 §3[설명]; S2:7 §3N; S15:3 §3N; S22:99 §4; S48:67 §3N; S55:1 §3N; S56:49~50 §3.

수반하는 지혜 (anvaye ñāṇa) S12:33 §6[설명].

수밧다 왕비 (Subhaddā devī) S22:96 §6.

수밧다 청신사 (Subhadda upāsaka) S55:10 §3.

수브라흐마 벽지범천 (Subrahmā pacceka-brahmā) S6:6~8 §2[설명].

수브라흐마 신의 아들 (Subrahmā devaputta) S2:17 §2[설명].

수빳사 산 (Supassa) S15:20 §8.

수시마 신의 아들 (Susīma devaputta) S2:29 §6; S11:2.

수시마 존자 (āyasmā Susīma) S12:70 §3[설명], §22.

수야마 신의 아들 (Suyāma devaputta) S40:11[설명].

수위라 신의 아들 (Suvīra devaputta) S11:1 §3.

수자 아수라 처녀 (Sujā asurakaññā) S11:12 §3[설명]; S11:7 &4;

S11:18~20 §7; S11:23 §4;
수자따 존자 (āyasmā Sujāta) S21:5 §2[설명].

수자따 청신녀 (Sujātā upāsikā) S55:8 §3.

수찌로마 약카 (Suciloma yakkha) S10:3 §1[설명].

수찌무키 여자 유행승 (Sucimukhī paribbājikā) S28:10 §2[설명].

수축하는 겁 (saṁvaṭṭa-kappa) S12:70 §11; S16:9 §15; S51:11 §11.

수치심 (ottappa) S45:1 §4[설명]; S14:17 §3; S14:18~19 §3; S14:22~24 §3; S16:7 §4; S16:11 §11; S37:5~13 §4; S37:15~23 §4; S45:4 §6; S46:30 §3.

수치심 없음 (anottappa) S45:1 §3[설명]; S16:2 §3[설명]; S14:17 §3; S14:20 §3; S14:23~24 §3; S16:2; S16:7 §4; S45:1 §3.

수행 (다른 대상으로 향하게 하는 수행) (paṇidhāya bhāvanā) S47:10 §11[설명].

수행, 닦음 (bhāvanā)
수행 ⇒ S2:6 §3; S22:101 §4; S35:132 §4; S45:9 §3; S45:77~78 §3; S45:84 §3; S45:154 §3; S54:9 §2.
닦음 ⇒ S43:12 §4 (16); S46:2 §11; S46:3 §6; S46:23 §4; S46:24 §11; S46:35 §4; S46:38 §3; S46:51 §21; S47:4 §3; S47:48 §3; S48:10 §5; S48:56 §3; S49:1 §3 등; S51:11 §3 등; S54:9~10 §2; S54:13 §5.

수행이 된 (vinīta) S51:10 §8.
참 인도되지 못한 (avinīta)

숙까 비구니 (Sukkā bhikkhunī) S10:9~10 §2[설명].

순다리까 바라드와자 바라문 (Sundarikabhāradvāja brāhmaṇa) S7:9 §2[설명].

순수한 ☞ 감로수, 순수한 (asecanaka)

순응 (patissa) S48:58 §5[설명].

순응하는 (sappaṭissa) S16:13 §7.

순응함과 적대감 (anurodha-virodha) S4:14 §3[설명].

술어 ☞ 두고 한 말, 술어, 이름붙임 (adhivacana)

숨수마라기리 (악어산) (Suṁsumāra-giri) S22:1 §1; S35:131 §1.

숩빠붓다 (Suppabuddha) S17:31 §3N; S22:2 §1N.

숩빠붓다 나병환자 (Suppabuddha) S11:14 §3N.

숩삐야 (Suppiyā) S15:20 §8.

숫다와사 벽지 범천 (Suddhāvāsa pacceka-brahmā) S6:6~8 §2.

숫도다나(淨飯) 왕 (Suddhodana) S18:1 §2N; S21:8 §2N; S22:80 §1N.

숯불 구덩이 (aṅgāra-kāsu) S12:63 §7[설명].

스스로 보아 알 수 있는 (sandiṭṭhika) S35:70 §3[설명]; S1:20 §4; S4:21 §4; S11:3 §6; S12:41 §5; S16:3 §10; S40:10 §8; S41:10 §6; S42:12 §10; S55:1 §6; S55:8 §7; S55:28 §5.

스스로 보아 알 수 있는 [세 가지] 풀려남 (sandiṭṭhikā nijjarā) S42:12 §10[설명].

스스로 완전히 열반에 든다 (paccattaṁ yeva parinibbāyati) S22:45 §4[설명].

스스로, 각자 (paccattaṁ)
스스로 (개별적으로) ⇒ S12:51 §9[설명]; S12:68 §3; S22:45 §4 등; S35:30 §5 등.
각자 ⇒ S1:20 §4; S12:41 §5; S4:21 §4; S11:3 §6; S12:41 §5; S40:10 §8; S41:10 §6; S42:12 §10; S55:1 §6; S55:26~27 §7; S55:31 §3.

스승 (satthā) S12:82 §3[설명]; S16:13 §6[설명]; S2:30 §2[설명]; S12:22 §8 등.

스승 [여자 ~] (ācariya-bhariyā) S35:133 §4[설명].

스승이시여 ☞ 세존이시여, 스승이시여 (bhante)

슬기로움 (nepakka)
마음챙김과 슬기로옴 (sati-nepakka) ⇒ S48:9 §6[설명]; S48:10 §6; S48:50 §4.

승가 (saṅgha) S1:74 §4[설명]; S11:3 §7[설명]; S16:11 §4[설명] 등.

승가의 분열을 일으킴 (saṅgham bhindeyya) S35:235 §8[설명].

시간, 세월, 조각 (kāla)
세월 ⇒ S1:20 §3[설명].
시간 ⇒ S8:2 §4[설명].
조각 ⇒ S1:32 §7[설명].
시간을 기다릴 뿐이다 (kālaṁ kaṅkhati) S2:29 §9[설명].

시간이 걸리지 않는 (akālika) S1:20 §4; S4:21 §4; S11:3 §6; S12:33 §5; S12:41 §5; S16:3 §6; S35:70 §3; S40:10 §8; S41:10 §6; S42:12 §10; S55:1 §6; S55:2 §5; S55:28 §5.

시리왓다 장자 (Sirivaḍḍha gahapati) S47:29 §2[설명].

시수빠짤라 비구니 (Sīsūpacālā bhikkhuni) S5:6 §2[설명]; S5:8 §2; S35:69 §1N; S35:87 §2N; S47:13 §2N.

시와 신의 아들 (Siva devaputta) S2:21 §2[설명]; S11:3 §3N.

시작을 알지 못하는 것 (anamatagga) S15:1 §3[설명]; S15:2~20 §3; S22:99~100 §3; S48:50 §6; S56:35 §4.

시작하는 요소[發勤界] (ārambha-dhātu) S46:2 §13[설명]; S2:8 §2N; S46:51 §11.

시종 (thapati) S55:6 §3[설명].
시큼한 죽 장사 바라드와자 바라문 (Bilaṅgikabhāradvāja brāhmaṇa) S7:4 §2[설명].
시키 부처님 (Sikhi buddha) S6:14 §3[설명]; S12:4 §3N; S12:5.
식곤증 (bhattasammada) S1:16 §2[설명].
식무변처 (viññāṇañcāyatana) S46:54 §11[설명]; S6:15 §3; S14:11 §3; S16:9 §7; S28:6 §4; S36:11 §5; S36:15 §5; S36:19 §16; S40:6 §3; S54:8 §8.
식별하다 (vijānāti) S22:79 §8[설명].
신기루 (marīcikā) S22:95 §6[설명].
신도 집 (kula) S16:3 §3[설명]; S16:4 §3[설명].
신들의 발자취 (deva-padāni) S55:34 §3[설명].
신령스러운 마차 (brahama-yāna) S45:4 §2[설명].
신성한 귀[天耳] (dibbasota) S12:70 §9; S16:9 §13; S21:3 §4; S51:11 §9; S51:12 §4; S51:14 §7; S51:20 §16; S51:21 §4; S51:31 §4; S52:13 §4.
신성한 눈, 천안[天眼] (dibbacakkhu) 신성한 눈 ⇒ S6:5 §4; S8:12 §2; S12:70 §12; S16:9 §16; S21:3 §4; S51:11 §12; S51:12 §4; S51:14 §7; S51:20 §16; S51:21 §4; S52:23 §4; S51:31 §4; S52:23 §4. 천안 ⇒ S14:15 §6; .
신성한 바퀴[梵輪] (brahma-cakka) S12:21 §3[설명].
신의 아들 (devaputta) S2:1 §2N[설명]; S2:1~30 §2; S11:1 §3; S11:14 §4; S40:11.
신의 아들 (deva-putta) S2:1 §2[설명].
신통 (iddhi) S40:1~9 §5.
신통변화 (iddhi / iddhi-vidha) S6:5 §12[설명]; S12:70 §8; S16:9 §12; S51:11 §8 등; S52:12 §4.
신통의 행을 나투다 (iddhābhisaṅkhāram abhisaṅkhāreti) S51:14 §3[설명].
신통지 ☞ 최상의 지혜, 신통지 (abhiññā)
실라와띠 (Silāvati) S4:21~22 §1.
실재하고 견고하다고 (saccato thetato) S22:86 §15[설명]; S44:2 §15[설명].
실타래 (sutta-guḷa) S24:8 §3[설명].
실현 (sacchikiriyā) S11:1 §10; S12:22 §8; S38:1~2/5~6 §4; S45:46 §3; S46:34/37/38/55 §3; S47:1 §3; S47:18 §2; S48:18 §4; S55:55~58 §3.
싫어하는 마음 (domanassa) S35:120 §5[설명]; S47:1 §4[설명]; S54:10 §10[설명]; S47:1~50 §4; S52:1~10 §5 등.
싫어하는 마음 ☞ 정신적 고통/괴로움,

싫어하는 마음 (domanassa)

싫증, 기쁨이 없음 (anabhirati)
싫증 [출가생활에 대한~] ⇒ S8:1 §2[설명]; S8:2 §3; S8:4 §2.
기쁨이 없음 ⇒ S46:70[설명].

심리현상 ☞ 형성된 것, 심리현상, 의도적 행위 (saṅkhāra)

심리현상이 남아있는 증득 (saṅkhāra-avasesa-samāpatti) S14:11 §5[설명].

심부름꾼이나 전령으로 가는 것 (dūteyya-pahīṇa-gamana-anuyoga) S28:10 §5[설명].

심연, 바닥없는 구렁텅이 (pātāla)
심연 ⇒ S1:44 §2[설명].
바닥없는 구렁텅이 ⇒ S36:4 §3[설명]; S4:25 §18; S9:1 §2.

심오한, 깊은 (gambhīra) S12:24 §10[설명].

싸라기 쌀 (kaṇājaka) S3:19 §3[설명].

쌍, 두 가지, 한 쌍, 상반되는 (dvaya)
쌍 ⇒ S35:92~94 §2.
두 가지 ⇒ S46:52 §7.

쌓음, 적집, 모음 (āyūhana) S1:1 §3[설명].

쓸데없는 이야기 (tiracchāna-kathā) S56:10 §3[설명].

씨앗 (bīja) S5:9 §5[설명].

【아】

아귀계 (petti-visaya) S1:49 §3N; S12:41~42 §3; S25:1~2 §4; S25:10 §4; S55:1 §3 등.

아그니 호뜨라 제사 (aggihutta) S7:8 §2[설명].

아나까라는 타악기 (Ānaka nāma mudiṅga) S20:7 §3[설명].

아나타삔디까 장자 (Anāthapiṇḍika gahapati) ☞ 급고독 장자

아나타삔디까 (급고독) (Anāthapiṇḍika) S10:8 §2[설명]; S1:1 §1 등.

아난다 존자 (āyasmā Ānada) S2:29 §2 등.

아노자 왕비 (Anojā) S21:11 §2N.

아누라다 존자 (āyasmā Anurādha) S22:86 §2; S44:2 §2.

아등바등하다 (āyūhati) S2:5 §3[설명].

아등바등하지 않고 (anāyūha) S1:1 §3[설명].

아라띠, 마라의 딸 (Arati Māra-dhītā) S4:25 §2[설명].

아라한 (arahant) S1:11 §5 등.

아루나와 왕 (rājā Aruṇavā) S6:14 §3.

아루나와띠 (Aruṇavatī) S6:14 §3.

아름다운 것 (citra) S1:34 §4[설명].

아름다운 표상 (subha-nimitta) S46:2 §4[설명]; S41:7 §13N[설명]; S8:4 §4; S35:95 §14; S46:51 §4; .

아름다움, 깨끗함[淨] (subha) 아름다움 ⇒ S8:4 §4; S14:11 §3. 깨끗함 ⇒ S46:54 §9; S22:94 §3N[설명]; S35:136 §5N[설명].

아름다움의 요소 (subha-dhātu) S14:11 §3[설명].

아릿타 존자 (āyasmā Ariṭṭha) S54:6 §4[설명].

아무 것도 없음을 말하는 자 (허무론자) (natthikavāda) S22:62 §8; S44:10 §8N.

아무것도 소유하지 않은 (akiñcana) S1:34 §4[설명].

아바야 왕자 (Abhaya rājakumāra) S46:56 §2[설명] S20:8 §3N; S35:160 §1N; S41:8 §2N.

아비부 비구 (Abhibhū bhikkhu) S6:14 §3

아비부따 장로 (Abhibhūta thera) S6:14 §9N.

아빈지까 비구 (Abhiñjika bhikkhu) S16:6 §4.

아빠나 성읍 (Āpaṇa nigama) S48:50 §1[설명].

아사마 신의 아들 (젊은 신) (devaputtā Asama) S2:30 §2.

아소까 비구 (Asoka bhikkhu) S55:9 3.

아소까 비구니 (Asokā bhikkhunī) S55:9 3.

아소까 청신녀 (Asokā upāsikā) S55:9 3.

아소까 청신사 (Asoka upāsaka) S55:9 3.

아수라 (asura) S2:9~10 §2; S11:1 §3; S11:3~10 §3; S11:20 §5; S11:23 §3; S35:248 §5; S48:69 §3; S56:41 §4.

아수라 왕 같은 바라드와자 바라문 (Āsurindakabhāradvājo brāhmaṇa) S7:3 §2[설명].

아시반다까뿟따 촌장 (Asibandhakaputta gāmaṇi) S42:6~9 §2; S41:8 §2N.

아완띠 (Avanti) S22:3~4 §1[설명]; S17:24 §3N; S35:125 §1N; S35:130 §1;S35:132 §1; S41:3 §11.

아욧자 (Ayojjha/Ayujjha) S22:95 §1[설명].

아위찌 지옥[阿鼻地獄, 無間地獄] (Avīci-mahā-niraya) S1:39 §2N; S35:135 §3N. ☞규환 (叫喚, Roruva)지옥

아자따삿뚜 왕 (rājā Māgadha Ajātasattu Vedehiputta) S20:8) §3[설명]; S3:14~16 §2; S6:12 §3N; S12:68 §1N; S17:31 §3N; S17:36 §2; S35:160 §1N; S55:6 §11N.

아주 경이로운 (anacchariyā) S6:1

§3[설명].

아지따 께사깜발리 (Ajita Kesakambalī) S3:1 §3[설명]; S24:5 §3N; S44:9 §3.

아찌라와띠 강 (Aciravatī) S13:3 §3; S13:4 §3; S56:53 §3; S56:54 §3.

악갈라와 탑묘 (Aggāḷava cetiya) S8:1~3 §1.

악기 (다섯 가지로 구성된 ~) (pañcaṅgika turiya) S5:4 §3[설명].

악어산 (Suṁsumāra-giri) ☞ 숨수마라기리 (Suṁsumāra-giri)

악의 (byāpāda) S46:2 §5[설명]; S1:5 §3N; S1:17 §2N; S1:25 §5N; S3:24 §6; S9:11 §2; S14:12 §3; S14:27 §3; S22:80 §8; S41:7 §5; S42:6 §4; S42:8 §16; S42:13 §14; S45:4 §6; S45:8 §5; S45:174 §3; S46:2 §5 등;S47:4 §3; S54:12 §4; S56:7 §3.

악의 (byāpāda) S46:2 §5[설명].

악의 없음 (abyāpāda) S14:12 §8, §10[설명]; S14:27 §3; S41:7 §5; S42:8 §16; S42:13 §14; S45:4 §6; S46:26 §5; S46:28 §5; S46:54 §3.

악의 없음의 요소 (abyāpāda-dhātu) S14:12 §10[설명].

악의의 요소 (byāpāda-dhātu) S14:12 §5[설명].

안 것, 앎 (viññāta) S24:1 §6[설명]; S35:95 §12[설명]; S24:2~10 §6; .

안[內] (ajjhattika) S35[설명] 등.

안거 (安居) (vassa) S47:9 §3[설명] 등.

안냐 꼰단냐 존자 (āyasmā Aññā-Koṇḍañña) S8:9 §2[설명]; S22:59 §2N; S22:83 §3N; S56:11 §15.

안다까윈다 (Andhakavinda) S6:13 §1[설명].

안목을 만듦 (cakkhu-karaṇī) S42:12 §4[설명]; S46:40 §4; S56:11 §3.

안식을 얻음 (assāsa-patta) S38:5 §3[설명]; S12:32 §3[설명]; S38:6 §3.

안으로 명상을 함 (antara sammasa) S12:66 §3[설명].

안으로 침잠하고 (ajjhatta-rata) S51:10 §15[설명].

안으로, 내적인 (ajjhataṁ)
안으로 ⇒ S12:32 §12[설명]; S12:32 §12[설명]; S12:66 §3[설명]; S47:3 §4[설명]; S52:1 §5[설명] 등.
내적인 ⇒ S46:52 §7[설명]; S46:52 §7[설명] 등.

안은(安穩) (khema) S4:16 §5; S4:24 §7; S8:5 §6; S43:43 §2.

안의 감각장소들[內入處] (ajjhattikā āyatanā) S35:13 §4[설명]; S1:70 §3N[설명]; S35:82 §4N[설명] 등.

안자나 숲 (Añjana-vana) S46:6

§1[설명]; S2:18 §1; S48:43 §1.
안전보장 (abhaya-dakkhiṇa) S11:10 §2[설명].
안절부절 못함 ☞ 갈구, 안절부절 못함, 염려 (apekha)
안주함 (ṭhita) S22:45 §4[설명].
안팎으로 (ajjhatta-bahiddhā) S47:3 §4[설명]; S52:1 §5[설명]; S36:2 §4[설명] 등.
알고 보다 (jānāti - passati) S12:23 §3[설명] 등.
참 지와 견 (ñāna-dassana)
알고 봄 ☞ 지와 견, 지견, 알고 봄 (ñāṇa-dassana)
알라와까 약카 (Āḷavaka yakkha) S10:12 §1[설명]; S17:23 §3N.
알라와까 왕 (Āḷavaka) S10:12 §1N.
알라위 (Āḷavī) S8:1~3 §1; S10:12 §1; S17:23 §3.
알라위까 비구니 (Āḷavikā bhikkhunī) S5:1 §1[설명]; S5:9 §2T
알아차리는, 분명히 아는 (sampajāna) S36:1 §4[설명]; S47:1 §4[설명] 등.
알아차림[正知], 분명히 알아차림 (sampajañña) S47:2 §3N[설명]; S12:92 §3; S22:122 §7; S36:7 §6; S47:8 §5; S56:34 §3.
알음알이[識] (viññāṇa) S22:1 §14[설명]; S12:61 §4[설명]; S22:79 §8[설명]; S22:95 §8[설명]; S12:2 §13[설명]; S12:11 §3[설명]; S12:12 §4[설명]; S12:38 §3[설명]; S12:51 §8[설명]; S12:59 §3[설명]; S12:64 §7N[설명]; S12:65 §5[설명]; S14:1 §4[설명]; S12:2 §3[설명]; S12:18 §6[설명]; S22:3 §4[설명]; S22:53 §3[설명]; S35:95 §12N[설명]; S35:245 §9[설명] 등.
알음알이가 출현함 (viññāṇassa avakkanti) S12:59 §3[설명].
알음알이를 가진 몸 (saviññāṇaka kāya) S18:21 §3[설명].
알음알이를 찾고 있다 (viññāṇaṁ samanvesati) S4:23 §9[설명].
알음알이의 거주처 (viññāṇa-ṭṭhiti) S22:54 §7[설명]; S8:8 §7N[설명]; S22:3 §4N[설명]; S22:53 §3N.
알음알이의 음식 (viññāṇ-āhāra) S12:12 §4[설명]; S12:63 §8.
알음알이의 장소 (viññāṇ-āyatana) S4:19 §5[설명].
알음알이의 집 (viññāṇassa oka) S22:56 §10[설명].
암바빨리 숲 (Ambapāli-vana) S47:1~2 §1[설명]; S52:9 §1.
압부다 (시간 단위) (abbuda) S6:4 §7[설명]; S6:9 §4[설명]; S10:1 §3[설명].
압사라 (accharā) S1:11 §3[설명]; S1:46 §2N; S2:17 §2N; S55:1 §3.
앗사로하 촌장 (Assāroha gāmaṇi) S42:5 §2N.

앗사지 존자 (āyasmā Assaji) S22:88 §2[설명]; S22:59 §2N; S22:90 §4N; S28:1 §1N.
앗타까 품 (Aṭṭhaka-vaggiya) S22:3 §3;
앙가 (Aṅga) S48:50 §1[설명]; S11:16 §2N.
앙기라사 (Aṅgīrasa) S3:12 §8[설명]; S8:11 §3.
앞과 뒤가 축약되지 않고 (pacchā-pure asaṁkhittaṁ) S47:10 §12[설명].
앞장 섬 ☞ 선구자가 됨, 앞장 섬 (pubbaṅgama)
애를 쓰다 (padahati) S45:8 §9[설명].
애욕 ☞ 탐욕, 애욕 (rāga)
애정 (pema) S22:2 §9[설명] 등.
애정 (sneha) S10:3 §4[설명].
애착 ☞ 달라붙는, 애착 (visattika)
야마(염라, 閻羅) (Yama) S1:33 §5[설명]; S1:49 §3N;
야마 (죽음의 신) (Yama) S1:33 §5[설명].
야마까 (Yamaka bhikkhu) S22:85 §2[설명].
야마천 (Yāmā) S5:7 §4; S40:11N; S55:54 §11; S56:11 §18.
야무나 강 (Yamunā) S13:3~4 §3; S45:94 등; S56:53~54 §3.
야소다라 청신사 (Yasodhara) S28:1 §2T[설명].
야자열매 (tāla-pakka) S56:32 §4[설명].
약카 (야차) (yakkha) S10:1 §2[설명]; S1:43 §2[설명]; S22:60 §1N[설명]; S2:18 §4; S10 (약카 상윳따); S11:18~19 §4; S11:22 §3; S19:1 §4.
양동이 분량의 음식 (doṇapāka suda) S3:13 §2[설명].
양면으로 해탈한, 양면해탈 (ubhatobhāgavimutti) S25:1 §4[설명]; S16:9 §17N.
양면으로 해탈한, 양면해탈 (ubhatobhāgavimutta) S8:7 §6[설명]; S25:1 §4[설명]; S16:9 §17N[설명]; S12:70 §14N; S22:58 §3N.
양상 (parivaṭṭa) S22:56 §4[설명]; S56:11 §13[설명].
양심 (hirī) S45:1 §4[설명]; S1:18 §2; S1:46 §3; S7:9 §4; S7:11 §5; S14:17~19 §3; S14:22~24 §3; S16:7 §4; S16:11 §11; S37:5~13 §4; S37:15~23 §4; S45:4 §6; S46:30 §3.
양심 없음 (ahirika) S45:1 §3[설명].
어둠의 무더기 (tamo-kkhandha) S5:3 §5[설명].
어둠의 숲 (Andha-vana) ☞ 장님들의 숲
어디에서도 두려움 없음 (akuto-bhaya) S8:8 §5[설명].

어리석은 자 (bāla) S1:10 §3 등.

어리석음 (moha) S35:246 §3[설명]; S12:2 §15N[설명]; S41:7 §13N[설명]; S3:2 §3 등.

언어표현의 길 (nirutti-patha) S22:62 §3[설명].

얻은 (patta) S12:33 §5[설명]; S24:1 §6[설명] 등.

얻음, 보병 (patti)
얻음 ⇒ S4:25 §13; S11:1 §10; S12:22 §8; S45:11 §5; S55:43 §5.
보병 ⇒ S3:15 §3.

얻음, 증득, 터득, 성취 (adhigama)
[유가안은을] 얻음 ⇒ S16:2 §3; S17:1~43 §3.
증득 ⇒ S11:1~2 §10; S12:22 §8.
성취 ⇒ S13:11 §4.
[옳은 방법 (ñāya)]의 터득 ⇒ S47:1 §3; S47:18 §2; S47:43 §3.

업 (kamma) S1:57 §3[설명]; S3:15 §5[설명]; S5:9 §5N[설명]; S12:2 §6N[설명]; S12:11 §3N[설명]; S12:25 §7N[설명]; S12:38 §3N[설명]; S12:64 §7N[설명]; S19:1 §5[설명]; S22:1 §13N[설명]; S22:3 §4N[설명]; S22:100 §7N[설명]; S35:146 §3[설명]; S42:8 §17[설명]; S51:10 §15N[설명]; S52:16 §4[설명] 등.

업의 과보가 남았기 때문에 (kammassa vipāka-avasesena) S19:1 §5[설명].

업의 익음[業異熟]에 의해서 생긴 느낌들 (kamma-vipākajāni vedayitāni) S36:21 §11[설명].

[업]지음 없음 (akiriya) S36:21 §3N[설명]; S22:62 §8.
㊟ 도덕부정론 (akiriyavāda).

없다는 관념 (natthitā) S12:15 §4[설명]; S22:90 §9.

엉킨 머리 바라드와자 바라문 (Jaṭābhāradvāja brāhmaṇa) S7:6 §2.

엉킴, 엉킨 머리 (jaṭā)
엉킴 ⇒ S1:23 §2 §3[설명].
엉킨 머리 ⇒ S7:6 §6; S35:132 §4.

에까날라 (Ekanāḷā) S7:11 §1.

에까살라 (Ekasāḷā) S4:14 §1.

여기저기서 즐기는 것 (tatra-tatra-abhinandinī) S22:22 §5[설명]; S56:11 §6[설명] 등.

여래 (tathāgata) S22:85 §11[설명]; S16:12 §3[설명]; S22:85 §11[설명]; S22:85 §14[설명]; S22:86 §3[설명]; S22:86 §16[설명]; S22:87 §8N[설명]; S44:1 §8[설명]; S44:2 §16[설명]; S44:3 §5[설명] 등.

여래의 힘 (tathāgata-balāni) S52:15 §4[설명]; S4:12 §4[설명]; S6:15 §5N[설명]; S12:21 §3[설명].

여러 가지 (puthū) S12:31 §3[설명].

여러 가지 차별된 생각에 대해서

흔들리지 않고 (vidhāsu na vikampanti) S22:76 §6[설명].

여러 가지 차별된 생각을 뛰어넘어 (vidhā samatikkantaṁ) S18:22 §3[설명]; S22:72 §3; S22:92 §3; S22:125 §3.

여섯 가지 감각접촉의 장소라는 지옥 (niraya (cha-phass-āyatanikā nāma nirayā)) S35:135 §3[설명].

여섯 감각장소 (saḷāyatana) S35N[설명]; S2:26 §3N[설명];S12:12 §4[설명] 등.

여섯 감각장소들이 멸함 (saḷāyatana-nirodha) S35:117 §11[설명].

여섯 종류의 태생 (chaḷābhijāti) S24:7 §3[설명].

여여하신 분 (tādi) S6:15 §7[설명]; S7:2 §5[설명]; S6:15 §7.

여자의 기능 (itthindriya) S48:22 §3[설명].

여지 (gati) S3:25 §7[설명].

여지 ☞ 범위, 여지 (gati)

연기, 조건발생 (paṭicca-samuppāda) S6:1 §2[설명]; S12:1 §4N[설명], §5N[설명]; S12:2 §5N[설명]; S12:24 §6[설명]; S6:1 §2; S12:1~2 §3; S12:20 §2; S12:37~3; S12:41 §6; S12:60 §3; S12:61~62 §6; S22:57 §11; S55:28 §6.

연기가 없는 (vidhūma) S6:3 §5[설명].

연료 (upādāna) S44:9 §5[설명]; S35:75 §6[설명].

연료 ☞ 취착, 연료 (upādāna)

연민 (anukampā) S16:3 §10[설명]; S10:4 §3N[설명]; S46:54 §10[설명]; S47:19 §7[설명]; S1:35 §10; S2:9~10 §3; S3:13 §6; S4:5 §3; S4:13 §4; S7:14 §7; S7:21 §3; S8:4 §3; S9:1 §2 등; S10:2 §3; S16:5 §5; S16:11 §13; S21:2 §4; S22:85 §6 등; S35:74~75 §3; S35:146 §7; S42:7 §3; S43:1~2 §4; S43:11 §4 등; S47:10 §14 등; S51:10 §5; S55:3 §3 등; S56:26 §3.

연민 (karuṇā) S41:7 §5; S42:8 §17; S42:13 §15; S42:54 §3.

연민하는 마음 (kāruñña) S16:3 §10[설명]; S6:1 §6.

연장자인 신 (pubba-devā) S11:5 §4[설명].

열 가지 요소 (dasaṅga) S22:76 §6[설명].

열 가지 힘[十力] (dasa-bala) S12:21~22 §3. ☞ 여래의 힘 (tathāgata-balāni).

열기 (pariḷāha) S22:2 §9[설명]; S14:7~12 §3; S22:2~3 §9; S22:84 §5; S22:136 §3N; S23:2 §4; S35:244 §8; S47:10 §7.

열반 (nibbāna) S1:2 §3N[설명];

S8:8 §5[설명]; S11:1 §9[설명]; S12:68 §5[설명]; S39:1~16 §3[설명]; S56:11 §7N[설명]; S1:3 §3N; S1:9 §2N; S1:11 §5N; S1:23 §3N; S1:33 §9; S1:59 §3; S1:64 §3; S2:7 §3; S2:26 §2N; S2:29 §9N; S3:3 §4N; S4:19 §6N; S5:1 §5N; S6:1 §2; S6:1 §7N; S7:11 §5N; S8:1 §4N; S8:2 §4N; S9:2 §4; S9:5 §3; S10:12 §6N; S12:2 §16N; S12:16 §6; S12:67 §8; S12:70 §15; S14:1 §3N; S16:2 §3; S16:12 §4; S21:4 §7; S22:4 §3N; S22:9 §3N; S22:22 §6N; S22:84 §11; S22:115 §4; S23:1 §5; S35:95 §14; S35:147 §2; S35:245 §9; S38:1 §4; S45:2 §4N; S45:9 §3; S45:10 §3; S46:7 §3 등; S47:1 §3 등; S48:9 §6N; S51:4 §3 등; S56:31 §4.

열반에 대한 지혜 (nibbāne ñāṇa) S12:70 §15[설명].

열반에 도움이 되는 도닦음 (nibbāna-sappāya paṭipada) S35:147 §2[설명].

열반으로 귀결되고 (nibbāno-gadha) S23:1 §6[설명]; S48:42 §8.

열반을 소망하는 (nibbānaṁ abhikaṅkhanta) S9:2 §4[설명].

열반을 증득하기 위한 법 (dhamma nibbānapattiyā) S2:7 §3[설명].

열반의 길 (nibbānassa maggo) S11:1 §9[설명].

열의 (chanda) S1:30 §3[설명]; S48:10 §5[설명]; S45:8 §9[설명]; S45:50~55 §3[설명]; S51:13 §3[설명]; S49:1 §3[설명]; S14:7 §5[설명]; S14:9 §3[설명]; S48:7 §3N[설명] 등.

열의의 구족 (chanda-sampadā) S45:50 §3[설명].

열중하다 (adhimuccati) S35:132 §9[설명]; S35:243 §11; S35:244 §8; S35:247 §4.
참 확신하다 (adhimuccati).

열중하다 ☞ 확신하다 (adhimuccati)

염려 ☞ 갈구, 안절부절 못함, 염려 (apekha)

염부제(閻浮提) (Jambudīpa) ☞ 잠부디빠 (Jambudīpa)

염색공 (rajaka) S12:64 §5[설명].

염소치기의 니그로다 나무 (Ajapāla-nigrodha) S47:18 §1[설명]; S4:1~2 §1; S4:11 §1; S4:24 §1; S6:1~2 §1; S6:10 §1; S47:43 §3; S47:58 §1.

염오 (nibbidā) S12:23 §4[설명]; S15:1 §4[설명]; S22:9 §3[설명]; S22:12 §3[설명]; S22:39 §3[설명]; S35:12 §3[설명] 등.

염오하기 위해서 (nibbindan-atthāya) S12:16 §4[설명].

염오하면서 탐욕이 빛바랜다 (nibbindaṁ virajjati) S12:61

§7[설명]; S18:1 §5[설명] 등.

염원, 서원 (paṇidhi)
염원 ⇒ S12:63 §7; S14:13 §4; S32:53~57 §4.
서원 ⇒ S41:10 §5.

영감 (paṭibhāna) S8:6 §4; S45:18~20 §3; S47:21~23 §3.

영감이 떠오르다 (paṭibhāti) S3:12 §7[설명]; S8:5 §5[설명] 등.

영속론자 (sassata-vādā) S44:10 §6[설명]; S12:17 §7N[설명]; S12:67 §3N.

영역, 행동영역 (gocara)
영역 ⇒ S34:6 §3[설명]; S34:41 §3; S34:46 §3; S35:247 §5; S48:42 §3.
행동영역 ⇒ S47:46 §4[설명]; S22:76 §6; S47:6 §3; S47:7 §5.

영역을 벗어났기 때문 (avisayasmiṁ) S35:23 §4[설명].

예류 (sotāpatti) 흐름에 든 자 (sotāpanna) 참조

예류자(預流者) ☞ 흐름에 든 자, 예류자(預流者) (sotāpanna)

예류자의 구성요소 (sotāpattiyaṅga) S12:41 §5[설명]; S40:10 §8[설명].

예리한 통찰지를 가진 (tikkha-pañña) S2:29 §3[설명].

오고감 (āgati-gati) S12:40 §3[설명].

오락 (davā) S12:63 §5[설명].

오래오래 지켜나가다 (addhānaṁ āpādenti) S35:127 §3[설명.

오비구 (pañcavaggiyā bhikkhū) S22:59 §2[설명]; S56:11 §2[설명].

오염 (saṅkilesa) S52:21 §4[설명]; S22:60 §3; S22:100 §5; S24:7 §3; .

오염된 계 (saṅkiliṭṭha āpatti) S35:242 §7[설명].

오염원 (upakkilesa) ☞ 마음의 오염원 (cittassa upakkilesa)

오염원 (kilesa) * S27의 제목으로만 나타남.
참 오염원 (upakkilesa), 오염 (saṅkilesa)

오염원 ☞ 마음의 오염원 (cittassa upakkilesa)

온(蘊) ☞ 무더기 (khandha)

온(전체) (kevala-kappa) S1:1 §2 등.

온 세상에 대해 기쁨이 없다는 인식 (sabbaloke anabhirati-saññā) S46:67 §0[설명].

온화한 (sorata = sūrata) S42:1 §3[설명].

온화함 (soracca) S3:24 §7[설명]; S7:11 §5[설명]; S11:4 §11.

올곧게 사는 (sama-cariya) S3:25 §5[설명].

올곧은 (ujuka) S1:46 §3[설명].

올곧은 견해 (diṭṭhi ujukā) S47:3 §4[설명].

올곧은 분들 (uju-bhūtā) S7:9 §9[설명].

올바름 ☞ 바름, 올바름 (sammatta)

옳은 방법 (naya) S47:1 §3[설명]; S47:18 §2; S47:43 §3.

옴 = 개선(疥癬) (ukkaṇṇaka = ukkaṇṭaka) S17:8 §3[설명].

옷 ☞ 가사, 옷 (cīvara)

와뜨라부 천신 (Vatrabhū) S2:3 §2N.

와루나 신의 왕 (Varuṇa devarājā) S11:3 §3[설명].

와사와 (삭까의 이름) (Vāsava) S11:12 §3[설명]; S11:4 §9; S11:5 §7; S11:18 §6; S11:19~20 §4; S11:21 §3.

와사왓띠 신의 아들 (Vasavatti devaputta) S40:11[설명].

와서 보라는 것 (ehipassika) S1:20 §4; S4:21 §4; S11:3 §6; S12:33 §5; S12:41 §5; S16:3 §6; S35:70 §3; S40:10 §8; S41:10 §6; S42:12 §10; S55:1 §6; S55:2 §5; S55:28 §5.

와수닷따 신의 아들 (Vasudatta devaputta) S2:16 §2.

와지라 공주 (Vajira-kumārī / Vajirī) S3:16 §3N; S55:6 §11N.

와지라 비구니 (Vājirā bhikkhunī) S5:10 §2[설명]; S12:15 §5N.

왁깔리 존자 (āyasmā Vakkali) S22:87 §2[설명].

완성 ☞ 성취, 완성 (pāripūri)

완성, 끝, 귀결점 (pariyosāna)
완성 (청정범행의 완성, brahmacariya-pariyosāna) ⇒ S47:3 §6;
끝(끝도 훌륭함, pariyosāna-kalyāṇa) ⇒ S4:5 §3; S35:133 §3; S42:7 §5; S55:7 §2;
귀결점 ⇒ S45:10 §3; S46:54 §7; S48:53 §7;
완결 ⇒ S48:44 §3; S48:57 §2.

완전하게 깨닫다 (abhisambujjhati) S12:20 §3; S22:94 §6; S56:24 §3.

완전하게 깨달은 자 (sambuddha) S1:7 §3[설명]; S1:26 §2 등.

완전한 깨달음 (sambodha) S12:4 §3; S12:10 §3; S14:31 §3; S22:26 §3; S35:13~14 §2; S35:117 §3; S36:24 §3; S51:11 §3; S51:21 §3; S54:8 §5.

완전한 깨달음으로 나아가는 자 (sambodhi-parāyana) S12:41 §3[설명]; S55:2 §3[설명] 등.

완전한 열반, 반열반 (parinibbāna) S6:15 §1; S35:75 §6; S45:48 §3; S51:10 §8.

완전한 평화를 얻은, 완전한 열반에 든, 반열반한 (parinibbuta)
완전한 평화를 얻은 ⇒ S1:1 §5[설명]; S1:17 §3[설명]; S8:2 §4[설명]; S36:1 §4[설명]; S2:18 §7; S22:22 §7; S35:240 §7; S45:34 §4;

완전한 열반에 든⇒S4:23 §6; S22:87 §21; S35:83 §3; S35:88 §8; S47:13 §2; S47:12 §1; S47:22 §3; S47:25 §3.
반열반 한⇒S15:20 §8; .

완전히 끄는 것 (nibbāpana) S8:4 §3[설명].

완전히 열반에 들다 (parinibbāyati) S12:51 §9; S22:45 §4 등; S35:30 §5 등.

왈라하까 말의 왕 (Valāhaka assarāja) S22:96 §6.

왓사 (Vassa) S22:62 §8[설명].

왓지 (Vajjī) S35:125 §1[설명]; S9:4 §5; S9:9 §1; S17:31 §3N; S20:8 §3N; S22:1 §1N; S22:60 §1N; S35:87 §14; S39:1~16 §1; S42:11 §1N; S47:14 §1; S55:6 §7; S56:21 §1.

왓차곳따 유행승 (Vacchagotta paribbājaka) S33:1~55 §2[설명]; S44:7~11 §2.

왕기사 존자 (āyasmā Vaṅgīsa) S8:1~12 §1[설명].

왕까까 산 (Vaṅkaka) S15:20 §6.

왕의 원림 (Rājakārāma) S55:11 §1.

외도교단 (tittha) S2:8 §2[설명].

외도의 교설 (para-vāda) S1:7 §2[설명].

외적인 감각적 욕망 (bahiddhā kāma-cchanda) S46:52 §7[설명].

왼쪽으로 돌아서 (apabyāmato karitvā / apavyāmato karitvā) S11:9 §3[설명].

요구에 반드시 부응함 (yāja-yoga/yāca-yoga) S11:11 §3[설명]; S55:6 §13[설명].

요다지와 무사의 우두머리 (Yodhājīva gāmaṇi) S42:3 §2[설명].

요동치는 것 (vipphandita) S12:35 §8[설명].

요소[界] (dhātu) S12:20 §3[설명]; S14:13 §3[설명]; S18:9 §3[설명]; S22:76 §6[설명]; S22:3 §4[설명]; S46:2 §13[설명]; S14:1~39; S52:18 §4[설명] 등.

요소들의 다양함 (dhātu-nānatta) S14:1 §3[설명]; S35:129 §3[설명].

요술 (māyā) S42:13 §3[설명]; S22:95 §8.

욕구 (chanda) S1:30 §3[설명]; S48:10 §5[설명]; S22:2 §9[설명]; S22:82 §5[설명]; S22:89 §8[설명]; S35:246 §3[설명]; S45:11 §5[설명]; .

욕구 ☞ 열의, 욕구 (chanda)

욕망을 여읜 (aneja) S6:15 §7[설명].

욕망을 여읜 ☞ 흔들림 없음, 동요 없음 (aneja)

욕설 (pharusavācā) S14:26~27 §3; S42:6 §4; S42:13 §8; S56:76.

욕심 (abhijjhā) S47:1 §4[설명]; S54:10 §10[설명] 등.

욕쟁이 (akkosaka) S7:2 §2[설명].

욕쟁이 바라드와자 바라문 (Ākkosakabhāradvāja brāhmaṇa) S7:2 §2[설명].

욕탐, 욕구와 탐욕 (chandarāga) S48:10 §5[설명]; S14:31 §4[설명]; S22:3 §6N[설명]; S22:33 §3N[설명]; S22:82 §6[설명]; S35:13 §4N[설명]; S35:246 §3N[설명]; S46:52 §7N[설명] 등.

욕하는 말 (abhisāpa) S22:80 §7[설명].

용 ☞ 나가, 용, 코끼리 (nāga)

용솟음 (ummagga) S45:18 §3[설명].

우다야 바라문 (Udaya brāhmaṇa) S7:12 §2[설명].

우다이 존자 (āyasmā Udāyī) S35:133 §1[설명]; S36:19 §2[설명]; S2:7 §2N; S35:234 §1; S46:26 §4; S46:28 §4; S46:30 §2.

우데나 왕 (Udena rājā) S17:24 §3N; S22:81 §1N; S35:127 §1N; S35:129 §2N.

우데나 탑묘 (Udena cetiya) S22:60 §1N; S51:10 §4.

우루웰라 (Uruvelā) S4:1~3 §1; S4:5 §3; S4:24 §1; S6:1~2 §1; S9:3 §1N; S22:59 §1N; S47:18 §1; S47:43 §3; S48:57 §1.

우루웰라깝빠 (Uruvelakappa) S42:11 §1; S48:52 §1.

우빠까 (Upaka) S1:50 §4[설명]; S2:24 §4.

우빠세나 존자 (āyasmā Upasena) S35:69 §1[설명]; S5:6 §2N; S35:87 §2N; S47:13 §2N.

우빠와나 존자 (āyasmā Upavāṇa) S12:26 §2[설명]; S7:13 §2; S35:70 §2; S46:8 §1.

우빠왓따나 (Upavattana) S6:15 §1.

우빠짤라 비구니 (Upacālā bhikkhunī) S5:6 §2[설명]; S5:7 §2; S35:69 §1N; S35:87 §2N; S47:13 §2N.

우빨리 장자 (Upāli gahapati) S35:126 §2[설명]; S41:8 §2N.

우빨리 존자 (āyasmā Upāli) S14:15 §2[설명].

우뽀사타 코끼리 왕 (Uposatha nāgarājā) S22:96 §6.

우연히 생기는, 우연히 발생하는 (adhiccasamuppanna) S12:17~18 §7[설명]; S12:24~26 §3; S12:67 §3.

우주의 틈새 (lok-antarika) S56:46 §3[설명].

우쭐대고 (capala) S2:25 §2[설명].

욱가 장자, 웨살리의 ~ (Ugga gahapati Vesālika) S35:124 §2[설명].

욱가 장자, 핫티가마에 사는 ~ (Ugga gahapati Hatthigāmaka) S35:125 §2[설명].

욱까쩰라 (Ukkacelā) S39:1~16 §1; S47:14 §1.

운나바 바라문 (Uṇṇābha brāhmaṇa) S48:42 §2[설명]; S51:15 §1.

운율 (chanda) S1:60 §3[설명].

움직이다 [몸을 ~] (samadhosi) S22:87 §5[설명].

웁빨라완나 비구니 (Uppalavaṇṇā bhikkhunī) S5:5 §2[설명]; S17:24 §3[설명].

웃다까 라마뿟따 (Uddaka Rāmaputta) S35:103 §3[설명].

웃따라 상수제자 (Uttara) S15:20 §6.

웃따라 성읍 (Uttara nigama) S42:13 §1[설명].

웃따라 신의 아들 (Uttara devaputta) S2:19 §2.

웃따리까/웃따라 (Uttarikā/Uttarā) S10:7 §3.

웃띠야 존자 (āyasmā Uttiya) S45:30 §2[설명]; S47:16 §2.

원(願) ☞ 소망, 원(願), 바램 (icchā)

원림 (ārāma) S1:47 §3[설명].

원인 (ṭhāna) S52:15 §4[설명]

원인 ☞ 근원, 인연, 원인 (nidāna)

원인 없음을 말하는 자 ☞ 무인론, 원인 없음을 말하는 자 (ahetuka-vāda)

원인, 이유 (hetu)

원인 ⇒ 원인 (hetu)과 조건 (paccaya) S22:18~20 §3; S29; S30; S31; S32; S33; S35:118 §3;S42:1 §3; S44; S46:55~56 §3; S47:22 §3 등.
이유 ⇒ 그것은 무슨 이유 때문인가 (taṁ kissa hetu) S3:4 §2 등.

원인이 부서지면 (hetu-bhaṅga) S5:9 §5[설명].

원하는 것이 적은[少欲] 삶 (appicchatā) S16:5 §4; S16:8 §3.

원함 없는 (appaṇihita) S41:6 §11N; S43:4 §3; S43:12 §4; S56:11 §7N.

원함 없는 삼매[無願三昧] (appaṇihita samādhi) S43:4 §3[설명]; S43:12 §4.

웨따라니 강 (Vetaraṇī) S1:33 §5[설명].

웨따라니 강 (Vetaraṇī) S1:33 §5[설명].

웨땀바리 신의 아들 (Vetambhari devaputta) S2:30 §2.

웨라핫짜니 바라문 여인 (Verahaccāni brāhmaṇī) S35:133 §2.

웨람바 바람 (Verambha-vātā) S17:9 §3[설명].

웨로짜나 아수라 왕 (Verocana asurinda) S11:8 §2[설명].

웨빠찟띠 아수라 왕 (Vepacitti asurinda) S2:9 §4[설명]; S2:10

§4; S11:4 §2; S11:5 §4; S11:7 §3; S11:9 §3; S11:10 §2N; S11:12 §3N; S11:23 §3; S35:248 §5.
웨뿔라 산 (Vepulla pabbata) S15:10 §4; S15:20 §4.
웨살리 (Vesāli) S22:60 §1[설명]; S1:39~40 §1 등.
웨자얀따 궁전 (Vejayanta pāsāda) S11:18~20 §3.
웨자얀따 마차 (Vejayanta ratha) S22:96 §7.
웨할링가 (Vehaliṅga) S1:50 §8; S2:24 §8.
웬후 신의 아들 (Veṇhu devaputta) S2:12 §2[설명].
웰루깐다끼야 난다마따 (Veḷukaṇḍakiyā Nandamātā) S17:24 §3[설명].
웰루드와라 (대나무 문) (Veḷudvāra) S55 제1장; S55:7 §1[설명].
웻사부 부처님 (Vessabhu buddha) S12:4 §3T[설명]; S12:6.
위데하 (Videha) S16:10 §4; S16:11 §7; S20:8 §3N; S22:60 §2N; S35:125 §1N.
위데하의 성자, 웨데하무니 (Vedeha-muni) S16:10 §4[설명].
위두다바 왕자 (Viḍūḍabha) S3:7 §2N; S3:16 §3N; S54:12 §2N; S55:6 §11N.
위두라 상수제자 (Vidhura) S15:20 §4.
위력적인 요소 (mahatī dhātu) S14:13 §4[설명].
위로 올라가다 (uddhagāmi) S55:21 §4[설명].
위빳사나 (vipassanā) S43:2 §3[설명]; S35:245 §9[설명]; S41:6 §13[설명]; S43:12 §4; S45:159 §7; S48:9 §6N[설명]; S12:23 §4N[설명]; S12:70 §14N[설명]; S1:23 §3N[설명]; S1:46 §3N[설명]; S7:11 §5N[설명]; S8:1 §4N[설명]; S12:20 §6N[설명]; S12:65 §4N[설명]; S22:9 §3N[설명]; S22:12 §3N[설명]; S22:55 §7N[설명]; S35:245 §8N[설명]; S40:9 §4N[설명]; S45:2 §4N[설명]; S45:8 §11N[설명]; S46:30 §5N[설명]; S54:1 §7N[설명]; S54:10 §10N[설명].
위빳사나를 닦는 자 (vipassaka) S17:10 §5[설명].
위빳사나를 수레로 삼은 자 (vipassanā-yānika) S12:70 §15[설명].
위빳시 부처님 (Vipassī buddha) S12:4 §3[설명]; S8:8 §5N; S12:65 §3N.
위사카 존자(빤짤라의 아들) (āyasmā Visākha Pañcāliputta) S21:7 §2[설명].
위사카 청신녀 (Visākhā) S22:82 §1T[설명]; S35:63 §2N.

위없는 정등각 (anuttara-sammāsambodhi) S47:12 §9[설명].

위자야 비구니 (Vijayā bhikkhunī) S5:4 §2[설명].

위험함 (ādīnava) S14:31 §4[설명]; S16 §3[설명]; S1:20 §4; S4:21 §4; S12:52~60 §4; S14:31~33 §3; S17:25~26 §3; S20:9 §5; S22:2 §9; S22:26~28 §3; S22:57 §4; S22:73~75 §3; S22:82 §12; S22:107~110 §4; S22:129~134 §4; S23:6~8 §4; S35:13~18 §2; S35:71~73 §3; S35:103 §5; S35:136~137 §4; S35:235 §3; S36:6 §5; S36:15~18 §3; S36:23~27 §3; S38:5~6 §3; S42:12 §6; S48:2~6 §4; S48:21 §4; S48:26~29 §4; S48:32~34 §4.

유가안은(瑜伽安隱) (yogakkhema) S7:11 §5[설명]; S16:2 §3[설명]; S35:104 §2[설명]; S51:10 §8[설명] 등.

유가안은을 설하는 자 (yogakkhemi) S35:104 §2[설명].

유령 (pisāca) S10:6 §3[설명]; S1:46 §2.

유사정법(類似正法) (saddhamma-paṭirūpaka) S16:13 §4[설명].

유순[兪旬, 踰旬] (yojana) S13:2 §3[설명]; 56:52 §3[설명].

유액을 가진 나무 (khīra-rukkha) S35:231 §9[설명].

유익한 계들 (kusalāni sīlāni) S47:21 §3[설명].

유익한 법[善法] (kusalā dhammā) S49:1 §3[설명]; S42:12 §8[설명]; S3:18 §8; S10:12 §6N; S16:2 §5; S16:7 §4; S17:36 §4; S22:2 §12; S35:96 §3; S45:1 §4; S45:8 §9 등; S47:3 §4 등; S48:9 §5 등; S51:13 §3.

유익함의 뿌리 ☞ 선근(善根), 유익함의 뿌리 (kusala-mūla)

유일한 ☞ 독존(獨存), 유일한, 전체 (kevala)

유일한 길 (ekāyana) S47:1 §3[설명]; S47:18 §2; S47:43 §3.

유지 ☞ 지속, 유지 (ṭhiti)

유학(有學) (sekha) S12:27 §16[설명]; S12:31 §3[설명]; S12:67 §8N[설명]; S22:56 §6N[설명]; S22:89 §8N[설명]; S35:74 §9N[설명]; S47:4 §6N[설명] 등.

유해한 현상 (okkamaniyā dhammā) S16:13 §6.

유행승(遊行僧) (paribbājaka) S3:11 §2[설명]; S38:1 §2N[설명]; S12:24 §2; S12:70 §2; S22:86 §2; S35:81 §3; S35:152 §3; S36:19 §21; S44:2 §2; S44:7~8 §5; S45:5 §3; S45:41 §3; S45:42~48 §3; S46:52~54 §2; S54:11 §4.

육신통 (cha abhiññā) S16:10 §22[설명].
참 최상의 지혜, 신통지 (abhiññā).

육체적 괴로움/고통 ☞ 괴로움/고통, 육체적 괴로움/고통 (dukkha)

육체적 즐거움의 기능[樂根] (sukkhindriya) S48:31 §3[설명]; S36:22 §6; S48:40 §5.

육체적인 (kāyika) S48:36 §4[설명].

육체적인 요소 (sarīra) S12:51 §12[설명].

윤회 (saṁsāra) S15:1 §3[설명]; S1:55~57 §2; S6:14 §9; S9:6 §5; S12:60 §4; S15:1~20 §3; S22:99 §3; S22:100 §3; S24:8 §3; S35:229 §4; S48:50 §6; S56:35 §4.

윤회 ☞ 회전, 윤회 (vaṭṭa)

윤회하는 (saṁsaranta) S15:9 §4; S56:33 §3.

으뜸가는 구문 (agga-pada) S44:1 §13[설명]; S44:7~8 §11.

으뜸가는 권위 (parama-ppamāṇa) S12:70 §7[설명].

은둔하여 (vūpakaṭṭha) S6:3 §2 등; S22:35 §3 등; S35:64 §3 등; S47:3 §3 등.

은혜를 모르는 자에게 닥치는 사악함 (akataññuno pāpa) S11:7 §4[설명].

은혜를 앎 (kataññu(tā)) S11:7 §4; S20:12 §3.

읊으셨다 (abhāsi) S12:45 §2[설명] 등.

음란한 생각들 (lobha-dhammā) S35:127 §4[설명].

음식 (āhāra) S12:11 §3[설명]; S22:56 §6[설명]; S46:2 §3[설명]; S1:30 §2; S7:11 §7; S12:11~12 §3; S12:31 §5; S12:63~64 §3; S12:70 §11; S16:9 §15; S22:56 §6; S22:56~57 §6; S28:10 §6; S35:120 §6; S35:239 §6; S46:2 §3N; S46:51 §3N; S55:41 §6.

음식에 적당한 양을 앎 (bhojane mattaññutā) S16:11 §5; S35:120 §4; S35:239 §3.

음식에 혐오하는 인식 (āhāre paṭikkūla-saññā) S46:67[설명].

음식에서 생겨난 것 (āhāra-sambhava) S12:31 §5[설명].

음식을 먹는다 (āhāreti) S12:12 §4[설명].

意 ☞ 마노[意]

의도 (sañcetanā) S12:11 §3[설명]; S12:12 §3; S12:25 §7; S12:63~64 §3; S18:7 §3; S22:56 §9; S22:57 §8; S25:7 §3; S26:7 §3; S27:7 §3.

의도 (cetanā, sañcetanā) S12:2 §12[설명]; S12:38 §3[설명]; S12:11~12 §3; S12:25 §7; S12:38~40 §3; S12:63~64 §3; S14:13 §4; S18:7 §3; S22:56~57

§9; S22:95 §10; S25~27:7 §3; S26:7 §3.

의도를 형성하지 않는 (asaṅkharāna) S4:25 §15[설명].

의도에서 생긴 애욕 (saṅkappita-rāga) S1:34 §4[설명].

의도의 무리 (cetanā-kāya) S22:56 §9[설명].

의도의 토대가 되는 것 (abhisañcetayita) S12:37 §3[설명]; S35:146 §3.

의도적 행위 ☞ 형성된 것, 심리현상, 의도적 행위 (saṅkhāra)

의도적 행위, 의도를 형성함, 힘 [신통의~] (abhisaṅkhāra)
의도적 행위 ⇒ S12:51 §8[설명]; S56:42 §7N[설명].
의도를 형성함 ⇒ S22:54 §11; S22:55 §13.
힘 [신통의~] ⇒ S22:80 §6; S41:4 §5; S51:14 §3.

의도적 행위들을 소멸 (saṅkhāra-nirodha) S12:51 §7[설명].

의도적 행위들의 증가 (saṅkhārānaṁ vuddhi) S12:64 §4[설명].

의도적 행위를 짓다, 형성하다, 계속해서 짓다 (abhisaṅkharoti)
의도적 행위를 짓다 ⇒ S12:25 §8[설명]; S12:51 §8.
형성하다 ⇒ S22:79 §7[설명]
계속해서 짓다 ⇒ S22:79 §7[설명]; S56:42 §7[설명]; S56:43 §5; S56:46 §5.

의도적 행위를 짓지 못하고 (anabhisaṅkhacca) S22:53 §6[설명].

의도하다 (ceteti) S12:38 §3[설명] 등.

의미 (attha) S11:12 §3[설명].

의심 (kaṅkhā) S24:1~10 §7; S42:11 §3; S42:13 §13; S44:9 §5; S47:12 §10.

의심 (vicikicchā) S22:81 §14[설명]; S46:52 §7[설명]; S1:5 §3N[설명]; S46:51 §20[설명] 등.

의심하는 습관을 가진 (saṅkassara-samācāra) S35:241 §7[설명].

의지처가 있는 (saupanisaṁ) S12:23 §4[설명].

의지하는 (nissita) S35:87 §12[설명]; S45:2 §4[설명] 등.

의지하지 않고 [다른 것에~] (anissita) S1:17 §3[설명]; S2:2 §2[설명]; S21:7 §2[설명].

의향 (adhimuttika) S14:13~16 §3[설명].

이것의 조건짓는 성질[此緣性] (idappaccayatā) S6:1 §2[설명]; S12:20 §3[설명]; S12:20 §4[설명].

이것이 괴로움의 끝이다 (dukkhassa anta) S12:51 §14[설명]; S35:87 §12[설명].

이득과 존경과 명성 (lābha-sakkāra-siloka) S17:1 §3[설명]; S17:2~43 §3.

이론적인 생각 (ākāra-parivitakka) S12:68 §3[설명].

이름 없는 것 (anāmaka) S1:61 §3[설명].

이름붙임 ☞ 두고 한 말, 술어, 이름붙임 (adhivacana)

이사나 신의 왕 (Īsānassa devarājā) S11:3 §3[설명].

이시길리 산비탈 (Isigili-passa) S4:23 §2; S8:10 §1; S22:87 §12.

이시닷따 시종 (Isidatta thapati) S55:6 §3[설명].

이시닷따 존자 (āyasmā Isidatta) S41:2~3 §6[설명].

이시빠따나 (Isipatana) S22:59 §1[설명]; S4:4 §1; S4:15 §1; S12:67 §1; S16:2 §1; S16:12 §1; S22:90 §1; S22:122 §1; S22:127~135 §1; S35:232 §1; S44:3~6 §1; S55:53 §1; S56:11 §1.

이유 (vaṇṇa) S9:14 §4[설명].

이유 ☞ 색조, 이유 (vaṇṇa)

이유 ☞ 원인, 이유 (hetu)

이익 (ānisaṁsā) S2:2 §2[설명]; S3:13 §6; S12:22 §9; S22:2 §10; S22:80 §9; S46:3 §13; S46:6 §3; S46:57 §3; S46:76 §3; S48:66 §4; S51:12 §3; S51:20 §3; S51:26 §4; S54:1~5 §3; S54:8 §3; S54:10 §4.

이익과 함께하는 (attha-abhisamaya) S3:17 §5[설명].

이익을 주지 못함, 손해 (anattha) S1:20 §14; S1:40 §2; S16:2 §5; S42:12 §4; S56:11 §3.

익은 (buddhā) S4:22 §6[설명].

인간 (manussa) S11:11 §3[설명]; S15:20 §4[설명]; S20:2 §4[설명]; S22:22 §4N[설명]; S41:9 §3[설명]; S51:10 §5N[설명] 등.

인간, 개인, 사람 (puggala) S12:51 §8[설명]; S3:21 §3 등.
개인마다 차이가 있음 (puggala-vemattatā) ⇒S12:17 §12.
여덟 단계에 있는 사람들[八輩] (aṭṭha purisa-puggalā) ⇒S11:3 §7; S12:41 §5; S40:10 §8; S41:10 §6; S55:1 §7; S55:2 §6; S55:8 §7; S55:28 §5.

인간에게 눈은 바다 (cakkhu purisassa samudda) S35:228 §4[설명].

인간의 법을 초월한 (uttari manussadhammā) S41:9 §3[설명]; S42:12 §8[설명].

인다 산봉우리 (Inda-kūṭa) S10:1 §1[설명].

인다까 약카 (Indaka yakkha) S10:1 §1[설명].

인도되지 못한 (avinīta)
ariyadhamme avinīta (성스러운 법에 인도되지 못한) S22:1 §10 등; S41:3 §9.

인도하다 (upaneti) S46:30 §5[설명].

인드라 (Indra) S1:39 §2N; S2:3 §2N; S2:9 §4N; S4:1 §3N; S4:11 §3N; S6:11 §2N; S6:15 §6N; S11:1 §3N; S11:12 §3N; S22:79 §15; S22:80 §1N; S35:90 §2N.
☞ 삭까 (Sakka)

인색(함) (macchera) S1:32~33 §2; S1:43 §3; S2:23 §3; S11:11~13 §3; S37:4 §3; S55:6 §13; S55:32 §3; S55:37 §3; S55:39 §3; S55:42 §3.

인식 (saññā) S22:1 §12[설명]; S22:79 §6[설명]; S1:20 §9[설명]; S1:23 §3[설명]; S2:15 §3[설명]; S2:26 §4[설명]; S14:9 §3[설명]; S14:11 §5[설명]; S22:79 §8N[설명]; S22:95 §6[설명]; S35:93 §3[설명]; S35:94 §5[설명]; S35:116 §12[설명]; S51:20 §8[설명]; S51:22 §5[설명]; S55:3 §8[설명] 등.

인식을 통한 증득 (saññā-samāpatti) S14:11 §5[설명].

인식의 전도 (saññāya vipariyesā) S8:4 §4[설명].

인연 ☞ 근원, 인연, 원인 (nidāna)

인욕, 묵묵히 따름 (khanti)
인욕⇒S3:24 §7[설명]; S11:4 §10[설명]; S11:5 §8; S47:19 §7[설명].
묵묵히 따름⇒S1:39 §2[설명].

일래[자] (sakadāgāmī) S1:5 §3N[설명]; S11:16 §3N[설명]; S12:27 §16N[설명] 등.

일상적 어법 (vohāra) S1:25 §3[설명].

일시적인 해탈 (sāmāyika vimutti) S4:23 §2[설명].

일어나고 사라짐으로 향하는 (udayattha-gāmini) S48:9 §8[설명].

일어나는 현상[法]을 관찰하며 (samudaya-dhamma-anupassī) S47:40 §4[설명] 등.

일어나지 않은 (anuppanna) S45:8 §9[설명] 등.

일어난 (uppanna) S45:8 §9[설명].

일어남 (samudaya) S12:43 §2[설명]; S17:27 §3[설명]; S35:106 §2[설명] 등.

일어남, 출현 (uppāda)
일어남⇒S14:36 §3; S15:20 §12; S22:18~20 §3; S22:30 §3; S22:37~38 §4; S26:1~10 §3; S35:21~22 §3 등.
출현 [여래의 ~] ⇒S12:20 §3.

일어남과 사라짐 (samudaya atthaṅgama) S22:108 §4[설명]; S12:21 §5N[설명]; S22:5 §3[설명]; S12:43~44 §2; S12:49

§5; S14:38 §4; S17:26 §3; S22:5 §3; 등; S23:6 §4; S35:71 §3 등; S36:6 §5; S36:28 §4; S38:5~6 §3; S48:3 §4 등.

일으킨 생각[尋], 생각 (vitakka) S21:1 §3N[설명]; S43:3 §3[설명]; S45:12 §5[설명]; S48:40 §5[설명]; S52:2 §4[설명] 등.

일으킨 생각은 없고 지속적인 고찰만 있는 삼매 (avitakka-vicāra-matta samādhi) S43:3 §3[설명]; S43:12 §4; S52:21 §4N[설명].

일체 (sabba) S35:23 §3[설명]; S35:24 §5[설명]; S35:28 §3[설명]; S35:30 §3[설명] 등.

일체 ☞ 모든 [것], 일체 (sabba)

일체승자 (sabba-ji) S35:103 §3[설명].

입각처 (adhiṭṭhāna) S12:15 §5[설명]; S22:3 §5; S22:4 §4; S22:90 §9; S22:112 §3; S23:3 §3; S23:10 §3.

입이 거친 (mukhara) S2:25 §2[설명].

입지가 굳은 (viyattā) S51:10 §8[설명].

잇차낭갈라 (Icchānaṅgala) S54:11 §1[설명]; S54:12 §6.

있는 그대로 알고 봄[如實知見] (yathā-bhūta-ñāṇa-dassana) S12:23 §4[설명].

있는 그대로[如實] (yathābhūtaṁ) S12:23 §4[설명] 등.

있는 그대로의 말씀 (yathābhūta vacana) S35:245 §9[설명].

있다는 관념 (atthitā) S12:15 §4[설명].

【자】

자기 것이 아닌 것 (anattaniya) S22:69 §4[설명].

자기 교리를 주장하는 이익 (iti-vāda-ppamokkh-ānisaṁsā) S46:6 §3[설명].

자기 스스로의 지혜 (paccattam eva ñāṇa) S12:68 §3[설명].

자기 자신이 가시인 줄 안 뒤에 (taṁ kaṇṭako ti iti viditvā) S35:247 §3[설명].

자기 존재 [있음][有身] (sakkāya) S9:6 §4[설명]; S22:44 §3[설명]; S22:78 §5[설명]; S22:96 §5[설명]; S22:103 §3[설명]; S35:238 §17[설명]; 38:15 §3[설명]; S55:54 §12[설명] 등.

자기 존재, 존재하는 모습, 몸 (attabhāva)
자기 존재 ⇒ S20:11 §3; S21:10 §6; S22:96 §5.
존재하는 모습 ⇒ S56:36 §3.
몸 ⇒ S19:1 §4.

자기 존재[有身, 五蘊]에 포함된 (sakkāya-pariyāpannā) S22:78

§5[설명].

자기 존재의 소멸 (sakkāya-nirodha) S55:54 §12[설명].

자기 학대 (attakilamatha) S42:12 §4; S56:11 §3.

자눗소니 바라문 (Jānussoṇi brāhmaṇa) S12:47 §2[설명]; S45:4 §2[설명]; S35:133 §1N; S54:11 §1N.

자만 (māna) S1:5 §3N[설명]; S1:25 §5[설명]; S18:21 §3[설명]; S22:47 §3N[설명]; S22:49 §3[설명]; S35:248 §12[설명]; S36:3 §4[설명]; S1:9 §3N 등.

자만과 매듭 (māna-gantha) S1:25 §5[설명].

자만심 (vidhā) S1:20 §11[설명]; S45:162 §2[설명]; .

자만에 빠진 (māna-gata) S35:248 §12[설명].

자만을 관통함 (māna-abhisamaya) S36:3 §4[설명].

자세 ☞ 작업처, 자세 (iriyāpatha)

자신 (attā) S7:9 §9[설명]; S47:9 §8[설명]; S3:2 §4[설명]; S3:8 §3N[설명]; S22:43 §3[설명]; S1:78 §3[설명]; S55:7 §5[설명].

자신들과 닮은 (sabhāgatā) S55:36 §3[설명].

자신에게 이로운 것 (attattha) S12:22 §10[설명].

자신의 이상 (sad-attha) S12:22 §7[설명]; S11:4 §10[설명].

자신이 존재한다는 견해 [불현하는 ~] [有身見] (sakkāya-diṭṭhi) S22:1 §10[설명]; S1:21 §3; S2:16 §3; S22:82 §10; S35:166N; S41:3 §8.

자아 (attā) S12:2 §7[설명]; S12:15 §5[설명]; S22:1 §10[설명]; S1:5 §3N[설명]; S3:8 §3N[설명]; S4:10 §4N[설명]; S12:2 §15N[설명]; S22:8 §4[설명]; S22:22 §4N[설명]; S22:47 §3[설명]; S22:59 §3[설명]; S22:81 §12[설명]; S22:90 §5[설명]; S22:90 §9[설명]; S24:37[설명]; S44:10 §8N[설명]; S12:61~62 §4; S12:66 §8; S12:70 §16; S18:1~11 §3, §4; S18:21~22 §4; S22:7~8 §4; S22:15~17 §3 등; S23:2 §4; S24:2~3 §3 등; S35:1 §3 등; S41:3 §9 등; S41:7 §7 등; S45:173 §3.

자아 (이것은 나의 ~) (attā (eso me attā)) S12:61 §4[설명]; S22:8 §4[설명].

자아가 곧 세상이다 (so attā so loko) S22:81 §12[설명].

자아에 대한 견해 (attānudiṭṭhi) S22:156 §3[설명].

자아에 속하는 것 (attaniya) S22:33 §4; S22:89 §5; S35:85 §4; S35:101 §4; S35:138 §5; S35:234 §10; S41:7 §7.

자애 (mettā) S10:4 §3[설명]; S47:19

§7[설명]; S20:3~5 §3; S41:7 §5; S42:8 §17; S42:13 §15; S42:54 §3; S46:51 §17.

자애를 통한 마음의 해탈 (mettā cetovimutti) S42:8 §17[설명].

자양분 (āhāra) S46:2 §3[설명]; S46:51 §3[설명]; S10:9 §3; S12:55~58 §3; S47:13 §7; S47:42 §3.

자양분 ☞ 음식, 자양분 (āhāra)

자유를 누림 (bhojissiya) S1:81 §3[설명].

자자(自恣) (pavāraṇā) S8:7 §2[설명].

자재천 (Vasavattī) S1:49 §5[설명].

자책감 ☞ 후회, 자책감 (vippaṭisāra)

작업처, 자세 (iriyāpatha)
작업처 ⇒ S1:80 §3[설명].
자세 ⇒ S1:29 §2N[설명]; S35:243 §8N[설명]; S46:11 §3.

잔뚜 신의 아들 (Jantu devaputta) S2:25 §3.

잘 가신 분[善逝] (sugata) S38:3 §3[설명] 등.

잘리니 천신 (Jālinī devatā) S9:6 §2[설명].

잘못 (accaya) S1:35 §5; S11:24 §3; S12:70 §22.

잠 ☞ 졸림, 수면, 잠 (niddā)

잠긴 (samunna) S35:229 §4[설명].

잠든 (sutta) S1:6 §3[설명].

잠부디빠 (Jambudīpa) S48:67 §3[설명]; S15:1 §4; S55:1 §3N; S56:36 §3.

잠부카다까 유행승 (Jambukhādaka paribbājaka) S38:1 §2[설명].

잠재성향 (anusaya) S35:58[설명]; S36:3 §4[설명]; S8:4 §4; S12:15 §5; S12:38~40 §3; S18:21 §3; S21:2 §5; S22:3 §5; S22:4 §4; S22:35~36 §4; S22:71 §3; S22:82 §13; S22:90 §9; S22:91 §3; S22:112 §3; S22:124 §3; S23:3 §3; S23:10 §3; S28:1 §5; S28:1 §5; S36:3 §4; S36:6~8 §5; S45:42~48 §3; S45:175 §3[7가지]; S46:121~130 §3; S48:62 §3; S48:64 §3; S54:18 §3; S54:20 §4.

잠재성향을 가지다, 잠복하다 (anuseti)
잠재성향을 가지다 ⇒ S12:38 §3[설명]; S12:40 §3; S22:35~36 §4; S36:6 §5.
잠복하다 ⇒ S35:244 §3.

잡담 (samphappalāpa) S14:26 §3 등.

장군촌 (Senānigama) ☞ 세나니가마

장님들의 숲 (Andha-vana) S28:1 §2[설명]; S3:25 §3N; S5:1 §1; S5:2~10 §1; S35:121 §3; S52:10 §1.

장벽 (paligha) S1:37 §5[설명].

장소 (kaccha) S2:11 §2[설명].

장소, 감각장소[處] (āyatana)
장소 ⇒ S35[설명]; S12:25 §11[설명].
감각장소 ⇒ S12:2 §11[설명]; S35[설명]; S35:1 §3[설명]; S35:13 §4[설명]; S1:70 §3N[설명]; S14:1 §3N[설명]; S24:1 §6N[설명]; S2:26 §4N[설명]; S12:2 §11[설명]; S12:12 §4[설명]; S12:12 §9N[설명]; S12:24 §13[설명]; S12:61 §4N[설명]; S22:1 §14N[설명]; S35:23 §3N[설명]; S35:24 §5N[설명]; S35:116 §12N[설명] 등.

장신구 ☞ 필수품, 장신구 (parikkhāra)

장애 (nīvaraṇa) S46:37 §3[설명]; S54:10 §10N[설명]; S4:25 §15N; S8:3 §3; S35:120 §7N; S:45:177 §3; S46:2 §3; S46:38 §3; S46:40 §3, S46.51 §15, S46.51 §15, S47:4 §3; S47:12 §9; S54:12 §4.

장애 ☞ 방해, 장애 (antarāya)

장애 [다섯 가지 ~] (pañca nīvaraṇa) S54:12 §4[설명].

장애가 되는 법들 (āvaraṇīyā dhammā) S35:120 §7[설명].

재난 (agha) S1:34 §3[설명]; S22:31 §2[설명] 등.

재생을 가져오는 공덕 (opadhika puñña) S11:16 §2[설명].

재생의 근거[소유물] (upadhi) S1:12 §2[설명]; S4:6 §3[설명]; S4:20 §5[설명]; S8:2 §4[설명]; S12:66 §5[설명] 등.

재생의 근거가 그 근원임 (upadhi-nidāna) S12:66 §5[설명].

재생의 근거가 없는 (nirupadhi) S1:12 §2, §3[설명]; S6:3 §5[설명]; S8:10 §2; S35:229 §5.

재생의 근거가 없는 진리 (sacca nirūpadhi) S4:24 §8[설명].

재생의 근거를 파괴한 (upadhi-saṅkhaya) S5:8 §5[설명]; S4:25 §5.

재앙 (abbudā) S1:77 §3[설명].

재앙 (byasana) S15:1~19 §4; S17:2 §3; S17:3 §4; S35:230 §3; S47:7 §4.

재앙, 재난 (anaya) S14:12 §7; S17:2~4 §3; S17:8 §3; S22:93 §3; S35:230 §3; S42:9 §4; S47:7 §4.

재어보다 (anumīyati) S22:36 §4[설명].

재판정 (atthakaraṇa) S3:7 §2[설명].

잴 수 없는 (atula) S51:10 §15[설명].

저 언덕 (pāra) S1:9 §2[설명]; S45:34 §3[설명]; S55:38 §4[설명]; S1:48 §2; S2:5 §3; S2:11 §3; S2:20 §2; S21:3 §7; S35:228 §4; S35:241~242 §4; S43:43 §2; S46:17 §3; S47:34 §3; S51:1 §3.

저열한 (hīna) S1:38 §10 등.
저열한 법 (hīna dhamma) S52:3 §4[설명].
저열한 요소 (hīna dhātu) S14:13 §4[설명].
저주 (abhisapita, sapa) S11:10 §7; S3:1 §4N[설명]; S7:2 §4N.
저지된 (vāritavata) S1:38 §9[설명].
저항 ☞ 적의 (paṭigha)
적의, 부딪힘, 저항 (paṭigha)
적의 ⇒ S35:246 §3[설명]; S36:6 §5[설명]; S46:2 §5[설명]; S46:52 §7N.
부딪힘 ⇒ S1:23 §3[설명]; S8:2 §4[설명]; S7:6 §4;
부딪힘의 인식 (paṭigha-saññā) ⇒ S16:9 §7; S28:5 §4; S36:19 §16; S40:5 §4; S46:54 §10; S54:6 §4; S54:8 §8.
저항하는 인식 (paṭigha-saññā) S54:6 §4[설명].
적의를 일으키는 표상 (paṭigha-nimitta) S46:2 §5[설명].
전광석화와 같은 통찰지 (javana-paññā) S2:29 §3[설명]; S55:24 §6[설명].
전륜성왕 (cakkavatti) S46:42 §3[설명]; S8:7 §5; S22:102 §11; S41:10 §3; S45:145 §3; S55:1 §3.
전륜성왕 (rājā cakkavatti) S46:42 §3[설명]; 55:1 §3[설명]; S8:7 §5; S41:10 §3; S45:145 §3.
전면에 마음챙김을 확립하여 (parimukhaṁ satiṁ upaṭṭhapetvā) S54:1 §4[설명].
전생의 삶 (pubbenivāsa) S7:8 §4; S7:13 §7; S8:12 §2; S12:70 §11; S16:9 §15; S22:79 §3; S51:11 §11; S52:22 §4.
전생의 삶을 기억함[宿命通] (pubbenivāsa anussati) S22:79 §3[설명]; S6:5 §12N[설명]; S12:70 §11; S16:9 §15; S51:11~12 §11 등; S52:22 §4.
전생의 행위에 기인한 것이라는 교설 (pubba-kata-hetu-vādā) S36:21 §3[설명].
전에 들어 보지 못한 법들 (pubbe ananussutā dhammā) S12:10 §16[설명].
전에 외도였으면서 (aññatitthiyapubbo samāno) S16:11 §7[설명].
전일하면서도 지극히 청정한 믿음 (ekantagata abhippasanna) S55:25 §6[설명].
전쟁 (saṅgāma) S3:14~15 §2; S3:24 §4; S7:2~3 §5; S11:3~6 §3; S35:248 §5; S42:3 §3; S45:4 §3; S56:41 §4.
전쟁의 승리자 (vijita-saṅgāma) S8:7 §8[설명]; S11:17 §3[설명].
전적으로 괴로운 [자아] (ekanta-dukkhi) S24:37 §0[설명].

전적으로 행복한 [자아]
(ekanta-sukhi) S24:37 §0[설명].

전조 (pubba-nimitta) S45:49~62 §3; S46:12~13 §3; S46:48 §3; S56:37 §3.

전체 ☞ 독존(獨存), 유일한, 전체 (kevala)

절박감, 공포 (saṁvega)
절박감 ⇒ S9:1 §2; S9:3 §2; S9:5 §2; S9:7 §2; S9:9 §4; S9:11 §2; S9:13~14 §2; S46:57 §7; S46:76 §7.
공포 ⇒ S22:78 §3.

젊은이 (kumāraka) S4:18 §2[설명]; S16:11 §5[설명].

정거천 (淨居天) (suddhāvāsa) S1:37 §2[설명]; S1:50 §2N; S55:3 §12 등.

정등각 (Sammā-sambuddha) S12:4 §3[설명] 등.

정법 (正法), 바른 법 (saddhamma) S1:31 §2[설명]; S22:76 §6[설명]; S2:12 §3N; S2:21 §2; S4:25 §17; S6:2 §10; S10:7 §3; S12:27~28 §16; S12:33 §6; S12:49 §5; S21:12 §4; S22:81 §14; S47:22~25 §3; S55:5 §3; S55:7 §14; S55:50 §3; S55:55~58 §3; S55:62~74 §3.

정신·물질 (nāma-rūpa) S12:2 §12[설명]; S12:2 §12[설명]; S12:19 §3[설명]; S1:23 §3[설명]; S12:39 §3[설명]; S47:42 §3[설명]; S12:11 §3N; S12:12 §4N; S12:19 §3N; S12:39 §3N; S12:55 §4N; S12:58 §3N; S12:63 §5N; S12:65 §5N 등; S22:56 §10; S22:82 §9; S35:238 §17N; S47:42 §3; S55:28 §6.

정신·물질의 출현 (nāmarūpassa avakkanti) S12:58 §3[설명].

정신[名] (nāma) S1:23 §3[설명]; S12:2 §12[설명]; S22:37 §3N[설명] 등.

정신적 고통/괴로움 (domanassa) S35:120 §5[설명]; S48:36 §7[설명]; S22:1 §11N[설명]; S48:31 §3[설명]; S48:40 §5[설명]; S3:18 §7 등; S12:19 §6 등; S36:22 §6; S42:13 §9; S48:32~40 §3.

정신적 상태 (manomaya) S35:94 §5[설명].

정신적 즐거움, 기쁨 (somanassa)
정신적 즐거움 ⇒ S48:31 §3[설명]; S48:40 §3[설명]; S14:31 §4 등
기쁨 ⇒ 제4선의 정형구에 기쁨과 슬픔 (domanassa-domanassa)으로 나타남. S16:9 §6 등.

정신적, 마음에 속하는 것 (cetasika)
정신적 ⇒ S12:41 §4; S36:6 §4; S36:22 §4; S46:52 §8; S48:36 §6; S48:37~38 §3; S55:28 §4.
마음에 속하는 것 ⇒ S41:6 §5.

정의로움의 보호를 받는 (dhamma-gutta) S11:4

§10[설명].

정진 (viriya / vīriya) S12:22 §6[설명]; S46:2 §13[설명]; S46:51 §11[설명]; S48:8 §4[설명]; S48:10 §5[설명]; S50:1 §3[설명] 등.

정진, 노력 (vāyāma)
정진:8정도의 7번째인 바른 정진 (sammā-vāyāma) ⇒ S3:18 등.
노력 ⇒ S35:238 §20; S35:246 §6; S56:34 §3.

정해진 행로 ☞ 행로, 정해진 행로 (niyāma)

제거 ☞ 버림, 제거 (pahāna)

제거됨 (cavanata) S12:2 §4[설명].

제거하는 (pajaha) S22:24 §4[설명].

제따 숲 (Jeta-vana) S1:1 §1 등.

제사 (yañña) S3:9 §2[설명]; S7:8 §2[설명]; S1:32 §8[설명].
보시 ⇒ S1:32 §8[설명].

제어 (saṁyama) S7:9 §9[설명]; S1:33 §7; S1:76 §3; S24:6 §3; S35:239 §5; S42:13 §12.

제어 ☞ 네 가지 제어로 단속함 (cātu-yāma-susaṁvuta)

제어된 (danta) S1:38 §8[설명].

제자들이 설한 (sāvaka-bhāsitā) S20:7 §4[설명].

제한되지 않음 ☞ 무량, 제한되지 않음 (appamāṇa)

제한된 업 (pamāṇa-kata kamma) S42:8 §17[설명].

조각 ☞ 시간, 세월, 조각 (kāla)

조건 (ṭhāna) S52:16 §4[설명].

조건 ☞ 원인, 조건, 경지 (ṭhāna)

조건 ☞ 대상, 조건 (ārammaṇa)

조건[緣] (paccaya) S12:1 등; S22:18 §3 등; S29:3~11 §3; S35:24 §4 등.

조건발생 ☞ 연기, 조건발생 (paṭicca-samuppāda)

조건에 의해서 생겨난, 조건발생인 (paṭicca-samuppanna) S12:20 §2[설명]; S12:24~26 §4; S22:21 §4; S22:81 §7; S36:7~8 §6; S36:9 §3.

조건짓는 성질[此緣性] ☞ 이것의 조건짓는 성질[此緣性, idappaccayatā]

조도품(助道品) ☞ 깨달음의 편에 있는 법[菩提分法, 助道品] (bodhipakkhiyā dhammā)

조띠까 장자 (Jotika gahapati) S55:3 §2.

조띠빨라 (Jotipāla) S1:50 §2N.

조복 받음 (udujita) S35:246 §5[설명].

조상의 발에서 태어난 (bandhu-pādā-pacca) S35:132 §3[설명].

족쇄 (saṁyojana) S1:5 §3N[설명]; S1:50 §3N[설명]; S2:15 §3[설명]; S22:55 §2[설명]; S45:179 §3[설명]; S45:180 §3[설명]; S4:25

§14N; S12:53 §3 등.
족쇄에 묶이게 될 법 (saṁyojaniya dhamma) S12:53 §3[설명].
존경 (sakkāra) S17:1 §3[설명]; S6:12 §3; S17:2~43 §3.
존재 (itthatta) S6:3 §2[설명]; S7:1~10 §7 등.
존재 (bhava) S12:2 §6[설명]; S12:23 §4[설명]; S12:12 §4[설명] §9[설명]; S12:21 §5N[설명]; S12:65 §4[설명]; S35:31 §3[설명]; S48:24 §4N[설명] 등.
세 가지 존재 ⇒ S12:2 §6[설명]; S38:13 §3.
존재 ☞ 생겨난 것, 존재, 기원 (sambhava)
존재 (다시는 어떤 존재로도 돌아오지 않을 것이다) (na aparam itthattāya) S6:3 §2[설명].
존재[有] (bhūta)
존재[有] ⇒ S12:12 §4[설명]; S12:11 §3[설명]; S1:2 §4[설명]; S56:41 §4[설명].
되어있는 것 ⇒ S12:31 §5[설명].
존재[有]에 대한 즐김 (nandī-bhava) S1:2 §4[설명]; S2:15 §3[설명].
존재를 재촉하는 탐욕 (bhava-lobha-jappa) S4:24 §4[설명].
존재양상 (vaṭṭa) S22:56 §6[설명]; S44:6 §14[설명]; S22:57 §5.
참 회전, 윤회 (vaṭṭa)
존재에 [묶어두는] 사슬 (bhava-netti) S23:3 §3[설명].
존재에 대한 갈애[有愛] (bhava-taṇhā) S22:22 §5[설명]; S56:11 §6[설명]; S22:103~105 §5; S38:10 §3; S45:170 §3; S56:13 §5; S56:21 §5.
존재에 대한 견해 (bhava-diṭṭhi) S22:80 §10[설명]; S1:1 §4N[설명].
존재에 대한 탐욕 (bhava-rāga) S22:102 §3[설명]; S4:24 §4N[설명]; S12:2 §8N[설명]; S56:11 §6N[설명].
존재의 소멸이 열반 (bhava-nirodha nibbāna) S12:68 §5[설명]; S55:54 §12N[설명].
존재의 으뜸 (bhavagga) S22:76 §5[설명]; S22:77 §5.
존재하는 모습 ☞ 자기 존재, 존재하는 모습, 몸 (attabhāva)
존재하는 요소[界] (ṭhita dhātu) S12:20 §3[설명].
존재하지 않게 됨 (anabhāvaṅkata) S12:35 §8; S12:36 §5; S12:55~60 §4; S22:3 §5; S22:25 §3; S22:111 §3; S23:9~10 §3; S35:103 §7; S35:104 §3; S38:3 §3; S41:5 §4; S41:7 §11; S44:1 §8; S54:12 §5.
존재하지 않음에 대한 갈애[無有愛] (vibhava-taṇhā) S22:22 §5[설명]; S56:11 §6[설명]; S56:13

§5.

존재하지 않음에 대한 견해[無有見] (vibhava-diṭṭhi) S22:80 §10[설명].

존재함 ☞ 탄생, 드러남, 존재함 (abhinibbatti)

존중 (sagārava) S7:15 §7; S16:13 §7; S48:58 §5.

존중 (gārava) S48:58 §5[설명]; S1:49 §4; S6:2 §2; S7:15 §7; S16:13 §6; S35:133 §8; S46:30 §3.

졸림, 수면, 잠 (niddā)
졸림 ⇒ S1:16 §2[설명]; S1:76 §3N[설명];
수면, 잠 ⇒ S2:26 §3; S4:13 §4; S9:2 §3.

좋아함 (ruci) S12:68 §3[설명].

좋은 가문의 아들 (kulaputta) S4:23 §7 등.

좋은 곳[善處] (sugati) S3:20 §5; S12:70 §12 등.

좋은 말씀[金言] (subhāsita) S2:1 §3[설명]; S8:5 §6[설명]; S1:31 §8; S7:16 §4; S8:5 §4; S35:127 §9; S55:24 §12.

좋은 친구[善友] (kalyāṇamitta) S3:18 §2; S45:2 §3 등; S46:12 §3; S46:48 §3; S46:50 §3.

좋은 친구를 가지는 것 (kalyāṇa-mittatā) S45:49 §3[설명].

좋은 행위, 좋은 일 (sucarita) S3:4~5 §2; S3:21 §5; S12:70 §12; S16:9 §16; S29:3~6 §4; S31:2~3 §4; S32:2~3 §4; S46:6 §4; S47:47 §4; S51:11 §12.

주는 것 ☞ 철저한 버림, 주는 것 (vossagga)

주도면밀함 (vicakkhaṇa) S10:12 §10[설명].

주장 (vada) S12:17 §9[설명].

주지 않은 것을 가짐[투도] (adinnādāna) S12:41 §4; S14:25 §3; S24:6 §3; S37:14 §4; S42:6 §4; S42:8 §4; S42:13 §8; S55:7 §7; S55:28 §4; S55:37 §4; S56:72.

주춤하지 않는 마음 (appatiṭṭhita-citta) S46:6 §5[설명].

죽고 다시 태어남 (cutūpapāta) S12:40 §3[설명].

죽어서는 다시 태어난다 (cavati ca upapajjati ca) S12:10 §3[설명]; S12:65 §3[설명].

죽음 (maraṇa) S12:2 §4[설명]; S12:20 §3[설명]; S12:35 §4[설명]; S12:66 §9[설명]; S20:10 §5[설명]; S23:11 §3N[설명]; S35:33 §3N[설명] 등.

죽음 ☞ 사망, 죽음 (maccu-maraṇa)

죽음, 종말 (cuti)
죽음 ⇒ S12:40 §3[설명]; 12:53~55 §4; S56:102~131 §4.

종말 ⇒ S12:2 §4[설명]; 12:27~28 §4; 12:33 §4.
죽음에 대한 인식 (maraṇa-saññā) S46:67 §0[설명].
죽음을 벗어남 (maccu-hāyi) S6:13 §3[설명].
죽음의 세상 (Yama-loka) S1:49 §3[설명].
죽음의 영역 (maccu-dheyya) S1:9 §2[설명].
줄기만 남은 야자수처럼 되었다 (tālā-vatthu-kata) S12:35 §8[설명]; S12:36 §5; S12:55~58 §4; S22:3 §5 등; S23:9~10 §3; S35:103~104 §7; S41:5/7 §4; S44:1 §8; S54:12 §5.
중간에 의해서 (majjhena) S12:15 §6[설명].
중간에 의해서 법을 설하다 (majjhena dhammaṁ deseti) S12:17 §10[설명]; S22:94 §3[설명].
중간을 의지하여 (majjhe sitā) S7:9 §9[설명].
중도(中道) (majjhimā paṭipadā) S12:15 §6N[설명]; S42:12 §4[설명]; S1:1 §3N, §4N; S1:20 §14N; S7:9 §9N; S56:11 §3.
중상모략 (pisuṇa-vācā) S11:11~13 §3; S14:26~27 §3; S42:6 §4; S42:13 §8.
중상모략을 일삼는 자 (sūcaka) S19:9 §5[설명].
중생 (satta) S45:139 §3[설명]; S5:10 §5[설명]; S2:26 §2N[설명]; S1:20 §9N[설명]; S1:39 §2[설명]; S12:1 §4N[설명]; S12:10 §3N[중생]; S12:11 §3[설명]; S12:15 §5N[설명]; S12:35 §4N[설명]; S14:1 §3N[설명]; S16:12 §3N[설명]; S44:1 §8N[설명]; S44:9 §7[설명]; S55:34~35 §3; S56:61~131.
중생의 거처 (sattāvāsa) S22:76 §5[설명].
중유(中有), 중음(中陰) (antarā-bhava) S35:87 §12N[설명]; S35:95 §13N[설명]; S46:3 §13N[설명].
즉 (seyyathidaṁ) S56:11 §6[설명] 등.
즉시 (anantarā) S22:55 §9[설명].
즐거움, 행복 (sukha)
즐거움 → S48:31 §3[설명]; S14:34 §3[설명]; S22:1 §11N[설명]; S35:129 §4[설명]; S35:135 §4N[설명]; S35:236 §3[설명]; S36:19 §15[설명]; S36:19 §21[설명]; S48:40 §3[설명] 등.
행복 ⇒ S10:12 §6[설명]; S1:3 §2[설명]; S1:36 §4[설명]; S12:23 §4[설명]; S16:11 §11[설명]; S17:30 §4[설명]; S35:94 §4[설명]; S36:19 §15[설명]; S51:22 §5[설명]; S54:1 §6[설명]; S55:2 §9[설명] 등.

즐거움과 괴로움 (sukha-dukkha) S22:3 §7; S35:236 §3 등.

즐거움을 일으킬 감각접촉 (sukhavedaniya phassa) S35:129 §4[설명].

즐김 (nandi) S1:2 §4[설명]; S2:15 §3N; S35:63~64 §4; S35:88 §4.

즐김과 탐욕 (nandi-rāga) S22:54 §7[설명]; S35:238 §13[설명]; S56:11 §6[설명]; S17:3 §4; S22:31 §4; S22:51~52 §3; S22:103~105 §5; S35:156~159 §3; S35:241 §6; S56:13 §5.

증득 (samāpatti) S52:21 §4[설명]; S5:4 §5[설명]; S34:1 §3[설명]; S41:6 §11N[설명]; S14:11 §5; S16:10 §7; S16:11 §15; S21:6 §3; S21:11~12 §3; S34:11~19 §3.

증득 ☞ 얻음, 증득, 터득, 성취 (adhigama)

증오 (vera) S10:4 §3[설명]; S1:35 §8; S12:41~42 §3; S55:28~29 §3.

증오와 두려움 (vera-bhaya) S12:41~42; S55:28~29.

증장하는 (virūḷha) S12:38 §3[설명]; S12:39~40 §3; S12:57 §3; S12:64 §4; S22:53 §3; S22:54 §4; S22:55 §10; S45:150 §3; S55:25 §11. .

증장함 (bhiyyobhāva) S43:12 §4 (16); S45:8 §9; S46:2 §2; S46:23~24 §3; S46:35 §3; S46:51 §4; S48:10 §5; S49:1 §3; S51:13 §5.

지금 · 여기[現法]에서 열반을 실현하는 (diṭṭha-dhamma-nibbāna-ppatta) S12:16 §6[설명].

지금 · 여기에서 (dṭṭh'eva dhamme) S6:3 등.

지금 · 여기에서 행복하게 머묾 (diṭṭhadhamma-sukha-vihārā) S17:30 §4[설명].

지배의 경지 (여섯 가지 ~) (abhibhāyatanāni) S35:96 §2[설명].

지속, 유지 (ṭhiti) S45:8 §9[설명]; S12:11 §3[설명] 등.

지속적인 고찰[伺] (vicāra) S21:1 §3N[설명]; S47:10 §7N[설명]; S43:3 §3; S52:21 §4N[설명]; S41:6 §4; S41:8 §3; S43:12 §4; S46:52 §8.

지역의 중심 (majjhima janapada) S56:62 §4[설명].

지옥 (niraya) S55:1 §3[설명]; S1:32 §5; S1:39 §2N; S1:49 §3; S2:8 §2; S3:20 §6; S3:21 §9; S6:9 §4; S6:10 §7; S7:8 §4; S8:3 §3; S9:9 §4; S10:5 §5; S12:41 §3. 참 불행한 곳[惡處, duggati]

지와 견, 알고 봄, 지견 (ñāṇa-dassana) S41:9[설명]; S42:12 §8[설명]; S12:23 §4[설명]; S46:3 §3[설명]; S2:14 §2; S3:24

§6; S6:2 §7; S47:13 §6; S56:11 §14.
참 알고 보다 (jānāti - passati)

지와까의 망고 숲 (Jīvakambavana) S35:160~161 §1.

지혜 (ñāṇa) S5:2 §5[설명]; S9:2 §4[설명]; S12:15 §5[설명]; S1:9 §2N; S12:4 §29; S12:10 §3N, §16 S12:21 §3N; S12:23 §3N; S12:23 §4N; S12:23 §4N; S12:33 §6N; S12:34 §4N; S12:68 §8N; S12:70 §15N; S14:29 §3N; S14:31 §7N; S22:9 §3N; S22:12 §3N; S22:78 §5N; S22:101 §11N; S35:1 §3N; S36:25 §4N; S41:9 §3N; S45:8 §4N; S47:12 §8N; S48:52 §3N; S52:24 §4N; S56:11 §13N; 등. .

지혜 없이 마음에 잡도리함 (ayoniso manasikāra) S9:11 §3[설명]; S46:2 §4[설명]; S8:8 §7N; S46:52 §7N; S47:42 §3N.

지혜로운 바른 노력 (yoniso sammappadhāna) S4:4 §3[설명].

지혜롭게 마음에 잡도리함[如理作意] (yoniso manasikāra) S46:2 §11[설명]; S4:4 §3[설명]; S9:11 §3[설명]; S22:43 §3N[설명]; S48:7 §3N[설명] 등.

지혜의 끝에 도달한 (vedantagū) S7:9 §4[설명].

지혜의 달인 (vedagū) S6:3 §5[설명]; S35:103 §3[설명]; S7:9 §5; S7:21 §6; S35:228 §5; S36:3/5/12 §5.

진리 (sacca) S10:12 §6[설명]; S7:9 §9[설명]; S45:174 §3[설명]; 네 가지 진리[四諦] ⇒S56[진리 상윳따]; S2:26 §4N[설명]; S3:20 §5N[설명]; S12:13 §3N[설명]; S14:31 §4N[설명]; S22:22 §2N[설명]; S45:8 §4N[설명]; S56:27 §4[설명].

진실 (sacca) S8:5 §6[설명]; S10:12 §10[설명]; S42:2 §3[설명]; S11:11 §3; S42:13 §10.

진실이나 거짓 (saccālika) S42:2 §3[설명].

진실함 (tatha) S56:20 §3[설명]; S12:20 §4[설명]; S22:85 §15; S56:27 §4.

진실함[如如] (tathatā) S12:20 §4[설명].

진취적인 (uṭṭhāta) S10:12 §10[설명].

질투 (issā) S4:25 §17; S19:15 §5; S37:4 §3; S37:7 §4; S37:17 §4.

짐 (bhāra) S22:22 §3[설명] 등.

짐을 나르는 사람 (bhārahāra puggala) S22:22 §4[설명].

짐을 내려놓은 (panna-bhāra) S11:17 §3[설명].

집 (oka) S22:3 §4[설명], §6[설명].

집에서 유행하는 것 (oka-sārī) S22:3 §4[설명].

집중하면서 (마음을 ~) (samādaha citta) S54:1 §7[설명].

집착 (parāmāsa) S22:46 §4[설명]; S22:85 §5; S45:174 §3; S45:179 §3.

집착 않는 분 (asita) S5:8 §5[설명].

집착 없음 (anālaya) S56:11 7[설명]; S22:22 §6; S22:103~104 §6; S43:39; S56:13~14 §6.

집착, 속박 (upaya)
 집착과 취착 (upay-upādāna) ⇒ S12:15 §5[설명]; S22:3~4 §5; S22:90 §9; S22:112 §3; S23:3 §3; S23:10 §3.
 속박 ⇒ S22:53 §3[설명].

집착한 (parāmaṭṭha) S12:61 §4[설명].

집터보기 (vatthu-vijjā) S28:10 §5[설명].

집회소의 법 (sabhā-dhamma) S7:22 §3[설명].

짓누름 (addha) S1:61 §3[설명].

짜빨라 탑묘 (Cāpāla cetiya) S22:60 §1N; S51:10 §3.

짠다 촌장 (Caṇḍa gāmaṇi) S42:1 §2[설명].

짠다나 신의 아들 (Candana devaputta) S40:11[설명]; S2:15 §2.

짠다낭갈리까 청신사 (Candanaṅgalika upāsaka) S3:12 §7[설명].

짠디마 신의 아들 (Candimā devaputta) S2:9 §2[설명]; S2:10 §3N;
짠디마사 신의 아들 (Candimasā devaputta) S2:11 §2.

짤라 비구니 (Cālā bhikkhunī) S5:6 §1[설명].

짬빠 (Campā) S48:50 §1[설명]; S8:11 §1; S44:1 §2N.

쩨띠 (Ceti) S56:30 §1[설명].

쩨띠 왕 (Ceti rājā) S11:7 §4N.

쭌다 사미 (Cunda Samaṇuddesa) S47:13 2[설명]; S35:87 §2N.
☞ 마하쭌다 존자 (āyasmā Mahā-Cunda)
쭐라꼬까나다 천신 (Cūḷa-kokanadā) S1:40 §2.

쭐라띳사 존자 (우루웰라에 사는~) (Uruvelāya-vāsī Cūḷatissa thera) S14:9 §3N.

찌는 듯한 (kuṭṭhita / kutthita) S41:4 §5[설명].

찌라 비구니 (Cīrā bhikkhuni) S10:11 §2.

찌라와시 (Ciravāsī kumāra) S42:11 §7.

찟따 장자 (Citta gahapati) S17:23 §3[설명]; S41:1 §4[설명]; S41:2~10 §1; S54:1 §5N; S55:53 §2N.

【차】

차가운 숲 (Sīta-vana) S10:8 §1;

S35:69 §1.
차별보시 (viceyya dāna) S1:33 §6[설명].
차일 (pachāda) S41:5 §3[설명].
찬나 존자 1 (āyasmā Channa) S22:90 §2[설명].
찬나 존자 2 (āyasmā Channa) S35:87 §2[설명].
찬란한 (ucca-avacā) S2:29 §7[설명].
참된 사람 (sappurisa) S2:30 §5; S3:19 §6; S11:11 §4; S11:12 §5; S11:13 §6; S22:1 §10 등; S25:1~2 §5; S35:245 §8; S41:3 §9; S45:25~26 §2; S55:5 §3; S55:50 §3.
참된 자들의 (sataṁ) S1:31 §2[설명].
참된 자들의 법 (sataṁ dhamma) S3:3 §4[실명].
참선을 하는 자 (jhāyī) S2:2 §2[설명]; S6:6 §7[설명]; S2:5 §3; S2:13 §2; S4:25 §15; S34:1~55 §3.
참선을 하여 (jhāyanta) S1:36 §4[설명].
찾음 ☞ 추구, 찾음 (pariyesanā)
채찍 (naddhi) S1:29 §3[설명].
처음부터 존재하는 것 (ādito sato) S12:17 §9[설명].
처참한 곳[苦界] (apāya) S55:1 §3[설명]; S3:21 §4; S12:41~42 §3; S12:60 §4; S12:70 §12; S17:10 §3; S35:229 §4; S37:4 §3; S37:6~13 §4; S37:14 §4; S42:6 §5; S42:13 §7; S51:11 §12; S55:7 §14; S55:8 §6; S55:13 §5; S55:24~26 §6; S55:28~29 §3.
천 개의 눈을 가진 자 (sahassa-netta) S11:9 §4[설명].
천명, 드러남 (paññāpana)
천명 ⇒ S22:56 §6; S22:57 §5; S44:6 §14; S44:11 §4; S56:38 §4.
드러남 ⇒ S22:82 §9[설명].
천상 (sagga) S1:50 §3[설명]; S2:30 §2N[설명]; S5:7 §4N[설명]; S42:6 §3[설명]; S55:8 §4N[설명] 등.
천상 (세 가지 ~) (ti-diva) S7:16 §3[설명]; S3:21 §9.
천상에 가는 자 (sagga-gami) S9:9 §4[설명].
천상의 속박 (dibba-yoga) S1:50 §3[설명].
천신 (deva, devatā) S2:1 §2N[설명]; S1:1~81; S9:1~14; S35:121 §4; S35:241 §6; .
천안(天眼) ☞ 신성한 눈, 천안[天眼] (dibbacakkhu)
천착 (abhinivesā) S22:157 §3[설명]; S22:151 §3[설명]; S35:80 §4[설명]; S1:1 §4N; S12:15 §5; §5N; S12:32 §12N; S12:65 §3N; S22:3 §5; S22:90 §9; S22:112 §3; S22:151~158 §3; S23:3 §3;

S23:10 §3; S24:1 등; S45:174 §3; S51:20 §6N.

철저하게 알다 (parijānāti) S22:24 §4[설명]; S22:39 §3[설명]; S35:26 §3[설명]; S22:40~42 §3; S22:146 §4; S35:26 §3 등; S36:3 §5; S36:12 §4; S45:159 §3.

철저한 버림, 주는 것 (vossagga)
철저한 버림으로 기우는 (vossagga-pariṇāmi) ⇒S45:2 §4[설명]; S48:9 §6[설명]; S3:18 §6; S43:12 §4; S45:77 §4; S46:1 §5 등; S50:1~12 §5 등; S54:2 §4.

주는 것을 좋아함 (vossagga-rata) ⇒S11:11 §3; S55:6 §13; S56:32/37/38/42 §3.

철저한 버림을 대상으로 하는 삼매 (vossaggārammaṇa samādhi) S48:9 §6[설명]; S48:10~11 §7; S48:50 §5.

첩들이 없는 (asapatti) S37:32 §3[설명].

청동으로 만든 잔 (āpānīya-kaṁsa) S12:66 §9[설명].

청정 (visuddhi) S8:7 §8; S22:60 §3; S24:7 §3; S47:1 §3; S47:18 §2; S47:43 §3; S55:34~35 §3.

청정 바라드와자 바라문 (Suddhikabhāradvāja brāhmaṇa) S7:7 §2.

청정범행[梵行] (brahmacariya) S51:10 §13[설명]; S1:58 §3[설명]; S6:3 §2[설명]; S6:13 §3[설명]; S7:9 §9[설명]; S11:18 §5[설명]; S12:22 §8[설명]; S12:35 §4[설명]; S16:8 §7[설명]; S22:96 §5[설명]; S35:135 §4[설명]; S35:151 §3[설명]; S45:3 §3[설명]; S45:161 §3[설명]; S55:2 §9[설명].

청정범행에 깊이 들어간 행복 (brahmacariy-ogadha sukha) S55:2 §9[설명].

청정범행에 패배함 (brahmacār-abhibhavana) S16:8 §7[설명].

청정범행을 구경의 경지로 삼는 (brahmacariya-parāyana) S11:18 §5[설명].

청정범행을 닦음 (brahmacariya-vāsa) S12:35 §4[설명].

청정범행의 추구 (brahmacariyesanā) S45:161 §3[설명].

청정치 못한 (asuci) S35:247 §3[설명].

청정한 믿음을 가지다 (pasīdati) S3:24 §2[설명]; S3:9 §4; S16:3 §9; S42:13 §10.

초경(初更) (pathama yāma) S35:120 §7[설명].

초연한 영웅 (paṭilīna-nisabha) S2:7 §2[설명].

초연한 채로 (visaṁyutta) S47:4 §6[설명].

초조함 (paritassanā) S22:7 §4[설명]; S22:8 §4; S22:90 §5.

초조함과 [해로운] 심리상태가 일어나서 (paritassanā-dhamma-samuppādā) S22:7 §4[설명].

촌스러운 (gamma) S42:12 §4[설명]; S56:11 §3.

최고 중의 최고 (tamatagge) S47:9 §10[설명].

최대로 일곱 번만 다시 태어나는 자 (sattakkhattu-parama) S48:24 §4[설명].

최상의 버터 (제호) (sappi-maṇḍa) S34:1 §4[설명].

최상의 음료 (maṇḍa-peyya) S12:22 §8[설명].

최상의 존경을 표함 (parama-nipaccākāra) S7:15 §5[설명]; S48:58 §3[설명].

최상의 지혜, 신통지 (abhiññā) S6:3 §2N[설명]; S22:24 §3[설명]; S35:25 §3[설명] 등.
참 육신통 (cha abhiññā).

최상의 지혜로 알다 (abhijānāti) S6:3 §2[설명]; S22:24 §4[설명]; S35:26 §3[설명]; S35:80 §4[설명]; S27:1 §3[설명] 등.

최악의 패 (kali) S6:9 §4[설명].

추구 (upavicāra) S36:22 §8[설명].

추구 (esanā) S45:161~162 §3[설명]; S46:111 §3; S46:165 §3; S47:85; S48:147; S49:35 §3; S50:35 §3; S50:89 §3; S51:67; S53:35 §3.

추구, 찾음 (pariyesanā)
추구 ⇒ S14:7 §3, §5[설명]; S14:8~10 §3.
찾음 ⇒ S14:32 §3; S22:27 §3; S22:95 §7; S35:15~16 §3; S35:116~117 §8; S35:234 §10.

추론 ☞ 뒤따라, 따르는, 추론 (anvaya)

추악한 말을 내뱉는 자 (duṭṭhulla-bhāṇī) S8:2 §4[설명].

축생의 모태 (tiracchānayoni) S1:49 §3; S12:41 §3; S12:42 §3; S35:235 §3; S42:2~3 §7; S55:1 §3 등; S56:103 등.

출가생활 ☞ 사문 생활, 출가생활 (sāmañña)

출리 (nekkhamma) S14:12 §8; S14:12 §9; S27:1 - 10 §3; S35:94 §5; S45:8 §5; S46:19 §3; S47:17 §3; S51:3 §3; S55:25 §11.

출리로 기욺 (nekkhamma-ninna) S27:1 §3[설명].

출리에 의지한 (nekkhamma-sita) S35:94 §5[설명].

출리의 요소 (nekkhamma-dhātu) S14:12 §9[설명].

출리의 인식 (nekkhamma-saññā) S14:12 §9[설명].

출생 ☞ 태어남, 출생, 도래함, 생김, 탄생 (jāti sañjāti okkanti

abhinibbatti)
출세간적 (lokuttara) S20:7 §4[설명]; S55:53 §3[설명]; S25:1 §4N; S36:31 §3.
출세간적인 ☞ 비세속적인, 출세간적인 (nirāmisa)
출정(出定) (vuṭṭhāna) S34:3 §3[설명]; S52:21 §4[설명]; S54:1 §6N[설명]; S34:12~20 §3 등; S41:6 §9.
참 출죄(出罪, āpattiyā vuṭṭhāna)
출죄(出罪) (āpattiyā vuṭṭhāna) S20:10 §5[설명]; S35:242 §7[설명].
출현 (avakkanti) S12:39 §3[설명]; S12:58 §3[설명]; S22:47 §4[설명]; S12:59 §3[설명]; S12:64 §4.
출현 ☞ 나타남, 출현 (pātubhāva)
출현 ☞ 일어남, 출현 (uppāda)
충만 (vepulla) S22:53 §3[설명]; S12:57 §3; S22:53~55 §3; S43:12 §4; S45:8 §9; S45:150~151 §3; S46:1~2 §4; S46:23 §3; S48:10 §5; S49:1~12 §3 등; S51:13 §3; S55:25 §11.
충복 (paddhagū) S4:3 §3[설명].
충실한 (dhuravā) S10:12 §10[설명].
취착 (upādāna) S12:2 §7[설명]; S12:15 §5[설명]; S35:60 §2[설명]; S1:12 §2N[설명]; S12:16 §6; S12:52 §3; S12:66 §5N; S22:80 §10[설명]; S22:82 §6[설명]; S35:60 §2[설명]; S35:75 §6[설명]; S35:105 §3[설명]; S44:9 §5[설명] 등.
취착 없는 완전한 열반 (anupādā-parinibbāna) S35:75 §6[설명]; S45:42~48 §3.
취착 없이 해탈함 (anupādā vimutta) S12:16 §6[설명]; S12:31 §6[설명]; S18:22 §4; S22:56~58 §10; S22:72 §4; S22:92 §4; S22:110 §4; S22:115~116 §4; S22:125 §4; S23:8 §4; S35:103 §6; S35:155 §4; S38:6 §3; S48:4~5 §4; S48:27 §4; S48:33 §4.
취착되기 마련인 (upādānīya) S12:52 §3[설명]; S22:48 §5[설명].
취착의 [대상이 되는] 다섯 가지 무더기[五取蘊] (upādāna-kkhandha) S22:48 §5[설명]; S4:16 §2[설명]; S9:6 §4N[설명]; S22:22 §3[설명]; S22:48 §5[설명]; S22:80 §10[설명]; S22:82 §6[설명]; .
취착의 소멸을 기뻐하는 (upādāna-kkhay-ārāma) S17:10 §5[설명].
취착의 자취가 남은 (upādisesa) S46:57 §4[설명]; S46:76 §4; S47:36 §4; S48:65 §4; S51:25 §4; S54:4 §5.
취착하기 때문에 (upādāya) S22:83 §4[설명]; S22:150 §3[설명] 등.
취착하면 (upādiyamāna) S22:63 §4[설명].

취착하지 않음에 의한 초조하지 않음 (anupādā-aparitassana) S22:7 §3[설명].

취함 ☞ 받음, 취함 (ādāna)

측량할 수 없는 (appameyya) S6:7 §3[설명]; S6:8 §3; S44:1 §7; S55:41~43 §5.

친견 ☞ 봄, 친견, 견 (dassana)

친밀한 교제 (saṁyoga) S11:8 §5[설명].

친밀한 교제 ☞ 속박, 친밀한 교제 (saṁyoga)

칠엽굴 (Sattapaṇṇiguhā) S16:6 §3N.

침묵 (tuṇhībhāva) S21:1 §3[설명];.

침묵하는, 말이 없는 (tuṇhībhūta) S11:20 §5[설명] 등.

【카】

카라 약카 (Khara yakkha) S10:3 §2.

칼을 사용해서 [자결하다] (satthaṁ āharati) S4:23 §4[설명]; S22:87 §18[설명]; S35:87 §5[설명]; S54:9 §4[설명].

케마 비구니 (Khemā bhikkhunī) S17:24 §3[설명]; S44:1 §2[설명]; S5:4 §2N.

케마까 존자 (āyasmā Khemaka) S22:89 §2[설명].

코끼리 ☞ 나가, 용, 코끼리 (nāga)

코마둣사 (Khomadussa) S7:22 §1[설명].

쾌락의 탐닉 (kāma-sukhallika) S1:1 §4N; S42:12 §4; S56:11 §3.

쿳줏따라 청신녀 (Khujjuttarā upāsikā) S17:24 §3[설명].

큰 숲[大林], 까삘라왓투의 (Mahāvana) S1:37 §1; S22:80 §2.

큰 숲[大林], 웨살리의 (Mahāvana) S1:39~40 §1; S4:17 §1; S11:13 §1; S21:7 §1; S22:60 §1; S22:86 §1; S36:7~8 §1; S44:2 §1; S51:10 §1; S54:9 §1; S55:30 §1; S56:45 §1.

큰 통찰지를 가진 자 (mahā-pañña) S2:29 §3[설명].

타당한 (kalla) S12:12 §4; S12:35 §4; S12:70 §16; S18:1 §4; S22:49 §5; S22:59 §4; S22:79 §10; S22:80~88; S35:32 §4; S35:121 §6; S35:150 §4; S42:13 §10; S44:2 §8.

【타】

타락 ☞ 흐름 [오염원들이 ~], 타락 (avassuta)

타악기 (mudiṅga) S20:7 §3[설명].

타화자재천 (Parinimmitavasavattī)

S1:49 §5N; S4:1 §3N; S5:7 §4; S40:11N; S55:54 §11; S56:11 §18.

탁발 (차례대로 빠짐이 없이 탁발하는) (sapadānaṁ piṇḍāya caramāna) S6:3 §3[설명]; S28:10 §2[설명].

탄생 ☞ 태어남, 출생, 도래함, 생김, 탄생 (jāti sañjāti okkanti abhinibbatti)

탄생, 드러남, 존재함 (abhinibbatti)
탄생⇒ S12:2 §5[설명];
드러남 ⇒ S14:36 §3; S22:30 §3; S26:1~10 §3; S35:21 §3.
존재함 ⇒ S12:64 §4.

탈 것 (vāhana) S21:4 §7[설명].

탐구한 것 (pariyesita) S24:1 §6[설명].

탐닉 (sārāga) S22:60 §5; S22:80 §8; S35:63 §4.

탐욕, 성냄, 어리석음 (rāga dosa moha) S7:22 §4; S22:100 §5; S35:28~29 §3; S35:33 §3; S35:153 §5; S38:3 §4; S41:6 §11N; S55:8 §4; S55:10 §4; S55:24 §8; S55:25 §7; S55:52 §5.

탐욕, 애욕 (rāga)
탐욕 ⇒ S22:2 §9[설명]; S35:246 §3[설명]; S35:228 §4N; S48:10 §5N; S54:1 §7N 등.

애욕 ⇒ S1:58 §3[설명]; S10:3 §4[설명]; S22:9 §3N[설명]; S4:25 §2; S10:3 §4 등.

탐욕[貪] (lobha) S1:29 §2; S1:76 §3; S2:28 §2; S3:2 §3; S3:23~24 §3; S46:28 §5.

탐욕과 성냄과 어리석음이 엷어진 (rāga-dosa-mohānaṁ tanuttā) S55:8 §4[설명].

탐욕을 길들임 (rāga-vinaya) S45:7 §3[설명].

탐욕을 빛바래게 하기 위해서 (rāga-virāgattha) S35:74 §6[설명].

탐욕의 빛바램[離慾] (virāga) S9:10 §4[설명]; S12:1 §4[설명]; S12:23 §4[설명]; S15:1 §2[설명]; S22:9 §3[설명]; S22:12 §3[설명]; S22:24 §4[설명]; S35:26 §3[설명]; S35:74 §6[설명]; S36:2 §4[설명]; S36:7 §6[설명]; S45:2 §4[설명] 등; S54:1 §8[설명] 등.

탐욕의 빛바램을 의지함 (virāga-nissita) S45:2 §4[설명].

탐욕의 멸진 (rāga-kkhaya) S22:23 §4[설명].
☞ 멸진 (khaya)

탐욕이 빛바래므로 해탈한다 (virāgā vimuccati) S12:61 §7[설명]; S22:12 §3[설명].

탐욕이 빛바램의 인식 (virāga-saññā) S46:67 §0[설명].

탐착 (ajjhosānā) S22:158 §3[설명]; S46:29 §5.

탑묘 (cetiya) S8:1 §1[설명]; S51:10 §3[설명]; S8:2~3 §1; S11:15 §3; S16:11 §10; S22:60 §1N.

태내 네 번째 단계 (ghana) S10:1 §3[설명].
태내 두 번째 단계 (abbuda) S10:1 §3[설명].
태내 세 번째 단계 (pesi) S10:1 §3[설명].
태내 첫 번째 단계 (kalala) S10:1 §3[설명].
태생 ☞ 여섯 종류의 태생 (chaḷābhijāti)
태어나는 곳, 태어남 (upapatti)
태어나는 곳 ⇒ S14:13 §4[설명]; S44:9 §3.
태어남 ⇒ S6:4 §6; S22:53~55 §4.
태어날 곳[行處] (gati) S1:32 §5; S4:16 §5N; S4:23 §4N; S12:40 §3N; S35:87 §14; S35:88 §9; S35:235 §3; S42:2 §7; S42:3 §6; S55:8~10 §3; S55:21 §3; S56:96~101.
태어남 (upapāta) S12:40 §3[설명].
태어남, 출생, 도래함, 생김, 탄생 (jāti sañjāti okkanti abhinibbatti) S12:2 §5[설명].
태어남[生], 태생 (jāti)
태어남 ⇒ S12:2 §5[설명]; S12:23 §4[설명]; S12:2 §6N; S12:12 §9N; S12:20 §3N; S12:38 §4N; S22:80 §10N 등.
태생 ⇒ S1:81 §2; S3:1 §4; S3:24 §7; S7:8 §3; S7:9 §4; S7:8 §3; S22:79 §15.
터득 ☞ 얻음, 증득, 터득, 성취 (adhigama)
터전 (āsaya) S1:60 §3[설명].
터전 ☞ 들판, 터전 (khetta)
털이 곤두 섬 (lomahaṁsa) S4:2~3 §2; S4:6 §2; S4:10 §2; S5:1~5 §3; S5:10 §3; S6:13 §3. S51:10 §15.
텅 빈 (rittaka) S22:95 §3; S35:238 §6.
텅 빈 (aghā) S56:46 §3[설명].
토굴 (kuṭikā) S1:19 §6[설명].
토론장 (kutūhala-sālā) S44:9 §3[설명].
통달지 (pariññā) S1:20 §9N[설명]; S12:63 §5N[설명]; S22:23 §2N[설명]; S22:39 §3N; S35:26 §3N; S35:80 §4N; S56:30 §4N.
통달한 지혜 (pariññā) S22:23 §2[설명]; S22:24 §4[설명]; S23:4 §2; S35:25 §3.
통찰지 (paññā) S1:23 §3[설명]; S2:29 §3[설명]; S4:1 §4[설명]; S7:11 §5[설명]; S10:12 §10[설명]; S12:15 §4[설명]; S12:41 §6[설명]; S22:24 §4N[설명]; S22:45 §3[설명]; S43:2 §3N[설명]; S46:2 §11N[설명]; S46:37 §3[설명]; S48:9 §6N[설명]; S48:53 §7[설명]; S54:10 §10[설명]; S5:2 §3N 등.
통찰지로 꿰뚫어서 보다 (paññāya

ativijjha passāmi) S48:50 §7[설명].
통찰지로 해탈한 자 (paññāvimutta) S8:7 §6[설명]; S25:1 §4[설명]; S16:9 §17N[설명]; S21:10 §7N[설명]; S22:58 §3[설명]; S25:1 §4N[설명]; S22:58 §4.
통찰지를 가진 재가 신도 (sappañña upāsaka) S55:54 §5[설명].
통찰지를 무력하게 만드는 (paññāya dubbalī-karaṇā) S46:37 §3[설명].
통찰지를 베푸는 (paññā-dadaṁ) S1:45 §2[설명].
통찰지를 통한 해탈[慧解脫] (paññāvimutti) S12:70 §14[설명]; S16:9 §17[설명]; S16:10 §21; S22:58 §5; S35:132 §9; S35:243 §11; S35:244 §8; S35:247 §4; S48:20 §4; S51:7 §3 등; S52:24 §4; S55:52 §4; S56:22 §5.
통찰하지 못함 (appaṭividita) S1:7 §2[설명].
툴라난다 비구니 (Thullanandā bhikkhunī) S16:11 §7[설명].
툴라띳사 비구니 (Thullatissā bhikkhunī) S16:10 §4[설명].
특별한 경지로 가게 됨 (visesa-gāmi) S55:21 §4[설명].
특별한 점 (adhippayāsa) S12:19 §5; S22:58 §4; S36:6 §8; S46:52 §3; S46:54 §4.
특색 ☞ 개요, 특색 (uddesa)
틈 [~여섯 가지] (chidda) S1:76 §3[설명].

【파】

파멸처 (vinipāta) S55:1 §3[설명]; S3:21 §4; S12:41~42 §3; S12:60 §4; S12:70 §12; S16:9 §16; S17:10 §3; S22:2 §11; S35:229 §4; S37:4~6 §3; S37:14 §4; S42:6 §5; S42:13 §7; S51:11 §12; S55:1 §3 등.
파벌에 가담하는 (vaggagata) S8:2 §4[설명].
파생된 물질 (upādāya rūpa / upādā-rūpa) S12:2 §12[설명]; S22:56 §6[설명]; S22:57 §5; S18:9 §3N; S35:1 §3N; S48:22 §3N.
파안대소하는 지옥 (pahāsa nāma niraya) S42:2 §6[설명].
팍구나 존자 (āyasmā Phagguna) S35:83 §2[설명].
팔정도 (ariya aṭṭhaṅgika magga) S45:8 §3N[설명]; S3:18 §5; S11:25 §3; S12:27 §5; S12:28 §4; S12:33 §4; S12:65 §11; S14:29 §3N; S21:12 §4; S22:56~57 §6; S22:78 §6; S22:103~105 §7; S35:146 §6; S35:238 §19; S35:245 §9; S36:15 §4; S36:23 §4; S43:11; S45:2 §3; S45:3~4 §4.

패퇴 (abhibhavanā) S16:8 §7[설명].
팽창하는 겁 (vivaṭṭa-kappa) S12:70 §11; S16:9 §15; S51:11 §11.
편드는 것 (saddhiṁ) S44:10 §6[설명].
편안하게 머묾 (phāsu-vihāra) S16:11 §4; S35:120 §6; S35:151 §3; S35:239 §6; S46:57 §7; S46:76 §7.
편안함 ☞ 기분 좋은 것, 편안함 (sāta)
편안함 ☞ 고요함 (passaddhi)
편안함이 함께한 (sātasahagatā) S16:11 §11[설명].
평온 (upekkhā) S48:36 §8[설명]; S48:31 §3[설명]; S46:54 §12[설명]; S54:10 §10[설명]; S48:40 §7 등.
평온으로 인해 마음챙김이 청정한[捨念淸淨] (upekkhāsatipārisuddhi) S16:9 §6; S28:4 §4; S36:19 §15; S36:31 §11; S40:4 §4; S41:8 §5; S45:8 §11; S48:10 §7; S48:40 §7; S54:8 §7.
평온하게 된 (ajjhupekkhitā) S54:10 §10[설명].
평탄하지 않은 (visama) S2:6 §5[설명].
평화로운 ☞ 꺼진, 평화로운 (nibbuta)
평화로운 경지 (santa pada) S8:2 §4[설명].
평화로운 해탈 (santā vimokkha) S12:70 §13[설명].
평화롭게 되는 (santaṁ) S18:22 §3[설명].
평화를 찾는 자 (santipekkha) S1:3 §3[설명].
포살일(布薩日), 포살 (uposatha) S8:7 §2[설명]; S10:5 §2[설명]; S29:3 §3[설명]; S2:25 §3; S10:5 §3.S29:3~6 §3.
폭류 (ogha) S1:1 §3[설명]; S4:25 §14[설명]; S6:3 §5[설명]; S10:12 §8[설명]; S38:11 §3[설명]; S45:171 §3[설명]; S2:15 §2; S8:8 §7; S10:3 §4; S41:5 §4; S42:2 §6; S47:18 §5 등.
폭류를 건넘 (ogha-tiṇṇa) S1:5 §3[설명].
표상 (nimitta) S18:21 §3[설명]; S22:3 §6[설명]; S22:80 §9[설명]; S35:80 §4[설명]; S47:8 §4[설명]; S35:235 §3[설명]; S40:9 §3[설명]; S40:9 §4[설명]; S41:6 §11[설명]; S41:7 §8[설명]; S43:4 §3[설명]; S46:2 §4[설명]; S46:51 §16[설명]; S47:8 §4[설명]; S51:20 §8[설명]; S8:4 §4N; S12:40 §3N; S34:5 §3N; S35:95 §14; S35:120 §5 등.
표상 (마음의 ~) (cittassa nimitta) S47:8 §4[설명].
표상 없는 마음의 삼매 (animitta cetosamādhi) S40:9 §3[설명];

S47:9 §7[설명].
표상 없는 마음의 해탈 (animittā cetovimutti) S41:7 §8[설명].
표상 없는 삼매[無相三昧] (animitta samādhi) S22:80 §9[설명]; S43:4 §3[설명].
표상 없음 (animitta) S8:4 §4[설명]; S41:6 §11N[설명]; S41:7 §8N[설명]; S43:4 §3N[설명]; S22:80 §9; S40:9 §3; S41:6 §11; S41:7 §3; S43:4 §3; S47:9 §7.
표상을 만드는 것 (nimitta-karaṇa) S41:7 §13[설명].
표지(標識) (paññāṇa) S1:72 §3[설명].
표현 ☞ 문자, 표현, 문장 (byañjana / vyañjana)
표현할 수 있는 것을 인식하는 자 (akkheyya-saññi) S1:20 §9[설명].
풀려남 (nijjarā) S42:12 §10[설명].
풀려남 (pamokkha) S1:2 §3[설명]. 참 벗어남 (nissaraṇa)
품위를 떨어뜨리고 (ohārina) S3:10 §4[설명].
피부 (taca) S12:22 §6[설명].
피안에 도달함[到彼岸] (parāyana) S43:44 §2.
필수품, 장신구 (parikkhāra)
필수품 ⇒ S12:22 §9; S12:70 §2; S16:8 §6; S17:5 §4; S41:3 §11; S41:4 §9; S41:9 §7; S45:28 §2.
장신구 ⇒ S45:4 §6.

【하】

하나에 고정되다 (ekodi hoti) S35:246 §5[설명].
하나에 몰입된 (ekodi-bhūta) S47:4 §4[설명].
하나의 성질 (ekatta) S12:48 §3[설명].
하리까 참수인 (Hārika coraghātaka) S19:16 §5.
하천한 지식 (tiracchāna-vijjā) S28:10 §5[설명].
학습계목 (sikkhāpada) S14:25; S16:13 §3; S47:46 §4; S55:27 §8; S55:53 §4.
한 끝에 집중됨[一境性] (ekaggatā) S45:28 §3[설명]; S48:9~11 §7; S48:50 §5; S51:13 §3.
한 번만 싹 트는 자 (ekabījī) S48:24 §4[설명].
한 쌍 ☞ 쌍, 두 가지, 한 쌍, 상반되는 (dvaya)
한거(閑居) (paviveka) S2:30 §7; S16:5 §4; S16:8 §3; S55:40 §5.
한계가 없는 마음 (vimariyādikata citta) S14:33 §8[설명].
한밤중 / 말경(末更) (majjhima

yāma / pacchima yāma) S35:120 §7[설명].

할릿다와사나 성읍 (Haliddavasana nigama) S46:54 §1.

할릿디까니 장자 (Hāliddikāni gahapati) S22:3 §2[설명]; S35:130 §2.

함께 섞임 (saṁsagga) S14:16 §7[설명].

핫타까 알라와까 (Hatthaka Āḷavaka) S17:23 §3[설명]; S10:12 §11N; S55:53 §2N.

핫타로하 촌장 (Hatthāroha gāmaṇi) S42:4 §2.

핫티가마 (Hatthigāma) S35:125 §1.

해골이 된 것 (aṭṭhika) S46:57 §3[설명].

해로운 법[不善法] (akusalā dhammā) S42:12 §8N[설명]; S1:74 §4N; S7:11 §5N; S7:20 §3N; S12:22 §7; S14:12 §4N; S16:2 §5; S16:9 §3; S16:10 §6; S20:1 §3; S22:2 §11; S35:96 §3; S35:120 §5; S35:127 §8; S35:151 §4; S35:239 §4; S35:243 §11; S35:244 §3; S35:247 §4; S43:12 §4; S45:1 §3; S45:8 §9; S45:22 §2; S45:153 §3; S46:2 §12; S46:51 §10; S48:9~10 §5; S49:1~12 §3; S51:13 §3; S54:9 §8; S54:10 §11.

해체해서 (pavibhajja) S8:8 §7[설명].

해코지 (vihiṁsā) S14:12 §6[설명]; S6:1 §7; S9:11 §2; S14:12 §3; S22:80 §9; S56:7 §3.

해코지 않는 바라드와자 바라문 (Ahiṁsakabhāradvāja brāhmaṇa) S7:5 §2[설명].

해코지 않음 (avihiṁsā / ahiṁsā) S11:25 §3[설명]; S7:5 §2; S10:4 §3; S11:25 §3; S14:12 §8; S45:4 §6; S45:8 §5; S47:19 §7.

해코지 않음 (ahiṁsā) S10:4 §3[설명]; S11:25 §3[설명]; S14:12 §11[설명]; S47:19 §7[설명] 등.

해코지 않음의 요소 (avihiṁsā-dhātu) S14:12 §11[설명].

해탈 (vimokkha) S35:60 §3[설명]; S1:2 §3[설명]; S6:15 §7[설명]; S12:32 §12[설명]; S12:70 §13[설명]; S22:87 §13[설명]; S46:54 §9[설명]; S52:21 §4[설명] 등.

해탈 (vimutti) S55:53 §13[설명]; S1:50 §2[설명]; S12:23 §4[설명]; S14:29 §3[설명]; S14:31 §7[설명]; S16:9 §17[참조]; S18:1 §5[설명]; S22:12 §3[설명]; S22:96 §8[설명]; S23:1 §5[설명]; S35:121 §2[설명]; S36:31 §13[설명]; S41:7 §3[설명]; S46:3 §3[설명] 등.
☞ 마음의 해탈[心解脫, ceto-vimutti]
☞ 통찰지를 통한 해탈[慧解脫, paññā-vimutti]

☞ 양면해탈(兩面解脫, ubhatobhāga-vimutti).
해탈은 열반을 위함(vimutti nibbān-atthā) S23:1 §5[설명].
해탈을 무르익게 할 법들 (vimuttiparipācaniyā dhammā) S35:121 §2[설명].
해탈하게 하는(vimocaya) S54:1 §7[설명]; S54:10 §7; S54:13 §5.
해탈하다(parimuccati) S22:39 §3[설명].
해탈한(잘 ~)(suvimutta) S1:38 §9[설명]; S4:25 §15[설명]; S18:22 §3[설명]; S22:56 §6[설명]; S22:87 §13[설명].
해태·혼침(thīna-middha) S46:52 §7[설명]; S46:51 §18[설명]; S46:55 §4N[설명] 등.
행동영역 ☞ 영역, 행동영역(gocara)
행로(vaṭuma) S35:83 §3[설명].
행로, 정해진 행로(niyāma) S8:12 §2[설명]; S25:1 §4[설명]; S25:2 §4; S25:10 §4.
행복 ☞ 즐거움, 행복(sukha)
행복을 경험하면서 (sukha-paṭisaṁvedī) S54:1 §6[설명].
행복을 실어 나른다 (sukha-adhivāhā) S35:94 §4[설명].
행복의 인식과 가벼움의 인식 (sukhasañña lahusañña) S51:22 §5[설명].
행복하게 머묾(sukha-vihāra) S8:9 §5[설명].
행실(caraṇa) S7:9 §4.
행실도行實圖라는 그림(carana nāma citta) S22:100 §6[설명].
행운의 패(kaṭa-ggaha) S42:13 §14[설명].
행하기 어려움(dukkara-bhāva) S2:6 §2[설명].
행한 업(kamma-samādāna) S52:16 §4[설명].
허공에서 움직이는 올가미 (antalikkha-cara pāsa) S4:15 §2[설명].
허공의 요소(ākāsa-dhātu) S18:9 §3[설명]; S25:9 §3.
허무론자 ☞ 아무 것도 없음을 말하는 자(natthika-vāda)
허점을 찾는 천신(ujjhāna-saññikā devatā) S1:35 §2[설명].
헤아림, 명칭(saṅkhā)
헤아림 ⇒ S1:20 §13[설명]; S44:1 §8[설명]; S1:34 §4; S36:3 §5; S36:12 §4.
명칭 ⇒ S22:35 §4[설명]; S22:62 §3N.
현자(paṇḍita) S2:29 §3[설명] 등.
현재(paccuppanna) S12:20 §6[설명]; S1:10 §3[설명]; S22:47 §4N[설명]; S35:117 §3 등.

혈통 좋은 (ājānīya) S7:9 §4[설명]; S1:38 §5[설명].

혐오스럽지 않은 (appaṭikūla) S46:54 §9[설명].

혐오하는 인식 (paṭikkūla-saññā) S46:54 §9[설명]; S46:67~75[설명]; S11:9 §5; S52:1 §6;S54:8 §6.

혐오하다 (byāpajjati) S35:132 §9[설명]; S35:243 §11; S35:244 §8; S35:247 §4.

형색 (rūpa) S3:12 §3[설명]; S22:1 §10[설명]; S22:3 §6[설명]; S14:1 §4[설명]; S14:7 §5[설명]; S22:3 §6[설명]; S35:1 §3N[설명]; S35:27 §3N[설명]; S35:95 §6[설명] 등.

형색으로 이루어진 흐름을 견딘다 (rūpamayaṁ vegaṁ sahati) S35:228 §4[설명].

형색의 사유 (rūpa-saṅkappa) S14:7 §5[설명]; S14:9 §5.

형색의 열기 (rūpa-pariḷāha) S14:7 §5[설명]; S14:9 §5.

형색의 열의 (rūpa-cchanda) S14:7 §5[설명]; S14:9 §5.

형색의 인식 (rūpa-saññā) S14:7 §5[설명]; S14:9 §5.

형색의 추구 (rūpa-pariyesanā) S14:7 §5[설명]; S14:9 §5.

형성되지 않은 ☞ 무위(無爲), 형성되지 않은 (asaṅkhata)

형성된 것 (abhisaṅkhata) S12:37 §3[설명].

형성된 것, 심리현상, 의도적 행위 (saṅkhāra)
형성된 것 ⇒ S12:2 §14N[설명]; S22:1 §13N[설명]; S1:11 §5[설명]; S2:26 §2N[설명]; S12:15 §4N[설명]; S22:37 §3N[설명]; S22:55 §9N[설명]; S22:90 §4[설명]; S56:11 §7N 등.
심리현상 ⇒ S12:2 §14N[설명]; S22:1 §13[설명]; S22:56 §9[설명]; S22:79 §7[설명]; S22:81 §7[설명]; S22:95 §7[설명] 등.
의도적 행위 ⇒ S12:2 §14N[설명]; S12:2 §14[설명]; S12:2 §14[설명]; S12:25 §8[설명]; S12:51 §8[설명]; S12:64 §4[설명]; S22:1 §13N[설명]; S22:81 §7N[설명]; S56:42 §7[설명].

형성된 것[有爲] (saṅkhata) S12:2 §14N[설명]; S22:79 §7[설명]; S22:81 §7[설명].

형성된 것들[行]의 더미 (saṅkhāra-puñja) S5:10 §5[설명].

형성된 것들[行]이 차례로 소멸함 (anupubba-saṅkhārānaṁ nirodha) S36:11 §5[설명]; S36:15 §5.

형성하다 ☞ 의도적 행위를 짓다, 형성하다, 계속해서 짓다 (abhisaṅkharoti)

호의적인 가문들 (upavajja-kulāni)

S35:87 §14[설명].
혼란 (vimati) S42:11 §3; S47:12 §10.
혼란스러움, 놓아버림, 사라짐 (sammosa)
혼란스러움 ⇒ S16:13 §6;
마음챙김을 놓아 버림 (sati-sammosa) ⇒ S35:244 §10;
사라지지 않음 (asammosa) ⇒ S43:12 §4 (16); S45:8 §9; S48:10 §5; S49:1~12 §3; S51:13 §3.
혼자 머무는 자 (eka-vihāri) S35:63 §3[설명]; S21:10 §2.
혼자서 가야 한다. (ayitabba (ekena)) S47:1 §3[설명].
혼침 (middha) S46:52 §7[설명].
홀로 앉음 (paṭisallāna) S22:6 §3[설명]; S12:25 §2 등.
홍련지옥 (paduma-niraya) S6:10 §7[설명].
홍련지옥 (Paduma-niraya) S6:10 §7[설명].
화가 (citta-kāra) S12:64 §5[설명].
화락천 (Nimmānarati) S5:7 §4; S40:11 §2N; S55:54 §11; S56:11 §18.
화살 깃을 다시 다른 화살로 (poṅkha-anupoṅkaṁ) S56:45 §2[설명].
화생 (化生)하는 ☞ 화현으로 태어난, 화생 (化生)하는 (opapātika)
화현으로 태어난, 화생 (化生)하는 (opapātika) S24:5 §3; S29:1~2 §3; S30:1~2 §3; S42:13 §12; S55:3 §12; S55:8 §4; S55:10 §4; S55:24 §7; S55:52 §4.
확고부동한 마음의 해탈 (akuppā cetovimutti) S41:7 §11[설명]; S14:31 §7[설명]; S17:30 §4; S22:26~27 §6; S35:13~16 §6; S41:7 §11; S48:21 §5; S48:28 §5; S56:11 §14.
확고한 (patiṭṭhita) S1:81 §3[설명].
확고한 ☞ 확립된, 확고한 (patiṭṭhita)
확립되는 (patiṭṭhita) S12:64 §4[설명].
확립되다 (santiṭṭhati) S35:246 §5[설명].
확립되지 않는, 머물지 않는 (appatiṭṭhita)
확립되지 않는 ⇒ S12:38~39 §5; S22:53 §5; S22:54 §10; S22:55 §12.
머물지 않는 ⇒ S4:23 §9; S22:87 §21.
확신 (sampasādana) S16:9 §4 등. *제2선의 정형구에 나타남.
확신에 찬 (ekaṁsa gahita) S47:12 §4[설명].
확신하다 (adhimuccati) S12:51 §14; S22:55 §2; S22:90 §5; S25:1~10 §4.
참 열중하다 (adhimuccati).
확실한 [해탈이~] (niyata) S12:41 §3[설명]; S55:2 §3[설명]; S12:42

§3; S22:109 §4; S23:7 §4; S24:1~18 §7; S25:1~2 §6; S48:2~3 §4; S48:26 §4; S55:4 §3 등.

환영하다, 반기다 (abhivadati)
환영하다 ⇒ S22:5 §4; S35:63~64 §4; S35:88 §4; S35:98 §4; S35:114~115 §3; S35:118~119 §4; S35:124 §4; S35:230 §4.
반기다 ⇒ S22:80 §4.

환희 (pāmojja) S12:23 §4[설명]; S9:11 §4; S22:90 §8; S42:13 §14; S47:10 §7; S55:40 §5.

활기참 (ācaya) S12:61 §3[설명].

황금 주화 (siṅgi-nikkha) S17:13 §3[설명].

황소 (nisabha) S1:38 §6[설명].

황소같이 우렁찬 목소리 (āsabhi vācā) S47:12 §4[설명].

회전, 윤회 (vaṭṭa)
회전 ⇒ S1:27 §2.
윤회 ⇒ S1:1 §3N; S1:3 §2N; S1:7 §2N; S1:9 §2N; S2:12 §3N; S6:13 §3N; S12:1 §4N 등; S22:3 §9N 등; S35:103 §3N 등; S45:8 §4N 등; S56:1 §4N.
참 존재양상 (vaṭṭa)

회중 (parisā) S4:12 §2[설명] 등.

후회 (kukkucca) S7:8 §6[설명]; S3:24 §6; S7:11 §7; S22:87~88 §7; S35:74 §5; S:45:177 §3; S46:2 §7 등; S47:4 §3; S54:12 §4.

후회, 자책감 (vippaṭisāra)
후회 ⇒ S3:20 §4; S22:87~88 §7; S35:74 §5; S35:146 §7; S43:1~44 §4; S47:10 §14.
자책감 ⇒ S8:3 §3.

휘지 않는 [곧은] 이름을 가진 (anoma-nāma) S1:45 §2[설명]; S11:19 §5[설명].

휩쓸려가다 (upanīyati) S1:3 §2[설명].

휴게소 (āvasatha) S11:12 §3[설명].

흐름 (sarā) S1:27 §2[설명].

흐름 [오염원들이 ~], 타락 (avassuta)
흐름 ⇒ S35:243 §10[설명]; S35:241 §7.
타락 ⇒ S35:94 §5.

흐름에 든 자, 예류자(預流者) (sotāpanna) S55:5 §3[설명]; S13:1 §4N[설명]; S22:1 §10N[설명]; S22:1 §14N[설명]; S22:1 §15N[설명]; S22:110 §4N[설명]; S25:1 §4N[설명]; S25:1 §4[설명]; S25:1 §6N[설명]; S35:245 §2N[설명]; S40:10 §8N[설명]; S45:8 §11N[설명]; S48:23 §3N[설명]; S48:24 §4N[설명]; S55:24 §3[설명] 등.

흐름을 자름 (chinna-sota) S41:5 §3[설명].

흑백으로 상반되는 갖가지 법들 (kaṇha-sukka-sappatibhāgā dhammā) S46:2 §12[설명].

흔들리다 (byathati) S35:93

§3[설명].
흔들림 없는 (āneñja) S12:51 §8[설명]; S1:2 §4N; S22:76 §6N.
흔들림 없는 알음알이 (āneñjūpaga viññāṇa) S12:51 §8[설명].
흔들림 없는 의도적 행위 (āneñja saṅkhāra) S12:51 §8[설명].
흔들림 없는 청정한 믿음 (avecca-ppasāda) S40:10 §8[설명]; S55:1 §5[설명]; S12:41; S55:1~54 §5; S41:10 §6; S55:1 §6 등.
흔들림 없음, 동요 없음 (aneja) S22:76 §6[설명]; S6:3 §5; S6:15 §7; S35:90~91 §2.
흠집 없음 (nela) S41:5 §3[설명].
흩어진 (vikkhitta) S12:70 §10; S16:9 §14; S51:11~12 §4; S51:14 §7; S51:20~21 §4; S51:31 §4.
흩어진 (padālita) S5:3 §5[설명].
희열 (pīti) S4:18 §5[설명]; S12:23 §4[설명]; S36:31 §6N[설명]; S46:2 §14[설명]; S46:51 §12[설명]; S46:52 §8[설명]; S54:1 §6[설명] 등.
희열을 경험하는 (pīti-paṭisaṁvedi) S54:1 §6[설명].
희유한 (adhiccaṁ) S56:48 §4[설명].
히말라야 (Himavanta) S2:25 §1; S4:20 §1; S8:9 §2N; S10:12 §1N; S13:9~10 §3; S21:3 §6; S22:59 §1N; S22:80 §1N; S45:151 §3; S46:1 §3; S47:7 §3; S48:67 §3N; S56:59~60 §3.
힘 ☞ 근력, 힘 (thāma)
힘 [신통의~] ☞ 의도적 행위, 의도를 형성함, 힘 [신통의~] (abhisaṅkhāra)
힘[力] (bala)
다섯 가지 힘[五力, pañca-bala] ⇒ S48:43 §5[설명]; S50 등.
열 가지 힘[十力, dasa-bala] ⇒ S12:21~22 §3.
힘센 소 (dhorayha) S1:38 §7[설명].

『상윳따 니까야』 출판은 초기불전연구원을 후원해 주시는 아래
스님들과 신심단월님들의 보시가 있었기에 가능하였습니다.
깊이 감사드립니다.

도법스님, 지환스님, 현응스님, 함현스님, 설파스님, 휴진스님, 일운스님, 수인스님, 일운스님, 계현스님, 덕원스님, 혜찬스님, 성보스님, 일여스님, 성욱스님, 도안스님, 각묵스님

김톨라니, 이광호, 김영민, 차분남, 김정애, 김수정, 김승석. 이완기, 김석화, 김자년, 임수희, 이향숙, 차곡지, 안희찬, 김순종, 김명옥, 허종범, 최은영, 신영천, 성기서, 김준우, 서옥점, 진병순, 황금심, 배정일, 박미옥, 이춘복, 김혜연, 임명희, 전복희, 오준호, 고순미, 진병순, 정춘태, 최영주, 이희도, 최덕자, 김효숙, 한미정, 류미자, 박명준, 이 은, 박승대, 장광선, 주경순, 구춘옥

역자 · 각묵스님

1957년 밀양 출생. 부산고등학교 졸. 부산대학교 수학교육과 재학 중 출가하여 1979년 화엄사 도광 스님을 은사 사미계 수지. 1982년 자운 스님을 계사로 비구계 수지. 7년간 제방 선원에서 안거 후 인도로 유학, 10여 년간 산스끄리뜨, 빠알리, 쁘라끄리뜨 수학. 인도 뿌나 대학교(Pune University) 산스끄리뜨어과 석사과정과 박사과정 수료. 현재 실상사 화엄학림 교수사 및 초기불전연구원 지도법사.

역·저서로『금강경 역해』(2001, 7쇄 2012),『아비담마 길라잡이』(전2권, 대림 스님과 공역, 2002, 전정판 1쇄 2017),『네 가지 마음챙기는 공부』(2003, 개정판 5쇄 2015),『디가 니까야』(전3권, 2006, 4쇄 2015),『니까야 강독』(전2권, 대림 스님과 공역, 2013, 3쇄 2015),『초기불교 이해』(2010, 5쇄 2015),『담마상가니』(전2권, 초판 2016) 외 다수의 논문과 글이 있음.

상윳따니까야
Saṁyutta Nikāya
주제별로 모은 경

제6권 진리를 위주로 한 가르침

2009년 11월 5일 초판1쇄발행
2022년 12월 5일 초판7쇄발행

옮긴 이 | 각묵 스님
펴낸 이 | 대림 스님
펴낸 곳 | 초기불전연구원
경남 김해시 관동로 27번길 5-79
전화 (055)321-8579
홈페이지 | http://cafe.daum.net/chobul
이 메 일 | kevala@daum.net
등록번호 | 제13-790호(2002.10.9)
계좌번호 | 국민은행 604801-04-141966 차명희
하나은행 205-890015-90404 (구.외환 147-22-00676-4) 차명희
농협 053-12-113756 차명희
우체국 010579-02-062911 차명희

ISBN 978-89-91743-20-5
ISBN 978-89-91743-14-4(전6권)

값 | 30,000원